DICCIONARIO DE SINÓNIMOS, ANTÓNIMOS Y PARÓNIMOS

DICCIONARIO DE SINÓNIMOS, ANTÓNIMOS Y PARÓNIMOS

2003

©ART ENTERPRISE, S.L.
Robrenyo, 49 bjos.
08014 Barcelona

ISBN: 84-931789-3-4
Depósito Legal: B-22.237-2001
Impreso en España
Printed in Spain

Diseño portada: Santiago Roman

Impreso por E.Balmes, S.L.

DICCIONARIO DE
SINÓNIMOS Y ANTÓNIMOS

A

ABACERÍA. Almacén, despensa, proveeduría. — Pescadería, carnicería.

ABAD. Prior, superior, fraile.

ABADEJO. Bacalao.

ABADESA. Monja.

ABADÍA. Convento, monasterio.

ABAJO. Debajo, atrás, ayuso — Inferiormente, posteriormente.
•*arriba, encima, sobre*

ABALANZAR. Arrojarse, precipitarse, lanzarse, adelantar, acometer, atacar, arremeter, embestir, cerrar.

ABALEAR. Disparar, balear.

ABALIZAR. Balizar, señalar.

ABANDERAMIENTO. Alistamiento, embanderamiento, enganche. — Matriculación.

ABANDONADO. Perezoso, descuidado, desaseado, indolente, dejado, sucio, negligente, desidioso, desaliñado. — Desamparado, desatendido. — Abatido, desprevenido, indefenso. — Vicioso, calavera.
•*amparado, diligente*

ABANDONAR. Desamparar, descuidar, dejar, relegar, arrinconar, renunciar, ceder, desistir, marcharse, desatender, desentenderse, desalojar, salir.
•*asistir, atender, cuidar*

ABANDONARSE. Abatirse, rendirse, entregarse, darse.

ABANDONO. Descuido, negligencia, dejadez, desidia, incuria, desgobierno, incumplimiento, desaliño, desaseo, abatimiento. — Desamparo. — Cesión, renuncia. — Defección.
•*amparo, cuidado, diligencia*

ABANICO. Aventador, pantalla. — Soplador, soplete. — Ventilador.

ABARAJAR. Asir, coger, agarrar.

ABARATAR. Bajar, rebajar, disminuir. — Despreciar.
•*encarecer*

ABARCA. Calzado, zueco.

ABARCAR. Abrazar, ceñir, agregar, aunar, añadir, comprender, contener, incluir, englobar, incorporar, juntar, ocupar, cubrir, tener.

ABARQUILLAR. Combar, arrollar.

ABARRAGANARSE. Amancebarse, juntarse.

ABARRANCADERO. Atascadero, atolladero.

ABARRANCAR. Varar, encallar. — Atascarse.

ABARROTAR. Atestar, llenar. — Apretar, asegurar.
•*vaciar*

ABASTECEDOR. Proveedor, suministrador, almacenista. Vendedor, traficante, negociante, tratante, acaparador, importador.

ABASTECER. Proveer, suministrar, surtir, aportar, dar.

ABATATADO. Intimidado, turbado, cortado, avergonzado, encogido, azorado, acobardado.

ABATATAR. Turbar, avergonzar, intimidar, apocar, desanimar.
•*alegrarse, animar, contentar*

ABATATARSE. Cortarse, azorarse, bolearse.

ABATE. Fraile, sacerdote, cura.

ABATIDO. Abyecto, ruin, despreciable,

pobre, miserable. — Acobardado, desalentado, desanimado, aplanado, decaído, lánguido, postrado, extenuado, agotado. — Derribado, tumbado. — Humillado, menospreciado, desestimado.
ABATIMIENTO. Humillación. — Decaimiento, postración, descaecimiento, languidez, desaliento, desanimación, aplanamiento, agotamiento.
•*animación, nobleza*
ABATIR. Derribar, tumbar, hundir. — Humillar, envilecer, desanimar, desalentar, rebajar. — Desbaratar, deshacer, derrocar, flaqueza, debilidad.
• *animarse, levantarse, vigorizarse*
ABATIRSE. Bajar, descender, caer, postrarse, debilitarse, desanimarse, desalentarse, aplanarse, extenuarse, agotarse, decaer, humillarse.
•*ascender, subir*
ABDICACIÓN. Renuncia, renunciación, dejación, abandono, cesión.
ABDICAR. Renunciar, ceder, resignar, abandonar, dejar, rehusar.
ABDOMEN. Vientre, barriga, panza, tripa.
ABECÉ. Abecedario, alfabeto, catón, cartilla. — Rudimentos.
ABEJAR. Colmenar.
ABELLACARSE. Envilecerse, acanallarse, rebajarse.
• *ennoblecerse*
ABERRACIÓN. Desvarío, error, engaño, equivocación, absurdo, descarrío. — Desvío, anomalía.
• *acierto, habilidad, naturalidad*
ABERTURA. Hendidura, agujero, grieta, rendija, quebradura, resquicio, hendedura, resquebradura, resquebrajadura. — Apertura. — Franqueza, sencillez. — Ensenada, bahía. — Ranura.
ABESTIARSE. Embrutecerse.
ABIERTAMENTE. Francamente, sinceramente, claramente, paladinamente, manifiestamente, patentemente, palmariamente.
• *ocultamente*
ABIERTO. Desembarazado, llano, raso. — Agujereado, hendido, agrietado, rajado, cuarteado, quebrado, resquebra-

jado. — Sincero, franco, claro, ingenuo, indefenso.
• *cerrado, oscuro*
ABIGARRADO. Antiestético, compuesto, multicolor.
ABIGEATO. Cuatrerismo.
ABISMADO. Abatido, arruinado, hundido. — Sumido, absorto, sumergido, ensimismado, meditabundo, concentrado. — Callado, reservado, silencioso, hondo, profundo, misterioso, enigmático, recóndito, escondido.
ABISMAR. Confundir, abatir, hundir, sumergir, sumir, ensimismar. — Guardar, ocultar, esconder, cubrir.
ABISMO. Sima, precipicio, barranco, despeñadero. — Hondura, profundidad. — Infierno. — Impenetrable, insondable, arcano.
ABJURACIÓN. Apostasía, retractación, conversión, renuncia.
ABJURAR. Renegar, repudiar, apostatar, rechazar, negar, retractarse, convertirse, rectificar.
ABLACIÓN. Supresión, extirpación, separación.
ABLANDAR. Suavizar, lenificar, macerar, ablandecer. — Laxar. — Templar, aplacar, mitigar, desenfadar, desenojar, desencolerizar, enternecer, conmover.
• *endurecerse, enfadarse*
ABLUCIÓN. Lavatorio, purificación.
ABNEGACIÓN. Sacrificio, desinterés, altruismo, generosidad, caridad, renunciamiento.
• *egoísmo*
ABNEGAR. Renunciar, sacrificarse, desinteresarse.
ABOBADO. Atontado, alelado, pasmado, embobado
• *despabilado*
ABOCARSE. Enfrentarse, avistarse, hablarse, conferenciar, aproximarse, acercarse.
ABOCETAR. Bosquejar, esbozar. — Pintarrajear, emborronar.
ABOCHORNAR. Sonrojar, ruborizar, avergonzar, sofocar, correr.

ABOFETEAR. Moquetear, cachetear, sopapear.

ABOGADO. Letrado, jurisconsulto, jurista, legista. — Defensor, intercesor, medianero.

ABOGAR. Defender, mediar, interceder. — Auxiliar, proteger, representar, asesorar, propugnar.

ABOLENGO. Ascendencia, descendencia, estirpe, linaje, casta, raza, familia. — Patrimonio.

ABOLICIÓN. Anulación, derogación, supresión, revocación.

ABOLIR. Derogar, abrogar, anular, suprimir, invalidar, quitar, borrar, retirar, destruir, prohibir, extinguir.
• *instituir*

ABOLLADURA. Depresión, hundimiento, concavidad, desnivel, bollo.

ABOMBADO. Aturdido, atontado. — Convexo. — Corrompido. — Ebrio, beodo.

ABOMBAR. Aturdir, turbar, atolondrar, asordar. — Combar, abultar.

ABOMBARSE. Aturdirse, atontarse, asordarse, marearse. — Corromperse. — Embriagarse, entontecerse.

ABOMINABLE. Detestable, aborrecible, execrable, odioso, incalificable, atroz.
• *amable*

ABOMINACIÓN. Aborrecimiento, execración, aversión, odio, rencor, maldición.

ABOMINAR. Aborrecer, condenar, execrar, detestar, odiar, maldecir.
• *amar*

ABONADO. Acreditado, subscrito, pagado. — Subscriptor.

ABONANZAR. Serenar, despejar, aclarar, calmar, mejorar, abrir.
• *aborrascar*

ABONAR. Acreditar, pagar, asegurar.— Estercolar. — Recomendar.

ABONARÉ. Pagaré.

ABONO. Fertilizante, guano, estiércol. — Subscripción.
• *adeudo*

ABORDABLE. Accesible, tratable, sociable, afable.

ABORDAR. Emprender, acometer, acercarse, tratar, chocar, atracar. — Empezar, preguntar.

ABORIGEN. Indígena, natural, originario, nativo, oriundo, autóctono, vernáculo, primitivo.
• *alienígena*

ABORRASCARSE. Obscurecerse, encapotarse, cargarse, cubrirse, nublarse.
• *abonanzarse*

ABORRECER. Odiar, detestar, abominar, execrar. — Dejar, abandonar. — Fastidiar, aburrir.
• *apreciar*

ABORRECIBLE. Odioso, detestable, abominable, execrable.

ABORRECIMIENTO. Aversión, rencor, odio. — Aburrimiento, fastidio, tedio.
• *aprecio*

ABORTAR. Malparir. — Fracasar, malograrse, frustrarse, desaparecer.
• *realizar*

ABORTO. Monstruo, engendro, feto.

ABOTAGARSE. Hincharse, inflarse, entumecerse.

ABOTONAR. Abrochar.

ABRA. Bahía, ensenada, golfo. — Abertura, grieta. — Calvero.

ABRACADABRANTE. Truculento, espeluznante, horripilante, aterrador, espantoso, horrorífico, tremebundo, pavoroso, dantesco.

ABRASADO. Seco, marchito, agostado, quemado. — Impulsado, inflamado. — Avergonzado, corrido.

ABRASADOR. Ardiente, agostador, calcinador, caliente.

ABRASAR. Quemar, secar, marchitar, agostar. — Consumir, asarse. — Derrochar, malgastar.

ABRASARSE. Quemarse, marchitarse. — Apasionarse, arrebatarse.

ABRAZAR. Abarcar, estrechar, ceñir, rodear. — Contener, incluir, comprender. — Emprender. — Aceptar, admitir. — Adoptar, seguir.

ABREVADERO. Aguada, aguadero. — Bebedero.

ABREVIAR. Acortar, reducir, compendiar, resumir. — Apresurar, acelerar, aligerar, apurar, disminuir.
• *alargar, aumentar*

ABRIBOCA. Papanatas.

ABRIGAR. Tapar, arropar, resguardar, defender, cubrir, amparar, proteger, cobijar, patrocinar, auxiliar.

ABRIGO. Sobretodo, gabán, tapado. — Defensa, resguardo, protección, reparo, refugio, amparo, auxilio, patrocinio, seguridad.
• *atorar, atrancar, desabrigo, desamparo*

ABRILLANTAR. Pulir, pulimentar, bruñir. — Realzar, prestigiar.

ABRIR. Extender, separar, desplegar. — Descubrir, destapar, franquear, descorrer. — Cortar, dividir, hender, rasgar, cascar, cuartear, agrietar, desgarrar, partir, reventar. — Inaugurar, iniciar, estrenar, comenzar, empezar, principiar. — Aclarar, serenar, abonanzar, despejar. — Horadar, practicar, agujerear. — Despertar.
• *acotar, atrancar, cerrar, clausurar, obstruir, tapar, tapiar, taponar.*

ABRIRSE. Descubrir, declarar, confiar. — Desistir, apartarse.

ABROCHAR. Abotonar, ajustar, cerrar, unir.

ABROGAR. Abolir, anular, revocar, derogar, invalidar.

ABRONCAR. Avergonzar, disgustar, aburrir, reprimir.

ABROQUELARSE. Escudarse, protegerse, broquelarse.

ABRUMAR. Cansar, molestar, agobiar, oprimir, fastidiar, hastiar, aburrir, apesadumbrar. — Obscurecer.

ABRUPTO. Escarpado, fragoso, escabroso, áspero, quebrado.
• *suave*

ABSCESO. Tumor, apostema, llaga, úlcera.

ABSOLUCIÓN. Perdón, remisión, gracia, indulgencia, liberación.

ABSOLUTISMO. Despotismo, tiranía, autocracia, arbitrariedad.

ABSOLUTO. Independiente, ilimitado. — Arbitrario, despótico, tiránico, autoritario, imperioso, dominante, voluntarioso.
• *comprensivo, condescendiente, limitado, relativo*

ABSOLVER. Perdonar, eximir, remitir, liberar, disculpar.
• *condenar*

ABSORBENTE. Acaparador.

ABSORBER. Sorber, chupar. — Cautivar, atraer, sacar. — Consumir, gastar, dilapidar. — Insumir, tragar, asimilar, librar, aspirar, extraer.
• *emanar, irradiar, segregar, sudar*

ABSORTO. Atónito, asombrado, admirado, pasmado, maravillado, suspenso, cautivado, abismado, abstraído, ensimismado.

ABSTEMIO. Aguado, seco, antialcohólico.
• *ajumado, borracho, ebrio*

ABSTENCIÓN. Abstinencia, privación, dieta. — Irresolución, neutralidad, prohibición.

ABSTENERSE. Privarse, inhibirse.
• *actuar, ingerirse, mediar, participar, intervenir, terciar*

ABSTINENCIA. Privación, dieta, ayuno, castidad.

ABSTRACTO. Metafísico, ideal, inconcreto.
• *concreto, definido, detallado*

ABSTRAERSE. Ensimismarse, reconcentrarse, abismarse, enfrascarse, arrobarse, extasiarse.
• *disiparse*

ABSTRAÍDO. Ensimismado, preocupado, distraído, meditabundo. — Retirado, apartado.

ABSTRUSO. Recóndito, incomprensible, profundo, esotérico, oscuro.
• *claro*

ABSUELTO. Perdonado, remitido, libertado, condonado.

ABSURDO. Ilógico, disparatado, falso, irracional, desatinado. — Disparate, falsedad, desatino, dislate, inverosímil.
• *posible, racional, razonable*

ABUCHEAR. Protestar, sisear, reprobar.
ABUELO. Ascendiente, antecesor, antepasado.
ABULIA. Indolencia, inacción.
  • *albedrío, independencia, voluntad*
ABÚLICO. Apático, indolente.
ABULTADO. Grueso, grande, voluminoso.
— Exagerado, gordo.
  • *enjuto*
ABULTAR. Exagerar, ponderar, encarecer.
— Acrecentar, agrandar, dilatar, ensanchar, aumentar, inflar.
  • *adelgazar, alisar*
ABUNDANCIA. Copia, riqueza, fertilidad, fecundidad, frondosidad, exuberación, profusión, prodigalidad.
  • *escasez, estrechez, penuria*
ABUNDANTE. Copioso, rico, fértil, fecundo, extenso, exuberante, pródigo, fructuoso, pingüe, prolífico.
ABUNDANTÍSIMO. Ubérrimo, feracísimo, fertilísimo.
ABUNDAR. Pulular, multiplicarse.
  • *escasear*
ABUR. Agur, adiós, chao, despedida.
ABURRIDO. Fastidiado, cansado, harto, malhumorado, disgustado, hastiado. — Pesado, cargante, fastidioso, tedioso.
ABURRIMIENTO. Tedio, fastidio, hastío, cansancio.
ABURRIR. Fastidiar, molestar, hartar, hastiar, cansar, disgustar, importunar, chinchar, jeringar, abrumar, incomodar, estomagar. — Aborrecer, abandonar.
  • *distraer, divertir, recrear*
ABUSAR. Excederse, atropellar. — Seducir, engañar. — Aprovecharse.
  • *contener, moderar, reprimir*
ABUSO. Exceso, atropello, injusticia. — Exageración, extralimitación, incontinencia, intemperancia.
ABYECCIÓN. Bajeza, envilecimiento, servilismo. — Abatimiento.
  • *nobleza*
ABYECTO. Bajo, vil, despreciable, ignominioso, rastrero, servil. — Abatido, humillado.
  • *noble*

ACA. Aquí.
ACABADO. Perfecto, completo, consumado, esmerado, limado, pulido. — Terminado, concluido, finalizado, rematado. — Malparado, destruido, viejo, gastado, consumido, usado, agotado.
ACABAMIENTO. Término, fin, decadencia.
ACABAR. Concluir, fenecer, finalizar, rematar, terminar. — Destruir, exterminar, aniquilar, matar. —Morir, apagarse. — Perfeccionar, pulir. — Consumir, agotar, apurar, gastar.
  • *empezar, iniciar, principiar*
ACABARSE. Extinguirse, fenecer, fallecer, aniquilarse.
ACABÓSE. Colmo, súmmum.
ACADEMIA. Escuela, liceo, instituto.
ACADEMICISMO. Clasicismo.
ACAECER. Suceder, ocurrir, acontecer, pasar, advenir.
ACAECIMIENTO. Suceso, acontecimiento, advenimiento, hecho, caso.
ACALLAR. Aplacar, aquietar, calmar, sosegar, tranquilizar. — Apagar, silenciar.
ACALORADO. Encendido, fatigado. — Enardecido, entusiasmado, animado — Agitado, violento, exaltado.
ACALORAMIENTO. Encendimiento, arrebatamiento. — Ardor, entusiasmo, exaltación.
ACALORAR. Encender, fatigar, fomentar, promover, avivar, incitar, mover, alentar, entusiasmar, enardecer.
ACALORARSE. Fatigarse, enardecerse, entusiasmarse, exaltarse, agitarse. — Avivarse, encenderse. — Irritarse, excitarse.
  • *enfriarse*
ACAMPAR. Campar.
ACANALAR. Estriar, rayar.
ACAPARADOR. Absorbente.
ACAPARAR. Acumular, monopolizar, retener, absorber, concentrar, ahorrar.
  • *donar, entregar, soltar*
ACARAMELADO. Meliflúo, dulce. — Enamorado.
ACARICIAR. Halagar, mimar. — Rozar.
ACARIÑAR. Acariciar.

ACARREAR. Transportar, conducir, llevar. — Ocasionar, proporcionar, motivar, causar.

ACARREO. Transporte, conducción.

ACARTONARSE. Apergaminarse, momificarse, marchitarse.

ACASO. Azar, aventura, casualidad, incidente, eventualidad. — Accidentalmente, quizá, tal vez, probable.

ACATAMIENTO. Obediencia, respeto, veneración, sumisión, sometimiento, pleitesía.
  • *desacato, desobediencia*

ACATAR. Respetar, reverenciar, honrar, venerar. — Someterse, obedecer.
  • *desacatar, desobedecer, incumplir, resistirse*

ACATARRARSE. Resfriarse, constiparse.

ACAUDALADO. Adinerado, opulento, poderoso, pudiente, rico.
  • *pobre*

ACAUDALAR. Atesorar, enriquecerse.

ACAUDILLAR. Mandar, dirigir, capitanear. — Guiar, conducir.

ACCEDER. Asentir, condescender, consentir, permitir, autorizar, ceder.
  • *rehusar*

ACCESIBLE. Comprensible, inteligente. — Llano, sencillo, afable, franco, asequible, alcanzable, abordable, practicable.
  • *impenetrable, inaccesible, inasequible*

ACCESO. Entrada, camino. — Ataque, recargo.

ACCESORIO. Accidental, secundario. — Repuesto, adición, secundario.
  • *fundamental, principal, radical*

ACCIDENTADO. Borrascoso, agitado. — Quebrado, fragoso.

ACCIDENTAL. Casual, contingente, fortuito, impensado, eventual. — Interino, provisional, temporero.
  • *esencial, intrínseco, medular, permanente, substancial*

ACCIDENTARSE. Desmayarse, desvanecerse.

ACCIDENTE. Contratiempo, percance, peripecia, desgracia, casualidad, eventualidad. — Indisposición, desmayo, vahído, síncope, vértigo, patatús, congoja. — Modificación.
  • *esencia*

ACCIÓN. Acto, hecho, obra. — Suceso, operación. — Ademán, postura, actitud. — Combate, batalla.

ACCIONAR. Mover, impulsar.

ACECHAR. Espiar, atisbar, vigilar, observar, aguardar, seguir, perseguir, avizorar.

ACECHO. Espera, expectación, espionaje, inspección.

ACECINADO. Acartonado, apergaminado, amojamado, momificado.

ACECINAR. Ahumar, curar.

ACEDAR. Agriar, acidular. — Desazonar, disgustar.

ACEDO. Ácido, agrio. — Avinagrado, ceñudo, áspero, desapacible, amargo.

ACEITAR. Lubricar, suavizar.

ACEITERA. Alcuza, vinagrera, vinajera.

ACEITOSO. Oleaginoso, graso, craso, untuoso.

ACEITUNA. Oliva.

ACELERACIÓN. Adelanto, avance, celeridad, rapidez.

ACELERAR. Apurar, apresurar, activar, avivar, aligerar, precipitar, impulsar.
  • *atrasar, demorar, diferir, retrasar, retardar*

ACÉMILA. Mula, macho, mulo.

ACENDRADO. Puro, delicado, exquisito, entrañable, intenso, profundo. — Palabra, voz.

ACENDRAR. Depurar, limpiar, purificar.
  • *ensuciar, impurificar*

ACENTO. Tono, dejo, entonación, tonillo, impuso.
  • *iracundo, odioso, sucio*

ACENTUAR. Recalcar, realzar, marcar, subrayar, insistir, destacar, aumentar.

ACEPCIÓN. Sentido, significado, significación.

ACEPTABLE. Admisible, pasable, pasadero, tolerable.
  • *inaceptable*

ACEPTACIÓN. Aplauso, aprobación, boga, admisión, tolerancia.
  • *recusación*

ACEPTAR. Admitir, recibir, tomar, reconocer, confesar, aprobar, consentir. — Comprometerse, obligarse.
- *desechar, negar, rechazar, rehusar, repulsar*

ACEQUIA. Zanja, canal, agüera.

ACERA. Vereda.

ACERADO. Punzante, afilado, mordaz, penetrante, incisivo, cáustico, duro.

ACERBAMENTE. Desapaciblemente, ásperamente, cruelmente, amargamente, dolorosamente, rigurosamente.

ACERBO. Áspero, cruel, riguroso, desapacible, amargo, doloroso.

ACERCA DE. Sobre, respecto a, referente a, en lo tocante a.

ACERCAR. Aproximar, arrimar, juntar, avecinar.
- *alejar*

ACERCARSE. Aproximarse, arrimarse.
- *alejarse, irse*

ACERO. Espada, tizona, hoja. — Ánimo, brío, denuedo, resolución.

ACÉRRIMO. Implacable, tenaz, constante, intolerante.

ACERTADO. Conveniente, razonable, oportuno, perfecto, apropiado.
- *desacertado*

ACERTAR. Adivinar, descifrar, atinar. — Encontrar, hallar, topar.
- *aberrar, errar, desacertar, fallar, marrar, pifiar*

ACERTIJO. Enigma, adivinanza, jeroglífico.

ACERVO. Caudal, cantidad, pluralidad.

ACEZAR. Jadear.

ACHACAR. Atribuir, imputar, aplicar, endosar.
- *defender, disculpar*

ACHACOSO. Enfermizo, enclenque, enfermo.
- *sano*

ACHANTARSE. Aguantarse. — Agazaparse, aplastarse. — Callar, silenciar.
- *envalentonarse*

ACHAPARRADO. Bajo.

ACHAQUE. Indisposición, dolencia, alifafe. — Excusa, pretexto, subterfugio, disculpa. — Vicio, defecto. — Asunto, materia, tema.

ACHARARSE. Turbarse, sonrosarse, avergonzarse, azararse, sobresaltar. — Disgustarse, enojarse, desazorarse.
- *alegrarse, conmoverse, enternecerse, exultarse*

ACHAROLADO. Brillante, charolado.

ACHATAR. Aplanar, aplastar, agobiar.

ACHATARSE. Amilanarse, rebajarse, aplanarse.

ACHICADO. Aniñado, apocado. — Reducido, limitado. — Acoquinado, acobardado.

ACHICAR. Acortar, reducir, disminuir, encoger, menguar, desaguar, mermar. — Apocar, acobardar, acoquinar, intimidar, atemorizar, amilanar, arredrar.
- *ampliar, aumentar*

ACHICHARRAR. Freír, asar, abrasar.

ACHISPARSE. Alegrarse, ajumarse, embriagarse, emborracharse, alumbrarse.

ACHUCHAR. Aplastar, estrujar. — Empujar, azuzar, excitar, aprelar.

ACHUCHARSE. Afiebrarse.

ACHURAR. Matar, tajear.

ACIAGO. Desgraciado, infeliz, infausto, desdichado, funesto, nefasto.
- *agüero, bueno, feliz*

ACÍBAR. Áloe. — Amargura, disgusto, sinsabor.

ACIBARAR. Amargar, turbar, desazonar, entristecer.

ACICALADO. Bruñido, pulido, terso. — Aseado, ataviado, adornado, emperifollado, peripuesto, compuesto, atildado, perfilado, limpio, paquete.
- *despeinado, sucio*

ACICALAR. Pulir, bruñir, alisar, limpiar. — Adornar, asear, ataviar, componer, aderezar.

ACICATE. Aguijón, aliciente, espuela, incentivo, estímulo, incitativo.

ACIDIA. Pereza, flojedad.
- *fuerza, exuberancia*

ÁCIDO. Agrio, amargo, agraz.

ACIDULAR. Agriar, acedar. — Desazonar, disgustar.
- *endulzar, sazonar, acibarar*

ACIERTO. Habilidad, destreza, cordura, prudencia, tino, tacto, discreción, tiento. — Suerte, fortuna, éxito.
• *desacierto*

ACLAMAR. Proclamar, aplaudir.

ACLARACIÓN. Explicación, justificación, interpretación.

ACLARAR. Disipar. — Espaciar. — Amanecer. — Explicar, dilucidar. — Abonanzar, serenar, mejorar, calmar, despejar, sentar, escampar. — Clarificar.
• *ocultar, oscurecer*

ACLIMATARSE. Connaturalizarse, hacerse, acostumbrarse.

ACOBARDAR. Amedrentar, acoquinar, atemorizar, intimidar, amilanar, arredrar, abatir, desanimar, desalentar, apocarse, encogerse.
• *animarse, envalentonar*

ACODADO. Rincón, arista.

ACOGEDOR. Agradáble, cariñoso, sociable.
• *desdeñoso, desagradable, insociable*

ACOGER. Admitir, recibir. — Amparar, proteger, socorrer, favorecer.
• *rechazar, repeler*

ACOGERSE. Guarecerse, refugiarse, cobijarse, ampararse.

ACOGIDA. Recibimiento, hospitalidad, saludo.

ACOLCHAR. Enguatar.

ACÓLITO. Monacillo, monago, monaguillo. — Compañero, ayudante, compinche, secuaz, colega, satélite.
• *enemigo*

ACOLLARAR. Atraillar.

ACOLLARARSE. Casarse.

ACOMETEDOR. Agresivo, impetuoso, violento. — Emprendedor.
• *apocado, tímido*

ACOMETER. Embestir, arremeter, atacar, agredir, cerrar. — Emprender, intentar.
• *frenar, parar*

ACOMETIDA. Ataque, embestida, asalto, agresión, arremetida, acometida, embate, envite.

ACOMETIVIDAD. Osadía, atrevimiento, agresividad.

ACOMODADIZO. Acomodaticio, dúctil, elástico.

ACOMODADO. Rico, pudiente. — Apto, conveniente, oportuno, arreglado, adecuado, apropiado.
• *inepto, pobre*

ACOMODAMIENTO. Transacción, ajuste, convenio, arreglo, acuerdo, conciliación. — Comodidad, conveniencia.
• *desacuerdo, inconveniencia*

ACOMODAR. Aplicar, adecuar, adaptar, componer, ordenar, concertar, arreglar, ajustar, conciliar, apropiar, atemperar, transigir.
• *desordenar, inadecuar, intransigir*

ACOMODARSE. Avenirse, conformarse, arreglarse. — Emplearse, colocarse, ajustarse.
• *desacomodarse, rebelarse*

ACOMODATICIO. Dúctil, elástico, acomodadizo. — Sociable, complaciente.

ACOMODO. Conveniencia, empleo, ocupación, cargo, colocación, destino, puesto. — Aderezo, arreglo, compostura. — Enjuague.
• *desempleo, paro*

ACOMPAÑAMIENTO. Escolta, séquito, comitiva, comparsa.

ACOMPAÑAR. Escoltar, seguir, conducir. — Agregar, juntar, añadir, incluir.

ACOMPASADO. Regular, medido, rítmico, isócrono, uniforme, cadencioso, reglado, sincrónico.
• *alterado, arrítmico, desigual, irregular*

ACONDICIONADO. Arreglado, adecuado.

ACONDICIONAR. Arreglar, disponer, preparar.

ACONGOJADO. Afligido, apenado, atribulado, oprimido, fatigado, entristecido, contristado, apesadumbrado, desconsolado.

ACONGOJAR. Afligir, apenar, apesadumbrar, atribular, contristar, desconsolar, entristecer, fatigar, oprimir.

ACONSEJAR. Asesorar. — Comentar, interpretar, indicar, prevenir.
• *desaconsejar, desanimar, disuadir*

ACONTECER. Suceder, ocurrir, acaecer, pasar.

ACONTECIMIENTO. Acaecimiento, suceso, caso, hecho, ocurrencia.

ACOPIAR. Acumular, amontonar, aglomerar, allegar, juntar, reunir.
• *desperdigar*

ACOPIO. Provisión, depósito, abundancia.

ACOPLADO. Agregado.

ACOPLAR. Unir, parear, adaptar, ajustar.

ACOPLARSE. Juntarse, agregarse, adosarse.
• *desacoplarse, desunirse*

ACOQUINAR. Acobardar, amilanar, amedrentar, atemorizar, intimidar, abatir, desalentar, desanimar.
• *envalentonar*

ACORAZAR. Blindar.

ACORAZARSE. Prepararse, defenderse.

ACORDAR. Determinar, resolver, concordar, conformar, convenir, conciliar, componer. — Conceder, otorgar. — Pactar, quedar. — Templar.
• *desafinar, descomponer*

ACORDARSE. Recordar, rememorar, evocar.
• *olvidarse*

ACORDE. Conforme, concorde, de acuerdo.
• *desacorde*

ACORRALAR. Arrinconar, aislar, encerrar, cercar. — Acobardar, intimidar, acoquinar, amedrentar.

ACORTAR. Achicar, abreviar, reducir, mermar, encoger, disminuir, aminorar, contraer.
• *alargar, ensanchar*

ACOSAR. Perseguir, molestar, fatigar, hostigar, estrechar, vejar.
• *abrazar, ampliar, favorecer*

ACOSTARSE. Tenderse, tumbarse, echarse. — Encaramarse. — Arrimarse, acercarse, ladearse, inclinarse, adherirse.
• *levantarse*

ACOSTUMBRADO. Avezado, hecho, habituado. — Habitual, usual, normal, corriente, curtido, ducho, fogueado, aclimatado.
• *desentrenado, deshabituado*

ACOSTUMBRAR. Familiarizarse, soler, avezar, habituar.
• *desentrenar, desfamiliazar*

ACOTACIÓN. Anotación, señal, apuntamiento, nota.

ACOTAR. Amojonar, jalonar. — Fijar, señalar, deslindar. — Elegir, escoger, limitado, cerrar.
• *abrir, liberar*

ÁCRATA. Anarquista, libertario.

ACRE. Áspero, picante, irritante, desabrido, amargo.
• *dulce, fino, sabroso*

ACRECENTAR. Aumentar, acrecer, agrandar, engrandecer, ensanchar, extender.
• *disminuir, mermar*

ACRECER. Aumentar, involucrar, valorar.
• *desmerecer, desvalorizar, disminuir*

ACREDITADO. Afamado, conocido.

ACREDITAR. Afamar, justificar, probar, abonar, asegurar.
• *desacreditar, desprestigiar*

ACREEDOR. Digno, merecedor.
• *deudor*

ACRIBILLAR. Agujerear, coser. — Colmar, cubrir.

ACRIDIO. Langosta, saltamontes.

ACRIMINAR. Acusar, imputar, inculpar.

ACRIMONIA. Acritud, aspereza, desabrimiento, mordacidad, severidad.
• *suavidad*

ACRÓBATA. Equilibrista, volatinero, saltimbanqui, funámbulo.

ACTITUD. Postura, situación, disposición.

ACTIVAR. Avivar, excitar, mover, acelerar, apresurar, apurar, estimular.
• *parar*

ACTIVIDAD. Eficacia, prontitud, diligencia, dinamismo, presteza, celo.
• *atrofia, letargo, pasividad*

ACTIVO. Diligente, eficaz, vivo, ágil, ligero, rápido, poderoso, enérgico, dinámico.
• *indiferente, parado, pasivo, quieto*

ACTO. Acción, hecho. — Asamblea, reunión.

ACTOR. Comediante, cómico, artista, ejecutante. — Demandante, litigante.

ACTUACIÓN. Diligencia. — Desempeño.

ACTUAL. Presente, vigente, moderno, fresco. — Caliente, vivo.
 • *extemporáneo, inexistente, pasado*

ACTUALIDAD. Novedad.

ACTUALMENTE. Hoy, hogaño.

ACTUAR. Proceder, hacer, conducirse, portarse. — Trabajar, elaborar.
 • *abstenerse, inhibirse*

ACTUARIO. Escribano.

ACUARIO. Pecera.

ACUATIZAR. Amarar, amerizar.

ACUCHILLAR. Apuñalar.

ACUCIAR. Estimular, pinchar, apurar, aguijonear.
 • *aplacar, tranquilizar*

ACUDIR. Ir, socorrer, asistir, llegar. — Recurrir, apelar.
 • *alejarse, ausentarse*

ÁCUEO. Líquido.

ACUERDO. Resolución, determinación, convenio, pacto, dictamen, parecer, consentimiento, conformidad. — Reunión. — Reflexión, madurez, sentido. — Memoria, recuerdo. — Armonía, unión.
 • *desacuerdo, discrepancia, oposición*

ACUITAR. Afligir, apenar, atribular, apurar, acongojar.
 • *consolar*

ACULLÁ. Allí, allá, acullá, allende.

ACUMULAR. Amontonar, juntar, acopiar, hacinar, aglomerar, allegar, reunir, unir.
 • *disgregar, esparcir*

ACUNAR. Mecer.

ACUÑAR. Troquelar, amonedar. — Embutir, rellenar.

ACURRUCARSE. Encogerse, agacharse.

ACUSACIÓN. Delación, denuncia, inculpación, imputación.
 • *defensa, disculpa*

ACUSADO. Inculpado, reo, procesado.

ACUSADOR. Denunciador, delator, soplón.

ACUSAR. Imputar, denunciar, delatar, incusar, notar, tachar. — Avisar, notificar, indicar, inculpar.
 • *defender, disculpar*

ACUSÓN. Soplón, acusete.

ADAGIO. Proverbio, refrán, aforismo, sentencia, dicho, máxima.

ADALID. Caudillo, guía, cabeza, campeón, jefe.

ADAMADO. Afeminado, amadamado, amaricado.

ADÁN. Desaliñado, haraposo, desaseado, sucio, puerco, cochino, marrano, gorrino, dejado, descuidado, apático, desidioso.
 • *elegante, limpio*

ADAPTAR. Acomodar, ajustar, apropiar, aplicar, acoplar.

ADARME. Minucia, mínimo, porción, pizca. — Comino.
 • *amplio, enorme, grande, mucho*

ADECENTADO. Limpio, decente, puro. — Pulcro, aseado, depurado, impoluto.
 • *cochino, desaseado, gorrino, manchado, roñoso*

ADECUADO. Apropiado, acomodado, oportuno, conveniente, ajustado, propio, apto, oportuno, indicado, debido, congruente.
 • *anacrónico, impropio, inconveniente*

ADECUAR. Igualar, proporcionar, acomodar.

ADEFAGIA. Voracidad, glotonería.

ADEFESIO. Esperpento, espantajo. — Despropósito, disparate, extravagancia, feo.

ADEHALA. Propina, yapa.

ADELANTADO. Precoz. — Aventajado, excelente, superior, anticipado, aprovechado. — Atrevido, imprudente, audaz, temprano.
 • *atrasado, retrasado, tímido*

ADELANTAMIENTO. Medro, mejora, progreso, adelanto, mejoramiento, perfeccionamiento, acrecentamiento.
 • *retraso, retroceso*

ADELANTAR. Anticipar. — Aventajar, exceder, alcanzar. — Acelerar, apresurar. — Avanzar, aumentar, mejorar, progresar, prosperar, medrar, perfeccionar, aprender, florecer, atajar.
 • *aplazar, atrasar, demorar, diferir, retrasar, retroceder*

ADELANTARSE. Madrugar.
ADELANTE. Delante, ánimo.
¡ADELANTE! ¡Siga! ¡Prosiga! ¡Continúe! ¡Avance! ¡Ea! ¡Arre!
• *¡Atrás!, ¡Alto!, ¡Basta!, ¡quieto!, ¡so!*
ADELANTO. Anticipo. — Ventaja. — Progreso, adelantamiento, medro, perfeccionamiento, mejora, mejoramiento, civilización.
• *atraso, desventaja, imperfección*
ADELGAZAR. Enflaquecer. — Sutilizar. — Acortar, apocar, empequeñecer, purificar.
• *engordar*
ADEMAN. Actitud, contorsión, aspaviento, expresión.
ADEMAN. Modales, maneras (pl.). — gesto
ADEMÁS. También, asimismo, igualmente, por otra parte, aparte de.
ADENTRARSE. Entrarse, meterse, introducirse, arraigarse.
ADENTRO. Dentro, en lo interior.
ADEPTO. Iniciado, afiliado, asociado, partidario, adicto, secuaz, prosélito, amigo.
• *adversario, enemigo*
ADEREZAR. Componer, adornar, hermosear, ataviar, acicalar. — Guisar, aliñar, condimentar, sazonar. — Componer, remedar, arreglar, adobar, apañar. — Preparar, disponer, prevenir, cocer, arreglar.
ADEREZO. Adorno, atavío, gala, joya.
ADEUDADO. Entrampado, empeñado.
• *abonado*
ADEUDAR. Deber.
ADEUDARSE. Empeñarse, entramparse, endeudarse.
ADHERENCIA. Enlace, conexión, unión, adhesión.
• *rotura, separación*
ADHERENTE. Anexo, unido, pegado. — Partidario, adicto.
ADHERIR. Pegar, aglutinar, soldar, engomar. — Fijar, encolar, unir.
• *arrancar, despegar, desprender, separar*
ADHERIRSE. Pegarse, unirse, consentir, aceptar, aprobar, deferir, agarrarse.
• *arrancarse, despegarse*

ADHESIÓN. Adherencia, consentimiento, aprobación, aceptación. — Devoción, unión, apego, afección.
• *desunión, discrepancia, enemistad*
ADICIÓN. Suma, aumento, añadidura, aditamento.
• *disminución, resta, substracción*
ADICIONAL. Accesorio, repuesto. — Accidental, secundario.
• *fundamental, material, principal*
ADICIONAR. Aumentar, agregar, añadir, sumar.
• *disminuir, restar, substraer*
ADICTO. Dedicado, apegado, aficionado. — Secuaz, partidario, adepto, afiliado, iniciado, unido, prosélito, parcial, amigo.
• *desleal, enemigo*
ADIESTRADOR. Entrenador, cuidador.
ADIESTRAR. Enseñar, instruir, aleccionar, amaestrar, ejercitar, guiar, encaminar.
ADINAMIA. Debilidad, postración.
• *fortaleza, resurgimiento*
ADINERADO. Acaudalado, rico, opulento.
• *arruinado, pobre*
ADIÓS. Abur, agur, chao. — Despedida.
ADIPOSIDAD. Crasitud, gordura.
ADIPSIA. Hidrofobia.
• *sed, sequedad, hidropesía*
ADITAMENTO. Añadidura, adición, complemento, apéndice.
ADIVINACIÓN. Intuición, vaticinio, descubrimiento.
• *desacierto, oscurantismo*
ADIVINANZA. Acertijo, enigma, jeroglífico.
ADIVINAR. Predecir, vaticinar, pronosticar, profetizar. — Descubrir, acertar, atinar, descifrar, intuir.
ADIVINO. Quiromántico, augur, agorero, zahorí, hechicero.
ADJETIVO. Epíteto, calificativo.
ADJUDICAR. Dar, ceder, atribuir.
ADJUDICARSE. Apropiarse, quedarse, retener.
ADJUNTO. Unido, añadido, agregado, incluido. — Aditamento, añadidura.
ADLÁTERE. Amigo, compañero, devoto.

— Adicto, partidario, inclinado.
• *enemigo*

ADMINÍCULO. Utensilio, trabajo, bártulo, trasto, mueble.

ADMINISTRACIÓN. Gobierno, régimen, gerencia, dirección, gestión.

ADMINISTRADOR. Apoderado, gerente, director, empleado, trabajador, operario.

ADMINISTRAR. Cuidar, gobernar, regir, dirigir. — Suministrar, conferir, dar, aplicar, propinar, mandar.

ADMIRABLE. Asombroso, maravilloso, pasmoso, estupendo, sorprendente, excelente, notable, extraordinario.

ADMIRACIÓN. Asombro, estupor, maravilla, pasmo, sorpresa, atención.
• *desdén, despego, desprecio, indiferencia, sordidez*

ADMIRAR. Sorprender, asombrar, pasmar, maravillar, suspender, embobar, aturdir, extrañar. — Aprobar, elegir, ensalzar.
• *despreciar*

ADMITIR. Recibir, aceptar, acoger, tomar. — Permitir, consentir, tolerar, sufrir. — Suponer, conceder, aprobar, recibir.
• *echar, oponer, rechazar*

ADMONICIÓN. Amonestación, reconvención, regaño, reto, rapapolvo, reprimenda, exhortación, advertencia, apercibimiento.

ADOBAR. Aderezar, componer, preparar, guisar, condimentar, sazonar, aliñar. — Remendar, arreglar, apañar. — Curtir.

ADOBE. Ladrillo.

ADOBO. Aderezo, aliño, condimento, salsa.

ADOCENADO. Común, vulgar, trivial.

ADOCTRINAR. Aleccionar, enseñar, doctrinar, instruir, educar.

ADOLECER. Padecer, sufrir, tener, condolerse.

ADOLESCENCIA. Juventud, mocedad.

ADONDE. Donde.

ADONIS. Guapo, hermoso, bello, bonito, excelente.
• *feo, desagradable, reprobable*

ADOPTAR. Prohijar. — Resolver, acordar, tomar, elegir, admitir, aprobar, seguir,

abrazar. — Amparar, ayudar, proteger, favorecer.

ADOQUÍN. Torpe, ignorante, romo, zote.

ADOQUINADO. Pavimento, afirmado, empedrado.

ADOQUINAR. Empedrar, pavimentar.

ADORADOR. Devoto, fiel.

ADORAR. Querer, amar, idolatrar. — Reverenciar, venerar, orar.
• *despreciar*

ADORMECER. Acallar, entretener, calmar, sosegar, morir. — Tranquilizar, apaciguar.
• *avivar, enardecer, encender, reanimar*

ADORMECERSE. Entumecerse, entorpecerse, amodorrarse, aletargarse, envararse.

ADORMIR. Adormecer, ensoñarse, dormirse.

ADORNAR. Engalanar, embellecer, ornar, ataviar, componer, acicalar, aderezar, hermosear, decorar, exornar, devorar.
• *desliñar, deslucir, desnudar, despojar*

ADORNO. Atavío, aderezo, compostura, decorado, perifollo, gala, lujo.

ADOSAR. Apoyar, juntar, pegar, acoplar, unir.

ADQUIRIR. Alcanzar, conseguir, obtener, lograr. — Comprar, contraer, ganar.
• *dar, vender*

ADREDE. De propósito, de intento, intencionadamente, deliberadamente, ex profeso.

ADSCRIBIR. Agregar, destinar, asignar, inscribir, unir.
• *donar, entregar, restar*

ADUCIR. Alegar, aportar. — Añadir, agregar, inscribir.

ADUEÑARSE. Apoderarse, enseñorearse, apropiarse, conquistar, usurpar, hurtar.

ADULADOR. Lisonjero, zalamero, mimoso. — Quitamotas, quitapelillos. — Turiferario, botafumeiro.
• *calumnia, difamación, rumor*

ADULAR. Halagar, lisonjear, mimar, roncear.
• *calumniar, criticar, difamar*

ADULTERACIÓN. Falsificación, sofisticación, mixtificación, impuro, corrompido.

ADULTERAR. Falsificar, sofisticar, viciar, falsear, mixtificar, degenerar.
- *purificar, sanear*

ADULTERINO. Falso, falsificado.

ADÚLTERO. Mixtificado, corrompido, viciado.

ADULTO. Hombre, viejo, mayor, anciano.
- *niño, joven, infante*

ADUNAR. Unir, sumar, juntar.
- *separar*

ADUSTO. Austero, rígido, severo, hosco, huraño, esquivo, serio, arisco, seco, melancólico, antipático.
- *Afable, amable, sociable, tratable*

ADVENEDIZO. Arribista, logrero. — Extranjero, forastero.

ADVENIMIENTO. Llegada, venida, ascenso, exaltación. — Acaecimiento, aparición, arribo.

ADVENIR. Venir, suceder.

ADVERSARIO. Antagonista, rival, enemigo, contrario, competidor.
- *amigo*

ADVERSIDAD. Desdicha, desgracia, infortunio, desventura, fatalidad, infelicidad, contrariedad, decadencia.
- *felicidad, fortuna, prosperidad*

ADVERSO. Contrario, desdichado, desgraciado, desfavorable, hostil, enemigo.

ADVERTENCIA. Aviso, consejo, precaución, nota, indicación, prevención, amonestación, observación.

ADVERTIDO. Avisado, despierto, espabilado, despabilado, listo, capaz, experto, prevenido.
- *ignorante, inadvertido*

ADVERTIR. Reparar, observar, notar, percatarse, atender. — Aconsejar, amonestar, enseñar, prevenir, informar, avisar.
- *engañar, ocultar*

ADVOCACIÓN. Nombre, fe, adoración, esperanza.
- *aversión, execración, odio, rencor*

ADYACENTE. Inmediato, colindante, junto, contiguo, próximo, aledaño, lindero.

AEDO. Bardo, trovador, poeta, trovero, vate.

AERACIÓN. Ventilación.

AÉREO. Vaporoso, tenuísimo. — Fantástico, infundado.

AEROPLANO. Avión.

AERÓSTATO. Globo.

AFABILIDAD. Amabilidad, afecto, atención, benevolencia, cortesía, cordialidad, dulzura, sencillez, lenidad.

AFABLE. Amable, atento, agradable, afectuoso, benévolo, cortés, sencillo, sociable, tratable, placentero, simpático.
- *adusto, áspero, hosco, seco*

AFAMADO. Famoso, célebre, ilustre, conocido, reputado, renombrado, acreditado.
- *desconocido*

AFÁN. Anhelo, ansia, aspiración, deseo. — Trabajo, congoja.
- *desaliento, desgana*

AFANARSE. Atarearse, desuñarse, empeñarse, bregar, insudar.

AFEAR. Deformar. — Tachar, vituperar, censurar, motejar, reprender, notar.

AFECCIÓN. Enfermedad. — Inclinación, cariño, aprecio, afecto, ternura, afición.
- *ingenuidad, naturalidad, sinceridad*

AFECTACIÓN. Fingimiento, disimulo, presunción, hipocresía, doblez, estudio, extravagancia.
- *naturalidad, sencillez, sinceridad*

AFECTADO. Aparente, fingido. — Amanerado, estudiado, forzado, relamido, rebuscado. — Aquejado, molestado. — Destinado, fingimiento.
- *liso, natural, sencillo*

AFECTAR. Fingir, simular, tomar, presumir. — Impresionar, aquejar, afligir. — Agregar, anexar, destinar, sujetar. — Menoscabar, herir.

AFECTIVO. Sensible, tierno, cariñoso.

AFECTO. Apego, inclinación, cariño, amistad, afición, amor, afección, cordialidad. — Inclinación, apegado, aficionado. — Unido, agregado.
- *odio, rencor*

AFECTUOSO. Cariñoso, amoroso, amable, cordial, amistoso, afable.

AFEITAR. Rasurar. — Hermosear. — Rapar.

AFEITE. Cosmético.

AFEMINADO. Blando, voluptuoso, suave, muelle, tierno. — Adamado, amadamado, amaricado, amujerado.
- *macho, varonil, viril*

AFERRAR. Agarrar, asir, afianzar, amarrar.

AFERRARSE. Obstinarse, empeñarse, emperrarse, insistir. — Asirse, agarrarse.

AFIANZAR. Asegurar, afirmar, consolidar. — Asir, agarrar, fijar, aferrar. — Garantir, arraigar.

AFICIÓN. Afecto, apego, cariño, gusto, inclinación. — Ahínco, empeño, afán.
- *antipatía, aversión, despego, desinterés*

AFICIONARSE. Prendarse, encariñarse, enamorarse, engolosinarse, arregostarse. — Acostumbrarse, habituarse.

AFIJO. Prefijo, sufijo.

AFILADO. Delgado, puntiagudo, perfeccionado, aprimar.
- *engordado, grueso, romo*

AFILAR. Amolar, aguzar, adelgazar. — Galantear, cortejar, requebrar, enamorar, dragonear.

AFILIADO. Partidario, correligionario, adepto, iniciado, adicto.

AFILIAR. Asociar, alistar, admitir. — Prohijar.

AFILIARSE. Asociarse, juntarse, sindicarse.

AFILIGRANAR. Pulir, hermosear.

AFÍN. Pariente, allegado, deudo. — Contiguo, próximo, aledaño, colindante, análogo, semejante.

AFIN. Semejante, igual, parecido.
- *desigual, diferente*

AFINAR. Perfeccionar, purificar. — Templar, acordar.
- *desafinar*

AFINCARSE. Fijarse, establecerse, radicarse, avecinarse, arraigarse.

AFINIDAD. Parentesco. — Analogía. — Simpatía, atracción, tendencia.
- *antipatía, disimilitud, diversidad*

AFIRMACIÓN. Aseveración, aserción, asentimiento.
- *desmentir, negar, rechazar*

AFIRMADO. Pavimento, firme.

AFIRMAR. Fortificar, sostener, asegurar, afianzar, consolidar. — Aseverar, asegurar, atestiguar, asentir, creer.
- *desconfiar, mentir, negar*

AFIRMARSE. Ratificarse, reiterarse, insistir, asegurarse. — Afianzarse.

AFLAUTADA. Chillona, tiplada.

AFLICCIÓN. Congoja, pena, dolor, tristeza, tribulación, amargura, pesar, sentimiento, sinsabor, pesadumbre, desconsuelo, cuita.
- *contento, consuelo, gozo, júbilo, placer*

AFLIGIR. Apenar, apesadumbrar, afectar, angustiar, amargar, acongojar, apesarar, atribular, atormentar, contristar, abatir, contrariar, desolar, entristecer, mortificar, desconsolar.
- *consolar*

AFLOJAR. Desapretar, soltar. — Dar, entregar. — Ceder, flaquear, debilitar, amainar, relajar.
- *apretar, estrujar, prensar*

AFLORAR. Surgir, brotar, asomar, aparecer, manar, salir.

AFLUENCIA. Aflujo, abundancia, copia. — Facundia, verborrea, verbosidad, flujo. — Concurrencia, concurso.

AFLUENTE. Tributario, río.

AFLUIR. Concurrir, acudir. — Desaguar, verter.

AFONDAR. Hundirse, sumergirse, abismarse, naufragar.

AFORAR. Valuar, apreciar, calcular, determinar.

AFORISMO. Axioma, máxima, sentencia, apotema, proverbio, refrán, dicho.

AFORTUNADAMENTE. Felizmente, por suerte, dichosamente.

AFORTUNADO. Feliz, dichoso, venturoso, fausto. — Rico, opulento.
- *desafortunado*

AFRENTA. Agravio, insulto, injuria, ofensa, ultraje, vilipendio, deshonra, oprobio, vergüenza, deshonor.

AFRENTAR. Agraviar, insultar, injuriar, ofender, vilipendiar, deshonrar, ultrajar, aprobiar, degradar, vituperar.
- *alabar, honrar*

AFRENTARSE. Avergonzarse, sonrojarse.

AFRODISÍACO. Voluptuoso, sensual, lujurioso.

AFRONTAR. Arrostrar, desafiar. — Carear.
  • *eludir, escapar*

AFUERA. Fuera, en la parte exterior.

AFUERAS. Alrededores, inmediaciones, cercanías, contornos, proximidades, periferia.

AGACHADA. Ardid, astucia, treta, artería. — Inclinación, reverencia, genuflexión. — Reculada.

AGACHARSE. Inclinarse, agazaparse, encogerse, acurrucarse. — Esquivar, eludir.
  • *erguirse, incorporarse, levantarse*

AGALLAS. Valor, ánimo, esfuerzo, coraje, valentía.

AGALLUDO. Audaz, esforzado.

ÁGAPE. Banquete, festín, comida.

AGARENO. Sarraceno, árabe, moro, musulmán, islamita, mahometano.

AGARRADA. Altercado, riña, disputa, pendencia, contienda, porfía.

AGARRADERO. Asa, mango, asidero. — Recurso, arbitrio, medio.

AGARRADO. Avaro, miserable, mezquino, tacaño, cicatero, roñoso, interesado, apretado, amarrate.

AGARRAR. Asir, coger, tomar, atrapar, pillar, apresar, aprehender, alcanzar, conseguir.
  • *dejar, desasir, desprender, soltar*

AGARROTAR. Oprimir, estrujar, apretar.

AGARROTARSE. Anquilosarse.

AGASAJAR. Obsequiar, regalar, festejar, mimar, halagar, lisonjear.

AGASAJO. Obsequio, regalo, presente. — Halago, mimo.

AGAZAPARSE. Ocultarse, esconderse, acurrucarse, agacharse.

AGENCIAR. Solicitar, gestionar, obtener, lograr, adquirir, alcanzar.

AGENCIARSE. Apropiarse, procurarse, adquirir, obtener.

AGENDA. Memorándum.

AGENESIA. Impotencia. — Esterilidad.

AGENTE. Vigilante, policía.

AGIBÍLIBUS. Industria, habilidad, destreza, maña, arte.

AGIGANTADO. Crecido, agrandado, excesivo, notable.

ÁGIL. Ligero, diligente, vivo, activo, expedito, listo, pronto, desembarazado.
  • *atado, entumecido, imposibilitado, pesado, torpe*

AGILIDAD. Soltura, rapidez, ligereza, diligencia, viveza, actividad, prontitud.

AGIO. Especulación, ganancia.

AGIOTAJE. Agio.

AGITACIÓN. Inquietud, intranquilidad, turbación, perturbación, conmoción, ajetreo, desorden.

AGITADO. Convulso, trémulo, tembloroso, intranquilo, inquieto, conmovido. — Picado, alborotado, turbado.

AGITADOR. Perturbador, revolucionario, alborotador.

AGITAR. Sacudir, remover. — Conmover, turbar, perturbar, inquietar, intranquilizar.
  • *calmar*

AGLOMERACIÓN. Acumulación, amontonamiento, hacinamiento, acopio, mucho.

AGLOMERAR. Amontonar, juntar, hacinar, acumular, acopiar, reunir.
  • *desunir, separar*

AGLUTINAR. Pegar, adherir, juntar, unir.

AGOBIAR. Inclinar, encorvar. — Abrumar, fatigar, molestar, oprimir, cansar, fastidiar, aburrir, enfadar, hastiar, abatir, angustiar.
  • *despejar, despreocupar*

AGOBIO. Sofocación, angustia, fatiga, opresión, molestia.

AGOLPARSE. Amontonarse, hacinarse, aglomerarse, apretujarse.

AGONÍA. Lucha, combate, angustia, ansia, término, final, decadencia, aflicción, fin.

AGONIZANTE. Moribundo.

AGONIZAR. Extinguirse, expirar, boquear.

AGORAR. Predecir, vaticinar.

AGORERO. Augur, adivino, quiromántico, nigromante.

AGOSTADOR. Abrasador.

AGOSTAR. Secar, abrasar, marchitar.

AGOTADO. Cansado, débil. — Seco, consumido.
- *arrogante, fuerte*

AGOTAMIENTO. Debilidad, consunción, colapso, extenuación, enflaquecimiento.

AGOTAR. Consumir, apurar, acabar, gastar. — Debilitar, enervar, extenuar, enflaquecer.
- *llenar*

AGRACIADO. Premiado, favorecido, laureado, beneficiado. — Hermoso, lindo, gracioso.
- *feo, penado, vacío*

AGRACIAR. Premiar, galardonar. — Perdonar, indultar.

AGRADABLE. Deleitoso, delicioso, grato, apacible, lisonjero, satisfactorio, placentero, sabroso, ameno, deleitable.

AGRADAR. Complacer, contentar, gustar, satisfacer, placer, deleitar, alegrar.
- *desagradar, fastidiar, molestar, repeler.*

AGRADECER. Corresponder, tocar, pertenecer, pagar, compensar, comunicar.

AGRADECIDO. Reconocido, obligado.
- *ingrato, olvidadizo*

AGRADECIMIENTO. Reconocimiento, gratitud.

AGRADO. Afabilidad, amabilidad. — Gusto, voluntad, placer, satisfacción, contentamiento, complacencia, gracia.

AGRANDAR. Aumentar, ampliar, ensanchar, engrandecer, dilatar, acrecentar, acrecer.
- *achicar, disminuir*

AGRARIO. Rural, campestre, campesino.

AGRAVAR. Aumentar, acrecentar, recargar, empeorar, exacerbar.

AGRAVARSE. Empeorar.

AGRAVIAR. Atacar, vituperar, insultar, menospreciar, ofender.
- *adorar, agradar, defender, reparar, satisfacer*

AGRAVIO. Ofender, insultar, injuriar, afrentar, ultrajar, calumniar, denostar, deshonrar.
- *desagraviar, honrar, satisfacer*

AGRAZ. Amargura, disgusto, sinsabor.

AGREDIR. Acometer, atacar, arremeter, embestir, asaltar, cerrar.
- *esquivar, huir*

AGREGADO. Añadido. — Adscripto, adjunto, adicionado.

AGREGAR. Unir, añadir, juntar, adicionar, sumar, aumentar, asociar, anexar, acoplar.
- *disminuir, restar*

AGRESIÓN. Ataque, acometida, asalto.

AGRESIVO. Provocador, cáustico, mordaz, insultante, punzante.

AGRESTE. Campesino, rústico, áspero, inculto, salvaje, silvestre. — Rudo, tosco, grosero, descortés.
- *cortés, educado, fino, simpático*

AGRIAMENTE. Amargadamente, ásperamente, rigurosamente, secamente.

AGRIAR. Acedar, acidular. — Exasperar, exacerbar, irritar.

AGRICULTOR. Labrador, cultivador.

AGRIETAR. Abrir, hendir, rajar, resquebrajar.

AGRIO. Acedo, ácido, acerbo, acre, áspero, desabrido. — Frágil, quebradizo.

AGRUPACIÓN. Reunión, partido, sociedad.

AGRUPAR. Reunir, apiñar, aglutinar.

AGUA. Mar, río, líquido, fuente, lluvia.

AGUACERO. Chaparrón, nubada, chubasco, lluvia.

AGUACHIRLE. Baladí, insubstancial.

AGUADA. Abrevadero, aguadero, aguaje.

AGUAITAR. Acechar, espiar.

AGUAJE. Aguada. — Aguacero, chaparrón. — Estela. — Regaño, reprimenda. — Talante.

AGUAMANIL. Palangana, jofaina, palanganero, lavatorio, lavamanos.

AGUAMIEL. Hidromiel.

AGUANTABLE. Soportable, tolerable, sufrible, llevadero, pasadero.

AGUANTAR. Sufrir, soportar, tolerar, sobrellevar, pasar, resistir. — Sostener, sustentar, mantener.

AGUANTARSE. Contenerse, reprimirse, callarse, vencerse, sostenerse.

AGUANTE. Sufrimiento, resistencia,

paciencia, tolerancia, fortaleza, vigor. — Alma, fuerza, constancia, perseverancia.

AGUAR. Turbar, frustrar, interrumpir, entorpecer.

AGUARDAR. Esperar, confiar, creer.
• *ausentarse, marchar, partir*

AGUDEZA. Sutileza, perspicacia, viveza, ingenio, gracia, ocurrencia, clarividencia, sagacidad. — Chiste.

AGUDIZAR. Agravarse, aumentar, peligrar, empeorar.

AGUDO. Puntiagudo, aguzado, delgado, sutil. — Perspicaz, ingenioso, chistoso, ocurrente, gracioso, oportuno, vivo, penetrante.

AGÜERA. Acequia, canal, zanja.

AGÜERO. Presagio, augurio, pronóstico, señal, vaticinio, indicio.

AGUERRIDO. Veterano, endurecido, fogueado. — Avezado, acostumbrado, experimentado, ducho.

AGUERRIR. Guerrear, sufrir, envalentonarse, auparse.

AGUIJADA. Picana.

AGUIJAR. Incitar, estimular, avivar, animar, espolear, aguijonear, picar, pinchar, punzar.

AGUIJÓN. Púa, espina, punta. — Acicate, estímulo, incentivo, aliciente, incitativo.

AGUIJONEAR. Incitar, espolear, avivar, picar, pinchar, punzar, animar, aguijar, estimular, excitar.

ÁGUILA. Vivo, lince, avispado, despabilado, listo, perspicaz.

AGUJA. Brújula, compás. — Saetilla, manecilla. — Obelisco.

AGUJEREAR. Horadar, perforar, taladrar.

AGUJERO. Abertura, portillo.

AGUR. Abur, adiós, despedida.

AGUZADO. Agudo, puntiagudo, afilado.

AGUZAR. Afilar, amolar, adelgazar. — Aguijar, estimular, avivar.

AHERROJAR. Encadenar, oprimir, subyugar, esclavizar.

AHERRUMBRARSE. Herrumbrarse, enmohecerse.

AHIJADO. Protegido.

AHIJAR. Prohijar, adoptar. — Atribuir, imputar, achacar.

AHINCAR. Apremiar, apresurar, hincar.

AHÍNCO. Empeño, afán, tesón, firmeza. — Diligencia, eficacia.

AHITARSE. Saciarse, hartarse, hastiarse, empacharse, atiborrarse, llenarse.

AHÍTO. Harto, repleto, saciado, empachado. — Cansado, hastiado, enfadado. — Empacho, indigestión.

AHOGADO. Asfixiado. — Estrecho, apretado.

AHOGAR. Asfixiar, apagar, sofocar, extinguir, oprimir, acongojar, fatigar.

AHOGARSE. Apurarse, afligirse. — Frustrarse, malograrse.

AHOGO. Aprieto, necesidad, apuro, opresión, estrechez, penuria. — Congoja, aflicción, sofocación.

AHONDAR. Profundizar, cavar, excavar. — Penetrar, escudriñar.

AHORA. Actualmente, hoy día, en este instante, al presente, a esta hora, ora.

AHORCADO. Entrampado, endeudado. — Colgado, ajusticiado.

AHORCAR. Colgar, ajusticiar, suspender. — Oprimir.

AHORRAR. Economizar, reservar, guardar. — Excusar, evitar.
• *disipar, gastar, malversar, tirar*

AHORRO. Economía.

AHUECAR. Mullir, esponjar, ensanchar. — Hincharse, envanecerse, pavonearse, engreírse. — Escapar, irse, largarse, marcharse.
• *ceñir, deshinchar*

AHUMADO. Negro, humoso, cocido, oscuro.

AHUYENTAR. Espantar, alejar, desechar.

AIRADO. Irritado, furioso, enojado, rabioso, enfurecido, encolerizado, colérico, iracundo, enfadado. — Viciado, perverso, corrompido, estragado, vicioso.
• *tranquilo*

AIRAR. Irritar, encolerizar, enfurecer, enojar.

AIRARSE. Irritarse, encolerizarse, enojarse. — Viciarse, corromperse, estragarse.

AIRE. Viento. — Apariencia, porte, figura. — Vanidad, engreimiento. — Garbo, gallardía, gentileza, apostura, primor, gracia, brío. — Atmósfera. — Canto, melodía, música, canción.

AIREAR. Ventilar, orear, espirar.

AIRÓN. Penacho. — Prestigio, fama, renombre.

AIROSO. Apuesto, garboso, gallardo, arrogante, esbelto, elegante, galán, donoso.

AISLADO. Solitario, solo, desierto, apartado, retirado, incomunicado. — Particular, independiente.

AISLAMIENTO. Retiro, retraimiento, incomunicación, reclusión. — Desamparo, soledad.

AISLAR. Incomunicar, separar, arrinconar, confinar, desterrar, apartar.
 • *comunicarse, unirse*

AISLARSE. Retirarse, retraerse, encogerse, apartarse.

AJADO. Manoseado, sobado, mustio, marchito, lacio.

AJAR. Sobar, manosear, marchitar. — Maltratar, deslucir. — Humillar.

AJENO. Extraño, impropio. — Diverso. — Distante, lejano. — Libre.
 • *exclusivo, propio*

AJETREO. Trajín, agitación.

AJÍ. Pimiento.

AJORCA. Brazalete, pulsera.

AJUAR. Menaje, moblaje, mobiliario. — Equipo.

AJUMARSE. Embriagarse, emborracharse, alumbrarse, alegrarse, achisparse.

AJUSTADO. Justo, recto. — Apretado, ceñido. — Arreglado, ordenado.

AJUSTAR. Concertar, convenir, concordar, pactar, arreglar. — Encajar, apretar. — Componer, reconciliar. — Liquidar. — Adaptar, amoldar.
 • *desjustar, dislocar*

AJUSTARSE. Amoldarse, avenirse, conformarse, acomodarse.

AJUSTE. Acuerdo, resolución, convenio, pacto. — Reunión, memoria, armonía, unión.

AJUSTICIAR. Ejecutar, matar.

ALA. Flanco, hilera, fila, costado, lado. — Remo.

ALABANCIOSO. Jactancioso, vanidoso, presuntuoso, fatuo, presumido.

ALABANZA. Elogio, encomio, loa, aplauso, celebración.

ALABAR. Elogiar, celebrar, encomiar, loar, aplaudir, ensalzar, encarecer.
 • *injuriar, ofender, vituperar*

ALABARDERO. Claque, aplaudir.

ALABARSE. Jactarse, vanagloriarse, preciarse, gloriarse, picarse, alardear, ensalzarse.
 • *desprestigiarse, desproficarse, hundirse*

ALABEADO. Combado, curvado, torcido.

ALACENA. Armario.

ALACRÁN. Escorpión. — Maldiciente, murmurador, detractor.

ALAMARES. Caireles.

ALAMBICADO. Reducido, escaso. — Sutil, sutilizado, afectado, relamido, rebuscado.

ALAMBICAR. Destilar. — Sutilizar.

ALAMBRADO. Alambrera. — Cercado.

ALAMBRE. Hilo, filamento.

ALAMPAR. Dolor, ansiedad, excitación, picar.

ALARDE. Ostentación, gala, jactancia.

ALARDEAR. Jactarse, alabarse, vanagloriarse, preciarse, gloriarse, pavonearse. — Compadrear.

ALARGAR. Prolongar, aumentar, estirar. — Alcanzar, tender. — Alejarse, desviarse, apartarse, dilatar.
 • *acortar, achicar, mermar, reducir*

ALARIDO. Grito, clamor, voz.

ALARIFE. Albañil, minero, arquitecto, maestro de obras, constructor.

ALARMA. Inquietud, susto, intranquilidad, temor, sobresalto. — Rebato.

ALARMAR. Asustar, sobresaltar, atemorizar, intranquilizar, inquietar.
 • *tranquilizar*

ALAS. Osadía, libertad, engreimiento. — Ánimo, valor, brío.

ALAZÁN. Caballo, yegua, alcaraz.

ALBA. Aurora. — Madrugada, amanecer.

ALBACEA. Testamentario.

ALBAÑAL. Alcantarilla, cloaca, canal.

ALBEDRÍO. Libertad, autodeterminación, independencia, alternativa, opción, autonomía. — Elección, selección. — Voluntad, arbitrio, caprico, antojo.

• *determinismo, fatalismo, predestinación, sino*

ALBERGAR. Hospedar, cobijar.

• *desalojar, mudar, salir*

ALBERGUE. Alojamiento. — Refugio, cueva, madriguera, guarida, cubil.

ALBIÓN. Inglaterra, Gran Bretaña.

ALBO. Blanco, ampo.

ALBOR. Albura, blancura. — Alba. — Infancia, juventud, principio.

ALBORADA. Aurora, amanecer. — Diana.

ALBOREAR. Amanecer, clarear, alborecer.

• *anochecer, oscurecer*

ALBORES. Principios, comienzos.

ALBOROTADO. Atolondrado, irreflexivo, precipitado, ligero. — Inquieto, díscolo. — Encelado, alzado, impulsivo.

• *parado, quieto, tímido*

ALBOROTAR. Perturbar, alterar, inquietar, conmover, amotinar, sublevar, gritar, trastornar, excitar. — Enmarañar. — Encabritar. — Encrespar.

ALBOROTO. Vocerío, estrépito, bullicio, tumulto, algazara, bulla, pelotera, gritería, batahola. — Asonada, desorden, motín, sedición. — Sobresalto, inquietud, zozobra, alteración.

ALBOROZAR. Gritar, desordenar, sobresaltar, atolondrar. — Encelar, zozobrar.

ALBRICIAS. Regalo, obsequio. — Felicitación, parabién.

ALBUR. Riesgo, contingencia, azar, casualidad.

ALBURA. Blancura, candidez.

ALCÁBALA. Gravamen, impuesto, tasa, tributo.

ALCACHOFA. Alcaucil.

ALCAHUETA. Celestina, encubridora, tercera, correveidile.

ALCAHUETE. Encubridor. — Chismoso, delator, soplón. — Proxeneta.

ALCAHUETERÍA. Lenocinio. — Chisme.

ALCALDADA. Injusticia, aprovechamiento, corrupción, abuso, excentricidad.

ALCALOIDE. Estupefaciente, alucinógeno.

ALCANCE. Transcendencia, resonancia. — Seguimiento, persecución.

ALCANCES. Talento, capacidad, inteligencia. — Envergadura.

ALCANCIA. Hucha, cepillo.

ALCANTARILLA. Cloaca, sumidero, albañal.

ALCANZAR. Llegar, conseguir, obtener, lograr, sacar, recabar. — Saber, entender, comprender. — Tocar. — Bastar.

ALCÁZAR. Fortaleza, palacio, castillo.

ALCOBA. Dormitorio, recámara, cuarto, sala.

ALCOHOLIZADO. Borracho, embriagado, beodo, bebido, ajumado, achispado.

• *abstemio, aguado, sereno*

ALCOHOLIZAR. Emborracharse, embriagar.

ALCOR. Colina, collado, montaña.

ALCORNOQUE. Ignorante, zafio, bodoque, torpe, cretino.

ALCURNIA. Ascendencia, linaje, estirpe, familia, cuna, abolengo.

ALCUZA. Aceitera.

ALDABA. Llamador, aldabón.

ALDEA. Pueblo, villa, municipio, villorrio, caserío.

ALDEANO. Rústico, labriego, campesino, paleto, lugareño. — Inculto, grosero.

ALEACIÓN. Liga, mezcla, compuesto.

ALEAR. Aletear. — Ligar.

• *desintegrar, desunir, separar*

ALEATORIO. Incierto, casual, azaroso, fortuito, contingente, eventual.

ALECCIONAR. Amaestrar, enseñar, instruir, adiestrar.

ALEDAÑO. Confinante, colindante, limítrofe, vecino, lindante, cercano, contiguo, periférico.

ALEDAÑOS. Límite, confín, término.

ALEGAR. Aducir, citar, exponer, argüir, decir.

ALEGATO. Defensa, exposición.

ALEGORÍA. Ficción, apólogo, parábola, símbolo.

ALEGRAR. Alborozar, regocijar, complacer, solazar, gozar, holgar, agradar, refocilar, satisfacer, placer. — Avivar, hermosear.

• *entristecer*

ALEGRARSE. Achisparse, ajumarse, alumbrarse. — Congratularse, felicitarse, consolarse.

ALEGRE. Divertido, entretenido, jovial, festivo, gracioso, chistoso, bromista, jocoso, contento, regocijado, gozoso, satisfecho, alborozado. — Achispado, ajumado, alumbrado. — Deshonesto, airado.

• *aflijido, apenado, lúgubre, nostálgico, triste*

ALEGRÍA. Júbilo, contento, alborozo, regocijo, gozo, satisfacción, placer, contentamiento, gusto.

ALEJADO. Ausente, lejano, distante, apartado, remoto, retirado.

• *cercano, contiguo, inmediato, próximo*

ALEJAR. Apartar, retirar, desviar. — Conjurar.

• *acercar*

ALELADO. Atontado, lelo, embobado, turulato.

ALEMÁN. Germano, tudesco, teutón.

ALENTADO. Animoso, valiente, esforzado, valeroso, bizarro. — Altanero, soberbio, valentón, estimular.

ALENTADOR. Reconfortante, estimulante.

ALENTAR. Respirar. — Animar, excitar, incitar, infundir, exhortar, reanimar, confortar.

• *desanimar, desilusionar*

ALERTA. Prevenido, atento, vigilante.

ALETARGAR. Amodorrar, adormecer.

• *avivar, despabilar*

ALETEAR. Alear. — Vivir, mover.

ALEVE. Traidor, desleal, infiel, traicionero, felón, alevoso, pérfido.

ALEVOSÍA. Traición, deslealtad, infidelidad, perfidia.

ALEVOSO. Aleve, traidor, pérfido, desleal, infiel, felón.

ALFABETIZAR. Enseñar, poner, colocar, situar. — Aprender, estudiar.

ALFABETO. Abecé, abecedario, cartilla.

ALFEÑIQUE. Enclenque. — Remilgo, compostura.

ALFILERAZO. Indirecta, ironía. — Pinchazo.

ALFILERÓN. Pincho, alfiler.

ALFOMBRA. Tapiz.

ALFORJA. Talega.

ALFORZA. Dobladillo, arruga, pliegue. — Costurón, cicatriz, grieta.

ALGARABÍA. Grieta, confusión, algazara, ruido.

ALGARADA. Alboroto, tumulto, motín, asonada, revuelta, desorden.

ALGAZARA. Griterío, vocerío, bulla, bullicio, ruido, algarabía.

ÁLGIDEZ. Glacial, frialdad.

ALGO. Un poco, no del todo, hasta cierto punto.

ALGUACIL. Corchete, polizonte, funcionario, oficial.

ALGUIEN. Alguno, uno, persona.

• *nadie*

ALGUNOS. Varios, ciertos. — Bastante, en modo.

• *ninguno*

ALHAJA. Joya, presea, dije. — Estuche.

ALHAJAR. Adornar, embellecer. — Amueblar.

ALHARACA. Aspaviento, afectación.

ALHÓNDIGA. Bolsa.

ALHUCEMA. Espliego.

ALIANZA. Unión, liga, coalición, confederación. — Pacto, convención. — Casamiento, acuerdo.

ALIARSE. Unirse, coligarse, confederarse, asociarse, ligarse.

• *desunirse, separarse*

ALIAS. Apodo, mote, renombre.

ALICAÍDO. Débil, abatido. — Triste, desanimado, decaído, melancólico, atristado, contristado, enervado, mustio, acoquinado. — Apabullado, aplastado.

ALICATADO. Adornado, azulejo, embellecido, acicalado.

ALICIENTE. Atractivo, incentivo, estímulo, acicate, aguijón, incitativo.

ALIENABLE. Enajenable, vendible.

ALIENADO. Demente, loco, vesánico.

ALIENAR. Enajenar, vender.

ALIENISTA. Psiquiatra.

ALIENTO. Respiración, resuelto, hálito. — Valor, denuedo, esfuerzo, ánimo, bizarría.

ALIFAFE. Tumor, achaque, dolencia.

ALIGERAR. Aliviar, moderar, templar. — Abreviar, acelerar, apresurar, avivar, activar, apurar.
• *cargar*

ALIJO. Contrabando, matute.

ALIMENTAR. Nutrir, sustentar, mantener, sostener, fomentar.
• *ayunar, desnutrir.*

ALIMENTICIO. Nutritivo, sustancioso.

ALIMENTO. Sustento, sostén, formento, pábulo, manjar.

ALINEACIÓN. Orden, formación.

ALINEADO. Paralelo, en línea, formado.

ALINEAR. Incluir. — Formar, ordenar, colocar.

ALIÑADO. Adornado, cocinado, aderezado, adobado.

ALIÑAR. Aderezar, condimentar, sazonar, adobar. — Componer, arreglar, adornar.

ALIÑO. Compostura, aseo, pulcritud, arreglo. — Condimento, aderezo, adobo.

ALISAR. Pulimentar, pulir, bruñir. — Atusar.

ALISTAMIENTO. Conscripción.

ALISTAR. Prevenir, aprontar, aparejar, disponer. — Inscribir, afiliar, matricular.

ALIVIAR. Moderar, templar, mitigar, atenuar, aligerar, disminuir, descansar.
• *apesadumbrar, enfermar*

ALIVIARSE. Mejorar, reponerse.

ALIVIO. Mejoría. — Descanso, consuelo, desahogo. — Disminución.

ALJABA. Carcaj.

ALJIBE. Pozo, cisterna.

ALJÓFAR. Perla, joya, presea. — Rocío.

ALLANAR. Nivelar, igualar, aplanar. — Vencer, zanjar, superar, resolver. — Pacificar, aquietar, sujetar.
• *desarreglar, desigualdad*

ALLANARSE. Sujetarse, avenirse, conformarse, resignarse, amoldarse, prestarse.

ALLEGADO. Pariente, deudo. — Parcial. — Cercano, próximo.

ALLEGAR. Recoger, juntar, reunir, acopiar, almacenar. — Agregar, añadir. — Arrimar, acercar, aproximar, acoplar, dar.

ALLENDE. Además, fuera de, allí.

ALLÍ. Ahí, allá, acullá, allende.
• *aquí, acá, aquende, presente*

ALMA. Espíritu, ánimo, aliento, energía, viveza. — Persona, individuo, habitante. — Substancia, miga, meollo.
• *cuerpo, humanidad, materia*

ALMACÉN. Depósito. — Abacería, comercio, tienda.

ALMACENAR. Acumular, juntar, reunir, guardar, allegar, acopiar, ahorrar.

ALMADÍA. Balsa, jangada, armadija.

ALMADREÑA. Zueco, calzado.

ALMANAQUE. Calendario.

ALMIBARADO. Meloso, empalagoso, dulzón, melifluo.

ALMIREZ. Mortero.

ALMO. Excelente, benéfico, santo, venerando. — Criador, vivificador, benéfico, alimentador.

ALMOHADILLADO. Relleno, acolchado.

ALMOHADÓN. Cojín.

ALMOHAZA. Rasqueta.

ALMOHAZAR. Rascar, entregar, raer, frotar.

ALMONEDA. Subasta, licitación.

ALMORZAR. Desayunar, comer, ingerir, tomar.

ALMUÉDANO. Sacerdote, musulmán, oteador.

ALNADO. Hijastro.

ALOCADO. Irreflexivo, impulsivo, impetuoso, precipitado, atropellado, aturdido, tarambana, informal, ligero.

ALOCUCIÓN. Discurso, arenga.

ÁLOE. Acíbar.

ALOJAMIENTO. Posada, hospedaje, albergue, aposento.

ALOJAR. Hospedar, albergar, aposentar, cobijar.
• *abandonar, arrojar, desalojar, desahuciar, expulsar*

ALONDRA. Calandria.

ALPARGATA. Calzado, zapato, zueco.

ALQUERÍA. Cortijo, granja.

ALQUILAR. Arrendar.

ALQUILER. Arriendo, arrendamiento, locación.

ALQUITARA. Alambique.

ALREDEDOR. Cerca. — En círculo, en torno.

ALREDEDORES. Contornos, cerca-nías, inmediaciones, proximidades, afueras.

ALTAMENTE. Perfectamente, excelentemente, extremadamente.

ALTANERÍA. Altivez, orgullo, soberbia, arrogancia, envanecimiento, imperio, desdén, desprecio.

ALTANERO. Altivo, soberbio, orgulloso, arrogante, imperioso, despreciativo, desdeñoso.

ALTAR. Ara.

ALTAVOZ. Altoparlante.

ALTERACIÓN. Variación, mudanza, cambio, perturbación, modificación, trastorno. — Sobresalto, inquietud, irritación, conmoción, altercado, disputa.

ALTERAR. Variar, cambiar, mudar, trastornar. — Perturbar, turbar, conmover, conturbar, inquietar, enfadar, descomponer, irritar.
• *tranquilizar*

ALTERCADO. Disputa, porfía, riña, pendencia, agarrada, gresca, cisco, pelotera, escándalo, trifulca, bronca, bochinche, caramillo, batuque, batifondo, zafarrancho, tremolina, zipizape, querella, toletole, trapatiesta, marimorena, camorra, jollín, zaragata, entrevero, jaleo.

ALTERCAR. Disputar, porfiar, contender, luchar.

ALTERNAR. Codearse, tratarse. — Turnar.

ALTERNATIVA. Intermitencia, transformado, variado.

ALTEZA. Altura, elevación, sublimidad, excelencia.

ALTILLO. Desván, buhardilla. — Otero, colina.

ALTISONANTE. Pomposo, rimbombante, altísono, campanudo, hueco, hinchado, palanganudo, enfático.

ALTITUD. Altura.

ALTIVEZ. Orgullo, soberbia, altanería, arrogancia, imperio, desdén, desprecio.
• *humildad*

ALTIVO. Soberbio, orgulloso, altanero, arrogante, imperioso, desdeñoso, despreciativo.

ALTO. Levantado, elevado, encumbrado, eminente, prominente. — Crecido. — Arduo, inaccesible. — Superior, excelente. — Gravísimo. — Profundo, sólido. — Caro, subido. — Fuerte. — Avanzado. — Altura. — Collado, cerro. — Detención, parada. — Arriba. — Sonoro, ruidoso.
• *bajo, enano, pequeño, pigmeo*

ALTOZANO. Cerro, otero, collado.

ALTRUISTA. Caritativo, abnegado, filántropo.
• *egoísta, envidioso, sórdido*

ALTURA. Cumbre, elevación, alteza, altitud.

ALUBIA. Poroto, habichuela, fríjol, judía.

ALUCINACIÓN. Ofuscación, ofuscamiento, ceguera, ceguedad, engaño, ilusión, espejismo.
• *realidad, serenidad*

ALUCINAR. Ofuscar, cegar, deslumbrar, engañar, seducir, embaucar.

ALUDIR. Referirse, ocuparse, contraerse, citar, mencionar, tocar, nacer.
• *callar, omitir*

ALUMBRAMIENTO. Parto.

ALUMBRAR. Iluminar, encender. — Parir, nacer. — Ilustrar, enseñar. — Dar a luz. — Aflorar.
• *apagar*

ALUMBRARSE. Achisparse, alegrarse, ajumarse.

ALUMNO. Discípulo, colegial, escolar, educando.

ALUNADO. Lunático. — Enfadado.

ALUSIÓN. Indirecta, pulla, pullazo, alfilerazo. — Referencia.

ALUSIVO. Referencia.
ALUVIÓN. Inundación, avenida, abundancia.
ÁLVEO. Cauce, madre, lecho, ganancia.
ALVEÓLO o **ALVEOLO.** Celdilla (del panel). — Concavidad, cavidad, hueco.
ALZA. Aumento, ascenso, subida, elevación.
ALZADO. Encelado, alborotado.
ALZAMIENTO. Levantamiento, rebelión, sublevación, motín, insurrección, sedición, tumulto. — Puja. — Ascensión.
ALZAPIÉ. Banqueta, taburete, escabel.
ALZAR. Levantar, elevar, erigir, encumbrar, ascender, subir. — Aumentar, construir.
  • *bajar, descender*
ALZARSE. Rebelarse, amotinarse, sublevarse. — Quitar, robar, huir.
AMA. Señora, dueña, patrona, propietaria. — Nodriza.
AMABILIDAD. Afabilidad, cordialidad, afecto, benevolencia, agrado, urbanidad, atención, cortesía, sencillez, dulzura.
AMABLE. Afectuoso, cordial, benévolo, agradable, afable, atento, urbano, cortés, sencillo, tratable, sociable.
  • *abominable, aborrecible*
AMADAMADO. Adamado, afeminado, amujerado, amaricado.
AMADO. Amante, galán.
AMAESTRAR. Enseñar, instruir, aleccionar, adiestrar.
AMAGAR. Amenazar.
AMAGO. Amenaza, señal, indicio, síntoma. — Finta, apariencia, conato, peligro.
AMAINAR. Aflojar, ceder, disminuir, desistir, decrecer.
  • *encrespar*
AMALGAMA. Unión, mezcla.
  • *desunión, separación*
AMAMANTAR. Atetar, lactar.
AMANCEBARSE. Amigarse, abarraganarse, amontonarse, juntarse.
AMANECER. Alborear, alborecer, clarear. — Alba, aurora. — Nacer, principio.
  • *anochecer, oscurecer*
AMANERADO. Estudiado, rebuscado, afectado, forzado.
  • *natural, sencillo*

AMANSAR. Domar, domesticar, apaciguar, tranquilizar, sosegar, desbravar.
  • *excitar*
AMANTAR. Arropar, abrigar, cubrir, tapar.
AMANTE. Amador, galán. — Apasionado, inclinado, devoto, aficionado. — Tierno, cariñoso.
AMANUENSE. Escribiente, copista. — Artesano.
AMAÑADO. Hábil, diestro, dispuesto, preparado. — Engañoso.
AMAR. Estimar, apreciar, afeccionar, querer, adorar, idolatrar.
  • *abominar, aborrecer, odiar*
AMARAR. Amerizar, acuatizar, llegar.
AMARGAR. Afligir, disgustar, apesadumbrar, apenar, entristecer, atormentar, acibarar, atristar.
  • *consolar, endulzar*
AMARGO. Áspero, desabrido, agrio, ácido, acre, acedo, acibarado. — Seco, insípido. — Cimarrón.
  • *almibarado, azucarado, dulce, meloso*
AMARGURA. Aflicción, amargor, disgusto, pesadumbre, pesar, pena, tribulación, tristeza, dolor, tormento, sufrimiento, desconsuelo.
AMARICADO. Afeminado, amadamado, amujerado.
AMARRA. Cable, correa, cuerda.
AMARRAR. Atar, sujetar, encadenar, ligar, trincar.
  • *desatar, soltar*
AMARRAS. Protección, apoyo, cuñas.
AMARRATE. Agarrado, tacaño.
AMARTELADO. Enamorado, chiflado, amelonado.
AMARTILLAR. Armar, montar. — Martillar.
AMASAR. Formar, levantar, atesorar, acumular.
AMASIJO. Obra, tarea. — Embrollo, enredo, confusión, bodrio.
AMATORIO. Erótico.
AMAZACOTADO. Compacto, macizo, duro, apretado.
AMBAGES. Rodeos, circunloquios, perífrasis.

AMBICIÓN. Codicia, avaricia. — Anhelo, ansia, aspiración.

AMBICIONAR. Codiciar, anhelar, ansiar, apetecer, desear, querer, avariciar.
• *desdeñar, despreciar, renunciar*

AMBICIOSO. Codicioso, avaricioso, ansioso.

AMBIENTE. Clima, atmósfera.

AMBIGÜEDAD. Anfibología, equívoco, obscuridad, confusión, eclecticismo, medio, neutralidad.

AMBIGUO. Dudoso, confuso, incierto, obscuro, equívoco.

ÁMBITO. Contorno, perímetro. — Espacio, lugar.

AMBROSÍA. Alimento, manjar, deleite. — Planta.
• *amargor, insubstancial*

AMBULANCIA. Hospital, enfermería.

AMBULANTE. Ambulativo, errante, transeúnte, pasajero.

AMEDRENTAR. Atemorizar, acobardar, amilanar, intimidar, arredrar, apocar, acoquinar, abatir.
• *animar, envalentonar*

AMÉN. Así sea. — A más, además.

AMENAZA. Amago, conminación, peligro, prevaricación, chantaje, amago.
• *cohecho, captación, corrupción, soborno, venalidad*

AMENAZAR. Amagar, conminar.

AMENGUAR. Disminuir, menoscabar, decrecer, reducir. — Deshonrar, infamar, baldonar.

AMENIDAD. Encanto, gracia, atractivo, variedad.

AMENIZAR. Deleitar, variar, agradar, divertir, encantar.

AMENO. Grato, placentero, deleitable, deleitoso, divertido, encantador, entretenido, interesante.

AMERIZAR. Amarar, acuatizar.

AMIGA. Manceba, concubina, querida, amante, barragana, coima.

AMIGABLE. Amistoso, afable, amigo, cariñoso.

AMIGABLEMENTE. Amistosamente

AMIGAR. Amistar, reconciliar.

AMIGARSE. Amancebarse.

AMIGO. Aficionado, apegado, encariñado, afecto, devoto, adicto, inclinado, partidario.
• *adversario, competidor, enemigo, rival*

AMIGOTE. Compinche.

AMILANAR. Acobardar, amedrentar, arredrar, atemorizar, acoquinar, apocar, abatir, achicar, intimidar, desanimar, desalentar.
• *alertar, animar*

AMINORAR. Minorar, reducir, achicar, disminuir, acortar, amortiguar, mermar, apocar, atenuar, mitigar, paliar.
• *agrandar, aumentar*

AMISTAD. Afecto, apego, devoción, cariño, inclinación, afición, concordia. — Merced, favor. — Amancebamiento.

AMISTAR. Amigar, reconciliar.
• *enemistar, regañar*

AMISTOSAMENTE. Amigablemente, afectivamente.

AMISTOSO. Amigable, amigo.

AMNESIA. Olvido, pérdida.

AMNISTÍA. Indulto, perdón.

AMO. Dueño, señor, patrón, propietario, principal, poderdante.
• *criado, servidor, sirviente*

AMOBLAR. Amueblar, alhajar.

AMODORRAMIENTO. Sopor, somnolencia, soñolencia, modorra, lasitud.

AMODORRARSE. Adormecerse, aletargarse.
• *despabilarse, despejarse, despertarse*

AMOHINARSE. Enfadarse, preocuparse, enojarse, disgustarse.
• *alegrarse, congratularse, contentarse, felicitarse*

AMOJAMADO. Marchito, seco, ajado.

AMOJONAR. Delimitar, deslindar, acotar.

AMOLAR. Afilar. — Fastidiar, cansar, incomodar, aburrir, molestar, chinchar, jeringar, desagradar.

AMOLDAR. Ajustar, acomodar, adaptar, conformar, adecuar.
• *desacomodar, rebelar*

AMOLDARSE. Allanarse, acomodarse, adaptarse, conformarse, avenirse, ajustarse.

AMONEDAR. Acuñar, troquelar.

AMONESTACIÓN. Advertencia, aviso, consejo, exhortación, admonición, regaño, reprimenda, represión, reto. — Proclama.

AMONESTAR. Advertir, prevenir, aconsejar, avisar, exhortar, regañar, reprender.

AMONTONAR. Apilar, acumular, hacinar, aglomerar, acopiar, allegar. — Desaprobar, vituperar.

• *allanar, esparcir, separar*

AMONTONARSE. Juntarse, amancebarse, abarraganarse. — Encabritarse, encresparse.

AMOR. Afecto, cariño, ternura, devoción, adoración, idolatría, afición, estimación, inclinación, apego. — Blandura, suavidad. — Esmero, cuidado, escrupulosidad. — Encanto.

• *aborrecimiento, animosidad, desamor, odio, rencor, tirria*

AMORALIDAD. Inmoralidad.

AMORATADO. Lívido, cárdeno.

AMORDAZAR. Silenciar, callar. — Morder, maldecir.

AMORFO. Asimétrico, irregular, deforme, informe. — Embrionario, rudimentario.

• *aspecto, forma, hechura, modalidad, perfil*

AMORÍO. Enamoramiento, amor.

AMOROSAMENTE. Afectuosamente, cariñosamente, tiernamente.

AMOROSO. Afectuoso, tierno, cariñoso. — Apacible, blando, suave, templado, agradable.

AMORTIGUAR. Mitigar, suavizar, moderar, templar, amenguar, aminorar, atenuar, paliar, disminuir.

• *apretar, excitar*

AMORTIZAR. Cancelar, redimir, liquidar.

AMOSCARSE. Enfadarse, encolerizarse, irritarse, encabritarse, amostazarse, enojarse. — Sonrojarse.

AMOSTAZARSE. Irritarse, molestarse, amoscarse.

AMOTINAR. Sublevar, levantar, alzar, insurreccionar. — Turbar, inquietar.

AMOVIBLE. Inseguro, movedizo, inestable.

AMPARADOR. Padrino, favorecedor, bienhechor, protector, intercesor, abogado, defensor.

AMPARAR. Favorecer, proteger, defender, escudar, abogar, apoyar, patrocinar. — Encubrir, auxiliar, asistir, remediar, apoyar, tutelar, acoger.

• *abandonar, desamparar, olvidar*

AMPARARSE. Valerse, guarecerse, cobijarse, abrigarse, defenderse.

AMPARO. Protección, defensa, refugio, abrigo, asilo, reparo, favor, apoyo, auxilio, socorro, ayuda, arrimo, égida.

• *abandono, desamparar*

AMPLIACIÓN. Aumento, amplificación, desarrollo, acrecentamiento, extensión, dilatación.

• *condensación, extracción*

AMPLIAMENTE. Abundantemente, extensamente, largamente, generosamente, cumplidamente, dilatadamente.

AMPLIAR. Aumentar, amplificar, desarrollar, extender, dilatar, ensanchar.

• *reducir, resumir*

AMPLIFICACIÓN. Ampliación, aumento, desarrollo, dilatación. — Hipérbole.

AMPLIFICAR. Ampliar, aumentar, desarrollar, extender, agrandar.

AMPLIO. Dilatado, extenso, espacioso, vasto, ancho, capaz. — Lato, grande, ilimitado.

AMPLITUD. Extensión, anchura, dilatación.

AMPO. Albo, albura, blanco.

AMPOLLA. Vejiga, esférico.

AMPULOSO. Pomposo, hinchado, enfático, exagerado, redundante, rimbombante, palanganudo.

• *escueto, cósmico, natural, orgánico*

AMPUTAR. Cercenar, cortar, separar, seccionar. — Substraer.

AMUEBLAR. Amoblar, alhajar.

AMULETO. Talismán, mascota, fetiche.

AMURALLAR. Murar, cercar.

ANACORETA. Ermitaño, eremita, cenobita, solitario, penitente, asceta.

ANACREÓNTICO. Amor, placer, ligereza, donaire.

ANACRÓNICO. Desusado, anticuado, viejo. — Inadecuado, inoportuno.

ÁNADE. Pato, oca, ánsar.

ANAGRAMA. Trasposición, figurado.

ANALES. Fastos, crónica, historia, hechos.

ANALFABETO. Ignorante, iletrado.

ANALGÉSICO. Calmante.

ANÁLISIS. Examen, descomposición, disección, estudio, investigación.
- *compendio, epítome, extracto, resumen, sinopsis, síntesis*

ANALIZAR. Examinar, descomponer, distinguir.

ANALOGÍA. Semejanza, parecido, similitud, afinidad, relación, correspondencia, simetría.
- *diferencia, disparidad, distinción, repugnancia*

ANÁLOGO. Semejante, parecido, similar, sinónimo, equivalente, afin. — igual.

ANAQUEL. Estante, vasar.

ANARQUÍA. Desorden, confusión, desorganización, caos.
- *disciplina, doctrina, enseñanza, orden*

ANARQUISTA. Ácrata, libertario, revolucionario.

ANATEMA. Excomunión, maldición, imprecación.

ANATEMATIZAR. Maldecir, excomulgar, reprobar, condenar.

ANATOMÍA. Disección.

ANCA. Grupa. — Nalga. — Cuadril.

ANCESTRAL. Atávico, antiguo, antepasado.

ANCHETA. Pacotilla.

ANCHO. Holgado, amplio, vasto, dilatado, extenso. — Ufano, satisfecho. — Anchura.
- *estrecho, reducido*

ANCHURA. Latitud, ancho. — Desahogo, libertad, holgura, soltura.

ANCIANIDAD. Vejez, senectud.

ANCIANO. Viejo, añejo. — Longevo, decrépito, senil.
- *joven, zagal, rapaz, muchacho*

ANCLA. Áncora.

ANCLADERO. Fondeadero, surgidero, anclaje.

ANCLADO. Fondeado, surto.

ANCLAR. Fondear, surgir, ancorar, parar.

ÁNCORA. Ancla. — Esperanza.

ANDADOR. Andarín, andariego, caminante. — Andaderas.

ANDALUZADA. Exageración.

ANDAMIADA. Andamiaje.

ANDAMIO. Tablado, palco, esqueleto.

ANDANADA. Represión, reconvención, reprimenda, rapapolvo, filípica, vituperar.

ANDANZA. Caso, suceso, aventura, suerte, fortuna.

ANDANZAS. Correrías, viajes, peregrinaciones.

ANDAR. Ir, caminar, marchar, recorrer, correr, pasar. — Moverse, funcionar. — Estar.
- *detener, parar, reposar, sentar, varar*

ANDARIEGO. Andador, andarín, caminante.

ANDARÍN. Andador, andariego, caminante, trotamundos.

ANDAS. Angarillas, camilla.

ANDÉN. Muelle, plataforma.

ANDORRERO. Callejero, andariego.

ANDRAJO. Guiñapo, harapo, pingajo, jirón.
- *adorno, atavío, compostura, perifollo, migomango*

ANDRAJOSO. Desastrado, descamisado, zarrapastroso, roto, harapiento, desarrapado, derrotado.

ANDRÓGINO. Monoico. — Afeminado.

ANDRÓMINA. Embuste, enredo, engaño, fullería, mentira.

ANDURRIALES. Periferia, contornos, paraje.

ANÉCDOTA. Cuento, historieta, leyenda, chascarrillo.

ANEGAR. Inundar, sumergir, ahogar.

ANEGARSE. Naufragar, zozobrar.

ANEJO. Unido, anexo, agregado, dependiente, afecto.

ANÉMICO. Depauperado, débil.

ANESTESIA. Insensibilidad.

ANESTESIAR. Insensibilizar.

ANEXAR. Agregar, unir, anexionar.
• *desunir, separar*
ANEXIÓN. Unión, agregación.
ANEXIONAR. Agregar, unir, anexar.
ANEXO. Anejo, dependiente, unido, agregado, afecto, adición.
ANFIBIO. Eclecticismo, indeterminado, medio, neutralidad.
ANFIBOLOGÍA. Equívoco, incomprensible, oscuro.
ANFITEATRO. Hemiciclo, semicírculo. — Circo.
ANFITRIÓN. Huésped.
ANFRACTUOSO. Quebrado, desigual, sinuoso, tortuoso.
ANGARILLAS. Parihuelas, andas, camilla.
ÁNGEL. Bondadoso, tierno, dulce. — Atractivo, simpatía, encanto.
• *demonio, diablo, diantre*
ANGELITO. Nene, chiquitín, infante, inocente.
ANGOSTO. Estrecho, reducido.
• *ancho*
ANGOSTURA. Estrechura, estrechez. — Apuro, aprieto.
ANGULAR. Básico, fundamental.
ÁNGULO. Esquina, rincón, arista.
ANGURRIA. Voracidad, ansiedad, insaciabilidad.
ANGUSTIA. Aflicción, congoja, tristeza, desconsuelo, zozobra, pena, inquietud, ansiedad, tormento.
• *ánimo, consuelo, tranquilidad*
ANGUSTIOSO. Triste, penoso, apremiante.
ANHELADO. Suspirado, apetecido, deseado, ansiado, esperado, codiciado.
ANHELAR. Ansiar, ambicionar, apetecer, codiciar, desear, aspirar, suspirar.
• *desdeñar, despreciar*
ANHELO. Ansia, deseo, aspiración, codicia, ambición, afán, gana.
ANIDAR. Habitar, morar. — Abrigar, acoger.
ANILLA. Argolla, anillo.
ANILLO. Aro, argolla, sortija, joya.
ÁNIMA. Alma, espíritu.

ANIMACIÓN. Actividad, viveza, vivacidad, agitación, calor, excitación, movimiento.
• *abatimiento, aburrimiento*
ANIMADO. Alegre, divertido, concurrido, movido, — Alentado, reanimado, confortado, excitado, acalorado, agitado, expresivo, orgánico, vivo.
• *inanimado, inerte, inorgánico, muerto*
ANIMADVERSIÓN. Enemistad, ojeriza, rencor, animosidad, odio.
• *amistad, simpatía*
ANIMAL. Bestia, bruto, irracional, ganado, res, bicho, alimaña, zoófito.
• *árbol, arbusto, fronda, planta, vegetal*
ANIMAR. Alentar, incitar, reanimar, esforzar, exhortar, confortar, mover, excitar, consolar, estimular, enardecer, enfervorizar.
• *abatir, aburrir, desalentar, desanimar, descorazonar*
ANIMARSE. Atreverse, decidirse.
ÁNIMO. Valor, esfuerzo, energía, brío, denuedo, ardimiento, aliento. — Alma, espíritu. — Intención, voluntad, pensamiento, atención, propósito, designio.
ANIMOSIDAD. Aversión, ojeriza, inquina, tirria, odio, rencor, malquerencia, desafecto.
ANIMOSO. Valeroso, valiente, denodado, esforzado, resuelto, decidido, enérgico, alentado, atrevido.
ANIÑADO. Pueril.
ANIQUILAR. Destruir, arruinar, anonadar, exterminar, desbaratar, arrasar, debilitar, derrotar.
• *concebir, crear, engendrar, vitalizar*
ANIVERSARIO. Anual. — Cumpleaños. — Efemérides.
ANOCHECER. Crepúsculo, anochecida.
• *alborear, amanecer, clarear, despuntar*
ANODINO. Insignificante, ineficaz, insubstancial, inofensivo. — Calmante, analgésico, insulso.
• *ameno, atractivo, atrayente, cautivador, sugestivo*
ANOMALÍA. Irregularidad, rareza, singu-

laridad, inconsecuencia, anormalidad, defecto.

ANÓMALO. Irregular, extraño, raro, singular, discrepante, desigual, áspero, escabroso.
- *regular, vulgar*

ANONADAR. Aniquilar, exterminar, destruir, arruinar, desbaratar, apocar, disminuir, humillar, abatir, aplastar.

ANÓNIMO. Desconocido, ignorado, plebeyo, vulgar.
- *fama, gloria, renombre, prestigio, solvencia*

ANORMAL. Irregular. — Loco, tarado, demente. —Enfermo, idiota.

ANOTADOR. Cuadernillo.

ANOTAR. Apuntar, asentar, comentar, glosar, escribir.

ANQUILOSARSE. Agarrotarse.

ANSIA. Anhelo, afán, deseo, congoja, fatiga, angustia, aflicción.
- *despreocupación, impotencia*

ANSIAR. Anhelar, apetecer, desear, querer, codiciar, ambicionar, aspirar, suspirar.

ANSIEDAD. Ansia, anhelo. — Angustia, inquietud, agitación, intranquilidad, impaciencia, zozobra.

ANTAGÓNICO. Opuesto, contrario, antónimo.

ANTAGONISMO. Rivalidad, oposición, contraposición, incompatibilidad, contrariedad. — Combate, lucha, pugna.

ANTAGONISTA. Adversario, rival, contrario, enemigo. — Émulo.

ANTAÑO. Pasado, antiguo.

ANTÁRTICO. Austral, meridional, sur.

ANTE. Delante, anterior.

ANTECÁMARA. Antesala, antedespacho, vestíbulo.

ANTECEDENTE. Precedente, anterior. — Dato, noticia, referencia.
- *consecuente, consiguiente*

ANTECEDER. Preceder.

ANTECESOR. Predecesor, ascendiente.

ANTECESORES. Antepasados, ascendientes, abuelos, progenitores, mayores, padres.

ANTELACIÓN. Anticipación.

ANTEMANO (DE). Anticipadamente, por adelantado, por anticipado.

ANTEOJOS. Gafas, quevedos, antiparras, espejuelos, lentes, gemelos, binóculo.

ANTEPASADOS. Abuelos, ascendientes, antecesores, progenitores, mayores, padres.

ANTEPONER. Preferir. — Adelantar, preceder.
- *humillar, posponer*

ANTERIOR. Anverso, pasado, precedido.

ANTERIORIDAD. Antelación, precedencia, prioridad, previamente, anticipadamente. — Víspera, premisa.
- *después, detrás, inmediatamente, posteridad, venidero*

ANTESALA. Antecámara, principio, inicio.

ANTEVER. Anticiparse, ver, prever, adelantarse, ocurrir.

ANTIBÉLICO. Pacifista.

ANTICIPACIÓN. Antelación, adelante.

ANTICIPADO. Adelantado, prematuro, precoz.

ANTICIPAR. Adelantar, preceder.
- *retrasar*

ANTICIPARSE. Madrugar.

ANTICIPO. Adelanto, anticipación, crédito.

ANTICUADO. Desusado, viejo, anacrónico.

ANTÍDOTO. Contraveneno, antitóxico, preservativo.

ANTIFAZ. Máscara, careta, mascarilla.

ANTIGUALLA. Vejestorio, anacronismo, desuso.

ANTIGUAMENTE. Antaño, otrora, ayer, antes, en otro tiempo.

ANTIGUO. Añejo, añoso, remoto, viejo, arcaico, pretérito, pasado, anterior, prístino, inveterado.
- *actual, flamante, nuevo, moderno, reciente, renovado*

ANTILÓGICO. Absurdo.

ANTINOMIA. Contradicción, oposición, argucia.

ANTIPARRAS. Anteojos, gafas, espejuelos.

ANTIPATÍA. Repugnancia, repulsión, tirria, hincha.
• afable, agradable, atrayente, encantador, simpatía

ANTIQUÍSIMO. Milenario.

ANTÍTESIS. Oposición, contraste, contrariedad, diferenciar.

ANTITÉTICO. Opuesto, contrario.
• compatible, semejante

ANTITÓXICO. Antídoto, contraveneno.

ANTOJADIZO. Veleidoso, voluble, versátil, mudable, caprichudo, caprichoso. — Infundado.

ANTOJARSE. Ocurrirse, pensar, creer, suponer.

ANTOJO. Capricho, humorada, fantasía, berretín. — Lunar.

ANTOLOGÍA. Florilegio, analectas, pluralidad.

ANTÓNIMO. Contrariedad, opuesto, contrario.
• igual, semejante, sinónimo

ANTONOMASIA (POR). Por excelencia.

ANTORCHA. Tea, hachón, hacha. — Luz, guía.

ANTRO. Caverna, gruta, cueva, concavidad.

ANTROPÓFAGO. Caníbal. — Cruel, sanguinario, bárbaro.

ANTUVIÓN. Azote, golpe, acontecimiento, adelantarse.

ANUBARRADO. Nublado, nuboso, anublado, encapotado.

ANUBLAR. Nublar, obscurecer, empañar.
• despejar

ANUDAR. Juntar, unir, atar, añadir, ligar.
• desatar, desligar

ANUENCIA. Permiso, venia, consentimiento.

ANULAR. Suprimir, revocar, invalidar, deshacer, borrar, derogar, inhabilitar, incapacitar, desautorizar. — Humillar, postergar, promulgar.
• autorizar, confirmar

ANUNCIAR. Predecir, pronosticar, presagiar, augurar, vaticinar, prevenir, noticiar, informar, participar, avisar, comunicar, notificar, intimar, publicar, proclamar.
• callar, ocultar

ANUNCIO. Aviso, noticia, pronóstico, presagio, reclamo. — Conato, indicio.

ANVERSO. Lado, cara, faz.
• dorso, envés, respaldo, reverso, vuelta

ANZUELO. Incentivo, atractivo. — Cabo, artimaña, añagaza.

AÑADIDO. Postizo. — Agregado.

AÑADIDURA. Aditamento, complemento.

AÑADIR. Agregar, adicionar, incorporar, sumar. — Aumentar, acrecentar, ampliar.
• mermar, restar

AÑAGAZA. Engaño, artificio, artimaña, ardid, treta, señuelo, anzuelo.

AÑEJO. Viejo, antiguo.

AÑICOS. Pedazos, trizas.

AÑIL. Índigo.

AÑORANZA. Nostalgia, melancolía, morriña, murria, tristeza, aflicción, memoria.
• olvido

AOJAR. Hechizar, desgraciar, malograr, ojear, mirar.

APABULLAR. Hundir, aplastar, humillar, estrujar, chafar, cachifollar.

APACENTAR, Pastorear, pacer, comer.

APACIBLE. Manso, bonachón, tranquilo, sosegado, reposado, afable, placentero, agradable, dulce, pacífico.

APACIGUAR. Calmar, serenar, sosegar, aquietar, tranquilizar, pacificar, dulcificar.
• enfurecer, inquietar

APADRINAR. Patrocinar, proteger, amparar.

APAGADO. Apocado, lánguido, melancólico. — Amortiguado, bajo, débil, mortecino.

APAGAR. Extinguir, matar, sofocar, reprimir, aplacar, rebajar, disipar.
• encender, incendiar, prender, quemar, voracidad

APAGAVELAS. Matacandelas.

APALABRAR. Convenir, ajustar, comprometer.

APALANCAR. Palanquear. — Muñequear.

APALEAR. Varear, palear, aventar, vapulear.

APAÑADO. Hábil, mañoso, diestro. — Adecuado. — Arreglado, ataviado, aderezado. — Remendado, compuesto, arreglado.

APAÑAR. Asir, recoger, guardar, apoderarse, coger. — Aderezar, asear, ataviar, componer, arreglar, preparar, remendar, reparar. — Abrigar, arropar.

APAÑO. Apañadura, apañamiento. — Compostura, remiendo. — Habilidad, maña. — Lío, enredo.

APAÑUSCAR. Apretar, estrujar, apiñar.

APARADOR. Escaparate.

APARAR. Abarajar. — Aparejar, preparar, disponer.

APARATO. Apresto, prevención. — Apósito, vendaje. — Mecanismo, artificio. — Pompa, ostentación, solemnidad, fausto, lujo.

APARCAR. Ubicar, colocar, poner, situar.

APARCERO. Socio, compañero.

APAREAR. Unir, juntar. — Igualar, ajustar.

APARECER. Mostrarse, manifestarse, surgir, brotar, salir, parecer, encontrarse, hallarse.
  • *desaparecer, ocultarse*

APARECIDO. Espectro, fantasma, espanto.

APAREJADO. Apto, idóneo, adecuado. — Ajustado.

APAREJAR. Preparar, prevenir, disponer, aprestar, aparar.

APAREJO. Preparación, disposición. — Arneses, guarniciones.

APARENTAR. Simular, fingir, parecer.

APARENTE. Conveniente, oportuno. — Ilusorio, ficticio, sofístico, engañoso, especioso, figurado.

APARICIÓN. Fantasma, espectro, visión, espanto.

APARIENCIA. Aspecto, faz, forma, figura, traza, tipo. — Probabilidad, verosimilitud. — Cariz, viso. — Parada, bambolla.
  • *efectividad, entidad, realidad, verdad*

APARTADO. Retirado, distante, remoto, lejano. — Diferente, distinto, diverso.

APARTAR. Separar, desunir, dividir. — Alejar, retirar, desviar, quitar. — Disuadir.
  • *acercar, unir*

APARTARSE. Desviarse, separarse, alejarse, retirarse, abstenerse.

APARTE. Separadamente, en otro lugar, a distancia.

APASIONAR. Atormentar, afligir. — Aficionarse.

APATÍA. Impasibilidad, indiferencia, indolencia, dejadez, desidia, abandono, abulia, negligencia, riesgo.
  • *anhelo, esfuerzo, fervor, videncia*

APÁTICO. Abúlico, indolente, indiferente, dejado, abandonado, desidioso.
  • *energético, firme, varonil*

APEADERO. Parada. — Poyo.

APEAR. Deslindar, medir, amojonar. — Maniatar, trabar. — Disuadir.

APEARSE. Bajar, desmontar, descabalgar.

APECHUGAR. Cargar, pechar, resignarse, admitir, aceptar.

APEDREAR. Lapidar. — Granizar.

APEGAR. Aficionar, interesarse, acoplarse, unirse.

APEGO. Inclinación, afecto, cariño, afición, amistad.
  • *antipatía, desinterés*

APELAR. Recurrir, acudir. — Referirse, recaer.
  • *desistir*

APELLIDAR. Llamar, denominar, nombrar.

APELMAZAR. Apretar, estrujar.

APENAR. Afligir, atormentar, entristecer, atribular, amargar, desolar, desconsolar, acongojar, angustiar, apesadumbrar, contristar, contrariar, mortificar, abatir, desesperar.
  • *consolar*

APENAS. Escasamente, casi. — Penosamente. — Luego que.

APÉNDICE. Cola, rabo, prolongación, extremidad, agregado, suplemento.

APERCIBIMIENTO. Admonición, amonestación, advertencia, aviso.

APERCIBIR. Aparejar, preparar, disponer, prevenir. — Amonestar, advertir, avisar, notificar.
  • *ocultar*

APERGAMINADO. Acecinado, momificado, acartonado, amojonado, enjuto, seco, marchito.

APERGAMINARSE. Acartonarse, amojamarse, momificarse, acecinarse.

APERO. Recado. — Majada.

APERREADO. Trabajoso, molesto, duro, fatigoso, arrastrado, cansado.

APERSONARSE. Comparecer.

APERTURA. Inauguración, comienzo, principio.

APESADUMBRAR. Afligir, apenar, entristecer, atribular, amargar, desolar, acongojar, angustiar, desconsolar, apesarar, contristar, contrariar, mortificar, abatir, desesperar.

APESARAR. Apesadumbrar, afligir.

APESTAR. Corromper, viciar, contaminar. — Fastidiar, hastiar, cansar, molestar. — Heder.
  • *curar, sanear*

APESTOSO. Hediondo, fétido, maloliente. — Molesto, cargante, enfadoso, insufrible.

APETECER. Desear, querer, codiciar, ambicionar.

APETITO. Deseo, necesidad, hambre, instinto.
  • *desgana, inapetencia*

APETITOSO. Gustoso, sabroso, rico, delicado, regalado.

APIADARSE. Comparecerse, condolerse, dolerse.
  • *ensañarse*

ÁPICE. Punta. — Nonada, minucia, adarme, pizca, comino.

APILAR. Amontonar, juntar, allegar.

APIÑAR. Juntar, agrupar, aglomerar.

APIOLAR. Prender. — Matar.

APIPARSE. Saciarse, hartarse, atracarse, atiborrarse.

APISONAR. Apretar, apelmazar, estrujar.

APLACAR. Amansar, suavizar, mitigar, apaciguar, calmar, sosegar, pacificar, moderar.

APLACIBLE. Agradable, grato, deleitoso, delicioso, ameno.

APLANAMIENTO. Abatimiento, postración, descaecimiento, desaliento, extenuación, aniquilamiento.

APLANAR. Allanar, igualar, explanar. — Abatir, postrar, debilitar, desalentar, extenuar, aniquilar.
  • *amontonar*

APLASTAR. Apabullar, despachurrar, chafar. — Confundir, avergonzar, humillar, hundir, vencer, derrotar, desbaratar. — Aplanar.
  • *consolar, mullir*

APLAUDIR. Palmotear, aprobar, alabar, celebrar, elogiar, encomiar, loar, ponderar. — Ovacionar, aclamar, vitorear, jalear.
  • *abuchear, patear, pitar, protestar, silbar*

APLAUSO. Aprobación, alabanza, elogio, encomio, loa, ponderación, aprobación, ovación.

APLAZAMIENTO. Suspensión, retardo, demora, dilación, retraso.

APLAZAR. Diferir, suspender, retrasar, retardar, posponer, demorar, postergar.
  • *cumplir*

APLICACIÓN. Adaptación, superposición. — Asiduidad, afición, esmero, cuidado, atención, perseverancia, estudio, diligencia, celo, uso.

APLICADO. Adaptado, superpuesto, sobrepuesto. — Estudioso, atento, cuidadoso, esmerado, perseverante.

APLICAR. Adaptar, sobreponer, superponer. — Destinar, apropiar, asignar, acomodar, adjudicar, atribuir, imputar, achacar. — Arrimar.
  • *desunir, vaguear*

APLICARSE. Esmerarse, dedicarse, estudiar, perseverar.

APLOMO. Gravedad, serenidad, circunspección, pulso, juicio, tacto, tino, prudencia, madurez.

APOCADO. Tímido, pusilánime, corto, encogido, cobarde. — Vil, bajo.
  • *atrevido, resuelto*

APOCALÍPTICO. Terrorífico, espantoso. — Obscuro, enigmático, trágico.

APOCAMIENTO. Cortedad, encogimiento, timidez, pusilanimidad, cobardía. — Abatimiento.

APOCAR. Reducir, aminorar, minorar,

limitar, mermar, cortar, achicar, estrechar. — Abatir, humillar.

APOCARSE. Acobardarse, amedrentarse, acoquinarse, rebajarse, humillarse, abatirse, achicarse, abatatarse.

APÓCRIFO. Falso, fabuloso, supuesto, fingido, mentiroso, quimérico, falsificado, incierto.

• *auténtico*

APODERADO. Representante, mandatario, delegado, procurador, habilitado.

APODERARSE. Adueñarse, apropiarse, enseñorearse, usurpar, coger, ocupar, dominar, hurtar.

APODO. Mote, sobrenombre, remoquete, alias, seudónimo.

APOGEO. Auge, esplendor, prosperidad, magnificencia, cumbre, cima.

• *decadencia, ruina*

APOLOGÍA. Defensa, justificación, panegírico, alabanza, elogio, encomio.

APÓLOGO. Fábula, alegoría, ficción, parábola, leyenda.

APOLTRONARSE. Emperezarse, abandonarse.

APORREAR. Apalear, sacudir, vapulear.

APORTAR. Arribar, llegar. — Causar, ocasionar. — Contribuir, llevar, aducir, ingresar, traer.

APORTE. Aportación, participación. — Óbolo.

APORTILLAR. Romper, descomponer.

APOSENTAR. Alojar, hospedar, albergar.

APOSENTO. Habitación, pieza, cuarto, estancia. — Posada, hospedaje.

APÓSITO. Cataplasma, remedio.

APOSTA. Adrede, intencionado, expreso.

APOSTAR. Emboscar, situar, colocar, poner. — Jugar, ocultar.

APOSTASÍA. Abjuración, renuncia, retractación, abandono, deserción, defección.

• *arrepentimiento, conversión, enmienda, fidelidad, ortodoxia*

APÓSTATA. Renegado.

APOSTATAR. Renegar, abjurar, rectificar.

APOSTILLA. Explicación, acotación.

APÓSTOL. Propagador, misionero, defensor, mártir.

APOSTOLIZAR. Evangelizar, enseñar.

APOSTROFAR. Denostar, enrostrar.

APOSTURA. Gentileza, gallardía, garbo.

APOTEGMA. Aforismo, proverbio, adagio, sentencia.

APOTEOSIS. Ensalzamiento, deificación, encumbramiento.

APOYAR. Favorecer, patrocinar, ayudar, amparar, proteger, defender, auxiliar, secundar, palanquear. — Estribar, descansar, gravitar, cargar, descargar. — Confirmar, probar, sostener.

• *colgar, desalentar, separarse, suspenderse*

APOYO. Sostén, soporte, sustentáculo. — Protección, ayuda, amparo, defensa, auxilio, favor.

APRECIABLE. Estimable. — Perceptible.

APRECIACIÓN. Juicio, opinión, dictamen. — Evaluación, tasación.

APRECIADO. Cotizado, estimado.

APRECIAR. Estimar, justipreciar, evaluar, valuar, valorar, tasar. — Considerar, reconocer, estimar, calificar.

• *despreciar, menospreciar, repudiar, vilipendiar*

APRECIO. Apreciación, valuación. — Estimación, consideración, cariño.

APREHENDER. Prender, coger, asir, apresar, agarrar.

• *desasir, soltar*

APREMIAR. Urgir, apurar, apretar, estrechar, oprimir, acosar, requerir, compeler, obligar, instar.

• *tranquilizar*

APREMIO. Urgencia, premura, necesidad, apuro, aprieto, requerimiento, compulsión.

APRENDER. Instruirse, educarse, ilustrarse. — Aprovechar, adelantar.

• *doctrinar, educar, enseñar, inculcar*

APRENDIZ. Principiante, pinche, marmitón, grumete, discípulo.

APRENDIZAJE. Principiante, entrenamiento.

APRENSIÓN. Aprehensión. — Miedo, temor, recelo, escrúpulo.

APRENSIVO. Miedoso, receloso, escrupuloso, pusilánime. — Tímido, temeroso.

APRESAR. Aprehender, prender, capturar, cautivar, aprisionar, asir, agarrar, encarcelar.
• *libertad, soltar*
APRESTAR. Aparejar, disponer, arreglar, prevenir, preparar. — Aderezar. — Engomar.
APRESTO. Preparativo, prevención, preparación, disposición.
• *imprevisión*
APRESURAR. Activar, avivar, acelerar, aligerar.
• *sosegar, tardar*
APRETADAMENTE. Pobremente, estrechamente, miserablemente, mezquinamente.
APRETADO. Arduo, peligroso, apurado. — Mezquino, tacaño, agarrado, miserable, cicatero, roñoso. — Constreñido, forzado, comprimido. — Ahogado, estrecho. — Necesitado, apremiante.
APRETAR. Estrechar, comprimir, oprimir, estrujar, apretujar, prensar. — Acosar, afligir, angustiar. — Instar, apremiar. — Intensificar, intensar.
• *aflojar, desapretar, soltar*
APRETÓN. Ahogo, conflicto, sofocón. — Retortijón.
APRETUJAR. Apretar, oprimir, exprimir, estrechar.
APRIETO. Apretura, estrechez, conflicto, apuro, compromiso, necesidad, ahogo, opresión, dificultad.
APRISA. Prontamente, con presteza, rápido.
APRISCO. Redil.
APRISIONAR. Encarcelar, detener, prender, atar, sujetar. — Esposar.
• *desatar, libertar*
APROAR. Enfilar, dirigirse.
APROBACIÓN. Aplauso, consentimiento, asentimiento, aquiescencia, asenso, conformidad, beneplácito. — Probación, examen, prueba.
APROBAR. Aplaudir, consentir, asentir, conformarse. — Aceptar, alabar, asentir.
• *condenar, desautorizar, reprobar, suspender*

APRONTAMIENTO. Preparación.
APRONTAR. Prevenir, preparar. — Aportar, entregar.
APROPIADO. Adecuado, acomodado, conveniente, propio, oportuno, proporcionado, favorable.
APROPIAR. Aplicar, acomodar.
• *dejar*
APROPIARSE. Apoderarse, adueñarse, incautarse, coger, absorber, asimilar, hurtar.
APROPINCUARSE. Acercarse, aproximarse.
APROVECHABLE. Utilizable, útil, servible.
APROVECHADO. Aprovechador. — Laborioso, diligente. — Aplicado.
APROVECHAMIENTO. Provecho, utilidad, beneficio. — Aplicado.
APROVECHAR. Utilizar, servir, valer. — Progresar, adelantar.
• *desaprovechar*
APROVECHARSE. Prevalecerse, disfrutar.
APROXIMADAMENTE. Próximamente, con corta diferencia.
APROXIMAR. Acercar, arrimar, juntar, atraer.
• *alejar, distanciar*
APTITUD. Suficiencia, idoneidad, competencia, capacidad, disposición, habilidad.
• *incompetencia, inhabilidad*
APTO. Capaz, idóneo, hábil, competente, perito, dispuesto, suficiente.
• *incapaz, inepto, inhábil, negado, torpe*
APUESTO. Gallardo, gentil, arrogante, airoso, bizarro, galán. — Ataviado, adornado.
APUNTACIÓN. Anotación.
APUNTADOR. Traspunte. — Soplón.
APUNTALAR. Sostener, mantener, asegurar.
APUNTAR. Anotar, asentar, señalar, indicar. — Asestar. — Aguzar. — Insinuar, indicar. — Soplar, sugerir. — Asomar. — Remendar, zurcir. — Apostar, jugar.
APUNTE. Nota, croquis, boceto, diseño,

bosquejo, mancha, borrón, tanteo, asiento, apuntación, anotación, proyecto.
APUNTILLAR. Despenar.
APUÑAR. Empuñar.
APURADO. Apretado, difícil, peligroso, arduo, dificultoso, angustioso. — Afligido, atribulado, acongojado. — Pobre, necesitado, escaso. — Esmerado, exacto.
APURAR. Acabar, agotar, consumir. — Activar, apresurar, acelerar, aligerar. — Apremiar, urgir, apretar, hostigar. — Afligir, atribular, acongojar. — Extremar, averiguar. — Molestar. — Purificar, limpiar.
• *consolar, desperdiciar, tardar*
APURARSE. Angustiarse, afligirse, acongojarse. — Apresurarse.
APURO. Aprieto, escasez, conflicto, compromiso, necesidad, aflicción, dificultad. — Apremio, urgencia, prisa.
AQUEJAR. Acongojar, afligir, fatigar.
AQUEL. Donaire, gracia.
AQUELARRE. Ruido, confusión.
AQUERENCIARSE. Aficionarse, encariñarse.
AQUÍ. Acá, aquende, presente.
AQUIESCENCIA. Asenso, consentimiento, asentimiento, conformidad, anuencia, permiso, venia, autorización, aprobación.
AQUIETAR. Sosegar, apaciguar, pacificar, calmar, serenar, tranquilizar.
• *excitar, intranquilizar*
AQUILATAR. Valorar, estimar, apreciar.
AQUILINO. Aguileño.
AQUILÓN. Cierzo, bóreas, huracán.
ARA. Altar.
ARABESCO. Filigrana.
ARAMBEL. Colgadura. — Guiñapo, andrajo, harapo.
ARAÑANDO. Raspando, a gatas, difícilmente, a duras penas.
ARAÑAR. Rasguñar, raspar, arpar.
ARAÑAZO. Rasguño.
ARAR. Labrar.
ARBITRAJE. Juicio, dictamen. —Acuerdo, sentencia.
ARBITRAR. Procurar, proponer. — Ingeniarse. — Juzgar, determinar.

ARBITRARIEDAD. Injusticia, ilegalidad, iniquidad, tiranía, despotismo, abuso.
• *justicia, legalidad*
ARBITRARIO. Injusto, inicuo, ilegal, abusivo, despótico, tiránico. — Gratuito.
• *justo, legal*
ARBITRIO. Medio, recurso. — Juicio, sentencia. — Albedrío. — Expediente.
ARBITRIOS. Derechos, gabelas, imposiciones.
ÁRBITRO. Juez, regulador, componedor, medidor. — Déspota, dictador, tirano.
ÁRBOL. Eje. — Palo, asta.
ARBOLAR. Enarbolar, izar, subir.
ARBOLARSE. Encabritarse.
ARCA. Caja, cofre, baúl.
ARCADA. Basca, náusea, vómito.
ARCAICO. Viejo, antiguo, añoso, añejo, desusado.
ARCANO. Secreto, recóndito, misterioso, reservado. — Misterio, incomprensible.
ARCHIVAR. Guardar.
ARCO. Aro, cincho, zuncho, abrazadera, anillo, argolla. — Valla, puerta, red, meta.
ARDER. Quemarse, abrasarse, resplandecer. — Anhelar, consumirse.
ARDID. Treta, maña, amaño, artimaña, artificio, añagaza, astucia, zangamanga. — Mañoso, sagaz, astuto.
ARDIDO. Valiente, intrépido, denodado.
ARDIENTE. Fervoroso, eficaz, activo, vivo, vehemente, ardoroso, fogoso.
• *frío, helado*
ARDIMIENTO. Valor, denuedo, intrépido, brío, vigor, ardor.
ARDITE. Bledo, maravedí, pito, pitoche, comino, adarme, bicoca, bagatela, minucia, nadería, fruslería.
ARDOR. Calor. — Viveza, eficacia, entusiasmo, pasión, vehemencia, anhelo, ansia, energía. — Ardimiento, esfuerzo.
ARDOROSO. Ardiente, vehemente, fogoso, impetuoso, vigoroso, eficaz.
ARDUO. Difícil, peligroso, apretado, apurado, espinoso, dificultoso.
• *fácil, sencillo*
ÁREA. Superficie, extensión.

ARENA. Liza, campo, palenque, plaza, circo, palestra, estadio, pista, cancha.

ARENGA. Alocución, discurso.

ARENGAR. Enardecer, discursear, parafrasear, hallar.

ARENILLA. Cálculo.

AREÓPAGO. Cenáculo, academia.

ARETE. Pendiente, zarcillo, arracada.

ARGADILLO. Devanadera.

ARGAMASA. Mezcla, hormigón, concreto.

ARGENTADO. Plateado.

ARGOLLA. Aro, anilla.

ARGOT. Jerga, germanía, caló, jerigonza.

ARGUCIA. Sutileza, sofisma.
  • *lógica, razón*

ARGÜIR. Argumentar, razonar, replicar, objetar, discutir, refutar, contradecir, impugnar, disputar, alegar. — Deducir, probar, descubrir, indicar, mostrar.

ARGUMENTAR. Argüir, razonar, replicar, impugnar.

ARGUMENTO. Razonamiento. — Asunto, tema, materia. — Indicio, señal, prueba, tesis.

ARIDEZ. Sequedad, esterilidad. — Monotonía, insipidez.

ÁRIDO. Seco, estéril, infecundo. — Aburrido, monótono, fastidioso, cansado.
  • *fecundo, fértil*

ARISCO. Huraño, insociable, áspero, irritable, intratable, hosco, esquivo, cerril, adusto.
  • *dócil, suave*

ARISTA. Ángulo. — Faceta. — Esquina, escuadra, filo, recodo.
  • *bisel, chanflán*

ARISTOCRACIA. Nobleza.

ARMADA. Escuadra, flota.

ARMADÍA. Balsa, almadía.

ARMADURA. Armazón, montura, esqueleto. — Arnés.

ARMAR. Amartillar, montar. — Promover, mover, causar. — Aviar. — Concertar, fraguar, disponer. — Sentar, juntar, concertar.

ARMARIO. Alacena, ropero.

ARMAS. Blasón, escudo. — Armadura.

ARMAZÓN. Armadura, esqueleto, tablazón, montura.

ARMIÑO. Blanco, albo, claro.

ARMISTICIO. Tregua, paz.

ARMONÍA. Consecuencia, conformidad, acuerdo, concordia, paz, amistad. — Euritmia, cadencia.
  • *discordancia*

ARMONIOSO. Sonoro, agradable, cadencioso.

ARMONIZAR. Hermanar, uniformar.

ARNÉS. Armadura, adorno.

ARNESES. Guarniciones.

ARO. Argolla, cincho, zuncho, anilla. — Arete.

AROMA. Fragancia, perfume, esencia.

AROMÁTICO. Odorífero, perfumado, oloroso, fragante.

AROMATIZAR. Perfumar, embalsamar.

ARPEGIO. Armonía, melodía, ruido.

ARPÍA. Furia, basilisco, bruja.

ARQUEAR. Encorvar, combar, doblar. — Fiscalizar. — Nausear.

ARQUEO. Recuento. — Tonelaje.

ARQUETIPO. Dechado, modelo, ejemplo, ejemplar, especimen.

ARRABAL. Suburbio, barriada, periferia.

ARRACADA. Pendiente, arete, aro, zarcillo.

ARRAIGADO. Inveterado, antiguo, afianzado.

ARRAIGAR. Prender, encepar, agarrar. — Afirmarse, establecerse, radicarse.
  • *arrancar, desarraigar, extraer, raer*

ARRAMBLAR. Apoderarse.

ARRANCADO. Pobre, arruinado. — Desarraigado, extirpado, sacado.

ARRANCAR. Desarraigar, descepar, extirpar, arrebatar, quitar, sacar, extraer. — Zarpar.
  • *enraizar, pegar*

ARRANQUE. Ímpetu, pujanza, brío, impulso, arrebato, arrechucho, pronto, rapto. — Ocurrencia, salida. — Pique.

ARRAPIEZO. Chico, rapaz, muchacho, mocoso, niño, nene.

ARRAS. Prenda, garantía, señal.

ARRASADO. Satinado. — Devastado, asolado, destruído, aniquilado.

ARRASAR. Destruir, asolar, devastar, arruinar, talar. — Despejarse.
• *construir, plantar*

ARRASTRADA. Pícara, tunanta, bribona, taimada, atorranta. — Prostituta, meretriz, perendeca, ramera, buscona, zorra.

ARRASTRADO. Pobre, miserable, desastrado, azaroso, aperreado, duro. — Pícaro, tunante, bribón, ruin, maligno, pillo.

ARRASTRAR. Reptar. — Tirar, atraer. — Enardecer, inflamar. — Colgar, rozar. — Persuadir, convencer. — Despeñar, llevar.

ARRASTRARSE. Humillarse, rebajarse.

ARRASTRE. Acarreo, conducción, transporte. — Predominio, influencia.

ARREAR. Adornar, hermosear, engalanar. — Excitar, estimular.

ARREBAÑAR. Juntar, recoger, rebañar.

ARREBATADAMENTE. Impetuosamente, violentamente.

ARREBATADO. Impetuoso, violento, precipitado, veloz, inconsiderado. — Encendido, colorado.

ARREBATADORA. Seductora, subyugadora, cautivadora.

ARREBATAMIENTO. Furor, enajenación. — Éxtasis, desenfrenar, hechizar, hurtar.

ARREBATAR. Arrancar. — Encantar, cautivar.
• *dar, dejar*

ARREBATARSE. Enfurecerse, irritarse, encolerizarse, encresparse.

ARREBATO. Arranque, rapto, pronto, frenesí, éxtasis, furor, enajenamiento.

ARREBOL. Colorete.

ARREBOLARSE. Enrojecerse, sonrojarse, avergonzarse.

ARREBOZAR. Rebozar, cubrir, tapar, bañar.

ARREBUJAR. Tapar, cubrir, reburujar, revolver, enredar.

ARRECHUCHO. Calofrío, escalofrío, chucho. — Indisposición.

ARRECIAR. Aumentar, crecer, recrudecerse, fortalecerse.

ARRECIFE. Escollo, bajo, banco.

ARRECIR. Entumecerse, enfriarse, acalambrarse, enfermar.

ARREDRAR. Atemorizar, amedrentar, acobardar, intimidar, amilanar, acoquinar. — Retraer, separar, apartar.
• *animar*

ARREGLADO. Compuesto, aderezado, apañado. — Ordenado, moderado, metódico, cuidadoso. — Listo, dispuesto.

ARREGLAR. Componer, apañar, aderezar. — Ordenar, acomodar, disponer, regular. — Concertar, conciliar, ajustar, conformar.
• *desarreglar, descomponer, destrozar, estropear, quebrar*

ARREGLO. Convenio, orden, acomodo, concierto, avenencia, compostura, componenda, conciliación, coordinación, regla. — Sobriedad, moralidad.

ARREGOSTARSE. Aficionarse, engolosinarse. — Ratificar.

ARRELLANARSE. Repantigarse, repanchigarse.

ARREMETER. Acometer, embestir, atacar, cercar, agredir, abalanzarse, arrojarse. — Chocar, disonar.
• *detener, huir*

ARREMETIDA. Acometida, embestida, agresión, ataque, empujón, empellón.

ARRENDADOR. Casero, locador.

ARRENDAMIENTO. Arriendo, alquiler, inquilinato.

ARRENDAR. Alquilar, contrastar, fletar, traspasar, subarrendar, prestar.
• *desalojar, desarrendar, desahuciar, despedir, expulsar*

ARRENDATARIO. Inquilino, locatario, colono.

ARREO. Atavío, adorno, aderezo.

ARREOS. Guarniciones, jaeces, atalaje, arneses.

ARREPENTIDO. Contrito, pesaroso, compungido, sentido. — Escarmentado.
• *impenitente*

ARREPENTIMIENTO. Contrición, dolor, pesar, compunción, sentimiento. — Atrición, remordimiento.
• *contumación, impenitencia*

ARREPENTIR. Pesar, volverse atrás.

ARREQUIVES. Adornos, atavíos, perifollos. — Circunstancias, requisitos.

ARRESTAR. Detener, prender, encarcelar, aprisionar.
• *libertad*

ARRESTO. Detención. — Prisión.

ARRESTOS. Arrojo, determinación, resolución, atrevimiento, osadía, audacia, coraje, intrepidez, valor, brío, empuje.

ARRIAR. Bajar.

ARRIBA. Encima, sobre, más alto, cumbre, suso.
• *abajo, ayuso, debajo*

ARRIBAR. Llegar, venir.

ARRIBO. Llegada.

ARRIENDO. Arrendamiento, alquiler, inquilinato.

ARRIESGADO. Osado, imprudente, temerario, atrevido, arrojado, audaz, arriscado, aventurado, expuesto, peligroso.

ARRIESGAR. Exponer, aventurar, arriscar.
• *precaver, prever*

ARRIESGARSE. Atreverse, osar, aventurarse, exponerse.

ARRIMAR. Acercar, aproximar, juntar, unir, apoyar. — Dar, pegar. — Arrinconar.

ARRIMARSE. Apoyarse, acogerse, estribar, acercarse, unirse.

ARRIMO. Apoyo, favor, protección, amparo. — Báculo, sostén.

ARRINCONADO. Olvidado, aislado. — Apartado, retirado, distante.

ARRINCONAR. Acorralar, acosar, estrechar.

ARRINCONARSE. Aislarse, retirarse.

ARRISCADO. Atrevido, resuelto, audaz, temerario, arrojado, osado. — Ágil, gallardo. — Riscoso.

ARRISCAR. Arriesgar, exponer, aventurar.

ARRISCARSE. Engreírse, envanecerse. — Arriesgarse. — Irritarse, encolerizarse.

ARRÍTMICO. Descompasado, irregular, desafinado.

ARROBAMIENTO. Rapto, éxtasis, arrobo, enajenamiento.

ARROBARSE. Extasiarse, enajenarse, elevarse, embelesarse.

ARROCINARSE. Enamorarse, encamotarse.

ARRODILLADA. Genuflexión.

ARRODILLARSE. Hincarse, postrarse.

ARROGANCIA. Altanería, soberbia, altivez, orgullo, imperio, desprecio, desdén. — Valor, bizarría, gallardía.
• *humildad, sencillez*

ARROGANTE. Soberbio, altivo, orgulloso, altanero, imperioso, desdeñoso, despreciativo. — Gallardo, airoso, apuesto. — Valiente, alentado, brioso.

ARROGARSE. Atribuirse, apropiarse.

ARROJADO. Intrépido, decidido, resuelto, atrevido, osado, audaz, arriesgado, valiente, arriscado, imprudente, temerario, decidido.

ARROJAR. Lanzar, tirar, disparar, despedir, echar, proyectar. — Impeler, precipitar, despeñar. — Resultar. — Vomitar, provocar.
• *comprimir, recoger*

ARROJARSE. Precipitarse, abalanzarse, despeñarse. — Acometer, atacar, agredir.

ARROJO. Resolución, osadía, intrepidez, audacia, arrestos, coraje, valor, atrevimiento.

ARROLLAR. Enrollar, envolver. — Desbaratar, derrotar, vencer, batir, aniquilar, destrozar, asolar, destruir, suprimir, plegar.

ARROPAR. Cubrir, abrigar, amantar, enmantar, tapar.
• *desnudar, destapar*

ARROSTRAR. Resistir, afrontar, desafiar, retar, aceptar.
• *abandonar, cejar, cesar, desistir, renunciar*

ARROYO. Riacho. — Calle. — Río, torrente.

ARRUGA. Pliegue, rugosidad, ranura.

ARRUGAR. Apretar, estrujar, encoger.

ARRUINAR. Destruir, aniquilar, devastar, asolar, arrasar, talar. — Empobrecer.
• *construir, enriquecerse*

ARRULLAR. Adormecer. — Enamorar. — Zurear.

ARRUMACO. Carantoña, roncería, soflasma, gatería, embeleco, halago, zalamería.

ARRUMBAR. Arrinconar, desechar, despreciar, olvidar.

ARSENAL. Astillero.

ARTE. Destreza, habilidad, industria, ingenio, maestría, primor, disposición. — Cautela, astucia, maña. — Técnica, prestaje, artificio.
* *ciencia, ilustración, saber, sabiduría*

ARTEFACTO. Aparato, máquina, armazón, mecanismo.

ARTERIA. Avenida, calle. — Conducto.

ARTERÍA. Amaño, astucia, falsía, engaño, zalagarda.

ARTERO. Mañoso, astuto, falso, traidor, artificioso, listo.

ARTESANO. Artífice, menestral, obrero.

ÁRTICO. Norte, septentrional.

ARTICULACIÓN. Unión, enlace, coyuntura, juntura, junta. — Pronunciación.

ARTICULAR. Unir, enlazar. — Pronunciar. — Ajustar, decir.
* *callar, desarticular*

ARTÍCULO. Mercadería, género, mercancía. — Crónica.

ARTÍFICE. Artista, creador, autor.

ARTIFICIAL. Falso, postizo, ficticio.
* *natural, orgánico*

ARTIFICIO. Arte, primor, ingenio, habilidad. — Disimulo, cautela, doblez, engaño, astucia, artimaña, apariencia, fingimiento.

ARTIFICIOSO. Astuto, taimado, artero, cauteloso, disimulado, engañoso.
* *espontáneo, natural*

ARTIMAÑA. Trampa, artificio, astucia, engaño, ardid, zangamanga, treta.

ARTISTA. Artífice. — Actor, comediante, ejecutante, maestro, profesor.

ARTÍSTICO. Estético, fino.

ARÚSPICE. Agorero, adivino, augur.

ARVEJA. Guisante.

AS. Campeón, paladín, defensor.

ASA. Asidero, agarradero, empuñadura.

ASADURAS. Menudos.

ASALARIADO. Mercenario, pagado, a sueldo. — Jornalero, obrero.

ASALARIAR. Conchabar.

ASALTANTE. Atracador, pistolero, salteador.

ASALTAR. Acometer, agredir, atracar. — Sobrevenir, acudir, sorprender, atacar.

ASALTO. Acometida, atraco. — Ataque.

ASAMBLEA. Reunión, congreso.

ASAR. Cocinar, cocer, tostar, freír. — Preparar, condimentar, sazonar, restaurar.

ASAZ. Bastante, suficiente, harto, muy, mucho.

ASCÁRIDE. Solitaria, tenia, lombriz.

ASCENDENCIA. Linaje, abolengo, estirpe, casta, familia, alcurnia, nacimiento. — Predominio, influencia.

ASCENDER. Elevarse, subir. — Adelantar, progresar. — Promover.

ASCENDIENTE. Antepasado, padre, abuelo. — Predominio, influencia, valimiento, prestigio, crédito, autoridad, imperio.
* *descendiente*

ASCENDIENTES. Antecesores, antepasados, mayores, abuelos, padres.
* *sucesores, herederos, retoños*

ASCENSIÓN. Subida, progreso, exaltación.

ASCENSO. Subida, adelanto, promoción, elevación.

ASCETA. Ermitaño, anacoreta, eremita.
* *sensual, sibarita, voluptuoso*

ASCETISMO. Austeridad, mortificación, penitencia, templanza. — Misticismo.
* *comodidad, concupiscencia, epicureismo, hedonismo, sensualismo*

ASCO. Repugnancia, náuseas, grima, desagrado.

ASCUA. Brasa.

ASEADO. Limpio, pulcro, cuidadoso, curioso, aliñado.
* *sucio*

ASEAR. Adornar, componer, limpiar.

ASECHANZA. Engaño, sitiar, cercar. — Importunar, acosar.

ASEDIAR. Bloquear, sitiar, cercar. — Importunar, acosar, ceñir, constreñir.

ASEDIO. Bloqueo, sitio, cerco.

ASEGURAR. Afianzar, consolidar, fijar, establecer. — Afirmar, aseverar, confirmar, cerciorar, ratificar, garantizar, persuadir.

 • *dudar, intranquilizar*

ASEMEJARSE. Parecerse.

 • *diferenciarse*

ASENDEREADO. Trillado, frecuentado. — Manido, sobado. — Acosado, perseguido.

ASENSO. Asentimiento, consentimiento, aprobación, conformidad.

ASENTADERAS. Posaderas, nalgas.

ASENTAR. Sentar. — Colocar. — Situar, fundar. — Anotar. — Afirmar. — Ajustar, convenir. — Aplanar, apisonar, apoyar, estar.

 • *descolocar, quitar*

ASENTARSE. Sentarse, posarse, reposar. — Establecerse, afincarse, radicarse.

ASENTIMIENTO. Asenso, consentimiento, aprobación. — Permiso, venia.

ASENTIR. Aprobar, consentir, convenir, afirmar.

 • *disentir, impedir*

ASEO. Limpieza, curiosidad, pulcritud.

ASEPSIA. Desinfección, higiene.

ASEQUIBLE. Accesible, abordable, comprensible, posible.

 • *inasequible*

ASERCIÓN. Afirmación, aserto, aseveración.

ASERRAR. Serrar, cortar, seccionar.

ASESINO. Homicida, criminal, malhechor.

ASESOR. Consejero.

ASESORAR. Aconsejar, orientar, dictaminar.

ASESTAR. Apuntar, dirigir. — Descargar, dar.

ASEVERACIÓN. Afirmación, aserción, aserto.

ASEVERAR. Afirmar, asegurar, ratificar, confirmar.

ASFIXIAR. Ahogar, sofocar.

 • *alentar, anhelar, exhalar, jadear, resollar, respirar*

ASÍ. De este modo, en consecuencia, por esto.

ASIDERO. Asa, agarradero. — Ocasión, pretexto, achaque.

ASIDUO. Frecuente, puntual, perseverante, constante.

 • *desafecto, discontinuo*

ASIENTO. Sitio, lugar, domicilio, sede. — Anotación. — Tratado, ajuste. — Poso. — Estabilidad, permanencia. — Cordura, prudencia, madurez, juicio.

ASIGNACIÓN. Pensión, sueldo, salario.

ASIGNAR. Señalar, fijar, destinar. — Dar, conceder, pensionar.

ASILO. Refugio, retiro. — Protección, favor, amparo.

ASIMÉTRICO. Irregular, desigual, distinto, amorfo.

 • *análogo, homólogo, semejante, simétrico*

ASIMILADO. Equiparado.

ASIMILAR. Asemejar, comparar, absorber, apropiarse, digerir, alimentarse.

 • *desasimilar, desnutrirse, eliminar, segregar*

ASIMILARSE. Parecerse. — Apropiarse, nutrirse.

ASIMISMO. También, del mismo modo, además, igualmente.

ASIR. Agarrar, tomar, coger, prender.

 • *desprender, soltar*

ASISTENCIA. Socorro, favor, ayuda, auxilio, apoyo, cooperación.

ASISTENTES. Concurrentes, presentes, circunstantes, espectadores, concurrencia, público, concurso.

ASISTIR. Concurrir, presenciar. — Cuidar, servir. — Socorrer, favorecer, ayudar, auxiliar, coadyuvar, contribuir.

 • *abandonar, faltar*

ASNADA. Tontería, necedad, simpleza, estupidez, burrada.

ASNO. Burro, pollino, rucio, borrico. — Rudo, ignorante, corto, torpe, romo.

ASOCIACIÓN. Sociedad, institución, corporación, entidad, comunidad. — Consorcio

ASOCIADO. Socio, miembro, consocio.

ASOCIARSE. Juntarse, reunirse.

 • *desligarse, separarse*

ASOLAMIENTO. Tala, ruina, devastación, destrucción.

ASOLAR. Arrasar, devastar, talar, arruinar, destruir.

ASOMARSE. Mostrarse, aparecer, salir.

ASOMBRADIZO. Espantadizo, asustadizo.

ASOMBRAR. Admirar, maravillar, sorprender, pasmar, aturdir, desconcertar, marear, asustar, espantar.

ASOMBRO. Admiración, maravilla, sorpresa, pasmo, aturdimiento, desconcierto, mareo, susto, espanto.
  • *impasibilidad, indiferencia*

ASOMBROSO. Admirable, estupendo, maravilloso, sorprendente, prodigioso, portentoso, pasmoso, extraordinario.

ASOMO. Indicio, señal, sospecha, presunción, amago.

ASONADA. Tumulto, motín, revuelta, sedición, sublevación, alboroto.

ASONAR. Asonantar, sonar, hacer ruido, atronar.

ASPAVIENTO. Alharaca.

ASPECTO. Apariencia, traza, facha, presencia, aire, porte, catadura, tipo, pergeño, pelaje, pinta. — Faceta, semblante, forma.

ASPEREZA. Escabrosidad. — Rigidez, rigor, austeridad, dureza, rudeza, severidad.
  • *blandura, suavidad*

ASPERGES. Mojar, rociar, asperjar, esparcir, regar.

ASPERJAR. Espurrear, rociar.

ÁSPERO. Insuave, basto, ordinario, escabroso, rugoso, desigual. — Austero, rígido, riguroso, duro, rudo.
  • *agradable, aterciopelado, fino, sedoso, suave*

ASPIRACIÓN. Deseo, anhelo, pretensión, ansia.

ASPIRANTE. Pretendiente, solicitante, candidato.

ASPIRAR. Desear, pretender, ambicionar. — Inspirar, absorber, respirar, sacar.
  • *desistir, renunciar*

ASQUEAR. Repudiar, desechar, repeler, desagradar.
  • *agradar, convencer, gustar, contentar*

ASQUEROSO. Repugnante, repulsivo, nauseabundo, sucio.

ASTA. Lanza, pica. — Cuerno.

ASTIL. Mango, empuñadura.

ASTILLA. Espina, esquirla.

ASTILLERO. Arsenal.

ASTRINGENTE. Constreñir, estreñir, restriñir, contraer.
  • *laxante, purgante*

ASTROSO. Desastrado, desarrapado, harapiento, andrajoso, roto, sucio, zarrapastroso. — Vil, despreciable, andrajoso.
  • *aseado, cuidadoso, elegante*

ASTUCIA. Ardid, maña, artimaña, picardía, zalagarda, treta. — Sagacidad, sutileza.
  • *candidez, candor, ingenuidad, puerilidad, sencillez, sinceridad*

ASTUTO. Agudo, sagaz, hábil, mañoso, sutil, taimado, artero, pícaro, ladino, cuco.

ASUMIR. Tomar, ocupar. — Pechar.

ASUNCIÓN. Elevación, exaltación.

ASUNTO. Tema, motivo, argumento, materia, cuestión, negocio.

ASUSTADIZO. Asombradizo, espantadizo, miedoso.

ASUSTAR. Espantar, atemorizar, acobardar, intimidar, amedrentar.
  • *animar, envalentonar*

ATACAR. Acometer, embestir, arremeter, cerrar, asaltar. — Censurar, agredir.
  • *defender, proteger, retroceder*

ATADO. Bulto, lío, torpe.
  • *abogar, amparar, defender, mantener, parapetarse*

ATADURA. Ligadura.

ATAJAR. Cortar, impedir, detener, contener, interrumpir, parar, paralizar. — Abreviar.

ATALAJE. Guarniciones, arreos, jaeces. — Ajuar, equipo.

ATALAYA. Vigía, centinela.

ATAÑER. Tocar, pertenecer, corresponder, concernir, incumbir.

ATAQUE. Acometida, acometimiento, embestida, arremetida, embate, asalto, atraco. — Pendencia, altercado, disputa.

ATAR. Amarrar, ligar, encadenar, ceñir, liar, unir. — Embarazar. — Dominar.
  • *desatar, desliar, soltar*

ATARDECER. Empezar a anochecer, caer la tarde.

ATAREADO. Ocupado, engolfado.

ATARUGAR. Atracar, atestar, atragantar. — Cortarse, turbarse.

ATASCADERO. Lodazal, barrizal, atolladero, atranco. — Dificultad, estorbo, embarazo.

ATASCAR. Tapar, obstruir, cegar, atorar, cerrar, atrancar, detener.
• *abrir, desatascar*

ATAÚD. Caja, féretro.

ATAVIAR. Componer, asear, adornar, engalanar, acicalar, aderezar.

ATAVIARSE. Acicalarse, emperifollarse, emperejilarse, endomingarse, empaquetarse.

ATAVÍO. Compostura, adorno, acicalamiento, aderezo. — Vestido.

ATEÍSMO. Incredulidad, nihilismo, impiedad, panteísmo, racionalismo, materialismo, laicismo, apostasía.
• *creencia, deísmo, religión, teísmo*

ATEMORIZAR. Intimidar, acoquinar, acobardar, amedrentar, arredrar, asustar, espantar.
• *engallar, envalentonar*

ATEMPERAR. Moderar, templar, ablandar. — Acomodar, mitigar.

ATENACEAR. Torturar, afligir, oprimir, atenazar.
• *acariciar, soltar*

ATENAZAR. Apretar, coger, asir, abrazar, agarrar.
• *desasir, repudiar, soltar*

ATENCIÓN. Cortesanía, urbanidad, miramiento, consideración, solicitud, cuidado, vigilancia. — Observación, meditación, reflexión, admiración.
• *descuido, distracción, ensimismadamente, éxtasis, nirvana, transporte*

ATENCIONES. Obligaciones, ocupaciones, negocios, quehaceres, trabajos.

ATENDER. Escuchar, oír. — Cuidar, vigilar. — Aguardar.
• *abandonar, desatender*

ATENERSE. Arrimarse, adherirse. — Ajustarse, sujetarse, remitirse, amoldarse.

ATENTADO. Delito, crimen, exceso. — Cuerdo, prudente, moderado.

ATENTAR. Infringir, disparar, asesinar, ejecutar, intentar, tentar.
• *amparar, defender, proteger*

ATENTO. Cortés, urbano, comedido, solícito, obsequioso, fino, considerado, respetuoso.

ATENUAR. Aminorar, minorar, mitigar, amortiguar, paliar, disminuir.
• *aumentar, fortalecer*

ATERRADO. Horrorizado, despavorido.

ATERRADOR. Espantoso, terrible, horrible, horripilante.

ATERRAR. Aterrorizar, horrorizar, horripilar, espantar. — Derribar, postrar, abatir.
• *animar*

ATERRORIZAR. Aterrar.

ATESORAR. Acumular, ahorrar, reunir, guardar.

ATESTADO. Lleno, repleto. — Testarudo. — Testimonio, declaración.

ATESTAR. Henchir, rellenar, rehenchir, meter, introducir. — Atracar. — Testificar, atestiguar.
• *vaciar*

ATESTARSE. Atracarse, atiborrarse. — Hincharse.

ATESTIGUAR. Testificar, atestar, declarar, deponer.

ATETAR. Amamantar, lactar.

ATIBORRARSE. Atracarse, atestarse, apiparse, hartarse.

ÁTICO. Agudo, vivo, atildado.

ATILDADO. Acicalado, compuesto, cortoso, adornado, peripuesto, arreglado.

ATILDAR. Componer, asear, emperejilarse. — Reparar, notar, censurar.
• *desarreglar, ensuciar*

ATINAR. Adivinar, acertar.

ATINENCIA. Relación, correlación, atingencia.

ATINGENCIA. Conexión, relación, incumbencia. — Tino, acierto.

ATISBAR. Observar, espiar, acechar, vigilar. — Ver, otear.

ATISBO. Vislumbre, acecho, atisbadura.

ATIZAR. Avivar, despabilar, estimular, fomentar. — Dar, propinar.

ATLETA. Deportista, luchador, púgil.

ATMÓSFERA. Clima, ambiente.

ATOLLADERO. Atascadero, atranco. — Estorbo, embarazado.

ATOLONDRADO. Aturdido, irreflexivo, ligero, precipitado, imprudente, botarate, distraído, chorlito.

ATOLONDRAMIENTO. Aturdimiento, precipitación, distracción, irreflexión.

ATOLONDRAR. Aturdir, atontar, atortolar.

ATÓNITO. Pasmado, espantado, estupefacto, turulato, asombrado, maravillado.

ATONTADAMENTE. Tontamente, neciamente, indiscretamente, imprudentemente.

ATONTAR. Aturdir, atolondrar, atortolar, alelar.

ATORAR. Atragantar, obstruir, atascar, atarugar.

ATORMENTAR. Martirizar, torturar, atribular, afligir, acongojar, apenar, disgustar, molestar, enfadar.

• *consolar, tranquilizar*

ATORRANTE. Vago, callejero, vagabundo, holgazán.

ATORTOLAR. Aturdir, confundir, acobardar, acoquinar, atontar.

ATOSIGAR. Emponzoñar, intoxicar, envenenar. — Fatigar, oprimir, abrumar.

ATRABILIARIO. Adusto, irascible, irritable.

ATRACADOR. Asaltante, salteador, pistolero.

ATRACAR. Hurtar. — Asaltar, atacar, agredir, saltear. — Arrimar, acercar, abordar.

ATRACARSE. Hartarse, saciarse, atiborrarse, apiparse.

ATRACCIÓN. Simpatía.

ATRACO. Asalto, salteamiento.

ATRACÓN. Hartazgo, panzada.

ATRACTIVO. Gracia, donaire, encanto, seducción, hechizo, magia, gachonería. — Incentivo, aliciente, cebo.

ATRAER. Cautivar, encantar, conquistar,

seducir. — Provocar, causar, ocasionar.

• *asquear, rechazar, repeler, repugnar*

ATRAERSE. Captarse, granjearse.

ATRAGANTARSE. Cortarse, turbarse. — Atascarse, obstruirse, atorarse.

ATRANCARSE. Atascarse.

ATRAPAR. Coger, conseguir, pillar. — Engañar, engatusar.

ATRÁS. Detrás. — Anteriormente.

• *delante*

ATRASADO. Entrampado, endeudado, alcanzado. — Rezagado. — Inculto. — Retrógrado.

ATRASAR. Retrasar, retardar, dilatar, demorar.

• *adelantar, anticipar, madrugar*

ATRASO. Retardo, retraso, demora, dilación.

ATRAVESADO. Avieso, malintencionado. — Sesgado, torcido.

ATRAVESAR. Cruzar, pasar, traspasar. — Interponer. — Perforar.

ATRAYENTE. Sugestivo, cautivador, seductor.

ATREVERSE. Determinarse, decidirse, osar, aventurarse, arriesgarse, arriscarse, insolentarse, audaz.

• *acobardarse*

ATREVIDO. Osado, audaz, arrojado, arriscado, temerario. — Descarado, insolente, desvergonzado, descocado, fresco, decidido, valeroso, templado.

• *medroso, miedoso, temeroso*

ATREVIMIENTO. Osadía, audacia, arrojo, determinación, temeridad. — Descaro, insolencia, desvergüenza, descoco, frescura, avilantez, desfachatez, tupé.

ATRIBUCIÓN. Facultad, derecho.

ATRIBUIR. Achacar, imputar, aplicar, conferir, señalar, inculpar.

ATRIBUIRSE. Arrogarse, apropiarse.

ATRIBULAR. Acongojar, afligir, apenar, desconsolar, apesadumbrar, apesarar, angustiar, entristecer, atormentar, desesperar.

ATRIBUTO. Cualidad, propiedad. — Símbolo.

ATRIO. Pórtico. — Zaguán.

ATROCIDAD. Barbaridad, enormidad, inhumanidad, crueldad. — Exceso, demasía.

ATROFIA. Degeneración. — Atonía, raquitismo.
• *desarrollo, hipertrofia, obesidad*

ATRONADOR. Ensordecedor.

ATRONAR. Asordar, asonar, asonantar.

ATROPELLADA. Embestida, acometida.

ATROPELLADO. Precipitado, irreflexivo, atolondrado, ligero, aturdido, distraído. — Lesionado, injuriado.
• *ileso, reflexivo*

ATROPELLAR. Conculcar. — Embestir, arremeter. — Vejar, afrentar, ultrajar.

ATROPELLO. Tropelía, ultraje. — Embestida, abuso, degradación, injusticia.

ATROZ. Fiero, cruel, inhumano, bárbaro. — Enorme, desmesurado, grave.

ATUFARSE. Enfadarse, enojarse, incomodarse, irritarse, amoscarse.

ATURDIDO. Atolondrado, precipitado, ligero, atropellado, irreflexivo, tarambana, imprudente, botarate, torpe.

ATURDIMIENTO. Precipitación, atolondramiento, turbación, torpeza.

ATURDIR. Turbar, atontar, atolondrar, atortolar. — Sorprender, admirar, asombrar. — Consternar, azorar.
• *despabilar, serenar*

ATURRULLAR. Confundir, turbar, desconcertar, aturullar.

ATUSAR. Pelar, trasquilar. — Componer, adornar.

AUDACIA. Osadía, intrepidez, coraje, valor, arrojo, temeridad. — Atrevimiento, desvergüenza, descaro, avilante, insolencia.
• *cobarde, pobre, timidez, vergüenza*

AUDAZ. Atrevido, osado, intrépido, valiente, arrojado, arriesgado. — Desvergonzado, descarado.
• *apocado, corto, cuidado, tímido, vergonzoso*

AUDITORIO. Concurrencia, oyentes, público.

AUGE. Elevación, apogeo. — Incremento, importancia, boga.

AUGUR. Agorero, adivino, arúspice.

AUGURAR. Presagiar, predecir, vaticinar, pronosticar, profetizar, agorar.

AUGURIO. Agüero, presagio, predicción, pronóstico, vaticinio, profecía. — Indicio.

AUGUSTO. Majestuoso, mayestático.

AULA. Clase, cátedra.

AULLIDO. Aúllo.

AUMENTAR. Agregar, añadir, sumar, adicionar, acrecer, acrecentar, elevar, ampliar, agrandar, crecer.
• *amenguar, aminorar, disminuir*

AUMENTO. Acrecentamiento, incremento, adelantamiento, medra, avance, extensión, ascenso, adición.

AUN. También. — Todavía.

AUNAR. Unir, juntar, unificar, confederar, mezclar.
• *desunir*

AUNQUE. Si bien, a pesar de.

AUPAR. Levantar, ayudar, subir, enaltecer

AURA. Céfiro, fama. — Favor, aplauso, brisa, aire.
• *aquilón, ciclón, huracán, vendaval, ventisca*

AUREO. Dorado.

AUREOLA. Gloria, prestigio, fama, nimbo, corona, halo.

AURIGA. Cochero, automedonte.

AURORA. Alba, amanecer. — Principio, comienzo, infancia.

AUSENCIA. Separación, alejamiento. — Carencia, falta.
• *concurrente, presente*

AUSENTARSE. Marcharse, alejarse, separarse, irse.

AUSPICIO. Protección, favor. — Agüero. — Indicio.

AUSPICIOSO. Favorable, promisorio, prometedor. — Amparo, ayuda.

AUSTERIDAD. Severidad, rigidez, rigor, dureza. — Ascetismo, frugalidad, modestia, templanza.
• *abundancia, ligereza*

AUSTERO. Severo, rígido, riguroso, duro. — Agrio, astringente, áspero. — Retirado, mortificado, penitente.

AUSTRAL. Antártico, meridional, sur.

AUTARCIA. Autosuficiencia.
AUTÁRQUICO. Autónomo. — Libertad, independiente.
AUTÉNTICO. Verdadero, cierto, seguro, fidedigno, real, positivo, puro, legítimo, genuino, castizo. — Autoridad, legalizado.
   • *falso*
AUTOCRACIA. Absolutismo, despotismo, tiranía, dictadura, aprensión. — Autoritarismo, totalitarismo, oligarquía, plutocracia.
   • *Constitucionalismo, democracia, parlamentarismo, republicanismo*
AUTÓCRATA. Déspota, tirano.
   • *colectivista, demócrata*
AUTÓCTONO. Aborigen, nativo, natural, indígena.
AUTOMÁTICAMENTE. Maquinalmente, involuntariamente.
AUTOMEDONTE. Cochero, auriga.
AUTONOMÍA. Independencia, libertad.
AUTOR. Creador, padre, escritor, inventor.
AUTORIDAD. Potestad, poder, dominio, mando, imperio, jurisdicción, facultad. — Ostentación, fausto.
   • *ciudadano, inferior, subordinado, vasallo*
AUTORITARIO. Despótico, imperioso, arbitrario, severo, riguroso.
AUTORIZACIÓN. Aprobación, consentimiento, venia, permiso.
AUTORIZAR. Facultar, conceder, permitir, acceder, asentir, aprobar, abonar, legalizar, ratificar.
   • *denegar, desautorizar*
AUXILIAR. Ayudar, socorrer, amparar, favorecer, secundar, apoyar. — Ayudante, agregado.
AUXILIO. Ayuda, socorro, amparo, favor, protección, apoyo, concurso.
AVALAR. Garantir, garantizar, asegurar.
AVALUAR. Valuar, tasar, evaluar, justipreciar.
AVALÚO. Valuación, tasa.
AVANZADA. Vanguardia, primero.
AVANZAR. Adelantar, prosperar, progresar. — Acometer, embestir.

   • *desandar, regresar, retroceder, rabiar, recular, retroceder*
AVARICIA. Avidez, codicia, sordidez, cicatería, tacañería, ruindad, mezquindad.
   • *esplendidez, generosidad, numificencia, prodigalidad*
AVARICIOSO. Avaro, avariento.
AVARO. Codicioso, tacaño, ruin, miserable, roñoso, cutre, mezquino, cicatero, sórdido, logrero.
AVASALLAR. Sujetar, someter, rendir, dominar, sojuzgar, señorear.
AVATARES. Transformaciones.
AVECINDARSE. Acercarse, aproximarse, avecinarse, domiciliarse, establecerse, residir.
AVEJENTAR. Aviejar, envejecer.
AVENENCIA. Convenio, transacción, concierto, acuerdo, arreglo. — Conformidad, unión.
   • *desacuerdo, disconformidad, discrepancia*
AVENIDA. Riada, inundación, crecida. — Alameda, calle, bulevar.
AVENIR. Concordar. — Suceder.
AVENIRSE. Entenderse, arreglarse, allanarse, amoldarse, prestarse, conformarse, resignarse.
AVENTAJAR. Adelantar, pasar, exceder, sobrepujar, superar. — Anteponer, preferir. — Mejorar, sobrar
AVENTAR. Hacer aire, llenar.
AVENTURA. Casualidad, contingencia, riesgo, peligro.
AVENTURADO. Azaroso, expuesto, arriesgado, peligroso.
AVENTURAR. Arriesgar, exponer.
AVENTURARSE. Osar, atreverse, arriesgarse, exponerse.
AVENTURERO. Audaz, atrevido, osado, valiente, arriesgado, arrojado. — Desvergonzado, descarado.
   • *apocado, corto, cuitado, tímido, vergonzoso*
AVERGONZADO. Abochornado, confundido, corrido.
AVERGONZAR. Abochornar, sonrojar, afrentar, sofocar, ruborizar, correr.

• *alardear, presumir*

AVERÍA. Daño, deterioro, detrimento, perjuicio, menoscabo, desperfecto.

AVERIAR. Dañar, perder, descomponerse.

AVERIGUACIÓN. Indagación, investigación, pesquisa, busca.

AVERIGUAR. Inquirir, investigar, indagar, buscar.

AVERNO. Infierno, báratro, gehena, orco.

AVERSIÓN. Repugnancia, oposición, animosidad, enemistad, inquina, odio, aborrecimiento, tirria, desapego, repeler.

• *simpatía*

AVESTRUZ. Gaznápiro, estúpido, ignorante. — Tragaldabas. — Ñandú.

AVEZADO. Acostumbrado, habituado, experimentado, hecho, baqueteado.

AVEZAR. Acostumbrar, habituar, experimentar.

AVIAR. Disponer, preparar, arreglar, alistar, aprestar, componer. — Proporcionar.

• *desarreglar, desnudar*

AVIDEZ. Ansia, voracidad, codicia.

• *desprendimiento, indiferencia, saciedad*

ÁVIDO. Ansioso, codicioso, insaciable.

AVIESO. Atravesado, malo, torcido, malintencionado.

AVILANTEZ. Audacia, insolencia, atrevimiento, osadía, descaro, desvergüenza, vileza, bajeza.

AVINAGRADO. Agrio, acedo, acre, áspero, desapacible.

AVINAGRARSE. Agriarse, acedarse, torcerse, volverse.

AVÍO. Prevención, apresto.

AVIÓN. Aeroplano, avioneta, jet.

AVÍOS. Tratos, menesteres, utensilios, recado.

AVISADO. Prudente, discreto, sagaz, listo, despierto, previsor, circunspecto, astuto.

AVISAR. Advertir, aconsejar, amonestar, prevenir, informar, participar, comunicar, notificar, anunciar.

• *engañar*

AVISO. Advertencia, consejo, amonestación, observación, noticia, anuncio. —

Prudencia, discreción. — Atención, cuidado.

AVISPADO. Despierto, vivo, agudo, listo.

AVISPARSE. Inquietarse, desasosegarse.

AVISTAR. Divisar, descubrir, ver.

AVITUALLAR. Abastecer, municionar, proveer, suministrar.

AVIVAR. Excitar, animar, acalorar, enardecer, atizar, encender, reanimar, vivificar, apresurar, acelerar, actuar. — Acelerar, estimular, exacerbar.

• *desanimar, detener*

AVIZORAR. Acechar, atisbar. — Ver, ojear, mirar.

AXILA. Sobaco.

AXIOMA. Principio, sentencia, proposición.

AXIOMÁTICO. Incontrovertible, evidente, irrebatible, indiscutible, incontestable, incuestionable, indubitable.

AYA. Institutriz, criada, sirvienta, ama.

AYER. Antaño, otrora. — Pasado, lejana.

AYUDA. Asistencia, cooperación, apoyo, favor, auxilio, amparo, socorro. — Lavativa, jeringa.

AYUDANTE. Agregado, auxiliar.

AYUDAR. Apoyar, secundar, cooperar, coadyuvar, asistir, contribuir, favorecer, amparar, auxiliar, socorrer, palanquear.

• *dificultar, estorbar, obstruir, oponer, trabar*

AYUNAR. Abstenerse, privarse.

• *alimentarse, comer, engullir, sustentarse*

AYUNO. Dieta, abstinencia. — Carente, ignorante.

• *alimento, comida*

AYUNTAMIENTO. Municipio. — Junta. — Unión. — Coito.

AZAR. Casualidad, acaso. — Desgracia.

• *certeza, seguridad*

AZARARSE. Conturbarse, turbarse, confundirse, aturdirse, sobresaltar, alarmarse, azorarse.

AZAREAR. Agitar, inquietar.

AZAROSO. Aventurado, arriesgado, expuesto, peligroso. — Fatal, funesto.

AZOGAR. Poner azogue, enfermar por azogue.

AZONZADO. Atontado, alelado.
AZORAR. Conturbar, sobresaltar, aturdir.
— Irritar, encender, turbar.
AZOTAR. Golpear, zurrar, latiguear, fustigar, flagelar, castigar.
AZOTARSE. Disciplinarse.
AZOTE. Calamidad, plaga, castigo. — Nalgada. — Mamporro, coscorrón, zarpazo.

• *carantoña, caricia, cariño, halago, mimo, ósculo*
AZOTEA. Terrado, terraza, solana.
AZULADO. Garzo.
AZUZAR. Incitar, excitar, pinchar. — Irritar, estimular.
• *contener, tranquilizar*
AZUZÓN. Enredador, intrigante, chismoso.

B

BABIECA. Bobo, tonto, tontaina, simplón, papanatas, pazguato, imbécil.
• *astuto, avisado, inteligente, listo*
BABOR. Flanco, izquierdo.
BABOSO. Sobón, pegote. — Monigote, tonto.
BABUCHA. Calzado, zapato, zapatilla.
BACALAO. Abadejo.
BACANAL. Orgía, diversión.
BACHE. Hoyo, pozo.
BACILO. Bacteria, microbio.
BACÍN. Orinal.
BACTERIA. Microbio, bacilo.
BÁCULO. Cayado. — Alivio, consuelo, apoyo.
BADULAQUE. Majadero, botarate, torpe, insensato.
BAGAJE. Impedimento. — Acervo, caudal.
BAGATELA. Fruslería, menudencia, minucia, friolera, insignificancia, miseria, bicoca, pitoche.
BAGUAL. Bravo, feroz, indómito.
BAHÍA. Ensenada, rada, obra.
BAILAR. Danzar. — Bailotear.
BAILE. Danza.
BAJA. Disminución, pérdida, quebranto.
BAJADA. Descenso.
BAJAR. Descender, decaer, decrecer, abaratar, rebajar, disminuir, menguar. — Humillar, abatir.
• *ascender, elevar*
BAJEL. Buque, nave, embarcación, barco, navío.
BAJEZA. Deshonor, humildad, inferioridad, indignidad, ruindad.
• *dignidad, honorabilidad, superioridad*

BAJÍO. Bajo, banco.
BAJO. Vil, despreciable, ruin, indigno, rastrero. — Pequeño, chico, pituso. — Humilde, abatido. — Vulgar, ordinario, innoble. — Apagado, descolorido, mortecino. — Grave. — Debajo.
• *alto, noble*
BALA. Proyectil. — Fardo, paca, bulto.
BALADI. Insignificante, insubstancial, superficial.
BALADRONADA. Fanfarronada, bravata.
BALANCEAR. Dudar, vacilar, titubear. — Contrapesar, equilibrar. — Columpiar, mecer, acunar.
BALANCEO. Contoneo, vaivén.
BALANDRO. Embarcación, yate, barco, barcaza.
BALANZA. Báscula.
BALAZO. Tiro, disparo.
BALBUCEAR. Balbucir. — Mascullar, barbotar, farfullar.
BALBUCIR. Empezar, hablar, vacilar.
BALDADO. Tullido, paralítico, inválido, impedido.
BALDE. Cubo. — **(de)** Graciosamente, gratuito. — **(en)** Desocupación, ociosidad.
BALDÍO. Yermo, inculto. — Vano, inútil.
BALDÓN. Oprobio, injuria, afrenta, deshonor.
BALEAR. Tirotear.
BALIZA. Boya.
BALIZAR. Señalar, abalizar.
BALÓN. Pelota, esférico.
BALSA. Almadía, jangada, canoa, barco. — Junco.
BALSAMO. Alivio, consuelo.

BALUARTE. Amparo, defensa.
BAMBOLEARSE. Oscilar, tambalearse, trastabillar.
• *aquietar, equilibrar*
BAMBOLLERO. Vanidoso, ostentoso.
BANAL. Anodino, trivial, vulgar, insignificante.
BANANA. Plátano.
BANCA. Influencia, muñeca, cuña.
BANCARROTA. Quiebra.
BANCO. Escaño. — Bajo, bajío.
BANDA. Lado, costado. — Partida, cuadrilla, pandilla, gavilla. — Bandada. — Faja, lista. — Cinta.
BANDADA. Nube, muchedumbre.
BANDEAR. Esguazar, vadear. — Voltear, atravesar, cruzar, herir.
BANDEARSE. Ingeniarse.
BANDEJA. Fuente.
BANDERA. Insignia, pendón, estandarte, enseña, pabellón.
BANDERÍA. Bando, parcialidad, partido, facción, taifa.
BANDEROLA. Montante.
BANDIDO. Cambista, fugitivo, bandolero, pirata. — Perverso, desenfrenado.
BANDOLERO. Pirata, malhechor, fugitivo.
BANQUERO. Rico, dirigente, director.
BANQUETA. Taburete, alzapiés, escabel.
BANQUETE. Festín, comilona.
BAÑADERA. Bañera, baño.
BAÑAR. Sumergir, mojar, humedecer.
BAÑERA. Bañadera, baño.
BAÑO. Inmersión, remojón. — Bañadera, bañera, pila, tina, barreño. — Capa. — Retrete.
BAQUEANO. Baquiano, práctico.
BAQUETA. Escobillón.
BAQUETEADO. Experimentado, avezado, habituado, acostumbrado.
BAQUETEAR. Incomodar, fastidiar. — Adiestrar, acostumbrar.
BAQUETEO. Traqueteo, zangoloteo.
BAQUÍA. Habilidad, destreza.
BAQUIANO. Conocedor, práctico, experto, guía, rastreador, baqueano.
BARAHÚNDA. Ruido, confusión. — Alborozo, baraúnda.

BARAJA. Mazo, naipes.
BARAJAR. Mezclar, revolver, confundir.
BARANDA. Barandilla. — Banda.
BARATERO. Embustero, engañoso.
BARATIJA. Chuchería, fruslería, chafalonia.
• *alhaja, joya*
BARATO. Económico, módico, rebajado, ganga, lance, saldo, despreciado, ocasión.
• *antieconómico, dispendioso, caro, costoso, inasequible*
BARATRO. Infierno, averno, gehena, orco.
BARAÚNDA. Barahúnda.
BARBA. Chiva, perilla.
BARBARIDAD. Atrocidad, crueldad, inhumanidad, ferocidad, enormidad, demasía, desatino, trastada, barrabasada, temeridad.
• *humanidad, suavidad*
BARBARIE. Rusticidad, incultura. — Fiereza, crueldad.
• *cultura, progreso*
BARBARISMO. Barbaridad, necedad.
BARBARIZAR. Desbarrar, disparatar, desatinar.
BÁRBARO. Fiero, cruel, feroz, salvaje. — Inhumano, atroz. — Arrojado, temerario. — Inculto, grosero, tosco.
BARBERO. Rapabarbas, rapador, desuellacaras.
BARBIAN. Atrevido, garboso, valiente. — Osado.
BARBIJO. Barboquejo, barbiquejo.
BARBILAMPIÑO. Imberbe.
BARBOTAR. Mascullar, farfullar, balbucir, balbucear, refunfuñar, rezongar. — Bullir, hervir.
BARBUDO. Velludo.
BARCA. Lancha, bote, batel.
BARCO. Buque, navío, nave, bajel, embarcación, nao, barca.
BARDO. Poeta, vate, trovador, trovero, aedo.
BAREMO. Cuaderno, tabla, ley, cuentas.
BARNIZ. Capa, tinte.
BARNIZAR. Dar barniz, lustrar, embellecer.
BARRA. Alfaque, banco. — Pandilla.

BARRABÁS. Perverso, cruel, malo, maligno, depravado.

BARRABASADA. Barbaridad, trastada, tunantada, burrada.

BARRACA. Depósito, almacén.

BARRAGANA. Manceba, querida, concubina.

BARRANCA. Barranco.

BARRANCO. Despeñadero, precipicio, barranquera, torrentera, quebrada. — Dificultad, atolladero.

BARRENAR. Agujerear, horadar, taladrar. — Infringir, atropellar.

BARRER. Limpiar, purgar, dispersar, desembarazar, expulsar, arrollar.

BARRERA. Traba, obstáculo, impedimento, embarazo. — Valla, parapeto.

BARRIAL. Barrizal.

BARRICA. Tonel, pipa, barril, bordelesa.

BARRIGA. Vientre, abdomen, panza, tripa.

BARRIL. Tonel, casco, pipa, bocoy, barrica.

BARRILETE. Cometa.

BARRIO. Arrabal, periferia, distrito.

BARRIZAL. Cenegal, lodazal, fangal.

BARRO. Cieno, lodo, fango, limo.

BARRUNTAR. Prever, conjeturar, presentir, suponer, presumir, sospechar, oler, olfatear.
  • *desconocer*

BARRUNTE. Indicio, noticia.

BARRUNTO. Sospecha, conjetura, corazonada, pálpito, presentimiento, indicio, señal.

BARTOLA. Barriga.

BÁRTULOS. Enseres, trastos, trebejos.

BARULLO. Confusión, comienzo. — Base, fundamento.

BASA. Principio, comienzo. — Base, fundamento.

BASAR. Fundar, apoyar, fundamentar, cimentar, asentar.

BASCAS. Náuseas, arcadas.

BÁSCULA. Balanza.

BASE. Fundamento, apoyo, cimiento, asiento. — Principio, origen.
  • *cima, cumbre, cúspide, pináculo, remate*

BÁSICO. Fundamental, capital, necesario, primordial.

BASILISCO. Arpía, brujo, furia, airado.

BASTA. Baste, hilván.

BASTANTE. Asaz, suficiente, harto.
  • *escaso, insuficiente*

BASTAR. Alcanzar, llenar.

BASTARDEAR. Degenerar, adulterar.

BASTARDO. Ilegítimo, ilegal.

BASTE. Basta, hilván.

BASTIMENTO. Provisión. — Buque, barco, embarcación.

BASTIÓN. Baluarte.

BASTO. Tosco, ordinario, grosero, burdo, áspero.

BASTÓN. Cayado, báculo.

BASURA. Inmundicia, suciedad, porquería, desecho, estiércol.

BATACAZO. Porrazo, trastazo, costalada. — Quiebra.

BATAHOLA. Bulla, bullicio, alboroto, jarana, jaleo, bataola.

BATALLA. Lid, lucha, pelea, contienda, combate, acción, escaramuza, encuentro, justa, torneo.

BATALLADOR. Belicoso, guerrero, campeador.

BATALLAR. Disputar, luchar, pelear, lidiar, contender, pugnar. — Fluctuar, vacilar.

BATATA. Timidez, cortedad, vergüenza.

BATEA. Azafate, bandeja. — Tina.

BATEL. Bote, lancha, barca, embarcación, nao, canoa, yate.

BATEO. Bautizo.

BATIBORRILLO. Lío, galimatías, fárrago, batiburrillo, baturrillo.

BATICOLA. Ataharre, taparrabo.

BATIDA. Persecución, reconocimiento, exploración.

BATIDO. Conocido, frecuentado, trillado. — Vencido, derrotado, deshecho.

BATIFONDO. Tumulto, confusión, gritería, batuque, alboroto, gresca, trifulca, zarabanda, bochinche.

BATINTÍN. Tantán.

BATIR. Golpear, percutir, martillar. — Explorar, reconocer. — Vencer, derrotar, arrollar, deshacer. — Mover, menear, agitar. — Derribar, arruinar.

BATIRSE. Lidiar, luchar, pelear, combatir.

BATUQUE. Alboroto, gresca, desorden, barullo, batifondo.

BATURRILLO. Batiborrillo, lío, enredo, galimatías, mezcla.

BATUTA. Dirección, mando.

BAÚL. Arca, cofre.

BAUTISMO. Bautizo, bateo.

BAUTIZAR. Administrar, cristianar. — Apodar. — Echar agua en el vino.

BAUTIZO. Bateo, bautismo.

BAZOFIA. Comistrajo, guisote, bodrio. — Desecho, sobra, basura.

BEATA. Monja, sor, hermana, religiosa. — Piadosa, recatada, devota.

BEATIFICAR. Venerar, consagrar, colocar, bienaventurar. — Colmar.

BEATITUD. Felicidad, contento, satisfacción, bienestar. — Bienaventuranza.
  • *maldad, pecado*

BEATO. Feliz, bienaventurado. — Mojigato, gazmoño, santurrón, hipócrita. — Piadoso, devoto.

BEBÉ. Nene, niño, chico, rorro, guagua.

BEBEDIZO. Filtro. — Poción.

BEBEDOR. Borrachín.

BEBER. Brindar. — Tomar, empinar, chupar, escanciar, trincar.

BEBIDA. Poción, licor, potingue, líquido, bebestible, brebaje, bebistrajo, pócima.
  • *bazofia, comida, manjar*

BEBIDO. Chispo, achispado, ajumado, embriagado, ebrio, borracho, beodo.

BEBISTRAJO. Bebida, pócima, potingue, líquido, poción.

BECA. Amparo, ayuda, pensión, estipendio. — Embozo, insignia, chía.

BECERRO. Novillo. — Cartulario, tumbo.

BEDEL. Empleado, conserje, subalterno.

BEFA. Escarnio, irrisión, mofa, burla, desprecio.
  • *alabanza*

BELDAD. Belleza, hermosura.
  • *fealdad*

BELÉN. Confusión, desorden, embrollo, lío, enredo.

BELICOSO. Guerrero, marcial.— Agresivo, pendenciero, batallador.
  • *neutral, pacífico*

BELIGERANCIA. Partidismo, intervencionismo, parcialidad, partidario, actuante, combatiente.
  • *abstención, híbrido, indefinido, neutralidad*

BELITRE. Pícaro, pillo, bellaco, ruin, villano.

BELLACO. Malo, pícaro, ruin, pillo, belitre, tuno, tunante, bergante, perverso, villano. — Taimado, astuto, sagaz.

BELLEZA. Beldad, hermosura.
  • *fealdad*

BELLO. Hermoso, lindo, bonito, precioso.

BENDECIR. Alabar, loar, engrandecer, ensalzar.
  • *abominar, execrar, maldecir*

BENDICIÓN. Abundancia, prosperidad.

BENDITO. Bienaventurado, santo. — Simple, incauto, mentecato.

BENEFACTOR. Bienhechor, protector, amparador, favorecedor, filántropo.

BENEFICIAR. Aprovechar, utilizar, mejorar, bonificar, favorecer.
  • *desaprovechar, perjudicar*

BENEFICIO. Favor, gracia, merced, servicio, bien. — Provecho, utilidad, fruto, ganancia, rendimiento.

BENEFICIOSO. Provechoso, útil, productivo, fructuoso, lucrativo, benéfico.
  • *dañino, dañoso, nocivo, pernicioso, perjudicial*

BENÉFICO. Beneficioso.

BENEMÉRITO. Bueno, excelente.

BENEPLÁCITO. Aprobación, permiso, consentimiento, asentimiento, autorización, venia.
  • *desaprobación, negativa*

BENÉVOLO. Bondadoso, afable, benigno, complaciente, generoso, indulgente, clemente, magnánimo, liberal.
  • *malévolo, maligno*

BENIGNO. Afable, benévolo, piadoso, compasivo, humano, bondadoso, clemen-

te. — Templado, suave, moderado, apacible, dulce.
• *duro, malo*

BEOCIO. Estúpido, tonto, idiota, otario.

BEODO. Borracho, ebrio, embriagado, bebido, curda, achispado, chispo, ajumado.

BERENJENAL. Embrollo, lío, enredo, confusión.

BERGANTE. Bellaco, pícaro, belitre, bribón.

BERREAR. Verraquear.

BERRETÍN. Capricho, antojo, ventolera. — Pretensión.

BERRINCHE. Rabieta, enojo, coraje, enfado, berrenchín, perra.

BERZA. Col, repollo.

BESAR. Acariciar, tocar, lamer, rozar.

BESO. Ósculo.

BESTIA. Animal, bruto, irracional. — Bárbaro, idiota, ignorante.

BESTIAL. Brutal, irracional, feroz, bárbaro. — Desmesurado, extraordinario.
• *humano, racial*

BESTIALIDAD. Brutalidad, irracional, ferocidad, barbaridad, animalada.

BESUQUEAR. Besar, besucar.

BETÚN. Pomada, bola.

BIABA. Paliza, tunda, zurra.

BICHAR. Bichear, acechar, escudriñar, espiar, atalayar, aguaitar.

BICHARRACO. Animalucho. — Feo, ridículo, extravagante.

BICHO. Sabantija. — Bicharraco, alimaña. — Tuno, vivillo.

BICOCA. Pequeñez, insignificancia, bagatela, nadería, fruslería.
• *cruz, hueso, papeleta*

BIEN. Beneficio, utilidad, provecho, favor, merced. — Perfectamente.
• *daño, estrago, mal, ruina*

BIENANDANZA. Felicidad, dicha, fortuna, suerte.

BIENAVENTURADO. Afortunado, feliz. — Cándido, incauto, inocentón, sencillote, bonachón.
• *condenado, perverso, reo, réprobo*

BIENAVENTURANZA. Beatitud. — Prosperidad, felicidad.

BIENES. Fortuna, caudal, hacienda, capital.

BIENESTAR. Comodidad, regalo, holgura, tranquilidad.
• *carencia, malestar, pobreza*

BIENHADADO. Afortunado, feliz.

BIENHECHOR. Protector, favorecedor, amparador.
• *malhechor, salteador*

BIENMANDADO. Obediente, dócil, sumiso.

BIENQUERER. Querer, estimar, apreciar. — Cariño, bienquerencia.

BIENQUISTO. Estimado, apreciado, querido, respetado, considerado.
• *desestimado, despreciado*

BIENVENIDA. Parabién.

BIFE. Sopapo, guantada, bofetada.

BIFURCAR. Dividir, separar.

BIFURCARSE. Dividirse.

BIGARDO. Vicioso, vago, perezoso, holgazán.

BIGORNIA. Yunque.

BIGOTE. Mostacho.
• *afeite, depilación*

BILIOSO. Cascarrabias, rabioso, amargado, atrabiliario.

BILIS. Hiel, amargura, desabrimiento, aspereza.

BILLARDA. Billalda, tala.

BILLETE. Carta, esquela. — Boleto, entrada.

BILLETERA. Cartera.

BIOGRAFÍA. Vida, carrera, hechos, hazañas, historia.

BIÓGRAFO. Escritor, literato, especialista.

BIRLAR. Hurtar, escamotear, robar, quitar.

BIRRIA. Tirria, odio. — Tema, capricho.

BIS. Duplicado, repetido.

BISAGRA. Gozne.

BISAR. Ratificar, repetir, doblar.

BISBISAR. Mascullar, musitar.

BISECAR. Dividir en dos partes, separar. — Igualar.

BISEL. Chaflán.

BISÍLABO. Disílabo.

BISOÑÉ. Peluca.

BISOÑO. Novato, nuevo, novel, inexperto.
• *antiguo, maestro, veterano*
BISUTERÍA. Baratija, imitación.
BIZARRÍA. Gallardía, valor, esfuerzo. — Generosidad, lucimiento, esplendor, esplendidez.
BIZARRO. Gallardo, valiente, esforzado. — Generoso, espléndido.
• *cobarde, temeroso*
BIZCO. Bisojo. — Pasmado, admirado.
BIZMA. Emplasto, pegote.
BLANCO. Albo, ampo. — Claro, espacio. — Fin, objeto, mira. — Cobarde. — Inocente, ingenuo.
• *negro, oscuro, sombrío, sucio, tiznado, zaíno*
BLANDAMENTE. Suavemente, mansamente, dulcemente.
BLANDIR. Esgrimir, blandear.
BLANDO. Tierno, suave, dulce, benigno, templado, apacible. — Cobarde, flojo, afeminado.
• *duro, pétreo, tenaz, tieso*
BLANDURA. Regalo, deleite, delicadeza. — Dulzura, suavidad, afabilidad, benignidad.
BLANQUEAR. Encalar, enjabelgar. — Blanquear, emblanquecer. — Encanecer.
BLASFEMAR. Maldecir, renegar, jurar, vituperar.
BLASFEMIA. Maldición, reniego, juramento.
• *halago, oración, rezo*
BLASÓN. Honor, gloria. — Heráldica.
BLASONAR. Jactarse, presumir, vanagloriarse, pavonearse, alardear.
BLEDO. Insignificante, poca cosa, poco valor.
BLINDAR. Acorazar. — Proteger.
BLONDA. Encaje.
BLONDO. Rubio.
BLOQUE. Conjunto, agrupación.
BLOQUEAR. Asediar, sitiar, cercar, incomunicar.
BOARDILLA. Buhardilla.
BOATO. Lujo, ostentación, rumbo, pompa, fausto.
• *humildad, pobreza*

BOBADA. Bobería, necedad, tontería, tontuna, tontada, majadería, simpleza, mentecatez.
BOBALICÓN. Tonto, bobo, necio, babieca, pazguato, tontaina, lelo, majadero, simple, bolonio.
• *agudo, avisado, espabilado, inteligente, lince, vivo*
BOBEAR. Pavear, tontear.
BOBO. Necio, tonto, majadero, simple, memo, lelo, bodoque, bolonio, babieca, pazguato, tontaina, bobalicón, bobote, pavo.
• *listo*
BOCA. Abertura, agujero, entrada, salida, orificio. — Desembocadura.
BOCADO. Mordisco, dentellada. — Freno.
BOCANADA. Buchada.
BOCETO. Bosquejo, esbozo, apunte, croquis, borrón, mancha.
BOCHA. Bola.
BOCHAR. Desechar, rechazar, suspender.
BOCHINCHE. Tumulto, barullo, alboroto, asonada, confusión, trifulca, desorden, zarabanda, batifondo.
BOCHORNO. Vergüenza, sonrojo, desaire. — Calor, sofocamiento, sofocación, desazón.
• *frío, languidez*
BOCIO. Papera.
BOCÓN. Hablador, fanfarrón.
BODA. Matrimonio, casamiento, enlace, unión, desposorio, himeneo.
• *divorcio, separación*
BODEGA. Despensa, sótano, troj, granero, algorín.
BODIJO. Bodorrio.
BODOQUE. Bobo, tonto, simple, memo, alcornoque, torpe.
BODORRIO. Casorio, bodijo.
BODRIO. Comistrajo, bazofia, guisote. — Adefesio, mamarracho, esperpento, engendro, feto. — Lío, enredo, embrollo, trapisonda, pastel.
BOFES. Pulmones.
BOFETADA. Bofetón, sopapo, guantada, cachete, guantazo, cachetada, torta.

BOGA. Fama, reputación, aceptación. — Moda.

BOGAR. Navegar, remar.
• *anclar*

BOHEMIO. Gitano.

BOHÍO. Cabaña, choza, rancho.

BOINA. Gorra, sombrero, cubridor.

BOL. Ponchera. — Tazón, jábega, red.

BOLA. Embuste, engaño, camelo, trola, mentira.

BOLADA. Oportunidad, coyuntura, casualidad, suerte, chiripa.

BOLAZO. Disparate. — Bola.

BOLEAR. Envolver, enredar, aturdir, abatatar.

BOLERO. Mentiroso, embustero.

BOLETA. Papeleta, cédula, boleto, billete.

BOLETERÍA. Taquilla.

BOLETÍN. Boleta. — Periódico, informativo.

BOLICHE. Tienducho, figón, almacenucho, cambalache, tasca.

BOLILLERO. Bombo.

BOLLO. Abolladura. — Puñetazo. — Chichón.

BOLO. Bobo, bolonio, bodoque, simple, tonto, ignorante.

BOLONIO. Necio, tonto, majadero, bobo, simple, memo, bobalicón, lelo.
• *agudo, avisado, espabilado, inteligente, lince, vivo*

BOLSA. Bolsillo, bolso, escarcela. — Lonja. — Caudal, dinero. — Saco.

BOLSILLO. Faldriquera, faltriquera, bolso.

BOMBA. Explosivo.

BOMBO. Elogio. — Bolillero. — Atontado, aturdido. — Abdomen, tripa.

BONACHÓN. Bonazo, cándido, sencillo, confiado, crédulo, amable.

BONANZA. Prosperidad, fortuna. — Calma.
• *desdicha, tempestad*

BONDAD. Benignidad, benevolencia, tolerancia, humanidad, clemencia, mansedumbre, indulgencia, misericordia, piedad, caridad, abnegación, sensibilidad, dulzura, afabilidad, amabilidad, magnanimidad.
• *maldad*

BONDADOSO. Benigno, benévolo, tolerante, humano, clemente, indulgente, misericordioso, caritativo, dulce, sensible, afable, amable, generoso, bueno.

BONIFICACIÓN. Rebaja, mejora, beneficio, abono, gratificación, descuento, deducción.

BONIFICAR. Rebajar, mejorar, abonar, descontar, gratificar, beneficiar, deducir, reducir, disminuir.
• *aumentar, borrar, cargar*

BONITAMENTE. Disimuladamente, mañosamente, despacio.

BONITO. Lindo, agraciado, hermoso, precioso, airoso.

BONO. Vale, cupón.

BOÑIGA. Bosta, estiércol.

BOQUEAR. Agonizar, acabarse, morir, extinguirse, fenecer, expirar.

BOQUETE. Brecha, agujero, abertura.

BOQUIABIERTO. Asombrado, pasmado, admirado. — Papanatas, papamoscas, abriboca.

BOQUIRRUBIO. Inexperto, candoroso.

BORBOTAR. Borbollonear, borbollar.

BORCEGUÍ. Calzado, zapato.

BORDADO. Adorno, encaje, blonda.

BORDE. Extremo, orilla, margen, canto, linde, límite, orillo.

BOREAL. Septentrional, ártico.

BORLA. Cisne.

BORRA. Hez, sedimento.

BORRACHERA. Embriaguez, mona, pítima, curda, turca, chispa, jumera, crápula, papalina, cogorza, tajada, melopea, peludo, tranca, pea.

BORRACHO. Ebrio, embriagado, beodo, curda, bebido, achispado, ajumado, pellejo.
• *abstemio, aguado*

BORRAJEAR. Borronear, garrapatear, embromar.

BORRAR. Desvanecer, quitar, esfumar, evaporar. — Tachar, testar.

BORRASCA. Tempestad, temporal, tormenta. — Riesgo, peligro.
• *calma*

BORRASCOSO. Tempestuoso, tormentoso, proceloso. — Desordenado, agitado.

BORREGO. Cordero. — Sencillo, ignorante.

BORRICO. Asno, burro, pollino, rucio. — Necio, ignorante, torpe.

BORRÓN. Mancha, mácula, tacha, defecto, imperfección. — Apunte.

BORRONEAR. Garrapatear, emborronar, borrajear.

BORROSO. Confuso, nebuloso, desdibujado. — Ilegible.
• *preciso, visible*

BOSQUE. Selva.

BOSQUEJAR. Esbozar, abocetar.

BOSQUEJO. Esbozo, boceto, croquis, apunte, diseño. — Idea, proyecto.

BOSTA. Boñiga, estiércol.

BOSTEZAR. Aspirar, expirar. Inspirar

BOTA. Borracha. — Cuba, pipa.

BOTAFUMEIRO. Incensario. — Adulador, turiferario.

BOTAR. Arrojar, tirar. — Lanzar, echar. — Despedir, despachar. — Saltar, rebotar.

BOTARATE. Irreflexivo, aturdido, precipitado, tarambana, ligero, atolondrado, alocado, fatuo.
• *grave, juicioso, reflexivo*

BOTE. Barca, lancha, batel. — Salto.

BOTELLA. Frasco, continente, vasija.

BOTICA. Farmacia.

BOTIJO. Porrón, cántaro.

BOTÓN. Yema, capullo, brote.

BÓVEDA. Concavidad, techo, cripta.

BOXEO. Pugilato.

BOYA. Baliza.

BOYANTE. Próspero, rico, afortunado, feliz.
• *desafortunado, infeliz, pobre*

BOYAR. Flotar, nadar, sobrenadar.

BOZAL. Mordaza, candado.

BRACEAR. Esforzarse, forcejear.

BRACERO. Peón, jornalero.

BRAGADO. Animoso, enérgico, valiente, entero.
• *blando, cobarde, indeciso*

BRAGAZAS. Calzonazos.

BRAMANTE. Cordel, piolín, guita, cordón.

BRAMAR. Rugir, rebramar. — Rabiar.

BRASA. Ascua.

BRAVATA. Baladronada, fanfarronada, compadrada.

BRAVÍO. Feroz, indómito, salvaje, arisco, cerril, cerrero, rústico. — Silvestre, áspero, inculto, fragoso.
• *fértil, suave*

BRAVO. Valiente, esforzado, animoso, valeroso, bizarro. — Bueno, excelente. — Fiero, salvaje, feroz. — Áspero, inculto, fragoso. — Enojado, enfadado, violento. — Valentón. — Suntuoso, magnífico, soberbio.
• *amilanado, cobarde, gallina, medroso, miedoso, pusilánime*

BRAVUCÓN. Fanfarrón, matasiete, valentón, matachín.

BRAVUCONEAR. Fanfarronear, compadrear.

BRAVURA. Valor, valentía, ánimo, bizarría, fiereza. — Bravata, baladronada.
• *cobardía, timidez*

BRAZO. Valor, esfuerzo, denuedo. — Ramal, bifurcación.

BRAZOS. Protectores, valedores. — Braceros, jornaleros, obreros.

BREBAJE. Potingue, pócima, mejunje, bebida, poción, líquido.

BRECHA. Abertura, boquete, rotura.

BREGA. Lucha, porfía, riña, pendencia. — Chasco, zumba, burla.

BREGAR. Luchar, reñir, forcejear, batallar, lidiar. — Ajetrearse.

BRETE. Aprieto, apuro, dificultad. — Cepo.

BREVA. Pichincha, ganga, bicoca.

BREVE. Corto, conciso, sucinto, limitado. — Momentáneo, instantáneo, lacónico, fugaz.
• *duradero, extenso, inacabable, interminable, largo, prolijo, prolongado*

BREVIARIO. Misal. — Extracto, sinopsis, compendio.

BRIAL. Saya, vestido, faldón.

BRIBA. Holgazanería, picardía.
BRIBÓN. Haragán. — Pícaro, pillo, bellaco, tuno, canalla, ficha.
• *aplicado, honorable*
BRIBONADA. Picardía, bellaquería, pillada, tunantada, canallada.
BRIDÓN. Caballo, corcel, trotón.
BRIGADA. Cuadrilla, equipo.
BRILLANTE. Luminoso, radiante, rutilante, resplandeciente, lúcido, admirable, sobresaliente, espléndido, reluciente, fulgurante, centelleante, chispeante, lustroso.
• *apagado, deslucido, incoloro, mate*
BRILLANTEZ. Brillo, lucimiento, esplendor.
BRILLAR. Resplandecer, lucir, relucir, centellear, chispear, relumbrar. — Descollar, fulgurar, sobresalir.
• *apagar*
BRILLO. Lustre, resplandor, centelleo, chispeo, brillantez. — Lucimiento, realce, gloria.
• *incógnito, opacidad, oscuro*
BRINCAR. Pasar, saltar. — Omitir, alterarse. — Jugar, ascender.
BRINCO. Cabriola, salto, voltereta.
BRINDAR. Ofrecer, convidar, invitar. — Prometer, congratularse.
BRÍO. Pujanza, empuje, fuerza, valor, espíritu, ánimo, esfuerzo. — Garbo, desembarazo, gallardía, gentileza.
• *desánimo, indecisión*
BRISA. Céfiro, aire, viento, cierzo.
BRITÁNICO. Britano, inglés.
BRIZNA. Minucia, menudencia, pequeñez, insignificancia. — Partícula, filamento.
BROCHAZO. Brochada, pincelada.
BROCHE. Prendedor. — Cierre.
BROMA. Bulla, algazara, diversión, jarana, gresca. — Chanza, burla, chirigota, cachada, coba, camama, chiste, chacota, chunga, chasco. — Molestia, dificultad, complicación.
• *normalidad, gravedad, seriedad, solemnidad*
BROMEAR. Chancearse, divertirse, burlarse, embromar, cachar.
BROMISTA. Chancero, burlón, jaranero,

chirigotero, guasón, zumbón, cuchuleta, chula, humorista, chocarrero, chusco.
• *ceñudo, formal, grave, mesurado, serio*
BRONCA. Alboroto, pelotera, gresca, trifulca, zipizape, riña, pendencia, jarana, chamusquina, zaragata, trapatiesta. — Molestia, fastidio.
• *paz, tranquilidad*
BRONCO. Tosco, áspero, rudo, agrio, desapacible, desagradable.
• *blando, suave*
BROQUEL. Escudo, defensa, amparo.
BROTAR. Nacer, manar, salir, surgir, emerger, germinar. — Arrojar, producir, causar, originar.
• *morir, nonato*
BROTE. Botón, yema, renuevo, pimpollo.
BROZA. Desperdicio, escoria, desecho, hojarasca, paja. — Maleza, matorrales.
BRUJA. Arpía, furia, basilisco. — Hechicera.
BRUJERÍA. Maleficio, magia, superstición, hechizo.
BRUJO. Hechicero, mago, embaucador, adivino.
BRÚJULA. Tino, mira, vista, dirección, orientación.
BRUJULEAR. Adivinar, descubrir.
BRULOTE. Barco, buque, embarcación, nao.
BRUMA. Niebla, neblina.
BRUMOSO. Nebuloso, nublado, obscuro, confuso, incomprensible.
• *comprensible, despejado*
BRUÑIDO. Pulido, abrillantado.
BRUÑIR. Pulir, lustrar, abrillantar. — Fastidiar, amolar.
BRUSCO. Áspero, desapacible, descortés, grosero. — Súbito, repentino, pronto.
• *apacible, discreto, suave*
BRUTAL. Violento, grosero, atroz.
BRUTALIDAD. Grosería, torpeza, incapacidad, liviandad, bestialidad, animalada, enormidad.
• *cultura, humanidad, sociabilidad*
BRUTO. Necio, incapaz, tosco, rudo, torpe, grosero, animal, bestia, insensato, bárbaro.

•*civilizado, culto, domesticidad, ilustrado, próspero*
BUCEAR. Explorar, escudriñar.
BUCHADA. Bocanada.
BUCHE. Estómago. — Panza.
BUCLE. Rizo.
BUCÓLICA. Comida, manjar, menestra, guisado.
BUCÓLICO. Pastoril.
BUENAFÉ. Lealtad, fidelidad.
BUENAMENTE. Voluntariamente. — Cómodamente, fácilmente.
BUENAVENTURA. Dicha. — Pronóstico, adivinación.
BUENO. Útil, provechoso, servible, utilizable. — Bondadoso, benévolo, afable, virtuoso, caritativo, indulgente, misericordioso. — Gustoso, agradable, divertido. — Sano, robusto, curado. — Grande. — Bastante, suficiente.
•*avieso, diabólico, energúmeno, indeseable, malo, malvado, perverso, siniestro, vicioso*
BUFANDA. Tapaboca.
BUFAR. Resoplar, soplar, resollar, trinar, rabiar.
BUFETE. Estudio, despacho.
BUFIDO. Resoplido, bramido.
BUFO. Gracioso, cómico, risible, ridículo, grotesco, chocarrero, burlesco, jocoso.
•*grave, serio*
BUFÓN. Chocarrero, truhán, histrión.
BUFONADA. Chocarrería.
BUHARDILLA. Guardilla, desván, buharda, sotabanco, boardilla.
•*bodega, catatumba, cripta, cueva, sótano, subsuelo*
BUHO. Lechuza, mochuelo.
BUHONERO. Mercachifle.
BUÍDO. Aguzado, afilado, delgado. — Acanalado, estriado.
BUITRE. Usurero, explotador.
BUJERÍA. Baratija, chuchería.
BUJÍA. Vela.
BULA. Exención, privilegio, distintivo, sello, documento, dispensa. — Burbuja.
BULBO. Tubérculo, cebolla.
BULLA. Gritería, confusión, barullo, voce-

río, bullicio, algazara, ruido, zambra, jaleo, bullanga.
•*quietud, tranquilidad*
BULLANGA. Tumulto, rebullicio, alboroto, desorden, algarada, motín, asonada.
BULLICIO. Alboroto, sedición, tumulto, estrépito, ruido.
BULLICIOSO. Sedicioso, alborotador. — Ruidoso, estrepitoso. — Inquieto, vivo, juguetón, alegre.
BULLIR. Hervir, borbotar. — Moverse, agitarse, menearse.
•*aquietar, parar*
BULLÓN. Tinte. — Clavo, encuadernar, plegar. — Bollo. — Cuchilla.
BULO. Falsedad, mentira, embuste.
BULTO. Fardo, bala, paca. — Busto, estatua. — Volumen, tamaño. —Chichón, hinchazón.
BUQUE. Barco, nave, navío, embarcación, bajel, nao.
BURDEL. Trifulca, bochinche, batifondo. — Mancebía.
BURDO. Tosco, basto, grosero, ordinario. — Soez, deslenguado, malhablado.
BUREO. Entretenimiento, diversión, regocijo, holgorio.
BURGO. Aldea, pueblo, población, municipio, agregado.
BURILAR. Cincelar, grabar, esculpir.
BURLA. Mofa, chanza, broma, fisga, chunga, zumba, escarnio, desprecio. — Engaño, chasco, pega.
•*seriedad, veraz, verdad*
BURLAR. Frustrar, chasquear, desairar, engañar.
BURLARSE. Reírse, chancearse, mofarse, fisgar, engañar, chunguearse, cachar, pitorrearse, torear, farrear.
BURLESCO. Bufo, cómico, jocoso.
•*grave, serio*
BURLÓN. Bromista, chancero, fisgón, zumbón.
BURRADA. Necedad, tontería, desatino, disparate, gansada.
BURRO. Asno, borrico, jumento, pellino, rucio. — Necio, tonto, zote, negado, ignorante, torpe.
BUSCA. Búsqueda.

BUSCAPIÉ. Indirecta, alusión, pulla, alfilerazo.

BUSCAR. Inquirir, indagar, averiguar, investigar, rebuscar, pesquisar, husmear, bucear. — Provocar.

• *abandonar, encontrar, hallar, inventar, topar, tropezar*

BUSILIS. Toque, quid, intríngulis, nudo, dificultad, enredo.

BÚSQUEDA. Busca, rebusca.

C

¡CA! ¡Bah!, no.

CABAL. Completo, acabado, íntegro, entero, exacto, justo, ajustado, recto, honrado, puntual, perfecto.
• *deshonrado, incompleto, informal*

CABALA. Enredo, intriga. — Suposiciones, cálculos, hipótesis, proyecto.

CABALGADURA. Caballería, montura.

CABALGAR. Montar, jinetear.

CABALISTA. Intrigante.

CABALÍSTICO. Misterioso, enigmático.

CABALLADA. Tropilla. — Animalada, barricada, necedad, estupidez.

CABALLERESCO. Noble, elevado, sublime.

CABALLERETE. Petimetre, pisaverde, currutaco, lechugino, gomoso.

CABALLERÍA. Cabalgadura, montura, bestia, caballo, corcel, bridón.

CABALLERIZA. Cuadra.

CABALLERO. Jinete, montado. — Noble, hidalgo.
• *rufián, sinvergüenza, villano*

CABALLEROSIDAD. Nobleza, generosidad, hidalguía, lealtad, dignidad.
• *bellaquería, deslealtad*

CABALLEROSO. Noble, generoso, leal, digno, espléndido.

CABALLO. Corcel, jaco, jaca, trotón, flete, potro, pingo, parejero, bridón, hipogrifo. — Matalón, cuartago, sotreta, rocín, mancarrón. — Bestia, torpe, rudo.

CABALMENTE. Precisamente, justamente, perfectamente, cabal.

CABAÑA. Rancho, choza, barraca. — Rebaño. — Caballada.

CABECERA. Almohada. — Capital. — Título. — Cabeza, principio.

CABECILLA. Jefe, caudillo.

CABELLO. Pelo.

CABER. Tocar, pertenecer, corresponder. — Coger. — Admitir.

CABESTRO. Camal, ramal, ronzal. — Buey, toro.

CABEZA. Testa, cráneo, coca. — Cumbre, cima. — Manantial, origen, principio. — Juicio, talento, capacidad, inteligencia, caletre, chirumen, cacumen. — Jefe, director, superior. — Res. — Persona, individuo. — Capital.
• *cola, extremidad, cóccix, hopo, rabadilla*

CABEZADA. Topetada, topada, cabezazo.

CABEZO. Cerro, montecillo, colina, alcor.

CABEZÓN. Cabezudo, terco, cabezota.

CABEZOTA. Cabezón, cabezudo, testarudo, obstinado, terco, porfiado.

CABEZUDO. Cabezón, cabezota.

CABIDA. Capacidad, espacio.

CABILDO. Ayuntamiento.

CABIZBAJO. Triste, cariacontecido, melancólico.

CABLE. Amarra, maroma. — Cablegrama.

CABLEGRAFIAR. Transmitir. — Emitir, lanzar, retransmitir.

CABO. Punta, extremidad, fin, remate, mango. — Promontorio, lengua. — Parte, lugar, sitio, lado.

CABREARSE. Enojarse, encocorarse.

CABRERO. Cabrerizo. — Furioso, colérico, fulo, encocorado.

CABRIOLA. Brinco, salto, voltereta.

CABRITO. Chivo.

CABRÓN. Macho cabrío. — Consentido.

CACA. Zulla. — Defecto, vicio, maca.

CACAHUETE. Maní, cacahué, cacahuey.

CACAO. Chocolate. — Teobroma.

CACAREAR. Alardear, fanfarronear.

CACHADA. Burla, broma, chanza, chunga, coba, chirigota, camama.

CACHAFAZ. Pícaro, descarado.

CACHAR. Romper. — Burlar, ridiculizar, embromar.

CACHAZA. Flema, pachorra, lentitud, calma.

CACHAZUDO. Flemático, calmoso, lento, tardo, pelma, pachorrudo.
 • *diligente, nervioso, rápido*

CACHETADA. Bofetada, cachete.

CACHETE. Carrillo. — Puñetazo, cachetada, sopapo, bofetada, moquete.

CACHIFOLLAR. Deslucir, estropear, confundir, humillar, apabullar.

CACHIMBO. Cachimba, pipa.

CACHIPORRA. Porra.

CACHIPORRAZO. Porrada, porrazo.

CACHIVACHE. Trasto, bártulo, trebejo, vasija, utensilio.

CACHO. Pedazo, trozo, parte.

CACHONDO. Lujurioso, apetitoso, deseable.

CACHORRO. Cría, hijo, hijuelo, polluelo, perrito, lobezno.

CACIQUE. Dueño, señor, dictador.

CACO. Ladrón, ratero, galafate, ganzúa.

CACOFONÍA. Disonancia, inarmónico.

CACUMEN. Agudeza, perspicacia, ingenio, talento, penetración, cabeza, caletre.

CADALSO. Patíbulo, horca, suplicio.

CADÁVER. Difunto, muerto, fallecido. — Espectro.

CADENA. Esclavitud, sujeción, dependencia. — Serie, sucesión, continuación, retahíla, letanía, rosario, eslabonamiento. — Cordillera.

CADENCIA. Ritmo, medida, movimiento, euritmia, compás, acorde.
 • *disonancia, disconformidad*

CADENCIOSO. Cadente, rítmico, acompasado.

CADENTE. Cadencioso. — Declinante, ruinoso, desmoronadizo.

CADUCAR. Prescribir, extinguirse, expirar. —Chochear, acabarse, arruinarse.

CADUCO. Decrépito, viejo, precario. — Perecedero, pasajero.
 • *fuente, iniciación, potente, ascender*

CAER. Minorarse, disminuirse, debilitarse. — Incurrir. — Desorenderse, desplomarse, rendirse. — Tocar. — Sentar. — Quedar, sucumbir, morir, perecer. — Desaparecer. — Comprender, percatarse. — Arrojarse, tirarse. — Sorprender. — Dar, mirar. — Ponerse. — Apagarse, atenuarse. — Sucumbir. — Venir, acontecer, llegar.
 • *elevar, enderezar, erguir, levantar, subir*

CAFÉ. Cafeto. — Represión, amonestación, rociada, reto.

CÁFILA. Muchedumbre, multitud, caterva.

CAFRE. Bárbaro, cruel. — Zafio, rústico.

CAGADA. Zorrullo, zurrullo, mojón. — Error, falla, desacierto.

CAGAR. Evacuar. — Estropear, malograr, arruinar.

CAGATINTA. Cagatintas, tinterillo, oficinista.

CAGÓN. Cobarde, pusilánime.

CAÍDA. Falta, desliz. — Desplome, derrumbe. — Declinación, declive.

CAÍDO. Desfallecido, postrado, débil, flojo, abatido, amilanado, rendido, vencido, desmazalado.
 • *animoso, esforzado, levantado*

CAJA. Tambor. — Ataúd, féretro. — Lata. — Cajón.

CAJETILLA. Elegante, presumido, remilgado.

CAJÓN. Arcón. — Gaveta.

CALA. Ancón, anconada. — Supositorio.

CALABACEAR. Reprobar, suspender, aplazar. — Desairar, desestimar.

CALABAZA. Zapallo. — Calabacera. — Inepto, ignorante.

CALABOBOS. Lluvia, pertinaz.

CALABOZO. Celda, cárcel, prisión, gayola.

CALADO. Bordado, entredós, labor. — Hurto. — Trazado, altura.

CALAMIDAD. Desgracia, infortunio, desastre, azote, plaga.
• *dicha, fortuna, victoria*

CALAMITOSO. Infeliz, desdichado, funesto, aciago, desastroso, desgraciado, infortunado, perjudicial.

CALANDRADO. Calandrajo, jirón, colgajo.

CALANDRIA. Alondra.

CALAÑA. Índole, calidad, naturaleza, categoría. — Muestra, modelo, patrón, forma, tipo.

CALAR. Penetrar, pasar. — Adivinar, conocer, descubrir. — Atravesar, agujerear. — Rajar, quebrar.

CALARSE. Encasquetarse, meterse, introducirse. — Mojarse, empaparse.

CALAVERA. Mujeriego, vicioso, perdido. — Cráneo.

CALCAÑAR. Talón, calcáneo, calcañal, zancajo, pulpejo.

CALCAR. Copiar, imitar, remedar, reproducir.
• *borrar, esfumar, quitar, tachar*

CALCE. Cuña, alza. — Oportunidad, coyuntura.

CALCINAR. Quemar, carbonizar. — Requemar.

CALCO. Copia, reproducción, imitación.

CALCULAR. Evaluar. — Suponer, conjeturar, creer, deducir, computar. — Proyectar, meditar, pensar.

CÁLCULO. Conjetura, suposición, cábala. — Cómputo, cuenta, investigación. — Interés, egoísmo. — Piedra.

CALDEAR. Encandecer. — Calentar.

CALDO. Potaje.

CALENDARIO. Almanaque.

CALENTAR. Bullir. — Avivar, azotar, celar, disputar.

CALENTARSE. Acalorarse, irritarse, enfadarse, encolerizarse, exaltarse, enfurruñarse.
• *enfriarse*

CALENTURA. Fiebre, destemplanza. — Celo.

CALENTURIENTO. Febril, febricitante.

CALESITA. Tiovivo.

CALETRE. Tino, discernimiento, acierto, perspicacia, capacidad, cabeza, cacumen, ingenio, agudeza, chirumen, talento, magín.

CALIDAD. Índole, genio, calaña, estofa, ralea. — Nobleza. — Importancia, calificación.
• *incalificable*

CÁLIDO. Caluroso, caliente, ardiente, ardoroso.

CALIENTE. Cálido, ardiente. — Acalorado, fogoso.
• *congelado, frígido, frío, gélido, helado*

CALIFICADO. Acreditado, señalado, importante, caracterizado.

CALIFICAR. Bautizar, llamar, reputar, considerar. — Ennoblecer, ilustrar, acreditar.
• *descalificar*

CALIFICATIVO. Epíteto, adjetivo, título, nombre.

CÁLIGA. Calzado, sandalia, polaina, babucha.

CALIGINE. Niebla, obscuridad.
• *diafanidad*

CALIGINOSO. Nebuloso, brumoso, calinoso, denso, obscuro.

CALIGRAFÍA. Letra.

CÁLIZ. Copa, vaso.

CALLADO. Reservado, silencioso, mudo, discreto, taciturno.

CALLAR. Enmudecer, silenciar, omitir.
• *hablar, parlar, platicar, rechistar*

CALLE. Arteria, vía, camino.

CALLEJEAR. Deambular, viltrotear, corretear, zancajear, vagar.

CALLEJÓN. Calleja, callejuela.

CALLISTA. Pedicuro.

CALLOSIDAD. Dureza.

CALMA. Paz, tranquilidad, sosiego, reposo, serenidad, placidez. — Flema, lentitud, pereza, indolencia, cachaza, pachorra.
• *intranquilidad, rapidez, tempestad*

CALMANTE. Paliativo, sedativo, narcótico, lenitivo, sedante, anodino, analgésico.

CALMAR. Sosegar, adormecer, templar, dulcificar, serenar, pacificar, apaciguar, tranquilizar. — Lenificar.

CALMOSO. Indolente, perezoso, tardo, lento, cachazudo, flemático, apático, pachorrudo.
• *activo, nervioso, rápido*
CALOFRÍO. Escalofrío, arrechucho, chucho.
CALOLOGÍA. Estética.
CALOR. Actividad, viveza, ardor, ardimiento, entusiasmo, vehemencia, apasionamiento, energía. — Favor.
• *frío*
CALORÍFERO. Estufa.
CALOTE. Chasco, engaño, estafa, timo, robo.
CALOTEAR. Estafar, robar, engañar, timar.
CALUMNIA. Mentira, impostura, difamación, embuste.
• *honra, verdad*
CALUMNIADOR. Difamador, infamador, impostor, sicofante, mentiroso.
CALUMNIAR. Difamar, desacreditar, infamar, deshonrar, agraviar, inculpar, vituperar.
• *adular, halagar, lisonjear, mimar, roncear*
CALUMNIOSO. Infamatorio, infamante.
CALUROSO. Vivo, ardiente, caliente, ardoroso. — Entusiasta.
CALVA. Pelada. — Calvero.
CALVARIO. Viacrucis, amargura, adversidad, pesadumbre, cruz.
CALVERO. Calva, claro. — Gredal, erial, inculto.
CALVO. Pelado, yermo, desnudo, lampiño.
CALZA. Cuña, alza, calce, calzo, calzadura.
CALZAR. Acuñar, ajustar. — Poner, meter.
• *descalzan*
CALZONAZOS. Bragazas.
CAMA. Lecho, tálamo.
CAMADA. Cría, cama. — Gavilla, caterva.
CAMAMA. Burla, broma, chanza, cachada. — Pamema. — Bola, embuste.
• *realidad, seriedad, verdad*
CAMÁNDULA. Hipocresía, astucia, bellaquería, fingimiento, embuste, trastienda, cautela, triquiñuela.
• *inocencia, ingenuidad, sinceridad*
CAMANDULERO. Hipócrita, astuto, embustero, bellaco, camastrón.
CÁMARA. Aposento, habitación, sala. — Neumático.
CAMARADA. Compañero, amigo, inseparable, compinche.
• *adversario, contrario, enemigo, rival*
CAMARANCHÓN. Desván, granero, sotabanco, guardilla, buhardilla, boardilla.
CAMARERO. Criado, mozo.
CAMARÍN. Tocador.
CAMASTRÓN. Camandulero, hipócrita, embustero, astuto, taimado.
CAMBADO. Patituerto.
CAMBALACHE. Boliche, prendería.
CAMBIAR. Mudar, variar, alterar, modificar, trocar, transformar, permutar, metamorfosear, transmutar, canjear, conmutar, barajar, revolver.
• *descambiar, destrocar, devolver*
CAMBIO. Mudanza, variación, alteración, modificación, trueque, transformación, permuta, metamorfosis, transmutación, mutación, canje, conmutación.
CAMELAR. Seducir, engañar. — Galantear, requebrar, enamorar.
CAMELO. Galanteo, requiebro. — Engaño, chasco, burla, decepción, vaya, pega.
CAMILLA. Angarilla.
CAMINANTE. Viajero, pasajero, viandante, peatón, peón, transeúnte, peregrino, andarín.
CAMINAR. Andar, marchar. — Deslizarse, correr, recorrer.
CAMINO. Vía, carretera, senda, sendero. — Viaje, itinerario, ruta. — Medio, manera, procedimiento.
CAMIÓN. Vehículo, carruaje, coche, auto, automotor.
CAMORRA. Riña, pendencia, pelea, disputa, trifulca, zipizape, tiberio, trapatiesta, pelotera.
CAMORRISTA. Pendenciero, reñidor, provocador.
CAMOTE. Batata. — Enamoramiento.

CAMPANADA. Escándalo.

CAMPANARIO. Torre.

CAMPANTE. Ufano, satisfecho, alegre, contento, orondo.

CAMPANUDO. Altisonante, hinchado, rimbombante, palanganudo, enfático, ampuloso, hueco, pomposo.

CAMPAÑA. Cruzada. — Llano, llanura, campo.

CAMPAR. Acampar, vivaquear. — Sobresalir.

CAMPEAR. Destacar, resaltar, descollar, distinguir.

CAMPECHANO. Sencillo, franco, llano. — Alegre, festivo, amistoso. — Dadivoso, generoso.

CAMPEÓN. Paladín, defensor, sostenedor, as.

CAMPESINO. Aldeano, paleto, lugareño. — Campestre.
  • *ciudadano, culto, refinado*

CAMPESTRE. Campesino.

CAMPIÑA. Campo, tierra, labranza.

CAMPO. Campiña, sembrados, cultivos, culturas. — Perspectiva, tema, materia, asunto.

CAMPOSANTO. Cementerio, necrópolis.

CAMUESO. Necio, ignorante, alcornoque, bodoque.

CAN. Perro, chucho, pichicho. — Gatillo.

CANAL. Caño, canalón, canalizo, reguera. — Estrecho. — Estría. — Conducto, vía.

CANALIZAR. Abrir, regularizar, aprovechar.
  • *cerrar, desaprovechar*

CANALLA. Bribón, bandido, pillo, pícaro. — Turba, populacho, chusma, plebe.

CANALLADA. Granujada, bribonada, vileza, avilantez, bellaquería.

CANASTA. Canasto, cesta, cesto.

CANCELAR. Anular, abolir, derogar. — Liquidar, saltar, finiquitar.
  • *incumplir, promulgar, astuto*

CANCERAR. Consumir, gastar, enflaquecer. — Mortificar, reprender, satirizar.

CANCERARSE. Corromperse, podrirse.

CANCERBERO. Perro, portero, guarda. — Guardavallas, meta.

CANCHA. Hipódromo, estadio, pista. — Maña, habilidad.

CANCIÓN. Aire, tonada, cantilena, endecha.

CANCIONISTA. Canto, cantante.

CANDADO. Cierre, cerradura. — Bozal.

CANDELA. Vela. — Lumbre, fuego.

CANDELERO. Palmatoria.

CANDENTE. Ígneo, incandescente, ardiente, abrasador. — Apasionante, sugestionante.

CANDIDATO. Aspirante, pretendiente.

CANDIDEZ. Candor, ingenuidad, sencillez, sinceridad. — Incauto, papanatas.
  • *astucia, cuquería, picardía, raposería*

CÁNDIDO. Inocente, ingenuo, incauto, sencillo, simple. — Blanco.
  • *malicioso, suciedad*

CANDONGO. Zalamería, caricia.

CANDOR. Sinceridad, sencillez, simplicidad, ingenuidad, inocencia, pureza, blancura.
  • *malicia, suciedad*

CANDOROSO. Boquirrubio, inexperto.

CANIBALISMO. Antropofagia. — Ferocidad, crueldad.

CANIJO. Débil, enfermizo, enclenque, enterco.
  • *fuerte, robusto, sano*

CANILLA. Grifo, espita.

CANJE. Cambio, trueque, substitución, permuta.

CANJEAR. Cambiar, trocar, substituir, permutar.

CANO. Blanco.

CANOA. Bote, barca, lancha, batel, yola.

CANON. Regla, precepto, pauta, norma. — Ejemplar, modelo, prototipo.

CANÓNIGO. Sacerdote, beato, cura.

CANONIZAR. Santificar, beatificar. — Alabar.

CANONJÍA. Prebenda, sinecura, ganga, momio.

CANORO. Armonioso, melodioso, grato, musical.

CANOSO. Blanco, viejo. — Grisáceo.

CANSANCIO. Fatiga, molestia, incomodidad, aburrimiento, hastío, fastidio, tedio.
  • *aliento, fortaleza, reposo*

CANSAR. Fatigar, molestar, incomodar, enfadar, importunar, hartar, fastidiar, aburrir, hastiar, estomagar, amolar.
- *avivar, distraer, fresco, reposado, sosegado*

CANTALETA. Chasco, vaya, zumba.

CANTAR. Copla, canción, canto. — Trova.

CANTAR. Celebrar, alabar, loar, ponderar, ensalzar. — Descubrir, confesar, revelar, delatar. — Soltar, largar, espetar. — Acusar. — Rechinar, crujir.
- *callar*

CANTAZO. Pedrada.

CANTERO. Cuadro, macizo.

CANTIDAD. Suma, importe, monto. — Número. — Porción, fracción.
- *nada, poco, sentido, viso*

CANTIGA. Trova.

CANTILENA. Cantinela, bordón, estribillo. — Cantar.

CANTIMPLORA. Chifle, chiflo.

CANTO. Piedra, guijarro. — Extremidad, punta, esquina, remate, orilla, borde, margen. — Canción, tonada. — Himno.

CANTÓN. Esquina. — País, región.

CANTOR. Cantante, cancionista.

CANTURIA. Canturria, salmodia.

CANTURREAR. Canturriar, tararear.

CANUTO. Pitorro.

CAÑERÍA. Tubería, canal.

CAÑO. Tubo, cañón.

CAOS. Confusión, desorden, laberinto.
- *claridad, disciplina, orden*

CAPA. Baño, barniz, mano. — Pretexto, máscara, velo. — Manto. — Veta, estrato, vena.

CAPACIDAD. Cabida. — Talento, inteligencia, preparación, aptitud, competencia, suficiencia, disposición. — Extensión, espacio.
- *incapacidad, ineptitud*

CAPAR. Castrar. — Disminuir, cercenar.

CAPARAZÓN. Coraza, cubierta.

CAPATAZ. Obrajero, contramaestre.

CAPAZ. Grande, espacioso, extenso, vasto. — Apto, idóneo, proporcionado, instruido, diestro, hábil, experto, perito, conocedor, avezado, práctico, experimentado, competente, suficiente, inteligente.
- *incapaz, inepto*

CAPCIOSO. Artificioso, engañoso, insidioso.

CAPELLÁN. Cura, sacerdote, beato, abad, eclesiástico.
- *claro, natural, verdadero*

CAPELO. Sombrero, bonete, boina, gorra.

CAPITAL. Caudal, patrimonio, dinero, fortuna, bienes. — Principal, esencial, fundamental.

CAPITALISTA. Rico, acomodado, economista.

CAPITALIZAR. Valuar, agregar.

CAPITÁN. Jefe, militar, oficial, grado.

CAPITANEAR. Dirigir, mandar, gobernar, guiar, conducir.

CAPITULAR. Pactar, convenir, concertar, ajustar, ceder, rendirse, transigir. — Disponer, ordenar, resolver.
- *desconcertar, resistir*

CAPÍTULO. Parte, parcial, secuencia, apartado.

CAPÓN. Castrado. — Coscorrón.

CAPORAL. Jefe, encargado, trabajador.

CAPRICHO. Fantasía, antojo, gusto, berretín, ventolera, humorada, voluntad, tontería, nonada. — Manera, moda, guisa.
- *formalidad, justicia, necesidad*

CAPRICHOSO. Caprichudo, antojadizo, voluntarioso, tornadizo, variable, voluble.

CAPTAR. Atraer, conseguir, lograr, alcanzar, granjearse. — Recoger, oír.
- *liberación, pérdida*

CAPTURA. Aprehensión, presa.

CAPTURAR. Aprehender, prender, apresar.

CAPULLO. Botón.

CARA. Rostro, semblante, faz, fisonomía, aspecto. — Fachada. — Anverso. — Frente.
- *cogote, cráneo, nuca, occipital, testuz*

CARABELA. Embarcación, nao, bajel, yate, barco, buque.

CARABINA. Arma, escopeta.

CARACARÁ. Carancho.

CARACOLEAR. Escarcear.

CARÁCTER. Índole, condición, genio, natural. — Firmeza, energía, entereza, severidad, rigidez. — Estilo. — Signo, señal. — Rasgo.

CARACTERÍSTICA. Rasgo, particularidad.

CARACTERÍSTICO. Peculiar, propio, típico.

CARACTERIZADO. Distinguido, autorizado.
• *indeterminado, vulgarizado*

CARACTERIZAR. Representar, dar carácter, determinar, actuar, dramatizar, especializar.

CARACÚ. Tuétano, médula.

¡CARAMBA! ¡Caracoles!, ¡carape!, ¡diablo!, ¡caray!

CARAMBOLA. Casualidad, chiripa.

CARAMILLO. Enredo, embuste, lío, chisme, jaleo, ruido, zipizape, trifulca, tiberio.

CARANTOÑA. Halago, caricia, zalamería, embeleco, gatería, arrumaco, roncería.
• *brusquedad, insulto*

CARÁTULA. Careta, mascarilla. — Portada.

CARAVANA. Multitud, tropa, muchedumbre.

CARBÓN. Combustible.

CARBURANTE. Combustible. — Bencina, petróleo, gasolina.

CARCAJ. Aljaba.

CARCAJADA. Risotada.

CARCAMAL. Vejestorio, carraca.

CÁRCEL. Prisión, chirona, gayola, presidio, calabozo, ergástulo.

CARCOMER. Roer, consumir, destruir.

CARDAL. Cardizal.

CARDENAL. Moretón, equimosis, contusión.

CARDENILLO. Verdín, mohoso.

CÁRDENO. Morado, violáceo, lívido.

CARDINAL. Fundamental, principal, capital, esencial.
• *accidental, secundario*

CAREAR. Confrontar, enfrentar.

CARECER. Faltar, despojar, vaciar.
• *atesorar, contener, disfrutar, encerrar, gozar, poseer*

CARENAR. Reparar, componer.

CARENCIA. Falta, privación, ausencia.
• *abundancia, sobra*

CARENTE. Desprovisto, falto.

CARESTÍA. Escasez, penuria, falta.
• *baratura, depreciación*

CARETA. Máscara, antifaz, mascarilla.

CARGA. Impuesto, gravamen, contribución, tributo. — Imposición, obligación, aflicción, cuidado. — Ataque, acometida, embestida, arremetida. — Peso, pesantez. — Censo, hipoteca, servidumbre.

CARGADO. Espeso, fuerte, saturado.

CARGANTE. Molesto, impertinente, pesado, fastidioso, irritante, chinchoso, chinchorrero, enojoso, chinche, cargoso. — Pelma, incordio.
• *ligero, soportable*

CARGAR. Atacar, acometer, embestir, arremeter. — Aumentar. — Molestar, fastidiar, importunar, irritar, enojar, cansar, incomodar. — Imputar, atribuir, achacar. — Imponer, agravar. — Estribar, gravitar, apoyar. — Apechugar, pechar. — Llevar.
• *aligerar, atraer, quitar, variar*

CARGAR. Poner, imponer, imputar, anotar, acometer, cansar, burlar. — Introducir, proveer, estribar. — Nublar, caer.
• *descargar, disparar, liberar, quitar*

CARGAZÓN. Cargamento, carga. — Pesadez. — Aglomeración.

CARGO. Dignidad, destino, empleo, oficio, plaza. — Dirección, gobierno, mando, cuidado, custodia, obligación. — Imputación. — Carga, peso.

CARGOSO. Fastidioso, molesto, pesado, gravoso, grave. — Cargante.

CARIACONTECIDO. Triste, mohíno, apenado, turbado, conturbado, sobresaltado.

CARIAR. Producir caries, padecer.

CARIARSE. Picarse.

CARICATURIZAR. Ridiculizar, exagerar. — Dibujar.

CARICIA. Mimo, cariño, halago, agasajo.
• *azote, golpe, mamporro, testarazo, torta*

CARIDAD. Filantropía, misericordia, compasión. — Auxilio, limosna.

• *desamparo, emulación, inhumanidad, rivalidad*

CARILLA. Plana, página, cuartilla, cara. — Careta.

CARIÑO. Amor, ternura, afecto, apego, amistad, inclinación, afición, benevolencia. — Mimo, halago, agasajo. — Esmero, cuidado.

• *descuido, despego*

CARIÑOSO. Afectuoso, amoroso, tierno, amante.

• *descariñado, descastado, despegado*

CARITATIVO. Filantrópico, compasivo, humano, misericordioso.

CARIZ. Aspecto, apariencia, faz.

CARLANGA. Pingajo, harapo.

CARMENAR. Desenmarañar, desenredar, limpiar, repelar. — Quitar, desplumar, robar.

CARMESÍ. Púrpura, rojo, grana, colorado.

CARMÍN. Rojo.

CARNADA. Cebo. — Incentivo, añagaza, señuelo.

CARNADURA. Encarnadura. — Robustez, musculatura.

CARNAL. Lujurioso, lascivo. — Terrenal.

CARNAVAL. Carnestolendas, diversión.

CARNERO. Rompehuelga, esquirol.

CARNESTOLENDAS. Carnaval.

CARNICERÍA. Matanza, mortandad, destrozo.

CARNICERO. Carnívoro. — Sanguinario, cruel, inhumano.

CARNOSIDAD. Excrecencia. — Gordura.

CARO. Costoso, dispendioso, salado. — Amado, idolatrado, adorado, querido.

• *barato, módico, rebajado*

CAROCA. Carantoña, mimo, zalamería, gatería, arrumaco.

CAROZO. Hueso, pepita, pipa.

CARPA. Tienda, pabellón.

CARPANTA. Hambre, gazuza. — Pandilla, barra, patota.

CARPIR. Rasgar, arañar, lastimar. — Limpiar, escardar.

CARRACA. Carcamal, vejestorio.

CARRASPEÑO. Áspero, bronco.

CARRERA. Camino, carretera, calle. —

Trayecto, recorrido, curso. — Profesión, estado.

CARRETEL. Carrete.

CARRETERA. Camino, carrera, calle.

CARRETILLA. Quijada, mandíbula.

CARRIL. Riel.

CARRILLO. Mejilla, moflete.

CARRO. Carruaje, carromato, coche, vehículo.

CARROÑO. Corrompido, podrido.

CARRUAJE. Vehículo, coche.

CARTA. Misiva, esquela, epístola. — Naipe. — Mapa. — Despecho, provisión. — Constitución.

CARTABÓN. Escuadra, regla, norma, pauta.

CARTAPACIO. Portapliegos, carpeta. — Tapa, funda, cartera.

CARTEARSE. Escribirse.

CARTEL. Rótulo, título, letrero. — Bando, anuncio. — Fama, prestigio, renombre, reputación.

CARTERA. Bolso, billetera, tarjetero. — Ministerio.

CARTILLA. Silabario, abecé, abecedario, alfabeto, catón.

CARTULARIO. Becerro, tumbo.

CASA. Edificio, mansión, establecimiento. — Morada, vivienda, residencia, domicilio. — Familia, hogar. — Comercio. — Descendencia, raza.

CASAL. Pareja.

CASAMIENTO. Matrimonio, enlace, boda, unión, nupcias.

CASAR. Unir, juntar, enlazar, maridar, desposar. — Caserío.

CASCADA. Salto.

CASCADO. Achacoso, decrépito, gastado, trabajado.

CASCAJO. Trasto, trebejo, chisme. — Guijo.

CASCAR. Romper, quebrantar, rajar, abrir, hender, agrietar. — Golpear, zurrar, pegar, sacudir. — Charlar.

CÁSCARA. Corteza, cubierta, envoltura.

CASCARRABIAS. Colérico, irascible, reñidor.

CASCO. Tonel, pipa, bordelesa, barrica,

bocoy. — Pedazo, trozo. — Yelmo. — Cabeza, cráneo. — Gajo. — Perímetro. — Vaso, uña.

CASCOTE. Escombro. — Vejete, vejestorio, carcamal.

CASERÍO. Cortijo, casería, alquería.

CASERO. Propietario, dueño, arrendador, administrador. — Hogareño, familiar, casolero, doméstico. — Inquilino, arrendatario.

CASETA. Garita, casilla.

CASILLA. Casa, compartimiento, albergue. — Taquilla.

CASILLERO. Archivo, clasificador, organizador.

CASINO. Club, círculo, sociedad.

CASO. Acontecimiento, suceso, coyuntura, ocasión, casualidad, acaso, ocurrencia, lance, circunstancia, peripecia, incidente, asunto.

CASORIO. Boda, casamiento, bodijo. — Desposorio.

CASQUETE. Casco. — Gorro.

CASQUIVANO. Vanidoso, frívolo, atolondrado, alegre.

CASTA. Linaje, generación, abolengo, estirpe, raza, ascendencia, familia, clase. — Especie, calidad.

CASTAÑETA. Castañuela.

CASTAÑETEAR. Tiritar.

CASTAÑUELA. Castañeta, crótalo.

CASTICISMO. Purismo, casticidad.

CASTIDAD. Pureza, virginidad, honestidad, candor.
  • *lujuria, salacidad, voluptuosidad, consolación*

CASTIGAR. Escarmentar, afligir, mortificar, imponer, corregir.
  • *desquitar, perdonar*

CASTIGO. Corrección, represión, punición, mortificación, condena, humillación, pena. — Aliciente, estímulo, escarmiento.
  • *institución, galardón, perdón, recompensa*

CASTILLO. Palacio, mansión. — Baluarte.

CASTIZO. Tradicional, puro, correcto.
  • *atípico, derivado, impuro*

CASTO. Puro, honesto, limpio, recatado.

CASTRAR. Capar. — Podar.

CASUAL. Contingente, imprevisto, fortuito, impensado, relance. — Eventual
  • *esencial, pensado, previsto*

CASUALIDAD. Acaso, azar, eventualidad, aventura, bolada, chiripa.

CATACLISMO. Catástrofe, desastre, terremoto, diluvio. — Trastorno, desorden.

CATADURA. Facha, semblante, aspecto, traza, gesto, empaque, aire.

CATALEJO. Anteojo.

CATALOGAR. Individualizar, ordenar, inventariar, clasificar.

CATÁLOGO. Inventario, memoria, lista.

CATAPLASMA. Apósito.

CATAR. Probar, gustar. — Ver, mirar, observar, examinar, registrar.

CATARATA. Cascada, salto.

CATÁSTROFE. Cataclismo, desastre, calamidad, desgracia, hecatombe.

CATECISMO. Catequesis. — Cartilla.

CATECÚMENO. Neófito. — Novato, novel.

CÁTEDRA. Aula, clase.

CATEDRÁTICO. Profesor, maestro. — Doctor.

CATEGORÍA. Jerarquía, clase, esfera, condición. — Talla, fuste.

CATEGÓRICO. Terminante, rotundo, decisivo, concluyente, preciso, absoluto, claro.
  • *apelable, indeterminado, relativo*

CATEQUESIS. Instruir, iniciar, enseñar. — Convencer, persuadir, atraer, conquistar.

CATEQUIZAR. Atraer, convencer, instruir.

CATERVA. Multitud, muchedumbre, turba, plebe, populacho, vulgo, infinidad, sinnúmero, copia.

CATETO. Lugareño, paleto, pueblerino.

CATILINARIA. Filípica, censura, invectiva.

CATÓLICO. Universal, cristiano. — Sano, bueno, saludable.

CAUCE. Álveo, lecho, madre. — Acequia, conducto, canal.

CAUCHO. Goma.

CAUCIÓN. Fianza, garantía, protección. — Prevención, precaución.

CAUDAL. Caudaloso. — Fortuna, bienes, hacienda, capital, dinero. — Abundancia, cantidad, copia.

• *escasez*

CAUDILLAJE. Caciquismo.

CAUDILLO. Jefe, capitán, cabeza, guía. — Héroe, adalid.

CAUSA. Fundamento, base, cimiento, origen, principio, circunstancia, motivo, móvil, razón, hecho. — Proceso, pleito.

• *fin, fruto*

CAUSA (A). Por razón de, con motivo de, la circunstancia que, obedece a, por, movido por.

• *consecuencia, efecto, eficacia, fruto, trabajo*

CAUSALIDAD. Causa, principio, origen, motivo.

• *final, hado, suerte*

CAUSAR. Originar, provocar, producir, determinar, ocasionar, motivar, irrogar.

CAUSTICIDAD. Mordacidad.

CÁUSTICO. Corrosivo. — Mordaz, incisivo, irónico, punzante, agresivo, acre, agudo, picante, mordicante.

CAUTELA. Precaución, tacto, reserva, discreción, sigilo, circunspección, mesura, cordura, recato. — Astucia, sutileza, maña, habilidad.

• *ingenuidad, inhabilidad, sinceridad*

CAUTERIZAR. Restañar, quemar. — Corregir. — Tildar, calificar.

CAUTIVAR. Aprisionar, apresar, prender, capturar, aprehender, recluir. — Prendar, ganar, atraer, encantar, seducir, hechizar, embelesar, suspender, arrebatar.

• *aburrir, desencantar, libertar*

CAUTIVERIO. Cautividad, prisión, esclavitud, servidumbre.

CAUTIVO. Preso, prisionero, sujeto, esclavo.

CAUTO. Precavido, prudente, astuto, sagaz, previsor, circunspecto, mesurado.

• *imprudente, ingenuo, sincero*

CAVAR. Ahondar, profundizar, escarbar. — Minar.

CAVERNA. Gruta, cueva, cavidad, antro, concavidad, sima.

CAVERNÍCOLA. Reaccionario, retrógrado, troglodita.

CAVERNOSO. Sordo, bronco, áspero.

CAVIDAD. Vacío, hueco, hoyo.

CAVILAR. Pensar, meditar, preocuparse, considerar.

CAVILOSO. Pensativo, preocupado, aprensivo, receloso, desconfiado, suspicaz.

• *despreocupado, reflexivo*

CAYADO. Bastón, báculo, palo.

CAZAR. Perseguir, atrapar, coger. — Cautivar, prender. — Sorprender.

CAZUELA. Vasija, olla. — Paraíso, galería.

CAZURRO. Desconfiado, insociable, intratable, huraño.

CEBAR. Engordar, alimentar, sobrealimentar, sustentar. — Fomentar, atraer. — Persistir. — Penetrar.

• *adelgazar*

CEBARSE. Encarnizarse, ensañarse.

CEBO. Alimento, carnada. — Atractivo, incentivo, aliciente, fomento, pábulo, anzuelo.

CEBRADO. Listado, rayado.

CECINA. Charque, tasajo, charquí.

CEDAZO. Tamiz, criba, cernidor, zaranda.

CEDER. Dar, transferir, traspasar, transmitir. — Doblegarse, rendirse, obedecer, someterse. — Flaquear, aflojar, cejar, replegarse, retirarse, abandonar, dejar. — Aminorarse, debilitarse, disminuir, suspender.

• *insistir, quitar, tomar*

CÉDULA. Escrito, documento.

CÉFIRO. Brisa.

CEGAR. Ofuscar, perturbar, alucinar, deslumbrar. — Cerrar, obturar, tapar, macizar. — Impedir, embarazar.

• *distinguir, divisar, entrever, percibir, ver, vislumbrar*

CEGARSE. Ofuscarse, obcecarse, turbarse, exasperarse, irritarse, exacerbarse.

CEGATO. Ciego, corto de vista, escaso de vista.

CEGUEDAD. Ceguera, alucinación, obcecación, ofuscación, ofuscamiento, turbación.
• *acierto, claridad, vista*

CEJA. Saliente. — Cumbre. — Camino, senda, vereda. — Abrazadera.

CEJAR. Retroceder, recular, ciar. — Desistir. — Ceder, aflojar, flaquear, debilitar, decaer.
• *insistir, machacar*

CEJIJUNTO. Ceñudo, ceñoso, cejudo.

CEJUDO. Ceñudo, ceñoso, cejijunto.

CELADA. Yelmo. — Emboscada, asechanza, trampa, fraude, artificio, ardid, engaño.

CELADOR. Vigilante.

CELAR. Vigilar, observar, velar, cuidar, atender. — Encubrir, disimular, disfrazar, recatar, tapar, ocultar. — Grabar, esculpir.
• *descubrir*

CELDA. Calabozo. — Celdilla.

CELEBRACIÓN. Aplauso, aclamación.

CELEBRAR. Alabar, aplaudir, ensalzar, encomiar, elogiar, ponderar, enaltecer, realzar, relevar. — Festejar, conmemorar. — Solemnizar, venerar, reverenciar. — Realizar, efectuar, verificar.

CÉLEBRE. Famoso, renombrado, afamado, notable, eminente, ilustre, distinguido, memorable, glorioso, brillante, grande, conocido, respetado.

CELEBRIDAD. Fama, renombre, gloria, honra, reputación, boga, aplauso.
• *anónimo*

CELERIDAD. Rapidez, velocidad, prisa, presteza, prontitud, ligereza, diligencia, actividad.
• *inactividad, lentitud*

CELESTE. Célico, celestial.

CELESTIAL. Divino, célico, paradisíaco, perfecto, grandioso, regio, seductor, encantador, hechicero. — Inefable, excelso, primoroso, delicioso. — Inepto, tonto, bobo.

CELESTINA. Alcahueta, encubridora, correveidile.

CELIBATO. Soltería.

CÉLIBE. Soltero. — Mozo.

CÉLICO. Celestial, celeste.

CELO. Impulso, ardor, voluntad, ímpetu, acicate, estímulo, aguijón, anhelo, ansia. — Cuidado, diligencia, aplicación, solicitud, esmero, actividad, fervor.
• *descuido, frialdad, negligencia, indiferencia*

CELOS. Sospecha, desconfianza, recelo, inquietud, presunción, suposición. — Envidia, pelusa. — Antagonismo, rivalidad.

CELOSÍA. Enrejado, persiana.

CELOSO. Diligente, activo. — Receloso, desconfiado.

CELSITUD. Elevación, grandeza, excelencia.

CÉLULA. Celdilla, cavidad, seno.

CEMENTERIO. Camposanto, necrópolis.

CENA. Comida, alimento, yantar.

CENÁCULO. Areópago. — Reunión, peña.

CENADOR. Glorieta.

CENAGAL. Lodazal, fangal, barrizal, pantano.

CENAGOSO. Fangoso.

CENCEÑO. Delgado, enjuto, flaco, seco, chupado, canijo.

CENCERRO. Campanilla, esquila.

CENDAL. Tul.

CENEFA. Orla, ribete, borde, orilla, orillo, lista, viñeta.

CENICIENTA. Menospreciada, desvalida, desamparada.

CENIT. Arriba, cumbre, alto. — Máximo, demasiado.

CENIZAS. Reliquias, restos. — Residuos, vestigios.

CENIZO. Aguafiestas, mala sombra, gafe.

CENOBITA. Fraile, monje, anacoreta, eremita, ermitaño, solitario, penitente.

CENOBÍTICO. Conventual, monástico.

CENSO. Registro, padrón, lista, estadística. — Contribución, carga, gravamen, tributo, obligación.

CENSOR. Crítico.

CENSURA. Juicio, dictamen, concepto,

crítica, examen, análisis, consideración. — Corrección, enmienda, reparo, objeción, reprobación. — Murmuración, menosprecio, vilipendio. — Mordaza, bozal, candado.
• *aprobación, elogio*

CENSURAR. Criticar, notar, corregir, reprobar. — Murmurar, vituperar.

CENTELLA. Rayo, chispa, exhalación.

CENTELLEAR. Chispear, relumbrar, fulgurar, relampaguear, resplandecer, relucir, refulgir, brillar.
• *apagarse*

CENTELLEO. Chispeo, resplandor, fulguración, brillo.

CENTENARIO. Longevo.

CENTINELA. Custodio, vigilante, guarda.

CENTRAL. Principal, capital, matriz, — Céntrico.

CENTRALIZAR. Absorber, monopolizar, concentrar.

CENTRAR. Equilibrar, converger, colocar.

CÉNTRICO. Central.

CENTRO. Sociedad, club, agrupación, casino. — Eje, núcleo, foco. — Meta.
• *confin, límite, periferia*

CENTURIA. Siglo.

CEÑIDO. Moderado, sobrio, parco, ajustado.

CEÑIDOR. Faja, cinto, cinturón, correa.

CEÑIR. Rodear, cercar. — Ajustar, estrechar, oprimir. — Cerrar, circuir. — Abreviar, reducir, disminuir.
• *desprender, separar*

CEÑIRSE. Concretarse, circunscribirse, limitarse, atenerse, amoldarse, atemperarse, remitirse, allanarse, conformarse, adaptarse. — Moderarse, reducirse, sujetarse.

CEÑUDO. Ceñoso, cejijunto. — Adusto, rígido, severo, sombrío, tétrico.

CEPA. Raíz, tronco, familia, origen, raza.

CEPILLAR. Limpiar, asear. — Pulir, afinar, desbastar.

CEPILLO. Alcancía. — Escobilla.

CEPO. Rama, gajo. — Trampa, armadijo.

CEPORRO. Rudo, descortés, ignorante, tonto bobo.

CERCA. Vallado, valla, tapia, palizada, empalizada, seto, cerco, muro, barrera. — Próximo, inmediato. — Casi.

CERCADO. Cerca, valla, coto.

CERCANÍAS. Proximidades, inmediaciones, contornos, alrededores.

CERCANO. Próximo, inmediato, cerca, contiguo, allegado.
• *alejado, distante, remoto*

CERCAR. Rodear, circunvalar, circuir, circundar, murar, vallar, tapiar. — Sitiar, asediar.
• *abrir*

CERCÉN (A). A raíz, enteramente, en redondeo.

CERCENAR. Cortar, separar, sajar. — Disminuir, reducir, desmochar, amenguar, acortar.

CERCIORAR. Asegurar, confirmar, ratificar, aseverar, certificar, comprobar.
• *dudar, ignorar*

CERCO. Asedio, sitio. — Anillo, aro, marco. — Corrillo. — seto, valla.

CERDA. Crin.

CERDO. Puerco, marrano, chancho, cochino.

CEREALES. Granos.

CEREBRO. Inteligencia, espíritu, mente, cabeza.

CEREMONIA. Pompa, fausto, aparato, máquina, rito, solemnidad. — Afectación, presunción.
• *naturalidad, sencillez*

CEREMONIAL. Ritual, protocolo.

CERILLA. Fósforo. — Cerumen.

CERNER. Cernir, tamizar, pasar, cribar. — Lloviznar, garuar.

CERNERSE. Remontarse, elevarse, sublimarse. — Amenazar.

CERNÍCALO. Ignorante, zopenco, tonto, bruto, necio, simple, sandio, bobo, zoquete, zamacuco.

CERNIDOR. Tamiz, criba, cedazo.

CERO. Inútil, nulo. — Nada.

CEROTE. Miedo, temor, aprensión. — Cerumen.

CERRADO. Incomprensible, oscuro, confuso, oculto. — Encapotado, nublado, nuboso, cubierto. — Negado, torpe, desmañado, obtuso, romo. — Cercado, vallado.

• *abierto, comunicativo, despejado*

CERRADURA. Cierre, cerraja, cerramiento.

CERRAJA. Cierre, cerradura.

CERRAMIENTO. Cerradura, cerraja, cierre. — Valla, coto, muro, cercado.

CERRAR. Atacar, acometer, embestir, arremeter. — Curar, cicatrizar. — Zapar, cegar. — Detener, concluir, terminar. — Dormirse, morir. — Cesar.

• *abrir, destapar, separar*

CERRARSE. Obstinarse, ofuscarse, emperrarse, empacarse. — Apiñarse, unirse.

CERRIL. Áspero, escabroso, desigual. — Grosero, tosco, rústico, cerrero, arisco, huraño, bravío, montaraz.

CERRO. Altura, colina, montaña, loma.

CERTAMEN. Concurso, justa, torneo.

CERTERO. Diestro, seguro. — Firme, acertado. — Cierto, sabedor.

CERTEZA. Certidumbre, seguridad, verdad, convicción, evidencia.

• *duda, interrogación, mentira*

CERTIFICAR. Asegurar, afirmar, aseverar, confirmar, afianzar, atestiguar, responder.

CESACIÓN. Terminación, liquidación.

CESAR. Suspenderse, concluirse, acabarse. — Interrumpir, terminar.

• *iniciar*

CESÁREO. Imperial.

CESIÓN. Abandono, renuncia, abdicación, cese, dejación, desistimiento. — Entrega, donación. — Traspaso.

CESTA. Cesto, canasto, canasta, escriño.

CETRINO. Adusto, melancólico.

CETRO. Vara. — Reinado, mandato. — Autoridad.

CHABACANO. Grosero, cursi, despreciable, ramplón, vulgar, ridículo, basto.

• *culto, delicado, fino*

CHABOLA. Chamizo, choza, caseta, cabaña, rancho, barraca, pocilga. .

• *alcázar, castillo, chalet, hotel, palacio*

CHÁCHARA. Charla, charlatanería, palabrería, garla, palique.

CHACHO. Niño, muchacho, nene, adolescente.

CHACOLOTEAR. Chapalear.

CHACOTA. Bulla, chanza, alegría, burla, broma, mofa, fisga, zumba, trapisonda.

CHACRA. Granja, alquería.

CHAFADO. Deteriorado, arrugado, rugoso.

CHAFALONÍA. Oropel, chambón, charanguero, frangollón. — Embustero.

CHAFAR. Ajar, deslucir, arrugar, marchitar. — Aplastar.

• *estirar, planchar*

CHAFARRINÓN. Borrón, mancha. — Indigno, chabacano.

CHAFLÁN. Bisel. — Ochava, achaflanadura.

• *acodado, diedro, filo, recodo*

CHALADO. Embobado, enamoricado, alelado. — Chiflado.

CHALANEO. Maña, astucia.

CHALET. Casa, torre, mansión.

CHALUPA. Lancha, bote, barca.

CHAMARILERO. Prendero, ropavejero.

CHAMBA. Chiripa, casualidad, azar, acaso, suerte.

• *certeza, seguridad*

CHAMBERGO. Sombrero.

CHAMBÓN. Torpe, chapucero, desmañado, inhábil, obtuso, negado.

CHAMIZO. Choza, caseta, cabaña, rancho, barraca, pocilga, cuchitril.

• *alcázar, castillo, chalet, hotel, palacio*

CHAMUSCAR. Quemar. — Encender, asar.

CHAMUSQUINA. Trifulca, riña.

CHANCEARSE. Burlarse, bromear, embromar, entretenerse, divertirse, cachar.

CHANCERO. Bromista, jactancioso. — Ladrón.

CHANCHADA. Cochinada, suciedad, porquería. — Bajeza, ruindad, grosería.

CHANCHO. Cerdo, puerco, cochino, marrano. — Sucio, roñoso, desaseado, abandonado, desidioso, desaliñado. — Miserable, ruin, vil.

CHANCHULLO. Enjuague, trampa, pastel, componenda, acomodo.

CHANCLA. Zapato, chancleta.

CHANCLETA. Chinela, pantufla, chancla. — Hembra, mujer.

CHANCLO. Sandalia, zueco, calzado, zapato, bota.

CHANELAR. Comprender, entender.

CHANFLE. Chaflán.

CHANGADOR. Faquín.

CHANTAJE. Extorsión, amenaza, hurto.

CHANZA. Broma, chasco, brega, mofa, vaya, cachada, camama. — Chiste, cuchufleta, chirigota, chanzoneta.
•*formalidad, gravedad, seriedad, solemnidad*

CHAPA. Lámina, hoja, plancha. — Seso, formalidad.

CHAPALEAR. Chapotear. — Chacolotear.

CHAPARREAR. Llover, lloviznar, chaparrón, chaparrazo.

CHAPARRÓN. Aguacero, nubada, chubasco.

CHAPOTEAR. Chapalear.

CHAPUCERO. Frangollón, chafallón, charanguero, fulero.

CHAPUZA. Frangollo, chapuz.

CHAPUZAR. Zambullirse. — Esconderse, meterse.

CHAQUETA. Saco, americana.

CHARANGA. Murga.

CHARCO. Bache, laguna. — Mar, océano, río. — Charca.

CHARLAR. Conversar, hablar, platicar, garlar, charlatanear, departir, conferenciar, parlar, parlotear, rajar, parrafear, paliquear.
•*achantarse, callar, enmudecer, silenciar*

CHARLATÁN. Conversador, hablador, parlanchín, chicharra, gárrulo, locuaz, garlador, lenguaz, boquiblando. — Embaucador, impostor, farsante, embustero, mentiroso, falso, embaidor.

CHARLATANERÍA. Charlatanismo, palabrería, parlería, garrulidad, locuacidad, habladuría.

CHARNELA. Bisagra, gozne.

CHARQUE. Charqui, tasajo, cecina.

CHARRASCA. Sable, machete.

CHARRETERA. Divisa, galón. — Jarretera.

CHASCARRILLO. Agudeza, chiste, cuentecillo, anécdota, chuscada, ocurrencia.

CHASCO. Burla, broma, sorpresa, engaño, pega. — Decepción, desengaño, desilusión, desencanto.

CHASQUEAR. Burlar, engañar, sorprender, zumbar, embromar. — Restallar, rastrallar, crujir, chascar, estallar, crepitar. — Frustrar, desilusionar, defraudar.

CHASQUIDO. Estallido, restallido, crujido.

CHATA. Bacín. — Carro.

CHATO. Ñato. — Anodino, insípido, vulgar. — Mocho, despuntado, truncado.
•*agudo, narigón*

CHAU. Adiós, abur, agur.

CHAUCHA. Judía.

CHAVAL. Niño, nene, muchacho, chavea, rapaz.

CHAVETA. Clavija, pasador, roblón. — Cabeza, juicio.

CHECA. Tortura, prisión, carcel, encarcelamiento.

CHECHE. Valentón, perdonavidas, fanfarrón, jaque.

CHEPA. Joroba, corcova, giba.

CHICANA. Triquiñuela, enredo, sofistería, embrollo, mentira.

CHICHA. Bebida, fermentación, refresco.

CHICHARRA. Cigarra. — Timbre. — Charlatán.

CHICHE. Juguete, chuchería. — Alhaja.

CHICHIRINADA. Nada, insulso, poco.

CHICHÓN. Bollo, bulto. — Zumbón, bromista.

CHICO. Niño, muchacho, pibe, criatura, chiquillo, chiquilín, pebete, infante. — Pequeño, estrecho, corto, bajo.
•*enorme, grande*

CHICOLEO. Piropo, requiebro, galantería, donaire, dicho, flor.

CHICOTE. Látigo, fusta, rebenque, talero.

CHIFLADO. Destornillado, alocado, loco, atolondrado, precipitado, deschavetado, desquiciado.

CHIFLADURA. Manía, capricho, antojo, prurito, rareza, extravagancia, locura, fantasía.

CHIFLAR. Silbar. — Mofarse, burlarse.

CHIFLARSE. Trastornarse. — Alelarse, atontarse.

CHIFLE. Chiflo. — Silbato, reclamo. — Cantimplora.

CHILLAR. Chirriar, rechinar.
 • *callar, susurrar*

CHILLÓN. Estridente, desapacible. — Colorinche.

CHILLONA. Aflautada, atiplada.

CHIMENEA. Hogar, fogón.

CHINA. India, mestiza. — Criada, sirvienta. — Porcelana. — Novia.

CHINCHE. Fastidioso, molesto, pesado, cargante, pelmazo, impertinente, chinchorrero.

CHINCHORRERÍA. Impertinencia, molestia, fastidio, pesadez. — Chisme, cuento, mentira, calumnia, patraña, historia.
 • *ligereza, oportunidad*

CHINCHORRO. Bote. — Hamaca.

CHINCHULÍN. Tripa, intestino.

CHINELA. Pantufla, chancleta.

CHINGAR. Errar, marrar, fallar. — Molestar.

CHIQUERO. Pocilga, zahurda. — Establo, corral.

CHIQUILICUATRO. Mequetrefe, muñeco, necio, ligero, fatuo, zascandil, chisgarabis, danzante, trasto.

CHIQUILLADA. Niñada, niñería, muchachada.

CHIQUILLO. Chico, niño, chicuelo, criatura, chiquilín, muchacho.

CHIRIBITIL. Desván, cuarto. — Tugurio, cuchitril, tabuco, zahurda, zaquizamí, covacha.

CHIRIGOTA. Chanza, broma, cuchufleta, chiste, humorada, chanzoneta, cachada.

CHIRIGOTERO. Bromista, cuchufletero, chistoso.

CHIRIMBOLO. Trasto, trebejo, estorbo, chisme.

CHIRIPA. Suerte, casualidad, chamba, azar, carambola, bolada.
 • *previsión, seguridad*

CHIRLE. Insípido, soso, insubstancial, insulso, desabrido, aguanoso.

CHIRLO. Azote. — Tajo, corte, cuchillada. — Herida, cicatriz, barbijo, costurón.

CHIROLA. Moneda.

CHIRONA. Cárcel, calabozo, prisión, gayola.

CHIRRIAR. Rechinar, chillar, crujir, restallar, crepitar. — Desentonar, desafinar.

CHIRRIDO. Estridor.

CHIRUMEN. Caletre, magín, cacumen, testa, cabeza, talento.

CHISGARABIS. Mequetrefe, botarate, chiquilicuatro, trasto, muñeco, danzante.

CHISME. Hablilla, murmuración, cuento, enredo, lío, historia. — Baratija, trasto, trebejo.

CHISMEAR. Chismorrear.

CHISMORREAR. Chismear, murmurar, cuentear, cizañear, liero.

CHISMOSO. Murmurador, cuentero, correveidile, alcahuete, cizañero, liero, enredador, maldiciente.

CHISPA. Centella, rayo, exhalación. — Penetración, viveza, ingenio, agudeza, gracia. — Borrachera, curda, pítima, jumera, mona.

CHISPEANTE. Ingenioso, agudo, gracioso, penetrante. — Reluciente, luminoso.

CHISPEAR. Lloviznar. — Chisporrotear.

CHISPERO. Plebeyo, chapucero, herrero.

CHISPO. Achispado, alegre, borracho, embriagado, curda, beodo, bebido, ajumado.

CHISPORROTEAR. Chispear.

CHISTAR. Hablar, responder, susurrar, charlar, conversar, farfullar.
 • *callar, enmudecer, silenciar*

CHISTE. Agudeza, ocurrencia, gracia, cuchufleta, donaire, chuscada, chirigota, humorada, burla, cachada, chanza, sátira, gracejo.

CHISTERA. Galera, clac, sombrero.

CHISTOSO. Gracioso, ocurrente, agudo, decidor, chusco, donoso.

CHITÓN. Mutismo, reserva, sigilo, hermetismo. — Callado, quedo.
• *estrépito, estridencia, fragor, pandemonio, ruido, zarbanda*

CHIVA. Cabrita. — Barba. — Enojo.

CHOCANTE. Raro, extraño, singular, original, sorprendente, peregrino.
• *acostumbrado, común, corriente, natural, ordinario, regular*

CHOCAR. Tropezar, encontrarse, topar, estrellarse. — Extrañar, sorprender, asombrar, admirar, pasmar. — Pelear, reñir, disputar.
• *contener, frenar, moderar, parar*

CHOCARRERÍA. Bufonada, grosería, fullería, trampa. — Chiste.

CHOCHO. Decrépito, caduco, alelado. — Encariñado, entusiasmado.

CHOCLO. Mazorca, humita. — Chanclo.

CHOLLA. Chola, cabeza, tronco. — Entendimiento, juicio.

CHOQUE. Encuentro, colisión, encontrón, topetazo. — Escaramuza, combate, refriega. — Riña, pendencia, disputa, pelea, contienda.

CHORAR. Hurtar, robar, substraer, arrebatar, quitar, usurpar, estafar.
• *devolver, reintegrar, resarcir, restituir, satisfacer*

CHORLITO. Atolondrado, aturdido, distraído, irreflexivo, precipitado.

CHORREAR. Fluir, manar, brotar, correr, salir. — Rociar. — Destilar.

CHOZA. Cabaña, rancho, barraca, caseta, chamizo, chabola, pocilga, cuchitril, garita.
• *alcázar, castillo, chalet, hotel, palacio*

CHUBASCO. Chaparrón, aguacero, nubada. — Adversidad, contratiempo.

CHUCARO. Arisco, bravío, indómito, salvaje.

CHUCHERÍA. Baratija, fruslería, nadería. — Golosina. — Chicle.

CHUCHO. Paludismo. — Calofrío, escalofrío. — Miedo, temor. — Perro, can, pichicho, cuzco.

CHUECO. Patituerto, cojo, estevado, patizambo.

CHUFLA. Cuchufleta, chacota, chunga, mofa.

CHULO. Plebeyo, rufián, valiente, valeroso, pícaro, truhán, pilleta, tuno, tunante, galopín.
• *digno, fiel, honrado, íntegro, probo, recto*

CHUMBO. Nopal, tuna.

CHUNGA. Broma, burla, cachada, chanza, coba, chirigota.

CHUPADO. Flaco, extenuado, delgado, consumido. — Borracho, ebrio, ajumado, bebido.

CHUPADOR. Bebedor. — Chupete.

CHUPANDINA. Copeteo. — Cuchipanda, francachela.

CHUPAR. Beber, absorber. — Fumar, pitar. — Embriagarse, emborracharse.

CHUPETE. Chupador.

CHUSCADA. Agudeza, gracia, donaire, chiste, ocurrencia, picardía, chanza, chascarrillo.

CHUSCO. Agudo, gracioso, donoso, chistoso, ocurrente, pícaro, chancero.
• *serio, soso*

CHUSMA. Canalla, populacho, plebe, gentuza.

CIAR. Cejar, retroceder, aflojar.

CICATERÍA. Mezquindad, avaricia, tacañería, ruindad, miseria, sordidez, roña.

CICATERO. Mezquino, avaro, tacaño, ruin, miserable, sórdido, roñoso, agarrado, amarrete.

CICATRIZ. Señal, vestigio, huella. — Costurón, chirlo.

CICATRIZAR. Cerrar, curar, sanar. — Calmar, mitigar.

CICERONE. Guía. — Ilustrado, comentador.

CICLO. Período.

CICLÓN. Huracán, vendaval.

CICLÓPEO. Gigantesco, grandioso, gigante, colosal, desmesurado, enorme, titánico.

CIEGO. Alucinado, enloquecido, ofuscado, obcecado. — Cerrado, cegado.

CIELO. Atmósfera, firmamento. — Gloria, paraíso, bienaventuranza, edén, empireo. — Dios, providencia. — Clima, temple.
•*abismo, averno, báratro, infierno, profundo*

CIEMPIÉS. Desatino, incoherencia, barbaridad, disparate, dislate.

CIÉNAGA. Lodazal, pantano, barrizal, cenegal, fangal.

CIENCIA. Conocimiento, saber, erudición. — Habilidad, maestría, aptitud, arte, facultad.
•*ignorancia, incultura*

CIENO. Lodo, barro, fango, légamo, limo.

CIERRE. Cesación. — Valla. — Balance, clausura. — Cerradura, cerrojo, candado.

CIERTO. Seguro, verdadero, indubitable, incuestionable, innegable, evidente, real, positivo, veraz, auténtico, verídico, infalible, irrefutable. — Uno, alguno. — Determinado, preciso.
•*discutible, dudoso, incierto*

CIFRA. Número, guarismo. — Criptograma. — Abreviatura. — Monograma. — Suma, compendio, emblema. — Clave.

CIFRAR. Confiar, ansiar. — Compendiar, resumir, reducir.

CIGARRA. Chicharra.

CILINDRO. Rodillo.

CIMA. Cúspide, cumbre, vértice. — Meta, fin, término. — Pináculo.

CIMARRÓN. Salvaje, montaraz, bagual, chúcaro. — Amargo.

CIMBEL. Señuelo, reclamo.

CIMBORRIO. Cúpula, bóveda, techo.

CIMBREAR. Vibrar, cimbrar.

CIMENTAR. Fundar, fundamentar. — Establecer, asentar, afirmar, asegurar.

CIMIENTO. Fundamento, raíz, principio, origen, base.

CINCELAR. Grabar, imprimir.

CINCHAR. Esforzarse, sudar.

CINCHO. Aro, zuncho, abrazadera, fleje.

CINE. Cinematógrafo, biógrafo, cinema.

CÍNGARO. Gitano.

CÍNICO. Impúdico, procaz, inmoral, obsceno, descarado, desvergonzado, atrevido, insolente.

CINISMO. Impudencia, procacidad, inmoralidad, obscenidad, descaro, desvergüenza, desfachatez.
•*reverencia, vergüenza*

CINTA. Película. — Banda.

CINTO. Cinturón. — Ceñidor. — Cintura.

CINTURA. Talle. — Cinto.

CINTURÓN. Cinto, correa. — Ceñidor.

CIPOTE. Tonto, bobo, zonzo. — Cachiporra, palillo. — Tarugo, zopete, pilluelo.

CIRCO. Anfiteatro, liza, campo, palenque, plaza, palestra, estadio, arena.

CIRCUIR. Rodear, cercar, ceñir, circundar, circunvalar.

CIRCUITO. Contorno, recinto, perímetro.

CIRCULAR. Andar, pasar, transitar. — Transmitir, propagar, propalar, divulgar.
•*ocultar, detener*

CÍRCULO. Club, casino. — Reunión, asamblea. — Circunferencia. — Circuito, corro. — Cerco, aro. — Extensión, alcance.
•*anguloso, cuadrado, polígono, triángulo*

CIRCUNDAR. Cercar, rodear, circunvalar, circuir, vallar, tapiar.

CIRCUNFERENCIA. Periferia. — Círculo.

CIRCUNLOQUIOS. Rodeos, ambages, pretextos, efugios, perífrasis, achaques, indirectas.

CIRCUNSCRIBIR. Limitar, restringir, reducir, ajustar, amoldar, ceñir, adoptar, acomodar, conformar.

CIRCUNSCRIPCIÓN. Distrito, jurisdicción, demarcación, término.

CIRCUNSPECCIÓN. Cordura, prudencia, atención. — Seriedad, gravedad, reserva, decoro, mesura, discreción. — Cautela, recato.
•*indiscreción, insensatez*

CIRCUNSPECTO. Cuerdo, prudente. — Serio, grave, reservado, discreto. — Cauteloso, recatado.

CIRCUNSTANCIA. Causa, razón, hecho, particularidad. — Requisito, condición. — Situación, momento.

CIRCUNSTANCIADO. Detallado.

CIRCUNSTANTES. Presentes, asistentes, circuir, circundar.

CIRCUNVECINO. Próximo, cercano, vecino, inmediato, contiguo, adyacente, junto.

CIRIO. Vela, bujía.

CISCO. Alboroto, bulla, bullicio, altercado, pendencia, reyerta, pelotera, zipizape, ruido, zambra, jaleo, algazara, tiberio, lío, trifulca.

CISMA. Desavenencia, discordia, desunión, desacuerdo, rompimiento, riña. — División, separación, escisión.
  • *concordia, unidad*

CISNE. Borla, pompón. — Poeta.

CISTERNA. Aljibe, fuente, pozo.

CISURA. Rotura, abertura, sangría, incisión, hendedura, cortadura.

CITADO. Dicho, precitado, referido, mencionado, aludido, nombrado.

CITAR. Apalabrar. — Alegar, nombrar, mencionar, aludir, referirse, repetir, enumerar. — Notificar, llamar, emplazar.

CIUDAD. Localidad, población, urbe, capital, metrópoli, corte.

CIUDADELA. Fortaleza, fuerte.

CÍVICO. Civil, ciudadano. — Patriótico. — Doméstico.

CIVIL. Cívico, ciudadano. — Sociable, urbano, afable, atento, cortés, político, amable, fino.

CIVILIZACIÓN. Progreso, cultura, educación, ilustración, instrucción, adelanto.
  • *barbarie, incultura, rusticidad, salvajismo, vandalismo*

CIVILIZAR. Educar, instruir, ilustrar.

CIVISMO. Patriotismo.

CIZAÑA. Discordia, disensión, enemistad.

CLAMAR. Gritar, reclamar, exclamar, chillar, vociferar, vocear. — Quejarse, gemir, lamentarse, suspirar.

CLAMOR. Grito. — Alarido, queja, gemido, lamento, lamentación, quejido.
  • *silencio*

CLAMOREO. Griterío, vocerío, vocinglería, algarada.

CLANDESTINO. Secreto, oculto, ilícito, prohibido, ilegal, encubierto.

CLAQUE. Alabarderos.

CLARABOYA. Tragaluz, lumbrera.

CLARAMENTE. Francamente, abiertamente, paladinamente, públicamente, notoriamente, patentemente, explícitamente, desembarazadamente.

CLAREAR. Alborear, clarecer, amanecer. — Despejar, aclarar, esclarecer.

CLAREARSE. Transparentarse, traslucirse.

CLARIDAD. Claror, luz, resplandor. — Lisura, sinceridad, franqueza. — Nitidez.
  • *confusión, oscuridad, tinieblas*

CLARIFICAR. Iluminar, alumbrar. — Aclarar, esclarecer. — Purificar, purgar.

CLARIVIDENCIA. Penetración, perspicacia, sutileza, agudeza, sagacidad, cacumen.
  • *alucinación, deslumbramiento, obcecación, ofuscamiento*

CLARO. Luminoso, brillante. — Limpio, diáfano, cristalino, transparente, translúcido, terso, puro. — Iluminado, alumbrado. — Evidente, visible, manifiesto, cierto, indubitable, patente, incuestionable, palmario, positivo, notorio. — Inteligible, legible, comprensible, distinto. — Despejado, sereno, límpido. — Perspicaz, agudo, listo, despabilado, vivo. — Abertura, espacio, intersticio, calvero. — Intervalo, intermedio, pausa. — Ilustre, insigne, famoso.
  • *oscuro, penumbroso, sombrío, tenebroso, turbio*

CLASE. Categoría, tipo, género, orden, variedad, condición, calidad, división. — Aula. — Lección, curso, estudio.

CLASICISMO. Preceptismo, academicismo, tradicionalismo, purismo.
  • *esnobismo, exotismo, innovación, modernismo, ultraísmo*

CLÁSICO. Corriente, común, usual. — Antiguo.

CLASIFICAR. Ordenar, coordinar, arreglar, catalogar, disponer.
  • *barajar, involucrar, juntar, mezclar, mixtura*

CLAUDICAR. Cojear, renguear. — Pecar.

CLAUSTRO. Clausura.

CLÁUSULA. Disposición, condición. — Frase.

CLAUSURAR. Cerrar, terminar, finalizar.

CLAVA. Cachiporra, maza, porra, macana.

CLAVAR. Hincar, fijar, hundir, introducir, plantar. — Parar, poner. — Engañar, perjudicar.

CLAVE. Cifra, contracifra. — Clavicordio. — Nota, explicación. — Intríngulis, nudo, quid, llave. — Código.

CLAVETEAR. Guarnecer, adornar. — Herretear. — Terminar.

CLAVO. Punta. — Molestia, contrariedad, hipoteca. — Incobrable. — Invendible.

CLEMENCIA. Misericordia, piedad, indulgencia, benignidad, magnanimidad, benevolencia, moderación, perdón.
- *crueldad, rigor*

CLEMENTE. Misericordioso, piadoso, indulgente, benigno, magnánimo, benévolo, moderado, perdonador.

CLEPTÓMANO. Ladrón, ladronzuelo, caco, ratero, hurtador, galafate.

CLÉRIGO. Sacerdote, cura, eclesiástico.

CLIENTE. Parroquiano, comprador, consumidor, marchante.

CLIMA. Temperatura, temperie, atmósfera. — País, región, comarca, cielo, temple. — Ambiente.

CLÍNICA. Hospital, psiquiátrico, manicomio.

CLOACA. Sumidero, resumidero, alcantarilla, albañal.

CLOROFORMIZAR. Anestesiar, adormecer.
- *despertar, espavilar, excitar*

CLUB. Círculo, casino, sociedad, asociación.

COACCIÓN. Forzamiento, imposición.
- *toleraneia*

COADUNAR. Contribuir, ayudar, asistir, secundar, auxiliar, cooperar, apoyar, colaborar, participar.

COAGULAR. Cuajar, solidificar, condensar, congelar, espesar.
- *fluir, liquidar*

COÁGULO. Grumo, cuajarón.

COALICIÓN. Liga, unión, confederación.

COARTAR. Restringir, limitar, reducir. — Acobardar.
- *dejar, permitir*

COAUTOR. Colaborador.

COBA. Broma, chunga, cachada. — Trasteo. — Colorete, arrebol. — Adulación, jabón.

COBARDE. Pusilánime, miedoso, medroso, tímido, encogido, apocado, irresoluto, temeroso, corto, timorato.
- *ardido, esforzado, héroe, heroico, intrépido, valeroso, valiente*

COBARDÍA. Desánimo, pusilanimidad. — Villanía. — Cortedad.
- *valentía*

COBERTIZO. Tinglado, tejavana.

COBERTOR. Colcha, manta, cobertura, cubrecama, cobija, frazada.

COBIJA. Cubierta. — Frazada, manta. — Abrigo.

COBIJAR. Cubrir, tapar. — Abrigar. — Acoger, albergar.
- *desamparar, descubrir*

COBIJARSE. Guarecerse, albergarse, refugiarse, ampararse, resguardarse, recogerse.

COBRANZA. Cobro.

COBRAR. Percibir, recaudar, recibir. — Recuperar. — Adquirir, tomar.
- *abonar, pagar, satisfacer*

COBRO. Cobranza.

COCA. Cabeza, testa. — Moño, rodete.

COCCIÓN. Cocimiento, cochura, cocedura.

CÓCCIX. Hueso, rabo.

COCEAR. Patear. — Resistirse.

COCER. Hervir. — Fermentar. — Cocinar.

COCHAMBRE. Mugre, suciedad.

COCHE. Carruaje, vehículo.

COCHINADA. Cochinería, porquería, suciedad. — Bajeza, grosería, indecencia.

COCHINO. Cerdo, chancho, puerco, marrano. — Sucio, desaseado, gorrino, dejado, adán. — Tacaño, cicatero, miserable.
- *limpio*

COCHURA. Cocimiento, cocción.

COCIDO. Puchero, olla, guisado, pote.
• *crudo, duro, natural, verde*
COCIMIENTO. Cocción, cochura. — Infusión.
COCINAR. Guisar, aderezar, condimentar, adobar.
COCO. Mueca, visaje. — Cabeza. — Cuco. — Cocotero.
CÓCORA. Molesto, impertinente, fastidioso, pesado, enfadoso.
CODEARSE. Alternar, rozarse, tratarse.
CODICIA. Avaricia, avidez, ambición, mezquindad, cicatería, tacañería, sordidez. — Ansia, ímpetu, ardor.
CODICIAR. Ambicionar, ansiar, desear, apetecer, anhelar, querer. — Envidiar.
• *renunciar*
CODICIOSO. Ambicioso, avaro. — Ansioso, ávido.
CODIFICAR. Reunir, agrupar, centralizar, numerar.
CÓDIGO. Reglamento, recopilación. — Clave.
COEFICIENTE. Multiplicador.
COERCER. Contener, sujetar, refrenar, reprimir, coartar, restringir, limitar, cohibir. — Reducir, concretar.
COERCITIVO. Contentivo, represivo.
COETÁNEO. Contemporáneo, coexistente.
COFRADE. Camarada, congregación. — Gremio, compañía, asociación.
COFRE. Arca, caja, baúl.
COFRECITO. Escriño, cesta.
COGER. Asir, agarrar, atrapar, tomar, pillar, prender. — Descubrir, sorprender, penetrar. — Recoger, juntar. — Hallar, encontrar. — Alcanzar. — Caber, ocupar.
• *arrojar, soltar, tirar*
COGITABUNDO. Preocupado, pensativo, meditabundo.
COGNADO. Semejante, parecido. — Pariente.
COGORZA. Pítima, mona, curda, borrachera, jumera, turca, papalina.
COHABITAR. Convivir.
COHECHAR. Sobornar, corromper.
COHERENCIA. Conexión, enlace, relación, trabazón. — Cohesión. — Correspondencia.
• *disconformidad*
COHESIÓN. Adherencia, enlace, unión, consistencia, coherencia.
COHIBIR. Reprimir, refrenar, contener, moderar, sujetar.
COHONESTAR. Encubrir, disfrazar, simular, disimular, fingir. — Disculpar. — Parecer.
COHORTE. Ejército, militar, unidad. — Conjunto, Número, serie.
COIMA. Gaje, comisión. — Manceba, querida.
COINCIDIR. Convenir, concordar. — Ajustar, confundir. — Corresponderse.
• *discrepar*
COITO. Cópula, ayuntamiento.
COJEAR. Renguear, renquear. — Faltar, pecar.
COJERA. Renquera, renguera.
COJIJOSO. Quejoso, iracundo.
COJÍN. Almohadón.
COK. Coque.
COL. Repollo.
COLA. Rabo. — Extremidad, final, fin, apéndice. — Hilera.
COLABORADOR. Coautor. — Escritor, cuentista, notero.
COLABORAR. Cooperar, coadyuvar, contribuir, participar, concurrir, auxiliar, secundar.
COLACIÓN. Cotejo, comparación. — Refacción, refrigerio, piscolabis, tentempié.
COLACIONAR. Cotejar, comparar, confrontar, parangonar.
COLADOR. Coladero, manga, cedazo, paño, tamiz, filtro.
COLADURA. Error, torpeza, desacierto, pifia, plancha.
COLAPSO. Decaimiento, agotamiento, postración, enervación.
COLAR. Pasar, filtrar.
COLARSE. Introducirse, escaparse, evadirse, deslizarse, filtrarse.
COLCHA. Cobertura, cubrecama.
COLCHÓN. Jergón.

COLECCIÓN. Conjunto, reunión, serie, depósito, runfla.

COLECTA. Recaudación, petición, cuestación.

COLECTIVIDAD. Comunidad, sociedad, congregación, corporación.
• *individualidad*

COLECTIVIZAR. Establecer, poner, situar, transformar.

COLECTIVO. Colector. — Micrómnibus.

COLEGA. Compañero, camarada.

COLEGIAL. Escolar, alumno, educando, estudiante. — Novato, inexperto, tímido.

COLEGIO. Escuela, academia, seminario. — Convento, comunidad, corporación.

COLEGIR. Deducir, inferir, juzgar, derivar, sacar, seguir. — Juntar, unir, ligar, ensamblar.

CÓLERA. Ira, enojo, coraje, enfado, irritación, furia, furor, rabia, exasperación, saña. — Bilis.
• *tranquilo*

COLGADURA. Cortina, tapiz.

COLGAJO. Pingajo, harapo, arrapiezo, panoja.

COLGANTE. Colgandero, pendiente.

COLGAR. Suspender, guindar, pender. — Ahorcar. — Entapizar, adornar. — Imputar, achacar.

COLIGARSE. Unirse, confederarse, ligarse, aliarse, asociarse.

COLILLA. Pucho.

COLINA. Collado, alcor, cerro, altura, eminencia.

COLINDANTE. Contiguo, limítrofe, lindante, confinante, próximo, inmediato, vecino.

COLISEO. Teatro. — Anfiteatro.

COLISIÓN. Choque, encuentro. — Oposición, pugna.

COLLADO. Colina, cerro, alcor, montículo.

COLLAR. Gargantilla. — Aro, anillo. — Golilla. — Collera.

COLMAR. Llenar. — Completar, satisfacer, saciar, hartar.
• *vaciar*

COLMO. Complemento, término, plenitud, saturación. — Sobrante. — Acabóse, súmmum.

COLOCACIÓN. Destino, empleo, cargo, plaza, puesto, ocupación, acomodo, oficio, trabajo. — Situación.

COLOCAR. Situar, destinar, acomodar, encasillar, poner, ubicar. — Emplear, ocupar.
• *desordenar, sacar*

COLOFÓN. Final, epílogo, fin.

COLONIA. Posesión.

COLONIZAR. Civilizar.

COLONO. Labrador, arrendatario, inquilino.

COLOQUIO. Plática, conversación, diálogo, conferencia.

COLOR. Tintura, tinte, matiz, gradación. — Pretexto, achaque, razón, motivo. — Colorido. — Aspecto.

COLOR (SO). So capa, so pretexto.

COLORADO. Encarnado.

COLORANTE. Tinte.

COLOREAR. Iluminar.

COLORETE. Arrebol.

COLORIDO. Color, tonalidad. — Brillante.

COLORINCHE. Colorín.

COLOSAL. Extraordinario, gigantesco, grandioso, enorme, inmenso, titánico, desmesurado, imponente, monumental, piramidal.
• *mínimo, pequeño*

COLOSO. Titán, gigante, hércules.

COLUMBRAR. Divisar, ver, percibir, entrever. — Conjeturar, sospechar, barruntar, maliciar, suponer, adivinar.

COLUMNA. Pilar, pilastra. — Sostén, apoyo.

COLUMPIAR. Mecer, balancear, mover, hamacar. — Oscilar.

COLUMPIO. Mecedor, balancín.

COMADRE. Vecina. — Alcahueta. — Partera, comadrona.

COMADREAR. Chismear, murmurar.

COMADRONA. Partera, comadre.

COMANDANTE. Autoridad, mayor, jefe, militar.

COMANDITAR. Habilitar, interesar. — Financiar.

COMARCA. Territorio, país, región, población, provincia.

COMARCANO. Cercano, inmediato, próximo, contiguo, circunvecino, confinante, limítrofe, colindante, lindero, aledaño.
· *apartado, distante, lejano*

COMBA. Inflexión, convexidad, alabeo. — Cuerda.

COMBARSE. Torcerse, encorvarse, arquearse, doblarse.

COMBATE. Pelea, batalla, lucha, contienda, lidia, refriega. — Riña, reyerta, trifulca, cisco, zipizape, pelotera. — Agitación, inquietud, desazón. — Contradicción, pugna.

COMBATIENTE. Soldado, contendiente, contendor, luchador.

COMBATIR. Pelear, luchar, batallar, lidiar. — Batir, acometer. — Contradecir, refutar, impugnar, rebatir. — Agitar.

COMBATIVO. Agresivo, belicoso.

COMBINAR. Unir, juntar, concertar, disponer, arreglar, mezclar, hermanar, fundir, ligar, alear.
· *descomponer, desintegrar*

COMBUSTIBLE. Inflamable. — Leña, carbón.
· *incombustible, reflactario*

COMEDIA. Farsa, fábula, ficción, fingimiento. — Obra, sátira, pieza. — Teatro.

COMEDIANTE. Actor, artista, representante, cómico, intérprete. — Embaucador, simulador, intrigante, hipócrita.

COMEDIDO. Cortés, atento, moderado, mesurado, prudente, discreto, circunspecto, urbano, solícito, respetuoso. — Entremetido.

COMEDIR. Pensar, premeditar, tomar. — Arreglar, moderar, contener. — Ofrecer, disponer.
· *enfrentar, impugnar, refutar*

COMEDIRSE. Ofrecerse, brindarse, presentarse, acomedirse, ocurrir, disponerse. — Moderarse, contenerse, arreglarse.

COMENSAL. Huésped, invitado, convidado.

COMENTAR. Explicar, explanar, interpretar, glosar, desarrollar.

COMENTARIO. Explicación, glosa, comento, interpretación, disquisición. — Comidilla.

COMENZAR. Empezar, iniciar, principiar. — Emprender, entablar, incoar. — Nacer, germinar, brotar.
· *acabar, concluir, morir, rematar*

COMER. Manducar, tragar, mascar. — Gastar, disipar, derrochar, dilapidar, malbaratar, despilfarrar, malgastar, prodigar, malrotar. — Carcomer, roer, corroer, consumir, destruir, estropear. — Comida. — Comezón, desazón.
· *abstenerse, ayunar*

COMERCIANTE. Negociante, mercader, mercante, traficante.

COMERCIAR. Negociar, traficar, especular, permutar. — Tratar.

COMERCIO. Negocio, tráfico, especulación, permutación. — Almacén, abacería, tienda. — Trato, comunicación, relación.

COMESTIBLE. Manjar, alimento, mantenimiento. — Comible.

COMETA. Barrilete, birlocha.

COMETER. Incidir, caer, incurrir. — Hacer, realizar, ejecutar. — Enmendar, comisionar. — Usar, emplear.
· *abstenerse, deshacer*

COMETIDO. Comisión, encargo, obligación, mandato. — Incumbencia, deber.

COMEZÓN. Picazón, escozor. — Prurito, desazón, inquietud.

CÓMICO. Comediante, actor. — Gracioso, divertido, chusco, risible, chistoso, festivo.
· *patético, trágico*

COMIDA. Alimento, vianda, manjar. — Pan, sustento. — Mesa.

COMIDILLA. Murmuración, hablilla.

COMIENZO. Principio, origen, raíz, nacimiento, iniciación, base.
· *consecuencia, fin*

COMILÓN. Glotón, tragón, tragaldabas, heliogábalo.

COMINERO. Entrometido, repitolero, intruso.

COMINO. Insignificancia, minucia, bagatela, nimiedad, pitoche, adarme, miseria.

COMISAR. Decomisar. — Confiscar.

COMISIÓN. Cometido, encargo, mandato, delegación, poder, mensaje. — Junta, comité, corporación. — Estipendio, retribución, paga.

COMISIONAR. Facultar, encomendar, delegar.

COMISIONISTA. Viajante, corredor, representante.

COMISTRAJO. Bodrio, guisote.

COMISURA. Unión, enlace, conexión.

COMITÉ. Junta, comisión, reunión, asociación, centro.

COMITIVA. Acompañamiento, cortejo, séquito, procesión.

COMO. Al igual que, a semejanza, a manera de. — Según. — De qué manera, de qué modo. — Así que, al punto que. — Que. — Si.

COMODIDAD. Conveniencia, bienestar, regalo, facilidad. — Ventaja, oportunidad. — Utilidad, interés.
  • *desinterés, incomodidad*

COMODÍN. Acomodaticio. — Pretexto, achaque, subterfugio.

CÓMODO. Conveniente, fácil, agradable, oportuno, proporcionado, acomodado. — Utilidad, provecho, conveniencia.

COMPACTO. Denso, apretado, sólido, firme, macizo, apiñado.
  • *claro, esponjoso, líquido*

COMPADECERSE. Condolerse, apiadarse, dolerse. — Conformarse, armonizarse, unirse, compaginarse.
  • *burlarse*

COMPADRAZGO. Componenda.

COMPADRE. Fanfarrón, procaz, bravucón, chulo. — Camarada, compinche, compañero, cofrade.

COMPADREAR. Presumir, alardear, fanfarronear.

COMPAGINARSE. Armonizarse, ajustarse, ordenarse. — Compadecerse.

COMPAÑERO. Camarada, colega, amigo, condiscípulo. — Socio. — Compinche.
  • *enemigo*

COMPAÑÍA. Sociedad, junta, corpora-

ción. — Comitiva. — Cuerpo, conjunto, elenco, plana. — Orden.
  • *aislamiento, incomunicación, separación, soledad*

COMPARAR. Cotejar, parangonar, confrontar, colacionar.
  • *desconcertar, distinguir*

COMPARECER. Presentarse, personarse, avistarse.
  • *ausentarse, faltar*

COMPARSA. Centro, coro, mascarada. — Acompañamiento, séquito, cortejo.

COMPARTIMIENTO. Departamento, compartimento. — Repartición, partición, división, distribución.

COMPARTIR. Repartir, dividir, distribuir, partir, fraccionar. — Participar, cooperar, contribuir.

COMPÁS. Regla, medida. — Brújula, aguja. — Ritmo, cadencia.

COMPASAR. Arreglar, medir, proporcionar, disponer.

COMPASIÓN. Piedad, misericordia, lástima, conmiseración, enternecimiento.
  • *crueldad, impiedad, sadismo*

COMPATIBLE. Conciliable.

COMPATRICIO. Compatriota, conciudadano, paisano.

COMPELER. Obligar, constreñir, forzar, impulsar, mover, compelir, estrechar, apurar, apremiar, urgir.

COMPENDIAR. Reducir, abreviar, resumir, recapitular, recopilar, extractar, sumar, epitomar, epilogar.
  • *alargar, ampliar*

COMPENDIO. Resumen, epítome, epílogo, recopilación, recapitulación, sinopsis, sumario, prontuario, manual, fundamentos, elementos, rudimentos, nociones.

COMPENDIOSO. Breve, sucinto, lacónico, sobrio, conciso, reducido, corto, somero, ligero, abreviado, resumido.

COMPENETRARSE. Identificarse, entenderse, comprenderse. — Conglomerarse, penetrarse.

COMPENSACIÓN. Indemnización, resarcimiento, reparación. — Equivalencia, equilibrio.

COMPENSAR. Indemnizar, resarcir, reparar, equivaler, equilibrar.

COMPETENCIA. Rivalidad, competición, lucha, contienda. — Aptitud, capacidad, idoneidad, suficiencia, habilidad, disposición. — Incumbencia, obligación, jurisdicción. — Autoridad, potestad.
  • *incompetencia*

COMPETENTE. Apto, idóneo, capaz, suficiente, hábil, dispuesto, entendido, diestro, ejercitado.

COMPETER. Incumbir, pertenecer, corresponder, atañer, concernir.

COMPETIDOR. Émulo, rival, contrario, contendiente, contendor, contendedor, antagonista, adversario, contrincante.

COMPETIR. Contender, rivalizar, disputar, batallar. — Igualar.

COMPILADOR. Colector, coleccionador.

COMPILAR. Reunir, coleccionar, recoger, allegar.

COMPINCHE. Camarada, compañero, amigo, compadre. — Amigote, cofrade.

COMPLACENCIA. Satisfacción, placer, agrado, contento, alegría, condescendencia, regocijo, contentamiento, gozo, alborozo, gusto. — Tolerancia.

COMPLACER. Satisfacer, contentar, deleitar, condescender, acceder.
  • *dolerse, repugnar*

COMPLACERSE. Regocijarse, alegrarse, deleitarse, contentarse.

COMPLACIDO. Alegre, satisfecho, contento, gustoso.

COMPLACIENTE. Condescendiente, bondadoso, servicial.

COMPLEJO. Complicado, difícil, dificultoso, abstruso, recóndito, enredado, embarazoso, enrevesado, intrincado, espinoso. — Compuesto. — Conjunto, unión.
  • *desligado, desunido, sencillo, simple*

COMPLEMENTO. Suplemento, adición, continuación. — Perfección, colmo. — Integridad, plenitud.

COMPLETAMENTE. Enteramente, cumplidamente, totalmente, plenamente, íntegramente.
  • *deficientemente, inacabadamente*

COMPLETAR. Integrar, acabar, ultimar, rematar. — Perfeccionar.

COMPLETO. Entero, cabal, perfecto, acabado, exacto, justo.

COMPLEXIÓN. Constitución, temperamento, naturaleza, índole.

COMPLICACIÓN. Dificultad, tropiezo, inconveniente, estorbo, impedimento, lío, confusión, enredo, embrollo, laberinto, embarazo, molestia.
  • *aclaración, enmienda*

COMPLICADO. Complejo, difícil, dificultoso, enrevesado, embarazoso, enredado, enredoso, espinoso, escabroso, obscuro.
  • *elemental, expeditivo, fácil, hacedero, sencillo, trivial*

COMPLICAR. Embrollar, confundir, enmarañar.

COMPLICIDAD. Connivencia, conspiración, confabulación, culpabilidad.

COMPLOT. Confabulación, conspiración, maquinación. — Trama, intriga, cábala, enredo.

COMPONEDOR. Árbitro, intercesor, medianero.

COMPONENDA. Transacción, convenio, trato, pacto. — Chanchullo, enjuague, trampa, tramoya. — Compostura, remiendo. — Compadrazgo.
  • *desarreglo*

COMPONENTE. Integrante.

COMPONER. Arreglar, acomodar, concertar, concordar, reparar, remendar, ordenar. — Construir, constituir, formar. — Aderezar, preparar. — Adornar, acicalar, ataviar, engalanar. — Reconciliar, ajustar, restablecer. — Crear, producir. — Versificar. — Moderar, templar, corregir. — Reforzar, restaurar, reponer, renovar.
  • *analizar, descomponer*

COMPORTABLE. Soportable, tolerable, llevadero, aguantable, sufrible.

COMPORTAMIENTO. Conducta, proceder, porte, manera.

COMPORTAR. Sufrir, sobrellevar, tolerar.

COMPORTARSE. Portarse, conducirse, proceder, manejarse, gobernarse.

COMPOSICIÓN. Obra, trabajo, producción.
• *análisis, desunión, disociación, separación*

COMPOSITOR. Maestro.

COMPOSTURA. Arreglo, remiendo, reparación, componenda, restauración. — Aseo, aliño, decoro. — Mixtura. — Ajuste, convenio. — Modestia, mesura, circunspección, decencia.
• *desacato, desarreglo, inmodestia*

COMPRAR. Adquirir, mercar. — Sobornar. — Atraer, captar, engatusar.
• *despachar, expender, liquidar, negociar, saldar, vender*

COMPRENDER. Entender, alcanzar, penetrar, concebir, saber, conocer. — Abrazar, abarcar, ceñir, rodear. — Contener, incluir, encerrar.
• *desacertar, ignorar*

COMPRENSIBLE. Inteligible, claro, diáfano, asequible, obvio.

COMPRENSIVO. Inteligente. — Tolerante.

COMPRIMIDO. Aplastado, deprimido, apretado.

COMPRIMIR. Oprimir, apretar, prensar, estrechar, estrujar, apretujar, aplastar, reducir. — Reprimir, contener.
• *ensanchar, soltar*

COMPRIMIRSE. Contenerse, reprimirse, sujetarse.

COMPROBANTE. Prueba, documento. — Boleta, talón.

COMPROBAR. Confirmar, cotejar. — Verificar, patentizar, cerciorarse.

COMPROMETER. Obligar, exponer, arriesgar, aventurar, constreñir.
• *desconocer, disculpar, ignorar, precaver*

COMPROMISO. Apuro, dificultad, aprieto, conflicto, embarazo, tropiezo. — Convenio, pacto, escrito.

COMPUESTO. Complejo. — Mezcla, mezcolanza, composición, agregado, aleación. — Limpio, adornado.
• *descompuesto, elemental, simple*

COMPULSAR. Examinar, confrontar, comparar, cotejar.

COMPULSIÓN. Apremio

COMPUNCIÓN. Contrición, arrepentimiento, aflicción, pesar, dolor, sentimiento, pena.

COMPUNGIDO. Contrito, arrepentido, pesaroso, dolorido, resentido, apenado, lloroso, quejumbroso, afligido, desolado, mortificado, atribulado.
• *alborozado, alegre, gozoso, jubiloso, satisfecho*

COMPUNGIR. Afligir, arrepentir, resentir, apenar.
• *alegrar, gozar, regocijar, satisfacer*

COMPUTAR. Calcular, contar.

CÓMPUTO. Cuenta, cálculo, computación.

COMULGAR. Participar, tener.

COMÚN. Corriente, ordinario, vulgar, frecuente, trivial, manido, usual, general. — Comunal. — Bajo, mediocre, plebeyo, despreciable. — Comunidad, generalidad, totalidad. — Retrete, excusado.
• *extraordinario, personal*

COMUNA. Municipio.

COMUNAL. Municipal. — Común.

COMUNERO. Popular, agradable.

COMUNICABLE. Sociable, tratable, afable.

COMUNICACIÓN. Oficio, parte, participación, aviso, escrito. — Trato, correspondencia, relación. — Conexión, unión.
• *aislamiento, incomunicación, olvido, soledad*

COMUNICADO. Parte, aviso, artículo. — Notificación.

COMUNICAR. Informar, manifestar, anunciar, notificar, participar, avisar, noticiar. — Contaminar, contagiar, pegar, transmitir. — Conversar, tratar.
• *aislar, incomunicar, inmunizar*

COMUNICATIVO. Sociable, tratable, afable, expansivo, accesible, humano, comunicable.
• *callado, inaccesible*

COMUNIDAD. Congregación, corporación, junta, asociación.

COMÚNMENTE. Generalmente, frecuentemente.

CONATO. Tendencia, propósito, intento, propensión. — Empeño, esfuerzo.

CONCATENACIÓN. Encadenamiento, trabazón, correspondencia.

• *convexo, prominente*

CONCAVIDAD. Hueco, oquedad, alvéolo, bóveda, cueva, gruta, caverna, cubil, madriguera.

• *abultamiento, bulto, convexidad, prominencia, saliente*

CÓNCAVO. Concavidad, hueco.

• *convexo, prominente*

CONCEBIR. Comprender, entender, alcanzar, penetrar. — Pensar, imaginar, proyectar, crear, planear, forjar, urdir, tramar.

CONCEDER. Otorgar, dar, acordar, conferir, ceder, facilitar, donar, obsequiar. — Asentir, convenir, admitir, aceptar, concurrir.

• *desatender, negar*

CONCEJAL. Edil.

CONCEJO. Ayuntamiento. — Municipalidad.

CONCENTRACIÓN. Reunión, junta.

CONCENTRAR. Centralizar, absorber, monopolizar.

• *desunir, franquear*

CONCENTRARSE. Reunirse, congregarse, agruparse. — Reconcentrarse, abstraerse, ensimismarse.

CONCEPTO. Idea, pensamiento, opinión, juicio. — Sentencia, agudeza, dicho. — Título, motivo. — Noción, conocimiento. — Crédito, estima.

CONCEPTUAR. Juzgar, estimar, opinar, reputar, apreciar, considerar.

CONCEPTUOSO. Sentencioso, agudo, ingenioso.

CONCERNIENTE. Relativo, tocante, perteneciente, referente, respecto.

CONCERNIR. Atañer, tocar, pertenecer, corresponder, incumbir.

CONCERTAR. Componer, ordenar, arreglar. — Tratar, acordar, pactar, convenir. — Concordar, cotejar, ajustar, armonizar.

• *desconcertar*

CONCHA. Caparazón. — Ostra. — Carey.

CONCHABAR. Asalariar. — Unir, juntar, mezclar, asociar.

CONCIENCIA. Sensibilidad, humanidad, piedad, conocimiento, noción, moralidad, integridad.

• *automatismo, insensibilidad, instinto, irreflexión, subsconciencia, reflejo*

CONCIENZUDO. Recto, imparcial, razonable. — Esmerado, cuidadoso, atento, minucioso.

CONCIERTO. Orden, armonía, acuerdo, conformidad, concordia. — Recital. — Ajuste, pacto, convenio, acuerdo, determinación, inteligencia, tratado.

CONCILIABLE. Compatible.

CONCILIAR. Armonizar, ajustar, componer, conformar, acordar.

• *desavenir, reñir*

CONCILIARSE. Granjearse, atraerse, ganarse, captarse. — Avenirse, allanarse, ajustarse.

CONCILIATORIO. Amigable, amistoso, pacífico.

CONCILIO. Junta, congreso, sínodo.

CONCISO. Breve, lacónico, sucinto, compendioso, sobrio, corto, somero.

• *impreciso, prolijo*

CONCITAR. Instigar, conmover, excitar, perturbar, inducir, aguijonear.

CONCIUDADANO. Compatriota, paisano, compatricio.

CONCLUIR. Acabar, terminar, finalizar, rematar, liquidar, fenecer, expirar. — Consumir, gastar, apurar, agotar. — Inferir, deducir, colegir, sacar, derivar, seguir.

• *empezar*

CONCLUSIÓN. Final, fin, remate, término, epílogo, consumación. — Consecuencia, deducción, efecto, resultado, derivación, tesis.

CONCLUYENTE. Terminante, decisivo, rotundo, convincente, irrebatible, preciso, categórico, perentorio, definitivo, contundente.

• *discutible, provisional*

CONCOMITANCIA. Coexistencia, relación, correspondencia, concordancia.

CONCORDANCIA. Conformidad,

correspondencia, relación, reciprocidad, trabazón, concorde.

• contrariedad, disconformidad

CONCORDAR. Acordar, confirmar, corresponder, relacionar.

• enemistar, guerrear, incordiar

CONCORDIA. Unión, paz, armonía, amistad, tranquilidad, inteligencia, conformidad. — Ajuste, convenio.

• discordia, enemistad, guerra

CONCRETAR. Reducir, condensar, resumir, acortar, sintetizar. — Combinar, concordar, unir, juntar, mezclar.

• espiritualizar, generalizar, idealizar, indeterminar

CONCRETARSE. Reducirse, limitarse, ceñirse, circunscribirse.

• alargarse, excederse, idealizarse

CONCRETO. Especificado, determinado. — Argamasa, mortero. — Concreción.

CONCRETO (EN). En resumen, en conclusión.

CONCUBINA. Querida, barragana, manceba, coima.

CONCULCAR. Hollar, pisotear, abatir, atropellar, ajar, humillar, despreciar, escarnecer. — Infringir, quebrantar, transgredir.

• honrar, respetar

CONCUPISCENCIA. Liviandad, sensualidad, incontinencia, lascivia. — Avidez, codicia.

• castidad, conformidad

CONCURRENCIA. Público, reunión, asistencia, espectadores, auditorio. — Concurso, acaecimiento. — Asistencia, ayuda, influjo. — Competencia, rivalidad.

CONCURRENTE. Asistente, espectador.

CONCURRIDO. Frecuentado, visitado.

CONCURRIR. Asistir, reunirse, juntarse, presenciar. — Contribuir, aportar, ayudar, cooperar. — Coincidir, confluir, converger. — Convenir, asentir.

• ausentarse, faltar

CONCURSO. Certamen, torneo, lucha. — Contribuir, aportar, ayudar, cooperar. — Coincidir, confluir, converger. — Convenir, asentir.

• ausentarse, faltar

CONCUSIÓN. Exacción, arbitrariedad, tropelía. — Conmoción, sacudimiento.

CONDECORAR. Galardonar, laurear, premiar, honrar.

CONDENA. Juicio, sentencia, castigo, pena.

CONDENABLE. Vituperable, execrable, censurable.

CONDENACIÓN. Condena, castigo, sentencia. — Desaprobación, reprobación, censura.

CONDENADO. Réprobo. — Endemoniado, perverso. — Sagaz, astuto.

• bienaventurado, elegido, justo, predestinado, santo

CONDENAR. Sentenciar, castigar, enjuiciar. — Reprobar, desaprobar. — Tapiar, cerrar, tabicar, tapar, inutilizar.

• absorber, disculpar, perdonar

CONDENSAR. Espesar, concentrar, reducir, apretar, abreviar, resumir, compendiar.

• aclarar, aflojar, licuar

CONDESCENDENCIA. Complacencia, bondad, benevolencia, tolerancia.

CONDICIÓN. Índole, naturaleza, propiedad, carácter, esencia. — Genio, natural, modo, idiosincrasia, temperamento. — Estado, situación, posición, origen, extracción, calidad, categoría, clase. — Disposición, cláusula, restricción, cortapisa, obligación, estipulación, particularidad, circunstancia.

CONDIGNO. Correspondiente, respectivo.

CONDIMENTAR. Aderezar, adobar, sazonar, guisar, aliñar.

CONDOLENCIA. Pésame.

• burla, complacencia

CONDOLER. Compadecer, sentir, lastimar.

CONDOLERSE. Compadecerse, dolerse, apiadarse, lastimarse.

• alegrarse, celebrar, congratularse, regocijarse, satisfacer

CONDONAR. Perdonar, remitir, suspender, indultar, redimir.

CONDUCIR. Guiar, dirigir. — Transportar, llevar. — Administrar, gobernar, regir, manejar.

CONDUCIRSE. Manejarse, portarse, comportarse, actuar, proceder.

CONDUCTA. Comportamiento, proceder. — Mando, dirección, gobierno.

CONDUCTO. Canal, tubo. — Vía. — Intermediario. — Mediación.

CONDUCTOR. Caudillo. — Chófer, cochero.

CONDUEÑO. Copropietario, copartícipe.

CONDUMIO. Manjar, comida. — Demasía, exceso.

CONECTAR. Enchufar, unir, ajustar, conectar.

CONEXIÓN. Enlace, trabazón, unión, relación, encadenamiento, concatenación, comunicación.

• *desconectado, desligamiento, inconexión*

CONFABULARSE. Conspirar, conjurarse, tramar, complotar.

CONFECCIONAR. Hacer, preparar, fabricar, componer, acabar.

CONFEDERACIÓN. Alianza, liga, asociación, unión, pacto, federación, coalición.

CONFEDERARSE. Aliarse, ligarse, unirse, pactar, federarse, coligarse.

CONFERENCIA. Disertación. — Plática, coloquio, conversación. — Asamblea, junta, reunión.

CONFERIR. Dar, conceder, acordar, otorgar, asignar, proveer, proporcionar, adjudicar, entregar. — Cotejar, comparar. — Tratar, examinar. — Conferenciar.

CONFESAR. Reconocer, aceptar, admitir, convenir, manifestar, declarar, proclamar, cantar.

CONFIADO. Crédulo, sencillo, bonachón, cándido, simple, inocente, ingenuo. — Tranquilo, seguro, imprevisor, esperanzado, fiado. — Presumido, vanidoso, jactancioso, petulante, fatuo.

CONFIANZA. Fe, esperanza, tranquilidad, seguridad. — Ánimo, aliento, vigor. — Familiaridad, libertad, llaneza, franqueza. — Presunción, jactancia.

• *desconfianza, escrúpulo, inseguridad, recelo, sospecha, temor*

CONFIAR. Esperar, fiarse, remitirse, abandonarse. — Encargar, encomendar, depositar. — Esperanzar.

• *desconfiar, recelar, sospechar*

CONFIDENCIAL. Secreto, reservado.

CONFIDENTE. Fiel, seguro, confiable. — Espía, soplón.

CONFIGURACIÓN. Forma, estructura, aspecto, figura, apariencia, dibujo.

CONFÍN. Límite, término, frontera, linde, lindero, raya. — Confinante, colindante.

CONFINADO. Desterrado. — Presidiario, preso.

CONFINANTE. Lindante, limítrofe, colindante, contiguo, aledaño, rayano, fronterizo, vecino, finítimo, contérmino.

CONFINAR. Desterrar, extrañar, recluir. — Limitar, lindar, rayar.

CONFIRMAR. Corroborar, ratificar, asegurar, aseverar, afirmar, probar, sancionar, atestiguar, evidenciar, demostrar, acreditar, justificar, robustecer. — Revalidar.

• *negar, rectificar*

CONFISCAR. Decomisar, comisar. — Desposeer, despojar.

CONFITERÍA. Repostería, pastelería.

CONFLAGRACIÓN. Conflicto, perturbación. — Incendio.

CONFLICTO. Apuro, aprieto, dificultad, compromiso. — Indecisión, angustia. — Choque, combate, lucha, antagonismo.

CONFLUIR. Concurrir, converger, coincidir, juntarse. — Desembocar.

CONFORMACIÓN. Figura, forma, configuración, disposición, distribución, estructura.

• *deformación*

CONFORMAR. Adaptar, ajustar. — Satisfacer, complacer.

• *deformar, revelarse*

CONFORMARSE. Resignarse, acomodarse, allanarse, avenirse, ajustarse, prestarse, sujetarse, reducirse.

CONFORME. Acorde, concorde, satisfecho. — Resignado, paciente, avenido. — Con arreglo a, a tenor de, en proporción a, tan pronto como. — Igual, proporcionado, correspondencia.

CONFORMIDAD. Resignación, paciencia, tolerancia, sufrimiento. — Acuerdo, consentimiento, aprobación, consenso, conformidad, asenso. — Unión, concordia, correspondencia. — Simetría, igualdad, armonía, proporción. — Parecido, semejanza.

CONFORTABLE. Cómodo, fácil agradable.

CONFORTAR. Animar, reanimar, consolar, alentar, esperanzar, estimular. — Vigorizar, fortificar.
• *desanimar, desalentar*

CONFRATERNIDAD. Hermandad. — Amistad.

CONFRONTAR. Carear. — Comparar, cotejar, verificar, comprobar. — Confinar, lindar.

CONFUNDIR. Abatir, humillar, avergonzar, turbar, abochornar, desconcertar, asombrar. — Equivocar, desordenar, perturbar, trastrocar, trabucar. — Mezclar, involucrar, mixturar.
• *conocer, diferenciar, saber*

CONFUSIÓN. Desorden, caos, desconcierto, mezcla, mezcolanza, trastorno. — Perplejidad, desasosiego, turbación, duda, vacilación. — Afrenta, ignominia.
• *claridad, discriminación, sosiego*

CONFUSO. Obscuro, dudoso, incierto, incomprensible. — Turbado, perplejo, desconcertado, abochornado, avergonzado, humillado, temeroso. — Revuelto, mezclado, desordenado, trastrocado.

CONFUTAR. Impugnar, refutar.

CONGELARSE. Helarse, cuajarse, coagularse.

CONGENIAR. Concordar, avenirse, engranar.

CONGÉNITO. Hereditario, connatural.

CONGESTIÓN. Acumulación, amontonamiento.

CONGLOMERAR. Aglomerar, reunir, agrupar.

CONGOJA. Desmayo, angustia, aflicción, fatiga, inquietud, zozobra, peña, desconsuelo.
• *euforia, tranquilidad*

CONGRATULAR. Cumplimentar, felicitar.

CONGRATULARSE. Alegrarse, celebrar, regocijarse. — Holgarse, complacerse, satisfacerse, celebrar, brindar.
• *adolecerse, condolerse, deplorar, lamentar, quejarse, sentir*

CONGREGACIÓN. Cofradía, comunidad, junta, orden.

CONGREGAR. Juntar, reunir, convocar, unir.

CONGRESISTA. Congresal.

CONGRESO. Asamblea, reunión, junta. — Ayuntamiento, municipio.

CONGRUENTE. Conveniente, oportuno, congruo.

CONJETURA. Hipótesis, presunción, suposición, sospecha, barrunto, indicio.

CONJUGAR. Unir, enlazar, fundir.

CONJUNCIÓN. Unión, reunión, junta, aproximación.

CONJUNTAMENTE. Juntamente, simultáneamente. — Solidariamente.
• *aisladamente, personalmente*

CONJUNTO. Compañía. — Unido, junto, contiguo. — Reunión, agregado, compuesto, aliado, mezclado, incorporado, fusión. — Todo, totalidad. — Compendio, epílogo.

CONJURA. Conjuración, conspiración, complot, trama, intriga, confabulación.

CONJURADO. Conspirador.

CONJURAR. Conspirar, complotar, tramar, intrigar, maquinar. — Exorcizar. — Implorar, suplicar, rogar, instar, invocar. — Evitar, remediar, alejar, impedir. — Juramentar.

CONJURO. Exorcismo.

CONLLEVAR. Sobrellevar, soportar, aguantar, sufrir, tolerar.

CONMEMORACIÓN. Memoria, recuerdo.

CONMINAR. Amenazar. — Amonestar, apercibir, advertir.

CONMISERACIÓN. Compasión, misericordia, piedad, lástima.

CONMOCIÓN. Sacudida, sacudimiento, perturbación. — Tumulto, levantamiento, desorden, alteración.

CONMOVEDOR. Patético, emocionante, sentimental, enternecedor, aflictivo, impresionante.

CONMOVER. Perturbar, alterar, inquietar, turbar, emocionar, enternecer, conturbar, sacudir, impresionar.
- *burlar, endurecer, irritar*

CONMUTAR. Trocar, cambiar, mudar, permutar, canjear.

CONNATO. Congénito, hereditario.

CONNATURALIZARSE. Acostumbrarse, hacerse, aclimatarse.

CONNIVENCIA. Tolerancia, disimulo. — Conspiración, confabulación, complicidad.

CONNUBIO. Matrimonio, casamiento, unión, enlace.

CONOCEDOR. Práctico, avezado, experto, experimentado, perito, versado, hábil, entendido, ejercitado. — Sabedor, informado, instruido, noticioso.

CONOCER. Entender, saber, advertir, observar, notar, percatarse, percibir. — Tratar. — Reconocer, distinguir.
- *ignorar, olvidar*

CONOCIDO. Acreditado, afamado, celebrado, reputado, renombrado, aplaudido, distinguido. — Popular. — Determinado, individualizado.
- *anónimo, desconocido, ignorado, ignoto, inédito, inexplorado*

CONOCIMIENTO. Entendimiento, razón, inteligencia. — Sentido. — Noción, idea. — Conocido.
- *ignorancia, inconsciencia*

CONOCIMIENTOS. Ciencia, sabiduría, saber.

CONQUISTAR. Adquirir, ganar, conseguir, rendir, tomar, vencer, atraer, persuadir, convencer, catequizar, prendar, engatusar.

CONSAGRAR. Dedicar, destinar, emplear, ofrecer. — Sancionar, autorizar.

CONSCIENTE. Conocedor, sabedor, instruido.

CONSCRIPCIÓN. Reclutamiento, alistamiento.

CONSECUCIÓN. Logro, alcance, obtención, adquisición.

CONSECUENCIA. Deducción, resultado, efecto, influencia, derivación, corolario, conclusión, relación.
- *causa*

CONSECUENTE. Consiguiente, constante, perseverante.

CONSECUENTEMENTE. Inmediatamente, después, luego, por su orden, uno después de otro.

CONSEGUIR. Lograr, alcanzar, obtener, adquirir, sacar, adjudicársele, concedérsele, otorgársele.
- *malograr, perder*

CONSEJA. Cuento, fábula, patraña, leyenda.

CONSEJERO. Mentor, guía, preceptor, maestro.

CONSEJO. Aviso, advertencia, indicación, parecer, dictamen. — Acuerdo.

CONSENSO. Asenso, consentimiento, autorización.

CONSENTIDO. Mimado, malcriado, caprichoso. — Engreído. — Cornudo.

CONSENTIMIENTO. Permiso, autorización, asentimiento, asenso, anuencia, licencia, aquiescencia, venia, conformidad.

CONSENTIR. Permitir, autorizar, asentir, tolerar, sufrir, admitir, acceder, condescender. — Mimar, malcriar.
- *desautorizar, oponerse, negarse*

CONSERJE. Ordenanza, trabajador, empleado, bedel.

CONSERVAR. Mantener, cuidar, guardar, retener, sustentar.
- *perder, pudrir*

CONSERVATORIO. Escuela, academia, colegio.

CONSIDERABLE. Grande, cuantioso, copioso, numeroso, abundante, importante. — Estimable, apreciable.
- *desdeñable, escaso, pequeño*

CONSIDERACIÓN. Respeto, deferencia, miramiento, atención, circunspección, cuidado, aprecio, estima. — Urbanidad. — Meditación. — Razón, motivo, observación, reflexión, indicación, fundamento, causa.
- *desatención, desconsideración*

CONSIDERADO. Respetado, apreciado, estimado. — Respetuoso, deferente, atento, reflexivo, mirado, cauto, prudente, cuidadoso.

CONSIDERAR. Meditar, pensar, reflexionar, pesar, examinar. — Juzgar, conceptuar, reputar, estimar. — Imaginar, figurarse. — Respetar.

CONSIGNA. Orden, contraseña.

CONSIGNAR. Destinar, señalar, remitir, entregar. — Asentar. — Depositar.

CONSIGUIENTE (POR). Por lo tanto, así pues, por ello, de manera que.

CONSISTENCIA. Dureza, resistencia, solidez, estabilidad, duración, firmeza. — Trabazón, coherencia, enlace.
 • *brevedad, flojedad*

CONSISTENTE. Sólido, resistente, estable, firme, duradero.
 • *apuntalado, débil, deleznable, expugnable, frágil, quebradizo, voluble*

CONSISTIR. Estribar, fundar, descontar, residir, apoyar, gravitar.

CONSOLAR. Aliviar, confortar, animar, reanimar, calmar, tranquilizar, endulzar, recrear, despenar, sosegar, serenar, acallar, apaciguar.
 • *apenar*

CONSOLIDAR. Afianzar, asegurar, afirmar, fortalecer, reforzar, fijar. — Reunir, juntar.
 • *ablandar, caer, fallar*

CONSONANCIA. Armonía, proporción, conformidad, relación.

CONSONAR. Aconsonantar. — Igualar, conformar, relacionar.

CONSORCIO. Asociación, compañía. — Unión. — Condominio. — Matrimonio.

CONSORTE. Cónyuge.

CONSPICUO. Ilustre, insigne, sobresaliente, distinguido, egregio.
 • *invisible, vulgar*

CONSPIRACIÓN. Conjuración, trama, complot, confabulación, maquinación.

CONSPIRAR. Conjurarse, confabularse, complotarse.

CONSTANCIA. Firmeza, perseverancia, persistencia, tenacidad, tesón, fidelidad,

entereza. — Comprobante. — Certeza, exactitud.
 • *inconstancia, ligereza*

CONSTANTE. Perseverante, firme, persistente, tenaz, fiel, entero, incesante, continuo, consecuente, insistente.
 • *inconstante, inestable, ligero, tornadizo, veleidoso*

CONSTAR. Componerse, consistir, constituir, formar.

CONSTELACIÓN. Núcleo de estrellas. — Clima, temple.

CONSTELADO. Estrellado. — Sembrado, lleno, cubierto.

CONSTERNAR. Conturbar, abatir, afligir, turbar. — Espantar, horripilar, desolar.
 • *animar, consolar*

CONSTIPADO. Resfriado, catarro. — Estreñido.

CONSTITUCIÓN. Complexión, contextura, físico, naturaleza, temperamento.

CONSTITUIR. Formar, organizar, componer. — Establecer, ordenar. — Poner.

CONSTREÑIR. Obligar, apremiar, impeler, compeler, forzar, precisar, estrechar, impulsar, presionar, comprimir.

CONSTRUCCIÓN. Edificio, fábrica, obra.

CONSTRUCTIVO. Organizador, creador, fomentador.

CONSTRUIR. Edificar, fabricar, obrar, erigir, levantar, elevar.
 • *asolar, derribar, destruir*

CONSUELO. Alivio, descanso, gozo, calmante, atenuación, desahogo, lenitivo.
 • *angustia, desconsuelo, pena, pesadumbre, tristeza*

CONSUETUDINARIO. Usual, acostumbrado, habitual, corriente.

CONSULTA. Junta, conferencia. — Dictamen, parecer.

CONSULTAR. Aconsejarse, asesorarse. — Estudiar, examinar, analizar, considerar, confrontar.

CONSUMACIÓN. Extinción, cesación, acabamiento.

CONSUMADAMENTE. Perfectamente.

CONSUMADO. Perfecto, excelente, acabado, completo. — Diestro, hábil, habilidoso, experto.

CONSUMAR. Acabar, concluir, terminar.

CONSUMICIÓN. Consumo.

CONSUMIDO. Flaco, extenuado, desmirriado, chupado, macilento.

CONSUMIR. Gastar, acabar, agotar, disipar. — Destruir, extinguir, arruinar, devastar. — Desazonar, apurar, afligir, atribular, acongojar.
 • *animar, guardar*

CONSUMO. Gasto.

CONSUNCIÓN. Extenuación, agotamiento, debilidad, enflaquecimiento, adelgazamiento.

CONSUNO (DE). Juntamente, de común acuerdo, en unión.

CONTACTO. Roce, trato, comunicación.

CONTADO. Numerado, computado, determinado, señalado. — Raro, escaso.

CONTADOR. Medidor.

CONTAGIAR. Contaminar, inficionar, infestar, infectar, comunicar, pegar, transmitir. — Corromper, viciar, pervertir, depravar, dañar, descomponer.

CONTAMINAR. Contagiar, inficionar. — Manchar, ensuciar. — Corromper, viciar, pervertir, mancillar. — Profanar, quebrantar.

CONTAR. Narrar, referir, relatar. — Numerar, enumerar, computar, calcular.

CONTEMPLAR. Examinar, considerar. — Complacer, condescender, admirar, maravillar, asombrar, pasmar. — Meditar.

CONTEMPORÁNEO. Coetáneo, coexistente, actual, moderno.

CONTEMPORIZAR. Amoldarse, acomodarse, allanarse, avenirse, adaptarse, transigir.

CONTENDER. Lidiar, pelear, batallar, pugnar, luchar. — Disputar, altercar, debatir, litigar, discutir.

CONTENER. Reprimir, refrenar, reportar, sujetar, moderar, dominar, vencer. — Abarcar, encerrar, abrazar, comprender, poseer.

CONTENERSE. Reportarse, reprimirse, moderarse, dominarse.

CONTENTAMIENTO. Alegría, gozo, contento, alborozo, júbilo, regocijo, placer, deleite, agrado.

CONTENTAR. Satisfacer, agradar, alegrar, complacer, condescender.
 • *apenar, desagradar*

CONTENTIVO. Coercitivo, represivo.

CONTENTO. Contentamiento, alegría, regocijo, satisfacción, júbilo, alborozo, placer. — Satisfecho, alegre, complacido, gozoso, encantado, alborozo.

CONTERA. Regatón. — Estribillo. — Término, fin, remate.

CONTESTACIÓN. Respuesta, replicar. — Corroborar, comprobar, confirmar.

CONTESTAR. Responder, declarar, atestiguar, comprobar, confirmar, convenir, conformarse.
 • *demandar, interrogar, interpelar, preguntar*

CONTESTE. Conforme.

CONTEXTURA. Contexto. — Compaginación, unión, trabazón, conexión. — Configuración, constitución, físico, complexión.

CONTIENDA. Disputa, altercado, pendencia, riña, trifulca, trapatiesta, tiberio, zipizape, cisco, bronca. — Pelea, lucha, lid.

CONTIGUO. Inmediato, cercano, adyacente, allegado, próximo, vecino, junto, lidante, colindante, lindero, fronterizo.
 • *distante, lejano, separado*

CONTINENCIA. Sobriedad, moderación, templanza, frugalidad, abstinencia, castidad.
 • *destemplanza, impureza*

CONTINENTE. Contentivo. — Aire, apariencia, aspecto, traza.

CONTINGENCIA. Riesgo, posibilidad, eventualidad, casualidad, aventura.
 • *certeza, seguridad*

CONTINUACIÓN. Prosecución, seguimiento, prolongación.

CONTINUADOR. Sucesor.

CONTINUAMENTE. Constantemente, siempre.

CONTINUAR. Proseguir, seguir, prolongar, persistir, extender, permanecer, durar.
 • *desistir, interrumpir*

CONTINUO. Incesante, constante, perenne, permanente, perpetuo, inalterable, invariable.

• *alterno, fugaz, súbito*

CONTORNEAR. Rodear. — Perfilar.

CONTORNO. Perfil, perímetro, circuito, periferia.

CONTORNOS. Alrededores, inmediaciones, cercanías, proximidades, afueras.

CONTORSIÓN. Contracción, convulsión. — Gesticulación.

CONTRA. Dificultad, obstáculo, inconveniente. — Enfrente. — Hacia.

CONTRABALANCEAR. Compensar, contrapesar, contrarrestar. — Equilibrar.

CONTRABANDO. Matute, alijo.

CONTRACCIÓN. Contorsión, convulsión.

CONTRADECIR. Refutar, objetar, impugnar, rebatir, oponer, combatir, negar, repugnar, opugnar.

• *confirmar*

CONTRADECIRSE. Desdecirse.

CONTRADICCIÓN. Oposición, contrariedad, antagonismo, incompatibilidad, antinomia. — Contrasentido.

CONTRADICTOR. Impugnador.

CONTRADICTORIO. Opuesto, encontrado, antagónico.

CONTRAER. Juntar, estrechar, encoger. — Adquirir, comprometerse.

• *alargar, extender, hinchar*

CONTRAERSE. Encogerse, crisparse.

CONTRAFAZ. Reverso.

CONTRAHACER. Imitar, remedar, copiar, falsificar.

CONTRAHECHO. Deforme, malhecho, imperfecto, jorobado, giboso, corcovado.

CONTRAPESAR. Igualar, equilibrar, balancear.

CONTRAPESO. Equilibrio. — Balancín.

CONTRAPONER. Oponer, enfrentar. — Cotejar, comparar.

• *armonizar*

CONTRAPOSICIÓN. Antagonismo, oposición, rivalidad.

CONTRAPUNTO. Desacuerdo.

CONTRARIAR. Contradecir, oponerse,

resistir, entorpecer, dificultar, estorbar, impedir. — Incomodar, disgustar, mortificar, molestar, repugnar, enfadar, desagradar.

• *contentar, facilitar*

CONTRARIEDAD. Contratiempo, dificultad, obstáculo, percance, impedimento.

• *coincidencia, conformidad, identidad, igualdad*

CONTRARIO. Adversario, antagonista, competidor, rival, enemigo, émulo, contendor. — Opuesto, refractario. — Nocivo, adverso, desfavorable, hostil, ofensivo, dañoso, perjudicial. — Diferente, desemejante, distinto, diverso. — Reverso, contrafaz, antípoda, inverso, al revés, en oposición, viceversa.

• *amigo, semejante*

CONTRARRESTAR. Resistir, afrontar, desafiar, arrostrar, oponerse.

CONTRASENTIDO. Contradicción.

CONTRASEÑA. Tarja, tarjeta, papeleta.

CONTRASTAR. Resistir, enfrentar, disparidad, discrepancia, desigualdad, desemejanza, divergencia — Contratiempo.

CONTRATAR. Arrendar, pactar, convenir, comerciar. — Ajustar.

CONTRATIEMPO. Contrariedad, percance, daño, perjuicio, dificultad, accidente, tropiezo, inconveniente, obstáculo.

CONTRATISTA. Empresario, destajero, destajista.

CONTRATO. Convención, convenio, pacto, ajuste, acuerdo, compromiso, arreglo.

CONTRAVENCIÓN. Transgresión, violación, quebrantamiento, vulneración, infracción.

CONTRAVENENO. Antídoto, antitóxico, triaca, remedio, bálsamo, lenitivo, específico. — Elixir, panacea.

• *estupefaciente, ponzoña, tósigo, tóxico, veneno, virus*

CONTRAVENIR. Violar, quebrantar, vulnerar, desobedecer, infringir, incumplir.

• *cumplir, obedecer*

CONTRIBUCIÓN. Impuesto, cuota, tributo, carga, gravamen, censo, subsidio.

CONTRIBUIR. Ayudar, coadyuvar, cooperar, asistir, colaborar, participar, auxiliar, ofrendar.
• *eximir*

CONTRICIÓN. Pesar, arrepentimiento, dolor, compunción, aflicción, tribulación.

CONTRINCANTE. Competidor, émulo, rival, antagonista, adversario, contendor, contrario, opositor.

CONTRISTAR. Entristecer, afligir, apenar, apesadumbrar, apesarar, desconsolar, amargar, acongojar, atribular, desolar, abatir, angustiar, mortificar, contrariar, desazonar, disgustar, desasosegar, conturbar.
• *consolar*

CONTRITO. Compungido, arrepentido, triste, afligido, pesaroso.

CONTROL. Controlar. — Comprobación, inspección, intervención, registro, supervisión. — Dominio.

CONTROVERSIA. Polémica, discusión, debate, disputa, altercación, porfía.

CONTUBERNIO. Confabulación, conjuración, conjura.

CONTUMACIA. Tenacidad, dureza, rebeldía.

CONTUMAZ. Rebelde, porfiado, tenaz, obstinado, terco.

CONTUMELIA. Improperio, oprobio, injuria, ofensa.

CONTUNDENTE. Concluyente, convincente, decisivo, terminante, rotundo.

CONTUNDIR. Magullar, golpear.

CONTURBAR. Turbar, perturbar, conmover, alterar, inquietar, desasosegar.
• *tranquilizar*

CONTUSIÓN. Magulladura, magullamiento, equimosis, cardenal, moratón, daño.

CONVALECER. Reponerse.

CONVALIDAR. Ratificar.

CONVENCER. Persuadir, decidir, inducir, disuadir, demostrar, catequizar, desaterrar.

CONVENCIMIENTO. Certeza, convicción, seguridad, certidumbre, persuasión.

CONVENCIÓN. Pacto, ajuste, concierto, convenio, acuerdo. — Asamblea. — Conveniencia, conformidad.

CONVENIENCIA. Utilidad, provecho, beneficio, ventaja, regalo. — Comodidad. — Ajuste, convenio. — Correlación, conformidad.

CONVENIENTE. Útil, provechoso, beneficioso, ventajoso, cómodo, oportuno, propio, decente.

CONVENIO. Pacto, ajuste, convención, acuerdo, tratado, compromiso, arreglo, contrato.

CONVENIR. Ajustar, pactar, concertar, establecer, acordar, quedar. — Admitir, reconocer, aceptar, confesar, conceder. — Satisfacer, agradar, cuadrar, encajar. — Importar, interesar. — Corresponder, pertenecer.
• *desarreglar*

CONVENTILLO. Inquilinato.

CONVERGER. Confluir, afluir, concentrarse, centrarse, arremolinarse.
• *desplegarse, dispersarse, divergir, irradiar, radiar, ramificarse*

CONVERGIR. Concurrir, dirigirse, tender, propender, inclinarse, coincidir.
• *divergir*

CONVERSACIÓN. Plática, coloquio, conferencia, charla, cháchara, diálogo, palique.

CONVERSAR. Hablar, platicar, conferenciar, charlar, departir, tratar.
• *callar*

CONVERSIÓN. Enmienda, confesión, arrepentimiento, reconciliarse.
• *abjuración, apostasía, retractación*

CONVERTIR. Transformar, cambiar, mudar, transmutar, trocar, metamorfosear, reducir. — Catequizar.

CONVICCIÓN. Convencimiento, certeza, seguridad, persuasión.
• *duda*

CONVIDADO. Invitado.

CONVIDAR. Invitar, brindar, ofrecer. — Mover, incitar, atraer, inducir, llamar.

CONVIDARSE. Brindarse, ofrecerse.

CONVINCENTE. Concluyente, terminante, contundente, decisivo, preciso, categórico, persuasivo.

CONVITE. Invitación. — Banquete, festín.

CONVIVIR. Cohabitar.

CONVOCAR. Citar, llamar, congregar, invitar.

CONVOCATORIA. Orden, anuncio, edicto, decreto.

CONVOY. Escolta, guardia. — Séquito, acompañamiento. — Tren.

CONVULSO. Agitado, trémulo, tembloroso, inquieto, excitado.

CÓNYUGE. Consorte, marido, esposo.

COOPERAR. Colaborar, coadyuvar, ayudar, asistir, secundar, auxiliar, contribuir, participar.

COORDINAR. Ordenar, metodizar, arreglar, regularizar.
• *desordenar, desorganizar*

COPA. Cáliz.

COPAR. Sorprender, atajar, detener, cortar.

COPETE. Moño, penacho, cresta. — Presunción, atrevimiento, altanería.

COPETEO. Chupandina.

COPIA. Imitación, calco, reproducción, remedo, ejemplar, trasunto, facsímil, traslado. — Retrato. — Abundancia, profusión, multitud, exuberancia, riqueza.
• *ejemplo, modelo, muestra, original, pauta*

COPIAR. Imitar, calcar, reproducir, remedar, transcribir, tomar, contrahacer, trasladar, plagiar.

COPIOSO. Abundante, numeroso, considerable, cuantioso, grande, exuberante, óptimo, pingüe, rico.
• *escaso, pobre*

COPLA. Estrofa. — Canción, tonada.

COPLAS. Versos.

COPROPIETARIO. Condueño.

CÓPULA. Trabazón, atadura, ligamiento, unión. — Coito, ayuntamiento.

COQUE. Cok.

COQUETA. Vanidosa, presumida, engreída, presuntuosa. — Tocador.

COQUETEAR. Flirtear.

COQUETEO. Galanteo, coquetería.

COQUETÓN. Gracioso, agradable, vistoso, mono.

CORAJE. Valor, ánimo, brío, aliento, esfuerzo. — Ira, irritación, enojo, furia, rabia, cólera, furor.
• *cobardía, tranquilidad*

CORAZA. Caparazón. — Blindaje. — Coselete.

CORAZÓN. Ánimo, valor, espíritu. — Amor, benevolencia, voluntad. — Interior, centro, riñón.

CORAZONADA. Presentimiento, pálpito, barrunto.

CORBETA. Embarcación, nave, buque, barco, yate.

CORCEL. Caballo, trotón, bridón, jaco, jaca, parejero, potro, flete, pingo.

CORCHETE. Alguacil, polizonte, policía.

CORCHO. Tapón.

CORCOVA. Joroba, giba, chepa.

CORCOVADO. Jorobado, contrahecho, giboso.

CORDEL. Piolín, bramante.

CORDERO. Borrego. — Manso, humilde, dócil.

CORDIALIDAD. Afecto, afabilidad, amabilidad, atención, benevolencia, llaneza, sinceridad, franqueza.
• *desafecto, enemistad*

CORDILLERA. Tiramira, cadena.

CORDÓN. Barrera, hilera. — Encintado. — Cordel.

CORDURA. Prudencia, juicio, seso, discreción, sensatez, circunspección, sabiduría, tacto, mesura, sensatez.
• *insensatez, locura*

CORIFEO. Jefe, guía, cabeza.

CORNUDO. Consentido. — Astado.

CORO. Conjunto, número, corro. — Comparsa.

COROLARIO. Consecuencia, resultado, secuela.

CORONA. Reino, monarquía. —Diadema. — Aureola, halo. — Coronilla, tonsura. — Premio, galardón, recompensa. — Cima.

CORONAR. Terminar, rematar, concluir. — Premiar, recompensar, galardonar.

CORONILLA. Corona, tonsura.

CORPORACIÓN. Cuerpo, comunidad,

sociedad, asociación, institución, instituto, academia, areópago.

CORPORIFICAR. Corporizar.

CORPORIZAR. Materializar, plasmar.

CORPULENTO. Corpudo, grueso, enorme, gordo.
• *endeble, pequeño*

CORREA. Aguante, paciencia.

CORRECALLES. Callejero.

CORRECCIÓN. Enmienda, correctivo, represión, castigo, pena, penitencia. — Rectificación, modificación, tachadura, alteración, cambio.
• *premio, ratificación*

CORRECTIVO. Represión, castigo, pena, penitencia, reprimenda.

CORRECTO. Puro, castizo, justo. — Atento, afable, urbano. — Exacto, cabal, fiel.

CORREDOR. Pasillo, pasadizo, galería. — Intermedio.

CORREGIR. Enmendar, rectificar, modificar, retocar, subsanar, reparar, remediar, salvar. — Reprender, amonestar, advertir, castigar. — Moderar, templar, atemperar.
• *empeorar, ratificar*

CORRELIGIONARIO. Partidario, secuaz.

CORRER. Recorrer, andar, viajar. — Transcurrir, pasar, deslizarse. — Huir, escapar. — Perseguir, acosar. — Echar, tender, extender, levantar, recoger. — Mover, fluir, deslizar, descorrer, resbalar. — Avergonzar, confundir. — Excederse, espontanearse. — Lidiar, torear. — Recurrir. — Encargarse.
• *desandar, parar*

CORRERÍA. Algarada, incursión, excursión. — Correa, correaje.

CORRERÍAS. Andanzas, viajes.

CORRERSE. Extenderse, difundirse, propagarse, divulgarse, propalarse. — Avergonzarse, confundirse, abochornarse, turbarse, aturdirse, desconcertarse, sofocarse.

CORRESPONDENCIA. Carta, comunicación, correo. — Relación, proporción, conformidad, reciprocidad, conexión.

CORRESPONDER. Agradecer, pagar, retribuir. — Tocar, pertenecer, incumbir, atañer, caber, concernir. — Proporcionar.

CORRESPONDERSE. Escribirse, comunicarse. — Amarse, atenderse.

CORRESPONSAL. Redactor. — Agente. — Correspondencia.

CORRETEAR. Callejear, viltrotear, trajinar, zancajear.

CORREVEIDILE. Chismoso, cuentista, alcahuete.

CORRIDA. Carrera.

CORRIDO. Experimentado, astuto, ducho, avezado. — Avergonzado, abochornado, confundido, turbado, aturdido, sofocado, desconcertado, cortado. — Vicioso, crapuloso.

CORRIENTE. Común, usual, ordinario, acostumbrado, habitual, sabido, manido, vulgar, conocido. — Curso. — Fluido. — Fácil, llano. — Perfectamente, cabalmente, bien, sea.
• *chocante, extraño, raro*

CORROBORAR. Confirmar, ratificar, afirmar, aseverar, apoyar, robustecer, probar, aprobar. — Restablecer, vivificar.

CORROER. Desgastar, minar, consumir, roer. — Punzar, remorder.

CORROMPER. Pudrir, dañar, viciar, descomponer. — Pervertir, estragar, depravar. — Seducir, engañar. — Sobornar, cohechar. — Alterar, trastrocar. — Incomodar, fastidiar, irritar.

CORROMPIDO. Pervertido, estragado, depravado, vicioso, libertino, envilecido, licencioso. — Putrefacto, podrido, descompuesto.
• *incorrupto, natural, sano*

CORROSIVO. Mordicante, acre, cáustico. — Satírico, mordaz.

CORRUPCIÓN. Perversión, depravación, corruptela, vicio, abuso. — Descomposición, putrefacción.
• *salud, virtud*

CORRUPTELA. Corrupción, abuso, depravación.

CORSARIO. Pirata, filibustero.

CORTADO. Dividido, mutilado, secciona-

do, abierto. — Suspendido, interrumpido.
— Ajustado, proporcionado, acomodado.
— Avergonzado, abatatado. — Pato, seco.

CORTADURA. Herida, tajo, sajadura,
incisión. — Abertura, paso, grieta, hendedura, gargante. — Recortado. — Sección.

CORTAPISA. Condición, limitación, restricción, inconveniente, traba, obstáculo,
dificultad, impedimento. — Gracia,
donaire.

CORTAR. Separar, dividir, seccionar, abrir,
tajar, amputar, cercenar, sajar, acortar,
mutilar, guillotinar, recortar. — Suspender, interrumpir, detener, atajar. — Hender, surcar, atravesar.

CORTARSE. Turbarse, correrse, abochornarse, desconcertarse, confundirse, aturdirse, azararse, azorarse, abatatarse.

CORTE. Filo. — Sección, incisión, chirlo,
puñalada, cuchillada. — Corta.

CORTEDAD. Encogimiento, poquedad,
apocamiento, pusilanimidad, timidez,
irresolución, empacho. — Pequeñez.
• *abundancia, decisión*

CORTEJAR. Galantear, requebrar, enamorar. — Asistir, acompañar, obsequiar,
lisonjear.

CORTEJO. Comitiva, séquito. — Galanteo. — Fineza, agasajo, regalo.

CORTÉS. Atento, amable, afable, comedido, fino, urbano, cortesano, obsequioso.
• *grosero, incorrecto, ordinario*

CORTESANÍA. Urbanidad, amabilidad,
afabilidad, comedimiento, finura, cortesía, atención, agrado.

CORTESANO. Cortés, amable, afable,
fino, urbano, obsequioso. — Palaciego,
palatino.

CORTESÍA. Urbanidad, finura, atención,
afabilidad, amabilidad, educación, política, cortesanía. — Gracia, merced. — Tratamiento. — Regalo.

CORTEZA. Cáscara, costra. — Exterioridad, superficie. — Rusticidad, incultura.

CORTIJO. Alquería, granja, masía, casa
de campo.

CORTO. Pequeño, chico, escaso, insuficiente, exiguo, miserable, pobre, raquíti-

co, mezquino, menguado, limitado. —
Breve, conciso, sobrio, lacónico, sucinto.
— Efímero, pasajero, fugaz. — Apocado,
pusilánime, encogido, tímido, vergonzoso, timorato, irresoluto, vacilante.
• *extenso, largo, vasto*

CORVO. Arqueado, curvo, combado. —
Garfio, gancho.

COSA. Asunto, tema, cuestión, obra, punto,
algo.

COSCORRÓN. Capón, moquete.

COSECHAR. Recoger, juntar, recolectar,
acopiar.

COSER. Unir, pegar. — Acribillar.

COSMÉTICO. Pomada, crema.

COSMOS. Mundo, universo.

COSQUILLEAR. Intrigar, excitar, desazonar.

COSQUILLEARSE. Inquietarse, desavenirse, resentirse, desazonarse. — Reírse,
alegrarse, recrearse.

COSQUILLOSO. Quisquilloso, cofijoso.

COSTA. Ribera, litoral, playa.

COSTADO. Lado, banda, flanco.

COSTAL. Saco, bolsa.

COSTALADA. Porrazo, golpazo, trastazo,
batacazo.

COSTAR. Comprar, adquirir. — Causar,
ocasionar.
• *ceder, vender, traspasar*

COSTAS. Gastos, expensas.

COSTE. Precio, costo, gasto, valor, estimación.

COSTEAR. Sufragar, pagar, satisfacer,
abonar, desembolsar. — Mantener, sostener.

COSTO. Coste.

COSTOSO. Caro, dispendioso, oneroso,
gravoso, salado.
• *barato*

COSTRA. Cubierta, corteza. — Postilla.

COSTUMBRE. Hábito, práctica, experiencia, uso, estilo, rito.

COSTURA. Labor. — Sutura.

COSTURÓN. Cicatriz.

COTEJAR. Comparar, confrontar, carear,
verificar, comprobar.

COTIDIANO. Diario.

COTIZAR. Tasar, apreciar, estimar, valuar, valorar, escotar.

COTO. Límite, término, tasa. — Mojón, hito, señal, marca, poste. — Cercado.

COTORRA. Papagayo. — Charlatana, bachillera, parlanchina. — Urraca.

COTORRÓN. Chismoso, solterón.

COVACHA. Cueva. — Cuchitril, guarida, zaquizamí, chiribitil, tabuco, tugurio, cubil, zahurda.

COYUNDA. Sujeción, dominio.

COYUNTURA. Articulación, unión, junta, juntura, trabazón. — Oportunidad, sazón, ocasión.

COZ. Patada.

CRÁPULA. Libertino, licencioso, vicioso. — Borrachera, embriaguez, libertinaje, disipación.

CRASCITAR. Graznar.

CRASO. Grueso, gordo, espeso. — Crasitud. — Indisculpable, inexcusable, imperdonable.

CREACIÓN. Universo. — Producción, obra, invención.

CREADOR. Dios. — Autor, inventor, hacedor, plasmador, productor, padre, organizador, fomentador.

CREAR. Producir, hacer, engendrar, inventar. — Instruir, nombrar, establecer, fundar.

CRECER. Aumentar, acrecentar, progresar, subir, elevarse, desarrollarse.
 • *amenguar, disminuir, reducir*

CRECES. Aumento, ventaja, exceso.

CRECIDA. Avenida, creciente, riada.

CRECIDO. Alto, desarrollado. — Numeroso, nutrido, abundante, grande, importante.

CRECIMIENTO. Aumento, desarrollo, incremento, progreso.

CRÉDITO. Reputación, fama, autoridad, consideración, favor, influencia, prestigio, renombre, honra, honor, celebridad. — Asenso. — Apoyo, abono, comprobación.
 • *compromiso, débito, deuda, obligación, trampa*

CREDO. Doctrina, programa, sistema, teoría, creencia.

CRÉDULO. Confiado, cándido, simple, sencillo, bonachón, bonazo.

CREENCIA. Fe, convicción, persuasión, opinión. — Religión, secta.

CREER. Pensar, juzgar, sospechar, suponer, conjeturar, imaginar, figurarse, entender, pretender, opinar, considerar, estimar.
 • *desconfiar, dudar, recelar, sospechar, titubear, vacilar*

CREÍBLE. Verosímil, probable, posible, factible, dable.

CREMA. Nata. — Pomada.

CREMACIÓN. Incineración, quemazón, quema.

CREMATÍSTICO. Interés, beneficio, ganancia, peculio.

CREPITAR. Chasquear, chisporrotear, restallar, decrepitar.

CREPÚSCULO. Anochecer, anochecida, amanecer, amanecida. — Decadencia, declinación.

CRESO. Rico, poderoso, acaudalado.

CRESPO. Ensortijado, rizado, encrujado, rizo. — Irritado, alterado.
 • *abatido, laso*

CRESTA. Copete. — Penacho. — Cima, cumbre, cúspide.

CRETINO. Idiota, estúpido, imbécil.

CRIADO. Sirviente, doméstico, servidor, mozo, mucamo, fámulo.
 • *amo, dueño, patrón, poseedor, propietario, señor, señorito*

CRIADOR. Dios.

CRIANZA. Urbanidad, atención, cortesía, educación.

CRIAR. Lactar, amamantar, nutrir. — Cebar, alimentar, cuidar. — Crear. — Producir, ocasionar, originar. — Educar, enseñar, dirigir.

CRIATURA. Niño, pequeño, chico, pebete, chiquillo, infante, párvulo, inocente. — Hechura.

CRIBA. Cribo, zaranda, harnero, cedazo, tamiz.

CRIMEN. Delito, atentado.

CRIMINAL. Delincuente, reo, malhechor, culpable.

CRIMINALISTA. Penalista.

CRIN. Cerda.
CRIPTOGRAMA. Cifra.
CRISIS. Riesgo, peligro, angustia.
  • *facilidad, permanencia*
CRISOL. Fusor. — Prueba, yunque.
CRISPAR. Contraer, encoger.
CRISTAL. Espejo. — Agua.
CRISTALINO. Claro, transparente, limpio, puro, diáfano, límpido.
CRISTALIZAR. Cuajar.
CRISTIANAR. Bautizar.
CRISTIANO. Persona, alma, individuo. — Hermano, prójimo.
  • *incrédulo, infiel, gentil, hereje, pagano, proliteísta*
CRISTO. Crucifijo.
CRITERIO. Juicio, discernimiento, convencimiento, parecer, concepto.
  • *desarreglo, reflexión*
CRÍTICA. Juicio, opinión, censura, sátira. — Murmuración.
CRITICABLE. Censurable, reprensible, reprobable, vituperable.
CRITICAR. Juzgar, censurar, notar, vituperar, reprobar, motejar, amonestar, fustigar.
CRÍTICO. Censor, juez. — Decisivo, culminante.
CRITICÓN. Murmurador, reparador, reparón, motejador, maldiciente.
CRÓNICA. Anales, fastos, historia.
CRÓNICO. Inveterado, permanente, incurable.
CROQUIS. Boceto, esbozo, bosquejo, diseño, ensayo, tanteo, prueba.
CRÓTALO. Castañuela.
CRUCE. Encrucijada.
CRUCIFICAR. Mortificar, sacrificar.
CRUCIFIJO. Cristo.
CRUDEZA. Rigor, aspereza, rudeza, rigidez, dureza, severidad. — Fresca.
  • *cobardía, suavidad*
CRUDO. Destemplado, frígido. — Descarnado, desnudo.
  • *aderezado, aliñado, cocido, escaldado, hervido, sazonado*
CRUEL. Despiadado, inhumano, bárbaro, salvaje, feroz, brutal. — Doloroso, angus-

tioso, insufrible, excesivo. — Crudo, riguroso, duro, violento, sangriento.
CRUELDAD. Ferocidad, inhumanidad, atrocidad, brutalidad, fiereza, saña, sadismo, encarnizamiento, barbaridad.
  • *compasión, conmiseración, lástima, sentimiento*
CRUENTO. Sangriento.
  • *humano, paciente, tierno*
CRUJÍA. Corredor, pasillo, galería. — Dificultad, apuro, estrechez.
CRUJIR. Rechinar, chirriar, chasquear.
CRUZ. Aflicción, peso, carga, pesadumbre, penitencia, calvario, viacrucis.
CRUZADA. Campaña, apostolado.
CRUZADO. Mestizo.
CRUZAR. Atravesar, pasar, trasponer, cortar.
CUADRADO. Torpe, negado, inepto. — Perfecto, cabal.
CUADRAR. Agradar, convenir. — Conformarse, ajustarse.
CUADRARSE. Plantarse, resistirse.
CUADRIL. Anca. — Cadera.
CUADRILLA. Peonada. — Partida, banda, tropa, compañía, gavilla, pandilla.
CUADRO. Marco. — Lienzo, pintura. — Rectángulo. — Cuadrado. — Vista.
CUAJADA. Requesón.
CUAJAR. Coagular, solidificar, congelar. — Gustar, agradar, llenar. — Cristalizar.
  • *fluir, liquidar*
CUAJARÓN. Grumo, coágulo.
CUAJARSE. Llenarse, poblarse.
CUALESQUIERA. De cualquiera, indeterminado.
CUALIDAD. Carácter, genio, índole. — Calidad, sentido, modalidad, característica, notabilidad.
  • *ente, entidad, esencia, materia, realidad, ser, substancia*
CUALIDADES. Prendas.
CUANTÍA. Cantidad, importancia.
CUANTIOSO. Numeroso, copioso, abundante, considerable, grande.
CUARENTENA. Cuaresma, cuarenta. — Suspensión, duda.
CUARTA. Palmo. — Encuarte.

CUARTAGO. Rocín, matalón, caballo, jaca, mula.

CUARTEARSE. Abrirse, agrietarse, henderse, rajarse, cascarse.

CUARTEA. Redondilla.

CUARTEL. Distrito, término, porción. — Casa, habitación. — Tributo, paraje, campamento.

CUARTOS. Aposento, habitación, pieza, sala, recinto, cámara, monedas, centavos, guita, mosca.

CUBA. Tonel, pipa. — Borracho.

CUBETA. Vasija, recipiente, receptáculo.

CUBICAR. Multiplicar, medir, elevar.

CUBIERTA. Envoltura, forro, abrigo, resguardo. — Sobre. — Neumático.

CUBIL. Guarida, cueva, madriguera. — Covacha, tabuco, zahurda.

CUBILETEAR. Intrigar, maquinar.

CUBO. Vaso, cuenco, balde.

CUBRECAMA. Colcha, cobertor.

CUBRIR. Ocultar, tapar, disimular, encubrir, disfrazar, velar, vestir. — Compensar. — Techar.
  • *desnudar, destapar, exponer*

CUCAMONAS. Carantoñas, gatería.

CUCHICHEAR. Musitar, hablar.

CUCHILLA. Meseta, ceja. — Hoja. — Archa, espada.

CUCHILLADA. Corte, tajo, herida, chirlo.

CUCHILLO. Faca, facón.

CUCHIPANDA. Francachela, comilona, parranda, farra, juerga.

CUCHITRIL. Covacha, zaquizamí, tabuco, chiribitil.

CUCHUFLETA. Chanza, broma, burla, bufonada, chocarrería, chanzoneta, cachada.

CUCO. Coco. — Astuto, taimado, listo. — Bonito, delicado, mono, pulido. — Tahúr. — Malcontento. — Cuclillo.

CUELLO. Pescuezo, garganta. — Gollete.

CUENCA. Valle. — Cavidad, órbita.

CUENCO. Cubo, vaso.

CUENTA. Cálculo, cómputo, operación. — Razón, explicación, satisfacción, justificación. — Cuidado, cargo, obligación, deber, incumbencia. — Factura, adición.

CUENTISTA. Cuentero. — Chismoso.

CUENTO. Narración, relato. — Fábula, conseja, historieta. — Chisme, enredo, patraña, murmuración, lío, historia. — Quimera, desazón. — Cómputo. — Timo, estafa.

CUERDA. Saga, cordel, cordón, maroma. — Resorte.

CUERDO. Juicioso, prudente, sensato, formal, reflexión, sesudo, sabido.
  • *insensato, flojo*

CUEREAR. Desollar.

CUERNO. Asta, punta, cuerna.

CUERO. Pellejo, piel, odre.

CUERPO. Espesor, grueso, consistencia. — Crasitud, densidad. — Cadáver. — Corporación, comunidad. — Volumen. — Tipo.
  • *alma, ánima, conciencia, espíritu*

CUESCO. Carozo, hueso, pepita, pipa.

CUESTA. Pendiente, repecho, subida, declive.

CUESTACIÓN. Colecta, recaudación, guante.

CUESTIÓN. Riña, pendencia, gresca, reyerta, disputa, discusión, polémica, altercado. — Materia, tema. — Cosa.

CUESTIONABLE. Dudoso, problemático, controvertible, discutible.
  • *cierto, indiscutible*

CUESTIONAR. Discutir, controvertir, disputar, reñir, contender, altercar.

CUEVA. Caverna, gruta, antro, madriguera, cubil. — Covacha, sótano, bodega.

CUICO. Forastero, extranjero, advenedizo.

CUIDADO. Atención, esmero, solicitud, prolijidad, pulcritud, miramiento, tiento. — Cautela, recato, prudencia, vigilancia. — Recelo, miedo, sobresalto, temor, inquietud, cuita, congoja. — Negocio, dependencia.
  • *abandonado, desatención, tranquilidad*

CUIDADOSO. Prolijo, pulcro, esmerado.

CUIDAR. Asistir, guardar, conservar, atender, proteger, custodiar, velar, vigilar.
  • *abandonar, despreocuparse, olvidar*

CUITA. Aflicción, trabajo, desventura, angustia, cuidado, zozobra.

CUITADO. Afligido, apenado. — Desventurado, infeliz, desgraciado, apocado, tímido, pusilánime, miserable.

CULEBREAR. Zigzaguear, ondular.

CULMINANTE. Elevado, prominente, dominante, saliente. — Sobresaliente, principal, superior. — Decisivo, crítico.

CULO. Asentaderas, posaderas. — Anca. — Ano.

CULPA. Delito, falta, pecado. — Causa, responsabilidad.

CULPABLE. Delincuente, criminal, reo, culpado. — Responsable.
  • *inculpado, inocente, irresponsable*

CULPAR. Acusar, inculpar, sindicar, imputar, atribuir, achacar, responsabilizar.
  • *excusar*

CULTERANO. Conceptista, culto, cultiparlista, gongorino.
  • *claro, sencillo*

CULTIVADO. Labrado, roturado, laborado, sembrado.
  • *agreste, bravío, cerril, inculto, lleco, rústico, silvestre*

CULTIVAR. Labrar, arar, laborar. — Estudiar, practicar, ejercitarse. — Mantenerse, conservar, estrechar, fomentar.

CULTIVO. Labor, sembrado, labrantío. — Cultura.

CULTO. Instruido, ilustrado, docto, letrado, erudito, civilizado. — Rito. — Adoración, homenaje. — Culterano, gongorino.
  • *inculto, irreverente*

CULTURA. Instrucción, ilustración, erudición, saber, civilización. — Cultivo.

CUMBRE. Cima, cúspide, cresta. — Máximum, término, fin, meta. — Pináculo.
  • *apoyo, base, cimientos, fundamento, puntal, soporte, sostén*

CUMPLEAÑOS. Aniversario.

CUMPLIDAMENTE. Cabalmente, completamente, enteramente, generosamente, abundantemente, largamente, anchamente.

CUMPLIDO. Cumplimiento, cortesía, atención, fineza, urbanidad, obsequio. —

Cortés, atento, correcto, fino, cabal, estimable, obsequioso, urbano. — Ancho, amplio, largo, lleno, abundante, completo. — Licenciado.

CUMPLIMENTAR. Felicitar, congratular, saludar. — Ejecutar, efectuar, realizar, verificar.

CUMPLIMIENTO. Cumplido, cortesía, urbanidad, obsequio. — Complemento. — Parabién, felicitación.

CUMPLIR. Realizar, efectuar, ejecutar, verificar. — Observar, acatar. — Convenir, importar. — Licenciarse. — Vencer, caducar, finalizar, terminar, expirar.
  • *incumplir, iniciar.*

CUMPLIRSE. Verificarse, realizarse, efectuarse.

CÚMULO. Montón, porción, infinidad, sinnúmero, multitud, aglomeración, rimero.

CUNA. Inclusa. — Patria, ciudad, país. — Estirpe, linaje, alcurnia, ascendencia, familia. — Origen, principio.

CUNDIR. Extenderse, difundirse, divulgarse, propagarse, multiplicarse, propalarse.

CUNERO. Expósito, guacho.

CUNETA. Zanja.

CUÑA. Calza. — Recomendación, influencia, padrino, padrinazgo, palanca, muñeca.

CUÑO. Troquel, sello. — Huella.

CUOTA. Cupo.

CUPIDO. Amor. — Enamoradizo, galanteador.

CUPO. Cuota.

CUPÓN. Bono, vale.

CÚPULA. Bóveda, domo.

CUQUERÍA. Picardía, pillería, viveza, ranada.

CURA. Sacerdote, clérigo, eclesiástico, padre. — Curación. — Cuidado.

CURADO. Sanado. — Endurecido, fortalecido, curtido.

CURALOTODO. Panacea.

CURANDERO. Charlatán, ensalmador.

CURAR. Sanar. — Curtir, adobar. — Acecinar. — Cuidar, atender.
  • *descuidar, enfermar*

CURDA. Borrachera, mona, chispa, pítima, turca, jumera. — Borracho, beodo.

CURIOSEAR. Atisbar, espiar, fisgonear, husmear, acechar, investigar, rebuscar, gulusmear.

CURIOSIDAD. Indiscreción, espionaje. — Rareza, antigualla. — Aseo, limpieza, esmero, cuidado, primor.
  • *desgana, desinterés, despego, desdén, indiferencia, negligencia*

CURIOSO. Indiscreto, espía. — Aseado, limpio, esmerado, cuidadoso, primoroso. — Extraño, raro, peregrino, antiguo.
  • *discreto, sucio*

CURRUTACO. Petimetre, paquete, pisaverde, figurín, gomoso, lechuguino.

CURSAR. Estudiar. — Tramitar. — Frecuentar.

CURSI. Pueril, chirle, vulgar, ramplón, chabacano. — Insípido, insustancial.

CURSO. Carrera. — Dirección, camino, trayecto, recorrido, derrotero, rumbo. — Método, manual. — Corriente. — Serie, continuación.

CURTIDO. Curado. — Endurecido, fortalecido, experimentado, avezado, acostumbrado, diestro, ejercitado, hábil, perito, versado.

CURTIR. Curar, adobar, aderezar. — Tostar, endurecer. — Acostumbrar, aclimatar.

CURVA. Vuelta, meandro.

CURVO. Arqueado, concoideo, alabeado, convexo, combado, pando, encorvado, retorcido, redondeado, torneado, cimbreado.
  • *derecho, directo, erecto, liso, recto, seguido, tirante*

CUSCO. Cuzco.

CÚSPIDE. Cumbre, cima, cresta. — Pináculo, meta, fin, término. — Vértice.

CUSTODIA. Guardia, vigilancia. — Tabernáculo, sagrario.

CUSTODIAR. Guardar, vigilar, velar, proteger, defender, conservar.
  • *abandonar, descuidar*

CUTÍCULA. Película. — Epidermis.

CUTIS. Epidermis, piel.

CUTRE. Tacaño, avaro, roñoso, miserable, ruin, avariento, sórdido, mezquino, cicatero.

CUZCO. Can, perro, gozquejo.

D

DABLE. Factible, hacedero, posible, realizable.
• *imposible*
DACTILÓGRAFO. Mecanógrafo.
DÁDIVA. Regalo, obsequio, presente, don, gracia, merced.
DADIVOSO. Liberal, generoso, desprendido, desinteresado, espléndido, largo, munífico.
• *interesado, tacaño*
DAMA. Señora.
DAMASQUINAR. Taracear, embutir.
DAMNIFICACIÓN. Daño, lesión, perjuicio, menoscabo.
• *beneficiar, indemnizar, mejorar*
DANTESCO. Grandioso, terrible, fantástico, horripilante, tremebundo.
DANZA. Baile. — Riña, pendencia, trifulca, tremolina, bronca, batuque, bochinche, bataola, caramillo.
DANZANTE. Bailarín, danzarín. — Mequetrefe, necio, ligero, trasto, zascandil, chisgarabís, casquivano.
DAÑAR. Perjudicar, lesionar, menoscabar. — Maltratar, estropear, malear, deteriorar.
• *beneficiar, sanar*
DAÑARSE. Lastimarse.
DAÑINO. Dañoso, nocivo, perjudicial, malo, pernicioso.
DAÑO. Perjuicio, lesión, menoscabo, detrimento, mal, agravio, estrago. — Avería.
• *beneficio, bien, mejora*
DAÑOSO. Dañino.
DAR. Donar, entregar, regalar, conceder, conferir, otorgar, ceder, obsequiar, facilitar. — Producir, rentar, redituar, rendir. — Acertar, atinar, adivinar. — Suponer, considerar. — Encajar. — Pegar. —

Sacrificarse, inmolarse. — Imponer, sancionar. — Sonar. — Causar, ocasionar. — Aplicar, untar, bañar. — Caer, incurrir. — Comunicar, prestar. — Administrar, suministrar, ministrar, propinar, proporcionar, proveer, surtir. — Copiar, transcribir, presentar. — Tocar, tropezar. — Empeñarse, obstinarse. — Sobrevenir. — Mirar.
• *desacertar, quitar, recibir*
DARDO. Venablo, jabalina, saeta.
DARSE. Entregarse, ceder, doblegarse, rendirse. — Tratarse. — Ocuparse. — Pegarse. — Considerarse. — Pegarse. — Considerarse. — Producirse.
DATA. Fecha.
DATO. Antecedente, detalle, pormenor, particular, nota. — Documento, testimonio, fundamento.
DEAMBULAR. Pasearse, andar, vagar, callejear, atorrar.
DEBATE. Discusión, controversia, altercado, contienda, lucha, combate, disputa.
DEBATIR. Discutir, controvertir, altercar, contender, combatir, disputar.
DEBER. Obligación. — Deuda, débito. — Adeudar.
• *derecho, facultad, irresponsabilidad*
DEBIDAMENTE. Justamente, cumplidamente.
DÉBIL. Endeble, flojo, decaído, desfallecido, raquítico, enclenque, anémico, enfermizo, achacoso, enteco. — Flaco, abúlico.
• *enérgico, fuerte, vigoroso*
DEBILIDAD. Anemia, flaqueza, flojedad, decaimiento, desfallecimiento, raquitismo, endeblez. — Abulia.
• *energía, fortaleza*

106

DEBILITARSE. Flaquear, desfallecer, decaer, aflojar, extenuarse, agotarse, consumirse.

DÉBITO. Deuda.

DECADENCIA. Decaimiento, declinación, menoscabo, ocaso, crepúsculo, mengua.
 • *apogeo, esplendor, prosperidad*

DECAER. Debilitarse, desfallecer, declinar, flaquear, menguar, disminuir.
 • *aumentar, crecer, subir*

DECANTAR. Trasegar. — Propalar, ponderar, engrandecer.

DECAPITAR. Guillotinar, descabezar.

DECENCIA. Recato, honestidad, decoro, pudor. — Asco, compostura, adorno. — Dignidad, modestia.
 • *deshonor, inmoralidad, suciedad*

DECEPCIÓN. Chasco, desilusión, desencanto, desengaño. — Fracaso, engaño, pesar.

DECESO. Defunción, muerto, fallecimiento, óbito.

DECHADO. Modelo, ejemplar, muestra, tipo, pauta.

DECIDIR. Resolver, determinar. — Declarar, manifestar, explicar, disponer.
 • *demorar, temer*

DECIDOR. Agudo, gracioso, chistoso.

DECIR. Manifestar, expresar, hablar, anunciar, referir. — Nombrar, mencionar, contar. — Explicar, informar, exponer, aducir, alegar, declarar, exponer, aducir, alegar, declarar, asegurar, afirmar, aseverar, sostener, reiterar. — Confesar, reconocer. — Desarrollar, detallar, enumerar, especificar, consignar. — Indicar, insinuar, observar, denotar, estimar, apuntar, significar, determinar, precisar, limitar, considerar, dictar, trazar, fijar, señalar. — Dicho.
 • *acallar, omitir, silenciar*

DECISIÓN. Determinación, resolución, partido. — Firmeza, ánimo, fortaleza. — Sentencia, fallo.
 • *duda, indecisión, vacilación*

DECISIVO. Concluyente, terminante, preciso, claro, definitivo, rotundo. — Culminante. — Radical, drástico.

DECLAMACIÓN. Recitación. — Discurso, invectiva.

DECLARACIÓN. Enunciación, relación. — Confesión, manifestación.

DECLARADO. Manifiesto, claro, patente.

DECLARAR. Manifestar, explicar, exponer, decir. — Deponer, testificar.
 • *encubrir, ocultar*

DECLARARSE. Producirse, formarse, originarse. — Manifestarse, descubrirse, confesarse.

DECLINACIÓN. Decadencia, menoscabo, ocaso, postrimería. — Caída, descenso, declive, bajada.
 • *ascensión*

DECLINAR. Decaer, terminar, disminuir. — Rehusar, renunciar.
 • *aceptar, ascender, empezar*

DECLIVE. Pendiente, cuesta, inclinación, desnivel, declinación, escarpa.

DECOLORAR. Descolorar, desteñir, despintar.
 • *colorar, teñir*

DECOMISAR. Comisar. — Confiscar.

DECORAR. Adornar, ornar, exornar, hermosear.

DECORO. Respetabilidad, dignidad, pundonor, punto, honra, honestidad, pureza, recato, decencia, circunspección, respeto, reverencia, gravedad.
 • *impudor, indignidad*

DECRECER. Disminuir, menguar, declinar, decaer, bajar, aminorar, acortar, amenguar.
 • *aumentar*

DECRÉPITO. Caduco, viejo, chocho, machucho, pachucho.

DECRETAR. Dictar, ordenar, determinar, resolver, decidir, estatuir, establecer, sancionar.

DECURSO. Transcurso, sucesión.

DÉDALO. Laberinto, enredo, confunsión, lío, maraña, caos, embrollo.

DEDICACIÓN. Aplicación, perseverancia, estudio, atención, cuidado, esmero. — Consagración.

DEDICAR. Consagrar, destinar, ofrecer,

ofrendar. — Dirigir, asignar, señalar, fijar, referir.

• *inhibir, negar, rechazar*

DEDICARSE. Aplicarse, emplearse, ocuparse, esmerarse, consagrarse.

DEDUCCIÓN. Consecuencia, derivación, ilación, conclusión, resultado. — Descuento, resta.

DEDUCIR. Inferir, seguir, sacar, derivar, colegir. — Rebajar, substraer, restar, descontar, disminuir.

DEFECAR. Evacuar.

DEFECCIÓN. Deslealtad, abandono, traición, deserción, huída.

• *auxilio, lealtad, presencia*

DEFECTO. Falta, imperfección, deficiencia, desarreglo, tacha, vicio, lunar, tara, falla, maca.

• *perfección, virtud*

DEFECTUOSO. Imperfecto. — Lisiado, tarado.

DEFENDER. Amparar, proteger, librar, socorrer, auxiliar, propugnar, preservar, resguardar. — Mantener, conservar, sostener. — Excusar, disculpar, justificar. — Abogar, alegar, apoyar. — Vedar, prohibir. — Embarazar, impedir, retardar.

• *atacar, culpar*

DEFENDERSE. Ampararse, protegerse, preservarse, guarecerse, resguardarse. — Sostenerse, resistir, mantenerse. — Excusarse, disculparse, justificarse.

DEFENSA. Amparo, protección, socorro, auxilio, apoyo, resguardo, abrigo. — Resistencia.

DEFERENCIA. Condescendencia, consideración, miramiento, respeto.

• *desatención, grosería*

DEFERENTE. Condescendiente, considerado, mirado, respetuoso, atento, complaciente.

DEFERIR. Adherirse, ceder, condescender.

DEFICIENCIA. Defecto, falta, imperfección, insuficiencia.

• *perfección, suficiencia*

DEFICIENTE. Insuficiente, incompleto, falto, imperfecto, defectuoso.

DÉFICIT. Descubierto.

DEFINIR. Fijar, precisar, determinar, señalar, explicar. — Aclarar, resolver. — Concluir.

DEFINITIVO. Decisivo, concluyente, terminante, perentorio.

• *inconcluso, provisional*

DEFORMAR. Alterar, mudar, variar.

• *embellecer, formar*

DEFORME. Desfigurado, imperfecto, contrahecho, desproporcionado, feo.

• *armónico, proporcionado*

DEFORMIDAD. Anormalidad, monstruosidad, desproporción. — Error, yerro.

DEFRAUDAR. Usurpar, quitar, malversar, robar. — Frustrar. — Turbar, desbaratar.

DEFUNCIÓN. Muerte, fallecimiento, deceso, óbito, expiración.

DEGENERADO. Vicioso, pervertido, corrompido.

DEGENERAR. Decaer, declinar, desdecir, perder, bastardear, caer, descaecer. — Pervertir, corromper, viciar.

• *enmendar, innovar, sanar*

DEGLUTIR. Tragar, engullir.

DEGOLLINA. Matanza.

DEGRADANTE. Humillante, ruin, abyecto, bajo, vil, depresivo.

DEGRADAR. Humillar, envilecer, rebajar, abatir. — Deponer, deshonorar, exonerar.

• *ennoblecer, honrar*

DEIDAD. Divinidad.

DEIFICAR. Divinizar, endiosar.

DEJACIÓN. Desistimiento, renuncia, cesión, abandono.

• *insistencia, resistencia*

DEJADEZ. Desidia, negligencia, incuria, abandono, pereza, inercia, indolencia, apatía.

• *ánimo, esfuerzo, gana*

DEJADO. Negligente, desidioso, incurioso. — Sucio, abandonado. — Remiso, perezoso, descuidado. — Caído, abatido, amilanado.

DEJAR. Abandonar, soltar, apartarse, retirarse. — Omitir, olvidar. — Permitir, consentir. — Producir, rentar, redituar, valer. — Encargar, encomendar. — Faltar,

ausentarse. — Nombrar, designar. — Cesar, interrumpir. — Dar, legar.
• *coger, prohibir*

DEJO. Acento. — Gusto, sabor. — Dejación. — Resabio.

DELACIÓN. Acusación, denuncia, soplo.

DELANTAL. Mandil, guardapolvos.

DELANTE. Enfrente, ante.

DELANTERA. Ventaja.

DELATAR. Acusar, denunciar, revelar, descubrir, soplar, sindicar.

DELECTACIÓN. Deleitación, complacencia, deleite, gusto.

DELEGACIÓN. Comisión, diputación, representación.

DELEGADO. Comisionado, representante, encargado, agente.

DELEGAR. Comisionar, encargar, encomendar, confiar, facultar.
• *apropiarse, asumir*

DELEITABLE. Delicioso, deleitoso, agradable, grato, encantador, ameno, apacible, placentero, entretenido, alegre.

DELEITAR. Agradar, encantar, entretener, complacer, alegrar, regalar, placer.
• *aburrir*

DELEITE. Placer, goce, delicia, gusto, regalo, complacencia.
• *aburrimiento, dolor*

DELETÉREO. Venenoso, mortífero, mortal, destructor, letal.
• *respirable, sano*

DELEZNABLE. Frágil, inconsistente, quebradizo, perecedero. — Resbaladizo.

DELGADO. Flaco, ceñudo, enjuto, seco, chupado. — Agudo, sutil, ingenioso. — Fino, suave, grácil, menudo.
• *gordo, grueso, obeso*

DELIBERADAMENTE. Premeditadamente, intencionadamente, adrede, ex profeso, aposta.

DELIBERAR. Discutir, tratar, debatir, considerar, consultar. — Resolver.

DELICADEZA. Finura, primor. — Atención, miramiento, suavidad, ternura. — Escrupulosidad, minuciosidad, esmero.
• *aspereza, desatención*

DELICADO. Fino, atento, tierno, mirado, suave. — Débil, flaco, enfermo, enfermizo, enclenque. — Escrupuloso, minucioso, esmerado, mirado. — Primoroso, exquisito. — Sabroso, gustoso, apetitoso, rico. — Quisquilloso, suspicaz. — Quebradizo, inconsistente, frágil, deleznable. — Agraciado, guapo. — Difícil, embarazoso, expuesto. — Sutil, ingenioso. — Blando, muelle.

DELICIA. Deleite, placer, goce, gusto, regalo, complacencia, encanto, voluptuosidad.
• *aburrimiento, dolor*

DELICIOSO. Deleitable, agradable, voluptuoso, encantador, ameno, apacible, deleitoso, grato.

DELIMITAR. Limitar, jalonar, deslindar, demarcar.

DELINCUENTE. Reo, malhechor, criminal, culpable.

DELINEAR. Diseñar, dibujar, trazar, demarcar.

DELINQUIR. Transgredir, infringir, violar, quebrantar.

DELIQUIO. Desmayo, desfallecimiento. — Éxtasis, arrobamiento.

DELIRAR. Desvariar, fantasear. — Desbarrar, disparatar, desatinar.

DELIRIO. Desvarío, ilusión, devaneo, quimera. — Despropósito, disparate, barbaridad, dislate.

DELITO. Culpa, crimen, exceso.
• *desliz, resbalón, tropiezo*

DEMACRARSE. Enflaquecer, adelgazar, desmejorar.
• *engordar, mejorar*

DEMANDA. Súplica, ruego, petición, solicitud, solicitación, instancia, reclamación, exigencia. — Empresa, intento. — Empeño, defensa. — Pregunta. — Busca. — Pedido, encargo.
• *réplica*

DEMANDAR. Pedir, rogar, suplicar, solicitar, instar. — Apetecer, desear, codiciar, ambicionar. — Preguntar, interrogar, interpelar.
• *entregar, replicar*

DEMARCAR. Delinear, limitar, delimitar, determinar, jalonar.

DEMASÍA. Exceso, sobrante. — Insolencia, descortesía, atrevimiento, osadía. — Desafuero, delito, maldad.
• *cortesía, decoro, escasez*

DEMASIADO. Excesivo, sobrado.

DEMENCIA. Locura, insania, vesanía. — Furia, insensatez.

DEMENTE. Loco, insano, vesánico, orate. — Furioso, insensato.

DEMOLER. Deshacer, destruir, derribar, desbaratar, arrasar, arruinar, aniquilar.
• *construir*

DEMONÍACO. Endiablado, endemoniado.

DEMONIO. Diablo, Lucifer, Satán, Satanás, pateta, demontre. — Perverso, maligno, malvado, pérfido. — Travieso, revoltoso, inquieto, bullicioso. — Feo, horrible. — Astuto, sagaz.

DEMONTRE. Demonio.

DEMORA. Dilación, tardanza, detención, retraso, espera.

DEMORAR. Retrasar, retardar, dilatar, diferir, detenerse.
• *adelantar*

DEMOSTRACIÓN. Señalamiento, manifestación. — Prueba, comprobación.

DEMOSTRAR. Manifestar, mostrar, declarar, exponer, probar, comprobar, evidenciar, atestiguar, justificar, confirmar, patentizar. — Enseñar, convencer.

DEMUDAR. Alterarse, disfrazar, desfigurar. — Mudar, variar, cambiar.

DEMUDARSE. Alterarse, inmutarse, palidecer.

DENEGAR. Rehusar, rechazar, excusar.
• *aprobar, conceder, otorgar*

DENGOSO. Melindroso, remilgado, afectado, esquilimoso.

DENGUE. Melindre, remilgo.

DENIGRANTE. Injurioso, afrentoso, deshonroso, vergonzoso, humillante, infamante, ultrajante, agraviante, insultante.

DENIGRAR. Calumniar, infamar, injuriar, denostar, insultar, desprestigiar, desacreditar, deshonrar.
• *alabar, honrar*

DENOMINAR. Nombrar, señalar, llamar, designar, intitular, apellidar, titular, bautizar.

DENONADO. Intrépido, valiente, esforzado, animoso, audaz, atrevido, resuelto, arrojado, osado, impávido.

DENOSTAR. Injuriar, infamar, ofender, insultar, ultrajar.

DENOTAR. Indicar, anunciar, significar, señalar.

DENSO. Compacto, apretado. — Apiñado, cerrado, unido. — Craso, espeso, engrosado. — Obscuro, confuso.
• *blando, fluido, leve*

DENTELLADA. Mordedura, mordisco, bocado, tarascada.

DENTERA. Envidia, pelusa.

DENTRO. Adentro.
• *fuera*

DENUEDO. Valor, valentía, intrepidez, arrojo, esfuerzo, ánimo, brío.

DENUESTO. Injuria, ofensa, agravio, ultraje, insulto.

DENUNCIA. Delación, inculpación, acusación, soplo.

DENUNCIAR. Delatar, inculpar, acusar, soplar. — Revelar, descubrir, participar, declarar. — Noticiar, advertir, avisar. — Pronosticar. — Anular.
• *defender, esconder, capar*

DEPARAR. Suministrar, proporcionar, presentar, conceder.

DEPARTIR. Conversar, hablar, platicar, charlar, conferenciar.

DEPAUPERAR. Debilitar, extenuar. — Empobrecer.
• *engordar, fortalecer*

DEPENDENCIA. Subordinado.
• *autónomo, independiente, libre*

DEPLORABLE. Lamentable, sensible, triste, lastimoso, miserable, infeliz.

DEPLORAR. Lamentar, llorar, sentir, dolerse.
• *alegrarse*

DEPONER. Degradar, privar, exonerar, destituir, deshonrar, desposeer. — Dejar, separar, apartar, desterrar. — Evacuar. — Afirmar, aseverar, atestiguar.

DEPORTACIÓN. Destierro, extrañamiento, expulsión.

DEPOSITAR. Colocar, poner. — Encomendar, entregar. — Sedimentar. — Ingresar.

DEPRAVACIÓN. Corrupción, envilecimiento, libertinaje, perversión, desenfreno, licencia.

DEPRAVADO. Corrompido, envilecido, libertino, pervertido, licencioso.

DEPRAVAR. Corromper, viciar, envilecer, pervertir. — Adulterar.
•*moralizar, sanar*

DEPRECACIÓN. Ruego, súplica, petición, instancia.

DEPRECAR. Rogar, suplicar, instar, pedir.

DEPRECIAR. Desvalorizar, rebajar. — Menospreciar, desestimar.
•*encarecer, valorar*

DEPREDACIÓN. Pillaje, saqueo, robo, devastación. — Malversación, exacción.

DEPRESIÓN. Hundimiento. — Descenso. — Abatimiento, desaliento.
•*altura, animación, convexidad*

DEPRESIVO. Humillante, degradante, vergonzoso, deprimente.

DEPRIMIR. Humillar, hundir, rebajar, degradar, abatir, desalentar, contristar, apesarar.
•*animar, levantar*

DEPURAR. Limpiar, purificar, purgar, expurgar, refinar, acendrar.
•*ensuciar*

DERECHAMENTE. Rectamente, directamente, justamente, francamente, claramente.

DERECHO. Recto, seguido. — Razón, justicia. — Fundado, justo, razonable, legítimo. — Facultad, libertad, opción. — Derechamente.
•*deber, izquierdo, obligación, zurdo*

DERECHOS. Honorarios.

DERIVARSE. Originarse, deducirse, descender, seguirse, resultar, proceder, emanar, nacer, provenir.
•*original, primero*

DEROGACIÓN. Anulación, abolición. — Disminución, deterioración.

DEROGAR. Abolir, suprimir, anular. — Destruir, reformar.
•*promulgar, ratificar*

DERRAMAMIENTO. Derrame.

DERRAMAR. Verter, esparcir. — Desbordar, desaguar, desembocar. — Divulgar, publicar, cundir, extender. — Repartir, distribuir. — Rebosar.

DERREDOR. Contorno, circuito.

DERRENGADO. Molido, fatigado, cansado.

DERRENGAR. Descaderar, deslomar. — Torcer, inclinar.

DERRETIR. Fundir, liquidar, disolver. — Consumir, gastar, disipar.
•*solidificar*

DERRETIRSE. Enamorarse, amartelarse, encamotarse. — Impacientarse, deshacerse, inquietarse, enardecerse.

DERRIBAR. Demoler, derruir, derrumbar, despeñar, desmontar, tumbar, abatir, hundir, desbaratar, arruinar. — Postrar. — Malquistar, perder, deponer, destronar.
•*alzar, construir*

DERROCAR. Despeñar, precipitar. — Tumbar, deshacer, arruinar. — Arrojar, deponer, derribar, destronar.

DERROCHAR. Malgastar, despilfarrar, disipar, malbaratar, malrotar, dilapidar, desperdiciar, prodigar, quemar, tirar, consumir.
•*ahorrar, guardar*

DERROCHE. Despilfarro, prodigalidad, profusión, exceso.

DERROTA. Fuga. — Desastre, descalabro, quebranto. — Camino, vereda, senda.

DERROTADO. Aniquilado, vencido, destrozado, roto, quebrantado. — Harapiento, andrajoso, pobre, zarrapastroso.

DERROTAR. Vencer, desbaratar, batir, destrozar. — Aventajar, ganar, exceder. — Destruir, arruinar, romper. — Disipar, malbaratar.
•*perder, triunfar, vencer*

DERROTERO. Derrota, rumbo, dirección, ruta, camino.

DERRUIR. Derribar, destruir, destrozar,

demoler, desbaratar, hundir, arruinar. — Minar, socavar.

DERRUMBAR. Precipitar, despeñar, arrojar, derribar.

DESABRIDO. Soso, insípido, desaborido, insulso, desagradable. — Áspero, desapacible, displicente. — Destemplado, desigual.

DESABRIGAR. Destapar, desarropar, descubrir.
• *abrigar, amparar*

DESABRIMIENTO. Insulsez, sosería. — Displicencia, destemplanza, aspereza. — Disgusto, desazón.
• *gusto, sapidez, simpatía*

DESABROCHAR. Desabotonar, desatacar.

DESACATO. Desobediencia, irreverencia. — Descomedimiento, desafuero, desatención.
• *acato, reverencia*

DESACERTAR. Errar, disparatar, desatinar, marrar, fallar, equivocarse.

DESACIERTO. Error, torpeza, equivocación, disparate, desatino.

DESACORDAR. Desafinar, destemplar, disonar.

DESACORDE. Destemplado, desunido, disonante, disconforme, desavenido.

DESACOSTUMBRADO. Inusitado, inusual, inhabitual, raro, insólito.
• *acomodado, empleado*

DESACREDITAR. Difamar, calumniar, infamar, vilipendiar, deshonrar, desprestigiar, desmerecer, desopinar, desvalorizar.

DESACUERDO. Disconformidad, discordia, desaveniencia, disentimiento, desunión. — Error, desacierto.
• *aconsejar, advertir, recomendar*

DESAFECTO. Malquerencia, aversión, animadversión, enemistad, animosidad, ojeriza. — Opuesto, contrario.

DESAFERRAR. Soltar, desasir. — Disuadir, convencer.

DESAFIAR. Retar, provocar. — Contender, competir. — Afrontar, arrostrar.

DESAFINAR. Destemplar, desacordar, desentonar.
• *afinar, templar*

DESAFÍO. Reto, provocación, duelo.

DESAFORADO. Desatentado, desmedido, inconsiderado, descomedido, enorme, desproporcionado, grande, excesivo.
• *avergonzado, comedido*

DESAFORTUNADO. Infortunado, desdichado, infeliz, desgraciado, malaventurado.
• *afortunado, feliz*

DESAGRADABLE. Enojoso, enfadoso, fastidioso, molesto, penoso, pesado, aburrido, tedioso, desapacible, desabrido, repugnante, áspero, ingrato.

DESAGRADAR. Disgustar, fastidiar, repugnar, descontentar, enfadar.
• *agradar, complacer, gustar*

DESAGRADECIDO. Ingrato, olvidadizo.

DESAGRADO. Disgusto, descontento, enfado, molestia, fastidio, enojo, desabrimiento, repugnancia.

DESAGRAVIO. Reparación, satisfacción, enmienda.
• *ofensa, perjuicio*

DESAGUAR. Desembocar, derramar, verter.

DESAGUISADO. Desacierto, disparate, desatino, barbaridad, destrozo, desbarajuste, desconcierto. — Agravio, injusticia, entuerto.

DESAHOGADO. Holgado, aliviado, descansado, descuitado, desocupado. — Desembarazado, despejado, libre, amplio. — Desempeñado, desentrampado. — Atrevido, descarado, desvergonzado, desenvuelto, desenfadado, descocado.

DESAHOGO. Alivio, tranquilidad, descanso, reposo, sosiego. — Desembarazo, libertad, desenvoltura. — Comodidad, bienestar. — Atrevimiento, descaro, desvergüenza, desenfado, descoco. — Esparcimiento.
• *ahogo, desánimo*

DESAHUCIAR. Desesperanzar, condenar. — Desalojar.
• *acoger, consolar, recibir*

DESAIRADO. Despreciado, ofendido, desdeñado, desestimado, desatendido, menospreciado. — Burlado, chasqueado, engañado. — Desgarbado, desaliñado, desgalichado, deslucido.

DESAIRE. Desprecio, descortesía, desatención, desdén, menosprecio, disfavor, grosería, feo.
• *animar, envalentonar*

DESALENTAR. Desanimar, amilanar, acobardar, acoquinar, intimidar, apocar, achicar, abatir, postrar.
• *animar, envalentonar*

DESALIENTO. Abatimiento, desánimo, decaemiento, acoquinamiento, postración.

DESALIÑO. Desaseo, desatavío, descompostura. — Negligencia, desidia, incuria, dejadez, descuido, abandono.
• *adorno, compostura*

DESALMADO. Cruel, inhumano, bárbaro, despiadado, brutal, salvaje, feroz, monstruo.
• *bondadoso, humanitario*

DESALOJAR. Desaposentar, desahuciar. — Cambiar, mudar, trasladar, sacar. — Suplantar, desbancar.

DESAMADRINARSE. Desamorarse.

DESAMOR. Indiferencia, despego, enfriamiento, tibieza, descariño, olvido, desafecto. — Enemistad, aborrecimiento.

DESAMORARSE. Descariñarse.

DESAMPARADO. Desvalido, abandonado, solo, huérfano. — Solitario, desierto, desabrigado.
• *asistido, atendido, protegido*

DESANDAR. Retroceder.

DESANGRADO. Exangüe.

DESANGRAR. Sangrar. — Agotar, desaguar. — Arruinar, empobrecer.

DESANIMAR. Desalentar, acobardar, amilanar, acoquinar, amedrentar, intimidar, abatir, postrar.
• *animar, estimular, inducir*

DESÁNIMO. Desaliento, abatimiento, postración, languidez, agotamiento, descaecimiento, desmayo.

DESAPACIBLE. Desagradable, enfadoso, ásero, destemplado, duro, desabrido, ingrato, molesto.

DESAPARECER. Ocultarse, esconderse, retirarse, perderse, esfumarse.
• *aparecer, destaparse, mostrar, revelar*

DESAPEGO. Despego, frialdad, tibleza, desvío, alejamiento, desafecto.
• *afición, apego, creencia*

DESAPERCIBIDO. Desprevenido, descuidado. — Desproveído, desprovisto, falto.
• *prevenido*

DESAPIADADO. Despiadado, impío, inhumano, cruel, duro.

DESAPLICADO. Desatento, holgazán, perezoso, gandul.

DESAPROBAR. Reprobar, censurar, condenar, desechar.
• *aceptar, admitir, aplaudir*

DESAPROVECHAR. Desperdiciar, malgastar, malbaratar, perder, tirar, derrochar, malograr.
• *aprovechar, guardar*

DESARMAR. Templar, mitigar, minorar. — Desmontar, separar.

DESARRAIGAR. Arrancar, extirpar, descuajar. — Descepar. — Extinguir, acabar. — Echar, desterrar.
• *afianzar, arraigar, prender*

DESARRAPADO. Desharrapado, andrajoso, harapiento, haraposo, roto.

DESARREGLAR. Desordenar, trastornar, alterar, perturbar, descomponer, desbarajustar, desorganizar.
• *arreglar, componer, reparar*

DESARREGLO. Desorden, desbarajuste, confusión, desconcierto, descomposición, trastorno, desorganización, desgobierno.

DESARROLLAR. Desenrollar, desenvolver, extender, desdoblar. — Acrecentar, aumentar, perfeccionar, mejorar, activar, progresar. — Ampliar, explicar, exponer, declarar.

DESARROLLARSE. Acrecer, crecer, aumentar, perfeccionarse, progresar, adelantar.

DESARROLLO. Crecimiento, progreso, adelanto, incremento, aumento, amplitud, desenvolvimiento.

DESARROPAR. Destapar, descubrir, desabrigar.

DESASEADO. Sucio, asqueroso, mugriento, dejado, descuidado, puerco, cochino, roñoso, marrano, chancho, inmundo, gorrino, desastrado, roto.

DESASIRSE. Soltarse, desprenderse, desatarse.
 • *apretar, asir*

DESASNAR. Desbastar, instruir, desembrutecer.

DESASOSIEGO. Desazón, inquietud, congoja, ansiedad, intranquilidad, pesadumbre, malestar.

DESASTRADO. Descuidado, andrajoso, zarrapastroso, desaseado, harapiento, desaliñado, roto. — Infausto, infeliz, desastroso, desgraciado, aciago, funesto.

DESASTRE. Ruina, destrucción, asolamiento, devastación, arrasamiento. — Calamidad, infortunio, desgracia. — Derrota.
 • *ganancia, triunfo, victoria*

DESASTROSO. Ruinoso, destructor, asolador, devastador, calamitoso, infausto, infeliz, desgraciado.

DESATAR. Soltar, deshacer, desenlazar, desanudar, deslizar, desceñir. — Desencadenar. — Desleír, liquidar, derretir. — Aclarar.
 • *anudar, atar, ligar, sujetar.*

DESATARSE. Propasarse, descomedirse, desmandarse, desfogarse, desahogarse. — Desencadenarse.

DESATENCIÓN. Descortesía, desaire, grosería, desdén, descomedimiento, disfavor, inurbanidad. — Distracción, inadvertencia.
 • *cortesía, favor, urbanidad*

DESATENDER. Descuidar, abandonar, olvidar, desestimar, menospreciar, desentenderse, desoir.

DESATENTADO. Desatinado, desaforado, descomedido, excesivo, desordenado, desmedido, inconsiderado, atolondrado, aturdido, precipitado, irreflexivo.

DESATENTO. Descortés, inurbano, grosero, inconsiderado, descomedido.

DESATINADAMENTE. Inconsideradamente, desmedidamente, excesivamente, desatentadamente.

DESATINADO. Disparatado, absurdo,

descabellado, desacertado, irracional, ilógico, desrazonable. — Insensato, mentecato.

DESATINAR. Disparatar, desacertar, desbarrar, errar, equivocarse.

DESATINO. Disparate, despropósito, absurdo, ciempiés, desacierto, locura, error.
 • *acierto, razonamiento*

DESAUTORIZAR. Rebajar, disminuir, negar. — Desapoderar, descalificar.

DESAVENENCIA. Oposición, discordia, desunión, disconformidad, disentimiento, desacuerdo, desinteligencia, contrariedad.
 • *acuerdo, amistad*

DESAVENIDO. Discorde, disconforme, desacorde, desunido.

DESAZÓN. Desasosiego, inquietud, malestar, destemplanza, ansiedad. — Disgusto, pesadumbre, enfado, molestia, descontento, grima. — Desabrimiento, insipidez.
 • *sazón, sosiego*

DESAZONADO. Disgustado, desasosegado, inquieto, destemplado, indispuesto, malhumorado, enfadado.
 • *tranquilizado*

DESBANCAR. Suplantar, desalojar.

DESBANDARSE. Desparramarse, desordenarse, desperdigarse, dispersarse, huir, apartarse. — Desertar.

DESBARAJUSTE. Desorden, confusión, desorganización, desconcierto, desarreglo, descomposición, desgobierno, disloque.

DESBARATAR. Deshacer, arruinar, estropear, descomponer. — Desconcertar, desordenar. — Disipar, malgastar, malbaratar, derrochar, despilfarrar. — Estorbar, impedir, cortar. — Disparatar.
 • *ahorrar, arreglar, hacer*

DESBARRANCAR. Despeñar.

DESBARRAR. Disparatar, desatinar, desacertar, errar, engañarse, equivocarse. — Deslizarse, escurrirse.

DESBASTAR. Descortezar. — Debilitar, disminuir, desgastar. — Desasnar, instruir.

DESBOCADO. Deslenguado, malhablado, desvergonzado, descarado.

DESBOCARSE. Dispararse. — Desvergonzarse, desmandarse.

DESBORDARSE. Derramarse, rebosar, rebasar.

DESBRAVAR. Amansar, domar.

DESBROZAR. Limpiar, despejar.

DESCABALADO. Incompleto.

DESCABALGAR. Desmontar,

DESCABELLADO. Desatinado, desacertado, disparatado, absurdo, falso, ilógico, irracional, desrazonable, descabezado, insensato.

DESCABEZAR. Decapitar, despuntar.

DESCAECIMIENTO. Flaqueza, debilidad, desaliento, desánimo.
• *aliento, fortaleza*

DESCALABRO. Contratiempo, infortunio, desventura, desgracia, perjuicio, daño, lesión, pérdida, derrota.

DESCALIFICAR. Desconceptuar, desacreditar, deshonrar, abatir, desautorizar.
• *acreditar, autorizar, capacitar*

DESCALZO. Desnudo, falto, necesitado, indigente, desarrapado.
• *calzado*

DESCAMINADO. Equivocado, errado, desacertado.

DESCAMPADO. Despejado, desembarazado, libre, expedito. — Solitario, desierto, despoblado.

DESCANSADO. Sosegado, aliviado, desahogado, reposado, quieto, tranquilo.

DESCANSAR. Reposar, dormir, yacer, recostarse. — Apoyarse, gravitar, cargar. — Confiar, fiarse, abandonarse. — Respirar, alentar. — Morirse.
• *desasosegarse, trabajar*

DESCANSILLO. Meseta, rellano, descanso.

DESCANSO. Quietud, reposo, sosiego, tregua, respiro, desahogo, alivio, tranquilidad. — Descansillo, meseta, rellano.
• *agobio, fatiga, trabajo*

DESCARADO. Desvergonzado, atrevido, insolente, deslenguado, desahogado, procaz, descocado, deslavado.

DESCARGAR. Aliviar, aligerar. — Disparar, descerrajar. — Eximir, exonerar. — Golpear. — Desembocar, desaguar. —

Precipitarse. — Confesar, declarar, confiar. — Transferir, alegato.

DESCARIÑARSE. Desamorarse.
• *encariñarse*

DESCARNADO. Magro, enjuto, seco, flaco, momio, desmirriado. — Crudo.

DESCARO. Desvergüenza, atrevimiento, insolencia, desahogo, descoco, desfachatez, osadía, desgarro.
• *cortesía, vergüenza*

DESCARRIARSE. Perderse, extraviarse, descaminarse, apartarse, torcerse, descarrilarse, desmanarse.

DESCARRILAR. Descarriarse, desbarrarse, desmandarse.

DESCARTAR. Desechar, apartar, suprimir, eliminar, quitar, separar.

DESCASTADO. Desafecto, tibio, frío, indiferente, renegado.

DESCENDENCIA. Sucesión, prole, linaje, hijos, línea.
• *ascendencia, mayores, padres*

DESCENDER. Bajar. — Caer, fluir, correr. — Proceder, derivarse. — Rebajarse.
• *ascender, subir*

DESCENSO. Bajada. — Declinación, caída, decadencia, crepúsculo, ocaso.

DESCENTRADO. Excéntrico. — Desorbitado.

DESCERRAJAR. Disparar, descargar.

DESCHAVETADO. Chiflado, loco.

DESCIFRAR. Interpretar, adivinar, acertar, aclarar, descubrir.
• *desacertar, ignorar*

DESCOCADO. Libre, desenvuelto, desahogado, descarado, desvergonzado, procaz.

DESCOLGARSE. Aparecer, surgir, mostrarse. — Bajar, escurrirse, escaparse.

DESCOLLAR. Sobresalir, resaltar, señalarse, despuntar, distinguirse, destacarse.
• *desaparecer, humillar, someter*

DESCOLORARSE. Despintarse, desteñirse, decolorarse.

DESCOLORIDO. Pálido, macilento, mustio. — Desvaído.

DESCOMEDIDO. Desmedido, exagerado, excesivo, desproporcionado, desmesurado. — Descortés, desatento, grosero, inconsiderado, imprudente, descompasado, destemplado.

• *avergonzado*

DESCOMPAGINAR. Desordenar, desbarajustar, descomponer, deshacer, desbaratar, trastornar, desconcertar.

DESCOMPONER. Desarreglar, desordenar, desbaratar, desconcertar. — Separar, apartar, dividir. — Indisponer, desunir, malquistar.

• *arreglar, ordenar, unir*

DESCOMPONERSE. Corromperse, pudrirse. — Desazonarse, indisponerse. — Alterarse, irritarse, encolerizarse, desencajarse.

DESCOMPOSICIÓN. Putrefacción, podredumbre. — Descompostura, desarreglo.

DESCOMPOSTURA. Indisposición, malestar. — Desaseo, desaliño. — Descaro, atrevimiento.

DESCOMUNAL. Extraordinario, monstruoso, enorme, gigantesco, piramidal, inaudito.

DESCONCEPTUAR. Desacreditar, desprestigiar.

DESCONCERTAR. Alterar, turbar, desarreglar, descomponer, confundir, abatir, humillar.

• *avenirse, componer, concertar*

DESCONCERTARSE. Alterarse, turbarse, desarreglarse, confundirse, abatirse, humillarse. — Dislocarse, desconyuntarse. — Desavenirse, enemistarse, desunirse. — Propasarse, descomedirse.

DESCONCIERTO. Desarreglo, descomposición, desorden, confusión, desorganización, desgobierno, desbarajuste. — Desavenencia, discordia, desunión. — Alteración, destemple.

DESCONECTAR. Desarreglar, descomponer. — Interceptar, interrumpir.

DESCONFIADO. Receloso, malicioso, suspicaz, miedoso, incrédulo.

• *confiado, creído*

DESCONFIAR. Recelar, maliciar, sospechar, temer.

• *confiar, creer*

DESCONFORMIDAD. Desacuerdo, oposición, contrariedad, diferencia, disgusto.

DESCONOCER. Ignorar. — Negar.

• *aprender, conocer, recordar*

DESCONOCIDO. Ignorado, anónimo, ignoto, incógnito. — Ingrato, desagradecido.

DESCONSIDERADO. Inconsiderado, desatento.

DESCONSOLAR. Afligir, mortificar, apesarar, abatir, atribular, acongojar.

DESCONSUELO. Aflicción, angustia, tristeza, pena, amargura, pesar, dolor, pesadumbre.

DESCONTAR. Rebajar, deducir, restar, quitar, disminuir, reducir, aminorar, acortar.

• *acreditar, sumar*

DESCONTENTO. Disgustado, quejoso, malcontento, resentido. — Disgusto, desagrado, enojo, enfado.

DESCORAZONAR. Desanimar, desalentar, acobardar, amilanar, acoquinar, postrar, desmayar.

DESCORCHAR. Destapar.

DESCORRER. Separar, apartar. — Descubir, descifrar, revelar.

DESCORTÉS. Desatento, inurbano, descomedido, grosero, inconsiderado.

DESCORTEZAR. Descascarar, pelar, mondar. — Desbastar.

DESCOSIDO. Desordenado, desastrado, deshilvanado. — Indiscreto, imprudente, hablador.

DESCOTE. Escote.

DESCOYUNTURA. Dislocar.

DESCRÉDITO. Desdoro, mancilla, mancha, deshonor, mengua.

DESCREÍDO. Incrédulo, ateo, hereje.

• *crédulo, devoto, ortodoxo*

DESCRIBIR. Pintar, reseñar, explicar, referir, delinear, trazar, dibujar.

DESCRIPCIÓN. Relación, especificación, relato, narración.

DESCUADERNAR. Desbaratar, descomponer, desquiciar.

DESCUAJAR. Desarraigar, arrancar, extirpar. — Liquidar, descoagular. — Desesperanzar, desanimar.

DESCUAJARINGARSE. Relajarse. — Desvencijarse, escangallarse.

DESCUARTIZAR. Despedazar, destrozar.

DESCUBIERTA. Reconocimiento, inspección.

DESCUBIERTAMENTE. Claramente, patentemente.

DESCUBIERTO. Déficit. — Encontrado, conseguido. — Destapado. — Desenmascarado.

DESCUBRIDOR. Explorador, batidor. — Revelador, denunciador, delator, soplón.

DESCUBRIMIENTO. Hallazgo, encuentro, invención.

DESCUBRIR. Hallar, encontrar. — Destapar. — Revelar, denunciar. — Exhumar, desnudar. — Inventar. — Divisar.
　• *ignorar, tapar*

DESCUBRIRSE. Destocarse.

DESCUELLO. Elevación, superioridad, eminencia. — Altanería, altivez, avillantez.

DESCUENTO. Rebaja, deducción, disminución, quebranto, merma.

DESCUIDADO. Negligente, dejado, abandonado, desaliñado, desidioso, desaseado, omiso, adán. — Desprevenido, desapercibido.

DESCUIDAR. Desatender, abandonar, dejar, desligarse, omitir, olvidar, relegar.
　• *atender, cuidar, custodiar, guardar*

DESCUIDO. Omisión, olvido, negligencia, inadvertencia, desatención, abandono, dejadez, incuria, desidia. — Falta, desliz, tropiezo, equivocación.

DESDECIR. Desmentir, retractarse. — Descaecer, declinar, decaer. — Degenerar. — Discrepar, discordar.

DESDÉN. Indiferencia, despego, desprecio, menosprecio, altivez, orgullo, arrogancia.
　• *aprecio*

DESDEÑAR. Despreciar, menospreciar, desestimar, desairar, desechar.
　• *apreciar, atender*

DESDEÑOSO. Orgulloso, arrogante, altivo. — Esquivo, desapegado, indiferente, despreciativo.

DESDIBUJADO. Borroso, confuso.

DESDIBUJAR. Esfumar, desvanecer.

DESDICHA. Desgracia, infortunio, infelicidad, desventura. — Pobreza, miseria, necesidad.

DESDICHADO. Desgraciado, infeliz, infortunado, desventurado, mísero, necesitado, cuitado, malhadado.

DESDOBLAR. Extender, desenrollar, desarrollar.

DESDORO. Deslustre, mancilla, descrédito, mancha, baldón.
　• *honra*

DESEAR. Apetecer, codiciar, ambicionar, anhelar, ansiar, suspirar, aspirar, querer, envidiar.
　• *desentenderse, renunciar*

DESECAR. Deshumedecer, secar.

DESECHAR. Excluir, reprobar, menospreciar, desestimar, rechazar, excluir. — Expeler, arrojar.

DESECHO. Restos, residuos, desperdicios, sobras. — Desprecio, vilipendio, desestimación.

DESEMBALAR. Desenfadar, desempaquetar, desencajonar.

DESEMBARAZADO. Despejado, libre, expedito.
　• *encogimiento, enfado, inhabilidad*

DESEMBARAZO. Despejo, desenfado, soltura, desenvoltura, desahogo, desparpajo.

DESEMBARRANCAR. Desvarar, desencallar.

DESEMBOCAR. Desaguar, derramar.

DESEMBOLSAR. Pagar, abonar, satisfacer.

DESEMBOLSO. Erogación, gasto.

DESEMBROLLAR. Desenredar, desenmarañar, aclarar.
　• *enredar, mezclar*

DESEMBUCHAR. Confesar, declarar, referir.

DESEMEJANTE. Diferente, distinto, desigual, diverso.

DESEMPACHO. Desahogo, desenfado.

DESEMPEÑAR. Cumplir, ejecutar, hacer. — Desentrampar.
　• *empeñar, hipotecar, pignorar*

DESENCADENARSE. Desatarse, desenfrenarse.

DESENCAJARSE. Descomponerse, desfigurarse, demudarse. — Desvencijarse.

DESENCALLAR. Desvarar, desembarrancar.

DESENCANTO. Desengaño, desilusión, decepción, chasco.

DESENCOGER. Extender, estirar, desarrollar.

DESENCOGIMIENTO. Desparpajo, desenfado, desembarazo.

DESENFADO. Desahogo, despejo, desembarazo, desenvoltura, frescura, desparpajo.

DESENFRENO. Libertinaje, licencia.

DESENGAÑO. Desencanto, desilusión, decepción, contrariedad, chasco.
• *embuste, engaño, seducción*

DESENGROSAR. Adelgazar, enflaquecer, desengrasar.

DESENLACE. Desenredo. —Final, fin, solución.

DESENMARAÑAR. Desenredar, desembrollar, aclarar, desentrañar.
• *embrollar, enredar*

DESENMASCARAR. Descubrir, destapar.

DESENOJARSE. Desenfadarse, desatufarse.

DESENREDAR. Desenmarañar, desembrollar, aclarar, desentrañar, destapar.
• *enmarañar, enredar, intrincar*

DESENTERRAR. Exhumar. — Recordar.

DESENTONAR. Desafinar.

DESENTRAMPAR. Desempeñar.

DESENTRAÑAR. Descifrar, aclarar, averiguar, indagar, adivinar, comprender, penetrar, intuir.

DESENTRONIZAR. Destronar, deponer.

DESENVAINAR. Sacar, extraer, desenfundar.

DESENVOLTURA. Desembarazo, despejo, desenfado, descoco, desfachatez. — Desvergüenza, deshonestidad. — Facilidad, soltura.

DESENVOLVER. Desarrollar. — Descifrar, desentrañar, desenredar.

DESENVOLVERSE. Desembarazarse, desempacharse, desencogerse, desenredarse. — Manejarse, gobernarse, dirigirse.

DESEO. Ansia, anhelo, aspiración, afán, ambición.
• *desinterés, inapetencia, resignación*

DESERCIÓN. Abandono, abjuración, renuncia, apostasía, traición.

DESESPERAR. Desesperanzar, impacientar, exasperar, irritar, importunar, enojar.
• *confiar, esperar*

DESESTIMAR. Despreciar, desdeñar, menospreciar. — Denegar, desechar, rechazar.
• *aceptar, aprobar, estimar*

DESFACHATEZ. Descaro, desvergüenza, desahogo, frescura, descoco, impudor, desgarro, desparpajo, tupé, despejo.

DESFALLECER. Flaquear, descaecer, debilitarse, flojear, desmayar, desanimar, desalentar.

DESFALLECIDO. Exánime.

DESFALLECIMIENTO. Debilidad, descaecimiento, desmayo, deliquio, desánimo, desaliento.

DESFAVORABLE. Contrario, adverso, perjudicial, hostil.

DESFIGURAR. Encubrir, disimular, disfrazar, velar, falsear, obscurecer, alterar, desnaturalizar.

DESFIGURARSE. Inmutarse, demudarse, alterarse.

DESFLORAR. Ajar, marchitar. — Estuprar, violar. — Desvirgar.

DESGAJAR. Despedazar, destrozar, romper, deshacer, separar.

DESGAJARSE. Desprenderse, apartarse.

DESGALICHADO. Desgarbado, desvaído.

DESGANADO. Inapetente. — Cansado.
• *anheloso, deseoso, gustoso*

DESGAÑITARSE. Enronquecer. — Despepitarse.

DESGARBADO. Desairado, desvaído, desgalichado.

DESGARRAR. Rasgar, romper, dilacerar. — Destrozar.

DESGARRO. Rotura, rompimiento. — Descaro, desvergüenza, desfachatez, descoco. — Baladronada, fanfarronada.

DESGARRÓN. Rasgón, rotura, jirón, siete.

DESGASTAR. Consumir, gastar, carcomer, roer. — Pervertir, viciar, corromper.

DESGOBIERNO. Desorden, desconcierto, desbarajuste, desorganización, desarreglo, abandono.

DESGRACIA. Infortunio, desdicha, infelicidad, desventura, malaventura, revés, malandanza, fatalidad, adversidad, percance, contratiempo. — Disfavor.
• *felicidad, fortuna, ventura*

DESGRACIADO. Infortunado, desdichado, infeliz, desventurado, malaventurado, malhadado, malandante, desafortunado, mísero, miserable, pobre, cuitado. — Incapaz, desmañado, torpe, nulo, inhábil.

DESGRACIARSE. Malograrse, frustrarse, estropearse, fracasar. — Perderse.
• *contentarse, favorecerse*

DESHABITADO. Inhabilitado, despoblado, desierto, solitario, abandonado, vacío.

DESHACER. Destrozar, despedazar, descomponer, escacharrar, escangallar, desbaratar, partir, dividir, romper, destruir. — Desleir, disolver. — Derrotar, dispersar.
• *forjar, hacer, producir*

DESHACERSE. Destruirse, desmoronarse, desbaratarse, descuajaringarse. — Consumirse, impacientarse. — Estropearse, maltratarse.

DESHARRAPADO. Andrajoso, roto, harapiento, desastrado, guiñaposo, desarrapado.

DESHEREDADO. Desamparado, abandonado.

DESHONESTIDAD. Impudicia, impureza, desvergüenza, liviandad, descoco, procacidad, impudencia, descaro.

DESHONESTO. Impúdico, desvergonzado, liviano, libidinoso, descocado, procaz, impuro, indecoroso, descarado.

DESHONOR. Afrenta, deshonra, oprobio, ignominia, agravio, ultraje, mengua, baldón.

DESHONRAR. Deshonorar, afrentar, ultrajar, infamar, difamar, desacreditar, vilipendiar, injuriar. — Desflorar, estuprar.

DESHONROSO. Afrentoso, ultrajante, infamante, vergonzoso, ignominioso, indecoroso.

DESIDERÁTUM. Súmmum, colmo.

DESIDIA. Negligencia, descuido, incuria, inercia, flojedad, pereza, dejadez, abandono.
• *aseo, cuidado*

DESIERTO. Despoblado, inhabitado, deshabitado, solo, solitario, abandonado.

DESIGNAR. Elegir, señalar, indicar, nombrar, destinar, fijar.

DESIGNIO. Intención, propósito, pensamiento, plan, proyecto, idea, intento, mira.

DESIGUAL. Quebrado, barrancoso, áspero, escabroso. — Inconstante, vario, voluble, versátil, mudable, veleta, veleidoso. — Arduo, dificultoso, aventurado.

DESIGUALDAD. Inconstancia, variedad, mudanza, veleidad, ligereza, versatilidad, volubilidad. — Desnivel.

DESILUSIÓN. Desencanto, desengaño, decepción, contrariedad, chasco.

DESINFECTANTE. Antiséptico.

DESINFECTAR. Fumigar.

DESINTELIGENCIA. Desacuerdo, desavenencia.

DESINTERÉS. Desprendimiento, abnegación, generosidad, liberalidad, largueza.

DESINTERESADO. Desprendido, liberal, generoso, abnegado, dadivoso.

DESISTIR. Renunciar, abandonar, dimitir, prescindir, dejar, cesar.
• *iniciar, insistir, intentar*

DESLEAL. Falso, traidor, traicionero, infiel, pérfido, vil, felón, alevoso.

DESLEALTAD. Falsedad, traición, infidelidad, perfidia, felonía.

DESLEÍR. Disolver, deshacer.

DESLENGUADO. Desbocado, desvergonzado, malhablado, languaraz, insolente, procaz, atrevido.

DESLIGAR. Desatar, deshacer, soltar. —

Dispensar, liberar, eximir. — Desenmarañar, desenredar.
• *ligar, obligar*

DESLINDAR. Demarcar, amojonar, delinear, limitar. — Aclarar, explicar.

DESLIZ. Resbalón, caída, falta, descuido, deslizamiento, traspié.

DESLIZARSE. Resbalar, correrse, escurrirse, escaparse, huir, evadirse, escabullirse, irse.

DESLOMAR. Descaderar, derrengar, despaldar.

DESLUCIDO. Deslustrado, feo, indecoroso. — Desacreditado, rebajado. — Desdorado, ajado, afeado.

DESLUMBRAR. Ofuscar, enceguecer, encandilar, alucinar, confundir.

DESMADEJADO. Flojo, caído, desmazalado, desfallecido, débil, amilanado.

DESMÁN. Exceso, demasía, tropelía, atropello, desorden. — Desgracia.

DESMANDARSE. Propasarse, descomedirse, excederse, indisciplinarse, rebelarse, desordenarse, desmanarse, descarriarse.
• *ordenar, someter*

DESMANTELADO. Destruido, arrasado, desarbolado, abandonado, desamparado. — Desarmado.

DESMAÑADO. Torpe, inhábil, obtuso, cerrado.

DESMAYO. Desfallecimiento, desvanecimiento, accidente, soponcio, deliquio, pataleta. — Desánimo.

DESMAZALADO. Flojo, caído, dejado, desmadejado.

DESMEDIDO. Desproporcionado, excesivo, desmesurado, extraordinario, descomedido.

DESMEDIRSE. Descomedirse, desmandarse, excederse.

DESMEDRO. Menoscabo, perjuicio, detrimento, deterioro, daño, quebranto.

DESMEJORAR. Desmedrar, menoscabar. — Ajar, afear.

DESMEJORARSE. Decaer, languidecer.

DESMEMBRAR. Dividir, separar, desagregar, apartar, desunir.

DESMEMORIADO. Olvidadizo.

DESMENTIDA. Mentís, negación.

DESMENTIDO. Desmentida.

DESMENTIR. Contradecir. — Desdecir, desvirtuar.

DESMENUZAR. Desmigajar, deshacer, picar. — Analizar.

DESMERECER. Desvalorizar, descaecer, rebajar, disminuir, desacreditar, desopinar.

DESMESURADO. Desproporcionado, desmedido, enorme, excesivo, extraordinario, exhorbitante. — Descortés, insolente, atrevido.

DESMIGAR. Desmenuzar.

DESMIRRIADO. Flaco, consumido, extenuado.

DESMOCHAR. Eliminar, cortar.

DESMONTAR. Apearse, descabalgar, bajarse. — Talar. — Desarmar.

DESMORALIZAR. Corromper, pervertir, depravar, estragar. — Desanimar, abatir, desalentar, amilanar, descorazonar.

DESMORONARSE. Derrumbarse, deshacerse, arruinarse.

DESNATURALIZADO. Cruel, despiadado, inhumano, impío. — Adulterado, falsificado.

DESNATURALIZAR. Desfigurar, pervertir, falsificar, mixtificar.

DESNUDAR. Desvestir, despojar, quitar, destapar, descubrir.
• *cubrir, tapar, vestir*

DESNUDEZ. Pobreza, miseria, escasez, necesidad, indigencia.

DESNUDO. Desamparado, desharrapado, falto. — Patente, claro, manifiesto. — Pelado, desguarnecido.

DESOBEDECER. Rebelarse, desacatar, desmandarse, insubordinarse.
• *acatar, obedecer, subordinar*

DESOBEDIENTE. Rebelde, insubordinado, desmandado, malmandado, inobediente.

DESOBSTRUIR. Desatascar, desembarazar, franquear.

DESOCUPADO. Vacío, despejado, libre, desembarazado. — Ocioso, inactivo.

DESOCUPAR. Desembarazar, vaciar, despejar, evacuar, desatascar.
• *llenar, obstruir, ocupar*

DESOÍR. Desatender, desentenderse.

DESOLACIÓN. Aflicción, desconsuelo, pena, tribulación, pesadumbre, dolor, amargura, angustia. — Devastación, ruina, destrucción.

DESOLAR. Asolar, derruir.
• *consolar, construir*

DESOLARSE. Afligirse, angustiarse.

DESOLLADURA. Desollón.

DESOLLAR. Despellejar, escorchar, excoriar. — Cuerear. — Murmurar, criticar.

DESOLLÓN. Excoriación, desolladura.

DESORDEN. Confusión, desconcierto, desarreglo, trastorno, alteración, desorganización, desbarajuste, desgobierno, caos, alboroto. — Tumulto, asonada, motín. — Demasía, exceso.
• *gobernar, ordenar*

DESOREJADO. Infame, abyecto.

DESORGANIZAR. Desordenar, desbarajustar, enmarañar.

DESORIENTAR. Confundir, despistar, extraviar, desconcertar, perder, marear, ofuscar, turbar, aturdir.
• *concertar, conocer, orientar*

DESOSAR. Deshuesar.

DESPABILADO. Vivo, listo, despejado, despierto, avisado, advertido. — Desvelado.

DESPABILAR. Avivar, excitar, estimular. — Despachar, liquidar, ultimar. — Robar, quitar. — Matar.
• *abobar, dormir*

DESPABILARSE. Desvelarse.

DESPACHAR. Vender, expender. — Enviar, mandar, remitir, remesar, expedir. — Despedir, echar, licenciar. — Matar. — Abreviar, concluir, apurar, apresurarse, resolver.

DESPACHARSE. Despepitarse, rajar.

DESPACHO. Estudio, bufete. — Venta, salida, expendio. — Oficio, escrito, comunicación.

DESPACHURRAR. Aplastar, estrujar, destripar, despanzurrar. — Apabullar.

DESPACIO. Lentamente, paulatinamente, pausadamente.

DESPAMPANANTE. Desconcertante, pasmoso, asombroso, increíble.

DESPANZURRAR. Destripar, despachurrar, reventar, matar, despachar.

DESPARPAJO. Desenvoltura, desembarazo, despejo, desenfado, frescura, descaro, tupé, desfachatez, desahogo, atrevimiento.

DESPARRAMAR. Esparcir, extender, desperdigar, diseminar, dispersar. — Disipar, derrochar, malgastar, malbaratar, prodigar, tirar, malrotar, quemar.
• *ahorrar, recoger, unir*

DESPATARRADO. Perniabierto.

DESPAVORIDO. Espantado, aterrado, atemorizado, horrorizado, horripilado, amedrentado, asustado.
• *sereno, valiente*

DESPECHADO. Resentido, herido, lastimado.

DESPECHAR. Destetar. — Apesadumbrar, apesarar, afligir. — Enfurecer, impacientar, herir, lastimar.

DESPECTIVO. Despreciativo, desdeñoso, altivo, orgulloso, arrogante, altanero.

DESPEDAZAR. Destrozar, deshacer, descomponer, desperdigar, descuartizar, dilacerar.

DESPEDIDA. Adiós, despido.

DESPEDIR. Lanzar, arrojar, disparar, desprender, esparcir, soltar, echar. — Desechar. — Esparcir, difundir. — Destituir, deponer, licenciar, despachar, exonerar.

DESPEGADO. Huraño, intratable, áspero, desabrido, hosco, arisco, esquivo, insociable. — Desprendido.

DESPEGAR. Desprender, desasir, apartar.
• *convenir, pegar, unir*

DESPEGO. Desapego, frialdad, aspereza, desafecto, desabrimiento, indiferencia.

DESPEJADO. Despierto, vivo, espabilado, suelto, listo, inteligente, avisado, claro, abierto. — Desembarazado, libre, desocupado, expedito. — Sereno, aclarado.

DESPEJAR. Desembarazar, desocupar, aclarar, desbrozar. — Serenarse, calmar, escampar, aclararse.
• *confundir, dormir, oscurecer*

DESPEJO. Desembarazo, soltura, desenvoltura, desparpajo. — Talento, ingenio, inteligencia, vivacidad, viveza, capacidad.

DESPELLEJAR. Desollar, cuerear. — Murmurar, criticar.

DESPENAR. Consolar. — Matar.

DESPENSA. Almacén, tienda, abacería, proveeduría.

DESPEÑADERO. Precipicio, derrumbadero. — Riesgo, peligro. — Talud, barranco.

DESPEPITARSE. Desgañitarse, vociferar. — Despacharse, rajar.

DESPERDICIAR. Desaprovechar, perder, malgastar, malbaratar, derrochar, prodigar, tirar.

DESPERDICIO. Residuos, sobras, desechos, restos.

DESPERDIGAR. Desparramar, esparcir, separar, desunir, diseminar.
• *acopiar, reunir*

DESPEREZARSE. Desentumecerse, estirarse.

DESPERFECTO. Deterioro, avería, daño, perjuicio, detrimento, menoscabo, falta, defecto.

DESPERTAR. Excitar, mover, renovar, estimular. — Avivarse, despabilarse. — Recordar. — Abrir.

DESPIADADO. Desapiadado, cruel, inhumano, impío, duro.

DESPIDO. Despedida.

DESPIERTO. Avisado, listo, despejado, advertido, espabilado, sagaz, astuto, avispado.

DESPILFARRAR. Derrochar, malgastar, disipar, malbaratar, prodigar, dilapidar, desperdiciar, tirar.
• *ahorrar, guardar*

DESPINTAR. Desteñir, decolorar, borrar. — Desfigurar, desvanecer. — Desdecir, degenerar.

DESPISTAR. Desorientar.

DESPLACER. Disgustar, desagradar, molestar, desazonar.

DESPLANTE. Descaro, desfachatez, audacia, arrogancia.

DESPLAZAR. Desalojar.

DESPLEGAR. Extender, desdoblar, desarrollar.
• *doblar, enrollar, cerrar*

DESPLOMARSE. Derrumbarse, caerse.
• *armarse, levantarse*

DESPLUMAR. Pelar. — Despojar, rapiñar, limpiar, desvalijar.

DESPOBLADO. Deshabitado, inhabitado, desierto, abandonado, solitario, descampado, yermo, páramo.

DESPOJAR. Desposeer, quitar, robar, rapiñar, desplumar.
• *dar, poner, poseer*

DESPOJARSE. Desprenderse, desposeerse, renunciar. — Desnudarse, desvestirse.

DESPOJO. Presa, botín.

DESPOJOS. Restos, sobras, residuos, desechos.

DESPOSARSE. Casarse.

DESPOSEER. Despojar, quitar, privar, desapropiar. — Destituir, deponer. — Confiscar, decomisar.

DESPOSORIOS. Esponsales.

DÉSPOTA. Tirano, opresor.

DESPÓTICO. Tiránico, arbitrario, absoluto, abusivo, injusto.

DESPOTISMO. Tiranía, arbitrariedad, absolutismo.
• *democracia, justicia, libertad*

DESPOTRICAR. Desbarrar.

DESPRECIABLE. Indigno, bajo, rastrero, ruin, vil, miserable, abyecto, desdeñable.

DESPRECIAR. Desestimar, desdeñar, desairar, menospreciar, desechar, vilipendiar.
• *apreciar, considerar, estimar*

DESPRECIATIVO. Despectivo, desdeñoso, vilipendiador.

DESPRECIO. Desdén, desestimación, desaire, menosprecio.

DESPRENDER. Soltar, desunir, separar, desatar, despegar.
• *poseer, unir*

DESPRENDERSE. Despojarse, renunciar, desapropiarse, apartarse. — Deducirse, inferirse.

DESPRENDIDO. Liberal, generoso, desinteresado, dadivoso, munífico, espléndido.

DESPRENDIMIENTO. Liberalidad, generosidad, desinterés, largueza, munificencia. — Desapego.

DESPREOCUPADO. Indiferente, descuitado.

DESPRESTIGIAR. Desacreditar, difamar, denigrar, desmerecer, desconceptuar.
• *influenciar, influir, prestigiar*

DESPREVENIDO. Descuidado, desapercibido, desproveído.
• *precavido, prevenido, previsor*

DESPROPÓSITO. Disparate, desatino, dislate, absurdo, barbaridad.

DESPROVISTO. Necesitado, falto, privado.

DESPUÉS. Luego, seguidamente, posteriormente, ulteriormente, siguiente.
• *antes, delante*

DESPUNTAR. Descabezar. — Descollar, sobresalir, distinguirse, destacarse, señalarse. — Amanecer, alborear, rayar, asomar.

DESQUICIADO. Chiflado, deschavetado, loco.

DESQUICIAR. Desencajar, descomponer.
• *componer, ordenar*

DESQUITARSE. Resarcirse, indemnizarse, vengarse, satisfacerse, despicarse.

DESQUITE. Compensación. — Venganza.

DESTACARSE. Resaltar, descollar, sobresalir, distinguirse, señalarse.
• *desvanecerse, disiparse, palidecer*

DESTAPAR. Descubrir, desabrigar, desarropar.
• *cubrir, ocultar, tapar, velar*

DESTARTALADO. Descompuesto, desproporcionado, desvencijado.

DESTELLAR. Centellear, chispear, resplandecer.

DESTEMPLADO. Descompuesto, alterado, descomedido, desmesurado, desmedido, desordenado. — Disonante.

DESTEMPLE. Disonancia. — Indisposición, malestar. — Alteración, desconcierto.

DESTEÑIR. Descolorar, despintar.

DESTERRAR. Deportar, extrañar, expulsar. — Desechar, deponer, apartar, rechazar, relegar, alejar.

DESTIERRO. Deportación, extrañamiento, ostracismo.

DESTILAR. Filtrar, correr. — Alambicar.

DESTINAR. Señalar, determinar, designar, ocupar, emplear, dedicar, aplicar.

DESTINO. Hado, fortuna, suerte, estrella, sino. — Empleo, ocupación, puesto, colocación, trabajo, acomodo. — Consignación, señalamiento.
• *origen, principio, procedencia*

DESTITUIR. Desposeer, deponer, exonerar, privar, separar.
• *designar, elegir, nombrar*

DESTOCARSE. Descubrirse.

DESTORNILLADO. Chiflado, alocado, loco, atolondrado, precipitado, inconsiderado.

DESTREZA. Habilidad, arte, maña, maestría, propiedad, primor, industria.
• *impericia, torpeza*

DESTRIPAR. Despachurrar, despanzurrar.

DESTRONAR. Derrocar.

DESTROZAR. Romper, estropear, escacharrar, despedazar, descuartizar, desbaratar. — Deshacer, arrollar, batir, derrotar. — Gastar, derrochar, malgastar, malbaratar, disipar.
• *componer, construir, cuidar*

DESTROZO. Estropicio, ruina, desolación.

DESTRUCCIÓN. Ruina, asolamiento, devastación, desolación, arrasamiento.

DESTRUIR. Arruinar, arrasar, asolar, devastar, aniquilar, deshacer, talar. — Derrochar, malgastar, malbaratar, disipar.
• *alzar, construir, erigir*

DESUNIÓN. Discordia, desavenencia, desacuerdo, rompimiento, escisión.
• *avenencia, unión*

DESUNIR. Separar, apartar, dividir. — Cizañar.

DESUSADO. Desacostumbrado, inusitado, inusual, insólito, extraño, impropio, extemporáneo.

DESVAÍDO. Desgarbado, desairado. — Descolorido.

DESVALIDO. Desamparado, abandonado, falto, huérfano, desprovisto, desheredado.

DESVALIJAR. Saquear, robar, saltear, despojar, desplumar.

DESVALORIZAR. Depreciar.

DESVÁN. Buhardilla, buharda, sotabanco, tabuco, zaquizamí, sobrado, chiribitil, mechinal, granero.

DESVANECER. Disipar, atenuar, amortiguar, esfumar, borrar, aclarar. — Deshacer, anular.

DESVANECERSE. Disiparse, atenuarse, esfumarse, borrarse. — Desmayarse. — Evaporarse, exhalarse, desaparecer, volatilizarse.

DESVANECIMIENTO. Desmayo, mareo, vahído, vértigo, síncope, soponcio, pataleta. — Presunción, vanidad, altanería, engreimiento.

DESVARIAR. Delirar, disparatar, desbarrar, devanear, desatinar.

DESVARÍO. Delirio, locura, disparate, devaneo, desatino, quimera, ilusión. — Monstruosidad, exceso. — Capricho, inconstancia, desigualdad.

DESVELARSE. Esmerarse, extremarse, desvivirse. — Despabilarse.
• *descuidarse, dormirse*

DESVENCIJADO. Estropeado, flojo, desunido, destartalado, descompuesto, escangallado, descuajaringado.

DESVENTAJA. Inferioridad, inconveniencia, daño, mengua, perjuicio, menoscabo, quebranto, desconveniencia.
• *prioridad, superioridad, ventaja*

DESVENTAJOSO. Dañoso, perjudicial, malo, penoso.

DESVENTURA. Desgracia, desdicha, infelicidad, infortunio, adversidad, fatalidad, malaventura, malandanza.

DESVENTURADO. Desgraciado, desdichado, infeliz, infortunado, desafortunado, malaventurado, malhadado, mísero, miserable, desheredado, pobre, cuitado.

DESVERGONZADO. Procaz, atrevido, insolente, imprudente, descarado, deslenguado, impúdico, descomedido, indecente, descocado.

DESVERGONZARSE. Insolentarse, descararse, descomedirse, propasarse.

DESVERGÜENZA. Procacidad, atrevimiento, insolencia, descaro, impudencia, indecencia, descoco, desfachatez, osadía.
• *pudor, recato, vergüenza*

DESVESTIR. Desnudar.

DESVIAR. Apartar, descaminar, separar, detraer, alejar. — Disuadir, persuadir.
• *acercar, dirigir*

DESVINCULARSE. Aislarse. —Desligarse, desentenderse.

DESVÍO. Despego, desafecto, frialdad, extrañeza, desviación, ceño, desagrado, retraimiento, desapego.
• *afecto, dirección, encaminamiento*

DESVIRGAR. Desflorar.

DESVIRTUAR. Mixtificar, adulterar, falsear, viciar.

DESVIVIRSE. Extremarse, desvelarse, esmerarse, perecerse, afanarse, morirse, pirrarse.

DETALLAR. Puntualizar, particularizar.

DETALLE. Pormenor, menudeo. — Porción, parte, fragmento. — Circunstancia, particularidad.

DETENCIÓN. Dilación, tardanza, demora, retraso. — Atención, cuidado, prolijidad, esmero, dedicación. — Arresto, encarcelamiento. — Parada.

DETENER. Parar, atajar, paralizar. — Arrestar, coger, aprehender, sujetar. — Retener, guardar, conservar. — Represar, estancar, suspender, diferir.
• *adelantar, libertar, marchar*

DETENERSE. Retardarse, pararse, tardar, demorarse.

DETENIMIENTO. Detención, cuidado, prolijidad, atención.

DETERIORAR. Estropear, dañar, averiar, menoscabar, perjudicar.
• *embellecer, medrar, mejorar*

DETERIORO. Daño, desperfecto, perjuicio, avería, menoscabo, merma, detrimento, falta, maca, falla.

DETERMINACIÓN. Resolución, decisión, disposición, partido. — Osadía, valor.

DETERMINADO. Osado, valeroso, resuelto, decidido, arrojado, denodado, esforzado. — Definido, explicado. — Preciso, cierto.

DETERMINAR. Resolver, disponer, decidir, prescribir, decretar, establecer, puntualizar, señalar, fijar. — Causar, producir, ocasionar. — Discernir, distinguir.

• *desarreglar, indeterminar, imprecisar*

DETESTABLE. Abominable, execrable, odioso, aborrecible, pésimo, infame, despreciable.

DETESTAR. Aborrecer, execrar, odiar, despreciar.

DETONACIÓN. Disparo, tiro, estampido.

DETRACTOR. Maldiciente, calumniador, infamador, difamador.

DETRAER. Calumniar, infamar, denigrar. — Apartar, desviar.

DETRIMENTO. Deterioro, perjuicio, daño, avería, menoscabo, quebranto, pérdida, disminución, lesión, merma.

DEUDA. Obligación, compromiso, deber, adeudo. — Pecado, culpa, ofensa. — Débito.

• *activo, haber*

DEUDO. Pariente, allegado, familiar. — Parentesco.

DEVANADERA. Argadillo.

DEVANEO. Delirio, desatino, desconcierto, disparate, locura, desacierto. — Amorío, filo.

DEVASTACIÓN. Destrucción, ruina, asolamiento, arrasamiento, desolación.

DEVASTAR. Destruir, arruinar, asolar, desolar, arrasar, talar.

DEVENIR. Sobrevenir, suceder, acaecer.

DEVOCIÓN. Veneración, amor, fervor, piedad. — Inclinación, afición.

• *desaplicación, frialdad, irreligiosidad*

DEVOLVER. Restituir, reintegrar, volver, corresponder. — Vomitar.

DEVORAR. Tragar, consumir, engullir, ingurgitar. — Destruir, arruinar, aniquilar. — Disipar, quemar.

DEVOTO. Piadoso, religioso, fervoroso. — Afecto, apegado, aficionado, inclinado. — Admirador, partidario, entusiasta, cultor.

DIABLO. Travieso, revoltoso. — Astuto, sagaz. — Perverso, maligno. — Bonachón, infeliz. — Lucifer, Satán, Satanás.

• *ángel, querube*

DIABÓLICO. Protervo, perverso, infernal, satánico.

DIADEMA. Corona, aureola.

DIÁFANO. Transparente, translúcido, claro, cristalino.

DIÁLOGO. Coloquio, plática, conversación.

DIARIO. Periódico. — Cotidiano.

DÍAS. Cumpleaños, aniversario. — Vida.

DIATRIBA. Libelo, panfleto, invectiva.

DIBUJAR. Delinear, diseñar, trazar, describir.

DICCIÓN. Palabra, vocablo, término, voz, expresión.

DICCIONARIO. Léxico.

DICHA. Felicidad, ventura, fortuna, suerte, prosperidad.

• *desencanto, desventura*

DICHARACHERO. Decidor, bromista, agudo, parlanchín, chistoso, ocurrente.

DICHO. Frase, expresión, palabra, refrán, sentencia, máxima, apotegma. — Ocurrencia, chascarrillo, chiste.

DICHOSO. Feliz, afortunado, venturoso, fausto. — Enfadoso, molesto.

DICTADOS. Inspiraciones, preceptos.

DICTAMEN. Juicio, opinión, parecer, concepto, informe, sentencia.

DICTAMINAR. Asesorar, orientar.

DICTAR. Pronunciar, expedir, promulgar, dar. — Inspirar, sugerir, insinuar, aconsejar.

DICTATORIAL. Arbitrario, absoluto.

DICTERIO. Insulto, improperio, denuesto, injuria.

DIDÁCTICO. Pedagógico.

DIENTE. Punta, resalto. — Grano, piñón.

DIESTRA. Derecha.

DIESTRO. Hábil, experto, versado, perito, sagaz, ducho, avisado. — Ronzal, cabestro. — Derecho.

DIETA. Ayuno, abstinencia, abstención, privación. — Asamblea.

DIETAS. Honorarios.

DIEZMAR. Aniquilar, extenuar.

DIFAMACIÓN. Calumnia, murmuración, maledicencia, impostura.

DIFAMAR. Desacreditar, calumniar, denigrar, injuriar, denostar.
* *acreditar, alabar, honrar*

DIFERENCIA. Desigualdad, diversidad, desemejanza, distinción. — Controversia, debate, disensión, oposición, desavenencia, discrepancia, disparidad, disentimiento. — Resto, residuo.
* *analogía, igualdad, semejanza*

DIFERENCIAR. Divergir, diferir, discordar.

DIFERENCIARSE. Descollar, sobresalir, señalarse, resaltar, distinguirse.
* *confundirse, parecerse*

DIFERIR. Dilatar, aplazar, retardar, suspender, demorar, transferir, retrasar. — Distinguirse, diferenciarse.
* *adelantar, cumplir, facilitar*

DIFÍCIL. Dificultoso, laborioso, arduo, penoso, trabajoso, embarazoso, complicado, enrevesado, espinoso.
* *fácil, obvio, sencillo*

DIFICULTAD. Obstáculo, embarazo, entorpecimiento, impedimento, estorbo, inconveniente, complicación, tropiezo, oposición, contrariedad. — Duda, reparo, objeción.
* *descanso, desembarazo*

DIFICULTAR. Entorpecer, embarazar, complicar, estorbar, contrariar, oponer.
* *ayudar, desembarazar, facilitar*

DIFUNDIR. Divulgar, propagar, propalar, esparcir, extender, derramar, publicar.
* *ocultar, recoger*

DIFUNTO. Cadáver, muerto, finado, extinto.

DIFUSIÓN. Circulación, divulgación, publicación.

DIFUSO. Dilatado, amplio, ancho. — Desleído.

DIGESTIVO. Estomacal.

DIGNARSE. Servirse, acceder, condescender, acomodarse.

DIGNIDAD. Decoro, gravedad, circunspección, compostura, excelencia, realce, distinción, honor.
* *indignidad, infamia, vileza*

DIGNO. Decoroso, grave, circunspecto, decente, honorable, distinguido. — Merecedor, acreedor. — Correspondiente, proporcionado.

DILACERAR. Desgarrar.

DILACIÓN. Retardo, detención, demora, suspendido, dilatación, tardanza, retraso.
* *adelanto, cumplimiento*

DILAPIDAR. Malgastar, disipar, malbaratar, malrotar, derrochar, despilfarrar, consumir, absorber.
* *ahorrar, guardar*

DILATADO. Extenso, vasto, numeroso, grande, espacioso.

DILATAR. Extender, expandir, aumentar, alargar, agrandar, ensanchar. — Diferir, prorrogar, aplazar, demorar, retardar. — Propagar.
* *achicar, adelantar, encoger*

DILECTO. Amado, querido.

DILEMA. Disyuntiva, alternativa.

DILIGENCIA. Prontitud, actividad, rapidez, prisa. — Cuidado, esmero, solicitud, celo, atención, aplicación. — Gestión, encargo.
* *flojedad, indolencia, negligencia, pereza*

DILIGENTE. Activo, pronto, rápido, expeditivo, presto, ligero.— Cuidadoso, esmerado, solícito, celoso, aplicado, exacto, puntual, atento.

DILUCIDAR. Aclarar, explicar, interpretar, desarrollar, elucidar.

DILUIR. Desleír, disolver.

DILUVIO. Inundación. — Superabundancia.

DIMANAR. Proceder, provenir, originarse, seguirse, nacer, salir, venir, derivarse, radicar.

DIMENSIÓN. Tamaño, volumen, capacidad, calibre, cantidad, magnitud, intensidad, duración, medida, extensión, longitud, área.

DIMINUCIÓN. Merma, menoscabo. — Rebaja, descuento, bonificación.

DIMINUTO. Pequeño, exiguo.

DIMISIÓN. Renuncia, dejación.

DINÁMICO. Activo, diligente, emprendedor, ligero, ágil, vivo.

DINERO. Caudal, capital, fortuna, plata, hacienda, moneda, guita, ochavo, peculio, numerario, cuartos, pecunia, monises.

DIOS. Creador, Criador, Señor.

DIOSA. Deidad.

DIPLOMA. Título, credencial, documento, certificado.

DIPLOMACIA. Cortesanía, cortesía. — Habilidad, astucia.

DIPLOMÁTICO. Disimulado, astuto, sagaz, hábil, perspicaz. — Circunspecto, grave, reservado, atento.

DIPUTACIÓN. Delegación.

DIQUE. Reparo, muro, obstáculo, valladar, presa.

DIRECCIÓN. Administración, gobierno, manejo, mando, conducción. — Rumbo, camino, derrotero, sentido, trayectoria. — Jefatura. — Señas, domicilio.

DIRECTO. Derecho, recto, seguido.
•*artificial, indirecto, sinuoso*

DIRECTOR. Dirigente, conductor.

DIRECTRIZ. Norma, orientación.

DIRIGENTE. Director, jefe.

DIRIGIR. Guiar, encaminar, gobernar, regir, orientar, enderezar, administrar, conducir. — Aconsejar.

DIRIMIR. Ajustar, componer, resolver, zanjar, terminar, fenecer. — Deshacer, disolver, desunir, anular.

DISCERNIR. Distinguir, comprender, apreciar, diferenciar, percibir. — Otorgar, decretar.

DISCIPLINA. Regla, método, orden. — Doctrina, instrucción, arte, facultad, ciencia. — Sujeción, subordinación, obediencia.
•*anarquía, desorden*

DISCIPLINAR. Regularizar, metodizar, ordenar. — Instruir, enseñar.

DISCIPLINARSE. Azotarse, macerarse.

DISCÍPULO. Alumno, colegial, escolar.

DISCO. Tejo.— Tema, manía, estribillo.

DÍSCOLO. Indócil, indisciplinado, rebelde, revoltoso, perturbador, avieso.

DISCONFORMIDAD. Desconformidad, desacuerdo, contrariedad.

DISCONTINUO. Intermitente, irregular, cortado, interrumpido.

DISCORDANCIA. Disconformidad, contrariedad, diversidad, desacuerdo, disentimiento, oposición.

DISCORDE. Disconforme, contrario, diverso, opuesto.

DISCORDIA. Desacuerdo, desavenencia, desunión, cizaña, disensión, división, oposición.
•*avenencia, concierto, concordia*

DISCRECIÓN. Prudencia, circunspección, sensatez, oportunidad, tacto, mesura, cordura, juicio, seso, sabiduría, reserva. — Ingenio, agudeza.

DISCREPANCIA. Diferencia, desigualdad, divergencia, discordancia.

DISCREPAR. Diferenciarse, distar, disentir, discordar, desdecir.
•*consentir, convenir*

DISCRETO. Prudente, circunspecto, sensato, mesurado, cuerdo, juicioso, avisado, reservado, moderado. — Ingenioso, agudo. — Pasable.

DISCRIMINAR. Discernir, diferenciar, separar, distinguir.

DISCULPA. Excusa, justificación, pretexto, achaque, defensa, descargo.

DISCULPABLE. Perdonable, tolerable, llevadero, sufrible, disimulable, excusable.

DISCULPAR. Excusar, justificar, defender, tolerar, cohonestar.
•*culpar*

DISCULPARSE. Excusarse, justificarse, defenderse, alegar, pretextar.

DISCURRIR. Reflexionar, pensar, meditar, cavilar, excogitar. — Inferir, conjeturar, suponer, calcular. — Razonar. — Andar, caminar, correr. — Inventar, imaginar. — Tratar.

DISCURSO. Alocución, arenga, disertación, conferencia, plática, oración. — Reflexión, raciocinio, razonamiento. — Lapso, espacio.

DISCUSIÓN. Disputa, altercado, controversia, polémica, debate.

DISCUTIR. Disputar, altercar, contender, controvertir, debatir. — Examinar, ventilar, estudiar, razonar, argumentar.
•*convencer*

127

DISECCIÓN. Anatomía.

DISEMINAR. Sembrar, desparramar, esparcir, desperdigar, dispersar.
• juntar, unir

DISENSIÓN. Contienda, riña, altercación, discordia, disputa, división, oposición.

DISENTIMIENTO. Disconformidad, discordia, desaveniencia, desacuerdo, desunión.

DISENTIR. Discrepar, discordar, disconvenir, divergir.
• acatar, afirmar, asentir

DISEÑAR. Delinear, dibujar, trazar.

DISERTACIÓN. Discurso, conferencia, plática, oración.

DISFAVOR. Desaire, desatención, descortesía, desprecio.

DISFORME. Feo, horrible, deforme, monstruoso, horroroso, desproporcionado.

DISFRAZAR. Disimular, desfigurar, embozar, velar, encubrir, ocultar, simular.

DISFRUTAR. Gozar, aprovecharse, alegrarse, regocijarse, complacerse. — Utilizar, usufructuar.

DISFRUTE. Goce, aprovechamiento, usufructo.

DISGREGAR. Separar, desunir, desagregar, disolver, apartar.
• agregar, sumar, unir

DISGUSTAR. Desagradar, repugnar, enfadar, incomodar, molestar, contrariar, desazonar, desconcertar.

DISGUSTO. Fastidio, enfado, tedio, pesadumbre, malestar, malhumor, desazón, incomodidad, molestia, inquietud, repugnancia, contrariedad, sinsabor.
• agrado, alegría, gusto

DISIDENCIA. Escisión, cisma, rompimiento, separación, desavenencia, discordia, desacuerdo, disconformidad.

DISÍLABO. Bisílabo.

DISÍMIL. Diferente, desemejante.

DISIMILITUD. Desemejanza, disparidad.

DISIMULADO. Fingido, hipócrita, falso, simulado, disfrazado, encubierto, desfigurado.

DISIMULAR. Fingir, disfrazar, encubrir,

ocultar, aparentar, esconder, desfigurar. — Tolerar, disculpar, perdonar, callar, permitir, dispensar, pasar.
• confesar, descubrir

DISIMULO. Fingimiento, simulación, hipocresía, doblez, falsedad. — Tolerancia, condescendencia.

DISIPADO. Disipador, derrochador, despilfarrador, pródigo, manirroto, malgastador, dilapidador. — Crapuloso, libertino.

DISIPAR. Malgastar, gastar, derrochar, despilfarrar, prodigar, malbaratar, malrotar, desperdiciar, dilapidar. — Esparcir, desvanecer, aclarar.
• precisar, reunir

DISIPARSE. Evaporarse, desaparecer, borrarse, esfumarse.

DISLATE. Disparate, desatino, despropósito, barbaridad, desacierto, absurdo, enormidad, ciempiés.

DISLOCACIÓN. Luxación.

DISLOCAR. Descoyuntar, desconcertar, desarreglar.

DISLOQUE. Desbarajuste, desconcierto. — Colmo.

DISMINUCIÓN. Diminución, reducción, rebaja, descuento, merma, menoscabo, decrecimiento.

DISMINUIR. Mermar, rebajar, decrecer, menguar, reducir, acortar, menoscabar, abreviar, achicar.
• agrandar, aumentar, engrosar

DISOCIAR. Separar, desunir, desagregar, descomponer, apartar, divorciar.
• sumar, unir

DISOLUTO. Licencioso, vicioso, corrompido, deshonesto, libre.

DISOLVER. Deshacer, disgregar, desleír, diluir. — Desatar, desunir, separar. — Anular.

DISONANTE. Inarmónico, discrepante, discordante.

DISONAR. Discrepar, discordar, chocar.
• armonizar

DISPAR. Diferente, desigual, desparejo, distinto.

DISPARADA. Corrida, huida, fuga.

DISPARADOR. Gatillo.

DISPARAR. Tirar, arrojar, despedir, lanzar, descerrajar, encajar, descargar. — Partir, correr.

DISPARATADO. Absurdo, desatinado, descabellado, desacertado, insensato, ilógico, irracional.

DISPARATAR. Desatinar, desbarrar, barbarizar, despotricar.

DISPARATE. Absurdo, desatino, despropósito, dislate, enormidad, barbaridad, patochada.
• *cordura, realidad*

DISPAREJO. Dispar, disímil, desigual.

DISPARIDAD. Desigualdad, desemejanza, discrepancia, diferencia.
• *igualdad, semejanza*

DISPARO. Detonación, tiro, estampido.

DISPENDIOSO. Costoso, caro, gravoso.

DISPENSA. Privilegio, excepción.

DISPENSAR. Dar, conceder, otorgar. — Eximir, libertar, perdonar, absolver, disculpar. — Administrar, distribuir.

DISPERSAR. Diseminar, esparcir, desordenar, desparramar. — Derrotar, ahuyentar.
• *congregar, juntar, reunir*

DISPLICENCIA. Apatía, indiferencia, aspereza, desagrado, desabrimiento, indolencia, descontento.
• *agrado, aliento*

DISPLICENTE. Apático, indiferente, desabrido, áspero, desagradable, desapacible.

DISPONER. Ordenar, arreglar, preparar, concertar, acordar, prevenir, aderezar, colocar. — Determinar, deliberar, resolver, mandar, prescribir, preceptuar, proveer.

DISPONIBLE. Aprovechable, utilizable. — Libre.

DISPOSICIÓN. Resolución, determinación, decisión, mandato, orden, precepto, prescripción. — Aptitud, inclinación, capacidad, suficiencia, idoneidad, habilidad, ingenio, talento, soltura, despejo, desembarazo, proporción, estado. — Prevención, medida, providencia, medio preparativo. — Arreglo, distribución.
• *desorden, ineptitud*

DISPOSITIVO. Mecanismo.

DISPUESTO. Pronto, listo, preparado. — Vivo, despejado, espabilado, despierto, ingenioso, inteligente, hábil, habilidoso, capaz, idóneo.

DISPUTA. Debate, controversia, altercado, contienda, discusión, querella, porfía, cuestión, agarrada, riña, litigio, pelotera, tiberio, bronca, trapatiesta, cisco, caramillo, jaleo, bochinche, bataola.

DISPUTAR. Debatir, discutir, altercar, porfiar, contender, querellarse, cuestionar, litigar.
• *ceder, pacificar*

DISQUISICIÓN. Comentario, examen, razonamiento.

DISTANCIA. Intervalo, espacio, trecho, lapso. — Diferencia, disparidad, desemejanza, discrepancia. — Alejamiento, desvío, desafecto.

DISTANTE. Lejos, lejano, apartado, remoto, longincuo, espaciado, retirado.

DISTAR. Diferenciarse, discrepar, diferir.

DISTINCIÓN. Elegancia, gusto, delicadeza, gracia, cortesía. — Honor, honra, prerrogativa, excepción. — Miramiento, consideración. — Diferencia.

DISTINGO. Reparo, objeción, restricción, limitación.

DISTINGUIDO. Ilustre, noble, esclarecido, notable, principal, señalado.

DISTINGUIR. Diferenciar, señalado, especificar, precisar, discernir, percibir, reconocer. — Ver, divisar. — Honrar, apreciar, estimar.
• *confundir, embrollar, tergiversar*

DISTINGUIRSE. Sobresalir, descollar, resaltar, señalarse, despuntar, diferir.

DISTINTIVO. Insignia, divisa, señal, marca, nota, emblema, símbolo.

DISTINTO. Diferente, diverso, desigual, dispar. — Claro, inteligente, preciso, comprensible.
• *confuso*

DISTORSIÓN. Torcedura, torsión, distensión.

DISTRACCIÓN. Diversión, entretenimiento, pasatiempo, recreo, esparcimiento, solaz. — Olvido, omisión, negligencia, inadvertencia, descuido.

DISTRAER. Divertir, entretener, recrear, solazar. — Apartar, retirar, separar, desviar. — Substraer, malversar.
• *aburrir, cuidar*

DISTRAERSE. Olvidarse, descuidarse, desmemoriarse. — Divertirse, entretenerse.

DISTRIBUCIÓN. Repartición, reparto, partición, fraccionamiento, división. — Disposición, ordenamiento.

DISTRIBUIR. Repartir, partir, dividir, fraccionar, prorratear, compartir. — Ordenar, disponer, arreglar.
• *reunir, sumar*

DISTRITO. Partido, demarcación, zona.

DISTURBIO. Tumulto, motín, asonada, sublevación, levantamiento, revuelta, alboroto.

DISUADIR. Desaferrar, mover, convencer.
• *aconsejar, convencer, demostrar, persuadir*

DISYUNTIVA. Dilema, alternativa.

DIVAGAR. Desvariar, delirar.
• *concretar, parar, precisar*

DIVERGENCIA. Discrepancia, diferencia, desacuerdo, disconformidad, disentimiento.

DIVERGIR. Disentir, discrepar.

DIVERSIDAD. Variedad, diferencia, desemejanza, desigualdad, disparidad. — Abundancia, copia.
• *homogeneidad, indiferencia, unidad*

DIVERSIFICAR. Diferenciar, variar, cambiar.

DIVERSIÓN. Distracción, recreo, pasatiempo, esparcimiento, entretenimiento, juego, solaz.
• *aburrir, fastidiar, astiar*

DIVERSO. Desemejante, distinto, diferente, desigual.

DIVERSOS. Varios, muchos, algunos.

DIVERTIDO. Alegre, festivo, jovial, ameno, entretenido, ocurrente, regocijado, chistoso, distraído.

DIVERTIR. Entretener, recrear, distraer, solazar.
• *aburrir, irritar*

DIVIDENDO. Utilidad, interés.

DIVIDIR. Partir, repartir, fraccionar, compartir, separar, distribuir. — Desunir, indisponer, desavenir, malquistar, enemistar.

DIVIESO. Forúnculo, furúnculo.

DIVINAMENTE. Admirablemente, perfectamente, cabalmente.

DIVINIDAD. Deidad, ídolo.

DIVINIZAR. Santificar, venerar, adorar. — Encarecer, ponderar, ensalzar, exaltar. — Deificar.

DIVINO. Primoroso, excelente, delicado, angelical, fino, perfecto.

DIVISA. Distintivo, insignia, señal. — lema, mote, enseña, bandera, emblema. — Moneda.

DIVISAR. Ver, percibir.
• *Confundir, ocultar.*

DIVISIÓN. Distribución, repartición, reparto, partición, fraccionamiento. — Desunión, separación, desavenencia, discordia.

DIVORCIAR. Separar, apartar, desunir.

DIVULGAR. Pregonar, publicar, difundir, propagar, esparcir, propalar.
• *cerrar, encubrir, ocultar*

DIZQUE. Dicho, reparo, murmuración.

DOBLADILLO. Alforza, doblez.

DOBLAR. Duplicar. — Plegar. — Arquear, torcer, encorvar. — Volver — Doblegar.
• *enderezar, resistir*

DOBLARSE. Doblegarse, someterse, humillarse, ceder, plegarse, arquearse, encorvarse, torcerse.

DOBLE. Duplo. — Simulado, artificioso. — Doblez.

DOBLEGAR. Doblar, inclinar, abatir, vencer, torcer. — Blandear, dominar.
• *enderezar, resistir*

DOBLEZ. Pliegue, repliegue. — Disimulo, simulación, hipocresía, fingimiento, engaño, duplicidad.

DOCENCIA. Enseñanza.

DOCENTE. Pedagógico.

DÓCIL. Obediente, sumiso, manso, suave, dulce, apacible, blando, maleable, dúctil.
• *desobediente, díscolo, rebelde*

DOCTO. Erudito, sabio, instruido, ilustrado, entendido, sapiente.

DOCTRINA. Sistema, escuela, teoría, opinión, tesis, dogma. — Instruir, enseñar, doctrinar.

DOCUMENTADO. Fundamentado, detallado.

DOCUMENTAR. Probar, justificar, comprobar. — Informar, instruir, enseñar, doctrinar.

DOCUMENTO. Escritura, instrumento, papel.

DOGAL. Yugo, opresión, tiranía.

DOGMA. Fundamento, base, principio.

DOLENCIA. Indisposición, achaque, mal, padecimiento, enfermedad, afección.

DOLERSE. Arrepentirse, quejarse, compadecerse, condolerse, apiadarse, lamentarse, deplorar.

DOLIENTE. Enfermo. — Dolorido, apenado, afligido, contristado, desconsolado, quejoso.

DOLO. Engaño, fraude, simulación, doblez, malicia, superchería, trampa.

DOLOR. Pena, aflicción, pesar, arrepentimiento, congoja, angustia, sentimiento, sufrimiento, tormento, tristeza, desconsuelo, atrición.

• *deleite, fruición, gozo, placer*

DOLORIDO. Apenado, afligido, desconsolado, doliente, contristado, apesarado, mortificado, atribulado, acongojado, angustiado.

DOLOROSO. Lamentable, lastimoso, angustioso, deplorable, triste, amargo, sensible.

DOMAR. Amansar, desembravecer, desbravar, domesticar. — Sujetar, domeñar, dominar, vencer, subyugar, reprimir. — Sosegar, apaciguar, calmar, mitigar.

DOMEÑAR. Sujetar, rendir, someter, dominar, avasallar.

DOMESTICAR. Amansar, domar.

DOMÉSTICO. Criado, sirviente, fámulo. — Casero.

DOMICILIARSE. Avecindarse, establecerse, avecinarse.

DOMICILIO. Morada, casa, residencia, vivienda.

DOMINANTE. Avasallador, autoritario, dominador, imperioso, intransigente, altanero, orgulloso, altivo, prepotente. — Sobresaliente, característico, predominante, preponderante.

DOMINAR. Sujetar, contener, comprimir, reprimir, refrenar, avasallar, someter, vencer, subyugar. — Imperar, reinar, enseñorearse. — Poseer, saber. — Abarcar.

• *irritar, servir, sublevar*

DOMINIO. Poder, potestad, predominio, imperio, autoridad, señorío, superioridad, ascendiente, influencia. — Propiedad, pertenencia, posesión. — Control.

• *esclavitud, servidumbre*

DOMO. Cúpula.

DOMPEDRO. Dondiego.

DON. Dádiva, presente, regalo, ofrenda, manda, obsequio. — Gracia, habilidad, cualidad, talento, aptitud, disposición. — Exvoto.

DONACIÓN. Don, manda, legado, dádiva, regalo, obsequio. — Subsidio.

DONAIRE. Gracia, gracejo, discreción. — Gallardía, apostura, gentileza, donosura, salero, sandunga. — Chiste, agudeza, ocurrencia.

• *desgarbo, desgracia*

DONAR. Legar, regalar, dar.

DONATIVO. Dádiva, regalo, cesión.

DONCELLA. Criada, camarera. — Virgen.

DONDEQUIERA. Doquier, doquiera.

DONOSO. Gracioso, simpático, gentil, gallardo. — Chistoso, ocurrente, agudo.

DONOSURA. Gracia, donaire.

DORADO. Esplendoroso, feliz, risueño, halagüeño. — Tostado. — Áureo.

DORMIR. Descansar, reposar. — Pernoctar. — Descuidarse, abandonarse. — Calmarse, sosegarse, apaciguarse.

• *desvelarse, trasnochar, velar*

DORMIRSE. Adormecerse. — Descuidarse, abandonarse. — Aquietarse, sosegarse, calmarse, tranquilizarse.

DORSO. Revés, reverso, espalda.

DOSEL. Colgadura, cortina, tapiz.

DOSIS. Cantidad, porción.

DOTACIÓN. Tripulación. — Renta. — Personal.

DOTAR. Asignar, señalar, destinar. — Adornar.

DOTE. Caudal. — Prenda, cualidad, calidad.
 • *indigencia*

DRACONIANO. Severo, duro.

DRAGOMÁN. Intérprete, trujamán.

DRAMA. Tragedia, desgracia, catástrofe.

DRÁSTICO. Enérgico, radical, decisivo, expeditivo.

DROGA. Medicamento, medicina, pócima, poción, remedio, brebaje. — Estupefaciente.

DROLÁTICO. Picaresco. — Gracioso.

DUCHO. Práctico, hábil, experimentado, entendido, diestro, versado, perito, baqueano.

DÚCTIL. Maleable, blando. — Acomodadizo, acomodaticio.
 • *inexperto*

DUDA. Indecisión, vacilación, incertidumbre, perplejidad, irresolución, hesitación, indeterminación. — Sospecha, recelo, escrúpulo, aprensión.

DUDAR. Vacilar, titubear, fluctuar. — Desconfiar, recelar, sospechar.
 • *creer*

DUDOSO. Incierto, inseguro, problemático, sospechoso, equívoco, ambiguo. — Vacilante, indeciso, receloso, perplejo.

DUELO. Encuentro, combate, pelea. —

Dolor, lástima, aflicción, pena, sentimiento, desconsuelo.
 • *fiesta, función, conmemoración*

DUENDE. Trasgo, fantasma.

DUEÑO. Propietario, patrón, amo.

DULCE. Almibarado, meloso, suave, tierno, gustoso, grato, agradable, delicado. — Melifluo, afable, bondadoso, manso, complaciente, indulgente, sumiso, dócil.

DULCIFICAR. Endulzar, azucarar. — Mitigar, suavizar, calmar, apaciguar, sosegar.
 • *amargar, irritar*

DULZURA. Suavidad, afabilidad, bondad, mansedumbre, docilidad, deleite, dulzor.

DUNA. Médano.

DUPLICAR. Doblar.

DUPLICIDAD. Doblez, falsedad, hipocresía, fingimiento, engaño, simulación.

DURADERO. Durable, persistente, estable.

DURANTE. Mientras, en tanto.

DURAR. Subsistir, permanecer, persistir, tardar, mantenerse. — Vivir.
 • *acabar*

DUREZA. Solidez, consistencia, resistencia. — Callosidad. — Rigor, severidad, rudeza, aspereza.

DURMIENTE. Traviesa.

DURO. Resistente, consistente, macizo. — Fuerte, sufrido, firme, infatigable. — Severo, rudo, áspero, cruel, riguroso, insensible, despiadado, inhumano. — Terco, obstinado, porfiado. — Penoso, intolerable.

E

EBRIO. Borracho, embriagado, beodo, bebido, achispado, curda, ajumado, pítima, pellejo, peneque.
• *astemio, sereno*

EBULLICIÓN. Hervor. — Efervescencia, agitación, ardor.

EBÚRNEO. Marfileño.

ECHAR. Arrojar, despedir, lanzar, tirar, botar. — Deponer, exonerar, destituir, expulsar. — Inclinar, reclinar, recostar. — Hacer, formar. — Decir, pronunciar, proferir. — Comenzar, empezar. — Brotar, nacer, salir. — Correr. — Jugar, apostar. — Criar.
• *levantar, recoger*

ECHARSE. Acostarse, tumbarse, reclinarse, tenderse. — Arrojarse, abalanzarse, precipitarse. — Calmarse.

ECLESIÁSTICO. Clérigo, sacerdote, cura.

ECLIPSAR. Obscurecer, deslucir. — Aventajar, exceder, sobrepujar.
• *aclarar, aparecer*

ECLIPSARSE. Desaparecer, ausentarse, escaparse, huir, fugarse.

ECO. Noticia, rumor. — Acogida, aceptación.

ECONOMÍA. Ahorro. — Escasez, parquedad, parsimonia, parcidad, miseria.
• *despilfarro*

ECONOMIZAR. Ahorrar, guardar, reservar.
• *gastar*

ECUADOR. Línea.

ECUÁNIME. Imparcial, justo, recto. — Inalterable, paciente, sufrido, constante.
• *impaciente, parcial*

EDAD. Años, época, tiempo, período.

EDÉN. Paraíso.

EDICTO. Decreto, ley, ordenanza, mandato, aviso, orden, bando.

EDIFICANTE. Ejemplar, loable, plausible, meritorio.

EDIFICAR. Construir, fabricar, levantar, elevar, obrar. — Ejemplarizar, moralizar. — Combinar, fundar.

EDIFICIO. Construcción, fábrica, obra.

EDIL. Concejal.

EDITAR. Publicar, imprimir.

EDUCACIÓN. Enseñanza, docencia. — Urbanidad, cortesía, cortesanía.

EDUCANDO. Colegial, escolar, estudiante.

EDUCAR. Enseñar, dirigir, instruir, doctrinar. — Perfeccionar, desarrollar, afinar.
• *malcriar, mimar, vaciar*

EFEBO. Mancebo, adolescente, joven, mozo.

EFECTIVO. Verdadero, real, positivo, seguro, serio, cierto, auténtico. — Numerario.

EFECTO. Resultado, consecuencia. — Impresión, sensación, sorpresa, conmoción.
• *causa*

EFECTOS. Enseres, muebles, utensilios, bienes. — Mercancía, mercadería.

EFECTUAR. Ejecutar, realizar, hacer, verificar.
• *dejar, incumplir*

EFEMÉRIDES. Aniversario.

EFERVESCENCIA. Agitación, ardor, acaloramiento, hervor, exaltación, fermentación.
• *frialdad, tranquilidad*

EFICACIA. Poder, fuerza, actividad, energía, virtud.
• *deficiencia, ineficacia, invalidación*
EFICAZ. Activo, fuerte, enérgico, poderoso, fervoroso, útil.
EFIGIE. Imagen, retrato, figura, busto.
EFÍMERO. Fugaz, breve, pasajero, corto, perecedero.
• *duradero, perpetuo*
EFLUVIO. Emanación, irradiación.
EFUGIO. Escapatoria, subterfugio, salida, evasión, recurso, ardid, treta.
EFUSIÓN. Expansión, desahogo, afecto, ternura, cariño. — Derrame.
• *ahogo, frialdad*
ÉGIDA. Egida, protección, defensa, amparo, escudo.
ÉGLOGA. Bucólica, pastoral.
EGOLATRÍA. Egotismo.
EGREGIO. Insigne, ilustre, esclarecido, excelso, ínclito, preclaro, célebre, afamado.
EGRESO. Gasto, salida, descargo.
EJE. Árbol. — Diámetro. — Fundamento, base, médula. — Unión.
EJECUTANTE. Músico.
EJECUTAR. Realizar, efectuar, hacer, cumplir, verificar. — Ajusticiar, matar. — Tocar. — Embargar.
• *incumplir*
EJECUTIVO. Gobierno.
EJECUTORIA. Nobleza.
EJEMPLAR. Copia, reproducción, espécimen, unidad, modelo, muestra, dechado. — Edificante, plausible, loable, meritorio.
EJEMPLARIZAR. Edificar, moralizar.
EJEMPLO. Modelo, norma, medida, advertencia, lección, pauta, muestra, regla, tipo, dechado, símil, paradigma, ejemplar.
EJERCER. Practicar, ejercitar, usar.
EJERCICIO. Práctica.
EJERCITAR. Practicar.
EJERCITARSE. Adiestrarse, prepararse.
EJÉRCITO. Hueste, tropa.
ELABORAR. Preparar, trabajar.
ELECCIÓN. Opción. — Votación.

ELECTRIZAR. Exaltar, avivar, inflamar, animar, entusiasmar.
ELECTRO. Ámbar.
ELEGANCIA. Gracia, distinción, gusto, delicadeza, finura, gallardía, galanura, donosura.
• *desaliño, cursilería*
ELEGÍACO. Triste, melancólico, quejumbroso, lamentable, plañidero.
ELEGIDO. Predestinado, preferido, escogido, predilecto, favorito.
ELEGIR. Escoger, preferir, optar, designar.
ELEMENTAL. Fundamental, primordial, vital. — Obvio, simple, claro, sencillo, fácil, conocido.
• *difícil, secundario*
ELEMENTO. Medio, ambiente. — Ingrediente. — Persona, individuo.
ELEMENTOS. Principios, rudimentos, nociones. — Bienes, medios, recursos.
ELENCO. Catálogo, rol, índice, lista, nómina.
ELEVACIÓN. Altura, eminencia, prominencia. — Exaltación, encumbramiento. — Suspensión, enajenación, embelesamiento.
ELEVADO. Sublime, excelso, grande. — Eminente, encumbrado, alto, prominente. — Subido, levantado, crecido, señalado, singular.
ELEVAR. Alzar, levantar, erigir, edificar, construir. — Encumbrar, exaltar, realzar, engrandecer, ennoblecer, promover. — Aumentar, subir, ascender.
• *bajar, destruir, humillar*
ELEVARSE. Transportarse, enajenarse, remontarse, envanecerse, engreírse.
ELIDIR. Frustrar, debilitar, atenuar, desvanecer.
ELIMINAR. Descartar, suprimir, quitar, separar, apartar, desechar, alejar, excluir.
• *poner*
ELIMINARSE. Suicidarse, matarse.
ELIXIR. Elíxir, licor. — Panacea.
ELOCUCIÓN. Dicción, estilo.
ELOCUENTE. Persuasivo, convincente, conmovedor.
ELOGIAR. Alabar, loar, encomiar, ponde-

rar, ensalzar, celebrar, aplaudir, encarecer, enaltecer.

• *desaprovechar, denigrar*

ELOGIO. Alabanza, loa, encomio, ponderación, aplauso, apología, panegírico.

ELUCIDAR. Dilucidar, aclarar, explicar.

ELUDIR. Rehuir, esquivar, torear, evitar, rehusar.

• *afrontar, desafiar, oponer*

EMANACIÓN. Efluvio, irradiación.

EMANAR. Proceder, originarse, nacer, provenir, derivarse.

EMANCIPAR. Libertar, redimir, manumitir.

• *esclavizar*

EMBADURNAR. Pintarrajear, ensuciar, pintorrear, manchar. — Untar, embarrar.

• *limpiar*

EMBAÍR. Embelesar, embaucar, engañar, ofuscar.

EMBAJADA. Mensaje, comisión.

EMBAJADOR. Emisario, mensajero, parlamentario, enviado.

EMBALSAMAR. Perfumar, aromatizar.

EMBARAZAR. Impedir, entorpecer, molestar, incomodar, dificultar, estorbar, retardar, obstar. — Preñar.

• *dejar, desembarazar, facilitar*

EMBARAZO. Impedimento, dificultad, obstáculo, inconveniente, entorpecimiento, molestia, estorbo. — Cortedad, empacho. — Preñez.

EMBARCACIÓN. Nave, barco, buque, navío, bajel.

EMBARGAR. Detener, impedir, embarazar. — Suspender, paralizar. — Ejecutar.

EMBARGO (SIN). No obstante, empero, a pesar de ello, con todo.

EMBARRANCARSE. Varar, atascarse, encallar.

EMBARRAR. Enlodar, manchar. — Equivocar.

EMBARULLAR. Enredar, confundir, mezclar, embrollar, revolver.

• *desenredar, ordenar, resolver*

EMBATE. Acometida, embestida, ataque.

EMBAUCADOR. Impostor, embustero, farsante, charlatán, engañador, mentiroso, embaidor.

EMBAUCAR. Engañar, alucinar, seducir, deslumbrar, embaír.

• *desengañar*

EMBAULAR. Atracarse, atiborrarse, engullir.

EMBEBER. Empapar, absorber. —Embutir, encajar. — Encogerse, apretarse, tupirse.

EMBEBERSE. Embelesarse, embebecerse. — Instruirse, compenetrarse.

EMBELECO. Embuste, engaño, zalamería, halago, carantoña.

EMBELESAR. Suspender, arrebatar, encantar, pasmar, embobar, entontecer, cautivar.

• *desencantar*

EMBELLECER. Hermosear, adornar, componer, arreglar, aderezar, acicalar.

EMBERRENCHINARSE. Encolerizarse, irritarse, emberrincharse.

EMBESTIDA. Acometida, arremetida, ataque, embate.

EMBESTIR. Acometer, arremeter, atacar. — Sablear.

EMBLEMA. Símbolo, expresión, atributo, representación, lema, escudo.

EMBOBAR. Embelesar, suspender, asombrar, admirar, sorprender, entontecer, atontar.

EMBOLISMO. Mezcla, confusión, fárrago. — Embuste, mentira, chisme, cuento, infundio.

ÉMBOLO. Pistón.

EMBOLSAR. Cobrar, guardar, reembolsar.

EMBONAR. Mejorar, perfeccionar. — Acomodar, sentar, ajustar, cuadrar. — Ensamblar, unir, juntar.

EMBORRACHAR. Embriagar. — Atontar, perturbar, adormecer, aturdir, marear.

EMBORRACHARSE. Embriagarse, alegrarse, achisparse, ajumarse.

EMBORRONAR. Borronear, borrajear. — Manchar.

EMBOSCADA. Asechanza, maquinación, trampa, celada, sorpresa, lazo.

EMBOTAR. Debilitar, entorpecer, enervar. — Despuntar.

• *coordinar, serenar*

EMBOTELLAR. Detener, obstruir, inmovilizar. — Envasar.

EMBOZAR. Recatar, ocultar, disfrazar, disimular, velar.
• *desenvolver, destapar*

EMBRAVECER. Irritar, enfurecer, encolerizar, sulfurar, exasperar.
• *amansar, apaciguar*

EMBRIAGADO. Beodo, borracho, ebrio.

EMBRIAGAR. Emborrachar. — Atontar, perturbar, marear, aturdir. — Enajenar, enloquecer, transportar, arrebatar, extasiar, exaltar.

EMBRIAGARSE. Emborracharse, achisparse, alegrarse, alumbrarse, ajumarse.

EMBRIÓN. Germen, origen, causa, principio. — Rudimento. — Boceto, comienzo.

EMBRIONARIO. Rudimentario.

EMBROLLAR. Enredar, confundir, embarullar, revolver, enmarañar, desordenar.
• *aclarar, ordenar, resolver*

EMBROLLO. Enredo, confusión, lío, maraña. — Embuste, mentira, intriga, chisme. — Conflicto, problema, laberinto.

EMBROMAR. Fastidiar, importunar, cansar, engañar, chasquear, burlarse, bromear, chancear, cachar.

EMBRUJAR. Hechizar, encantar.

EMBUSTE. Mentira, engaño, farsa, embrollo, invención, embeleco, impostura, infundio.
• *verdad, verosimilitud*

EMBUSTERO. Mentiroso, farsante, engañador, embaucador, trapalón, chafallón, bolero, trolero, mulero.

EMBUTIR. Incrustar, encajar, taracear, embeber, acuñar, rellenar.

EMERGENCIA. Incidencia, accidente, ocurrencia, ocasión. — Urgencia.

EMERGER. Brotar, surgir.

EMIGRACIÓN. Éxodo. — Expatriación.

EMIGRAR. Expatriarse.
• *inmigrar, regresar, repatriar*

EMINENCIA. Altura, elevación. — Virtud, dote, excelencia, sublimidad.

EMINENTE. Alto, elevado, encumbrado, sobresaliente, prominente. — Distinguido, notable, excelente, ilustre, célebre, insigne, esclarecido, superior, excelso.

EMISARIO. Mensajero, enviado.

EMITIR. Manifestar, expresar, exponer, informar, opinar. — Arrojar, echar, lanzar, despedir. — Radiar, propalar.

EMOCIÓN. Agitación, excitación, exaltación, temor, inquietud, alarma, turbación, enternecimiento.

EMOLUMENTO. Gaje, utilidad, propina, beneficio, sueldo, salario, soldada, remuneración, honorario.

EMPACADO. Estirado, tieso.

EMPACARSE. Obstinarse, emperrarse, empeñarse, plantarse. — Turbarse, cortarse, amostazarse.

EMPACHAR. Indigestar, empalagar, ahitar, hartar. — Estorbar, impedir, embarazar. — Encubrir, disfrazar.

EMPACHO. Cortedad, vergüenza, turbación, timidez, encogimiento. — Indigestión, ahíto. — Estorbo, embarazo, impedimento, inconveniente.

EMPALAGAR. Fastidiar, cansar, hastiar, aburrir, enfadar, estomagar. — Empachar, ahitar.
• *divertir*

EMPALAGOSO. Meloso, dulzón, melifluo, fastidioso, pesado, cargante.

EMPALIZADA. Estacada, valla, vallado.

EMPALMAR. Juntar, enlazar, unir, ligar, combinar. — Seguir, sucederse.

EMPANTANAR. Estancar, atascar, paralizar, detenerse, embarazar. — Encharcar.

EMPAÑAR. Obscurecer, enturbiar, deslustrar, manchar.
• *brillar, limpiarse*

EMPAPAR. Mojar, embeber, calar, absorber, humedecer, remojar.
• *secar*

EMPAPARSE. Compenetrarse, comprender, penetrar, poseer. — Mojarse, calarse.

EMPAQUE. Catadura, aire, aspecto. — Descaro, frescura, desfachatez. — Estiramiento, prosopopeya.

EMPAQUETARSE. Emperifollarse, emperejilarse, acicalarse, periponerse, ataviarse, endomingarse.

EMPARDAR. Empatar, igualar.

EMPAREJAR. Nivelar, igualar, allanar.

EMPARENTAR. Entroncar.

EMPECATADO. Travieso, díscolo, incorregible. — Desgraciado, desventurado. — Pésimo, detestable.

EMPECER. Impedir, obstar. — Dañar, ofender, perjudicar.

EMPECINADO. Terco, porfiado, testarudo, obstinado, importuno, tozudo, pertinaz, contumaz.

EMPEDERNIDO. Duro, insensible, endurecido, despiadado, cruel, implacable.

EMPEDRADO. Calzada, afirmado, adoquinado, pavimento.

EMPELLÓN. Empujón, rempujón.

EMPEÑAR. Pignorar, prendar. — Precisar, obligar.
 • *desempeñar*

EMPEÑARSE. Endeudarse, entramparse. — Obstinarse, encapricharse, encalabrinarse, porfiar, insistir, emperrarse. — Trabarse.

EMPEÑO. Tesón, perseverancia, constancia, obstinación, capricho; porfía. — Afán, ansia, anhelo, deseo. — Obligación, deuda, deber.

EMPEORAR. Agravarse.

EMPEQUEÑECER. Aminorar, amenguar, disminuir, acortar, reducir.

EMPERIFOLLARSE. Periponerse, emperejilarse, empaquetarse, endomingarse, ataviarse, acicalarse.

EMPERRARSE. Obstinarse, encapricharse, empeñarse, porfiar, encastillarse. — Emberrenchinarse, irritarse, encolerizarse.
 • *ceder, desistir*

EMPEZAR. Principiar, comenzar, nacer. — Emprender, entablar, incoar, iniciar, abrir, romper. — Inaugurar. — Estrenar.
 • *acabar, morir*

EMPINADO. Alto, elevado. — Estirado, orgulloso.

EMPINAR. Beber.

EMPINGOROTADO. Encopetado, ensoberbecido.

EMPÍRICO. Experimental.

EMPLASTO. Parche, bizma.

EMPLEADO. Dependiente, oficinista, funcionario. — Ocupado, colocado.

EMPLEAR. Ocupar, colocar, destinar. — Gastar, consumir. — Tomar, adoptar, utilizar, aplicar, valerse. — Consagrar. — Usar.

EMPLEO. Destino, ocupación, oficio, colocación, acomodo, puesto, cargo. — Uso.
 • *cesantía, desuso*

EMPOBRECER. Decaer, declinar, caer, depauperar. — Esquilmar.
 • *engrandecer, enriquecer, medrar*

EMPOLLAR. Incubar, encobar. — Cavilar, meditar.

EMPONZOÑAR. Envenenar, intoxicar. — Inficionar, dañar, corromper.

EMPORCAR. Ensuciar, manchar.

EMPOTRAR. Incrustar, embutir, encajar, meter.

EMPRENDEDOR. Resuelto, atrevido, osado, activo, diligente.

EMPRENDER. Comenzar, empezar, principiar, acometer, iniciar.
 • *acabar, desistir*

EMPRESA. Sociedad, compañía. — Obra, proyecto, designio, intento. — Divisa, emblema, lema.

EMPRÉSTITO. Préstamo.

EMPUJAR. Impeler, impulsar, mover, incitar, excitar, estimular.
 • *debilitar*

EMPUJE. Impulso, impulsión, propulsión, fuerza. — Brío, arranque, resolución, ímpetu, vigor, eficacia.

EMPUJÓN. Empellón, rempujón.

EMPUÑADURA. Puño, mango, guarnición.

EMPUÑAR. Apuñar, asir.

EMULACIÓN. Rivalidad, envidia.

ÉMULO. Rival, competidor.

ENAJENAR. Pasar, ceder, transmitir. — Vender. — Encantar, embelesar, extasiar, suspender.
 • *retener, tranquilizar*

ENALTECER. Ensalzar, encumbrar, engrandecer, exaltar, realzar, honrar, alabar, elogiar, encomiar.

ENAMORAR. Galantear, requebrar, cortejar, camelar.
• *desenamorar, desencantar*
ENAMORARSE. Prendarse, aficionarse, encariñarse, empicarse, encapricharse, apasionarse, amelonarse, arrocinarse, encamotarse.
ENANO. Pigmeo, liliputiense, gorgojo, mirmidón.
• *alto, gigante*
ENARBOLAR. Levantar, izar.
ENARCAR. Arquear, curvar.
ENARDECER. Excitar, avivar, reanimar, animar, entusiasmar, incitar, encender.
• *desanimar, serenar*
ENCABEZAR. Capitanear, acaudillar.
ENCADENAMIENTO. Conexión, enlace, trabazón, unión, relación, concatenación. — Sujeción.
ENCADENAR. Atar, sujetar, retener, esclavizar, cautivar, aherrojar, oprimir, subyugar, avasallar. — Unir, enlazar, relacionar, trabar.
• *libertar, soltar*
ENCAJAR. Embutir, meter, introducir, engastar, empotrar, ajustar. — Disparar, dar, arrojar, tirar, soltar. — Endilgar, espetar. — Ensamblar, unir, calzar. — Encasquetar.
• *desarticular, desencajar*
ENCAJE. Filigrana.
ENCALABRINAR. Soliviantar, excitar.
ENCALABRINARSE. Encapricharse, empeñarse, emperrarse.
ENCALAR. Enjalbegar, blanquear.
ENCALLAR. Varar, enarenar, embarrancar.
ENCAMARSE. Acostarse.
ENCAMINAR. Dirigir, enderezar, guiar, orientar, encarrilar, conducir, ordenar.
• *desencaminar, desorientar, llegar*
ENCAMOTARSE. Enamorarse, amartelarse.
ENCANALLAR. Envilecer, prostituir, degradar, corromper.
ENCANDILAR. Deslumbrar, ofuscar, turbar. — Alucinar, engañar, embaucar.
• *apagar, serenar*

ENCANECER. Envejecer.
ENCANTAR. Hechizar, seducir, cautivar, embelesar, agradar, sugestionar, alucinar, embaucar, embobar, hipnotizar.
• *aburrir, desencantar, repeler*
ENCANTO. Belleza, gracia, seducción, fascinación, embeleso. — Encantamiento, hechizo, filtro, bebedizo. — Primor, amor.
ENCANTUSAR. Engatusar.
ENCAPOTARSE. Nublarse, obscurecerse, aborrascarse, enfoscarse.
• *descubrir, despejar*
ENCAPRICHARSE. Obstinarse, emperrarse, empeñarse. — Apasionarse, enamorarse, amartelarse, enamoricarse, empicarse.
ENCARAMAR. Subir, trepar, escalar. — Elevar, colocar, exaltar.
• *agachar, bajar, caer*
ENCARAR. Arrostrar, afrontar, enfrentar. — Apuntar.
ENCARCELAR. Recluir, encerrar, aprisionar, enchiquerar, enjaular.
ENCARECER. Ponderar, exagerar, abultar, exaltar. — Recomendar.
• *abaratar, denigrar*
ENCARGAR. Encomendar, confiar, comisionar, recomendar. — Pedir. — Aconsejar, prevenir.
• *desaconsejar, renunciar*
ENCARGO. Comisión, cometido. — Pedido.
ENCARIÑARSE. Aficionarse, enamorarse, prendarse, apasionarse, empicarse.
ENCARNADO. Colorado.
ENCARNAR. Personificar, representar, simbolizar.
ENCARNIZADO. Reñido, porfiado, sangriento, duro. — Encendido. — Cruel, acérrimo.
ENCARNIZAMIENTO. Crueldad, ensañamiento, ferocidad, saña.
ENCARNIZARSE. Cebarse, ensañarse. — Enfurecerse, irritarse.
ENCARPETAR. Archivar.
ENCARRILAR. Encaminar, dirigir, guiar, enderezar, gobernar, conducir, encauzar.

ENCASQUETAR. Encajar, poner, cubrirse. — Endilgar, largar, espetar.

ENCASQUETARSE. Obstinarse, empecinarse, encastillarse, emperrarse.

ENCASTILLARSE. Obstinarse, emperrarse, empeñarse, empacarse, porfiar.

ENCAUSAR. Procesar, enjuiciar.

ENCAUZAR. Encaminar, dirigir, enderezar, encarrilar.

ENCENAGADO. Enviciado, corrompido, desarreglado, depravado. — Pantanoso, cenagoso.

ENCENDER. Inflamar, incitar, excitar, irritar, enardecer, avivar. — Incendiar. — Prender.
• *apagar, tranquilizar*

ENCENDIDO. Rubicundo, encarnado. — Ruborizado. — Irritado, encolerizado, inflamado. — Prendido.

ENCERRADO. Recluso, preso, enclaustrado. — Cercado, embotellado.

ENCERRAR. Recluir, aprisionar. — Incluir, contener, implicar.
• *libertar, sacar, salir*

ENCERRARSE. Obstinarse, empacarse, empecinarse, emperrarse.

ENCHARCAR. Empantanar.

ENCIERRO. Reclusión, clausura, retiro, celda, prisión, calabozo.

ENCIMA. Sobre, además.

ENCINTA. Embarazada, preñada, gruesa, grávida.

ENCLAUSTRAR. Encerrar, recluir, enceldar.

ENCLAVAR. Traspasar, atravesar. — Clavar, fijar, asegurar.

ENCLENQUE. Débil, enfermizo, raquítico, achacoso, enteco, canijo, gurrumino.
• *fuerte, sano*

ENCOBAR. Incubar.

ENCOCORARSE. Engreírse, engallarse, gallear. — Fastidiarse, disgustarse, enojarse, cabrearse.

ENCOGERSE. Contraerse, achicarse. — Apocarse, amilanarse, acobardarse, rebajarse.
• *envalentonarse, estimarse, levantarse*

ENCOGIDO. Apocado, corto, timorato, tímido, pusilánime, vergonzoso.

ENCOGIMIENTO. Apocamiento, cortedad, timidez, pusilanimidad, cobardía.

ENCOLERIZAR. Irritar, enfurecer, enojar, sulfurar, exasperar, enfadar, enconar.

ENCOLERIZARSE. Irritarse, enfurecerse, exacerbarse, arrebatarse, rabiar, trinar.

ENCOMENDAR. Encargar, recomendar, confiar, encarecer.

ENCOMENDARSE. Entregarse, fiarse, remitirse.

ENCOMIAR. Alabar, elogiar, aplaudir, celebrar, ensalzar, ponderar, encarecer, lisonjear, adular.
• *denostar*

ENCOMIÁSTICO. Halagador, halagüeño, lisonjero, laudatorio, elogioso, adulador.

ENCOMIENDA. Encargo, comisión. — Paquete.

ENCOMIO. Alabanza, elogio, adulación, lisonja.

ENCONAR. Irritar, exasperar, encolerizar, agriar, envenenar. — Inflamar.
• *desinfectar, reconciliar, sanar*

ENCONARSE. Encolerizarse.

ENCONO. Rencor, odio, saña, resentimiento, enemiga.

ENCONTRADO. Opuesto, contrario, enemigo. — Distinto, diferente, diverso, antitético.

ENCONTRAR. Hallar. — Topar, tropezar. — Descubrir, ver. — Coincidir. — Hallarse, estar.
• *desacertar, discrepar, perder*

ENCONTRARSE. Aparecer, parecer. — Chocar. — Oponerse. — Sentirse.

ENCONTRÓN. Encontronazo, topetada, empellón, rempujón.

ENCOPETADO. Presumido, altanero, petulante, vanidoso, copetudo. — Rico, acomodado. — Linajudo.

ENCORVAR. Arquear, doblar, torcer, inclinar.

ENCRESPAR. Rizar, ensortijar. — Erizar. — Levantar, alborotar.

ENCRESPARSE. Agitarse, enardecerse,

enfurecerse, irritarse. — Enredarse, dificultarse.

ENCRUCIJADA. Dilema. — Cruce.

ENCUADRAR. Encajar, ajustar.

ENCUBRIDOR. Hipócrita, falso, alcahuete.

ENCUBRIR. Recatar, ocultar, tapar, esconder, disimular, cohonestar.
  • *delatar, descubrir*

ENCUENTRO. Choque, refriega, pelea, combate, escaramuza. — Oposición, contradicción.

ENCUESTA. Averiguación, indagación, pesquisa.

ENCUMBRAMIENTO. Altura, elevación.

ENCUMBRAR. Ensalzar, engrandecer, elevar.
  • *caer, desprestigiar*

ENCUMBRARSE. Envanecerse, ensoberbecerse. — Escalar.

ENDE (POR). Por tanto.

ENDEBLE. Débil, flojo, enclenque, delicado.
  • *duro, fuerte*

ENDEMONIADO. Perverso, malo, nocivo, maligno, malvado, endiablado. — Travieso, revoltoso.

ENDEREZAR. Encaminar, encarrilar. — Reformar, rectificar, corregir. — Alzar, levantar, erguir. — Dedicar, dirigir, endilgar.
  • *desencaminar, desistir, encoger*

ENDEUDARSE. Entramparse, empeñarse.

ENDIABLADO. Endemoniado. — Feo, horrible, desproporcionado. — Colérico.

ENDILGAR. Encajar, enjaretar, espetar. — Encaminar, dirigir, acomodar, facilitar.

ENDIOSAMIENTO. Orgullo, altivez, engreimiento, ensoberbecimiento. — Egolatría.

ENDIOSAR. Divinizar.

ENDIOSARSE. Engreírse, envanecerse, ensoberbecerse, infatuarse, entonarse. — Suspenderse, embebecerse, enajenarse.

ENDOMINGARSE. Emperejilarse, emperifollarse, ataviarse.

ENDOSAR. Traspasar. — Encajar, endilgar, enjaretar.

ENDULZAR. Azucarar, almibarar. — Suavizar, mitigar.

ENDURECER. Robustecer, fortalecer. — Enconar, exasperar.
  • *ablandar*

ENDURECIMIENTO. Dureza, tenacidad, obstinación, terquedad, pertinacia.

ENEMA. Lavativa, ayuda.

ENEMIGA. Enemistad, odio, inquina, oposición.

ENEMIGO. Contrario, adversario. — Demonio, diablo. — Opuesto, refractario, hostil.

ENEMISTAR. Malquistar, indisponer, cizañar, desavenir, pelear, regañar, azuzar.
  • *alistar*

ENERGÍA. Vigor, fuerza, virtud, eficacia. — Tesón, actividad, voluntad, fibra, poder, firmeza, entereza. — Potencia.
  • *debilidad, pasividad*

ENÉRGICO. Fuerte, vigoroso, poderoso, drástico, tenaz, activo, eficaz.

ENERGÚMENO. Furioso, exaltado, arrebatado.

ENERVAR. Debilitar, embotar, extenuar.
  • *avivar, fortalecer*

ENFADAR. Enojar, irritar, disgustar, molestar, fastidiar, desagradar, incomodar.
  • *amistar, distraer*

ENFADO. Enojo, irritación, fastidio, disgusto, desagrado.

ENFADOSO. Enojoso, fastidioso, molesto, desagradable, pesado, trabajoso, engorroso. — Cargante, chinche, chinchoso, impertinente.

ENFANGAR. Enlodar, embarrar.

ENFANGARSE. Enviciarse, envilecerse, encanallarse.

ENFÁTICO. Altisonante, ampuloso, rimbombante, palanganudo, hinchado, pomposo, solemne, campanudo.
  • *natural, sencillo*

ENFERMEDAD. Dolencia, mal, afección, padecimiento, indisposición, achaque.
  • *salud*

ENFERMIZO. Débil, achacoso, enclenque, enteco, malsano, desmedrado, delicado.

ENFERMO. Doliente, paciente, enfermizo, achacado, indispuesto, afectado, atacado.
ENFERVORIZAR. Animar, alentar, entusiasmar.
ENFILAR. Dirigirse, marchar, enderezar. — Apuntar. — Ensartar, enhilar.
ENFLAQUECER. Adelgazar. — Debilitar, enervar. — Desmayar, flaquear, desanimarse.
   • *engordar*
ENFOCAR. Examinar, analizar, estudiar.
ENFOSCARSE. Enfurruñarse. — Encapotarse.
ENFRASCARSE. Abstraerse, reconcentrarse, aplicarse, engolfarse, ensimismarse, enguillotarse.
ENFRENAR. Refrenar, dominar, domeñar.
ENFRENTAR. Afrontar, arrostrar, encarar.
ENFRENTE. Delante, frente a frente. — En contra, en pugna.
ENFRIAMIENTO. Resfriado, constipado, resfrío.
ENFRIARSE. Helarse, refrescarse. — Amortiguarse, templarse, entibiarse. — Resfriarse.
   • *acalorarse*
ENFRONTAR. Enfrentar, afrontar, arrostrar, encarar.
ENFURECER. Irritar, enojar, encolerizar, exasperar, sulfurar.
ENFURECERSE. Irritarse, sulfurarse, encolerizarse, alborotarse, arrebatarse, encresparse, trinar, rabiar.
ENFURRUÑARSE. Enfadarse, incomodarse, enfoscarse.
ENGALANAR. Adornar, ornar, exornar, hermosear, embellecer, ataviar, componer, acicalar.
ENGALANARSE. Ataviarse, adornarse, acicalarse, emperifollarse, emperejilarse, empaquetarse.
ENGALLADO. Erguido, derecho, arrogante, soberbio. — Envalentonado.
ENGANCHAR. Uncir. — Reclutar, alistar, levantar.
ENGANCHARSE. Prenderse, enredarse. — Alistarse.

ENGAÑAR. Burlar, mentir, engatusar, alucinar, ilusionar, embaír, embaucar. — Entretener, distraer.
   • *desengañar*
ENGAÑARSE. Equivocarse, errar.
ENGAÑIFA. Engaño, trampa.
ENGAÑO. Mentira, embuste, farsa, superchería, fraude, dolo, falsedad. — Error, equivocación, espejismo.
   • *realidad, verdad*
ENGAÑOSO. Falso, capcioso, falaz, mentiroso, especioso, insidioso.
ENGARZAR. Trabar, unir, enlazar, engastar, encadenar, concatenar. — Rizar.
ENGASTAR. Encajar, embutir, engarzar, montar.
ENGATUSAR. Encantusar, enlabiar, halagar, engañar, camelar, seducir.
ENGENDRAR. Procrear, concebir, propagar. — Originar, causar, ocasionar, producir, provocar, formar.
ENGENDRO. Feto, aborto, monstruo. — Bodrio.
ENGLOBAR. Reunir, abarcar, comprender.
ENGOLFADO. Enfrascado, aplicado, ocupado, atareado.
ENGOLOSINAR. Atraer, incitar, excitar, estimular.
ENGOLOSINARSE. Aficionarse, encariñarse, arregostarse, acostumbrarse, enviciarse.
ENGORDAR. Cebar, engrosar, encarnecer.
ENGORRO. Estorbo, embarazo, impedimento, molestia, incordio, dificultad, obstáculo.
ENGRANAR. Enlazar, unir, trabar. — Endentar. — Congeniar.
ENGRANDECER. Aumentar, acrecentar, desarrollar, progresar, prosperar. — Exaltar, elevar. — Realzar, ensalzar, ennoblecer, enaltecer, alabar, exagerar, ponderar.
ENGRANDECIMIENTO. Aumento, incremento, dilatación. — Ponderación, exageración. — Elevación, exaltamiento.
ENGRASAR. Encrasar, pringar, untar, ensebar, lubricar.
ENGREÍRSE. Envanecerse, infatuarse,

ensoberbecerse, hincharse, inflarse, ufanarse, vanagloriarse.
• *humillar*
ENGRESCAR. Enredar, enzarzar, enciza-
ñar.
ENGROSAR. Engruesar, engordar, encarnecer. — Aumentar, acrecentar.
ENGUATAR. Acolchar.
ENGULLIR. Tragar, ingurgitar, zampar,
embaular, atiborrarse.
• *ayunar*
ENHEBRAR. Enhilar. — Ensartar, enfilar.
ENHIESTO. Erguido, derecho, recto,
levantado.
ENHILAR. Enhebrar, ensartar. — Orde-
nar, ensamblar. — Dirigir, encaminar. —
Enfilar.
ENHORABUENA. Parabién, pláceme,
felicitación, norabuena. — Felizmente.
ENIGMA. Misterio.
ENIGMÁTICO. Misterioso, obscuro,
incomprensible, inexplicable, abstruso,
recóndito, intrincado.
• *claro, comprensible, incompleto*
ENJALBEGAR. Blanquear, encalar, enlu-
cir.
ENJAMBRE. Muchedumbre, multitud.
ENJARETAR. Espetar, endilgar, encas-
quetar.
ENJAULAR. Encarcelar, recluir, enchi-
querar, aprisionar, encerrar.
ENJUAGUE. Chanchullo, trampa, pastel,
tejemaneje, acomodo.
ENJUGAR. Secar. — Cubrir, compensar.
ENJUGARSE. Secarse. — Enmagrecer,
adelgazarse.
ENJUICIAR. Procesar, encausar. — Juzgar, sentenciar.
ENJUNDIA. Fuerza, vigor, energía, arrestos. — Substancia, meollo. — Unto, gordura.
ENJUTO. Seco, delgado, flaco, chupado,
magro.
ENLABIAR. Encantusar, engatusar.
ENLACE. Casamiento, matrimonio, boda,
unión, nupcias, esponsales, desposorios,
himeneo. — Conexión, trabazón, engranaje, liga, vínculo, parentesco, relación,

encadenamiento, cohesión, concatenación.
• *desarticulación, desenlace, desunión*
ENLAZAR. Unir, relacionar, ligar, encadenar. — Casar. — Trincar, amarrar.
• *desenlazar, desunir, divorciar*
ENLODAR. Envilecer, manchar, infamar.
— Encenagar, enlodazar, embarrar.
ENLOQUECER. Trastonar, perturbar.
ENLUTAR. Obscurecer, entristecer.
ENMARAÑAR. Enredar, embrollar,
embarullar, confundir. — Revolver, desarreglar. — Desgreñar, despelotar.
• *desenredar*
ENMASCARAR. Disfrazar, encubrir, disimular.
ENMENDAR. Corregir, subsanar, modificar, reformar, rectificar, arreglar. — Reparar, resarcir, indemnizar, satisfacer,
recompensar, remediar.
• *perseverar, pervertir*
ENMOHECER. Herrumbrarse.
ENMUDECER. Acallar, callarse.
ENNEGRECER. Obscurecer, entenebrecer, nublarse.
• *aclarar, blanquear, despejar*
ENNOBLECER. Dignificar, realzar, elevar, ilustrar, ensalzar.
ENOJAR. Molestar, desazonar, desasosegar, indisponer, fastidiar, alborotar, enfadar, irritar, encolerizar, enfurecer.
• *apaciguar*
ENOJO. Enfado, ira, irritación, desagrado,
ojeriza, cólera, furor. — Molestia, pesar,
trabajo.
ENOJOSO. Enfadoso, fastidioso, desagradable, pesado, cargante, terco, molesto,
pelma, escorchón. — Irritante
ENORGULLECERSE. Envanecerse,
ensoberbecerse, engreírse, hincharse.
ENORME. Desmedido, excesivo, desmesurado, extremado, colosal, extraordinario, exorbitante, exagerado, indescriptible,
morrocotudo, ingente.
ENORMIDAD. Atrocidad, barbaridad,
exceso. — Desatino, despropósito.
• *carencia, pequeñez*
ENRARECER. Rarificar, rarefacer.

ENREDADOR. Embrollón, chismoso, cuentero, embustero, mentiroso, pícaro, lioso, revoltoso, travieso, trapisonasta, intrigante.

ENREDO. Maraña, embrollo, lío, intriga, trapisonda, historia, mentira, embuste, engaño, complicación, berenjenal, belén.

ENREVESADO. Revuelto, enmarañado, enredado, intrincado, abstruso, confuso, difícil, revesado.

ENRIQUECER. Prosperar, progresar, engrandecer, florecer. — Adelantar, aumentar, acrecentar. — Adornar, avalorar.

ENRISCADO. Riscoso, peñascoso, desigual, escabroso.

ENROJECER. Ruborizarse, sonrojarse, abochornarse.

ENROLAR. Alistar, enganchar.

ENROLLAR. Arrollar, rollar.
  • *desenrollar*

ENRONQUECER. Desgañitarse.

ENROSTRAR. Reprochar, reconvenir.

ENSALADA. Mezcla, confusión, mezcolanza, pisto, lío, enredo.

ENSALZAR. Elogiar, ponderar, alabar, celebrar, encomiar, encarecer. — Engrandecer, exaltar, enaltecer, realzar, glorificar, levantar, entronizar.
  • *humillar, insultar*

ENSAMBLAR. Machimbrar, encajar, unir.

ENSANCHAR. Extender, dilatar, ampliar, explayar.
  • *encoger*

ENSAÑAMIENTO. Crueldad, ferocidad, brutalidad, salvajismo, encarnizamiento, inhumanidad.

ENSAÑARSE. Cebarse, encarnizarse.

ENSARTAR. Espetar, endilgar. — Enhebrar. — Caer, chasquearse.

ENSAYAR. Probar, examinar, reconocer, experimentar, tantear, intentar, tratar, procurar. — Adiestrar, amaestrar.

ENSAYO. Prueba, examen, reconocimiento, experimento, tentativa.

ENSENADA. Bahía, rada, abra.

ENSEÑA. Bandera, estandarte, insignia, divisa, emblema.

ENSEÑAR. Instruir, aleccionar, amaestrar, doctrinar. — Advertir, orientar. — Mostrar, exhibir, indicar. — Manifestar, exponer.
  • *engañar*

ENSEÑARSE. Acostumbrarse, habituarse, avezarse.

ENSEÑOREARSE. Dominar, sojuzgar, ocupar, adueñarse, apoderarse, posesionarse.

ENSERES. Efectos, utensilios, trebejos, muebles.

ENSIMISMADO. Abstraído, absorto, embebido, embebecido, meditabundo, pensativo, caviloso, cabizbajo.

ENSIMISMARSE. Abstraerse, reconcentrarse, enfrascarse.

ENSOÑACIÓN. Fantasía, quimera, utopía.

ENSORDECEDOR. Atronador.

ENSORDECER. Asordar.

ENSORTIJADO. Crespo, rizado.

ENSUCIAR. Manchar, empañar, amancillar, emporcar. — Defecar, evacuar. — Pintarrajear, pintorrear, embadurnar.
  • *limpiar*

ENSUCIARSE. Venderse. — Zullarse. — Mancillarse

ENSUEÑO. Ilusión, fantasía, sueño.

ENTABLAR. Comenzar, empezar, iniciar, incoar, preparar, emprender, promover, disponer. — Entablillar.

ENTARIMADO. Entablado, tablado, tarima.

ENTE. Ser. — Entidad. — Idiota. — Esperpento.

ENTECO. Enfermizo, débil, flaco, enclenque, chupado, canijo, enjuto.

ENTENADO. Hijastro.

ENTENDEDERAS. Entendimiento.

ENTENDER. Comprender, alcanzar, penetrar, interpretar, concebir. — Deducir, inferir, colegiar, juzgar, pensar, creer. — Oír. — Saber, conocer.
  • *desconocer, ignorar*

ENTENDIDO. Sabio, docto, inteligente, capaz, hábil, experimentado, experto.

ENTENDIMIENTO. Inteligencia, intelecto, talento, razón, juicio.

ENTENEBRECER. Obscurecer, empalidecer, anublar, empañar.

ENTEO. Inspirado.

ENTERADO. Informado, impuesto, sabedor, instruido, orientado.

ENTERAMENTE. Totalmente, completamente, plenamente, cabalmente, del todo.

ENTERAR. Informar, imponer, instruir, orientar, contar.
• *ignorar*

ENTEREZA. Integridad, firmeza, carácter, energía, fortaleza, rectitud, independencia, voluntad.
• *debilidad, pusilanimidad*

ENTERNECER. Conmover, ablandar.

ENTERO. Íntegro, completo, justo, exacto, cabal, cumplido. — Recto, probo, firme, enérgico, fuerte, independiente. — Robusto, sano, recio. — Incorrupto.

ENTERRADOR. Sepulturero.

ENTERRAMIENTO. Entierro, inhumación, sepelio. — Sepulcro, sepultura.

ENTERRAR. Sepultar, inhumar, soterrar. — Introducir, clavar, hundir.

ENTIBIAR. Templar, moderar, disminuir, decaer, calmar, sosegar, suavizar.

ENTIDAD. Colectividad, agrupación, centro, instituto. — Ente, ser. — Consideración, importancia, valor.

ENTIERRO. Sepulcro, sepultura. — Inhumación, soterramiento. — Cortejo, comitiva.

ENTINTAR. Teñir, manchar.

ENTONACIÓN. Entono.

ENTONAR. Fortalecer, robustecer, vigorizar, reparar, restablecer, tonificar.
• *debilitar, desafinar*

ENTONARSE. Engreírse, envanecerse. — Restablecerse.

ENTONCES. En aquel tiempo, siendo así, en ese caso.

ENTONO. Entonación. — Arrogancia, presunción, copete, altanería.

ENTONTECER. Atontar, idiotizar, alelar.

ENTORNAR. Entrecerrar.

ENTORPECER. Retardar, dificultar, impedir, paralizar, embarazar, estorbar. — Turbar, obscurecer.

ENTORPECIMIENTO. Obstáculo, impedimento, dificultad, estorbo, retraso, rémora.

ENTRADA. Billete. — Ingreso, acceso. — Puerta, boca. — Principio.

ENTRAMPARSE. Empeñarse.

ENTRAÑA. Víscera. — Interior, centro. — Voluntad, afecto, ánimo. — Índole, genio.

ENTRAÑABLE. Afectuoso, íntimo, acendrado.

ENTRAÑAR. Contener, implicar.

ENTRAR. Penetrar, introducirse, meterse, colarse, ingresar. — Encajar, meter, clavar. — Caber. — Acometer, atacar, arremeter. — Asociarse, afiliarse. — Empezar, comenzar. — Desembocar, desaguar. — Intervenir, participar. — Seguir, adoptar. — Invadir, ocupar.
• *salir*

ENTREABRIR. Entornar.

ENTREACTO. Intermedio.

ENTRECEJO. Ceño, sobrecejo.

ENTRECORTADO. Intermitente.

ENTREDICHO. Prohibición, veto, suspensión, interdicto. — Discrepancia, cuestión, diferencia.

ENTREGA. Capitulación, rendición.

ENTREGAR. Dar, depositar, confiar, facilitar, prestar.
• *quitar, resistir.*

ENTREGARSE. Abandonarse, confiarse. — Rendirse, someterse. — Dedicarse, aplicarse.

ENTRELAZAR. Enlazar, entretejer, trabar.

ENTREMETERSE. Entrometerse, inmiscuirse, ingerirse.

ENTREMETIDO. Entrometido, indiscreto, importuno, intruso, oficioso, refitolero, inoportuno.
• *discreto, oportuno*

ENTREMETIMIENTO. Indiscreción, oficiosidad.

ENTRENAR. Ejercitar, amaestrar, practicar, adiestrar.

ENTRESACAR. Escoger, elegir, apartar.

ENTRETANTO. Ínterin, mientras.

ENTRETEJER. Entrelazar, enlazar, mezclar, incluir, meter.

ENTRETENER. Recrear, divertir, distraer, solazar. — Engañar. — Detener, retardar, dilatar, roncear.

ENTRETENIDO. Chistoso, divertido, festivo, ingenioso.

ENTRETENIMIENTO. Recreo, diversión, distracción, solaz, pasatiempo, recreación, bureo.

ENTREVER. Vislumbrar, percibir, columbrar. — Sospechar, conjeturar, adivinar.

ENTREVERAR. Mezclar, interpolar, confundir.

ENTREVERO. Trifulca, pendencia, disputa, pelotera, camorra, zafarrancho, jaleo, batifondo, batuque, bronca, cisco, lío, caramillo, batahola, trapatiesta, tiberio, alboroto.

ENTRIPADO. Encono, enojo, resquemor. — Embuchado, empacho.

ENTRISTECER. Afligir, apesadumbrar, acongojar, conturbar, atribular, angustiar, amargar.

ENTROMETIDO. Cominero, refitolero, intruso.

ENTRONCAR. Emparentar.

ENTRONIZAR. Ensalzar, exaltar, realzar.

ENTUERTO. Agravio, injuria, tuerto, afrenta.

ENTUMECERSE. Entumirse, entorpecerse, envararse, impedir, alterarse, paralizarse. — Hincharse, abotagarse, inflarse.
  • avivar, despabilar

ENTURBIAR. Alterar, obscurecer, turbar, turbiar, empañar.

ENTUSIASMAR. Enfervorizar, exaltar, admirar.

ENTUSIASMO. Exaltación, pasión, frenesí, admiración.
  • desencanto

ENTUSIASTA. Admirador, apasionado, ardiente, exaltado, incondicional, devoto, hincha.

ENUMERACIÓN. Cuenta, cómputo, cálculo. — Relación.

ENUMERAR. Contar, relatar, referir.

ENUNCIAR. Declarar, explicar, manifestar, exponer.

ENVALENTONARSE. Envanecerse, engallarse.

ENVANECERSE. Engreírse, ufanarse, ensoberbecerse, infatuarse, pavonearse, jactarse, hincharse, vanagloriarse, alabarse.

ENVARARSE. Entumecerse, entorpecerse, entumirse, paralizarse.

ENVASE. Recipiente. — Envoltorio.

ENVEJECIDO. Avejentado, aviejado, encanecido. — Viejo, anciano. — Acostumbrado, experimentado, habituado.

ENVENENAR. Emponzoñar, inficionar, intoxicar, atosigar, malignar, corromper. — Entristecer, amargar, acongojar. — Agriar, enconar, acriminar.

ENVERGADURA. Vigor. — Alcances.

ENVERJADO. Enrejado, verja.

ENVÉS. Revés, espalda.

ENVIADO. Representante, mensajero.

ENVIAR. Remitir, mandar, expedir, despachar.
  • guardar, retener.

ENVICIAR. Viciar, corromper, inficionar, dañar, estragar.
  • unificar

ENVIDIA. Dentera. — Celos, pelusa.

ENVIDIABLE. Deseable, apetecible, codiciable.

ENVIDIAR. Desear, codiciar, apetecer, ambicionar.

ENVILECER. Degradar, rebajar, prostituir, corromper.

ENVILECIMIENTO. Bajeza, abyección.

ENVÍO. Remesa, expedición, remisión.

ENVIÓN. Empujón, rempujón.

ENVISCAR. Azuzar, irritar, enconar.

ENVITE. Apuesta. — Ofrecimiento. — Empujón, rempujón, empellón.

ENVOLTORIO. Lío, bulto, fardo, paquete.

ENVOLTURA. Cubierta, capa, forro, revestimiento.

ENVOLVER. Arrollar, cubrir. — Estrechar, acorralar, rodear, atascar. — Implicar, contener, encerrar. — Ocultar, disimular. — Enredar, complicar.
  • desenvolver

ENVOLVERSE. Enredarse, mezclarse, meterse, confundirse.

ENZARZAR. Enredar, cizañar, engrescar.

ÉPICO. Heroico.

EPICÚREO. Sensual, voluptuoso.

EPIDEMIA. Plaga, calamidad, peste, azote.

EPIDERMIS. Piel, cutis, membrana, película.

EPÍGRAFE. Inscripción, letrero. — Pensamiento, sentencia, cita. — Encabezamiento. — Título, rótulo, rubro.

EPILOGAR. Resumir, compendiar.

EPÍLOGO. Conclusión. — Compendio, conjunto. — Recapitulación.
 • *principio, prólogo*

EPISODIO. Narración. — Suceso, incidente. — Digresión.

EPÍSTOLA. Carta, misiva, esquela.

EPÍTETO. Calificativo, adjetivo.

EPÍTOME. Resumen, compendio, extracto, prontuario.

ÉPOCA. Era, período, tiempo, temporada, estación, sazón.

EQUIDAD. Justicia, ecuanimidad, rectitud, imparcialidad, igualdad.
 • *injusticia, parcialidad*

EQUILIBRAR. Nivelar, igualar, balancear.

EQUILIBRIO. Proporción, armonía, igualdad, correspondencia.

EQUILIBRISTA. Volatinero, funámbulo.

EQUIMOSIS. Cardenal, moretón, contusión.

EQUINO. Caballo.

EQUIPAJE. Bagaje, petate, equipo.

EQUIPAR. Proveer, suministrar, abastecer.

EQUIPARAR. Cotejar, comparar. — Igualar.

EQUIPO. Ajuar. — Cuadrilla, brigada.

EQUITATIVO. Justo, ecuánime, recto, imparcial, moderado, igual.

EQUIVALENCIA. Igualdad, conformidad.

EQUIVALENTE. Análogo, parecido, sinónimo, igual.

EQUIVALER. Igualar.

EQUIVOCACIÓN. Error, yerro, falta, errata, desacierto, desatino, confusión, pifia.
 • *acierto, exactitud, verdad*

EQUIVOCARSE. Errar, confundirse, engañarse, aberrar, marrar.
 • *acertar, desengañar*

EQUÍVOCO. Ambiguo, incierto, obscuro, sospechoso.

ERA. Época, tiempo, temporada, estación, sazón.

ERECCIÓN. Levantamiento, enderezamiento. — Fundación, institución, establecimiento, construcción. — Tensión.
 • *ablandamiento, relajación*

ERECTO. Erguido, tieso, rígido, levantado.

EREMITA. Ermitaño, cenobita, anacoreta, solitario.

ERGUIR. Levantar, alzar, enderezar.
 • *caer, humillar*

ERGUIRSE. Engreírse, ensoberbecerse.

ERIAL. Yermo.

ERIGIR. Fundar, instituir, establecer. — Levantar, alzar, elevar, construir, obrar, fabricar, edificar.

ERIZADO. Espinoso, lleno, cubierto. — Rígido, tieso.

ERIZAR. Llenar, cubrir.

ERIZARSE. Inquietarse, azorarse. — Espeluznar, despeluznarse.

ERMITAÑO. Eremita, anacoreta, cenobita, penitente, solitario.

EROGACIÓN. Desembolso, gasto.

EROGAR. Distribuir, repartir. — Ocasionar, originar.

EROSIÓN. Corrosión, desgaste.

ERÓTICO. Amatorio.

ERRABUNDO. Errante, vagabundo.

ERRADO. Desacertado, equivocado, descaminado.

ERRANTE. Errabundo, vagabundo.

ERRAR. Equivocarse, engañarse, marrar, pifiar, fallar. — Vagar. — Divagar.
 • *acertar, permanecer*

ERRATA. Error, equivocación.

ERRÁTIL. Incierto, variable, errante, mutable, inconstante.

ERRÓNEO. Inexacto, falso, equivocado, errado.

ERROR. Equivocación, falsedad, engaño,

yerro, aberración, pifia, desacierto. — Culpa, defecto. — Errata.
• *verdad*

ERUCTAR. Regoldar.

ERUDICIÓN. Cultura, ilustración, instrucción, sabiduría.

ERUDITO. Ilustrado, docto, sabio, instruido, culto.

ESBELTO. Gallardo, airoso, elegante, arrogante, gracioso, apuesto.

ESBIRRO. Alguacil, corchete, polizonte, policía.

ESBOZAR. Bosquejar, bocetar, proyectar.

ESBOZO. Boceto, croquis, bosquejo, apunte, mancha, borrón.

ESCABROSIDAD. Desigualdad, aspereza.

ESCABROSO. Difícil, dificultoso, arduo, peligroso, embarazoso. — Verde, licencioso, libre. — Áspero, desigual, duro, abrupto, quebrado, fragoso.
• *llano, púdico, suave*

ESCABULLIRSE. Escurrirse, escaparse, fugarse, evadirse, esquivar.

ESCACHARRAR. Romper. — Malograr, estropear, escangallar.

ESCALA. Gradación, sucesión, gama, graduación. — Tamaño, proporción. — Escalera. — Escalafón.

ESCÁLAMO. Tolete.

ESCALAR. Asaltar. — Subir, encaramar, trepar. — Encumbrarse.
• *descender*

ESCALDADO. Escarmentado, receloso, desconfiado, escamado.

ESCALDAR. Escocer, quemar, abrasar, resquemar. — Escarmentar.

ESCALERA. Escalinata.

ESCALINATA. Gradas. — Escalera.

ESCALOFRÍO. Calofrío, chucho, tiritón.

ESCAMA. Resentimiento, desazón, recelo, sospecha, temor, inquietud, zozobra, cuidado, desconfianza.

ESCAMADO. Escarmentado, receloso, desconfiado.

ESCAMARSE. Recelar, desconfiar, remosquearse.

ESCAMOTEAR. Birlar, escamotar, hurtar.

ESCAMOTEO. Prestidigitación.

ESCAMPADO. Descampado, raso, desembarazado, libre, descubierto.

ESCAMPAR. Despejar, desembarazar. — Aclararse, serenarse.

ESCANCIAR. Beber.

ESCANDALIZAR. Alborotar.

ESCANDALIZARSE. Enojarse, irritarse, excandecerse. — Ofenderse.

ESCÁNDALO. Alboroto, ruido, tumulto, desorden. — Desenfreno, desvergüenza. — Asombro, pasmo, admiración. — Campanada.
• *decencia, quietud, silencio*

ESCANGALLADO. Estropeado, destrozado, escacharrado, deshecho, descuajaringado.

ESCAÑO. Banco.

ESCAPAR. Huir, fugarse, evadirse, escurrirse, escabullirse, salir, esquivar, evitar.
• *quedar*

ESCAPARATE. Vidriera.

ESCAPATORIA. Escusa, efugio, salida, recurso, subterfugio, evasiva, escape, fuga, huida, achaque.

ESCAPE. Fuga, pérdida, filtración.

ESCAPE (A). A todo correr, a toda prisa.

ESCÁPULA. Omóplato.

ESCARA. Costra, postilla.

ESCARAMUZA. Riña, pendencia, reyerta, contienda, altercado, disputa, pelotera, tiberio, cisco, camorra, batifondo, bronca, batuque, bochinche, zafarrancho. — Refriega, choque, zalagarda.

ESCARBADIENTES. Mondadientes, palillo.

ESCARBAR. Escudriñar, averiguar, inquirir.

ESCARCEO. Cabrilleo. — Caracoleo. — Rodeo, divagación.

ESCARDAR. Desherbar, escardillar.

ESCARMENTAR. Escaldar, corregir, castigar, reprender. — Desengañarse.

ESCARMIENTO. Castigo, corrección, reprimenda. — Desengaño, decepción, advertencia, aviso.

ESCARNECER. Zaherir, maltratar, despreciar, mofar, matraquear, rechiflar, soflamar.

ESCARNIO. Injuria, afrenta, burla, mofa, befa, ludibrio, menosprecio.
• *alabanza, aprecio*

ESCARPADO. Abrupto, escabroso, áspero, quebrado, fragoso.

ESCASAMENTE. Apenas.
• *abundantemente*

ESCASEAR. Faltar, escatimar. — Ahorrar, excusar.

ESCASEZ. Insuficiencia, falta, carestía, poquedad, penuria, cortedad. — Miseria, pobreza, mezquindad, tacañería, estrechez.
• *abundancia*

ESCASO. Limitado, poco, corto, pobre, mezquino, insuficiente, falto.
• *abundante, generoso*

ESCATIMAR. Escasear, cercenar, disminuir.
• *prodigar*

ESCENA. Espectáculo, suceso. — Teatro.

ESCENARIO. Panorama, vista, teatro.

ESCEPTICISMO. Pirronismo.

ESCÉPTICO. Incrédulo, pirrónico.

ESCISIÓN. Rompimiento, cisma, desavenencia, discordia, disidencia, división. — Cortadura, incisión.

ESCLARECER. Aclarar, clarear, alborear. — Ennoblecer, ilustrar, afamar, acreditar, calificar. — Iluminar, dilucidar, elucidar, explicar.
• *apagar, difamar*

ESCLARECIDO. Ilustre, famoso, insigne, preclaro, afamado, calificado, distinguido.

ESCLAVITUD. Servidumbre, sujeción, cadena, opresión.
• *dominio, libertad*

ESCLAVO. Siervo, ilota, paria. — Rendido, enamorado, obediente.

ESCOBILLÓN. Baqueta.

ESCOCER. Picar, escaldar.

ESCOGER. Elegir, preferir, optar, designar.
• *conformar, dejar*

ESCOGERSE. Ofenderse, dolerse, sentirse.

ESCOLAR. Estudiante, alumno, discípulo, colegial.

ESCOLIMOSO. Descontentadizo. — Intratable, áspero.

ESCOLIO. Nota.

ESCOLLO. Riesgo, peligro, obstáculo, dificultad, embarazo, tropiezo. — Arrecife, banco, bajío.

ESCOLOPENDRA. Ciempiés.

ESCOLTA. Convoy, guardia, acompañamiento, séquito.

ESCOLTAR. Convoyar, custodiar, guardar, acompañar.

ESCOMBRO. Cascote, broza.

ESCONDER. Encubrir, ocultar, recatar. — Encerrar, incluir, contener. — Escondite.
• *abrir, descubrir*

ESCONDIDAS (A). Ocultamente, secretamente.

ESCONDITE. Escondrijo.

ESCORCHAR. Desollar, despellejar. — Fastidiar, molestar.

ESCORCHÓN. Cargante, pelma.

ESCORIA. Desecho, hez.

ESCORPIÓN. Alacrán.

ESCOTAR. Cotizar.

ESCOTE. Descote, escotadura.

ESCOZOR. Resquemor, recelo, escrúpulo, rescoldo. — Picazón.

ESCRIBIENTE. Amanuense.

ESCRIBIR. Redactar, componer, trazar, pergeñar, extender, garabatear, garrapatear.

ESCRIBIRSE. Cartearse.

ESCRITO. Documento, carta, manuscrito, escritura, crónica, artículo. — Pedimento, alegato.

ESCRITORIO. Oficina, despacho. — Pupitre.

ESCRITURA. Escrito, documento.

ESCRÚPULO. Escrupulosidad, esmero, exactitud, cuidado, precisión. — Asco, repugnancia. — Prejuicio, prevención.
• *imprecisión, indelicadeza, inexactitud*

ESCRUPULOSO. Minucioso, cuidadoso, esmerado, concienzudo, cumplidor, fiel, puntual, exacto, preciso. — Aprensivo, receloso, miedoso, delicado.

ESCRUTAR. Examinar, indagar, inquirir, explorar. — Computar.

ESCUADRA. Flota, armada. — Cartabón.
ESCUÁLIDO. Flaco, delgado, macilento, descolorido, extenuado, esmirriado, consumido.
ESCUCHAR. Oír, atender. — Seguir, acatar, obedecer.
ESCUDAR. Proteger, amparar, defender, resguardar, respaldar.
• *descubrir*
ESCUDO. Amparo, defensa, patrocinio.
ESCUDRIÑAR. Escrutar, examinar, inquirir, averiguar, rebuscar, indagar.
ESCUELA. Colegio. — Doctrina, sistema, método. — Enseñanza, instrucción.
ESCUERZO. Sapo. — Flaco, desmedrado, feo.
ESCUETO. Conciso, sobrio, sucinto, desnudo. — Desembarazado, libre, despejado, descubierto.
ESCULPIR. Grabar, modelar, tallar, cincelar, labrar, entallar.
ESCULTURA. Estatuaria.
ESCULTURAL. Esbelto, airoso, gallardo.
ESCUPIDERA. Bacín, bacinilla, orinal, salivadera.
ESCUPIR. Salivar, expectorar, esputar. — Arrojar, despedir, lanzar, soltar.
ESCURRIR. Gotear, chorrear, destilar. — Estrujar. — Resbalar.
ESCURRIRSE. Escaparse, huir, escabullirse, ocultarse. — Deslizarse, resbalar.
ESENCIA. Naturaleza, propiedad. — Extracto, substancia, compendio.
ESENCIAL. Substancial, principal, indispensable, necesario, obligatorio, inevitable, notable.
• *accidental*
ESFERA. Clase, jerarquía, condición. — Bola, pelota.
ESFÉRICO. Redondo, orbicular.
ESFORZADO. Valiente, animoso, valeroso, alentado, bizarro, denodado.
• *cobarde*
ESFORZARSE. Pugnar, batallar, luchar, porfiar, pelear, contender, procurar.
ESFUERZO. Brío, valor, ánimo, aliento, denuedo, empuje, vigor.
ESFUMARSE. Disiparse, desvanecerse.

ESGRIMIR. Blandir, empuñar, jugar.
ESGRIMISTA. Esgrimidor.
ESGUINCE. Regate, gambeta, quiebro. — Distensión, torcedura.
ESLABÓN. Unión, enlace, nexo.
ESLABONAR. Encadenar, enlazar, unir, relacionar.
ESMERO. Cuidado, escrupulosidad, solicitud, prolijidad, diligencia, pulcritud, celo.
ESMIRRIADO. Enclenque, chupado, esquelético.
ESOTÉRICO. Obscuro, recóndito, misterioso, metafísico.
ESPACIAR. Separar, apartar.
• *encoger, juntar*
ESPACIO. Ámbito, distancia, trecho, lugar, sitio, claro. — Intervalo, tiempo, lapso, transcurso. — Blanco. — Capacidad. — Tardanza, lentitud.
ESPACIOSAMENTE. Pausadamente, lentamente, despacio.
ESPACIOSO. Vasto, amplio, dilatado, extenso, ancho, capaz. — Lento, pausado, flemático.
ESPADA. Hoja, acero, tizona.
ESPADACHÍN. Camorrista, pendenciero, valentón, matón, fanfarrón, perdonavidas.
ESPADAÑA. Gladio.
ESPALDA. Revés, envés.
ESPALDAR. Respaldo.
ESPALDAS (A). A traición, por detrás.
ESPANTABLE. Espantoso, horripilante, pavoroso, espeluznante, aterrado, dantesco.
ESPANTADIZO. Asustadizo, asombradizo. — Cobarde, pusilánime.
ESPANTAJO. Espantapájaros, pelele, simple, inútil, mamarracho, esperpento.
ESPANTAR. Asustar, aterrar, acobardar, atemorizar, horripilar, espeluznar, aterrorizar. — Ahuyentar. — Ojear.
• *desdeñar, tranquilizar*
ESPANTARSE. Admirarse, maravillarse, asombrarse, sorprenderse, pasmarse. — Asustarse, acobardarse, atemorizarse.
ESPANTO. Terror, miedo, temor, pánico, pavor, horror. — Espectro, fantasma, aparecido.

ESPANTOSO. Terrible, aterrador, horrible, horroroso, terrorífico, pavoroso, espeluznante.

ESPAÑOL. Hispano, hispánico, ibérico.

ESPARAVÁN. Gavilán. — Tumor.

ESPARCIMIENTO. Diversión, entretenimiento, pasatiempo, distracción, recreo, solaz, desahogo.
• *aburrimiento, unión*

ESPARCIR. Dispersar, desparramar, diseminar, desperdigar, sembrar, derramar, extender, espaciar, separar. — Divulgar, publicar, propagar, propalar, difundir, extender.
• *aburrirse, juntar*

ESPARCIRSE. Distraerse, divertirse, recrearse, entretenerse, solazarse, desahogarse.

ESPASMO. Pasmo, contracción.

ESPECIA. Condimento.

ESPECIAL. Singular, particular, extraordinario, raro, excepcional, extraño, reservado, propio, personal, inmejorable, excelente.

ESPECIALIDAD. Singularidad, particularidad, fuerte.
• *generalidad, vulgaridad*

ESPECIE. Clase, calidad, género, naturaleza, variedad, familia. — Caso, asunto, suceso, hecho, rumor, noticia, dicho, chisme, runrún. — Pretexto, apariencia, color, sombra. — Tema, proposición.

ESPECIFICAR. Detallar, explicar, enumerar, precisar, declarar, determinar, particularizar, singularizar.
• *indeterminar*

ESPECÍFICO. Densidad. — Medicamento. — Individual, particular.

ESPÉCIMEN. Muestra, modelo, tipo, ejemplar.

ESPECIOSO. Artificioso, engañoso, falso, aparente. — Hermoso, perfecto.

ESPECTÁCULO. Función, representación, diversión. — Cuadro.

ESPECTADORES. Concurrentes, circunstantes, presentes, público, concurso, concurrencia.

ESPECTRO. Fantasma, aparecido, visión. — Cadáver.

ESPECULACIÓN. Meditación, reflexión, consideración, teoría. — Comercio.

ESPECULAR. Comerciar, traficar. — Explotar, abusar. — Meditar, raciocinar, examinar, registrar, reflexionar, considerar.

ESPECULATIVO. Teórico.

ESPEJEAR. Resplandecer, reverberar, relucir.

ESPEJISMO. Ilusión, quimera, sueño, delirio, ficción, desvarío.

ESPEJO. Cristal, agua, luna. — Modelo, dechado.

ESPEJUELO. Anteojos, gafas, antiparras, lentes.

ESPELUZNANTE. Horrible, espantoso, monstruoso, horrendo, horroroso, dantesco, horripilante.

ESPELUZNAR. Horrorizar, aterrar, aterrorizar, horripilar, atemorizar, espantar.
• *tranquilizar*

ESPERA. Expectativa, acecho. — Paciencia, calma, flema. — Plazo, término.

ESPERANZA. Confianza, fe, seguridad, creencia. — Ánimo, consuelo, aliento. — Ilusión.

ESPERANZAR. Animar, alentar, confortar, consolar, reanimar, confiar.

ESPERAR. Aguardar, confiar, creer.
• *desesperar, despedir*

ESPERMA. Semen.

ESPERPENTO. Feo, ridículo, estantigua, mamarracho. — Bodrio.

ESPESAR. Condensar, concentrar, reducir. — Apretar, unir, cerrar, tupir.

ESPESO. Denso, condensado, grueso. — Apretado, tupido, cerrado, trabado, compacto, apiñado.
• *aclarado*

ESPESOR. Grueso, grosor.

ESPESURA. Fronda, maraña, fragosidad.

ESPETAR. Atravesar, clavar. — Soltar, enviar, encajar, endilgar.

ESPIAR. Observar, vigilar, atisbar, acechar, aguaitar, escuchar.

ESPICHAR. Morir, acabar, fenecer, sucumbir, boquear. — Pinchar.

ESPIGADO. Alto, esbelto, crecido, desarrollado, talludo.

ESPIGAR. Buscar, rebuscar, escoger, elegir.

ESPIGARSE. Estirarse, crecer.

ESPIGÓN. Rompeolas. — Aguijón. — Mazorca.

ESPINA. Astilla, pincho, aguijón. — Sospecha, escrúpulo, recelo. — Pesar, pena. — Espinazo.

ESPINILLA. Barrito, granito.

ESPINO. Majuelo.

ESPINOSO. Arduo, difícil, dificultoso, intrincado, enmarañado, embrollado, comprometido.
• *fácil, suave*

ESPIRAL. Resorte, muelle.

ESPIRAR. Respirar, alentar. — Exhalar, despedir. — Animar, alentar.

ESPÍRITU. Energía, vivacidad, ingenio, brío, ánimo, aliento, valor, esfuerzo, vigor. — Alma, esencia. — Tendencia, característica. — Principio.

ESPITA. Canilla.

ESPLENDENTE. Resplandeciente, brillante, esplendoroso, refulgente, relumbrante.

ESPLENDIDEZ. Magnificencia, ostentación, fausto, rumbo, abundancia, largueza, generosidad.
• *sencillez, tacañería*

ESPLÉNDIDO. Magnífico, regio, soberbio, admirable, suntuoso. — Generoso, liberal, rumboso, desprendido. — Resplandeciente.

ESPLENDOR. Resplandor. — Lustre, fama, nobleza, brillo.

ESPLENDOROSO. Brillante, luminoso, fúlgido.

ESPLIEGO. Lavándula, alhucema.

ESPLÍN. Tedio, hastío, aburrimiento, fastidio.

ESPOLEAR. Aguijonear, pinchar, picar, incitar, excitar, estimular, avivar, mover, agitar.

ESPOLÓN. Tajamar, malecón. — Garrón.

ESPONJARSE. Engreírse, envanecerse, hincharse, infatuarse, ensoberbecerse.
• *condensarse, espesarse*

ESPONJOSO. Fofo, blando, ahuecado, poroso, fungoso.

ESPONSALES. Desposorios.

ESPONTÁNEO. Voluntario, natural.

ESPORÁDICO. Ocasional, eventual.
• *continuo*

ESPORTILLERO. Faquín, changador.

ESPOSA. Mujer, cónyuge.

ESPOSAS. Grilletes, manillas.

ESPOSO. Marido, cónyuge.

ESPOSOS. Consortes, cónyuges.

ESPUELA. Acicate, aguijón, incentivo, incitativo, estímulo, aliciente.

ESPUMA Nata, flor.

ESPURIO. Bastardo, ilegítimo, falso, adulterado, contrahecho.

ESPURREAR. Rociar, asperjar.

ESPUTAR. Escupir, expectorar, gargajear.

ESPUTO. Escupida, expectoración.

ESQUELA. Carta, misiva, epístola, tarjeta.

ESQUELÉTICO. Flaco, enjuto, chupado, esmirriado.

ESQUELETO. Armazón, armadura, anaquelería. — Osamenta.

ESQUEMA. Gráfico, plano, guión.

ESQUIFE. Bote, lancha, canoa.

ESQUILA. Cencerro.

ESQUILAR. Trasquilar, tusar, atusar.

ESQUILIMOSO. Melindroso, delicado, dengoso, difícil.

ESQUILMAR. Despojar, empobrecer, arruinar, estrujar, trasquilar.
• *aumentar, enriquecer*

ESQUINA. Ochava, ángulo.

ESQUIRLA. Astilla, fragmento.

ESQUIROL. Rompehuelgas, carnero.

ESQUISTO. Pizarra.

ESQUIVAR. Evitar, rehuir, rehusar, eludir, excusar, evadir, pretextar.

ESQUIVARSE. Excusarse, desdeñarse, disculparse, justificarse, retirarse, retraerse.

ESQUIVEZ. Desdén, despego, aspereza, desagrado, desafecto, frialdad, indiferencia.
• *aprecio, franqueza, simpatía*

ESQUIVO. Huraño, áspero, desdeñoso, arisco, hosco, despegado, retraído.

ESTABILIDAD. Permanencia, firmeza, duración, asiento.

ESTABLE. Duradero, permanente, firme, durable, sólido, constante.

ESTABLECER. Fundar, instalar, crear, instituir, fijar, abrir. — Ordenar, mandar, decretar, estatuir, disponer. — Sentar, enunciar, probar.

ESTABLECERSE. Residir, avecindarse, domiciliarse, avecinarse, instalarse.

ESTABLECIMIENTO. Institución, fundación, emporio.

ESTABLO. Cuadra.

ESTACA. Palo, garrote, tranca.

ESTACADA. Valla, palenque, empalizada.

ESTACIÓN. Temporada, época, tiempo. — Parada, detención.

ESTACIONARIO. Estacional, parado. — Invariable.

ESTACIONARSE. Estancarse, asentarse, detenerse, situarse.

ESTADA. Detención, permanencia, mansión.

ESTADÍA. Permanencia.

ESTADIO. Cancha, pista, liza, arena, palenque, palestra.

ESTADISTA. Gobernante, república.

ESTADÍSTICA. Padrón, censo.

ESTADO. Situación, posición, disposición. — Orden, clase, jerarquía, calidad. — Nación, país.— Lista, resumen.

ESTAFA. Engaño, fraude, dolo, trampa, timo, petardo.

ESTAFADOR. Tramposo, timador, petardista.

ESTALLAR. Reventar. — Restallar. — Sobrevenir.

ESTALLIDO. Explosión.

ESTAMPA. Lámina, dibujo, grabado. — Huella, señal, impresión. — Aspecto, traza. — Imprenta.

ESTAMPAR. Imprimir, señalar, marcar.

ESTAMPÍA (DE). Bruscamente, de repente.

ESTAMPIDO. Detonación, disparo, tiro.

ESTAMPILLA. Sello, timbre.

ESTANCAR. Detener, empantanar, parar, suspender, paralizar. — Embalsar.
• *correr, mover*

ESTANCIA. Habitación, sala, aposento, cuarto, mansión, residencia. — Estrofa. — Hacienda.

ESTANCIERO. Hacendado, terrateniente.

ESTANDARTE. Insignia, bandera, enseña, pendón.

ESTANTE. Anaquel, entrepaño, vasar, repisa.

ESTAR. Encontrarse, hallarse, existir, vivir, sentirse. — Tocar, atañer. — Permanecer, persistir.
• *ausentar, faltar, inexistir*

ESTATUA. Imagen, escultura, figura, mármol, bronce.

ESTATUARIA. Escultura.

ESTATUIR. Establecer, ordenar, decretar, mandar, determinar, prescribir, señalar.
• *derogar, desarreglar, desordenar*

ESTATURA. Talla.

ESTATUTO. Regla, precepto, disposición.

ESTE. Oriente, levante, naciente.

ESTELA. Rastro, huella.

ESTELAR. Sidéreo, sideral.

ESTENOGRAFÍA. Taquigrafía.

ESTENTÓREO. Retumbante, resonante, vibrante, ruidoso, fuerte, sonoro.

ESTEREOTIPAR. Fijar. — Clisar.

ESTÉRIL. Infecundo, improductivo, infructífero, árido, seco. — Ineficaz, vano, inútil, infructuoso.
• *eficaz, fecundo, potente*

ESTERILIDAD. Infecundidad, aridez. — Agenesia.

ESTERO. Bañado. — Estuario.

ESTÉTICA. Calología.

ESTEVADO. Patizambo, patituerto, combado.

ESTIÉRCOL. Fimo, excremento.

ESTIGMA. Afrenta, desdoro, mancilla, deshonra, baldón. — Marca, señal, huella, mancha, lacra.

ESTIGMATIZAR. Infamar, afrentar, censurar.

ESTILAR. Usar, acostumbrar, practicar, emplear.

ESTILETE. Puñal. — Púa, punzón, puntilla.

ESTILO. Uso, costumbre, práctica, moda. — Modo, manera, forma. — Punzón.

ESTIMA. Aprecio, consideración, estimación, respeto, cariño. — Honor, gloria, prez.

ESTIMACIÓN. Estima, aprecio, consideración, respeto, cariño, amor. — Aceptación.

ESTIMAR. Apreciar, considerar, respetar, querer, amar. — Juzgar, reputar, tasar, valuar, conjeturar, conceptuar.
• *desestimar, odiar*

ESTIMULANTE. Excitante.

ESTIMULAR. Aguijonear, punzar, picar, pinchar, incitar, excitar, mover, avivar.
• *desanimar*

ESTÍMULO. Acicate, aliciente, incentivo, incitamiento, incitativo, aguijón, cebo.

ESTÍO. Verano.

ESTIPENDIO. Sueldo, salario, paga, remuneración, honorarios.

ESTIPULAR. Acordar, convenir, establecer, negociar, tratar. — Determinar, señalar, fijar.

ESTIRADAMENTE. Apenas, con dificultad.

ESTIRADO. Entonado, orgulloso, vanidoso, altanero, soberbio, altivo, desdeñoso, despreciativo, arrogante. — Cicatero, tacaño. — Bajísimo, ultraeconómico.

ESTIRAR. Alargar, ensanchar, dilatar, prolongar. — Planchar.

ESTIRARSE. Desperezarse.

ESTIRPE. Linaje, alcurnia, abolengo, origen, ascendencia, cuna, casta, sangre, familia.

ESTOFA. Calidad, condición, calaña, ralea, clase, especie.

ESTOICISMO. Impasibilidad, fortaleza, austeridad.

ESTOICO. Imperturbable, inalterable, inquebrantable, indiferente, insensible, frío.

ESTOLIDEZ. Estupidez, idiotez, necedad, tontería, insensatez.

ESTOMACAL. Digestivo.

ESTOMAGAR. Cansar, fastidiar, aburrir, cargar, enfadar, empalagar.

ESTÓMAGO. Buche, panza.

ESTORBAR. Dificultar, entorpecer, molestar, impedir, incomodar.
• *facilitar, permitir*

ESTORBO. Obstáculo, entorpecimiento, molestia, impedimento, embarazo, traba, inconveniente, rémora, impedimenta, lastre.

ESTRADO. Tarima, entablado.

ESTRAFALARIO. Extravagante, raro, estrambótico, ridículo, grotesco, chocante. — Desaliñado, descuidado.

ESTRAGAR. Viciar, corromper, pervertir, desnaturalizar, estropear, descomponer, arruinar, dañar.

ESTRAGO. Destrucción, ruina, devastación, matanza, carnicería, daño, asolamiento.

ESTRAMBÓTICO. Extravagante, estrafalario, irregular, raro, extraño.

ESTRANGULAR. Oprimir, apretar. — Ahogar, asfixiar.

ESTRATAGEMA. Ardid, treta, artificio, astucia, engaño, artimaña.

ESTRATEGIA. Habilidad, maña, pericia.

ESTRATO. Capa, clase.

ESTRECHAR. Apretar, reducir, obligar, forzar, acercar, apurar, apremiar, precisar, constreñir.
• *ensanchar*

ESTRECHARSE. Ceñirse, apretarse, ajustarse, recogerse.

ESTRECHEZ. Escasez, estrechura, privación, miseria, pobreza, indigencia, penuria. — Aprieto, apuro. — Retiro, austeridad.

ESTRECHO. Angosto, apretado, ahogado, ajustado, reducido. — Miserable, tacaño, mezquino, escaso. — Canal. — Limitado, apocado. — Rígido, severo.

ESTREGAR. Frotar, restregar.

ESTRELLA. Destino, suerte, fortuna, hado, sino. — Lucero, astro.

ESTRELLADO. Constelado.

ESTRELLARSE. Chocar, golpearse, topar. — Fracasar.

ESTREMECIMIENTO. Temblor, conmoción, sacudida. — Sobresalto.

ESTREMECERSE. Temblar, retemblar, trepidar.

ESTRENAR. Inaugurar, abrir, comenzar, principiar.

ESTREÑIDO. Constipado. — Miserable, mezquino, tacaño, avaro.

ESTREÑIRSE. Constiparse.

ESTRÉPITO. Estruendo, ruido, fragor.
• *silencio*

ESTRÍA. Raya, canal, surco.

ESTRIAR. Rayar, acanalar.

ESTRIBAR. Fundarse, apoyarse, descansar, basarse, consistir, fincar, radicar, residir.

ESTRIBILLO. Muletilla, cantilena, bordón.

ESTRIBO. Apoyo, fundamento.

ESTRICTO. Preciso, exacto, riguroso, estrecho, severo, ajustado.
• *impreciso, inexacto, irreflexivo*

ESTRIDENTE. Agudo, chirriante, estrepitoso, desapacible.

ESTRO. Inspiración, numen, estímulo, ardor.

ESTROPEAR. Maltratar, lastimar, dañar, lisiar, menoscabar. — Deteriorar, escangallar, descuajaringar, cachifollar.

ESTROPEARSE. Macarse, pudrirse.

ESTROPICIO. Destrozo, rotura, trastorno. — Algazara, jaleo.

ESTRUCTURA. Orden, distribución, disposición, arreglo, organización, agrupación, textura.

ESTRUENDO. Estrépito, fragor, ruido.

ESTRUJAR. Apretar, prensar, comprimir, oprimir, exprimir. — Agotar, chupar, esquilmar.
• *separar, soltar*

ESTUARIO. Desembocadura, estero.

ESTUCHE. Alhaja. — Caja. — Envoltura.

ESTUDIADO. Afectado, artificioso.

ESTUDIANTE. Escolar, alumno, discípulo.

ESTUDIAR. Aprender, instruirse, aplicarse. — Preparar, examinar, meditar. — Observar. — Tantear, considerar, explorar. — Cursar.

ESTUDIO. Croquis, boceto, tanteo. — Aplicación, habilidad, maña. — Bufete, despacho. — Análisis, examen, descom-

posición. — Conocimientos. — Trabajo, obra, labor, producción, tratado, libro, memoria, monografía, disertación, tesis, disquisición.

ESTULTICIA. Estupidez, necedad, sandez, tontera, estolidez.

ESTUPEFACCIÓN. Asombro, estupor, sorpresa, pasmo, admiración, extrañeza.

ESTUPEFACIENTE. Alcaloide. — Narcótico, soporífero.

ESTUPEFACTO. Atónito, pasmado, sorprendido, asombrado, admirado, maravillado, suspenso, helado, alelado.

ESTUPENDO. Admirable, asombroso, sorprendente, maravilloso, prodigioso, portentoso, pasmoso, grandioso, milagroso, extraño.

ESTÚPIDO. Torpe, tardo, idiota, imbécil, estólido, tonto, bobo, rudo, porro.

ESTUPOR. Asombro, pasmo, sorpresa.

ESTUPRAR. Violar.

ETAPA. Tramo, recorrido. — Época.

ETÉREO. Sublime, puro, elevado, sutil, impalpable.

ETERNAMENTE. Sin fin, siempre, perpetuamente, sempiternamente.

ETERNIDAD. Perpetuidad.

ETERNIZAR. Perpetuar, inmortalizar.

ETERNO. Perpetuo, sempiterno, infinito, interminable, inacabable, perdurable, imperecedero, inmortal, por siempre, jamás.
• *caduco, finito*

ÉTICA. Moral.

ETIQUETA. Ceremonial. — Cumplimiento. — Rótulo, marbete, letrero, inscripción, dirección.

ETIQUETERO. Cumplimentero.

EUFONÍA. Armonía.

EURITMIA. Armonía, proporción, equilibrio.

EVACUAR. Desocupar, abandonar, dejar. — Defecar. — Expedir, emitir.

EVADIR. Eludir, evitar, esquivar, rehuir.
• *afrontar, permanecer*

EVADIRSE. Escaparse, fugarse, huir.

EVALUACIÓN. Valuación, tasa, valoración, cálculo, apreciación.

EVALUAR. Valuar, valorar, calcular, apreciar, estimar, tasar.

EVAPORARSE. Desvanecerse, disiparse, desaparecer.

EVASIÓN. Fuga, huida. — Efugio, salida.

EVASIVA. Pretexto, subterfugio, efugio, achaque, rodeo, recurso.

EVENTO. Acontecimiento, suceso, contingencia.

EVENTUAL. Incierto, inseguro, accidental, fortuito, casual, imprevisto, ocasional.

EVENTUALIDAD. Contingencia, casualidad.
  • *certeza, realidad*

EVIDENCIA. Certeza, certidumbre, seguridad, convencimiento.

EVIDENCIAR. Patentizar.

EVIDENTE. Cierto, patente, manifiesto, claro, positivo, auténtico, indudable, indubitable, incuestionable, incontestable, verdadero, real, efectivo.

EVITAR. Precaver, prevenir, eludir, huir, rehuir, excusar, evadir, librarse, apartarse, abstenerse.

EVOCAR. Recordar, rememorar. — Invocar, llamar.
  • *olvidar*

EVOLUCIÓN. Desarrollo, transformación, cambio. — Maniobra, movimiento, ejercicio.

EXABRUPTO. Bruscamente. — Brusquedad.

EXACERBAR. Irritar, exasperar, enfadar, enfurecer, encolerizar. — Avivar, agravar.

EXACTAMENTE. Puntualmente, debidamente, fielmente, religiosamente, cabalmente.

EXACTITUD. Puntualidad, fidelidad, regularidad, precisión.
  • *imprecisión, inexactitud*

EXACTO. Puntual, fiel, cabal, preciso, justo, riguroso, verdadero.

EXAGERACIÓN. Abultamiento, hipérbole, ponderación, encarecimiento, andaluzada.

EXAGERADO. Inmoderado, excesivo.

EXAGERAR. Abultar, agrandar, ponderar, encarecer, macanear.

EXALTADO. Entusiasta, apasionado, fanático, rabioso, hincha.

EXALTAR. Glorificar, ensalzar, entronizar, enaltecer, elevar, realzar. — Inflamar, electrizar.
  • *denigrar, tranquilizar*

EXALTARSE. Entusiasmarse, arrebatarse, acalorarse, irritarse, sobreexcitarse.

EXAMEN. Prueba, reconocimiento, inspección, registro, tanteo, observación, indagación, estudio.

EXAMINAR. Probar, considerar, aquilatar, analizar. — Investigar, inspeccionar, registrar, tantear, reconocer. — Inquirir, indagar. — Observar, contemplar.

EXANGÜE. Desangrado. — Exánime, aniquilado, muerto.

EXÁNIME. Desfallecido, desmayado. — Muerto.
  • *fuerte, palpitante*

EXASPERACIÓN. Irritación, enfurecimiento, enojo.

EXASPERAR. Exacerbar, irritar, enfadar, disgustar, agriar, enfurecer, sulfurar.

EXCAVAR. Cavar, ahoyar, zanjar, ahondar, profundizar.

EXCEDENTE. Sobrante, exceso.

EXCEDER. Superar, sobrepujar, aventajar, pasar de.

EXCEDERSE. Propasarse, extralimitarse.

EXCELENCIA. Sublimidad, elevación. — Bondad, calidad, perfección, hermosura, graciosidad.

EXCELENTE. Óptimo, superior, notable, delicioso, rico, exquisito.

EXCELSO. Eminente, alto, elevado.

EXCÉNTRICO. Extravagante, original, raro.

EXCEPCIONAL. Raro, extraordinario, singular, extraño.

EXCEPTO. Salvo, a excepción de, fuera de, descontado.

EXCEPTUAR. Excluir, salvar.

EXCESIVO. Desmesurado, exorbitante, fuerte, violento, enorme, extraordinario, monstruoso.

EXCESO. Demasía, violencia, desorden, desarreglo. — Delito, crimen, abuso. —

Excedente, sobrante, sobra. — Exorbitancia, enormidad.
* *defecto, escasez, falta*

EXCITACIÓN. Agitación, conmoción, irritación, acaloramiento. — Instigación, provocación, incitación.

EXCITANTE. Estimulante, incitante.

EXCITAR. Provocar, incitar, instigar, aguijonear, pinchar, estimular, mover. — Lentar, exhortar. — Agitar, irritar, encolerizar, enfurecer, exasperar.
* *desanimar, tranquilizar*

EXCLAMAR. Clamar, prorrumpir.

EXCLUIR. Eliminar, suprimir, quitar, descartar, exceptuar.
* *incluir*

EXCLUSIVA. Privilegio, monopolio.

EXCLUSIVAMENTE. Únicamente, solamente, exclusive.

EXCOGITAR. Discurrir, meditar.

EXCOMUNIÓN. Maldición, imprecación, anatema.

EXCORIACIÓN. Desolladura, desollón.

EXCRECENCIA. Carnosidad, tumor.

EXCREMENTICIO. Fecal.

EXCREMENTO. Heces, estiércol, fimo, cieno.

EXCURSIÓN. Paseo, gira, viaje, correría.

EXCUSA. Disculpa, pretexto, achaque, defensa, subterfugio.

EXCUSACIÓN. Excusa.

EXCUSADO. Retrete. — Reservado, particular. — Superfluo, inútil.

EXCUSAR. Disculpar, perdonar, defender, justificar. — Evitar, precaver, rehusar, eludir, evadir, rehuir. — Eximir, dispensar, relevar.
* *acusar, justificar, probar*

EXCUSARSE. Disculparse, justificarse, defenderse, alegar, aducir, argüir.

EXECRACIÓN. Abominación, imprecación, maldición, aborrecimiento, horror.

EXECRAR. Detestar, abominar, maldecir, aborrecer, odiar.
* *amar, bendecir*

EXEGETA. Intérprete, expositor, glosador, comentador.

EXENCIÓN. Franquicia, dispensa, ventaja, privilegio, preferencia.
* *carga, culpa, desventaja*

EXENTO. Libre, desembarazado, dispensado, franco.

EXEQUIAS. Funerales, honras.

EXHALACIÓN. Rayo, centella, chispa. — Vaho, vapor.

EXHALAR. Emitir, proferir, lanzar, arrojar, despedir, desprender, producir.

EXHAUSTO. Agotado, extenuado, debilitado.
* *fuerte, lleno*

EXHIBICIÓN. Exposición, presentación, manifestación.

EXHIBIR. Lucir, ostentar, mostrar, exponer, presentar, manifestar, enseñar.
* *ocultar*

EXHORTACIÓN. Ruego, súplica, consejo, invitación. — Amonestación, sermón.

EXHORTAR. Inducir, persuadir, excitar, alentar, animar, incitar, rogar, suplicar.

EXHORTO. Requisitoria, oficio.

EXHUMAR. Desenterrar.

EXIGENCIA. Pretensión.

EXIGIR. Pedir, reclamar, requerir, necesitar, demandar, instar, urgir, apremiar, obligar. — Coaccionar.
* *dispensar, perdonar*

EXIGUO. Escaso, pequeño, insuficiente, corto, reducido, mezquino, insignificante.
* *abundante, generoso*

EXIMIO. Excelso, incomparable, relevante, superior.

EXIMIR. Dispensar, libertar, liberar, relevar, perdonar, exentar, condonar, remitir, exonerar.
* *condenar, obligar*

EXISTENCIA. Vida, ser.

EXISTIR. Vivir, ser, subsistir. — Haber. — Durar.
* *faltar, inexistir*

ÉXITO. Triunfo, victoria, lauro, fama. — Fin, terminación, resultado.
* *fracaso, malogro, plancha*

ÉXODO. Emigración, peregrinación, salida.

EXONERAR. Eximir, descargar, aliviar. — Privar, despojar, quitar.
 • *glorificar, otorgar*

EXORBITANTE. Excesivo, desmesurado, demasiado, enorme.

EXORCISMO. Conjuro.

EXORDIO. Introducción, preámbulo, principio, prefacio.

EXORNAR. Adornar, hermosear, embellecer, engalanar, ornar.

EXÓTICO. Peregrino, extraño, singular, raro, extranjero.
 • *castizo, típico, tradicional*

EXPANDIR. Extender, dilatar, difundir.

EXPANSIÓN. Distracción, esparcimiento, solaz, recreo, desahogo, diversión. — Propagación, dilatación.

EXPANSIVO. Comunicativo, afable, cariñoso, franco, accesible, abierto.

EXPATRIACIÓN. Destierro, extrañamiento.

EXPECTATIVA. Espera, acecho.

EXPECTORAR. Escupir, esputar.

EXPEDICIÓN. Envío, remesa, remisión. — Incursión, correría. — Excursión. — Facilidad, desembarazo, prontitud.

EXPEDIENTE. Medio, recurso, motivo, razón, título, efugio, excusa, pretexto, achaque, subterfugio.

EXPEDIR. Remitir, enviar, mandar, despachar, remesar. — Extender, librar.

EXPEDITIVO. Diligente, activo, rápido, drástico, ligero, vivo, ágil.

EXPEDITO. Libre, desembarazado, despejado, suelto.
 • *difícil, lento*

EXPELER. Arrojar, lanzar, despedir, echar, expulsar.

EXPENDER. Vender, despachar. — Gastar, impender.
 • *comprar*

EXPENSAS. Gastos, costas.

EXPERIENCIA. Hábito, costumbre, conocimiento, pericia, práctica. — Experimento, ensayo, prueba.

EXPERIMENTADO. Experto, práctico, perito, conocedor, ejercitado, versado, hábil, entendido.

EXPERIMENTAL. Empírico.

EXPERIMENTAR. Ensayar, probar, examinar, estudiar. — Notar, observar, sentir. — Sufrir.

EXPERIMENTO. Experiencia, ensayo, prueba, tentativa.

EXPERTO. Práctico, experimentado, perito, conocedor, versado, hábil, entendido, inteligente, avezado, diestro.
 • *inexperto, inhábil*

EXPIACIÓN. Reparación, castigo, pena, satisfacción.

EXPIAR. Purgar, pagar, reparar, satisfacer, sufrir, llorar.

EXPIRAR. Morir, fallecer. — Acabar, fenecer, terminar, finalizar, concluir, apagarse, cesar, vencer.
 • *empezar, nacer*

EXPLANAR. Allanar, nivelar, igualar, aplanar, desmontar, terraplenar. — Declarar, explicar.

EXPLAYARSE. Extenderse, dilatarse. — Solazarse, recrearse, divertirse, esparcirse. — Ensanchar.
 • *desconfiarse, reprimirse*

EXPLICACIÓN. Aclaración, justificación, exposición, declaración, interpretación, exégesis. — Satisfacción.

EXPLICAR. Aclarar, justificar, exponer, declarar, interpretar, desarrollar, enseñar, demostrar, profesar.
 • *confundir*

EXPLICARSE. Justificarse. — Comprender, entender, concebir.

EXPLÍCITAMENTE. Claramente, determinadamente, expresamente.

EXPLÍCITO. Claro, manifiesto.

EXPLORAR. Reconocer, registrar, examinar, investigar, averiguar, inquirir, sondear.

EXPLOSIÓN. Estallido.

EXPLOTADOR. Expoliador, abusador.

EXPLOTAR. Utilizar, aprovechar. — Esquilmar, expoliar.

EXPOLIADOR. Explotador, abusador.

EXPOLIAR. Despojar, desposeer, quitar, robar.

EXPONENTE. Índice.

EXPONER. Declarar, manifestar, explicar, interpretar, notificar. — Arriesgar, aventurar. — Exhibir, mostrar, presentar.
• *acobardar, confundir*

EXPONERSE. Arriesgarse, aventurarse, atreverse.

EXPOSICIÓN. Muestra, exhibición, presentación, manifestación. — Riesgo, peligro. — Orientación. — Narración, relato.

EXPRESADO. Mencionado, antedicho, indicado, susodicho, sobredicho, citado.

EXPRESAMENTE. Claramente, manifiestamente. — A propósito, ex profeso, deliberadamente, adrede.

EXPRESAR. Decir, manifestar, declarar, significar.
• *callar*

EXPRESARSE. Hablar.

EXPRESIÓN. Locución, voz, dicción, palabra, vocablo, término. — Declaración. — Gesto, visaje, semblante.

EXPRESIONES. Recuerdos, memorias, saludos, cariños.

EXPRESIVO. Significativo, elocuente, gráfico, vivo. — Afectuoso, cariñoso. — Gracioso, animado.

EXPRESO. Claro, patente, manifiesto, preciso, explícito, evidente, especificado, taxativo.

EXPRIMIR. Estrujar. — Explotar.

EX PROFESO. De propósito, adrede.

EXPUESTO. Arriesgado, aventurado.

EXPUGNAR. Asaltar, apoderarse.

EXPULSAR. Expeler, arrojar, echar, despedir.
• *acoger, recibir*

EXPURGAR. Purificar, limpiar.

EXQUISITO. Delicioso, agradable, gustoso, apetitoso, sabroso. — Delicado, primoroso, fino, distinguido, excelente, precioso, superior.

EXTASIARSE. Arrobarse, enajenarse, maravillarse, elevarse, embebecerse, embelesarse.

ÉXTASIS. Arrobamiento, arrobo, enajenamiento, embelesamiento, suspensión, rapto.

EXTEMPORÁNEO. Intempestivo, impropio, inoportuno, inconveniente.

EXTENDER. Desplegar, desdoblar, desenvolver, tender. — Propagar, difundir, divulgar, esparcir. — Desarrollar, aumentar. — Despachar.
• *concentrar, encoger, recoger*

EXTENDERSE. Propagarse, esparcirse, difundirse. — Dilatarse.

EXTENSIÓN. Desarrollo, longitud. — Duración. — Importancia. — Amplitud, dilatación. — Espacio.

EXTENSO. Vasto, dilatado, amplio, espacioso, grande, capaz.

EXTENUACIÓN. Debilidad, agotamiento, consunción, enflaquecimiento.

EXTENUAR. Debilitar, agotar, enervar, fatigar, rendir, enflaquecer.
• *fortalecer, reanimar*

EXTERIOR. Aspecto, traza, porte, apariencia, facha. — Externo. — Extranjero.
• *interior, intrínseco*

EXTERIORIZAR. Manifestar, descubrir, exponer, declarar, presentar.

EXTERMINAR. Aniquilar, destruir, asolar, anonadar, devastar, arrasar, apagar, matar. — Hundir, arruinar, acabar, rematar. — Extirpar.

EXTERMINIO. Destrucción, desolación, asolamiento, ruina, devastación, matanza. — Expulsión, destierro.

EXTERNO. Exterior, extrínseco.

EXTINGUIR. Apagar. — Ahogar, sofocar, asfixiar. — Agotar, anonadar. — Matar.
• *aparecer, nacer*

EXTINGUIRSE. Acabar, cesar, morir, expirar, fenecer, fallecer.

EXTINTO. Muerto, fallecido, difunto, finado. — Apagado.

EXTIRPAR. Desarraigar, descuajar, arrancar. — Acabar, exterminar, rematar, concluir.

EXTORSIÓN. Daño, perjuicio. — Chantaje.

EXTRA. Fuera, excepto. — Extraordinario. — Además. — Comparsa.

EXTRACCIÓN. Origen, linaje, abolengo,

prosapia, clase, nacimiento, estofa. — Retiro, retirada.

EXTRACTAR. Resumir, compendiar, abreviar, reducir, recapitular.

• *ampliar*

EXTRACTO. Resumen, compendio, epítome. — Esencia, substancia, meollo.

EXTRAER. Sacar, arrancar, quitar, extirpar. — Compendiar, extractar, substanciar. — Retirar.

EXTRALIMITARSE. Excederse, propasarse, abusar, exagerar.

EXTRANJERO. Forastero, extraño, exótico. — Exterior.

EXTRAÑAMIENTO. Destierro.

EXTRAÑAR. Desterrar. — Chocar, sorprender, admirar. — Afear, reprender. — Añorar.

EXTRAÑARSE. Maravillarse, asombrarse, admirarse, sorprenderse, chocar.

EXTRAÑEZA. Rareza, novedad, extravagancia, irregularidad, singularidad. — Admiración, sorpresa. —Desvío, frialdad, desavenencia.

• *normalidad, vulgaridad*

EXTRAÑO. Raro, singular, extravagante, chocante, exótico, peregrino, extraordinario, insólito, heteróclito. — Ajeno, impropio.

EXTRAORDINARIO. Singular, extraño, raro, sorprendente, chocante, excepcional,

asombroso, maravilloso, prodigioso, portentoso.

EXTRAVAGANCIA. Rareza, ridiculez, singularidad, genialidad, anomalía, manía.

EXTRAVAGANTE. Ridículo, raro, grotesco, chocante, anómalo.

EXTRAVIAR. Perder. — Desorientar, confundir.

• *encaminar, encontrar*

EXTRAVIARSE. Perderse, desorientarse, desviarse, pervertirse, descarriarse. — Equivocarse.

EXTRAVÍO. Pérdida. — Desorden, exceso, demasía.

EXTREMADO. Excesivo, exagerado, desmesurado, radical, extremo, extremoso.

EXTREMARSE. Esmerarse, desvelarse, desvivirse, aplicarse.

EXTREMAUNCIÓN. Santos óleos.

EXTREMIDAD. Extremo, punta, remate, fin, cabo. — Miembro.

EXTREMO. Excesivo, sumo, exagerado, extremado, mucho, distante. — Punto, materia, parte. — Extremidad, punta, fin, remate, cabo. — Límite.

EXTRÍNSECO. Exterior, externo, accidental.

EXUBERANCIA. Abundancia, profusión, copia, riqueza.

• *escasez, tacañería*

F

FÁBRICA. Manufactura, taller. — Edificio, construcción.

FABRICAR. Manufacturar, elaborar. — Edificar, construir, obrar, levantar. — Hacer, disponer, imaginar, inventar, preparar, trabajar.

FÁBULA. Apólogo, relato, cuento. — Ficción, quimera, rumor, hablilla, mentira, invención, patraña, conseja. — Mitología.
• *verdad, realidad*

FABULOSAMENTE. Excesivamente, extraordinariamente. — Fingidamente.

FABULOSO. Increíble, inverosímil, inadmisible, quimérico, fantástico. — Prodigioso, extraordinario, portentoso. — Excesivo, exagerado. — Imaginario, fingido, ficticio, ilusorio, falso. — Prehistórico.

FACA. Facón, cuchilla.

FACCIÓN. Rasgo. — Banda, pandilla, parcialidad, partido, taifa, bando.

FACCIOSO. Perturbador, revoltoso, rebelde.

FACETA. Cara, lado, arista. — Aspecto.

FACHA. Traza, aspecto, figura, presencia, apariencia, pinta, pergeño.

FACHADA. Portada, frontis, frontispicio. – Presencia.

FACHENDA. Jactancia, vanidad, fatuidad, presunción.
• *humilde, modesto*

FACHENDOSO. Fachenda, jactancioso, vanidoso, fatuo, presuntuoso, vano, presumido.

FÁCIL. Sencillo, simple, elemental. — Cómodo, confortable, agradable. — Posible, factible, hacedero. — Accesible, tratable. — Dócil, manejable, acomodaticio. — Liviano, frágil, ligero.
• *difícil*

FACILIDAD. Comodidad, bienestar, regalo. — Disposición, aptitud, capacidad, destreza, habilidad. — Condescendencia, complacencia, ligereza.

FACILIDADES. Comodidades.

FACILITAR. Proporcionar, suministrar, dar, entregar, proveer, prestar. — Posibilitar, simplificar.
• *dificultar, enredar*

FACINEROSO. Bandido, criminal, malvado, delincuente, forajido, malhechor.

FACÓN. Cuchillo.

FACSÍMILE. Copia, reproducción, imitación.

FACTIBLE. Posible, hacedero, realizable.

FACTICIO. Artificial, ficticio, imitado, falso.

FACTOR. Elemento, causa.

FACTÓTUM. Entremetido, importuno, oficioso, farante, gallo.

FACTURA. Cuenta. — Hechura. — Bollo.

FACULTAD. Potencia, poder, capacidad, potestad, derecho, aptitud, disposición. — Licencia, permiso, autorización, opción. — Ciencia, arte.

FACULTAR. Autorizar, permitir.
• *desautorizar, prohibir*

FACULTATIVO. Médico, cirujano. — Potestativo, atributivo.

FACUNDIA. Verbosidad, verborrea, palabrería, labia.
• *facundia, dificultar, escasez*

FAENA. Trabajo, tarea, labor, quehacer, ocupación, fajina, tajo.

FAENAR. Matar, sacrificar.

FAJA. Lista, tira. — Cincha. — Cincho.

FAJAR. Enfajar, ceñir. — Cinchar. — Arremeter. — Propinar, dar, asestar, encajar.

FAJINA. Faena, labor, trabajo, tajo, tarea.

FAJO. Atado, haz.

FALACIA. Engaño, fraude, mentira, falsedad.

FALANGE. Ejército.

FALAZ. Engañoso, mentiroso, falso, fingido, engañador, embustero, artero.
• *natural, sincero, verdadero*

FALDA. Regazo. — Pollera, saya.

FALDERO. Mujeriego, mocero.

FALLA. Defecto, deterioro, falta.

FALLAR. Sentenciar, resolver, decidir, determinar. — Faltar, frustrarse, marrar, pifiar, fracasar.

FALLECER. Morir, expirar, fenecer.

FALLECIMIENTO. Muerte, defunción, deceso.

FALLIDO. Frustrado. — Quebrado.

FALLO. Sentencia, decisión, resolución, dictamen, juicio, condena, laudo.

FALSARIO. Falsificador. — Mentiroso, embustero.

FALSEAR. Adulterar, desnaturalizar, falsificar, corromper, contrahacer. — Flaquear, ceder. — Desentonar, disonar. — Torcer, descomponer.

FALSEDAD. Falsía, hipocresía, doblez, artería, impostura, engaño, mentira, falacia, disimulo.
• *lealtad, legitimidad, verdad*

FALSÍA. Falsedad, hipocresía, falacia, disimulo, impostura, doblez, artería.

FALSIFICAR. Adulterar, desnaturalizar, falsear, corromper, alterar, contrahacer. — Sofisticar, mixtificar.

FALSILLA. Pauta.

FALSO. Engañoso, fingido, mentiroso, ficticio, aparente, adventicio, sofístico. — Desleal, infiel, traidor, perjuro, felón, pérfido, falsario, simulador, hipócrita. — Inexacto, erróneo, equivocado. — Falsificado, adulterado, ilegítimo, alterado, contrahecho, supuesto, apócrifo, subrepticio. — Equívoco.

FALTA. Culpa, pecado, error, descuido, desliz. — Escasez, carestía, carencia, privación. — Defecto, imperfección, deficiencia, tacha. — Ausencia. — Equivocación.

FALTA (SIN). Puntualmente, seguramente.

FALTAR. Acabarse, consumirse. — Ofender, desmandarse, descomedirse, propasarse. — Quedar, restar. — Fallar, pifiar. — Pecar, caer.
• *cumplir, hacer, sobrar*

FALTO. Escaso, necesitado, desprovisto, pobre, mezquino, apocado, defectuoso.

FAMA. Renombre, celebridad, nombradía, gloria, reputación, crédito, nombre, nota, realce. — Voz, honra, rumor, opinión, cartel. — Lauro, laurel, triunfo.
• *fracaso, oscuridad, vulgaridad*

FAMÉLICO. Hambriento.

FAMILIA. Prole, parentela, gente, casa. — Progenie, raza, casta, linaje, estirpe, abolengo, prosapia.

FAMILIAR. Allegado, pariente. — Sencillo, natural, corriente. — Llano, accesible.

FAMILIARIDAD. Llaneza, confianza, libertad, franqueza, intimidad.

FAMILIARIZARSE. Acostumbrarse, habituarse, avezarse.

FAMOSO. Célebre, ilustre, renombrado, reputado, acreditado, conocido. — Memorable, glorioso. — Afamado, notable, magnífico, admirable, excelente. — Sonado, ruidoso.

FÁMULO. Criado, doméstico, lacayo, sirviente, mucamo.

FANAL. Farola, farol, linterna.

FANÁTICO. Apasionado, entusiasta, exaltado, hincha, intransigente, intolerante.

FANATISMO. Exaltación, apasionamiento, intransigencia, intolerancia.
• *ecuanimidad, tolerancia, transigencia*

FANFARRIA. Bravata, fanfarronada, jactancia, baladronada, bravuconería, vanidad, orgullo.

FANFARRÓN. Jactancioso, valentón, bravucón, perdonavidas, matasiete, compadrón, petulante.

FANFARRONADA. Bravata, fanfarria, baladronada, compadrada.

FANFARRONEAR. Alardear, compadrear, bravear.

FANFARRONERÍA. Jactancia, petulancia, presunción, vanagloria, pedantería, fanfarria.

FANGAL. Barrizal, lodazal.

FANGO. Barro, lodo, cieno, limo. — Depravación, degradación.

FANTASEAR. Imaginar.

FANTASÍA. Imaginación. — Ficción, cuento, novela. — Antojo, capricho.
 • *realidad, sencillez*

FANTASIOSO. Vano, presuntuoso, entonado, presumido.

FANTASMA. Espectro, aparición, visión. — Quimera, apariencia, simulacro. — Espantajo.

FANTASMAGORÍA. Ilusión, quimera, sueño.

FANTÁSTICO. Quimérico, fingido, imaginario. — Fabuloso, increíble. — Caprichoso, extravagante.

FANTOCHE. Títere, polichinela. — Fatuo, fachendoso, vanidoso.

FAQUÍN. Changador, cargador, esportillero.

FARALLÓN. Islote.

FARAMALLA. Hojarasca, morralla, paja, fárrago, batiborrillo.

FARAMALLERO. Hablador, trapacero, charlatán, parlanchín, farandulero.

FARANDULERO. Farsante, histrión, comediante. — Hablador, trapacero.

FARDO. Bulto, lío, atado.

FARFALLOSO. Tartamudo, tartajoso.

FARFANTÓN. Bravucón, fanfarrón, valentón, matasiete.

FARFULLAR. Mascullar, tartamudear, balbucir, tartajear, barbullar.

FARINÁCEO. Harinoso.

FARISEO. Hipócrita, taimado, farsante, santón, santurrón, gazmoño.

FARMACIA. Botica.

FARO. Linterna, foco. — Norte, dirección, guía.

FAROL. Linterna, farola, fanal.

FAROLEAR. Presumir, pedantear, fachendar, papelonear.

FARRA. Jarana, holgorio, parranda, fiesta, cuchipanda, juerga.

FÁRRAGO. Ensalada, faramalla.

FARREAR. Parrandear. — Burlarse.

FARRISTA. Jaranero, juerguista, parrandero. — Bromista, burlón.

FARSA. Comedia, fingimiento, enredo, tramoya, engaño, trampa, ficción, mentira, patraña, hipocresía. — Farándula.
 • *verdad, vida*

FARSANTE. Hipócrita, tramposo, embaucador, impostor, embustero, mentiroso, fingido.

FASCÍCULO. Folleto, cuaderno, entrega.

FASCINACIÓN. Encanto, seducción, atractivo. — Alucinación, engaño.

FASCINAR. Encantar, atraer, seducir, deslumbrar, dominar. — Alucinar, engañar, ofuscar.
 • *desencantar, repeler*

FASE. Aspecto, faceta.

FASTIDIAR. Molestar, disgustar, enfadar, enojar, cansar, importunar, embarazar, hastiar, aburrir, agotar.

FASTIDIOSO. Molesto, cargoso, pesado, gravoso, enfadoso, cansador, aburrido, chinche, escorchón.

FASTO. Memorable, feliz, venturoso. — Fausto, pompa.

FASTOS. Anales. — Historia.

FASTUOSIDAD. Fausto, ostentación, boato, lujo, pompa.

FASTUOSO. Ostentoso, espléndido, suntuoso, lujoso, vano, rumboso, magnífico, pomposo.

FATAL. Funesto, nefasto, adverso, desgraciado, infeliz, aciago, infausto, desdichado. — Irrevocable, inevitable.

FATALIDAD. Desgracia, adversidad, desdicha, infortunio, infelicidad.
 • *dicha, voluntariedad*

FATÍDICO. Funesto, nefasto, aciago, siniestro.

FATIGA. Cansancio, agitación, sofocación, lasitud, ahogo, trabajo.
 • *aliento, descanso, fortaleza*

FATIGAR. Cansar, rendir, agotar, extenuar.

— Molestar, importunar, aburrir, torear, reventar, escorchar.

• *avivar, descansar, distraer*

FATIGOSO. Laborioso, penoso, cansado, agitado, anhelante, trabajoso, pesado.

FATUIDAD. Presunción, necedad, tontería, impertinencia, petulancia, vanidad.

• *discreción, modestia*

FATUO. Presuntuoso, necio, tonto, impertinente, petulante, vano.

FAUCES. Faringe.

FAUSTO. Afortunado, feliz, venturoso, dichoso, fasto. — Boato, ostentación, suntuosidad, rumbo, magnificencia, lujo, ornato, pompa.

FAVOR. Socorro, ayuda, asistencia, auxilio, amparo, defensa, protección. — Honra, gracia, beneficio, merced, servicio, gauchada. — Privanza, influencia, valimiento.

FAVORABLE. Propicio, benigno, apacible. — Benévolo, indulgente. — Próspero.

FAVORECEDOR. Bienhechor, protector, amparador, padrino, defensor.

FAVORECER. Ayudar, amparar, socorrer, auxiliar, proteger, asistir. — Apoyar, secundar. — Propiciar, apropiar.

• *perjudicar*

FAVORITISMO. Preferencia.

FAVORITO. Predilecto, preferido, elegido. — Privado.

FAZ. Cara, rostro, semblante. — Haz, superficie. — Anverso, lado. — Aspecto.

FE. Creencia, religión. — Confianza, crédito. — Promesa, palabra, esperanza. — Seguridad, aseguración, aseveración. — Testimonio, certificación. — Fidelidad.

• *descreimiento, incredulidad, sectarismo*

FEALDAD. Deformidad, desproporción. — Torpeza, maldad, iniquidad, indignidad.

FEBLE. Débil, flaco.

FEBRICITANTE. Calenturiento.

FEBRIL. Ardoroso, desasosegado, inquieto, intranquilo, agitado, violento, ardiente, activo. — Calenturiento, afiebrado.

• *frío, sosegado, tranquilo*

FECAL. Excrementicio.

FECHA. Data.

FECHORÍA. Canallada, picardía. — Travesura, diablura.

FECUNDAR. Fecundizar, fertilizar, abonar.

FECUNDIDAD. Fertilidad, feracidad, abundancia.

• *esterilidad, infecundidad*

FECUNDO. Fértil, feraz, ubérrimo, uberoso, rico, productivo, generoso. — Abundante, copioso, fructuoso. — Prolífico.

FEDERACIÓN. Confederación. — Asociación, liga.

FEDERAL. Federalista. — Federativo.

FEHACIENTE. Fidedigno, auténtico, verdadero.

FELICIDAD. Dicha, ventura, bienaventuranza. — Contento, satisfacción, placer, complacencia. — Suerte, fortuna, bienestar, prosperidad.

• *desgracia, desventura, dolor, infelicidad*

FELICIDADES. Felicitación, enhorabuena, parabién, congratulación.

FELICITACIÓN. Cumplimiento, parabién, pláceme, enhorabuena, norabuena.

FELICITAR. Cumplimentar, congratular.

FELIGRESÍA. Grey. — Parroquia.

FELIZ. Dichoso, venturoso, afortunado, satisfecho, contento, fausto. — Acertado, oportuno, atinado, eficaz.

FELÓN. Traidor, desleal, infiel, pérfido, infame, aleve, alevoso, fementido.

FELONÍA. Traición, deslealtad, infidelidad, infamia, alevosía, perfidia.

FELPA. Paliza, zurra, tunda, solfa, tollina, vapuleo, azotaina. — Reprensión, rapapolvo, jabón, rociada.

FELPUDO. Esterilla, ruedo. — Afelpado.

FEMENILMENTE. Afeminadamente, femeninamente.

FEMENINO. Mujeril.

FEMENTIDO. Pérfido, aleve, traidor, desleal, felón, infiel, infame, perverso, malo.

FENECER. Morir, fallecer, sucumbir, parecer, expirar. — Acabar, concluir, terminarse.

FENOMENAL. Descomunal, extraordinario, estupendo, desmesurado, asombroso, colosal.

FEO. Desagradable, desabrido. — Abominable, censurable, reprobable, indigno. — Fiero. — Desaire, grosería, afrenta.

FERACIDAD. Fertilidad, fecundidad, abundancia.

FERACÍSIMO. Ubérrimo, fertilísimo.

FERAZ. Fértil, fecundo, ubérrimo, productivo, generoso, rico, fructuoso, uberoso.

FÉRETRO. Ataúd, caja.

FERIA. Exposición. — Mercado.

FERIADO. Festivo.

FEROCIDAD. Crueldad, inhumanidad, fiereza, dureza, ensañamiento.
• *humanidad, piedad*

FEROZ. Fiero, cruel, inhumano, despiadado, brutal, bárbaro.

FÉRREO. Tenaz, duro, resistente, inflexible, fuerte.

FÉRTIL. Feraz, fecundo, rico, productivo, generoso, fructuoso.

FERTILIDAD. Feracidad, fecundidad, abundancia.
• *esterilidad*

FERTILÍSIMO. Feracísimo, ubérrimo.

FERTILIZAR. Fecundizar, fecundar, abonar.

FERVIENTE. Fervoroso, ardiente, celoso, vehemente, vivo, entusiasta.

FERVOR. Devoción, piedad. — Celo, ardor, entusiasmo, calor, pasión, vehemencia.
• *frialdad, incredulidad, tibieza*

FESTEJAR. Galantear, cortejar, requebrar. — Conmemoración, solemnidad, fiesta. — Agudeza, donaire.

FESTÍN. Banquete, ágape. — Orgía.

FESTIVIDAD. Conmemoración, solemnidad, fiesta. — Agudeza, donaire.

FESTIVO. Alegre, chistoso, gozoso, ocurrente, agudo, humorístico, satírico, jovial, divertido, jocoso. — Solemne. — Feriado.

FETICHE. Amuleto. — Ídolo.

FETICHISMO. Idolatría.

FETIDEZ. Hedor, hediondez, pestilencia, peste.

FÉTIDO. Hediondo, pestilente, pestífero, infecto, repugnante, mefítico.

FETO. Engendro, monstruo. — Bodrio.

FEUDATARIO. Vasallo, tributario.

FEUDO. Respecto, vasallaje.

FIADO. Prestado. — Confiado, crédulo.

FIADOR. Garante, avalista.

FIANZA. Garantía, prenda.

FIAR. Garantir, garantizar, asegurar, responder. — Confiar.
• *desconfiar*

FIASCO. Fracaso, malogro.

FIBRA. Firmeza, carácter, vigor, energía, resistencia, robustez. — Hebra, filamento.

FIBROSO. Hebroso.

FICCIÓN. Invención, fábula, cuento, quimera. — Mentira, fingimiento.
• *realidad, verdad, vida*

FICHA. Pieza. — Tarjeta. — Pillo.

FICHAR. Catalogar.

FICTICIO. Fingido, fabuloso, imaginario, supuesto, falso, inventado.

FIDEDIGNO. Fehaciente, auténtico, verdadero.

FIDELIDAD. Lealtad, rectitud, constancia. — Exactitud, puntualidad. — Probidad, escrupulosidad, sinceridad, veracidad.
• *deslealtad, infidelidad*

FIDEOS. Pasta.

FIEBRE. Calentura. — Frenesí, agitación, conmoción.

FIEL. Leal, adicto, firme, incorruptible, constante, perseverante. — Exacto, puntual, seguro. — Sincero, verdadero, verídico.

FIELMENTE. Religiosamente, escrupulosamente, exactamente, puntualmente.

FIEREZA. Ferocidad, crueldad, inhumanidad, dureza, ensañamiento.
• *dulzura, humanidad, suavidad*

FIERO. Intratable, duro, brutal, sanguinario, inhumano. — Agreste, salvaje, bravío. — Feo. — Grande, excesivo, descompasado. — Horroroso, espantoso, furioso, terrible. — Peligroso.

FIERRO. Hierro.

FIESTA. Diversión, alegría, regocijo, placer. — Festividad, conmemoración. — Halago, caricia, agasajo, zalamería, carantoñas. — Broma, chanza.

FÍGARO. Barbero, rapabarbas, rapador, desuellacaras.

FIGÓN. Bodegón, fonda, boliche.

FIGURA. Apariencia, aspecto, forma, traza. — Cara, rostro. — Alegoría, símbolo. — Imagen, efigie, retrato, representación. — Metáfora, tropo.

FIGURACIÓN. Desempeño, comportamiento, actuación. — Ostentación. — Categoría.

FIGURADO. Supuesto, fingido, hipotético, imaginario.

FIGURANTE. Comparsa, cómico.

FIGURAR. Configurar, trazar, disponer. — Aparentar, simular, suponer, fingir. — Representar. — Pertenecer, aparecer, contener, estar.

FIGURARSE. Imaginarse, suponer, pensar, creer, presumir, entender, estimar.

FIGURATIVO. Simbólico, emblemático, representativo.

FIGURÍN. Elegante, peripuesto, lechuguino, pisaverde.

FIJAMENTE. Atentamente, cuidadosamente.

FIJAR. Pegar, sujetar. Clavar, hinchar, asegurar. — Consolidar, afirmar. — Determinar, precisar, limitar, establecer.
• *desclavar, indeterminar, marchar*

FIJARSE. Determinarse, resolverse, decidirse. — Reparar, advertir. — Establecerse, afincarse. — Adherirse.

FIJEZA. Firmeza, seguridad. — Persistencia, continuidad.
• *inestabilidad, inseguridad*

FIJO. Firme, asegurado, seguro. — Invariable, inmóvil, inalterable, permanente.
• *interino, provisional, sustituto*

FILA. Hilera, cola, ringla, ringlera.

FILAMENTO. Hilo, fibra, hebra, pelo. — Brizna.

FILÁNTROPO. Benefactor, bienhechor.

FILAS. Bando, facción, parcialidad, partido, bandería.

FILATELIA. Sigilomanía.

FILETE. Lista, raya. — Solomillo. — Lonja, tira.

FILFA. Mentira, engaño, embuste, patraña, fábula.

FILIACIÓN. Descendencia, procedencia. — Dependencia, ilación. — Identidad.

FILIAL. Sucursal.

FILIARSE. Afiliarse, asociarse.

FILIBUSTERO. Pirata, bandido, comunero.

FILIGRANA. Encaje, primor.

FILÍPICA. Inventiva, censura, reprensión, reprimenda, amonestación, peluca, rapapolvo, catilinaria.

FILO. Arista, borde, corte. — Cortejo, amorío.

FILÓN. Veta, vena. — Recurso.

FILOSOFAR. Discurrir, examinar, analizar, raciocinar, meditar.

FILOSOFÍA. Sistema, doctrina. — Resignación, paciencia, conformidad.

FILTRACIÓN. Malversación.

FILTRAR. Colar, pasar, clarificar.

FILTRARSE. Rezumarse, recalarse, pasarse, penetrar. — Escurrirse, escaparse.

FILTRO. Bebedizo, hechizo. — Colador.

FIMO. Estiércol, bosta.

FIN. Final, término, remate, conclusión, desenlace. — Extremidad, apéndice, cola, cabo, punta. — Límite, conclusión. — Finalidad, objeto, meta, propósito, motivo. — Resultado, consecuencia. — Muerte, ruina.
• *origen, principio*

FIN (EN). Finalmente, últimamente.

FINADO. Difunto, muerto.

FINALIDAD. Fin, motivo, objeto, móvil, propósito, designio.

FINALIZAR. Acabar, terminar, concluir, consumar, rematar.
• *empezar, originar*

FINALMENTE. Últimamente, cortésmente.

FINANCIAR. Costear, aportar.

FINANCIERO. Hacendista, rentista. — Capitalista, banquero, bolsista.

FINANCISTA. Financiero.

FINAR. Morir, fallecer, expirar.

FINCA. Propiedad, predio, heredad, posesión.

FINCAR. Consistir, estribar. — Radicar, residir.

FINCHADO. Engreído, fatuo, vano, presuntuoso, vanidoso.

FINÉS. Finlandés.

FINEZA. Pureza, bondad. — Cumplido, cortesía. — Dádiva, obsequio.

FINGIMIENTO. Simulación, doblez, engaño, ficción, hipocresía.
• *realidad, sinceridad, verdad*

FINGIR. Simular, aparentar.

FINIQUITAR. Saldar, liquidar, cancelar, acabar.

FINIR. Finalizar, terminar, acabar.

FINO. Delgado, sutil. — Delicado, primoroso, excelente, precioso. — Puro, acendrado, depurado. — Cortés, urbano, comedido, atento, cumplido. — Astuto, sagaz, diestro. — Amoroso, fiel, constante. — Esbelto, airoso.

FINTA. Pase, amago.

FINURA. Primor, delicadeza, excelencia. — Cortesía, urbanidad, atención, comedimiento. — Delgadez, sutileza.
• *aspereza, dureza, torpeza*

FIRMAMENTO. Cielo, espacio.

FIRMANTE. Signatario, infrascrito.

FIRMAR. Signar, suscribir.

FIRME. Estable, fuerte, sólido, seguro, fijo, durable, invariable. — Constante, inquebrantable, entero, íntegro.

FIRME (DE). Reciamente, violentamente.

FIRMEZA. Solidez, estabilidad, seguridad. — Constancia, entereza, perseverancia, fidelidad, fortaleza. — Validez.

FIRULETES. Perifollos, adornos. — Requilorios, arrequives.

FISCALIZAR. Averiguar, criticar, investigar. — Supervisar, controlar.

FISGA. Vaya, burla, chasco, chanza, broma, cachada.

FISGAR. Curiosear, husmear, atisbar, averiguar.

FISGARSE. Burlarse, chancearse, mofarse, cachar, reírse, engañar, pitorrearse.

FISGÓN. Curioso, husmeador, entremetido, impertinente, zumbón, bromista, chancero.

FÍSICAMENTE. Corporalmente, materialmente.

FÍSICO. Porte, exterior, complexión, constitución, apariencia.

FISONOMÍA. Cara, rostro, semblante, figura, faz.

FÍSTULA. Úlcera, llaga.

FISURA. Grieta, hendidura, raja, rendija.

FLÁCCIDO. Flojo, flaco, fofo, blando, laxo, relajado.

FLACO. Delgado, magro, seco, enjuto, chupado, desmedrado, enteco, desmirriado, esquelético, extenuado. — Flojo, débil, endeble, frágil. — Debilidad, defecto, afición.
• *abundante, gordo*

FLAGELAR. Azotar, fustigar. — Censurar, zaherir, criticar.

FLAGELO. Azote, látigo, disciplina. — Plaga, calamidad, castigo.

FLAGRANTE. Ardiente, llameante. — Fragante.

FLAMANTE. Nuevo, reciente. — Brillante, resplandeciente. — Fresco.

FLAMEAR. Ondear, ondular. — Llamear.

FLÁMIGERO. Llameante.

FLÁMULA. Gallardete, grímpola, banderola.

FLANCO. Lado, parte, costado.

FLAQUEAR. Ceder, aflojar, cejar, desmayar, flojear, decaer, debilitarse, desalentarse, desanimarse.
• *animar, resistir*

FLAQUEZA. Delgadez, extenuación, consunción. — Debilidad, fragilidad, languidez. — Desliz.
• *fortaleza, gordura, resolución*

FLECHA. Saeta, dardo.

FLECHAR. Asaetear. — Cautivar, prendar, enamorar.

FLECHERO. Arquero. — Carcaj, carcaza. — Aljaba.

FLEMA. Tardanza, lentitud, pachorra,

calma, cachaza, tranquilidad, imperturbabilidad.
• *ligereza, nerviosidad*
FLEMÁTICO. Tardo, lento, tranquilo, pachorriento, cachazudo, calmoso, imperturbable.
FLEMÓN. Tumor, inflamación.
FLETAR. Despachar, despedir. — Endilgar, endosar.
FLETE. Caballo, parejero, pingo.
FLEXIBLE. Elástico, manejable, dócil, doblegable, dúctil. — Mimbreño, cimbrente, plegable, moldeable.
• *duro*
FLIRTEAR. Coquetear, galantear.
FLOJEAR. Flaquear, aflojar, ceder. — Acobardarse, amilanarse.
FLOJEDAD. Debilidad, flaqueza, decaimiento, descaecimiento, desánimo, desaliento. — Pereza, indolencia, desmadejamiento, descuido, negligencia, apatía, dejadez.
• *endurecimiento*
FLOJERA. Flojedad.
FLOJO. Débil, laxo, flaco. — Perezoso, indolente, negligente, descuidado, tardo. — Cobarde, pusilánime.
FLOR. Piropo, cumplido, requiebro, galantería, lisonja, chicoleo. — Novedad, frescura. — Nata. — Juventud. — Virginidad.
FLORECER. Prosperar, progresar, adelantar, mejorar, desarrollarse. — Existir.
• *mustiar*
FLORECERSE. Enmohecerse.
FLORECIMIENTO. Progreso, prosperidad, adelanto, desarrollo.
• *decadencia, flaccidez, languidez*
FLORESTA. Bosque, selva.
FLORIDO. Escogido, selecto.
FLORILEGIO. Antología, analectas.
FLOTA. Escuadra, armada.
FLOTAR. Nadar, boyar, sobrenadar. — Ondear, flamear, ondular.
• *hundirse, sumergirse, sumirse*
FLOTILLA. Escuadrilla.
FLUCTUAR. Oscilar, vacilar, titubear, dudar. — Variar.
• *decidir, fijar*

FLUIR. Manar, brotar, correr.
• *detener, secar*
FLUJO. Abundancia, exuberancia.
FOCO. Centro. — Faro.
FOFO. Blando, esponjoso, fláccido, fungoso, ahuecado.
• *duro, enjuto*
FOGATA. Hoguera, pira, lumbrada, lumbrarada.
FOGÓN. Hogar, brasero.
FOGOSO. Ardiente, impetuoso, brioso, vehemente, arrebatado, ardoroso.
• *inactivo, pasivo*
FOGUEADO. Acostumbrado, experimentado, ducho, avezado, aguerrido, veterano.
FOJA. Hoja, papel.
FOLLAJE. Fronda, verdura. — Hojarasca, palabrería, jaramalla.
FOLLETO. Opúsculo, fascículo.
FOLLÓN. Flojo, perezoso, negligente. — Bellaco, chulo, fanfarrón.
FOMENTADOR. Organizador, creador, constructor.
FOMENTAR. Excitar, promover, provocar, avivar, alimentar, auxiliar, sostener, proteger, impulsar.
FOMENTO. Abrigo, calor. — Auxilio, protección, sostenimiento, pábulo, alimento. — Compresa.
FONDA. Hostería.
FONDEADERO. Ancladero, surgidero.
FONDEADO. Anclado, surto.
FONDO. Hondura, profundidad. — Lecho, madre. — Índole, condición, carácter. — Retrete.
• *exterioridad, superficie*
FONDO (A). Enteramente, perfectamente, directamente.
FONDOS. Dinero, caudal, capital.
FONTANA. Fuente.
FORAJIDO. Facineroso, bandolero, bandido, salteador, malvado, criminal.
FORASTERO. Extraño, ajeno, foráneo.
FORCEJEAR. Esforzarse, forzar. — Pugnar, luchar, batallar, bregar, resistirse.
FORJAR. Inventar, fingir, fraguar.
FORMA. Figura, conformación, configura-

ción, dibujo. — Molde. — Fórmula, modo, manera, estilo. — Hostia.

FORMACIÓN. Elaboración, constitución, composición.

FORMAL. Juicioso, serio, circunspecto, grave, veraz, sincero. — Exacto, puntual. — Preciso, expreso, determinado, positivo, categórico.

FORMALIDAD. Seriedad, juicio, circunspección, fundamento, veracidad, sinceridad. — Exactitud, puntualidad, diligencia, regularidad. — Ceremonia, regla.
• *inexactitud, informalidad*

FORMALIDADES. Requisitos, condiciones.

FORMALIZAR. Concretar, precisar, fijar, determinar.

FORMALIZARSE. Incomodarse, ofenderse, enfadarse.

FORMAR. Componer, constituir, crear, hacer, construir, fabricar. — Establecer, fundar, instituir, organizar, reunir, ordenar. — Criar, educar, instruir.
• *deformar, descomponer*

FORMARSE. Desarrollarse, crecer.

FORMATO. Tamaño, dimensión.

FORMIDABLE. Colosal, gigantesco, enorme, imponente, espantoso, terrible, tremendo, tremebundo. — Macanudo, excelente, superior.

FÓRMULA. Receta. — Modelo, regla, pauta, forma.

FORNIDO. Robusto, vigoroso, corpulento, membrudo, recio, fuerte, forzudo.

FORO. Jurisprudencia. — Curia. — Tribunales.

FORRAR. Aforrar, enfundar.

FORRO. Cubierta, resguardo, revestimiento.

FORTALECER. Fortificar, reforzar, vigorizar, robustecer, entonar, confortar, rehacer, tonificar.
• *ablandar, debilitar*

FORTALEZA. Fuerza, vigor, robustez. — Solidez, consistencia, resistencia. — Fuerte, ciudadela, castillo, fortificación. — Firmeza, entereza, integridad.

FORTIFICACIÓN. Baluarte, ciudadela.

FORTIFICAR. Fortalecer, vigorizar, robustecer, confortar, reforzar, entonar, rehacer.

FORTUITO. Casual, accidental, imprevisto, impensado, inopinado, repentino, inesperado.
• *esencial, pensado, previsto*

FORTUNA. Suerte, azar, sino, estrella, hado, destino. — Ventura, felicidad. — Casualidad, acaso. — Dinero, capital, hacienda, riqueza. — Borrasca, tempestad.
• *desgracia, miseria*

FORTUNA (POR). Afortunadamente, por casualidad.

FORÚNCULO. Furúnculo, divieso.

FORZADO. Forzoso. — Presidiario, galeote.

FORZAR. Obligar, compeler, constreñir, apremiar. — Violentar, violar.

FORZOSO. Obligatorio, inevitable, inexcusable, imprescindible, necesario, preciso.

FORZUDO. Vigoroso, hercúleo, fuerte, fornido, robusto.

FOSA. Sepultura, hoya, hoyo, huesa.

FÓSFORO. Cerilla. — Ingenio.

FOSILIZARSE. Anquilosarse.

FOSO. Hoyo.

FOTOGRAFÍA. Retrato, vista.

FRACASADO. Frustrado, malogrado. — Derrotado, vencido.

FRACASAR. Frustrarse, malograrse, abortar, fallar.
• *conquistar, lograr, triunfar*

FRACASO. Derrota, malogro, malogramiento, fiasco.

FRACCIÓN. Parte, porción, pedazo, trozo, fragmento. — Quebrado.
• *conjunto, todo, total*

FRACCIONAR. Dividir, partir, repartir, distribuir, frangir.
• *componer, unir, sumar*

FRACTURA. Rotura.

FRACTURAR. Romper, quebrar, quebrantar.

FRAGANCIA. Perfume, aroma.

FRAGANTE. Perfumado, aromático, oloroso.

FRÁGIL. Quebradizo, rompedizo, vidrioso. — Débil, flaco, endeble. — Caduco, perecedero, pasajero.

FRAGMENTARIO. Incompleto, descabal.

FRAGMENTO. Trozo, fracción, pedazo, parte. — Porción, astilla, esquirla, partícula.

• *suma, todo, totalidad*

FRAGOR. Ruido, estruendo, estrépito.

FRAGOROSO. Ruidoso, estruendoso, estrepitoso, fragoso.

FRAGOSIDAD. Espesura, aspereza, maraña, escabrosidad.

FRAGOSO. Áspero, intrincado, quebrado, escabroso. — Ruidoso, estruendoso, estrepitoso.

• *lleno, suave*

FRAGUAR. Idear, discurrir, pensar, tramar, urdir, maquinar, inventar, forjar.

FRAILE. Monje, religioso.

FRANCACHELA. Comilona, juerga, jarana, holgorio, gaudeamus.

FRANCO. Sincero, leal, veraz, claro, llano. — Desembarazado, despejado, expedito. — Exento, libre, dispensado. — Liberal, dadivoso. — Sencillo, natural, abierto, ingenuo.

FRANGIR. Partir, dividir.

FRANGOLLÓN. Chapucero.

FRANJA. Faja, cenefa, fimbria, lista, tira, borde. — Orla, fleco, guarnición.

FRANQUEAR. Desembarazar, librar, despejar. — Eximir, exceptuar, libertar. — Dar, conceder.

FRANQUEO. Porte.

FRANQUEZA. Sinceridad, llaneza, claridad, lisura, sencillez, naturalidad, ingenuidad. — Liberalidad, generosidad. — Exención, libertad.

FRANQUICIA. Exención, privilegio, libertad, dispensa, inmunidad, fuero.

FRASE. Locución, dicho, sentencia.

FRASEOLOGÍA. Palabrería, verbosidad.

FRATERNIDAD. Unión.

FRATERNIZAR. Simpatizar, congeniar, intimar.

• *desunir, odiar*

FRAUDE. Estafa, dolo, engaño, fraudulencia, mentira, simulación, superchería.

• *verdad*

FRAUDULENTO. Engañoso, falaz, mentiroso, doloso.

FRAZADA. Manta, cobija, frezada.

FRECUENTAR. Visitar, concurrir.

FRECUENTE. Corriente, habitual, ordinario, acostumbrado, repetido, común, asiduo.

FREGADO. Lavado, estregado. — Lío, embrollo, enredo, belén.

FREGAR. Estregar, restregar, frotar, fricar, frisar, lavar, limpiar.

FREÍR. Mortificar, exasperar, encoconar.

FRÉJOL. Poroto, judía, alubia, fríjol.

FRENAR. Contener, reportar, refrenar, sujetar, moderar, reprimir. — Enfrenar.

FRENESÍ. Delirio, vesania, furia, exaltación, enajenamiento, locura, demencia.

• *calma, paciencia, tranquilidad*

FRENÉTICO. Furioso, exaltado, enajenado, loco, demente, rabioso.

FRENO. Sujeción. — Bocado.

FRENTE. Fachada, frontis, frontispicio, portada. — Anverso. — Semblante, cara. — Enfrente.

FRESCA. Verdad, crudeza.

FRESCO. Reciente, nuevo, flamante. — Descarado, descocado, desenfadado, desvergonzado, desahogado. — Sereno, impávido, impasible, tranquilo, inmutable. — Juvenil, lozano. — Frescor.

• *calor, vergonzoso, viejo*

FRESCURA. Desembarazo, desenfado, descaro, desfachatez, aplomo, atrevimiento, tupé, desvergüenza. — Serenidad, impavidez, impasibilidad, tranquilidad. — Chanza, dicho. — Descuido, negligencia.

FRIALDAD. Frigidez. — Indiferencia, despego, desapego, desafecto, desinterés, desvío. — Impotencia. — Descuido, flojedad, negligencia, indolencia, dejadez, apatía.

FRÍAMENTE. Secamente, ásperamente.

FRICAR. Estregar, fregar.

FRICCIONAR. Refregar, estregar, frotar.

FRÍJOL. Judía, poroto, fréjol, alubia.
FRÍO. Helado, congelado, yerto, tieso. — Sereno, impávido, impasible, tranquilo, indiferente, estoico, — Impotente. — Frígido, gélido.
FRIOLERA. Bagatela, menudencia, nadería, bicoca, fruslería, futesa.
FRISAR. Acercarse. — Congeniar. — Refregar.
FRITO. Freído. — Fritada, fritanga, fritura. — Fastidiado, aviado.
FRÍVOLO. Fútil, ligero, baladí. — Veleidoso, inconsecuente, inconstante, superficial, insubstancial.
　• *grave, reflexivo*
FRONDAS. Espesura, enramada.
FRONDOSIDAD. Espesura, lozanía.
FRONTERA. Límite, confín, linde, término, raya. — Fachada.
FRONTERIZO. Limítrofe, confinante, lindante, rayano. — Frontero.
FRONTERO. Enfrente, fronterizo.
FRONTIS. Fachada, frontispicio, frente, portada.
FRONTISPICIO. Fachada, frente, portada, delantera. — Cara, rostro. — Frontón.
FROTACIÓN. Frotamiento, frotadura, frote, roce, fricción.
FROTAR. Estregar, restregar, refregar, ludir.
FRUCTÍFERO. Fructuoso, productivo, lucrativo, provechoso, beneficioso.
FRUCTIFICAR. Producir, rendir, dar. — Frutar.
　• *marchitar*
FRUCTUOSO. Fructífero.
FRUGAL. Parco, sobrio, mesurado, moderado, templado.
FRUGALIDAD. Sobriedad, parquedad, moderación, templanza, mesura.
　• *destemplanza, gula*
FRUICIÓN. Deleite, goce, complacencia.
　• *aburrimiento, sufrimiento*
FRUNCE. Pliegue, arruga, tabla.
FRUNCIR. Encoger, gandujar.
FRUSLERÍA. Friolera, bagatela, menudencia, nadería, futesa, bicoca, chuchería.

FRUSTRADO. Fracasado, malogrado, abortado, frustráneo.
FRUSTRARSE. Fracasar, malograse, abortar.
FRUTAR. Fructificar.
FRUTO. Utilidad, provecho, beneficio, producto, ganancia, cosecha, lucro, premio, recompensa. — Obra, producción.
FUCILAR. Relampaguera. — Fulgurar, rielar, centellear.
FUCILAZO. Relámpago.
FUEGO. Lumbre, hogar. — Incendio. — Ardor, pasión, calor, vehemencia, ímpetu.
FUENTE. Manantial. — Origen, fundamento, principio, venero, germen, antecedente. — Pila. — Fontana.
FUERO. Jurisdicción, poder. — Privilegio, exención. — Arrogancia, presunción.
FUERTE. Vigoroso, robusto, fornido, corpulento, recio, poderoso, forzudo, resistente. — Firme, sólido, macizo, duro. — Animoso, varonil, enérgico, esforzado, tenaz. — ciudadela, castillo. — Abundante, copioso, cuantioso. — Agudo, penetrante, sonoro. — Terrible, grande, grave, excesivo, impetuoso, rabioso. — Áspero, fragoso. — Especialidad, gusto, disposición, aptitud. — Versado, práctico.
FUERTEMENTE. Duramente, ásperamente. — Vehementemente, ardientemente.
FUERZA. Vigor, robustez, fortaleza. — Energía, actividad. — Potencia, poder. — Solidez, resistencia. — Violencia, impetuosidad, ímpetu, validez, firmeza. — Intensidad, vehemencia, viveza.
　• *blandura, debilidad, pasividad*
FUGA. Huida, evasión. — Escape.
FUGARSE. Huir, evadirse, escaparse, escurrirse, escabullirse.
FUGAZ. Efímero, perecedero, breve, corto, caduco, pasajero, transitorio, fugitivo, relámpago, instantáneo.
FUGITIVO. Huido, prófugo.
FULERO. Chapucero. — Feo, malo.
FULGENTE. Fúlgido, brillante, resplandeciente, luminoso, centelleante, reluciente, esplendente, radiante, refulgente.

FULGOR. Resplandor, brillo, brillante, centelleo.
• *oscuridad*

FULGURACIÓN. Fucilazo, relámpago, exhalación, refocilo, refucilo. — Destello.

FULGURAR. Resplandecer, brillar, centellear, chispear, relucir, relumbrar, fucilar.

FULIGINOSO. Obscurecido, ennegrecido, denegrido, tiznado.

FULLERÍA. Trampa.

FULLERO. Tramposo, tramoyista, trápala.

FULMINANTE. Repentino. — Pistón.

FULMINAR. Aniquilar.

FUMAR. Pitar. — Faltar. — Birlar. — Humear. — Chasquear, burlar.

FUMIGAR. Desinfectar. — Sahumar.

FUNÁMBULO. Volatinero.

FUNCIÓN. Espectáculo, diversión, fiesta, representación. — Empleo, ocupación, dignidad, ministerio.

FUNCIONAR. Marchar, caminar, andar, moverse, trabajar.
• *descomponer, fallar, parar*

FUNDA. Almohada, cubierta, envoltura, forro.

FUNDACIÓN. Construcción, edificación, erección. — Establecimiento, institución. — Principio, origen, creación.

FUNDADO. Sólido, macizo.

FUNDAMENTADO. Documentado. — Firme, asegurado.

FUNDAMENTAL. Esencial, primordial, principal, elemental, vital.
• *accesorio*

FUNDAMENTAR. Cimentar. — Afirmar, asegurar, fundar.

FUNDAMENTO. Base, apoyo, sostén, cimiento, baza. — Motivo, razón, causa, móvil. — Seriedad, formalidad, juicio. — Principio, origen, raíz, pie.

FUNDAR. Construir, edificar, fabricar, levantar. — Establecer, erigir, crear, instituir. — Basar, apoyar, justificar, estribar.

FUNDIRLE. Fusible.

FUNDIRSE. Derretirse. — Unirse, aunarse, fusionarse, aliarse, juntarse. — Quebrar, arruinarse.
• *cuajar, llevar, solidificar*

FÚNEBRE. Tétrico, lúgubre, sombrío, luctuoso, funesto.

FUNERAL. Exequias, honras. — Funerario.

FUNESTO. Aciago, infausto, desgraciado, nefasto, desastroso, fatal.

FUNGOSO. Fofo, esponjoso, poroso, blando.

FURIA. Ira, cólera, coraje, furor, rabia, saña, frenesí. — Prisa, velocidad, impetuosidad, vehemencia. — Agitación, actividad, violencia. — Locura, demencia.
• *paz, serenidad, tranquilidad*

FURIBUNDO. Airado, colérico, furioso, rabioso, iracundo, frenético, violento, impetuoso, delirante.

FURIOSO. Furibundo, violento, terrible, impetuoso, arrebatado, poseído, poseso, frenético.

FUROR. Furia, cólera, ira. — Pasión, delirio. — Violencia, agitación, impetuosidad. — Estro, inspiración, arrebatamiento, entusiasmo.

FURTIVAMENTE. Subrepticiamente, a escondidas.
• *abiertamente*

FURTIVO. Subrepticio, oculto, secreto, sigiloso.

FURÚNCULO. Forúnculo, divieso.

FUSIBLE. Fundible.

FUSILAR. Balear, ajusticiar, ejecutar. — Plagiar, copiar.

FUSIÓN. Unión, mezcla.

FUSIONAR. Unir, unificar, fundir, refundir.
• *cuajar, desunir*

FUSOR. Crisol.

FUSTA. Látigo, vara.

FUSTE. Importancia, tono, fundamento, substancia, nervio, entidad. — Jerarquía, talla.

FUSTIGAR. Azotar, flagelar. — Vituperar, criticar, zaherir, censurar, motejar.

FUTESA. Fruslería, nadería, bagatela, friolera, bicoca, futilidad, futileza, pitoche, nimiedad.

FÚTIL. Baladí, pequeño, insubstancial, frívolo, veleidoso.

FUTURO. Porvenir, mañana, venidero. — Prometido, novio, galán.

FUYENDA. Fuga, huida, escapada, escape, evasión.

G

GABÁN. Abrigo, sobretodo.

GABELA. Tributo, impuesto, contribución, gravamen, carga, obligación.

GABINETE. Gobierno, ministerio. — Tocador.

GACETILLERO. Reportero.

GACHO. Doblado, inclinado, agachado, encorvado.

GACHONERÍA. Gachonada, gracia, donaire, atractivo.

GAFAS. Anteojos, antiparras, espejuelos, lentes.

GAJE. Emolumento, estipendio, obvención, soldada, sueldo, salario. — Prenda, señal.

GAJES. Molestias, perjuicios, consecuencias, percances.

GAJO. Rama.

GALA. Alarde, ostentación, jactancia. — Gracia, garbo, bizarría. — Adorno.

GALAFATE. Ladrón, caco, ganzúa.

GALÁN. Apuesto, elegante, bizarro, garboso, gentil, galano, majo.

GALANO. Elegante, gracioso, gallardo.

GALANTE. Atento, obsequioso, cortés, cortesano, solícito, urbano, fino, rendido, sumiso.

GALANTEAR. Requebrar, cortejar, enamorar, festejar, obsequiar.

GALANTERÍA. Cortesía, atención, cortesanía, obsequio. — Requiebro, flor.

GALANURA. Donaire, gracia, gentileza, donosura, gallardía, garbo, elegancia.

GALARDÓN. Premio, recompensa, laurel, corona, lauro, palma.
 • *testigo, deshonra*

GALBANA. Pereza, indolencia, desidia.

GALENO. Médico, facultativo.

GALEOTE. Forzado.

GALERA. Chistera, bombín. — Cobertizo, tinglado.

GALERÍA. Corredor. — Pinacoteca. — Túnel.

GALIMATÍAS. Monserga, jerigonza, guirigay.

GALLARDETE. Banderola, grímpola.

GALLARDÍA. Bizarría, valor, valentía, gentileza, galanura, garbo, aire. — Esfuerzo, arresto, arrojo.
 • *desaire, desgarbo, inhabilidad*

GALLARDO. Bizarro, airoso, valiente, valeroso, esforzado. — Apuesto, galán, gentil. — Grande, excelente, hermoso.

GALLEAR. Engallarse, encocorarse, encresparse.

GALLINA. Cobarde, pusilánime, tímido.

GALLINERO. Cazuela, paraíso.

GALLITO. Compadrito.

GALLO. Gallito. — Factótum.

GALOPÍN. Pícaro, bribón, pillo, sinvergüenza, malcriado.

GALPÓN. Depósito, barraca, barracón.

GALVANIZAR. Excitar, electrizar.

GAMA. Serie, escala.

GAMBETA. Esguince, regate.

GANA. Ansia, deseo, apetito, afán, voluntad.
 • *desgana, inapetencia*

GANADO. Hacienda.

GANANCIA. Utilidad, provecho, beneficio, interés, fruto, producto.

GANAR. Aventajar, sobrepujar, exceder, superar, vencer. — Triunfar, conquistar, tomar, rendir, dominar. — Llegar, alcanzar, conseguir, lograr. — Adquirir, reunir.

— Captarse, granjearse.

• perder

GANCHO. Garabato, garfio.

GANDUJAR. Fruncir.

GANDUL. Haragán, holgazán, perezoso, vagabundo, tunante, tumbón.

• diligente

GANDULEAR. Haraganear, holgazanear.

• esforzar, trabajar

GANDULERÍA. Haraganería, holgazanería, pereza, poltronería.

GANGA. Pichincha, gollería, breva. — Sinecura, canonjía.

GANGRENA. Corrupción.

GANOSO. Deseoso, ansioso, afanoso, anheloso.

GANSADA. Sandez, estupidez, botaratada, simpleza, patochada.

GANSO. Torpe, rudo, necio, simple, estúpido, mentecato, sandio, tonto, imbécil. — Ansar, oca.

GANZÚA. Ladrón, caco, galafate.

GAÑAN. Jayán.

GAÑIDO. Aullido, aúllo. — Graznido, quejido.

GAÑOTE. Garganta, garguero, gaznate.

GARABATEAR. Emborronar, garrapatear, escarabajear, borrajear.

GARABATO. Garrapato, mono, monigote. — Garfio, gancho.

GARANTE. Fiador, avalista.

GARANTÍA. Fianza, caución, aval. — Protección.

• desconfianza, inseguridad

GARANTIR. Garantizar, responder, asegurar, proteger, avalar.

GARANTIZAR. Garantir, avalar, asegurar.

GARBO. Gallardía, gentileza, gracia, elegancia, aire. — Generosidad, desinterés, bizarría, rumbo.

• desgarbo, tacañería

GARFIO. Gancho, garabato.

GARGAJEAR. Esputar, escupir, expectorar.

GARGANTA. Faringe, fauces. — Garguero, gañote, gaznate. — Estrechura, estrechez, desfiladero, puerto. — Ranura, canal. — Gorja.

GARGANTEAR. Gorgoritear.

GARGUERO. Gañote, garganta, gaznate, tragaderas.

GARITA. Caseta, casilla, quiosco. — Excusado, retrete.

GARITO. Gazapón, timba.

GARLITO. Trampa, asechanza, celada,

GARLOCHA. Garrocha.

GARRA. Zarpa. — Mano.

GARRAFA. Botellón, damajuana.

GARRAFAL. Grande, exorbitante, enorme, monumental, morrocotudo.

GARRAPATEAR. Garabatear, emborronar, escarabajear, borrajear.

GARRIDO. Galano, hermoso, gentil, apuesto.

GARROCHA. Pértiga, pica.

GARRÓN. Corvejón, espolón. — Gorrón.

GARROTAZO. Bastonazo, estacazo, varazo.

GARROTE. Palo, estaca.

GARRUCHA. Polea.

GARRULO. Garrulador, cantor, gorjeador. — Hablador, garlador, parlanchín, charlador. — Murmurador, susurrante.

GARÚA. Llovizna.

GARZO. Azulado.

GASOLINA. Nafta, gasoleno.

GASTADO. Debilitado, cansado, agotado, consumido. — Borrado, disminuído, carcomido, desgastado, pelado, raído, rozado.

•   guardado, conservado

GASTADOR. Derrochador, disipador, manirroto, pródigo, despilfarrador, dilapidador.

GASTAR. Desembolsar. — Consumir, agotar, apurar. — Llevar, usar, poseer, lucir. — Estropear, desgastar.

• ahorrar, economizar, guardar

GASTO. Consumo, expendio, dispendio, desembolso.

GATAS (A). Apenas, casi.

GATAZO. Timo, engaño.

GATEAR. Arrastrarse. — Trepar, subir. — Arañar.

GATERÍA. Astucia, simulación. — Carantoña, zalamería, cucamonas.

GATILLO. Disparador.
GATO. Gancho, garfio. — Sagaz, astuto.
— Morrongo, minino.
GATUPERIO. Embrollo, intriga, lío,
enredo.
GAUCHADA. Favor.
GAUCHO. Diestro. — Servicial. — Gau-
chesco.
GAVILLA. Pandilla, cuadrilla, cáfila. —
Haz.
GAYO. Alegre, hermoso, vistoso.
GAYOLA. Jaula. — Cárcel, prisión, chiro-
na, calabozo.
GAZAPO. Equivocación, error, disparate,
lapsus. — Astuto, taimado.
GAZMOÑO. Hipócrita, santurrón, mojiga-
to, simulador, fariseo, beatón.
 • *claro, sincero*
GAZNÁPIRO. Simple, simplón, tonto,
torpe, palurdo, bobo.
GAZNATE. Garguero, garganta, gañote.
GAZUZA. Hambre, hambruna.
GEHENA. Infierno, averno, báratro, orco.
GÉLIDO. Frío, helado.
GEMA. Yema, botón, renuevo, brote.
GEMEBUNDO. Gemidor, quejoso.
GEMELO. Mellizo.
GEMELOS. Anteojos.
GEMIDO. Quejido, lamento, suspiro,
queja.
GEMIR. Quejarse, lamentarse, clamar.
GENDARME. Policía.
GENEALOGÍA. Ascendencia, linaje,
estirpe.
GENERACIÓN. Descendencia, progenie,
filiación. — Casta, género, familia, espe-
cie. — Posteridad.
GENERAL. Común, frecuente, usual,
corriente, habitual, ordinario, acostumbra-
do. — Universal. — Indeciso, vago,
impreciso. — Total, global.
 • *especial, particular, singular*
GENERALIDAD. Mayoría. — Vaguedad,
imprecisión.
GENERALIZAR. Vulgarizar, divulgar,
difundir, extender. — Englobar, siste-
matizar.
GÉNERO. Especie, clase, orden, naturale-

za. — Tela, tejido. — Modo, manera,
forma.
GÉNEROS. Mercaderías, mercancías.
GENEROSAMENTE. Noblemente, mag-
nánimamente, magníficamente, desinte-
sadamente. — Ampliamente, largamente,
abundantemente.
GENEROSIDAD. Magnanimidad, nobleza, munificencia. — Desinterés, liberalidad, esplendidez, largueza, desprendimiento.
GENEROSO. Dadivoso, desprendido,
liberal, espléndido, desinteresado, munífico. — Fértil, ubérrimo. — Ardiente,
esforzado.
 • *escaso, sórdido, tacaño*
GÉNESIS. Origen, formación.
GENIAL. Luminoso, excelente. — Genio,
carácter, índole. — Grato, placentero,
agradable.
GENIALIDAD. Rareza, singularidad.
GENIO. Índole, natural, carácter, condi-
ción, humor. — Disposición, inclinación.
— Talento, ingenio.
GENÍZARO. Híbrido, postizo, mezclado.
GENTE. Personas. — Familia.
GENTIL. Gallardo, galán, gracioso, dono-
so, airoso. — Bizarro, desembarazado. —
Bello, agradable. — Idólatra, pagano. —
Noble.
GENTILEZA. Gallardía, gracia, garbo,
donaire, galanura, aire, bizarría. — Des-
embarazo, soltura. — Ostentación, gala.
— Urbanidad, cortesía. — Nobleza,
hidalguía.
GENTILIDAD. Gentilismo, paganismo.
 • *cristianismo*
GENTÍO. Muchedumbre, multitud.
GENTUZA. Chusma, plebe, populacho,
canalla, gentualla, morralla.
GENUINO. Legítimo, natural, puro, autén-
tico, seguro, verdadero, real, positivo,
propio, cierto, fidedigno.
 • *falso, ilegítimo, postizo*
GEOMÉTRICO. Regular. — Exacto.
GERMANÍA. Jerga, jerigonza, caló, argot.
GERMEN. Origen, principio, causa, semi-
lla. — Embrión, rudimento.

GERMINAR. Brotar, crecer, nacer, desarrollarse.

GESTACIÓN. Preñez. — Formación, preparación.

GESTIÓN. Diligencia, trámite.

GESTO. Mueca, visaje, mohín. — Semblante, expresión, aspecto, figura, apariencia, cara, aire.

GIBA. Joroba, corcova, chepa. — Molestia, incomodidad.

GIBOSO. Jorobado, corcovado. — Contrahecho, malhecho.

GIGANTE. Gigantesco. — Coloso, titán, hércules.

GIGANTESCO. Colosal, titánico, extraordinario, ciclópeo, grandioso, enorme.

GIMOTEAR. Lloriquear, hipar, zollipar.

GIRADOR. Librador.

GIRAR. Rodar, rotar, voltear, versar. — Librar, expedir.

GIRASOL. Mirasol.

GIRO. Cariz, dirección, aspecto. — Letra, libranza. — Vuelta.

GITANO. Zíngaro, cíngaro. — Marrullero, trapacero.

GLACIAL. Helado, frío, gélido.

GLACIAR. Helero, ventisquero.

GLADIO. Espadaña.

GLOBAL. Total, general.

GLOBO. Orbe, esfera, mundo, tierra, planeta. — Mentira, embuste, bola. — Aeróstato.

GLORIA. Celebridad, fama, honor, prez, reputación, renombre, honra, aureola, crédito. — Cielo, paraíso, bienaventuranza. — Esplendor, magnificencia, majestad. — Gusto, placer, delicia.
  • *dolor, infierno, oscuridad*

GLORIAR. Enaltecer, alabar, ensalzar, encomiar, honrar, realzar.

GLORIARSE. Jactarse, preciarse, alabarse, vanagloriarse.

GLORIETA. Cenador.

GLORIFICAR. Alabar, honrar, ensalzar.
  • *deshonrar, degradar*

GLORIOSO. Memorable, célebre, famoso, insigne, ilustre, eminente.

GLOSA. Comentario, explicación, nota,

exégesis, interpretación, apostilla, acotación.

GLOTÓN. Tragón, comilón, tragaldabas, heliogábalo, insaciable.

GLOTONERÍA. Gula, adefagía.

GLUTINOSO. Viscoso, pegajoso, gomoso, pegadizo.
  • *inapetencia, templanza*

GNOMO. Duende, trasgo.

GOBERNACIÓN. Gobierno. — Territorio.

GOBERNALLE. Timón.

GOBERNAR. Mandar, regir. — Guiar, dirigir, conducir, administrar.

GOBIERNO. Mando, dirección, administración, manejo, conducción. — Gabinete, ministerio.

GOCE. Deleite, disfrute, posesión.
  • *disgusto, dolor, malestar*

GOLFO. Bahía. — Vagabundo, pilluelo.

GOLLERÍA. Golosina. — Superfluidad, delicadeza. — Ganga, breva, sinecura, canonjía.

GOLLETE. Cuello, garganta.

GOLOSINA. Dulce, confite, gollería, chuchería.

GOLPE. Choque, encuentro. — Latido. — Porrazo, trastazo. — Toque. — Infortunio, desgracia, revés. — Sorpresa, admiración. — Gracia, ingenio, oportunidad, salida, ocurrencia. — Abundancia, copia, muchedumbre, multitud.

GOLPEAR. Percutir, pegar, maltratar, herir. — Llamar.

GOMA. Caucho.

GOMOSO. Clutinoso, pegajoso. Pisaverde, currutaco, lechugino.

GONCE. Gozne.

GONG. Batintín, tantán.

GONGORISMO. Culteranismo.

GORDO. Obeso, grueso, pesado. — Graso, mantecoso, craso, pingüe. — Abultado, corpulento. — Sebo, grasa, manteca. — Grande, importante.
  • *delgado, enjuto, flaco*

GORDURA. Obesidad, adiposidad. — Nata. — Crasitud. — Grasa, unto, sebo, lardo.

GORGOJO. Pigmeo, microbio.
GORGORITO. Gorjeo, trino.
GORJA. Garganta.
GORJEAR. Trinar, gorgoritear.
GORRÓN. Vividor, parásito, pegote, pegadizo, garrón.
GOTEAR. Destilar, chorrear, escurrir.
GOTERAS. Achaques.
GOTERO. Cuentagotas.
GÓTICO. Ojival.
GOZAR. Disfrutar, aprovechar, recrearse, regocijarse, complacerse, solazarse. — Poseer, utilizar, usufructuar.
   • *entristecer, sufrir*
GOZNE. Bisagra, charnela, gonce.
GOZO. Placer, satisfacción, complacencia, regocijo, contento, alegría, júbilo.
   • *aflicción, angustia, cuita, pena.*
GOZOSO. Contento, alegre, satisfecho.
GOZQUEJO. Gozque, cuzco, faldero.
GRABADO. Clisé. — Estampa.
GRABAR. Esculpir, inscribir, burilar, entallar, abrir. — Fijar, incrustar.
GRACEJO. Gracia, donaire, ingenio, chiste.
GRACIA. Encanto, atractivo, seducción, hechizo, magia. — Garbo, donaire, despejo. — Favor, beneficio, servicio, merced. — Don. — Perdón, misericordia, alafia, indulto. — Chiste, agudeza, ocurrencia, gracejo.
   • *antipatía, desgarbo, sequedad*
GRACIABLE. Afable, benévolo.
GRÁCIL. Sutil, delgado, menudo.
GRACILIDAD. Sutileza, delicadeza.
GRACIOSAMENTE. Gratis, de balde, gratuitamente. — Con gracia, ingeniosamente.
GRACIOSO. Chistoso, ocurrente, agudo, divertido, jocoso, donoso, decidor, salado, sabroso. — Atrayente, bonito, precioso, hermoso. — Gratuito.
GRADA. Escalón, peldaño.
GRADACIÓN. Progresión, sucesión, gama.
GRADAS. Escalinata.
GRADO. Jerarquía, orden, categoría. — Título. — Voluntad, gusto.

GRADUACIÓN. Categoría, jerarquía, grado.
GRADUALMENTE. Progresivamente, paulatinamente, sucesivamente, lentamente.
GRADUAR. Ajustar. — Matizar.
GRADUARSE. Recibirse.
GRÁFICO. Esquema. — Vivido, real.
GRANA. Rojo.
GRANADO. Notable, señalado. — Ilustre, principal.
GRANDE. Espacioso, amplio, considerable, extenso, importante. — Excesivo, enorme, grave, exagerado, desmedido, extremado, mayúsculo. — Noble, prócer, magnate. — Serio, grave, difícil.
   • *diminuto, menudo, pequeño, reducido*
GRANDEZA. Grandiosidad, esplendidez, magnificencia. — Generosidad, magnanimidad, elevación, nobleza. — Majestad, poder, gloria, esplendor.
   • *finitud, miseria, parquedad*
GRANDIOSO. Imponente, magnífico, espléndido, regio, estupendo, colosal, monumental, ostentoso, sobresaliente, extraordinario, descomunal, inusitado, exorbitante, ilimitado, vasto, magno, gigantesco, portentoso.
GRANDÍSONO. Altísono, altisonante, sonoro.
GRANDOR. Tamaño, magnitud, volumen.
GRANEAR. Sembrar, esparcir.
GRANEL (A). Sin orden, en montón, en abundancia.
GRANERO. Hórreo, troj, silo.
GRANIZO. Piedra. — Granizada.
GRANJA. Cortijo, alquería, hacienda, chacra.
GRANJEARSE. Captarse, conquistarse.
GRANJERÍA. Ganancia, utilidad, fruto, provecho.
GRANO. Semilla, simiente. — Partícula.
GRANOS. Cereales.
GRANUJA. Pillete, pillo, bribón, bribonzuelo, golfo.
GRANZA. Grava, guijo.
GRASA. Sebo, unto, lardo, manteca. — Mugre, suciedad, pringue. — Grasitud.

GRASIENTO. Pringoso, grasoso, graso, lardoso.

GRASITUD. Grasa.

GRATIFICACIÓN. Recompensa, premio, propina, plus.

GRATIFICAR. Recompensar, premiar.

GRATIS. Gratuito, de balde, graciosamente.

GRATITUD. Agradecimiento, reconocimiento.
• *desagradecimiento, ingratitud, olvido*

GRATO. Agradable, placentero, delicioso, deleitoso, gustoso, satisfactorio, lisonjero.
• *aburrido, desagradable*

GRATUITO. Gratis, graciosamente, de balde, gracioso. — Arbitrario, injusto, inmerecido.
• *interesado*

GRAVA. Guijo.

GRAVAMEN. Carga, obligación. — Censo, hipoteca, canon. — Impuesto, contribución.
• *exención, franquicia, privilegio*

GRAVAR. Cargar, pesar, imponer. — Esculpir, celar.

GRAVE. Serio, formal, reservado, circunspecto, imponente, mesurado, austero, adusto. — Importante, considerable, grande. — Arduo, difícil, espinoso, duro, dificultoso. — Molesto, pesado, enfadoso, embarazoso. — Peligroso.
• *leve, pequeño, venial*

GRAVEDAD. Circunspección, compostura, seriedad. — Exceso, enormidad. — Grandeza, importancia.
• *facilidad, levedad, sencillez*

GRAVIDEZ. Preñez, embarazo.

GRÁVIDO. Cargado, lleno.

GRAVITAR. Descansar, apoyar, cargar, pesar.

GRAVOSO. Caro, costoso, oneroso, dispendioso. — Molesto, pesado, intolerable, fastidioso, cargante, premioso.

GRAZNAR. Crascitar, voznar.

GREDAL. Calvero.

GREMIO. Sindicato, corporación, grupo, reunión, asociación. — Pandilla, camada.

GREÑA. Maraña, enredo.

GREÑUDO. Melenudo.

GRESCA. Riña, pendencia, pelotera, reyerta, contienda, alboroto, cuestión, altercado, tiberio, batifondo, bochinche, trifulca, cisco, bronca, disputa, batahola, batuque, zafarrancho. — Bulla, algazara, gritería, vocerío, zarabanda.

GREY. Feligresía. — Rebaño, ganado.

GRIEGO. Heleno, helénico. — Incomprensible.

GRIETA. Hendidura, rendija, abertura, raja, resquebrajadura, resquicio, raza.

GRIFO. Canilla.

GRILLETES. Grillos, pihuelas, esposas. — Estorbo, impedimento.

GRIMA. Desazón, disgusto, molestia, lástima. — Horror, aversión, repugnancia, asco.

GRÍMPOLA. Gallardete, banderola.

GRIPE. Trancazo, influenza.

GRIS. Ceniciento. — Triste, sombrío, tétrico.

GRITA. Gritería, algazara, jaleo, protesta, abucheo. — Voceo.
• *callado, silencio*

GRITAR. Vocear, vociferar, clamar, buchear, despepitarse, baladrar, chillar.
• *bisbisar, murmurar, musitar, susurrar*

GRITERÍA. Grita, vocerío, algazara, algarabía, vinglería, clamoreo, bulla, zarabanda.

GRITO. Clamor, voz, alarido.

GROSERÍA. Descortesía, desatención, descomedimiento.
• *delicadeza, educación, urbanidad*

GROSERO. Descortés, desatento, descomedido, patán, torpe, brutal. — Ordinario, basto, tosco, rústico, imperfecto.

GROSOR. Grueso, espesor.

GROTESCO. Ridículo, extravagante, chocante, raro.
• *normal, regular, serio*

GRÚA. Guinche.

GRUESO. Corpulento, abultado, voluminoso. — Grande, enorme. — Grosor, espesor. — Gordo, pesado.

GRUMO. Cuajarón, coágulo.

GRUÑIR. Rezongar, refunfuñar, mascullar. — Verraquear. — Regañar.

GRUÑÓN. Regañón, rezongón, gruñidor. — Descontento.

GRUPA. Anca.

GRUPO. Reunión, corrillo, corro, peña. — Puñado, racimo. — Pandilla, partida, gavilla, caterva.

GRUTA. Caverna, cueva, antro.

GUACHO. Huérfano.

GUAGUA. Nene, bebé.

GUAMPA. Asta, cuerno.

GUANTAZO. Guantada, manotazo, bofetada.

GUAPEZA. Valor, bizarría, ánimo.

GUAPO. Valiente, animoso, bizarro, resuelto. — Bonito, lindo, agraciado. — Sufrido, esforzado, trabajador. — Pendenciero, perdonavidas.
• *feo, horrible, horroroso*

GUARANGO. Grosero, descomedido, patán, torpe.

GUARDAPOLVO. Delantal, mandil.

GUARDAR. Custodiar, vigilar, cuidar, conservar, proteger, defender, preservar, retener, precaver, tener. — Cumplir, observar.
• *descuidar, gastar*

GUARDARSE. Precaverse, abstenerse, recelarse.

GUARDIA. Custodia, amparo, defensa, protección.

GUARDILLA. Buhardilla, buharda, sotabanco, desván.

GUARECER. Acoger, cobijar, socorrer, proteger. — Guardar, conservar, preservar. — Curar, medicinar.

GUARECERSE. Acogerse, cobijarse, refugiarse, defenderse.

GUARIDA. Cubil, madriguera, cueva. — Refugio, amparo.

GUARISMO. Cifra, número, cantidad.

GUARNECER. Adornar, ornar, engalanar, aderezar. — Dotar, proveer, equipar. — Enlucir, revocar.

GUARNICIÓN. Adorno, atavío, aderezo. — Engaste. — Empuñadura, puño. — Guardia.

GUARNICIONES. Arreos, jaeces, arneses.

GUASA. Broma, burla, chanza, chirigota, cachada. — Sosería, sandez.

GUASCAZO. Latigazo, azote.

GUASO. Rústico, campesino. — Grosero, torpe.

GUASÓN. Burlón, chancero. — Soso, pesado, rústico.

GUERRA. Conflicto, lucha, hostilidad, combate, pugna, disidencia.

GUERRA (DAR). Molestar, fastidiar, incomodar.
• *paz, sosiego, tranquilidad*

GUERRERO. Belicoso, marcial, militar. — Soldado.
• *amistoso, pacífico*

GUERRILLA. Partida.

GUÍA. Baquiano, cicerone, conductor. — Maestro, preceptor, director, consejero. — Regla, pauta, norma, modelo. — Vara, sarmiento. — Caudillo, adalid, jefe, cabeza, campeón.

GUIAR. Conducir, gobernar, manejar, encaminar, dirigir, enseñar, instruir, orientar, aconsejar.
• *equivocar, desencaminar*

GUIJARRO. Canto, piedra.

GUIJO. Grava, cascajo.

GUILLOTINAR. Decapitar.

GUINCHE. Grúa.

GUINDAR. Colgar, suspender. — Ahorcar. — Lograr, conseguir.

GUIÑADA. Guiño.

GUIÑAPO. Andrajo, harapo.

GUIRIGAY. Galimatías, monserga, jerga. — Trifulca, tiberio, trapatiesta, batifondo, bochinche, batuque, batahola.

GUIRNALDA. Corona, diadema.

GUISA (A). A modo, de tal manera.

GUISANTE. Arveja.

GUISAR. Cocinar, aderezar, cocer, adobar. — Componer, ordenar, disponer, preparar.

GUISO. Guisado, manjar, salsa.

GUISOTE. Bodrio, comistrajo.

GUITA. Dinero, monís, plata. — Piolín, bramante.

GUITARRA. Vihuela.

GULA. Gastronomía, glotonería.
  • *austeridad, frugalidad, parquedad, sobriedad*
GURI. Muchacho.
GURRUMINO. Ruin, desmedrado, enclenque, mezquino. — Pusilánime, cobarde. — Maridazo. — Pebete, chiquillo.
GUSANEAR. Hormiguear, bullir, hervir.
GUSANO. Lombriz, oruga. — Pobre, humilde, abatido, menesteroso.
GUSTAR. Probar, paladear, catar. — Experimentar. — Agradar, satisfacer, llenar, placer, complacerse, celebrar. — Desear, querer.
  • *desagradar, disgustar*
GUSTO. Sabor, dejo. — Deleite, delicia, placer, agrado, satisfacción, complacencia. — Arbitrio, libertad, capricho, antojo, diversión, deseo. — Opinión, preferencia.
GUSTOSO. Sabroso, agradable, apetitoso, rico, exquisito, excelente. — Grato, placentero.

H

HABANO. Cigarro, puro.
HABER. Hacienda, fortuna, bienes, caudal.
HABER. Poseer, tener. — Alcanzar, coger, pillar, atrapar. — Acaecer, ocurrir, verificarse, suceder, acontecer, producirse. — Encontrarse, hallarse, existir. — Hacer.
   • *carencia, debe*
HABERES. Sueldo, asignación, paga, salario, soldada, gajes, emolumentos.
HÁBIL. Diestro, inteligente, capaz, apto, ingenioso, habilidoso, industrioso, ejercitado, entendido, diligente, dispuesto, perito, técnico.
HABILIDAD. Disposición, capacidad, competencia, destreza, cancha, solercia, aptitud, industria, inteligencia, muñeca, pericia.
   • *incompetencia, inhabilidad*
HABILITAR. Comanditar, interesar.
HABITACIÓN. Aposento, vivienda cuarto, estancia, morada, domicilio.
HABITANTE. Morador, vecino, ciudadano, alma, individuo.
HABITAR. Residir, vivir, ocupar, morar, hospedarse, parar.
   • *vagar*
HÁBITO. Costumbre, práctica, maña. — Traje, vestido.
HABITUADO. Acostumbrado, avezado, familiarizado, hecho.
HABITUAL. Corriente, usual, ordinario, familiar, frecuente.
HABITUAR. Acostumbrar, familiarizar, avezar.
   • *desacostumbrar, extrañar*
HABITUARSE. Acostumbrarse, aficionarse, hacerse.
HABLA. Lengua, idioma, léxico, lenguaje, dialecto.

HABLA (AL). En conversación.
HABLADOR. Charlatán, charlador, parlachín. — Soplón, chismoso.
HABLADURÍA. Chisme, cuento, murmuración, hablilla, mentira, rumor, voz.
HABLAR. Conversar, charlar, departir, platicar, perorar, expresarse. — Murmurar, musitar, cuchichear, cuchear, balbucir, balbucear. — Tratar, discurrir, razonar. — Interceder, rogar. — Respirar.
   • *achantarse, callar, enmudecer, silenciar*
HABLILLA. Habladuría, chisme, cuento, rumor, murmuración, mentira.
HACEDERO. Factible, realizable, posible.
HACENDADO. Estanciero.
HACENDOSO. Diligente, solícito, trabajador, aplicado, laborioso.
HACER. Producir, crear, formar, fabricar, confeccionar, elaborar, construir. — Ejecutar, obrar, realizar, efectuar, practicar, verificar, perpetrar. — Causar, ocasionar, determinar. — Componer, aderezar, dar, arreglar, disponer. — Contener, caber, encerrar, contar. — Representar, aparentar, proceder, urdir, actuar. — Obligar, forzar. — Creer, suponer, presumir, imaginar, pensar. — Habituar, acostumbrar. — Convenir, importar. — Ejercer, desempeñar. — Simular, fingir. — Igualar.
   • *descomponer, deshacer, destruir, deteriorar*
HACERSE. Habituarse, acostumbrarse. — Crecer, aumentarse, perfeccionarse. — Fingirse, simular. — Volverse, transformarse. — Apartarse.
HACHA. Antorcha, tea, hachón.
HACHERO. Leñador.

181

HACIENDA. Bienes, fortuna, capital, caudal, intereses, haber. — Finca, propiedad, predio, heredad. — Ganado. — Erario.

HACINAR. Amontonar, acoplar, acumular, allegar, apilar.
   • *separar*

HADO. Destino, sino, suerte, estrella, fortuna, fatalidad.

HALAGAR. Adular, lisonjear, alabar, roncear. — Gustar, agradar, satisfacer, complacer, deleitar. — Mimar, acariciar, festejar, obsequiar, regalar.
   • *castidad, desdeñar, prohibir*

HALAGO. Lisonja, mimo, fiesta, caricia, agasajo, adulación, alabanza.

HALAGÜEÑO. Lisonjero, grato, halagador, agradable, satisfactorio, risueño, encomiástico, adulador, dulce, suave.

HÁLITO. Aliento. — Vapor, vaho. — Soplo.

HALLAR. Encontrar, topar, tropezar, dar. — Inventar, descubrir. — Observar, notar, ver. — Averiguar, inquirir, investigar.
   • *deshacer, perder*

HALLARSE. Encontrarse, estar, sentirse, verse.

HALLAZGO. Descubrimiento, encuentro, invención.

HALO. Corona, halón, nimbo.

HAMACA. Mecedora.

HAMACAR. Mecer, cunar, hamaquear, columpiar.

HAMBRE. Apetito, gazuza. — Ansia, afán, deseo, gana. — Escasez, carestía, necesidad.
   • *hartazgo, hartura, saciedad*

HAMBRIENTO. Famélico. — Deseoso, ansioso, codicioso. — Necesitado.

HAMPA. Escoria, hez.

HAMPÓN. Valentón, bravo.

HARAGÁN. Holgazán, perezoso, gandul, tumbón, maula, poltrón.
   • *trabajador*

HARAGANERÍA. Holgazanería, pereza, holganza, gandulería, ociosidad.

HARAPIENTO. Haraposo, andrajoso, roto.

HARAPO. Andrajo, guiñapo, pingajo.

HARÉN. Serrallo.

HARINA. Polvo.

HARINOSO. Farináceo.

HARNERO. Criba, cedazo.

HARPÍA. Arpía, furia, bruja.

HARTAR. Saciar, satisfacer, llenar, atracar, apipar. — Fastidiar, causar, hastiar, aburrir, empalagar. — Dar, cansar, agobiar.
   • *carecer, necesitar, vaciar*

HARTAZGO. Atracón, hartura, panzada, comilona, empacho, saciedad.
   • *hambre*

HARTO. Satisfecho, lleno, repleto, sacio, saciado. — Ahíto, hastiado, cansado. — Sobrado, bastante, asaz.

HARTURA. Hartazgo. — Abundancia, copia, profusión.

HASTIAR. Repugnar, fastidiar, hartar, empalagar, cansar, aburrir.
   • *divertir*

HASTÍO. Tedio, fastidio, cansancio, disgusto, aburrimiento, repugnancia, desgana.

HATAJO. Montón, cúmulo, multitud, hato, copia, conjunto.

HATO. Hatajo, montón. — Corrillo, junta, gavilla, camada. — Rebaño, manada.

HAZ. Gavilla, atado. — Faz, rostro. Superficie, cara.

HAZAÑA. Proeza, heroicidad, valentía.

HAZMERREÍR. Pelele, bufón.

HEBDOMADARIO. Semanal, semanario.

HEBRA. Fibra, filamento, pelo. — Vena, filón. — Hilo, hilaza.

HEBREO. Hebraico, judío, israelita. — Usurero, logrero, mercader.

HEBROSO. Hebrudo, fibroso.

HECATOMBE. Matanza, mortandad, carnicería, destrozo. — Inmolación, sacrificio.

HECES. Excremento.

HECHICERÍA. Magia, brujería, encantamiento. — Hechizo, filtro, bebedizo.

HECHICERO. Mago, brujo, mágico. — Seductor, encantador, embelesador, cautivador.

HECHIZAR. Encantar, embelesar, cautivar, seducir, embrujar, suspender, arrebatar. — Maleficiar.

HECHIZO. Encanto, embeleso, seducción, magia, atractivo. — Filtro, conjuro, sortilegio, maleficio, nigromancia. — Artificioso, fingido, postizo.

HECHO. Suceso, caso, acontecimiento, acción, obra. — Asunto, materia, punto, negocio. — Perfecto, maduro, acabado, consumado. — Habituado, acostumbrado.

HECHO (DE). Efectivamente.

HECHURA. Forma, figura, corte, calco, molde. — Organización, composición.

HEDER. Apestar. — Cansar, enfadar, fastidiar, molestar.
  • *divertir, perfumar*

HEDIONDEZ. Hedor, fetidez, pestilencia, peste.
  • *aroma*

HEDIONDO. Apestoso, fétido, pestilente, nauseabundo. — Molesto, enfadoso. — Sucio, repugnante, torpe, obsceno.

HEDOR. Fetidez, hediondez, peste, pestilencia.

HEGEMONÍA. Supremacía.

HELADO. Frío, congelado. Pasmado, sobrecogido, yerto, tieso, suspenso, atónito, estupefacto, turulato. — Esquivo, desdeñoso, indiferente, impasible. — Sorbete. — Glacial, gélido.

HELAR. Congelar, condensar, cuajar, coagular. — Pasmar, sobrecoger. — Desanimar, amilanar, desalentar, acobardar, enfriar.
  • *alentar, calentar*

HELARSE. Congelarse, aterirse.

HELÉNICO. Griego, heleno.

HELENO. Helénico, griego.

HELERO. Ventisquero, glaciar.

HELIOGÁBALO. Tragón, comilón, tragaldabas, glotón, insaciable.

HEMBRA. Mujer. — Molde, matriz.

HEMBRILLA. Armella.

HEMICICLO. Semicírculo. — Anfiteatro.

HENCHIR. Llenar, hinchar, rellenar, rehenchir, atestar.
  • *deshinchar, vaciar*

HENDER. Atravesar, cortar. — Rajar, agrietar, abrir, cascar.

HENDIDURA. Hendedura, raja, grieta, rendija, abertura, resquicio, quebradura.

HENDIJA. Rendija, hendedura.

HERÁLDICA. Blasón.

HERALDO. Portavoz, pregonero.

HERBARIO. Botánico.

HERCÚLEO. Vigoroso, forzudo, fuerte, fornido, robusto.

HEREDAD. Propiedad, predio, posesión, finca, hacienda.

HEREDAR. Suceder.

HEREDITARIO. Congénito, connato.

HEREJE. Heterodoxo.

HEREJÍA. Error, disparate, equivocación.

HERIDO. Lesionado, lastimado, contuso. — Agraviado, ofendido.

HERIR. Lesionar, dañar, lastimar, romper, abrir, desgarrar. — Golpear, dar, percutir, batir. — Pulsar, tocar, tañer. — Chocar, disgustar, molestar, ofender, agraviar. — Impresionar, deslumbrar.

HERMANAR. Uniformar, armonizar, unir, juntar.
  • *desunir, enemistar*

HERMANARSE. Uniformarse, armonizarse, conformarse, unirse.

HERMANDAD. Cofradía, congregación. — Analogía, correspondencia.

HERMOSEAR. Embellecer.

HERMOSO. Bello, lindo, bonito, agraciado, airoso, precioso. — Perfecto, exquisito, primoroso, bueno, excelente, encantador, espléndido, magnífico, soberbio, grandioso. — Despejado, apacible, sereno.
  • *feo*

HERMOSURA. Belleza, beldad, excelencia, perfección.
  • *fealdad*

HERNIA. Quebradura, relajación.

HERNIANO. Quebrado.

HÉROE. Protagonista, paladín, campeón.
  • *cobarde*

HEROICO. Perínclito, grande, épico.

HERRAMIENTA. Instrumento, utensilio.

HERRETEAR. Clavetear.

HERRUMBRARSE. Aherrumbrarse, enmohecerse, oxidarse.

HERRUMBRE. Moho, orín, óxido.

HERVIDERO. Hervor. — Multitud, muchedumbre, enjambre, nube, abundancia, copia.

HERVIR. Cocer, bullir, borbotar, fermentar. — Picarse, agitarse. — Abundar.

HERVOR. Ebullición. — Fogosidad, ardor, viveza, ímpetu.

HESITACIÓN. Duda, vacilación, perplejidad, indecisión.

HETERÓCLITO. Irregular, extraño.

HETERODOXO. Hereje.

HETEROGÉNEO. Diferente, complejo.

HEZ. Escoria, desecho, residuo. — Sedimento, poso.

HIDALGO. Generoso, noble, magnánimo, caballeresco, distinguido. — Hijodalgo. — Ilustre.
 • *vil*

HIDROFOBIA. Rabia.

HIDROMIEL. Aguamiel.

HIDRÓPICO. Insaciable, ansioso. — Sediento.

HIEL. Bilis. — Amargura, pena, dolor, trabajo, disgusto, aspereza, adversidad.

HIELO. Nieve. — Frialdad, desvío, desamor, tibieza.

HIENA. Feroz.

HIERBABUENA. Menta.

HIERROS. Grillos, esposas, cadenas, prisiones.

HIGA. Burla, desprecio.

HÍGADO. Ánimo, valentía, arrojo, aliento, bravura.

HIGIENE. Profilaxis, profilaxia.
 • *infección, suciedad*

HIJASTRO. Entenado.

HIJO. Descendiente, natural, originario, nacido, oriundo. — Fruto, producto, consecuencia, efecto, resultado. — Retoño, renuevo, hijuelo.

HILA. Hilera, fila. — Hebra.

HILADA. Hilera.

HILADO. Tejido, hilaza.

HILAR. Discurrir, cavilar.

HILARIDAD. Risa, risotada, carcajada.

HILAZA. Hilo, hilado, hebra.

HILERA. Cola, ringlera, sarta.

HILO. Hebra, filamento. — Alambre. — Filo. — Chorro.

HILVÁN. Basta, embaste.

HILVANAR. Proyectar, tejer, preparar, urdir, tramar.

HIMENEO. Boda, matrimonio, casamiento, unión, enlace.

HIMNO. Canto.

HINCAPIÉ. Insistencia.

HINCAR. Clavar, plantar, introducir.

HINCARSE. Arrodillarse, postrarse.

HINCHA. Odio, inquina. — Fanático, apasionado, entusiasta.

HINCHADO. Inflado, lleno, relleno, henchido, abultado. — Presumido, presuntuoso, vano, fatuo, engreído, infatuado, hueco. — Hiperbólico, afectado, rimbombante, palanganudo, enfático. — Tumefacto.

HINCHAR. Inflar, rellenar, henchir, rehenchir, soplar. — Tumefacer.
 • *deshinchar, disminuir*

HINCHARSE. Envanecerse, entonarse, engreírse, infatuarse, ensoberbecerse. — Abotargarse, inflarse, elevarse, abultarse. — Entumecerse.

HINCHAZÓN. Tumefacción, tumescencia.

HINOJOS (DE). De rodillas, arrodillado, postrado.

HIPAR. Gimotear, lloriquear, zollipar, sollozar. — Desear, ansiar.

HIPÉRBATON. Inversión.

HIPÉRBOLE. Exageración, ponderación, abultamiento, andaluzada.

HIPERBÓLICO. Hinchado, afectado, pomposo, hueco, redundante.

HIPNOTIZAR. Magnetizar.

HIPOCONDRÍACO. Triste, malhumorado, melancólico, apesarado.

HIPOCRESÍA. Simulación, fingimiento, ficción, doblez, falsedad, gazmoñería, mojigatería, santurronería.
 • *claridad, lealtad, sinceridad*

HIPOGRIFO. Caballo.

HIPOTECA. Carga, peso, gravamen. — Clavo.

HIPÓTESIS. Suposición.

HIRIENTE. Injurioso, agravante, ofensivo, ultrajante.

HIRSUTO. Erizado, híspido.
• *limpio, liso, suave*

HISPANO. Español, ibérico.

HÍSPIDO. Hirsuto.

HISTORIA. Relato, narración, crónica, anales. — Fábula, cuento. — Chisme, enredo, hablilla.

HISTORIADOR. Cronista, historiógrafo.

HISTÓRICO. Cierto, verdadero, positivo, seguro, comprobado.

HISTORIETA. Cuentecillo, anécdota, fábula.

HISTRIÓN. Comediante, bufón. — Juglar, volatinero, farsante.

HITO. Mojón, señal, marca, coto, poste. — Blanco.

HOCICAR. Hozar. — Tropezar, hociquear. — Rebajarse, ceder.

HOCICO. Morro. — Jeta, cara, rostro.

HOCIQUEAR. Hocicar.

HOGAÑO. Actualmente, hoy.

HOGAR. Casa, domicilio, morada, residencia. — Fogón, chimenea.

HOGUERA. Pira, fogata.

HOJA. Página, plana, folio. — Lámina, capa, plancha. — Pétalo. — Escapada, tizona, acero, cuchilla.

HOJARASCA. Morralla, faramalla.

HOJEAR. Trashojar, pasar.

HOLGADO. Ancho, sobrado. — Desahogado, acomodado, rico. — Desocupado.

HOLGANZA. Descanso, reposo, quietud. — Ociosidad, pereza, gandulería, haraganería, holgazanería. — Placer, recreo, regocijo, contento, diversión.
• *actividad, trabajo*

HOLGAR. Descansar, reposar, respirar. — Vagar, pasear. — Sobrar. — Alegrarse.
• *entristecer, trabajar*

HOLGARSE. Regocijarse, gozarse, divertirse, entretenerse.

HOLGAZÁN. Vagabundo, vago, haragán, gandul, perezoso, tumbón, maula, pelafustán, zanguango, poltrón, flojo.

HOLGAZANEAR. Vaguear, haraganear, gandulear.

HOLGAZANERÍA. Haraganería, holganza, pereza, ociosidad, gandulería, poltronería.

HOLGORIO. Regocijo, jaleo, jarana, juerga, bullicio, parranda, farra, fiesta, diversión.

HOLGURA. Anchura, desahogo, amplitud, abundancia, comodidad. — Regocijo, diversión, holgorio.
• *estrechez, incomodidad*

HOLLAR Pisar. — Pisotear, conculcar, abatir, humillar, atropellar, escarnecer, menospreciar, despreciar, ajar.

HOLLÍN. Tizne, humo.

HOLOCAUSTO. Sacrificio, ofrenda.

HOMBRE. Varón, macho, humano, mortal, señor, adulto. — Marido.

HOMENAJE. Veneración, sumisión, respeto, pleitesía. — Vasallaje.

HOMICIDA. Asesino, matador.

HOMICIDIO. Muerte, asesinato.

HOMILÍA. Sermón.

HOMOGÉNEO. Similar, uniforme.

HOMOLOGAR. Validar, registrar, consignar. — Igualar.

HOMÓLOGO. Semejante, igual.

HOMÓNIMO. Tocayo.

HOMOSEXUAL. Pederasta.

HONDO. Profundo. — Recóndito, misterioso, oculto, íntimo. — Fondo.

HONDONADA. Hoyada.

HONDURA. Profundidad, fondo, hoya.
• *altura, excelsitud*

HONESTIDAD. Decencia, decoro, pudor, recato, compostura, modestia, honra, castidad.

HONESTO. Decente, decoroso, pudoroso, modesto. — Honrado, probo. — Razonable, justo, equitativo.

HONGO. Seta. — Solitario, aislado.

HONOR. Honra, prez, estima, reputación, renombre, fama, gloria, virtud. — Honestidad, decencia, decoro, probidad, castidad. — Distinción, cortesía. — Dignidad, cargo, empleo. — Obsequio, aplauso, celebridad.
• *afrenta, deshonor, deshonra, oprobio*

HONORABILIDAD. Dignidad, honradez.

HONORABLE. Respetable, distinguido, venerable.

HONORARIO. Honorífico.

HONORARIOS. Emolumentos, derechos.

HONORÍFICO. Honroso, preeminente, decoroso, preciado. — Honorario.

HONRA. Honor, virtud, prez, estima, reputación, gloria, renombre, fama. — Honestidad, pudor, recato, castidad, decoro, probidad, decencia. — Distinción, cortesía.

HONRADEZ. Probidad, rectitud, integridad, lealtad, bondad.

　• *deshonra, inmoralidad*

HONRADO. Probo, recto, íntegro, honesto, leal. — Estimado, apreciado, respetado, venerado.

HONRAR. Enaltecer, ennoblecer, ensalzar, realzar. — Respetar, venerar, reverenciar, acatar. — Distinguir, favorecer.

　• *blasfemar, deshonrar, envilecer*

HONRAS. Exequias, funerales.

HONRILLA. Puntillo, pundonor.

HONROSAMENTE. Honradamnte, decorosamente.

HONROSO. Honorífico, preeminente, señalado, principal, singular, preciado. — Decoroso, decente.

HORA. Momento, instante, tiempo.

HORADAR. Agujerear, perforar, taladrar, abrir.

HORARIO. Manecilla.

HORCA. Cadalso, patíbulo.

HORCÓN. Horquilla.

HORDA. Matón.

HORIZONTE. Porvenir, perspectiva.

HORMA. Molde, forma.

HORMIGÓN. Concreto, argamasa, mezcla, mortero.

HORMIGUEAR. Bullir, moverse, agitarse. — Abundar, pulular.

HORMIGUERO. Abundancia, copia, hervidero, muchedumbre, multitud.

HORNACINA. Nicho.

HORÓSCOPO. Predicción, vaticinio, pronóstico, profecía, agüero, presagio.

HORQUILLA. Horqueta, horcón, horca, bieldo.

HORRENDO. Horrible, horroroso, espan-toso, monstruoso, aterrador, horripilante, espeluznante, pavoroso, hórrido, horrorífico, tremebundo, dantesco, espantable.

HÓRREO. Granero, troj, silo.

HORRIBLE. Horrendo, espantoso, horrorífico.

HÓRRIDO. Horrendo, pavoroso.

HORRIPILAR. Horrorizar, espeluznar, aterrar, espantar.

　• *envalentonar, tranquilizar*

HORRÍSONO. Horrendo, pavoroso, horripilante, monstruoso.

HORRO. Manumiso. — Libre.

HORROR. Espanto, terror, pavor, consternación. — Aversión, repulsión, odio. — Atrocidad, enormidad, demasía.

HORRORÍFICO. Horrendo, horrible, espantoso, horripilante.

HORRORIZAR. Horripilar, aterrar, espeluznar.

HORROROSO. Horripilante, espeluznante, aterrador, pavoroso, monstruoso, horrible, espantoso. — Feísimo, repugnante.

HORTALIZA. Legumbre, verdura.

HOSCO. Ceñudo, intratable, huraño, áspero, esquivo, severo.

　• *simpático, suave*

HOSPEDAJE. Alojamiento, albergue, posada, hospedería.

HOSPEDAR. Alojar, albegar, aposentar.

　• *desalojar*

HOSPEDARSE. Posar, alojarse, albergarse, parar, habitar.

HOSPEDERO. Mesonero, huésped, posadero, hostelero.

HOSPITALIDAD. Albergue, asilo, refugio, abrigo, protección.

HOSQUEDAD. Aspereza, severidad.

HOSTELERO. Posadero, mesonero, hospedero, huésped.

HOSTERÍA. Posada, mesón, parador, hostal, fonda.

HOSTIA. Forma.

HOSTIGAR. Fustigar, azotar, castigar. — Perseguir, acosar, molestar, atosigar, fastidiar.

　• *acoger, defender, tranquilizar*

HOSTIL. Contrario, enemigo, desfavorable, adverso.

HOSTILIDAD. Lucha, odio, enemistad, oposición, enemiga, agresión.

HOY. Actualmente, hogaño.

HOYA. Sepultura, fosa, huesa, hoyo. — Pozo, concavidad, hondura, sima, abismo.

HOYO. Concavidad, hondura, hueco. — Hoya, fosa, sepultura.

HOZAR. Hocicar.

HUCHA. Alcancía. — Arca.

HUECO. Cóncavo, vacío. — Cavidad, concavidad. — Presumido, hinchado, vano, fatuo, presuntuoso. — Ostentoso, afectado. — Mullido, esponjoso, ahuecado. — Vacante. — Oquedad, laguna. — Luz, ventana.

HUELGA. Paro. — Recreación, diversión, holgura, holganza, holgorio.

HUELGO. Aliento, resuello, respiración. — Holgura, anchura.

HUELLA. Señal, rastro, vestigio, pista, pisada. — Estigma, marca.

HUÉRFANO. Desamparado, abandonado, solo. — Guacho.

HUERO. Vacío, insubstancial. — Podrido.

HUERTO. Vergel.

HUESA. Sepultura, hoya, hoyo, fosa.

HUESO. Carozo, pepita. — Clavo, invendible. — Incordio, molestia.

HUESOSO. Óseo.

HUÉSPED. Alojado, invitado, comensal. — Mesonero, hospedero, posadero, hostelero, anfitrión.

HUESTE. Ejército, tropa.

HUIDA. Fuga, derrota, desbandada. — Evasión, escape.

HUIDIZO. Escurridizo.

HUIR. Fugarse, escaparse, evadirse, escurrirse. — Rehuir, evitar.

　• *acosar, hostigar, perseguir, seguir*

HUMANARSE. Humanizarse.

HUMANIDAD. Mundo. — Caridad, compasión, piedad, misericordia, filantropía, sensibilidad. — Bondad, benignidad, afabilidad, benevolencia, mansedumbre. —

Corpulencia, gordura. — Hombre.

　• *inhumanidad*

HUMANIZARSE. Humanarse, suavizarse, dulcificarse.

　• *deshumanizarse, endurecerse, enojarse*

HUMANO. Hombre, persona. — Piadoso, compasivo, misericordioso, caritativo, filantrópico, benigno, afable, bueno, generoso, indulgente.

HUMEDECER. Mojar, empapar, rociar, bañar, impregnar.

HUMILDAD. Sumisión, rendimiento, docilidad, acatamiento. — Modestia, pobreza, insignificancia.

　• *soberbia*

HUMILDE. Sumiso, obediente, dócil, rendido. — Pobre, modesto, obscuro, vulgar, bajo.

HUMILLANTE. Degradante, depresivo, vergonzoso, afrentoso.

HUMILLAR. Doblegar, domeñar, someter, sojuzgar, abatir. — Degradar, rebajar, desazonar, mortificar, avergonzar. — Postrar, doblar, bajar.

　• *ensalzar, ensoberbecer*

HUMILLO. Presunción, vanidad, altanería, orgullo.

HUMO. Soberbia, inflazón, altivez, vanidad, presunción.

HUMOR. Índole, condición, genio, carácter. — Jovialidad, agudeza, gracia, ingenio. — Pus, materia.

HUMORADA. Broma, chiste, ocurrencia, chanza, burla, capricho, extravagancia, fantasía, antojo.

HUMORÍSTICO. Festivo, chistoso, satírico, jovial, jocoso, burlesco.

HUMUS. Mantillo.

HUNDIR. Sumir, clavar, plantar, hincar. — Sumergir, abismar. — Abatir, oprimir, confundir. — Destruir, consumir, arruinar, destrozar, derribar, forzar.

　• *aparecer, construir, elevar*

HUNDIRSE. Sumirse, sumergirse, afondar, naufragar, zozobrar. — Enfrascarse, abismarse, aplicarse. — Quebrar, arruinarse, fundirse.

HURACÁN. Vendaval, ciclón.
* *aura, brisa, hálito*

HURAÑO. Hosco, áspero, esquivo, insociable, misántropo, intratable, arisco, hurón.

HURGAR. Remover, menear, tocar, manosear, toquetear, tentar. — Incitar, pinchar, excitar, azuzar, conmover.

HURGÓN. Molesto, fastidioso, entrometido, importuno.

HURGUETE. Fisgón, entremetido.

HURÓN. Huraño, esquivo, insociable, arisco. — Fisgón, husmeador, curioso.

HURONEAR. Fisgonear, curiosear, escudriñar, fisgar, husmear, oliscarfisgonear.

HURTADILLAS (A). Furtivamente, a escondidas, a hurto.

HURTAR. Robar, quitar, rapiñar, saquear, pillar, birlar, limpiar, sisar, rapar, ratear. — Desviar, apartar, separar, esquivar, alejar.
* *devolver, reintegrar, restituir*

HURTO. Robo, pillaje, saqueo, rapiña.

HUSMEAR. Indagar, averiguar, oliscar, olisquear, oler, inquirir, fisgar, fisgonear. — Rastrear, olfatear.

I

IBÉRICO. Iberio, ibero, español, hispánico.
IBEROAMERICANO. Hispanoamericano.
IDEA. Concepto, juicio, opinión. — Imagen, percepción, representación. — Ingenio, habilidad. — Inventiva, imaginación. — Noción, conocimiento. — Manía, obsesión, tema, capricho, ventolera. — Intención, propósito, plan. — Esbozo, croquis.
IDEAL. Perfecto, puro, elevado, sublime. — Modelo, dechado, prototipo. — Ilusión, sueño, ambición, deseo.
IDEALISTA. Iluso, soñador, visionario, ideólogo.
IDEALIZAR. Poetizar.
IDEAR. Imaginar, proyectar, inventar, discurrir, disponer, pensar, concebir.
IDÉNTICO. Equivalente, igual, semejante, similar.
  • *distinto, heterogéneo, inexacto*
IDENTIDAD. Filiación. — Equivalencia, igualdad.
  • *desigualdad, heterogeneidad, inexactitud*
IDENTIFICAR. Reconocer, examinar.
IDENTIFICARSE. Compenetrarse.
IDEÓLOGO. Soñador, idealista.
IDILIO. Enamoramiento.
IDIOMA. Lengua, lenguaje, habla.
IDIOSINCRASIA. Carácter, temperamento, índole, genio, natural.
IDIOTA. Imbécil, estúpido, tonto, otario, bobo, estólido.
IDO. Chiflado, lelo, loco.
IDÓLATRA. Adorado, apasionado. — Pagano, gentil. — Fetichista.
IDOLATRÍA. Adoración. — Paganismo, gentilismo, gentilidad. — Fetichismo.

ÍDOLO. Divinidad, deidad.
IDONEIDAD. Capacidad, aptitud, competencia, suficiencia, disposición.
  • *incapacidad, incompetencia, ineptitud*
IDÓNEO. Apto, capaz, competente, suficiente, dispuesto, hábil.
IGLESIA. Templo, basílica, santuario. — Congregación, secta, clero.
IGNARO. Ignorante.
ÍGNEO. Ardiente, encendido, ignito.
IGNOMINIA. Deshonra, deshonor, infamia, afrenta, oprobio, baldón. — Bajeza, ruindad, miseria.
  • *dignidad, honor*
IGNORANTE. Inculto, profano, ignaro, iliterato, borrico, zote, lego, iletrado, necio.
  • *culto, sabio*
IGNORANTISMO. Obscurantismo, fanatismo, servilismo.
IGNORAR. Desconocer.
IGNOTO. Desconocido, ignorado, incierto.
  • *conocer, saber*
IGUAL. Idéntico, similar, semejante, conforme, proporcionado, correspondiente, parecido, paralelo. — Llano, liso, uniforme, plano, unido. — Invariable, regular, constante. — Indiferente, despreocupado. — Tanto como, del mismo modo, como, de la misma manera, lo mismo.
  • *antónimo, desigual, heterogéneo*
IGUALAR. Equiparar, equilibrar, compensar. — Allanar, nivelar, aplanar, explanar, uniformar. — Competir. — Equivaler. — Adecuar.
  • *desempatar, desequilibrar, desigualar*
IGUALDAD. Identidad, paridad, semejan-

za, correspondencia, conformidad. — Llanura, llano, planicie. — Uniformidad, unidad, regularidad, simetría, armonía, equilibrio, equivalencia, ponderación, equidad.

IGUALMENTE. Asimismo, también, además, indistintamente.

IJADA. Ijar, vacío.

IJAR. Ijada, vacío.

ILACIÓN. Consecuencia, inferencia, deducción, relación, dependencia, inducción, filiación.

ILEGAL. Ilícito, ilegítimo, injusto, prohibido, antilegal.
• *justo, legal, legítimo*

ILEGIBLE. Ininteligible, indescifrable.

ILEGÍTIMO. Ilegal, espurio, bastardo, falso, noto.

ILESO. Indemne, incólume, intacto.
• *enfermo, herido, impuro*

ILETRADO. Analfabeto.

ILÍCITO. Ilegal, prohibido, indebido, injusto.

ILIMITADO. Indefinido, incalculable, inmenso. — Absoluto.

ILITERATO. Iletrado, analfabeto, ignorante, indocto, nesciente.

ILÓGICO. Absurdo, disparatado.

ILOTA. Esclavo, siervo, paria.

ILUMINAR. Alumbrar. — Ilustrar, enseñar. — Inspirar. — Colorear.
• *apagar, oscurecer*

ILUSIÓN. Quimera, desvarío, sueño, ficción, delirio, espejismo.
• *desconfianza, desesperanza*

ILUSIONAR. Engañar, seducir, esperanzar.
• *desconfiar, desesperar*

ILUSIONISTA. Prestidigitador.

ILUSO. Engañado, seducido. — Visionario, idealista. — Chiflado.

ILUSORIO. Engañoso, falso, aparente, quimérico, fabuloso, fingido.

ILUSTRACIÓN. Instrucción, cultura, luz, erudición. — Lámina, grabado, estampa, figura. — Comentario, explicación, aclaración, interpretación.
• *ignorancia, incultura*

ILUSTRADO. Culto, instruido, letrado, docto, erudito.

ILUSTRAR. Instruir, enseñar, aleccionar, educar. — Ennoblecer, esclarecer, afamar, ensalzar, exaltar. — Aclarar, explicar, interpretar, comentar.

ILUSTRE. Célebre, insigne, excelso, esclarecido, egregio, eximio, relevante, conspicuo, ínclito, perínclito, augusto, glorioso, preclaro, eminente, genial, magistral, inimitable, admirable, docto, maestro, celebérrimo, grande, sobresaliente, brillante, excelente, notable, consagrado, famoso, afamado, renombrado, reputado, respetable, distinguido, celebrado, conocido, aplaudido.

IMAGEN. Figura, símbolo, representación, semejanza, estampa, estatua, simulacro, copia, retrato, efigie, apariencia. — Metáfora.

IMAGINACIÓN. Fantasía, inventiva, magín, idea, pensamiento. — Visión, aprensión.
• *realidad*

IMAGINAR. Pensar, meditar, discurrir, excogitar, fantasear. — Presumir, sospechar, creer, forjar, concebir. — Inventar, crear, idear, proyectar, ingeniar.

IMAGINARIO. Ficticio, supuesto, inventado, fabuloso, fantástico, ideal.
• *real, verdadero*

IMAGINARSE. Figurarse, suponer, creer, persuadirse.

IMÁN. Atractivo, aliciente, encanto.

IMANACIÓN. Imantación, magnetización.

IMANAR. Imantar, magnetizar.

IMANTAR. Imanar, magnetizar.

IMBÉCIL. Estúpido, idiota, bobo, tonto, alelado, estólido, mentecato, simple, necio, mameluco, otario.

IMBECILIDAD. Tontería, majadería, estupidez, idiotez, alelamiento, mentecatería, necedad, estulticia, simpleza.

IMBERBE. Barbilampiño, lampiño, desbarbado.
• *barbudo, velludo*

IMBIBICIÓN. Absorción, impregnación.

IMBORRABLE. Indeleble, inalterable, invariable, fijo, permanente, indestructible.

IMBRIGADO. Imbrincante, sobrepuesto.

IMBUIR. Infundir, inculcar, persuadir, penetrar.

IMITACIÓN. Copia, reproducción, remedo, plagio, falsificación.

IMITADO. Copiado, semejante, parecido.

IMITAR. Copiar, reproducir, remedar, plagiar, fusilar, falsificar, tomar, retratar, contrahacer, seguir.
• *crear, inventar*

IMITATIVO. Imitatorio, mímico.

IMPACCIÓN. Impacto, choque.

IMPACIENCIA. Inquietud, desasosiego, intranquilidad.

IMPACIENTAR. Inquietar, alterar, perturbar, incomodar, irritar, enfadar.

IMPACIENTARSE. Alterarse, rabiar, enfadarse, enojarse, derretirse, trinar, arder.

IMPACTO. Choque, impacción. — Blanco.

IMPAGABLE. Inapreciable, inestimable. — Ridículo, peregrino. — Graciosísimo.

IMPALPABLE. Incorpóreo, inmaterial.

IMPAR. Non, desigual, singular, único.

IMPARCIAL. Equitativo, justo, recto, neutral, desinteresado, igual.

IMPARCIALIDAD. Equidad, justicia, rectitud, desinterés, igualdad, neutralidad.
• *injusticia, parcialidad*

IMPARTIR. Repartir, comunicar. — Otorgar, conceder. — Dar.

IMPASIBILIDAD. Imperturbabilidad, indiferencia, insensibilidad, estoicismo.

IMPASIBLE. Imperturbable, indiferente, estoico, insensible, frío.
• *nervioso, sensible, susceptible*

IMPAVIDEZ. Serenidad, imperturbabilidad, valor, arrojo, intrepidez, denuedo, audacia, arresto.

IMPÁVIDO. Sereno, imperturbable, valeroso, arrojado, intrépido, denodado, impertérrito, valiente, resuelto, arrestado, audaz, atrevido.

IMPECABLE. Perfecto, intachable, inob-

jetable, irreprochable, imponderable, magistral, admirable, brillante, sobresaliente.

IMPEDIDO. Inválido, tullido, paralítico, baldado.

IMPEDIMENTA. Lastre, peso, estorbo, bagaje.

IMPEDIMENTO. Obstáculo, estorbo, traba, inconveniente, dificultad, óbice, embarazo, tope, atolladero, atascadero, atranco, atasco.
• *desembarazo, facilidad, habilidad*

IMPEDIR. Estorbar, imposibilitar, detener, embargar, embarazar, dificultar, empecer, obstar, cortar, desbaratar, vedar, prohibir, coartar, privar, entorpecer, evitar, obstruir.

IMPELER. Empujar, impulsar, mover. — Estimular, incitar, excitar, instigar.
• *retener, sujetar, tranquilizar*

IMPENETRABLE. Impermeable. — Inexplicable, incomprensible, oculto, obscuro, insondable, misterioso, recóndito, esotérico.
• *comprensible, penetrable*

IMPENITENTE. Empedernido, endurecido, contumaz, duro, despiadado.

IMPENSADO. Fortuito, casual, inesperado, inopinado, imprevisto, accidental. — Indeliberado, involuntario, instintivo, irreflexivo.

IMPERAR. Mandar, dominar, predominar, prevalecer, regir, reinar, señorear.
• *obedecer*

IMPERATIVO. Imperioso, altanero, autoritario, dominante.

IMPERCEPTIBLE. Insensible, indiscernible, invisible.

IMPERDIBLE. Inamisible. — Alfiler.

IMPERDONABLE. Irremisible, indisculpable, inexcusable.

IMPERECEDERO. Eterno, inmortal, perpetuo, perdurable, sempiterno, duradero.

IMPERFECCIÓN. Defecto, falta, vicio, tacha, deficiencia.
• *acierto, corrección, perfección*

IMPERFECTO. Defectuoso, falto, defectivo, trabajoso, tosco, incompleto, inacabable, basto.

IMPERIAL. Cesáreo. — Baca.
IMPERICIA. Torpeza, inhabilidad, incapacidad, insuficiencia, inexperiencia.
• *competencia, habilidad, maña*
IMPERIO. Dominio, autoridad, poder, mandato, dominación, potencia. — Orgullo, altanería, arrogancia, altivez, soberbia. — Influencia, ascendiente, prestigio.
• *humildad, obediencia, vasallaje*
IMPERIOSO. Altanero, soberbio, orgulloso, autoritario, despótico, tiránico, mandón. — Apremiante, perentorio, urgente, impostergable.
IMPÉRITO. Incapaz, torpe, inhábil, chambón, inexperto, chapucero, ignorante.
IMPERMEABLE. Impenetrable.
• *esponjoso, penetrable, poroso*
IMPERTÉRRITO. Impávido, sereno, impasible, imperturbable, intrépido, atrevido, valeroso, arrojado, resuelto.
IMPERTINENCIA. Grosería, despropósito, insolencia, importunidad, inconveniencia, disparate, pesadez, chinchorrería.
• *conveniencia, discreción, oportunidad*
IMPERTINENTE. Grosero, insolente, irreverente, cargante, pesado, molesto, fastidioso, importuno, inconveniente, chinchoso, chinchorrero, cócora.
IMPERTURBABILIDAD. Serenidad, calma, tranquilidad, impavidez, impasibilidad.
IMPERTURBABLE. Sereno, tranquilo, impávido, impasible, impertérrito.
• *alterable, desequilibrado, nervioso*
IMPETRACIÓN. Ruego, instancia, súplica, imploración.
IMPETRAR. Conseguir, obtener, alcanzar. — Solicitar, pretender, implorar, deprecar.
ÍMPETU. Impetuosidad, fuerza, violencia, impulso, precipitación, ida, prontitud, embate, asalto, empuje, vehemencia, acometida.
• *irresolución, pasividad, tranquilidad*
IMPETUOSO. Violento, arrebatado, fogoso, precipitado, acalorado, ardiente, vehemente, rápido, raudo.
IMPÍO. Irreligioso, incrédulo, impiedoso,

impiadoso, nefario, volteriano, desapiadado.
• *creyente, religioso, reverente*
IMPLACABLE. Inexorable, inflexible, rígido, rencoroso, vengativo, duro, cruel, despiadado, inhumano.
IMPLANTAR. Introducir, establecer, instaurar, plantear.
IMPLICACIÓN. Contradicción, oposición, contrariedad.
IMPLICAR. Envolver, encerrar, contener, enlazar, enredar, incluir, denotar, significar, importar, entrañar. — Obstar, impedir.
IMPLICATORIO. Implicante, contradictorio.
IMPLÍCITAMENTE. Tácitamente, virtualmente.
IMPLÍCITO. Sobrentendido, tácito.
• *expresado, explícito, manifiesto*
IMPLORAR. Suplicar, rogar, deprecar, instar, invocar, pedir.
• *exigir, mandar*
IMPOLÍTICO. Descortés, inurbano, grosero, incivil, indiscreto, imprudente.
IMPOLUTO. Limpio, inmaculado, cándido, albo.
• *manchado*
IMPONDERABLE. Inapreciable, inestimable, incalculable.
IMPONENTE. Impresionable, grandioso, majestuoso, soberbio. — Respectable, venerable. — Temeroso, medroso. — Altivo, arrogante, altanero, orgulloso.
IMPONER. Instruir, orientar, dirigir, enterar, ilustrar. — Amedrentar, acobardar, apocar, intimidar, amilanar. — Infligir, cargar, aplicar, gravar, afectar, interesar.
IMPONERSE. Enterarse, instruirse. — Infligirse.
IMPORTADOR. Introductor.
IMPORTANCIA. Cuantía, entidad, peso, valor, estima, consideración, bulto, tomo, alcance, cantidad, magnitud, autoridad, prestigio, gravedad, influencia, monta, incremento, boga, auge.
• *intrascendencia, pequeñez*
IMPORTANTE. Considerable, serio,

grave, cuantioso. — Esencial, substancial, vital, fundamental, cardinal, principal, capital, primordial, trascendente, trascendental, culminante, interesante, conveniente, jugoso.

IMPORTAR. Convenir, interesar, incumbir. — Valer, montar, subir, elevarse, ascender, costar. — Introducir.

• *desinteresar, desmerecer*

IMPORTE. Valor, precio, coste, costo.

IMPORTUNAR. Fastidiar, incomodar, molestar, aburrir, cargar, hastiar, marear, moler, hostigar, jorobar, atosigar, machacar.

• *alegrar, ayudar, tranquilizar*

IMPORTUNIDAD. Fastidio, molestia, instancia, pesadez.

IMPORTUNO. Fastidioso, cargante, molesto, pesado, impertinente, enfadoso, moledor, moscardón, entremetido, oficioso, indiscreto. — Inoportuno, intempestivo.

IMPOSIBILIDAD. Incapacidad, flaqueza, debilidad, impotencia.

IMPOSIBILITAR. Innabilitar, impedir, obstar, embargar, embarazar, trabar.

• *capacitar, habilitar, hacer*

IMPOSIBLE. Irrealizable, quimérico, impracticable, utópico. — Arduo, dificultoso, espinoso, trabajoso, intrincado. — Insufrible, inaguantable, intolerable.

• *factible, hacedero, posible, realizable*

IMPOSICIÓN. Exigencia, obligación, coacción.

IMPOSTOR. Engañador, embaucador, falsario, charlatán, calumniador, falaz, mentiroso, falso, simulador, embalador, trapacero.

IMPOSTURA. Calumnia, engaño, falsedad, superchería, mentira, fraude, fraudulencia, falacia, dolo.

• *verdad*

IMPOTENCIA. Agenesta. — Incapacidad, flaqueza, debilidad, ineptitud.

IMPOTENTE. Incapaz, nulo, débil, flaco, ineficaz, inepto.

IMPRACTICABLE. Intransitable, inaccesible, quebrado, desigual, fragoso. — Irrealizable, imposible.

IMPRECACIÓN. Maldición, execración, reniego, blasfemia, juramento.

IMPRECAR. Maldecir, execrar, renegar, blasfemar, jurar.

IMPRECISIÓN. Vaguedad, indeterminación.

IMPREGNAR. Empapar, mojar, embeber, recalar, humedecer, saturar, bañar.

IMPREMEDITACIÓN. Imprevisión, irreflexión, ligereza, descuido, negligencia.

IMPRENTA. Prensa, tipografía, estampa.

IMPRESCINDIBLE. Indispensable, necesario, insubstituible, forzoso, obligatorio.

• *accidental, sustituible*

IMPRESIÓN. Tirada, edición. — Huella, señal, marca, estampa, rastro. — Sensación, efecto, conmoción.

IMPRESIONABLE. Sensible, excitable, nervioso, afectable.

IMPRESIONANTE. Emocionante, sensacional.

IMPRESIONAR. Conmover, afectar, conturbar.

• *serenar*

IMPREVISIÓN. Desprevención, falta, impremeditación, descuido, negligencia, ligereza, imprudencia.

• *cuidado, prudencia, reflexión*

IMPREVISTO. Inesperado, impensado, repentino, inopinado, volandero, improviso, fortuito, casual, accidental.

• *calculado, descontado, esperado, previsto*

IMPRIMIR. Estampar, tirar, publicar, sellar, grabar, marcar. — Comunicar, transmitir.

IMPROBABLE. Remoto.

• *presumible, probable, verosímil*

ÍMPROBO. Excesivo, penoso, trabajoso, duro, rudo.

IMPROCEDENTE. Indebido, infundado, impropio, inadecuado, inconveniente.

• *congruente, oportuno*

IMPRODUCTIVO. Infecundo, estéril, infructífero.

IMPROPERIO. Injuria, insulto, denuesto, reproche, contumelia.

IMPROPIO. Ajeno, extraño, inadecuado,

indigno, improcedente, indebido, inconveniente.

• *característico, peculiar, privativo, propio*

IMPROPORCIÓN. Desproporción.

IMPRORROGABLE. Inaplazable, impostergable.

IMPRÓSPERO. Desfavorable, infructífero.

IMPRÓVIDO. Desprevenido, desapercibido, descuidado, imprevisor.

IMPROVISADAMENTE. De repente, inopinadamente, de improviso, súbitamente.

IMPROVISAR. Repentizar.

• *preparar, reflexionar*

IMPROVISO. Imprevisto, inesperado, repentino, impensado, súbito, inopinado.

IMPROVISTO. Desprovisto, falto, privado, carente.

IMPRUDENCIA. Temeridad, descuido, ligereza, irreflexión, impremeditación, error.

• *cordura, discernimiento, prudencia, sensatez*

IMPRUDENTE. Arriesgado, aturdido, atolondrado, precipitado, confiado, ligero, temerario.

IMPUDENCIA. Descaro, desvergüenza, desfachatez, descoco, desdoro, atrevimiento, descompostura.

IMPUDENTE. Descarado, deshonesto, desvergonzado, descocado, atrevido, desfachatado, desahogado, cínico.

IMPUDICIA. Impudicicia.

IMPUDICICIA. Deshonestidad, liviandad, obscenidad, impureza, libertinaje, licencia.

IMPÚDICO. Deshonesto, liviano, inmoral, libertino, licencioso, disoluto, cínico, procaz, desgarrado, torpe.

• *decente, honesto*

IMPUDOR. Deshonestidad, desvergüenza, cinismo, ramilento.

IMPUESTO. Carga, tributo, gabela, contribución, gravamen, exacción. — Enterado, aleccionado, instruido. — Acreditado.

IMPUGNAR. Contradecir, refutar, combatir, opugnar, atacar, rebatir, objetar.

• *ayudar, pacificar*

IMPULSAR. Impeler, empujar, mover, inducir, incitar, instigar, estimular, acrecer, acrecentar.

• *contener*

IMPULSIVO. Vehemente, precipitado, impetuoso, violento, fogoso.

IMPULSO. Impulsión, empuje, fuerza, estímulo, movimiento, rapto, arrebato, incentivo.

IMPUNTUAL. Inexacto.

IMPUREZA. Suciedad, inmundicia, porquería. — Deshonestidad, liviandad.

IMPURO. Sucio. — Deshonesto.

IMPUTACIÓN. Inculpación, acusación, cargo.

IMPUTAR. Atribuir, achacar, aplicar, acusar, levantar, inculpar, incusar.

• *defender, exculpar, tapar*

IMPUTRESCIBLE. Incorruptible.

INABORDABLE. Inaccesible.

INABROGABLE. Irrevocable.

INACABABLE. Interminable, inagotable.

INACCESIBLE. Impracticable, abrupto, inalcanzable, inabordable. — Incomprensible, abstruso.

• *accesible, penetrable, practicable*

INACCIÓN. Pereza, apatía, indolencia, indiferencia, reposo, inercia, ociosidad.

INACEPTABLE. Inadmisible, inadoptable.

INACTIVO. Ocioso, perezoso, flojo, quieto. — Parado, inerte.

INADECUADO. Impropio, inconveniente, improcedente, indebido.

INADMISIBLE. Inaceptable, inadoptable, injustificable.

INADOPTABLE. Inaceptable, inadmisible.

INADVERTENCIA. Descuido, distracción, olvido, omisión, imprevisión.

• *conocimiento, recuerdo, reflexión*

INADVERTENCIA (POR). Inadvertidamente, impensadamente, indeliberadamente.

INAGOTABLE. Inacabable, interminable, infinito, inexhausto.

INAGUANTABLE. Insoportable, insufrible, intolerable, indigesto.

INALIENABLE. Inajenable.

INALTERABLE. Invariable, fijo, permanente, firme. — Inmutable, imperturbable, impertérrito, inconmutable, constante.
• *mutable, variable*

INAMISIBLE. Imperdible.

INAMOVIBLE. Inmovible, inmoble, firme.

INANE. Vano, fútil, inútil.

INANIA. Vanidad, futilidad, fatuidad, soberbia, vanagloria, presunción, inanidad.

INANIMADO. Muerto, exangüe, exánime, inánime, insensible. — Apagado.

INAPAGABLE. Inextinguible.

INAPELABLE. Irrevocable, inconmovible, incuestionable, indiscutible, definitivo.

INAPETENCIA. Desgana, hastío, repugnancia.

INAPLAZABLE. Improrrogable.

INAPLICADO. Desaplicado, perezoso, indolente, desaprovechado.

INAPRECIABLE. Inestimable, imponderable, incalculable.

INARMÓNICO. Desacorde.

INAUDITO. Increíble, singular, raro, extraño, insólito. — Escandaloso, enorme, infame, atroz.
• *conocido, viejo, vulgar*

INAUGURAR. Abrir, iniciar, comenzar, estrenar.

INCALCULABLE. Inmenso, ilimitado, enorme, imponderable, inapreciable, inestimable.

INCALIFICABLE. Abominable, detestable, atroz, vergonzoso, execrable, odioso.

INCANSABLE. Infatigable, duro. — Trabajador, laborioso.

INCAPACIDAD. Ineptitud, torpeza, inhabilidad, insuficiencia, nulidad.
• *actitud, competencia, conocimiento, experiencia*

INCAPACITAR. Inhabilitar.
• *capacitar, conocer, calificar*

INCAPAZ. Inepto, torpe, inhábil, nulo.

INCAUTARSE. Apoderarse, apropiarse, adueñarse, recoger. — Requisar, confiscar, decomisar.

INCAUTO. Imprudente, imprevisor, cándido, inocente, crédulo, inocentón.
• *complejo, previsor, prudente*

INCENDIAR. Encender, inflamar, quemar.

INCENDIO. Siniestro, quema, quemazón, fuego. — Ardor, ímpetu, abrasamiento, pasión.

INCENSAR. Lisonjear, adular, envanecer, halagar, alabar.

INCENTIVO. Aliciente, acicate, estímulo, aguijón.

INCERTIDUMBRE. Duda, vacilación, indecisión, inseguridad, irresolución, perplejidad, hesitación.
• *certeza, decisión*

INCESANTE. Incesable, constante, continuo, perenne, perpetuo.

INCIDENCIA. Acontecimiento, suceso, hecho, ocurrencia, episodio, emergencia.

INCIDENTE. Incidental, fortuito, casual, imprevisto. — Suceso, diferencia, cuestión.

INCIDIR. Incurrir, caer, cometer. — Gravar, recargar.

INCIENSO. Lisonja, adulación, halago, zalamería.

INCIERTO. Dudoso, inseguro, eventual, indeciso, indeterminado, problemático, contingente. — Vacilante, irresoluto, perplejo, confuso, tornadizo, voltario. — Inconstante, errátil, variable, inestable, vago. — Desconocido, ignorado, ignoto.

INCINERACIÓN. Cremación, quemazón, quema.

INCIPIENTE. Novicio, principiante, novel, nuevo.

INCISIÓN. Corte, cortadura, tajo, saja, sajadura. — Cesura.

INCISIVO. Mordaz, punzante, cáustico, satírico, picante. — Cortante, tajante.

INCISO. Cortado, partido, dividido. — Coma.

INCITACIÓN. Instigación, estímulo.

INCITAR. Estimular, aguijonear, excitar, instigar, acuciar, pinchar, picar, empujar, mover, alentar, exhortar, animar, impeler, espolear, avivar, encender, enardecer, inducir, persuadir, influir, inclinar.
• *tranquilizar*

INCIVIL. Descortés, desatento, grosero, inurbano, impolítico.

INCLASIFICABLE. Confuso, desordenado.

INCLEMENCIA. Crueldad, aspereza, inhumanidad, severidad. — Rigor, dureza, crudeza.

INCLINACIÓN. Tendencia, afición, instinto, naturaleza, vocación, propensión, afecto, apego, afección. — Oblicuidad, través, sesgo. — Pendiente, declive. — Reverencia, cortesía.
• *desafecto, horizontalidad, verticalidad*

INCLINAR. Bajar, ladear, reclinar, humillar, abatir. — Persuadir, incitar, mover, impulsar.
• *desistir, dudar, estirar, erguir*

INCLINARSE. Propender, tender. — Asemejarse, tirar. — Ladearse, recostarse, adherirse.

ÍNCLITO. Ilustre, esclarecido, preclaro, célebre, famoso, afamado, renombrado, grande, claro, insigne, excelso, egregio.

INCLUIR. Contener, adjuntar, encerrar, comprender, insertar, introducir, ingerir, poner, implicar, meter, refundir.
• *excluir, salir*

INCLUSA. Cuna.

INCLUSO. Encerrado, contenido, incluido.

INCOAR. Comenzar, principiar, empezar.

INCOBRABLE. Clavo, irrecuperable.

INCOERCIBLE. Incontenible, irreprimible, irrefrenable.

INCÓGNITA. Misterio, enigma.

INCÓGNITO. Desconocido, ignorado, anónimo, ignoto.

INCOHERENTE. Inconexo, discontinuo, inconsistente.
• *coherente, conforme*

INCÓLUME. Indemne, ileso, intacto, sano, salvo.
• *enfermo, herido*

INCOMODAR. Molestar, fastidiar, desagradar, disgustar, enfadar, embarazar, estorbar, importunar, desazonar, amolar.
• *agradar, ayudar, gustar*

INCOMODIDAD. Molestia, fatiga, fastidio, desagrado, disgusto, enfado, embarazo, enojo, importunidad, desazón.

INCÓMODO. Molesto, fastidioso, desagradable, embarazoso.

INCOMPARABLE. Único, singular, impar, inmejorable, impoderable, excelente.

INCOMPASIVO. Despiadado, cruel, impío, inhumano.

INCOMPATIBILIDAD. Contradicción, antagonismo.

INCOMPATIBLE. Inconciliable, antagónico, contrario, opuesto.

INCOMPETENCIA. Incapacidad, ineptitud, insuficiencia, inhabilidad, torpeza.

INCOMPETENTE. Inepto, torpe, inhábil, incapaz.

INCOMPLEJO. Incomplexo, sencillo, simple.

INCOMPLETO. Imperfecto, defectuoso, descabalado, falto, deficiente, truncado, parcial, inacabado.

INCOMPRENSIBLE. Ininteligible, inexplicable, abstruso, misterioso, enigmático, obscuro, oculto, cerrado, inconcebible, sorprendente, raro, extraño.
• *claro, diáfano, inteligible*

INCOMUNICAR. Aislar.
• *convivir, unir*

INCOMUNICARSE. Aislarse, retirarse, recogerse, apartarse.

INCONCILIABLE. Incompatible, antagónico.

INCONCLUSO. Pendiente, inacabado, trunco.

INCONCUSO. Cierto, seguro, indudable, innegable, indubitable, incontrovertible, incontestable, incuestionable, evidente, firme, incontrastable.
• *discutible, dudoso, oscuro*

INCONDICIONAL. Absoluto, ilimitado.
• *desleal, limitado, relativo*

INCONDUCENTE. Contraproducente.

INCONEXO. Incoherente, discontinuo.

INCONFUNDIBLE. Típico, característico.

INCONGRUENTE. Inoportuno, inconveniente, inadecuado, improcedente, absurdo.

INCONMENSURABLE. Inmenso, infinito, ilimitado.

INCONMOVIBLE. Imperturbable, inalterable, frío, indiferente, impasible, impávido, inclemente.

INCONMUTABLE. Inmutable. — Impermutable.

INCONQUISTABLE. Irreductible, invencible, inexpugnable, irresistible. — Incorruptible, íntegro, entero.

INCONSCIENCIA. Irresponsabilidad. — Aturdimiento.

INCONSCIENTE. Irresponsable, atropellado, atolondrado, aturdido.

INCONSECUENTE. Inconstante, voluble, ligero, irreflexivo, ilógico. — Inestable, incierto, dudoso. — Inconsiguiente.

INCONSIDERADO. Atolondrado, precipitado, aturdido, irreflexivo, imprudente, destornillado, inadvertido. — Malquisto, desacreditado, desconceptuado. — Descortés, grosero, descomedido, malmirado.

INCONSISTENTE. Frágil, blando, incoherente. — Inconsecuente, voluble, mudable, inconstante.

INCONSOLABLE. Desconsolable.

INCONSTANCIA. Volubilidad, versatilidad, veleidad, inestabilidad, inconsecuencia, novelería, voltariedad, mudanza, liviandad, vaivén.
• *constancia, estabilidad, gravedad, lealtad*

INCONSTANTE. Voluble, versátil, veleidoso, inestable, inconsecuente, tornadizo, voltario, variable, mudable, novelero. — Inseguro, incierto, caprichoso.

INCONTABLE. Innumerable, considerado, infinito.

INCONTAMINADO. Puro, limpio.

INCONTENIBLE. Irreprimible, irrefrenable, incoercible.

INCONTESTABLE. Indiscutible, irrebatible, incontrastable, indubitable, incontro-

vertible, inconcuso, indudable, innegable, cierto, inimpugnable.

INCONTINENCIA. Lujuria, liviandad, lascivia, desenfreno.
• *honestidad, orden*

INCONTINENTI. Inmediatamente, seguidamente, luego, prontamente, al instante.

INCONTRASTABLE. Indiscutible, irrebatible, incontestable, incuestionable, incontrovertible, inimpugnable, irrefutable, inconcuso. — Invencible, inconquistable, irresistible.

INCONTROVERTIBLE. Indiscutible, incontrastable, incuestionable, irrebatible, indisputable, irreplicable, incontestable, innegable, indudable, indubitable.
• *discutible, rebatible*

INCONVENIENCIA. Incomodidad, desconveniencia, perjuicio, desacomodo. — Traba, dificultad. — Desconformidad, disconformidad, diferencia, desigualdad.
• *compatibilidad, corrección, oportunidad*

INCONVENIENTE. Impedimento, obstáculo, traba, dificultad, reparo, óbice, empacho. — Daño, perjuicio, desventaja. — Indecente, desproporcionado, indecoroso. —Incómodo, inútil, inconvenible.

INCORDIO. Hueso, clavo, pelmacería, fastidio, molestia, pelmada, pejiguera. — Pelma, cargante, escorchón.

INCORPORAR. Agregar, añadir, juntar, unir, mezclar, reunir, ligar. — Levantar, reclinar.
• *desunir, salir*

INCORPORARSE. Agregarse, unirse, asociarse, entrar.

INCORPORACIÓN. Incorporo, asociación, admisión, recepción.

INCORPÓREO. Incorporal, inmaterial, infigurable, ideal.

INCORRECCIÓN. Descortesía, grosería. — Defecto, error.
• *acatamiento, cortesía, urbanidad*

INCORRECTO. Descortés, grosero, incivil, inconveniente. — Defectuoso, imperfecto, inexacto.

INCORREGIBLE. Empecatado, indócil, contumaz, rebelde, desobediente.

INCORRUPTIBLE. Incorrupto, íntegro, virtuoso, justo, honrado, puro, inconquistable.

INCRÉDULO. Descreído, ateo, hereje. — Desconfiado, receloso, malicioso, suspicaz.

INCREÍBLE. Inverosímil, inconcebible, inaudito, extraordinario, imposible.

INCREMENTO. Aumento, desarrollo, progreso, acrecentamiento, importancia, boga, auge.
  • *confianza, fe, piedad*

INCREPAR. Reprender, reñir.

INCRIMINAR. Acusar, acriminar, criminar, imputar, inculpar, incusar.

INCRUSTAR. Embutir, taracear, embeber, encajar. — Encostrar.

INCUESTIONABLE. Indiscutible, indisputable, incontrovertible, incontestable, innegable, indudable, inconcurso, irrebatible.

INCULCAR. Infundir, imbuir.

INCULPABILIDAD. Inocencia.

INCULPACIÓN. Acusación.

INCULPADO. Inocente. — Acusado, reo, procesado.

INCULPAR. Acusar, culpar, imputar, incusar.
  • *disculpar*

INCULTO. Rústico, ignorante, grosero, tosco, zafio. — Descuidado, desaliñado, dejado. — Salvaje, abandonado, áspero, agreste, yermo, baldío.

INCUMBENCIA. Obligación, cargo, competencia.

INCURABLE. Insanable, rematado. — Inextirpable, irremediable.

INCURAR. Empollar, encobar.

INCURIA. Negligencia, desidia, dejadez, descuido, abandono.
  • *aliño, aplicación*

INCURRIR. Cometer, caer, incidir. — Atraerse, merecer, causar.

INCURSIÓN. Correría, irrupción, malón, algara, algarada.

INCUSAR. Acusar, imputar, achacar, atribuir.

INDAGACIÓN. Investigación, averiguación, busca, pesquisa, búsqueda.

INDAGAR. Investigar, averiguar, inquirir, buscar, perquirir, husmear.

INDEBIDO. Ilícito, ilegal, prohibido, injusto, vedado.
  • *debido, legal, permitido*

INDECENCIA. Deshonestidad, liviandad. — Obscenidad, grosería, porquería, insolencia.
  • *decoro, honestidad*

INDECENTE. Deshonesto, indecoroso, torpe, obsceno, insolente, grosero, inmoral, sórdido, libre, disoluto.

INDECIBLE. Inenarrable, inexplicable, inefable, indescriptible.
  • *certidumbre, resolución*

INDECISO. Irresoluto, irresuelto, perplejo, vacilante. — Incierto, dudoso. — Vago, indeterminado.

INDECLINABLE. Inevitable, indispensable, inexcusable, forzoso, ineludible. — Firme, constante, inflexible.

INDECOROSO. Indecente, torpe, obsceno, grosero, lascivo, nefando, indigno, insolente, vergonzoso.
  • *decente, honesto*

INDEFECTIBLE. Infaltable. — Cierto, seguro, infalible, inevitable, inconcurso, incuestionable, indubitable, indudable.

INDEFENDIBLE. Indefensible, insostenible.

INDEFENSO. Inerme, desarmado.

INDEFINIBLE. Inexplicable, indescifrable, incomprensible, extraño, raro, indeterminable.

INDEFINIDO. Ilimitado, indeterminado, vago.
  • *agotable, definido, limitado, preciso*

INDELEBLE. Imborrable, inalterable, permanente, indestructible.
  • *alterable, transitorio, variable*

INDELIBERADO. Involuntario, instintivo, irreflexivo, impensado.

INDEMNE. Incólume, ileso, intacto, incontaminado.
  • *corrupto, insano, vulnerable*

INDEMNIZACIÓN. Compensación, repación resarcimiento.

INDEMNIZAR. Compensar, reparar, resarcir.

INDEPENDENCIA. Libertad, emancipación, autonomía. — Entereza, firmeza, resolución.
• *esclavitud, parcialidad, sometimiento*

INDEPENDIENTE. Libre, emancipado, autónomo.
• *dependiente, feudatario, subordinado, supeditado*

INDESCIFRABLE. Ininteligible, impenetrable, incomprensible, obscuro, abstruso.
• *claro, comprensible, inteligible*

INDESTRUCTIBLE. Eterno, imperecedero, permanente, indeleble, inalterable.

INDETERMINABLE. Indefinible.

INDETERMINACIÓN. Indecisión, vacilación, duda, hesitación, irresolución, fluctuación, perplejidad.

INDETERMINADO. Indeciso, irresoluto, vacilante, perplejo. — Incierto, vago, indefinido, dudoso, impreciso.

INDICACIÓN. Señal, cita, dato, signo, denotación, declaración, informe, indicio. — Insinuación, advertencia, prevención, observación.

INDICAR. Señalar, denotar, significar, anunciar, advertir, enseñar, guiar, notar, manifestar, designar. — Probar, indiciar, revelar, denunciar, apuntar, amagar, mostrar.

ÍNDICE. Lista, tabla, catálogo. — Indicio, señal, noticia. — Exponente.

INDICIO. Señal, sospecha, barrunto, conjetura, síntoma, presagio, muestra, índice, noticia, asomo, premisa, dato, signo, semeja, vislumbre, prueba.

INDIFERENCIA. Insensibilidad, frialdad, apatía, impavidez.
• *acción, amor, interés*

INDIFERENTE. Insensible, sordo, frío, duro, apático, estoico, impasible, impávido, sereno, impertérrito. — Neutral, imparcial, indeterminado. — Trivial, ordinario, simple.

INDÍGENA. Natural, originario, autóctono, nativo, oriundo, vernáculo.

INDIGENCIA. Pobreza, miseria, necesidad, estrechez, escasez, penuria, inopia, lacería, desdicha, ahogo.

INDIGENTE. Pobre, menesteroso, necesitado, miserable, mísero, falto, inope, lacerioso.

INDIGESTIÓN. Empacho, asiento, ahíto, embargo, ahitera.

INDIGESTO. Indigestible, indigerible. — Insufrible, insoportable, inaguantable. — Confuso, desordenado, desarreglado.

INDIGNACIÓN. Enojo, enfado, ira, irritación, cólera, desesperación.
• *pasividad, tranquilidad*

INDIGNAMENTE. Inmerecidamente, injustamente. — Subrepticiamente, solapadamente. — Perversamente, vergonzosamente, ignominiosamente, miserablemente.

INDIGNAR. Irritar, enojar, enfadar, encolerizar, sublevar, airar, solevar.

INDIGNIDAD. Bajeza, vileza, ruindad, maldad, perversidad. — Afrenta, ultraje.
• *honor, justicia, moralidad*

INDIGNO. Bajo, ruin, vil, despreciable, rastrero, odioso, nefando, torpe, repugnante. — Impropio, incorrecto, inconveniente.

ÍNDIGO. Añil.

INDINO. Travieso, malo, terco.

INDIRECTA. Alusión, buscapié.

INDISCIPLINA. Desobediencia, rebeldía, insubordinación.
• *obediencia, sumisión*

INDISCIPLINADO. Desobediente, rebelde, insubordinado, incorregible, indócil, ingobernable.

INDISCIPLINARSE. Insubordinarse, rebelarse, levantarse.

INDISCRETO. Imprudente, descosido, hablador, importuno, intruso, entremetido, curioso, fisgón, husmeador, impertinente.

INDISCULPABLE. Imperdonable, inexcusable, supino.

INDISCUTIBLE. Indisputable, incontestable, incuestionable, incontrovertible, innegable, palmario, claro, patente, axiomático.
• *debatir, discutir, disputar, porfiar*

INDISOLUBLE. Inseparable, indivisible.

INDISPENSABLE. Necesario, obligatorio, esencial, imprescindible, preciso, inevitable, forzoso.

INDISPONER. Enemistar, malquistar, incomodar, regañar, pelear, enzarzar.
• *amistad, sanar, unir*

INDISPOSICIÓN. Achaque, dolencia, mal, destemple, arrechucho. — Ineptitud, inhabilidad, incapacidad, torpeza.
• *euforia, salud*

INDISPUESTO. Achacoso, enfermo, malo, maldispuesto, desazonado.

INDISPUTABLE. Indiscutible, incontestable, innegable, irrebatible, incontrastable, evidente.
• *discutible, negable*

INDISTINTO. Confuso, obscuro. — Igual.

INDIVIDUAL. Personal, singular, especial, particular, individuo.

INDIVIDUALIDAD. Particularidad, originalidad, singularidad, personalidad.

INDIVIDUALIZAR. Individuar, especificar, determinar.

INDIVIDUO. Persona, alma, ente, ser, espécimen, hombre, sujeto, tipo. — Individual, indivisible.

INDIVISIBLE. Indiviso, impartible, incompartible.

INDIVISO. Entero, completo.

INDÓCIL. Indisciplinado, rebelde, desobediente, reacio, díscolo, terco.
• *disciplinado, obediente*

INDOCTO. Ignorante, ignaro, nesciente, inculto, rústico, lego.

ÍNDOLE. Carácter, idiosincrasia, natural, genio, condición, fondo, entraña, temple, humor, tenor.

INDOLENCIA. Apatía, pereza, flojedad, galbana, insensibilidad, indiferencia, negligencia, abandono, dejadez, desidia, inercia, incuria.
• *actividad, fervor, viveza*

INDOLENTE. Apático, perezoso, flojo, negligente, desidioso, muelle, remolón, poltrón, abandonado, pánfilo, mandria.

INDOMABLE. Indómito, irreductible, contumaz, bravío, rebelde.

INDÓMITO. Indomable, bravío, arisco, feroz, cerril, salvaje. — Arrebatado, exaltado, fogoso, rebelde.
• *disciplinado, flexible, gobernable*

INDUBITABLE. Indudable, seguro, cierto, incuestionable, inconcuso, axiomático, indefectible, infalible, inequívoco, innegable, positivo, preciso.

INDUCCIÓN. Instigación, persuasión, incitación. — Ilación, consecuencia, inferencia.
• *pacificación*

INDUCIR. Instigar, incitar, mover, persuadir, obligar, exhortar. — Inferir, deducir, concluir.

INDUDABLE. Indubitable, incuestionable, innegable, cierto, seguro, positivo, evidente, inconcuso, infalible, indefectible.
• *discutible, incierto*

INDULGENCIA. Benevolencia, tolerancia, condescendencia, benignidad. — Perdón, absolución, remisión.
• *impiedad, incomprensión, intolerancia*

INDULGENTE. Benévolo, tolerante, condescendiente, benigno, propicio, favorable, encubridor, complaciente, transigente.

INDULTAR. Perdonar, remitir.

INDULTO. Perdón, remisión, gracia, absolución, amnistía. — Concesión, privilegio, permiso.

INDUMENTARIA. Vestimenta, traje, vestido, vestidura.

INDUSTRIA. Destreza, arte, maña, maestría, habilidad, inteligencia, disposición, apaño, apañadura, actividad, ingenio. — Profesión, oficio.

INDUSTRIOSO. Diestro, hábil, inteligente, activo, ingenioso, mañoso, laborioso, aplicado, diligente, agencioso.
• *inhábil, torpe*

INEDUCADO. Malcriado, grosero.

INEFABLE. Inenarrable, indecible, inexplicable.

INEFICACIA. Inutilidad, esterilidad, impotencia.

INEFICAZ. Inútil, nulo, inactivo, débil,

flojo, inaplicable, impotente, estéril, infructuoso.

INELEGANCIA. Cursilería, tosquedad, desgarbo, desaire, desgaire.

INELUCTABLE. Ineludible, inevitable, fatal.

INELUDIBLE. Inevitable, necesario, fatal, forzoso, ineluctable.

• *evitable, excusable, revocable*

INENARRABLE. Inefable, indecible, inexplicable, inexpresable.

INEPTITUD. Incapacidad, torpeza.

• *capacidad, experiencia, habilidad*

INEPTO. Incapaz, inhábil, imperito, negado, torpe, rudo, obtuso, nulo. — Necio, estúpido, bobo, simple, fatuo, tonto, meliloto, imbécil, alelado.

INEQUÍVOCO. Indudable, seguro, cierto, indubitable, innegable, incontestable, claro.

• *discutible, impalpable, incierto*

INERCIA. Pereza, inacción, flojedad, desidia, dejadez, poltronería, haraganería, indolencia.

• *actividad, diligencia, fervor*

INERME. Indefenso, desarmado.

INERTE. Exánime, yerto, muerto, inmóvil, tieso. — Flojo, desidioso, negligente, perezoso, indolente, apático, tibio, descuidado, inactivo, poltrón, ocioso.

INESCRUTABLE. Inescudriñable, insondable, impenetrable.

• *raro, descifrable, penetrable*

INESPERADO. Imprevisto, inopinado, repentino, impensado, ocasional, casual, fortuito, accidental.

• *esencial, previsto, sospechado*

INESTABLE. Instable, intermitente, variable.

• *fijo, inmutable, seguro*

INESTIMABLE. Inapreciable, incalculable, imponderable.

• *barato, desdeñable, imperfecto*

INEVITABLE. Ineludible, inexcusable, forzoso, fatal, ineluctable.

INEXACTO. Erróneo, equivocado, infiel, informal.

• *cabal, estricto, exacto, justo*

INEXCUSABLE. Imperdonable, indisculpable, supino.

INEXISTENTE. Irreal, ficticio.

INEXORABLE. Implacable, duro, cruel, despiadado, severo, inclemente, rígido, inflexible.

• *blando, flexible, humano*

INEXPERTO. Novicio, novato, principiante, novel, pipiolo, inhábil.

INEXPLICABLE. Incomprensible, indescifrable, obscuro, raro, misterioso, extraño, vago.

• *concebible, creíble, descriptible, vulgar*

INEXPLORADO. Desconocido, ignorado, incierto, obscuro.

INEXPUGNABLE. Inconquistable, invencible, irreductible. — Inatacable, incorruptible.

INEXTINGUIBLE. Inapagable, inagotable, inacabable, inexhausto.

INEXTIRPABLE. Inarrancable, indescuajable.

INEXTRICABLE. Intrincado, embrollado, complejo.

INFALIBLE. Indefectible, seguro, incierto, inevitable, indubitable.

INFAMANTE. Infamatorio, afrentoso, vergonzoso, deshonroso, ignominioso, denigrante, oprobioso.

INFAMAR. Afrentar, deshonrar, vilipendiar, estigmatizar, difamar, desacreditar, escarnecer.

• *acreditar, calificar, honrar*

INFAME. Vil, despreciable, indigno, perverso, malo, malvado, sórdido, canalla, ruin, desorejado, abyecto. — Sucio, indecente, inmundo. — Censurable, deshonroso, desacreditado, nefando, ignominioso.

INFAMIA. Vileza, maldad, indignidad, pervesidad, deshonra, descrédito, afrenta, ignominia, aprobio, bajeza.

• *decencia, dignidad*

INFANCIA. Niñez, puericia, pañales, pequeñez.

• *decadencia, vejez*

INFANTE. Niño, chico, criatura, nene, crío, angelito, párvulo, pibe, pebete.

INFANTIL. Pueril, inocente, ingenuo, cándido, inofensivo.

INFATIGABLE. Incansable.

INFATUACIÓN. Engreimiento.

INFATUARSE. Engreírse, envanecerse, inflarse, entontecerse, ufanarse, enorgullecerse, vanagloriarse, ensoberbecerse.

INFAUSTO. Desgraciado, aciago, funesto, siniestro, infeliz, desdichado, azaroso, desastrado, infortunado.
 • *feliz*

INFECCIÓN. Contagio, contaminación.

INFECTAR. Inficionar, apestar, corromper, contagiar, contaminar.
 • *desinfectar, purificar, sanar*

INFECTO. Inficionado, contagiado, contaminado, corrompido. — Pestilente, hediondo, fétido, pútrido, putrefacto, nauseabundo, asqueroso, repugnante.

INFECUNDO. Estéril, improductivo.
 • *fecundo, fértil*

INFELICE. Infeliz.

INFELICIDAD. Desgracia, infortunio, calamidad, desdicha.

INFELIZ. Desgraciado, infortunado, desafortunado, calamitoso, desdichado, malhadado, malaventurado, maladante, pobre, cuitado, mísero, miserable, desventurado. — Sencillo, bondadoso.

INFERENCIA. Ilación, consecuencia, inducción.

INFERIOR. Bajo, malo, peor, menor, desaventajado. — Subordinado, subalterno, dependiente.
 • *superior*

INFERIORIDAD. Desventaja.

INFERIR. Deducir, colegir, sacar, vislumbrar, argüir, conjeturar. — Causar, hacer, producir.

INFERNAL. Endiablado, diabólico, satánico, malo, perverso. — Dañoso, maléfico, perjudicial. — Estigio, infierno.

INFESTAR. Inficionar, apestar, contaminar, contagiar. — Devastar, pillar, saquear. — Abundar, plagar, pulular.

INFICIONAR. Corromper, contagiar, apestar, contaminar. — Pervertir, viciar, malignar.

INFIDENTE. Infiel, desleal, pérfido, perjuro.

INFIEL. Desleal, traidor, vil, pérfido, perjuro, alevoso, infidente. — Erróneo, inexacto. — Pagano, gentil.
 • *fiel, real*

INFIERNO. Averno, báratro, gehena, orco, abismo. — Discordia, alboroto, desorden.

INFILTRAR. Inducir, inspirar, imbuir. — Penetrar.

INFILTRARSE. Filtrarse.

ÍNFIMO. Bajo, minúsculo, pequeñísimo, último, vil.

INFINIDAD. Multitud, sinnúmero, cúmulo, muchedumbre, porción, infinitud, inmensidad.
 • *escasez, pequeñez*

INFINITO. Ilimitado, inmenso, inagotable, interminable, indefinido, indeterminado. — Excesivamente, muchísimo, mucho.
 • *agotable, limitado, numerable*

INFLACIÓN. Inflamiento, engreimiento, vanidad, envanecimiento, presunción, soberbia.

INFLAMABLE. Combustible.

INFLAMACIÓN. Tumefacción, hinchazón, alteración, ardor.

INFLAMAR. Encender, avivar. — Enardecer, acalorar, excitar, incitar, animar, encandecer.
 • *apagar, deshinchar, tranquilizar*

INFLAMARSE. Encenderse, irritarse, exasperarse, hincharse.

INFLAR. Hinchar, rellenar.

INFLARSE. Engreírse, ensoberbecerse, entonarse, infatuarse, envanecerse. — Abotagarse, hincharse, intumecerse.

INFLEXIBLE. Inexorable, inquebrantable, firme, rígido, tenaz, indoblegable.
 • *dúctil, elástico, flexible*

INFLEXIÓN. Torcimiento, comba. — Flexión. — Desviación.

INFLIGIR. Imponer, aplicar, condenar, asestar, inferir.

INFLUENCIA. Influjo, ascendiente, valimiento, autoridad, importancia, poder, crédito, prestigio, predominio, efecto. —

Intervención, mediación. — Muñeca, banca.

INFLUENZA. Gripe, trancazo.

INFLUIR. Infundir, inspirar, inducir, valer, animar, contribuir, ayudar, intervenir.

INFLUJO. Influencia. — Corriente, flujo.

INFLUYENTE. Acreditado, importante, poderoso.

INFORMACIÓN. Informe, averiguación, investigación.

INFORMANTE. Informador, relator, expositor, declarante.

INFORMAR. Comunicar, noticiar, avisar, anunciar, participar, enterar, prevenir, instruir, advertir, notificar.

INFORME. Noticia, dato, referencia, razón, información. — Confuso, vago, imperfecto, indeciso, indeterminado.

INFORTUNADO. Desafortunado, desgraciado, desdichado, desventurado, malaventurado, probe, mísero, miserable, cuitado, malhadado, malandante, infeliz.

INFORTUNIO. Desgracia, desventura, infelicidad, malventura, malaventuranza, desdicha, malandanza, calamidad, contratiempo, descalabro, hiel, percance, adversidad.

INFRACCIÓN. Transgresión, quebrantamiento, violación.
• *cuidado, justicia, legitimidad*

INFRACTOR. Transgresor, contraventor, violador.

INFRANGIBLE. Inquebrantable, constante, firme.

INFRANQUEABLE. Insalvable.

INFRINGIR. Quebrantar, vulnerar, violar, transgredir, traspasar.
• *cumplir, ejecutar, realizar*

INFRUCTÍFERO. Improductivo, estéril, infecundo, infrugífero, inútil, infructuoso.

INFRUCTUOSAMENTE. Inútilmente, desaprovechadamente, sin éxito, sin resultado.

INFRUCTUOSO. Ineficaz, inútil, estéril, desaprovechado.
• *eficaz, fecundo*

ÍNFULAS. Presunción, vanidad, orgullo, engreimiento, arrogancia, humos.

INFUNDADO. Vano, baldío, descabellado, absurdo, ilógico, inmotivado.

INFUNDIO. Embuste, patraña, bola, mentira.

INFUNDIR. Inspirar, infiltrar, comunicar, sugerir, imbuir, inculcar.

INFUSIÓN. Cocimiento.

INGENIAR. Inventar, discurrir, imaginar, trazar.

INGENIARSE. Industriarse, arreglarse, amañarse, aplicarse, esforzarse.

INGENIO. Talento, pesquis, alcance, entendimiento, cacumen, fósforo. — Habilidad, industria, maña, destreza. — Máquina, aparato, artificio.

INGENIOSO. Hábil, diestro, mañoso, industrioso, inventivo, agudo, sutil, perspicaz.

INGÉNITO. Innato, connatural.

INGENTE. Enorme, inmenso, exorbitante, desmesurado, colosal.

INGENUIDAD. Sinceridad, naturalidad, llaneza, sencillez, candor, candidez, inocencia, infantilismo.
• *ingeniosidad, picardía*

INGENUO. Sincero, franco, natural, llano, sencillo, candoroso, cándido, inocente.

INGERENCIA. Intromisión.

INGERIR. Introducir, meter, inserir, injertar, incluir, entrar, encajar. — Beber, chupar.

INGERIRSE. Entremeterse, mezclarse, inmiscuirse, introducirse, intrusarse.

INGLÉS. Británico, bretón.

INGRATITUD. Desagradecimiento, olvido, desprecio, desconocimiento.

INGRATO. Desagradecido, malagradecido, olvidadizo. — Desagradable, áspero, desapacible. — Estéril, infructuoso, improductivo.
• *desinteresado, fiel*

INGRÁVIDO. Ligero, tenue.

INGREDIENTE. Droga, material, componente, substancia.

INGRESAR. Entrar, afiliarse. — Depositar.

INGRESO. Entrada, introducción, recepción. — Depósito.

INGURGITAR. Engullir, tragar.

INHÁBIL. Inepto, torpe, incapaz, desmañado, nulo, negado, imperito.
• *diestro, habilidoso, ingenioso*

INHABILITAR. Incapacitar, imposibilitar.

INHABITADO. Deshabitado, desierto, despoblado, solitario.

INHALACIÓN. Aspiración, absorción, inspiración.

INHERENTE. Esencial, consubstancial, inmanente. — Propio, privativo.

INHIBIR. Impedir, prohibir, vedar, contener.

INHIBIRSE. Abstenerse.

INHIESTO. Enhiesto, erguido, levantado.

INHONESTO. Deshonesto, indecente, impuro, desvergonzado, liviano, descocado, libidinoso.

INHOSPITALARIO. Inhospedable, inhabitable, salvaje, bárbaro, cruel. — Inseguro, peligroso.

INHUMANO. Cruel, bárbaro, despiadado, brutal, feroz, salvaje, duro, impío.

INHUMAR. Enterrar, sepultar.

INICIACIÓN. Comienzo, principio.

INICIADO. Neófito, catecúmeno, adepto.

INICIAL. Sigla, letra. — Original.

INICIAR. Comenzar, empezar, inaugurar, promover. — Instruir, enseñar, enterar.
• *acabar, decaer, dimitir*

INICUO. Injusto, malo, infame, perverso, malvado.
• *justo, moral*

INIMAGINABLE. Inconcebible, increíble, inaudito.

INIMITABLE. Perfecto, acabado, impar.

ININTELIGIBLE. Incomprensible, indescifrable, obscuro.
• *claro, comprensible, preciso*

INIQUIDAD. Maldad, injusticia, perversidad, infamia.

INJERIR. Ingerir.

INJURIA. Agravio, ofensa, afrenta, inulto, baldón, ultraje. — Daño, menoscabo, perjuicio.
• *alabar, defender, favorecer*

INJURIOSO. Agraviante, ofensivo, afrentoso, insultante, ultrajante.

INJUSTICIA. Iniquidad, arbitrariedad, ilegalidad, sinrazón.
• *equidad, integridad, justicia, rectitud*

INJUSTO. Inicuo, arbitrario, ilegal, inmerecido, ilícito.

INMACULADO. Impoluto, limpio.

INMANENTE. Inherente. — Imperecedero, constante.

INMARCESIBLE. Inmarchitable, imperecedero, perdurable.
• *perecedero, temporal*

INMATERIAL. Incorpóreo, etéreo.

INMEDIACIÓN. Contigüidad, vecindad, proximidad, adyacencia.

INMEDIACIONES. Alrededores, cercanías, contornos, proximidades.

INMEDIATAMENTE. Luego, seguidamente, prontamente, al instante, en seguida, incontinenti.
• *después, tarde*

INMEDIATO. Próximo, contiguo, vecino, cercano. — Instantáneo, rápido.

INMEJORABLE. Óptimo, excelente, magnífico.

INMENSIDAD. Inconmensurabilidad, infinidad. — Muchedumbre, sinnúmero.

INMENSO. Inconmensurable, infinito, ilimitado. — Innumerable, incalculable, incontable, enorme.
• *escaso, pequeño*

INMERECIDO. Injusto, arbitrario.

INMISCUIRSE. Entremeterse, mezclarse, ingerirse, intrusarse.

INMODERADO. Excesivo, intemperado, desenfrenado, desarreglado.

INMODESTIA. Jactancia, pedantería.

INMODESTO. Jactancioso, pedante, presumido, presuntuoso.

INMOLACIÓN. Sacrificio, holocausto, litación, oblación.

INMOLAR. Sacrificar, litar.

INMORAL. Deshonesto, obsceno, disoluto, licencioso, libertino.

INMORTAL. Eterno, imperecedero, perpetuo, perdurable, sempiterno.

INMORTALIZAR. Perpetuar, eternizar, perdurar.
• *morir*

INMOTIVADO. Infundado.
INMÓVIL. Fijo, quieto, invariable, inmovible, inmoble, inamovible, inconmovible.
INMOVILIZAR. Paralizar, parar, detener, suspender.
INMUNDICIA. Basura, porquería, suciedad. — Impureza, deshonestidad, vicio.
INMUNDO. Sucio, asqueroso, puerco, repugnante, nauseabundo. — Impuro, deshonesto.
INMUNE. Libre, exento.
INMUNIDAD. Exención, privilegio, prerrogativa, libertad.
 • *desamparo, violación, vulnerabilidad*
INMUNIZAR. Preservar.
INMUTABLE. Invariable, inmudable, inalterable, permanente.
 • *inestable, mutable, variable*
INMUTARSE. Alterarse, turbarse, desconcertarse, conmoverse.
 • *tranquilizarse*
INNATO. Ingénito, connatural, propio, natural, personal, ínsito, nacido, nativo.
INNECESARIO. Superfluo, inútil, sobrado.
INNEGABLE. Indiscutible, incontestable, incontrovertible, indisputable, incuestionable, indubitable, indudable, irrefutable, positivo, evidente, seguro, real, cierto.
 • *discutible, dudoso, inseguro*
INNOBLE. Infame, bajo, vil, rastrero, abyecto, despreciable.
INNOCUO. Inofensivo, inocente, sencillo, inocuo.
INNOVACIÓN. Innovamiento, novedad, renovación.
INNUMERABLE. Innúmero, incontable, incalculable, crecido, numeroso, considerable.
INOBEDIENCIA. Desobediencia.
INOCENCIA. Pureza, virginidad. — Inculpabilidad. — Sencillez, candor. — Simplicidad, tontería.
INOCENTE. Puro, virgen. — Cándido, sencillo, candoroso, simple. — Innocuo, inofensivo. — Niño, criatura. — Inculpable, inculpado.

INOCENTÓN. Tonto, crédulo, simplón, mentecato.
INOCULAR. Inyectar. — Contagiar, pervertir, dañar.
INOCUO. Innocuo, inofensivo, inocente, sencillo.
INOFENSIVO. Innocuo, inocuo, inocente.
INOFICIOSO. Inútil, innecesario, ocioso, ineficaz.
INOPIA. Indigencia, pobreza.
INOPINADO. Inesperado, imprevisto, impensado, repentino.
INOPORTUNO. Inconveniente, importuno, intempestivo, extemporáneo.
INORDENADO. Desordenado, desarreglado, desidioso.
INQUEBRANTABLE. Inalterable, inflexible, inexorable, rígido.
INQUIETAR. Desasosegar, intranquilizar, alarmar, alterar, agitar, conmover, perturbar, trastornar.
 • *tranquilizar*
INQUIETO. Desasosegado, intranquilo, alarmado, alterado, agitado, trastornado, desazonado, preocupado. — Bullicioso, travieso, vivaracho, azogado, revoltoso.
INQUIETUD. Intranquilidad, desasosiego, zozobra, ansiedad, malestar, perturbación, desazón, agitación, turbación, conturbación.
 • *euforia, serenidad*
INQUILINATO. Conventillo.
INQUILINO. Arrendatario, locatario.
INQUINA. Ojeriza, aversión, tirria, odio, rencor.
INQUIRIR. Indagar, averiguar, investigar, informarse, preguntar, interrogar, mirar, buscar, rebuscar, reconocer, sondar, sondear, escrutar, escarbar, rastrear.
INSACIABLE. Inextinguible, inagotable.
INSALUBRE. Malsano, enfermizo, insano.
INSANABLE. Incurable, irremediable.
INSANIA. Locura, demencia, vesanía.
INSANO. Loco, demente, furioso. — Desatentado, insensato, necio, tonto. — Malsano, enfermizo.
INSCRIBIR. Asentar, encantar, anotar,

apuntar, alistar, matricular, empadronar. — Grabar, esculpir, burlar.

INSCRIPCIÓN. Leyenda, epígrafe, título, rótulo, dedicatoria.

INSEGURIDAD. Incertidumbre, duda, vacilación perplejidad, hesitación.

INSEGURO. Incierto, dudoso, vacilante, flojo, inestable, inconstante, movedizo.

INSENSATEZ. Demencia, locura, insania, imbecilidad, necedao, idiotez, tontería, absurdo.

INSENSATO. Demente, loco, insano, imbécil, necio, idiota, tonto, absurdo.

INSENSIBLE. Indiferente, duro, empedernido, sordo, estoico, impasible. — Imperceptible.

INSENSIBLEMENTE. Imperceptiblemente, gradualmente, poco a poco.

INSEPARABLE. Indivisible, íntimo, indisoluble.

INSERTAR. Incluir, introducir, inserir, meter. — Publicar.

INSERTO. Insertado, incluído, metido, introducido.

INSERVIBLE. Inútil.
• *intacto, útil*

INSIDIA. Asechanza, engaño, perfidia, traición, trampa, tramoya, añagaza.

INSIDIOSO. Pérfido, traidor, aleve. — Capcioso, artificioso, engañoso.

INSIGNE. Célebre, famoso, ilustre, preclaro, glorioso, eximio, relevante, procer, esclarecido, sobresaliente, notable, afamado, egregio, señalado.

INSIGNIA. Distintivo, señal, divisa, emblema, venera. — Bandera, estandarte, pabellón, enseña, pendón.

INSIGNIFICANCIA. Menudencia, bagatela, friolera, pequeñez, minucia, nadería, nonada, nulidad, misería, mezquindad, futilidad, fruslería, futesa, pitoche, pizca, adarme.

INSIGNIFICANTE. Exiguo, pequeño, mezquino, miserable, nulo, fútil, frívolo, liviano, leve, ligero, imperceptible.
• *importante, interesante, suficiente*

INSINUACIÓN. Indirecta, sugestión, alusión, buscapié, indicio.

INSINUANTE. Significativo, insinuativo, persuasivo, hábil, adulador, provocativo.

INSINUAR. Apuntar, indicar, soplar, infiltrar, sugerir.

INSINUARSE. Infiltrarse, introducirse, internarse, intimarse.

INSÍPIDO. Insulso, soso, desabrido, desaborido. — Pesado, seco, árido, anadino, insubstancial, chirle.

INSIPIENTE. Ignorante, inculto, nesciente, tonto, fatuo, necio.

INSISTENCIA. Obstinación, porfia, instancia, terquedad, pertinacia, testarudez, pesadez.

INSISTENTE. Obstinado, porfiado, terco, pertinaz, testarudo, pesado, machacón, rudo.

INSISTIR. Obstinarse, porfiar, instar, persistir, machacar, pugnar, machar, tenacear, macear. — Estribar, apoyarse, descansar.

ÍNSITO. Propio, innato, connatural.

INSOCIABLE. Huraño, arisco, intratable, salvaje, misógino, áspero, vinagroso, insocial.

INSOLENCIA. Descaro, atrevimiento, procacidad, desfachatez, desvergüenza, descomedimiento. — Insulto, ofensa, injuria, afrenta.

INSOLENTE. Descarado, atrevido, procaz, desfachatado, grosero, desvergonzado. — Injurioso, insultante, ofensivo. — Soberbio, orgulloso, altivo, arrogante.

INSÓLITO. Desacostumbrado, inusitado, inusual, desusado, nuevo, extraño, extraordinario.
• *antiguo, habitual, ordinario*

INSOLUBLE. Indisoluble, irresoluble, abstruso, dificil, inextricable, inexplicable, intrincado, espinoso.

INSOMNIO. Desvelo, vigilia.

INSONDABLE. Profundo, impenetrable, inescrutable, inescudriñable.
• *claro, comprensible, penetrable*

INSOPORTABLE. Insufrible, inaguantable, intolerable, incómodo, molesto, enfadoso.

INSOSTENIBLE. Indefendible.

INSPECCIONAR. Examinar, reconocer, registrar, intervenir, observar.

INSPECTOR. Inspeccionador, veedor, vigilante.

INSPIRACIÓN. Numen, musa, estro, entusiasmo. — Consejo, sugestión, insinuación, aviso, advertencia, indicación. — Iluminación, alumbramiento.

INSPIRADO. Enteo, arrebatado, iluminado.

INSPIRAR. Sugerir, infundir, imbuir, insinuar, iluminar, alentar. — Aspirar. — Soplar.

INSTABLE. Inestable, variable, transitorio, perecedero, incierto, inconstante, insubsistencia, veleidoso, voluble, versátil, precario, frágil.
  • *permanente, seguro*

INSTALAR. Colocar, establecer, disponer, situar, alojar.

INSTANCIA. Solicitud, petición, memorial, súplica, ruego, demanda. — Premura.

INSTANTÁNEAMENTE. Inmediatamente, en seguida, al punto, luego, en un instante.

INSTANTÁNEO. Rápido, fugaz, fugitivo, breve, momentáneo.
  • *largo, lento, mediato*

INSTANTE. Segundo, momento, punto, soplo, santiamén, periquete, soplido.

INSTAR. Insistir, machacar, apremiar, urgir, apurar, apretar, estrechar, porfiar.
  • *exigir, ordenar, tranquilizar*

INSTAURAR. Renovar, restaurar, restablecer.
  • *deponer*

INSTIGACIÓN. Incitación, inducción, excitación, provocación, impulso, sugestión.

INSTIGADOR. Incitador, agitador, provocador, excitador, promovedor, inducidor, azuzador, soplador, promotor.

INSTIGAR. Inducir, impulsar, incitar, excitar, mover, aguijonear, provocar, promover, azuzar, estimular, persuadir.

INSTINTIVO. Involuntario, irreflexivo, ideliberado, subconsciente.
  • *consciente, directo, reflexivo*

INSTINTO. Natura, naturaleza, inclinación, estimativa.

INSTITUCIÓN. Establecimiento, fundación, creación, erección. — Instrucción, educación, enseñanza.

INSTITUIR. Fundar, establecer, erigir, crear, constituir. — Instruir, educar, enseñar.
  • *abolir*

INSTITUTO. Corporación, institución, academia, sociedad, asociación, cenáculo. — Regla, estatuto.

INSTITUTRIZ. Aya.

INSTRUCCIÓN. Enseñanza, educación. — Saber, cultura, ilustración, erudición. — Normas, preceptos, reglas, métodos.
  • *desconocimiento, incultura*

INSTRUCTIVO. Educativo, ilustrativo.

INSTRUCTOR. Educador, ilustrativo.

INSTRUIDO. Culto, ilustrado, erudito, versado.

INSTRUIR. Enseñar, aleccionar, ilustrar, adiestrar, adoctrinar. — Informar, enterar.

INSTRUMENTACIÓN. Orquestación.

INSTRUMENTO. Herramienta, utensilio. — Máquina, ingenio. — Escritura, documento.

INSUBORDINACIÓN. Rebeldía, indisciplina, desobediencia, rebelión, levantamiento, alzamiento, sublevación.

INSUBORDINADO. Rebelde, insurgente, insurrecto, sedioso, sublevado, amotinado. — Indisciplinado, desobediente.

INSUBSISTENTE. Inseguro, inconstante.

INSUBSTANCIAL. Insípido, chirle, anodino, huero, trivial, ligero.

INSUBSTITUIBLE. Irremplazable.

INSUFICIENCIA. Incapacidad, ineptitud, ignorancia, torpeza. — Escasez, estrechez, penuria, falta, miseria.
  • *actitud, capacidad, habilidad*

INSUFICIENTE. Poco, escaso, defectuoso, corto.

INSUFRIBLE. Insoportable, inaguantable, intolerable, irresistible. — Fastidioso, cargoso, molesto.

ÍNSULA. Isla.

INSULAR. Isleño, insulano.

INSULSEZ. Insipidez, sosera, sosería, desabrimiento. — Tontería, estupidez, necedad, simpleza.
• *gracia, ingenio*
INSULSO. Insípido, soso, desabrido. — Simple, necio, tonto, estúpido, zonzo, anodino, insubstancial.
INSULTANTE. Afrentoso, injurioso, ofensivo, ultranjante.
INSULTAR. Ofender, afrentar, injuriar, agraviar, ultrajar, denostar, afrentar.
• *alabar*
INSULTO. Ofensa, afrenta, injuria, agravio, ultraje, denuesto, dicterio, insolencia.
INSUMISO. Indócil, rebelde, desobediente.
INSUPERABLE. Inmejorable, inalcanzable, invencible.
• *fácil, mejorable*
INSURGENTE. Insurrecto, rebelde, sublevado, sedioso.
INSURRECCIÓN. Rebelde, sublevación, levantamiento, sedición, pronunciamiento, alzamiento.
INSURRECCIONARSE. Rebelarse, sublevarse, levantarse.
INSURRECTO. Insurgente, rebelde, sublevado, sedioso.
INSUSTANCIAL. Insubstancial, trivial, ligero, insípido, chirle, anodino.
INSUSTITUIBLE. Insubstituible, irreemplazable.
INTACHABLE. Inobjetable. — Irreprochable.
INTACTO. Indemne, ileso, incólume, íntegro, completo, sano, entero. — Puro, limpio, inmaculado.
• *dañado, impuro, incompleto*
INTANGIBLE. Impalpable, intocable.
INTEGRACIÓN. Reintegración, reintegro, restitución.
INTEGRAL. Entero, total, completo, íntegro.
INTEGRALISTA. Centralizador, absorbente, absoluto, totalitario.
INTEGRANTE. Componente.
INTEGRAR. Completar, componer, formar. — Reintegrar, restituir, devolver.

INTEGRIDAD. Entereza, perfección. — Honradez, probidad, rectitud, limpieza, desinterés, pureza.
• *corrupción, división, parte*
ÍNTEGRO. Completo, entero, cabal, intacto, perfecto. — Honrado, probo, recto, desinteresado, justo, equitativo.
INTELECTO. Entendimiento, inteligencia.
INTELIGENCIA. Intelecto, entendimiento, talento, razón. — Comprensión, conocimiento. — Caletre, tino, discernimiento, juicio, cabeza, penetración, entendederas, testas, chirumen. — Acuerdo, trato, avenencia, correspondencia. — Habilidad, capacidad, destreza, sagacidad, pericia, maña, tacto.
INTELIGENCIADO. Enterado, instruido.
INTELIGENTE. Instruido, docto, perito, hábil, perspicaz, despierto, sutil, vivo, ingenioso, capaz, diestro, experimentado, enterado, entendido, sabio.
• *cerrado, tonto*
INTELIGIBLE. Claro, comprensible, legible, perspicuo, descifrable, distinto.
• *confuso, difícil*
INTEMPERANCIA. Destemplanza, incontinencia, gula, demasía, exceso, inmoderación, desenfreno.
• *ascetismo, austeridad, moderación, templaza*
INTEMPERIE (A LA). Al raso, a cielo descubierto.
INTEMPESTIVO. Inoportuno, extemporáneo.
INTENCIÓN. Designio, propósito, pensamiento, idea, mira, ánimo, voluntad, deseo, intento, vista, intríngulis.
• *desconocimiento, inocencia*
INTENCIÓN (PRIMERA). Franqueza, sencillez, naturalidad, llaneza, espontaneidad.
INTENCIÓN (SEGUNDA). Hipocresía, doblez, engaño, duplicidad, simulación, disimulo, fingimiento.
INTENCIONADAMENTE. De intento, con intención, deliberadamente.
INTENCIONADO. Picaresco.

INTENDENCIA. Dirección, mayordomía, cuidado. — Municipalidad, ayuntamiento.

INTENSIDAD. Intensión, vehemencia, fuerza, viveza. — Potencia, tensión.
• *debilidad, pasividad, suavidad*

INTENSIFICAR. Reforzar, acrecentar.

INTENSIÓN. Intensidad, fuerza, vehemencia, viveza.

INTENSO. Intensivo, fuerte, vivo, vehemente, grande, violento, ardiente.

INTENTAR. Procurar, probar, pretender, tratar, ensayar, tentar, pugnar, amenazar.
• *abandonar, cejar, desistir, renunciar*

INTENTO. Intención, designio, propósito, deseo, mira, vista.

INTENTO (DE). De propósito, adrede, a cosa hecha.

INTERCALAR. Interponer, interpolar, entremeter, ingerir.

INTERCAMBIO. Cambio, permuta, trueque, canje, reciprocidad, correspondencia.

INTERCEDER. Abogar, mediar, rogar, suplicar.
• *acusar, atacar, enemistar*

INTERCEPTAR. Detener, atajar, cortar, interrumpir, impedir, embarazar, obstruir.

INTERCESIÓN. Mediación, interposición, intervención.

INTERCESOR. Medianero, abogado, mediador, intermediario, avenidor.

INTERDECIR. Prohibir, vedar, proscribir.

INTERÉS. Provecho, utilidad, ganancia, lucro, beneficio, producto. — Importancia, consideración, alcance, gravedad. — Rédito, renta. — Atractivo, atención, inclinación, afición.
• *desafecto, desatención, desinterés, pérdida*

INTERESADO. Avariento, avaricioso, codicioso. — Apasionado.

INTERESANTE. Atractivo, sugestivo. — Ameno, divertido.

INTERESAR. Importar, atañer, concernir. — Conmover, cautivar, atraer, agradar. — Gravar. — Atacar, afectar. — Asociar, habilitar.

INTERESES. Bienes, fortuna, capital.

INTERFERENCIA. Interrupción, interposición.

ÍNTERIN. Entretanto, mientras, provisionalmente. — Interinidad.

INTERINO. Provisional, provisorio, accidental.

INTERIOR. Interno, íntimo, intrínseco, médula. — Intestino, corazón, riñón, entrañas, adentros.

INTERLOCUCIÓN. Diálogo, coloquio.

INTERLUDIO. Intermedio.

INTERMEDIARIO. Mediador, medianero, tercero.

INTERMEDIO. Espacio, intervalo. — Entreacto. — Interludio.

INTERMINABLE. Inacabable, inagotable, ilimitado, eterno.
• *breve, discontinuo, finito*

INTERMISIÓN. Interrupción.

INTERMITENTE. Discontinuo. — Con intervalos.

INTERNARSE. Introducirse, penetrar.

INTERNO. Interior. — Pupilo.

INTERPELAR. Interrogar, preguntar, requerir.

INTERPOLAR. Intercalar, interponer, mezclar, ingerir. — Interrumpir, cortar, descontinuar.

INTERPONER. Entremeter, interpolar, introducir.

INTERPONERSE. Intervenir, mediar, interceder, atravesarse.

INTERPRETAR. Entender, comprender, penetrar, alcanzar. — Traducir, trasladar, verter. — Explicar, comentar, enseñar, aclarar, desarrollar, desentrañar.

INTÉRPRETE. Trujamán, dragomán, lenguaraz, traductor, comentador, glosador, exegeta, expositor. — Actor, artista.

INTERROGACIÓN. Preguntar, interrogante.

INTERROGAR. Preguntar, interpelar, examinar.

INTERRUMPIR. Cortar, suspender, detener, romper, impedir, interceptar, interpolar, intermitir.
• *continuar*

INTERRUPCIÓN. Suspensión, interceptación, interposición, interferencia, intermisión, obstáculo. — Pausa, intervalo, parada.

INTERSECCIÓN. Cruce, cruzamiento, sección.

INTERSTICIO. Hendidura, grieta, raja, resquicio, abertura, rendija. — Intervalo, intermedio.

INTERVALO. Intermedio, espacio, distancia, pausa, hueco, lugar.

INTERVENCIÓN. Mediación, intercepción, intromisión, influencia, interposición, asistencia. — Operación, tratamiento.

INTERVENIR. Mediar, mezclarse, terciar, promediar. — Inspeccionar, examinar, criticar.

INTESTINO. Tripa, chinchulín. — Interno, interior.

INTIMACIÓN. Aviso, íntima, citación, notificación, requerimiento, apremio.

ÍNTIMAMENTE. Profundamente, entrañablemente, familiarmente.

INTIMAR. Apremiar, apercibir, citar, emplazar, interpelar, compeler, requerir, notificar. — Insinuarse, introducirse, aficionarse. — Amistar, congeniar, entrañarse.

INTIMIDACIÓN. Temor, acoquinamiento, recelo, miedo, pánico.

INTIMIDAD. Confianza, familiaridad, amistad.
  • *cortesía, desconfianza, enemistad*

INTIMIDAR. Amedrentar, asustar, atemorizar, acobardar, acoquinar, imponer, arredrar.

ÍNTIMO. Profundo, interior, interno, recóndito, secreto, reservado. — Entrañable, estrecho. — Intrínseco, esencial.
  • *desafecto, enemigo, extraño*

INTITULAR. Titular, llamar, denominar.

INTOLERABLE. Insoportable, inaguantable, insufrible.

INTOLERANCIA. Intransigencia, fanatismo, intemperancia.
  • *condescendencia, respeto, tolerancia, transigencia*

INTOXICACIÓN. Envenamiento.

INTOXICAR. Envenenar, atoxicar, atosigar, emponzoñar.

INTRANQUILIZAR. Inquietar, desasosegar, sobresaltar, atemorizar, asustar, alarmar.

INTRANQUILO. Inquieto, desasosegado, febril, ardoroso.

INTRANSIGENTE. Intolerante, fanático, intemperante, absoluto.
  • *tolerante*

INTRANSITABLE. Impracticable, fragoso, áspero.

INTRANSPARENTE. Opaco.

INTRATABLE. Huraño, insociable, incivil, hosco, áspero, grosero, arisco, escolimoso.

INTREPIDEZ. Osadía, arrojo.
  • *cobardía, reflexión, temor*

INTRÉPIDO. Osado, arrojado, valiente, valeroso, animoso, esforzado, impávido, atrevido, impertérrito, denodado.

INTRIGA. Enredo, embrollo, trama, complot, manejo, arteria, ardid, maquinación, tramoya, cubileteo.

INTRIGANTE. Embrollón, enredador, maquinador, farsante.

INTRINCADO. Enredado, enmarañado, enrevesado, confuso, obscuro, peliagudo, espeso, embrollado.

INTRÍNGULIS. Dificultad, quid, nudo, enredo, busilis. — Intención.

INTRÍNSECO. Esencial, propio, íntimo, interno, interior.
  • *extrínseco*

INTRODUCCIÓN. Preámbulo, principio, prólogo, exordio, prefacio, proemio, preludio, entrada, introito.

INTRODUCIR. Meter, encajar, embutir, ingerir. — Ocasionar, originar, atraer, causar. — Importar. — Presentar, relacionar.
  • *sacar, salir*

INTRODUCIRSE. Meterse, deslizarse, entrar, insinuarse, penetrar, intimarse. — Inmiscuirse, intrusarse, entremeterse, internarse.

INTROITO. Introducción, entrada, prólogo, principio, prefacio, proemio.

INTROMISIÓN. Entremetimiento, introducción, ingerencia.

INTROVERSIÓN. Abstracción, ensimismamiento.

INTRUSO. Entrometido, indiscreto, importuno, oficioso, refitolero.

INTUIR. Comprender, desentrañar, descifrar, descubrir, adivinar.

INTUMESCENCIA. Hinchazón, tumefacción, tumescencia.

INUNDACIÓN. Anegación, anegamiento, riada, avenida, desbordamiento. — Multitud, copia, abundancia, muchedumbre.

INUNDAR. Anegar, desbordar, empantanar, encharcar. — Llenar, esparcir, multiplicar.

INURBANO. Descortés, incivil, impolítico, ordinario, grosero, rústico, zafio, malcriado.
  • *cortés, sociable*

INUSITADO. Insólito, desacostumbrado, inusual, raro, inhabitual, desusado, anticuado.
  • *habitual, usual, viejo*

INÚTIL. Incapaz, inepto, nulo, torpe, ignorante, desmarañado, obtuso, negado, romo, inservible. — Infructuoso, estéril, vano, ocioso, perdido. — Superfluo, innecesario.
  • *aprovechable, conveniente, provechoso, útil*

INUTILIZAR. Incapacitar, inhabilitar.

INÚTILMENTE. Vanamente, desaprovechadamente, futilmente, perdidamente, baldiamente, ociosamente,

INVADIR. Entrar, irrumpir. — Inundar, anegar.

INVALIDAR. Anular, rescindir, abolir, derogar, abrogar.
  • *autorizar, capacitar, habilitar*

INVÁLIDO. Impedido, baldado, tullido. — Nulo.

INVARIABLE. Inalterable, inmutable. — Constante, firme, fijo.

INVASIÓN. Irrupción, desbordamiento.

INVECTIVA. Filípica, censura, diatriba, sátira.

INVENCIBLE. Inconquistable, incontrastable, irrebatible, victorioso.

INVENCIÓN. Hallazgo, invento, descubrimiento. — Engaño, mentira, ficción, fábula, cuento, traza, recurso, mito.

INVENDIBLE. Clavo.

INVENTAR. Imaginar, idear, descubrir, hallar, crear. — Fraguar, forjar, fingir, discurrir.

INVENTIVA. Imaginación, idea, ingenio.

INVENTO. Invención, hallazgo, descubrimiento. — Ficción, patraña, cuento, enredo.

INVENTOR. Descubridor, autor, creador.

INVERNÁCULO. Invernadero, estufa.

INVERNAL. Hibernal, hibernizo, hiemal, invernizo.

INVEROSÍMIL. Increíble, imposible, fantástico, improbable, remoto.

INVERSIÓN. Trastrocamiento, trastorno, rastrueque, trabucación. — Hipérbaton, conmutación retruécano. — Empleo, gasto.

INVERSO. Contrario, opuesto.
  • *directo, inalterable*

INVERTIDO. Sodomita, maricón, pederasta, homosexual.

INVERTIR. Trastornar, cambiar, transponer, alterar, voltear, contraponer. — Emplear, gastar.

INVESTIGACIÓN. Indagación, averiguación, pesquisa, busca, búsqueda, escudriñamiento, registro. — Inquisición.

INVESTIGAR. Indagar, averiguar, pesquisar, inquirir, escudriñar, registrar.

INVESTIR. Conferir, otorgar, discernir.

INVETERADO. Arraigado, antiguo.
  • *desacostumbrado, extraño, nuevo*

INVICTAMENTE. Victoriosamente, incontrastablemente.

INVIOLABLE. Sagrado, invulnerable, santo.

INVIOLADO. Íntegro, perfecto, incorrupto, inmaculado.

INVITACIÓN. Convite.

INVITAR. Convidar, brindar. — Incitar, mover, estimular.

INVOCAR. Llamar, implorar, suplicar. — Apelar, apoyarse, recurrir.

INVOLUCRAR. Mezclar, confundir, trastornar.
  • *aclarar, desembrollar, especificar*
INVOLUNTARIO. Instintivo, irreflexivo, maquinal, impensado, espontáneo.
INVULNERABLE. Inatacable, inviolable.
INYECTADO. Encendido, enrojecido.
INYECTAR. Inocular.
IR. Dirigirse, acudir, andar, caminar, asistir. — Diferenciarse, distinguirse. — Apostar. — Extenderse, ocupar. — Pasar.
  • *advenir, arribar, avecinar, llegar, venir*
IRA. Cólera, saña, enojo, indignación, furia, furor.
IRACUNDO. Irascible, colérico, atrabiliario, bilioso, irritable, furioso.
IRÓNICO. Burlón, cáustico, mordaz, punzante, sarcástico.
IRRACIONAL. Bruto, bestia. — Absurdo, insensato, irrazonable. — Brutal, bestial.
  • *coherente, reflexivo, sensato*
IRRADIAR. Difundir, esparcir, radiar. — Transmitir, perifonear.
IRRAZONABLE. Disparatado, ilógico, absurdo, irracional, falso, desatinado.
IRREAL. Quimérico, fantástico, ficticio.
IRREALIZABLE. Impracticable, imposible, quimérico.
IRREBATIBLE. Indisputable, incontrovertible, incuestionable, incontrastable, irrefutable.
IRRECONCILIABLE. Inconciliable, implacable.
IRRECUPERABLE. Incobrable, irremediable.
IRRECUSABLE. Inexcusable, irresistible, irrefragable.
IRREDIMIBLE. Imperdonable, irremisible.
IRREDUCTIBLE. Irreducible, inconquistable.
IRREEMPLAZABLE. Insubstituible.
IRREFLEXIVO. Involuntario, indeliberado, maquinal, instintivo. — Aturdido, precipitado, atropellado, inconsiderado, ligero, intrépido, temerario, alocado, tarambana.
IRREFRAGABLE. Irresistible, irrecusable, incuestionable, irrefutable.

IRREFRENABLE. Irreprimible.
IRREFUTABLE. Irrebatible, incuestionable, incontrastable, incontrovertible, indubitable.
IRREGULAR. Intermitente, discontinuo, desigual. — Anómalo, extraño, anormal, raro, heteróclito. — Asimétrico, desproporcionado, informe. — Caprichoso, variable, inconstante. — Informal, desordenado, desarreglado, intercadente, indecoroso, libre, grosero, liviano.
IRREGULARIDAD. Anomalía, extrañeza, rareza. — Intercadencia, desigualdad, desorden, exceso, demasía. — Intermitencia, discontinuidad.
  • *continuidad, cumplimiento*
IRRELIGIOSO. Impío, incrédulo.
IRREMEDIABLE. Irreparable, insubsanable.
  • *curable, reparable*
IRREMISIBLE. Imperdonable, irredimible.
IRREPARABLE. Irremediable, irresarcible, insubsanable.
IRREPRENSIBLE. Irreprochable, intachable.
IRRESISTIBLE. Invencible, incontrastable. — Insufrible, intolerable, inaguantable.
IRRESOLUBLE. Insoluble, abstruso. — Irresoluto, indeciso.
IRRESOLUCIÓN. Indecisión, vacilación, duda, perplejidad, incertidumbre, confusión.
  • *decisión, determinación, resolución, solución*
IRRESOLUTO. Indeciso, vacilante, dudoso, perplejo, incierto, confuso, irresoluble.
IRRESPETUOSO. Irreverente, desatento, descortés, inurbano, grosero, descomedido, inconveniente.
IRRESPIRABLE. Mefítico, fétido.
IRREVERENCIA. Desacato, indecoro, irrespetuosidad.
IRREVERENTE. Irrespetuoso, descortés, desatento, profano.

IRREVOCABLE. Inapelable, firme.
IRRIGAR. Regar, rociar.
IRRISIÓN. Burla, ridiculez, mofa, ludibrio, escarnio, sarcasmo, desprecio.
IRRISORIO. Irrisible, ridículo, cómico, risible. — Insignificante, mezquino, miserable, pequeño.
IRRITABLE. Irascible, iracundo, colérico, atrabiliario.
IRRITACIÓN. Enojo, enfado, cólera, rabia, ira. — Inflamación.
    •*paz, tranquilidad*
IRRITANTE. Enojoso, enfadoso, exasperante.
IRRITAR. Encolerizar, enojar, enfadar, alterar, ensañar, enfurecer, sulfurar, exasperar, enviscar, enconar, exacerbar, azuzar, embravecer.
    •*pacificar, tranquilizar, validar*
IRRITARSE. Encolerizarse, arrebatarse, acalorarse, encenderse, encresparse, exacerbarse, atufarse, emberrenchinarse, emberrincharse.

IRROGAR. Causar, ocasionar, acarrear, provocar.
IRROMPIBLE. Inquebrantable, indestructible.
IRRUMPIR. Invadir, entrar.
IRRUPCIÓN. Invasión, malón, incursión, correría. — Asalto, arremetida, acometida. — Difusión, extensión.
IRSE. Largarse, marcharse. — Salirse, apartarse. — Gastarse, consumirse. — Morirse, fenecer. — Deslizarse, resbalar. — Rezumarse, recalarse.
ISLA. Ínsula.
ISLAMITA. Musulmán, mahometano.
ISLEÑO. Insular, insulano.
ISLOTE. Roca, farallón.
ISMAELITA. Árabe, sarraceno, agareno.
ISRAELITA. Judío, hebreo.
ÍTEM. Además, otrosí, más, también.
ITERACIÓN. Reiteración, repetición.
ITINERARIO. Ruta.
IZQUIERDA. Siniestra.
IZQUIERDO. Zurdo. — Torcido.
    •*diestro, derecho, estribor*

J

JABALINA. Dardo, venablo.

JABÓN. Miedo, susto. — Reprimenda, reto, rapapolvo, regaño, reprensión, sermón, repasata, filípica, sofión. — Coba, adulación.

JACA. Potro.

JACARANDOSO. Donairoso, airoso, garboso, desenvuelto, gracioso, desenfadado, alegre.

JACARÉ. Caimán, yacaré.

JACO. Rocín, jamelgo, matalón.

JACOBINO. Demagogo, fanático.

JACTANCIA. Vanagloria, presunción, petulancia, vanidad, pedantería, fatuidad, arrogancia.
  • *modestia*

JACTANCIOSO. Vanidoso, presuntuoso, petulante, pedante, vano, presumido, alabancioso.

JACTARSE. Vanagloriarse, alabarse, picarse, preciarse, alardear, presumir, gloriarse, pavonearse.

JADEAR. Acezar.

JAEZ. Arreo, guarnición. — Clase, índole, calidad.

JAGUAR. Yaguareté.

JALEO. Jarana, bulla, fiesta, bullicio, diversión, alegría, parranda, holgorio, bullanga, farra.

JALÓN. Hito, mojón, poste, señal, marca.

JALONAR. Amojonar, estacar, deslindar.

JAMÁS. Nunca.

JAMELGO. Jaco, rocín, matalón.

JANGADA. Balsa, armadía. — Trastada, tontería.

JAQUE. Valentón, matasiete, perdonavidas, bravucón, fanfarrón.

JAQUE (EN). Acosado, hostigado.

JAQUEAR. Acosar, hostigar.

JAQUECA. Molestia, engorro.

JARANA. Bulla, algazara, jaleo, parranda, fiesta, diversión, bullicio. — Gresca, alboroto, pendencia, tumulto, trifulca, tiberio, cisco, bronca, batifondo, bochinche.
  • *paz*

JARDÍN. Pensil.

JARRETE. Corva. — Corvejón.

JAULA. Gayola. — Cárcel, prisión.

JAURÍA. Recova.

JAYÁN. Gañán.

JEFE. Superior, principal, director. — Guía, conductor. — Adalid, caudillo, cabeza. — Patrón.

JERARQUÍA. Orden, grado, gradación. — Talla.

JEREMIADA. Lamentación, queja, lloriqueo.

JERGA. Jerigonza, caló, argot, galimatías, algarabía. — Jergón.

JERGÓN. Colchón.

JERIGONZA. Germanía, jerga. — Galimatías, monserga.

JERINGAR. Molestar, fastidiar, mortificar, aburrir, enfadar, jorobar.

JEROGLÍFICO. Hieroglífico, logogrifo. — Hierático. — Secreto, misterio, enigma.

JESUCRISTO. El Nazareno, Jesús.

JESUITA. Astuto, sagaz, enredador, hipócrita.

JETA. Hocico, cara, morro.

JIBIA. Sepia.

JÍGARA. Pocillo.

JINETE. Caballero.

JIRÓN. Desgarrón, tira, rasgón, trozo, pedazo, parte.

JOCOSO. Chistoso, gracioso, festivo, divertido, alegre.

JOCUNDO. Plácido, alegre, agradable.

JOFAINA. Palangana.

JOLGORIO. Holgorio, jaleo, jarana, parranda, fiesta, bullicio, bulla.

JORNADA. Viaje, trayecto, camino. — Vida. — Lance, circunstancia, ocasión. — Acto.

JORNALERO. Obrero, trabajador, bracero.

JOROBA. Giba, corcova, chepa.

JOROBADO. Giboso, corcovado, contrahecho, malhecho.

JOROBAR. Molestar, importunar, fastidiar, cargar, mortificar, jeringar, incomodar.

JOVEN. Adolescente, mozo, mancebo, chaval, pollo, mozalbete.

JOVIAL. Alegre, festivo, divertido, alborozado, apacible.
• *aburrido, amargado, desanimado*

JOYA. Alhaja, joyel, dije, presea. — Dechado, estuche. — Vivo, aprovechado. — Prenda, tesoro, cielo.

JUBILACIÓN. Retiro.

JUBILAR. Desechar, eliminar.

JÚBILO. Alegría, regocijo, gozo, alborozo, contento.

JUDAS. Traidor, alevoso, desleal, pérfido, delator.

JUDÍA. Poroto, frijol, fréjol.

JUDIADA. Crueldad, inhumanidad, barbaridad, infamia. — Usura, logrería.

JUDÍO. Hebreo, israelita. — Avaro, usurero, explotador, logrero.

JUEGO. Entretenimiento, pasatiempo, diversión, recreación. — Articulación, coyuntura. — Movimiento, acción, funcionamiento.

JUERGA. Diversión, jolgorio, jarana, fiesta, bullicio, jaleo, parranda, farra, holgorio.

JUEZ. Árbitro, regulador.

JUGADA. Lance, accidente, suerte. — Broma, treta, jugarreta. — Truhanería, engaño, pillería.

JUGAR. Retozar, travescar, juguetear. — Recrearse, entretenerse, divertirse. —

Intervenir, actuar, participar. — Funcionar, andar, marchar. — Apostar, arriesgar, aventurar. — Burlarse, engañar. — Tirar, manejar, esgrimir. — Entrar.

JUGARRETA. Pillería, tunantada, truhanería, picardía, truhanada, treta.

JUGLAR. Prestidigitador, titiritero. — Trovador. — Farsante.

JUGO. Zumo, substancia, suco. — Utilidad, provecho, beneficio.
• *insulsez, sequedad*

JUGUETE. Chiche. — Chanza, burla.

JUGUETEAR. Jugar, retozar, travesear, entretenerse.

JUICIO. Cordura, prudencia, entendimiento, seso, asiento, sensatez, madurez. — Opinión, dictamen, parecer, concepto.
• *obsesión pesadilla, prejuicio, preocupación*

JUICIOSO. Cuerdo, sensato, ajuiciado, discreto.

JULEPE. Reprimenda, castigo, vapuleo. — Miedo, susto.

JUMENTO. Asno, burro, pollino.

JUMERA. Humera, borrachera, embriaguez, juma, curda, pítima, turca, mona.

JUNCAL. Juncar, junqueral, junquera. — Garboso, esbelto.

JUNCO. Narciso. — Bastón.

JUNTA. Asamblea, reunión, congreso. — Juntura, unión, coyuntura, articulación.

JUNTAR. Reunir, congregar, adunar, aunar, convocar. — Acopiar, amontonar, aglomerar, almacenar, acumular. — Entornar, unir. — Aparear, anudar, acoplar.
• *separar*

JUNTARSE. Reunirse, aglomerarse, unirse. — Arrimarse, aproximarse, acercarse. — Acompañarse, alternar, codearse.

JUNTO. Unido. — Cercano, contiguo, próximo, inmediato. — Juntamente, a la vez.

JUNTURA. Trabazón, articulación, ensambladura.

JURADO. Tribunal. — Juez, árbitro.

JURAMENTARSE. Conjurarse.

JURAMENTO. Promesa, voto. — Blasfemia, taco, reniego, terno.

JURAR. Acatar, reconocer, someterse, prometer. — Renegar, blasfemar, votar.

JURISCONSULTO. Jurisperito, jurisprudente, jurista, letrado, legista.

JURISDICCIÓN. Autoridad, poder, fuero, potestad, derecho. — Término, extensión, partido.

JURISPRUDENCIA. Legislación, jurispericia.

JURISTA. Jurisconsulto, legista.

JUSTA. Certamen, lucha, torneo. — Controversia.

JUSTAMENTE. Cabalmente, precisamente, justo.

JUSTICIA. Equidad, derecho, razón, imparcialidad, rectitud.
   • *arbitrariedad, ilegalidad, parcialidad*

JUSTICIERO. Justo, recto, imparcial, rígido.

JUSTIFICAR. Probar, demostrar, acreditar, evidenciar. — Excusar, disculpar, defender, sincerar, vindicar.

JUSTIFICATIVO. Acreditativo.

JUSTIPRECIAR. Tasar, apreciar, valorar, estimar, reputar.
   • *desestimar, despreciar*

JUSTO. Equitativo, recto, imparcial. — Razonable, racional, legal, legítimo. — Virtuoso, santo. — Exacto, cabal, completo. — Justamente, cabalmente, precisamente, puntualmente, exactamente, debidamente. — Estrechamente, apretadamente, escasamente.

JUVENIL. Fresco, lozano, rozagante. — Mocil.

JUVENTUD. Adolescencia, mocedad, pubertad.
   • *experiencia, vejez*

JUZGAR. Sentenciar. — Dictaminar, opinar.

L

LÁBARO. Estandarte, insignia. — Cruz.

LABERÍNTICO. Confuso, enmarañado, enredado, intrincado, tortuoso, embrollado.

LABERINTO. Confusión, lío, maraña, enredo, caos, embrollo, dédalo.

LABIA. Facundia, verbosidad, verbo, locuacidad.

LABIO. Borde, bezo, rebaba.

LABOR. Trabajo, tarea, faena, ocupación, quehacer, fajina. — Labranza, cultura, cultivo. — Obra.
• *holganza, pasividad*

LABORAR. Trabajar, labrar. — Gestionar. — Intrigar, conspirar.
• *holgar, holgazanear*

LABORATORIO. Oficina. — Seminario.

LABORIOSO. Trabajador, hacendoso, diligente, activo. — Aplicado, estudioso, perseverante. — Trabajoso, penoso, dificultoso.

LABRADOR. Labriego, agricultor, campesino, cultivador.

LABRANZA. Cultivo, cultura, labor, agricultura.

LABRAR. Laborar, trabajar. — Arar, cultivar, roturar. — Bordar, coser. — Cincelar, esculpir, grabar. — Producir, causar, hacer, originar, promover, formar.

LABRIEGO. Labrador, agricultor, campesino, cultivador.

LACA. Maque, barniz.

LACAYO. Sirviente, criado.

LACEAR. Enlazar.

LACERAR. Lastimar, herir, golpear, magullar, desgarrar, dilacerar. — Dañar, vulnerar, perjudicar.

LACERÍA. Pobreza, estrechez, miseria. — Fatiga, trabajo, molestia.

LACIO. Flojo, decaído, descaecido. — Marchito, mustio, ajado.
• *duro, fuerte, tieso*

LACÓNICO. Breve, conciso, sucinto, sobrio, compendioso, seco, parco.

LACONISMO. Concisión, brevedad, sobriedad, sequedad, parquedad.
• *afluencia, facundia, verborrea, verbosidad*

LACRA. Vicio, defecto, achaque. — Estigma, marca, señal, huella.

LACRIMOSO. Lloroso, compungido, afligido, lastimoso, lastimero, triste, conmovedor.

LACTAR. Amamantar, mamar, atetar, tetar.

LADEAR. Inclinar, torcer, sesgar, oblicuar, tirar.

LADEARSE. Inclinarse, desviarse, declinar, propender, apartarse, cargar.

LADERA. Declive, pendiente.

LADINO. Astuto, sagaz, taimado, advertido.
• *inhábil, inocente*

LADO. Costado, banda. — Paraje, sitio, lugar, punto. — Anverso, reverso. — Cara, plana, faz. — Aspecto, cariz. — Parte, mano, vera.

LADRILLO. Adobe.

LADRÓN. Caco, ratero, hurtador, ganzúa, galafate.

LAGAÑA. Legaña, pitarra, pitaña.

LAGRIMAR. Llorar, lacrimar.

LÁGRIMAS. Llanto.

LAGRIMOSO. Lloroso, lacrimoso, plañidero.

LAGUNA. Hueco, vacío, falta, blanco.

LAICO. Lego. — Seglar.

LAJA. Losa, lasca, lancha.

LAMBER. Lamer, lamiscar, lambetear.

LAMENTABLE. Deplorable, sensible, lastimoso. — Triste, quejoso.

LAMENTACIÓN. Lamento, queja, gemido, plañido, clamor, treno.

LAMENTAR. Deplorar, sentir, llorar, dolerse.

LAMENTARSE. Quejarse, gemir.

LAMENTO. Lamentación, queja, lástima.

LAMER. Lamber, lamiscar, lambetear. — Acariciar, besar.

LAMIDO. Gastado, sobado, usado, rozado. — Rebuscado, alambicado.

LÁMINA. Plancha, chapa, hoja. — Estampa, cuadro.

LAMISCAR. Lamer.

LAMPO. Resplandor, relámpago.

LANCE. Trance, percance, incidencia, ocurrencia, apuro. — Acontecimiento, suceso. — Pelea, riña, querella, encuentro, quimera. — Suerte. — Jugada.

LANCHA. Bote, barca, canoa. — Laja.

LANGUIDECER. Descaecer, desmayar, enflaquecer, marchitarse, flaquear, enfermar, desanimarse.

LANGUIDEZ. Flaqueza, descaecimiento, debilidad, desánimo, abatimiento, languidez, desmadejamiento, flojedad, flojera, desfallecimiento, desmayo.

LÁNGUIDO. Flaco, débil, fatigado, mustio, marchito, macilento, desmazalado. — Abatido, decaído, flojo, dejado, caído, transido.

LANOSO. Lanudo, enlanado, velludo.

LANZA. Pica, asta, venablo. — Pértiga, vara.

LANZAR. Arrojar, echar, tirar, disparar, despedir, botar. — Vomitar, devolver.
  • *aquietar, permanecer*

LANZAZO. Lanzada.

LAPICERA. Pluma, lapicero, portaplumas, mango.

LAPICERO. Portalápiz, portaminas, lápiz.

LÁPIDA. Laude, lauda.

LAPIDAR. Apedrear.

LAPSO. Transcurso, espacio, curso.

LAPSUS. Error, desliz, equivocación.

LAR. Hogar, casa.

LARDO. Grasa, unto, sebo, gordura.

LARGAMENTE. Cumplidamente, generosamente, espléndidamente, ampliamente, anchamente. — Cómodamente, tranquilamente, holgadamente, desahogadamente. — Francamente.

LARGAR. Soltar, desasir, desenlazar, desatar. — Aflojar, lascar, alargar. — Desplegar.
  • *aquietar, permanecer*

LARGARSE. Marcharse, irse, ausentarse.

LARGAS. Dilación, retraso, demora.

LARGO. Longitud, largor, largura. — Dadivoso, generoso, liberal, desprendido, pródigo. — Extenso, dilatado, vasto, difuso, ancho, amplio, espacioso. — Copioso, abundante, excesivo. — Pronto, expedito.
  • *corto, exiguo, pequeño, reducido*

LARGOR. Longitud, largo, largura, largueza

LARGUEZA. Liberalidad, generosidad, desprendimiento, nobleza, esplendidez, prodigalidad, munificencia. — Largura, longitud, largor.

LARGURO. Travesaño, cabezal.

LARVA. Gusano, oruga.

LASCA. Losa, laja.

LASCIVIA. Liviandad, lujuria, sensualidad, incontinencia, lubricidad, libídine, torpeza, voluptuosidad, deshonestidad, salacidad, impudicia.
  • *continencia, pureza*

LASCIVO. Lujurioso, liviano, sensual, incontinente, lúbrico, libidinoso, torpe, voluptuoso, deshonesto, salaz, impúdico.

LASITUD. Desfallecimiento, cansancio, fatiga, languidez, flojedad, flojera, descaecimiento.
  • *ardor, viveza*

LASO. Desfallecido, cansado, fatigado, lánguido. — Desanimado, flojo, abatido, apocado, caído, decaído, lacio.

LÁSTIMA. Compasión, misericordia, conmiseración, piedad, clemencia. — Lamento, quejido.

LASTIMAR. Compasión, misericordia, conmiseración, piedad, clemencia. — Lamento, quejido.

LASTIMAR. Herir, dañar, perjudicar. — Agraviar, ofender, vulnerar. — Compadecer.

LASTIMERO. Triste, plañidero, lúgubre.

LASTIMOSO. Lamentable, deplorable, sensible, triste, flébil.

LASTRE. Juicio, madurez, peso. — Alimento, comida. — Impedimenta.

LATA. Hojalata. — Tabarra, pejiguera.

LATAMENTE. Largamente, ampliamente, extensamente, difusamente.
  • *brevemente, ligeramente*

LATENTE. Oculto, escondido, secreto.

LATERAL. Ladero, colateral.

LATIDO. Pulsación, pulsada, palpitación.

LATIGAZO. Rebencazo, guascazo.

LÁTIGO. Rebenque, fusta, vergajo, chicote.

LATIR. Palpitar, pulsar. — Ladrar.

LATITUD. Anchura, amplitud.

LATO. Dilatado, amplio, extenso, extendido.
  • *breve, estrecho*

LATOSO. Latero, fastidioso, pesado, molesto, chinchoso, pelma.

LATROCINIO. Hurto, robo, estafa.

LAUCHO. Ratón.

LAUDA. Lápida, laude.

LAUDABLE. Loable, plausible, encomiable, digno, meritorio.

LAUDAR. Fallar, sentenciar.

LAUDATORIO. Laudativo, elogioso, alabador, adulador, apologético.

LAUDE. Lápida.

LAUDO. Fallo, sentencia, dictamen, resolución.

LAUREAR. Premiar, condecorar, honrar.

LAURO. Laurel, premio, recompensa, triunfo, victoria, palma, corona, gloria, alabanza, honra.

LAVABO. Lavatorio, lavamanos, aguamanil.

LAVÁNDULA. Espliego.

LAVAR. Limpiar, purificar, enjuagar, purgar.

LAVATIVA. Enema, ayuda, clistel, clister. — Jeringa. — Molestia, fastidio, incomodidad.

LAVATORIO. Lavabo, lavamanos, aguamanil.

LAXANTE. Laxativo, purgante, emoliente, lenitivo.

LAXAR. Ablandar, lenificar, suavizar. — Aflojar, soltar, relajar.

LAXITUD. Flojedad, debilidad, aflojamiento.

LAXO. Flojo, relajado, libre.

LAYA. Calidad, especie, género, condición, jaez, linaje.

LAZO. Lazada, nudo, moño. — Unión, vínculo, obligación. — Ardid, trampa, asechanza, emboscada.

LEAL. Fiel, sincero, franco, honrado, recto, noble.

LEALTAD. Fidelidad, sinceridad, franqueza, honradez, rectitud, nobleza. — Legalidad, realidad, verdad.
  • *defección, deslealtad, infidelidad, traición*

LEBRILLO. Barreño, vasija.

LECCIÓN. Enseñanza, instrucción, adiestramiento. — Ejercicio, práctica. — Advertencia, ejemplo, amonestación, aviso. — Lectura.

LECHO. Cama. — Cauce, madre, álveo. — Capa.

LECHÓN. Cochino, puerco.

LECHUGUINO. Petimetre, currutaco, gomoso, pisaverde.

LECHUZA. Búho, mochuelo.

LEGADO. Mando, don. — Embajador, representante, agente.

LEGAL. Lícito, justo, legítimo, permitido, razonable. — Verídico, puntual, fiel, recto.
  • *injusto, inmoral*

LEGALIZAR. Legitimar, refrendar, autenticar. — Validar, homologar.

LÉGAMO. Cieno, lodo, fango, barro, limo.

LEGAÑOSO. Lagañoso, pitarroso, pitañoso.

LEGAR. Mandar, dejar, donar.

LEGENDARIO. Leyendario, tradicional, fabuloso, fantástico, quimérico.

LEGIBLE. Inteligible, leíble, claro, comprensible.

LEGIÓN. Hueste, tropa, mesnada. — Muchedumbre, multitud, infinidad.

LEGITIMAR. Justificar, legalizar.

LEGÍTIMO. Genuino, auténtico, verdadero, fidedigno, original, positivo, propio, efectivo, legal.
• *falso, injusto, prohibido*

LEGO. Ignorante, profano, inculto, indocto. — Seglar.

LEGUMBRE. Hortaliza, verdura.

LEÍBLE. Legible, inteligible.

LEÍDO. Instruido, oculto, ilustrado, erudito, versado.

LEJANÍA. Lontananza.

LEJANO. Distante, apartado, remoto, lejos, retirado.
• *cercano, contiguo, inmediato, próximo*

LELO. Fatuo, simple, tonto, bobo, embobado, pasmado, atontado, ido.

LEMA. Título, mote, divisa, emblema. — Tema.

LENGUA. Idioma, lenguaje, habla.

LENGUAJE. Lengua, idioma, habla. — Estilo.

LENGUARAZ. Deslenguado, malhablado, insolente, desvergonzado. — Intérprete, trujamán.

LENIFICAR. Suavizar, ablandar.

LENITIVO. Emoliente, calmante. — Alivio, consuelo.

LENTAMENTE. Pausadamente, paulatinamente, despacio, dulcemente, suavemente.

LENTES. Anteojos, espejuelos.

LENTITUD. Calma, pausa, tardanza, espacio, flema.
• *desasosiego, ligereza*

LENTO. Tardo, pausado, calmoso, espacioso, flemático, lerdo.

LEÑA. Castigo, paliza.

LERDO. Pesado, lento, calmoso, tardo. — Torpe, obtuso, cernícalo, rudo, zafio, rústico.

LESIÓN. Herida, contusión, enfermedad. — Perjuicio, daño, menoscabo, detrimento.

LESIONAR. Herir, dañar, golpear. — Perjudicar, menoscabar, lastimar.

LETAL. Mortífero, mortal.

LETANÍA. Retahíla, sarta, serie, cadena, lista, rosario.

LETARGO. Modorra, sopor, torpeza, insensibilidad.
• *ánimo, viveza*

LETRA. Astucia, sagacidad. — Orden, provisión, rescripto. — Tipo, caligrafía.

LETRADO. Docto, versado, instruido. — Abogado.

LETRERO. Rótulo, cartel, título, inscripción.

LETRINA. Retrete, reservado, excusado.

LEVA. Recluta, enganche, reclutamiento.

LEVADURA. Fermento.

LEVANTADO. Elevado, sublime, noble, generoso, magnánimo.

LEVANTAMIENTO. Alzamiento, rebelión, sedición, pronunciamiento, motín.

LEVANTAR. Alzar, elevar, erigir, establecer, instituir. — Subir, aumentar. — Construir, edificar, fabricar, obrar. — Producir. — Quitar, recoger. — Sublevar, amotinar, rebelar. — Abandonar, ausentarse. — Alistar, reclutar, enganchar. — Suprimir. — Engrandecer, ensalzar, exaltar. — Imputar, atribuir. — Vigorizar, esforzar. — Ocasionar, formar, mover.
• *caer, desplomarse*

LEVANTARSE. Sobresalir, alzarse, elevarse.

LEVANTE. Este, oriente, naciente. — Reprimenda, reprensión, café.

LEVANTISCO. Turbulento, revoltoso, alborotador, indócil, indisciplinado, inquieto.

LEVE. Liviano, ligero. — Venal.

LÉXICO. Vocabulario, lenguaje.

LEY. Ordenanza, estatuto, decreto, rescripto. — Religión, fidelidad, lealtad, amor.

LEYENDA. Traducción, historia, mito, fábula, cuento. — Lema, divisa, mote.

LIAR. Atar, sujetar, asegurar, ligar, amarrar.

— Enredar, envolver, engañar. — Empaquetar.
• *desatar*

LIBAR. Probar, gustar, catar, beber.

LIBELO. Panfleto.

LIBERACIÓN. Quitanza, recibo.

LIBERAL. Desprendido, dadivoso, generoso, desinteresado, pródigo, largo.

LIBERALIDAD. Generosidad, desprendimiento, largueza, desinterés.

LIBERAR. Libertar, emancipar.

LIBERTAD. Emancipación, independencia. — Rescate, liberación. — Facilidad, soltura. — Familiaridad, atrevimiento, osadía. — Desembarazo, franqueza, despejo.
• *cautividad, esclavitud, servidumbre*

LIBERTAR. Soltar, sacar, rescatar, redimir. — Librar, salvar, liberar. — Eximir, relevar, dispensar. — Emancipar, manumitir.

LIBERTARIO. Anarquista, ácrata.

LIBERTINAJE. Desenfreno, licencia.
• *honestidad, moralidad, religión*

LIBERTINO. Licencioso, disoluto, desenfrenado, vicioso, libre, crápula.

LIBIDINOSO. Lascivo, lujurioso, obsceno, lúbrico, sensual, liviano, deshonesto, mocero.

LIBRAR. Girar, expedir. — Preservar, salvar. — Dar.

LIBRARSE. Zafarse, libertarse.

LIBRE. Dispensado, exento. — Emancipado, independiente. — Suelto, desembarazado, expedito, franco. — Atrevido, descarado. — Licencioso, disoluto, libertino, desenfrenado. — Soltero. — Disponible.

LIBRERÍA. Biblioteca.

LIBRETA. Cuaderno, cartilla.

LIBRO. Volumen, tomo.

LICENCIA. Autorización, facultad, permiso, venia. — Osadía, atrevimiento, libertad, libertinaje, desenfreno, desorden, abuso.
• *continencia, desautorización, honorabilidad, prohibición*

LICENCIAR. Despedir.
• *prohibir, suspender*

LICENCIARSE. Recibirse.

LICENCIOSO. Desenfrenado, disoluto, libre. — Atrevido, descarado.

LICEO. Instituto.

LICITACIÓN. Subasta, almoneda, remate.

LICITADOR. Postor, licitante.

LÍCITO. Justo, permitido, legítimo, legal, autorizado.

LICUAR. Liquidar, fundir, derretir.
• *solidificar*

LID. Combate, pelea, riña, contienda.

LIDIAR. Pelear, combatir, luchar, batallar. — Torear.
• *pacificar*

LIENZO. Cuadro, pintura.

LIERO. Lioso, embrollón, intrigante, camorrero, camorrista.

LIGA. Mezcla, aleación, unión, compuesto. — Alianza, coalición, confederación, federación, coligación.

LIGADURA. Atadura, ligamen, lazo. — Traba, sujeción.
• *desatadura, desunión*

LIGAR. Atar, amarrar, sujetar, liar. — Alear. — Unir, reunir, enlazar. — Obligar. — Tocar, corresponder, acertar.
• *desatar, desunir*

LIGARSE. Unirse, confederarse, coligarse.

LIGAZÓN. Trabazón, enlace, conexión, unión.

LIGERAMENTE. Superficialmente, someramente, levemente, de refilón, de paso.

LIGEREZA. Rapidez, celeridad, presteza, prontitud, velocidad. — Agilidad, viveza. — Inconstancia, instabilidad, volubilidad, irreflexión, imprudencia. — Levedad.
• *lentitud, pesadez*

LIGERO. Leve, liviano. — Ágil, vivo, rápido, presto, veloz, pronto, presuroso. — Superficial, somero. — Irreflexivo, imprudente, atolondrado, voluble, inconstante, instable.

LILIPUTIENSE. Diminuto, enano.

LIMAR. Pulir, perfeccionar, embellecer. — Disminuir, debilitar, cercenar.

LIMITADO. Reducido, escaso, corto, pequeño, chico.

LIMITAR. Lindar, confinar. — Restringir, reducir, coartar, ceñir, acortar.
 • *libertar, permitir*

LÍMITE. Linde, confín, lindero, frontera, raya. — Término, fin. — Máximo, máximum, colmo, saturación.

LIMÍTROFE. Contiguo, colindante, lindante, confinante, rayano, aledaño, vecino.

LIMO. Lodo, barro, cieno, fango, légamo.

LIMOSNA. Socorro, ayuda, caridad, dádiva.

LIMOSNEAR. Mendigar, pordiosear.

LIMPIAR. Lavar, depurar, purificar, purgar. — Echar, ahuyentar, desembarazar. — Robar, hurtar, quitar. — Ganar.
 • *desasear, empañar, ensuciar, manchar*

LÍMPIDO. Claro, transparente, terso, cristalino, puro.

LIMPIEZA. Pulcritud, aseo. — Pureza, castidad. — Honradez, integridad, rectitud. — Precisión, destreza, perfección.

LIMPIO. Depurado, puro. — Exento, libre. — Pulcro, aseado. — Despejado, desembarazado. — Impoluto.

LINAJE. Raza, casta, estirpe, abolengo, prosapia, ascendencia, descendencia, familia. — Condición, especie, clase, calidad, género, laya.

LINAJUDO. Encopetado.

LINCE. Perspicaz, sagaz.

LINDAMENTE. Primorosamente, perfectamente.

LINDANTE. Limítrofe, contiguo, colindante, rayano, confinante, lindero, adosado.

LINDAR. Confinar, limitar, rayar.

LINDE. Lindero, término, límite, orilla, borde.

LINDERO. Lindante, confinante, colindante, limítrofe, rayano. — Linde, confín, límite, término.

LINDEZAS. Insultos, improperios, denuestos.

LINDO. Bello, bonito, agraciado. — Perfecto, exquisito, primoroso.

LÍNEA. Renglón, raya. — Vía, camino, ruta. — Ecuador. — Género, clase, especie. — Ascendencia, descendencia. — Límite, término.

LINEAMIENTO. Lineamento, contorno, perfil, esbozo, bosquejo, rasgo.

LINFA. Agua.

LÍO. Embrollo, enredo, compromiso, confusión. — Berenjenal, belén, trifulca. — Maraña, trapisonda, intriga.
 • *claridad, orden*

LIOSO. Liero, enredador, intrigante, trapisondista.

LIQUIDAR. Licuar, fundir, derretir. — Saldar. — Clausurar.
 • *empezar, solidificar*

LÍQUIDO. Bebida. — Saldo, residuo. — Libre, exento.

LIRA. Estro, numen, inspiración.

LIRISMO. Entusiasmo, calor, vehemencia.

LISIADO. Tullido, baldado, impedido, estropeado, inválido.

LISIAR. Mancar, baldar.

LISO. Igual, llano, plano.
 • *arrugado, chafado, rayado, rugoso*

LISONJA. Adulación, halago, carantoña, alabanza.

LISONJEAR. Adular, envanecer, halagar, alabar. — Deleitar, agradar, regalar, satisfacer.
 • *desagradar, denostar*

LISONJERO. Halagador, adulador, deleitable, agradable, grato, satisfactorio.

LISTA. Tira, faja, raya. — Catálogo, inventario, registro, repertorio, enumeración, nómina, elenco, rol, relación, listín.

LISTADO. Rayado, cebrado.

LISTO. Diligente, pronto, expedito, activo, vivo, ligero. — Dispuesto, preparado. — Hábil, mañoso. — Inteligente, sagaz, avisado, astuto.
 • *atentado, bobalicón, bobo, tonto*

LISTÓN. Filete, moldura, listel.

LISURA. Sinceridad, ingenuidad, sencillez, franqueza, llaneza.
 • *aspereza, desagrado, desigualdad*

LITAR. Inmolar, sacrificar.

LITERAL. Textual.

LITERATO. Escritor, autor, publicista, prosista, dramaturgo, poeta.

LITIGAR. Pleitear, debatir, discutir. — Contender, altercar.

LITIGIO. Pleito, juicio. — Disputa, altercado, contienda.

•*paz*

LITORAL. Costa.

LIVIANDAD. Lascivia, incontinencia, impudicia, desenfreno, deshonestidad, ligereza.

LIVIANO. Leve, ligero. — Inconstante, voluble, inconsistente. — Lascivo, libidinoso, impúdico, deshonesto, incontinente.

•*grave, pesado, plúmbeo*

LÍVIDO. Amoratado, cárdeno.

LIZA. Lid, combate, pelea. — Palestra, palenque, arena, estadio, pista, cancha.

LLAGA. Úlcera.

LLAGAR. Ulcerar, lastimar.

LLAMA. Ardor, pasión.

LLAMADA. Llamamiento. — Nota, aclaración.

LLAMADOR. Aldabón, aldaba. — Avisador.

LLAMAR. Citar, convocar. — Invocar, pedir, suplicar. — Nombrar, apellidar, denominar, designar, titular, intitular. — Atraer, convidar, incitar. — Golpear, tocar.

•*callar*

LLAMARADA. Bochorno, sofocación, rubor.

LLAMEAR. Acalorarse, irritarse.

LLANADA. Llano, llanura, planicie.

LLANEZA. Familiaridad, confianza, franqueza. — Sencillez, modestia.

•*inmodestia, presunción, soberbia*

LLANO. Llanura, llanada. — Evidente, claro. — Liso, igual, plano. — Fácil, corriente. — Sencillo, afable, accesible, tratable, franco.

LLANTO. Lloro.

LLANURA. Llano, llanada, planicie.

•*montaña, pendiente, repecho*

LLEGADA. Arribo, venida.

LLEGAR. Arribar, venir. — Suceder, acontecer, verificarse. — Conseguir, alcanzar, tocar. — Importar, ascender,

subir. — Arrimar, acercar, allegar, juntar.

•*ir, marchar, partir*

LLEGARSE. Acercarse, arrimarse. — Unirse, adherirse.

LLENAR. Colmar, henchir. — Satisfacer. — Cargar, cubrir. — Cumplir. — Preñar, fecundar.

LLENARSE. Hartarse, atiborrarse. — Atufarse, irritarse, hincharse.

LLENO. Repleto, colmado, pletórico, pleno, henchido, saturado, impregnado. — Plenilunio.

•*desocupado, hueco, vacío, vano*

LLENO (DE). Enteramente, totalmente.

LLEVADERO. Soportable, llevable, tolerable, aguantable, sufrible.

LLEVAR. Transportar, acarrear, trasladar. — Dirigir, conducir, guiar, manejar. — Exceder, aventajar. — Producir. — Usar, gastar. — Cortar, arrancar. — Cobrar, exigir, percibir. — Inducir, persuadir. — Tolerar. — Lograr, conseguir, alcanzar.

•*aportar, presentar, traer*

LLEVARSE. Arramblar. — Congeniar.

LLORAR. Lamentarse, deplorar, sentir. — Lagrimar, lacrimar. — Gotear.

•*carcajear, reír, sonreír*

LLORIQUEAR. Gimotear, hipar. — Pordiosear, mendigar, suplicar, rogar.

LLORO. Llanto.

LLOVIZNAR. Garuar, chispear.

LOA. Alabanza, encomio.

LOABLE. Laudable, plausible, alabable, meritorio.

LOAR. Alabar, celebrar, ensalzar, encomiar, encarecer, aplaudir.

•*denostar*

LOBEZNO. Lobato.

LÓBREGO. Tenebroso, sombrío, obscuro. — Triste, melancólico, desgraciado.

LOCACIÓN. Arrendamiento, alquiler.

LOCALIDAD. Pueblo, población, lugar, comarca, región, punto, paraje.

LOCALIZAR. Situar, determinar, precisar. — Limitar.

LOCO. Alienado, demente, lunático, cesánico, orate. — Atolondrado, aturdido,

imprudente, inconsciente, insensato. — Extraordinario, desmesurado. — Deschavetado, chiflado, desquiciado.
• *cuerdo, juicioso, lúcido*

LOCUACIDAD. Charlatanería.

LOCUAZ. Hablador, charlatán, parlanchín.
• *gravedad, parsimonia, silencio*

LOCUCIÓN. Expresión, giro, frase.

LOCURA. Vesania, demencia, insania, enajenación. — Aberración, extravagancia, disparate, dislate.
• *cordura, razón, tranquilidad*

LODO. Barro, fango, cieno, légamo, limo.

LÓGICA. Razonamiento, método.

LÓGICO. Natural, racional, justo, regular, normal.

LOGOGRIFO. Galimatías, rompecabezas, enredo, embrollo. — Jeroglífico, adivinanza, acertijo.

LOGRAR. Alcanzar, obtener, conseguir, sacar.
• *perder*

LOGRERO. Usurero. — Acaparador.

LOGRO. Lucro, ganancia, beneficio, utilidad. — Usura.

LOMO. Solomillo.

LOMOS. Costillas.

LONGANIMIDAD. Magnanimidad, generosidad, desprendimiento.

LONGEVO. Anciano.

LONGITUD. Largo, largura, largor.

LONJA. Loncha. — Veta. — Bolsa.

LONTANANZA. Lejanía.

LOOR. Alabanza, elogio.

LORO. Papagayo, cotorra. — Charlatán, hablador, parlanchín, gárrulo. — Pajarraco.

LOSA. Plancha, laja, lámina. — Sepulcro. — Trampa, armadijo.

LOTE. Partida, porción, fracción.

LOZANO. Verde, frondoso. — Robusto, vigoroso, gallardo, airoso, sano. — Juvenil, fresco.

LUBRICAR. Engrasar, aceitar, suavizar.

LUBRICIDAD. Lascivia, impudicia, obscenidad, salacidad.

LUCERNA. Lumbrera, lucera.

LUCES. Cultura, ilustración.

LUCHA. Combate, pelea, contienda, batalla, lid, pugna, pugilato, rivalidad.

LUCHAR. Pelear, combatir, contender, lidiar. — Disputar, bregar, altercar.
• *pacificar*

LÚCIDO. Brillante, espléndido, admirable, sobresaliente.

LUCIFER. Satanás, Satán.

LUCIR. Resplandecer, brillar. — Sobresalir, destacar, descollar, aventajar. — Enlucir. — Iluminar, alumbrar. — Alardear, ostentar.
• *apagar, humillar*

LUCRARSE. Aprovecharse, beneficiarse.

LUCRATIVO. Productivo, fructífero, beneficioso, provechoso, útil, fructuoso.

LUCRO. Ganancia, utilidad, provecho, beneficio, remuneración, producto.
• *desinterés, generosidad, pérdida*

LUCTUOSO. Triste, lastimoso, funesto.

LUDIBRIO. Escarnio, befa, mofa, desprecio.

LUEGO. Pronto, prontamente, inmediatamente, incontinenti. — Después.

LUGAR. Pueblo, ciudad, villa, aldea. — Espacio. — Sitio, puesto, punto, paraje. — Pasaje, texto. — Motivo, causa. — Ocasión, oportunidad.

LÚGUBRE. Triste, funesto, melancólico, tétrico.
• *alegre, claro*

LUJO. Opulencia, suntuosidad, fausto, boato, esplendidez, fasto, magnificencia, rumbo, profusión, abundancia, riqueza, ostentación.
• *modestia, pobreza, sencillez*

LUJOSO. Faustoso, magnífico, opulento, suntuoso, fastuoso, espléndido, rico, ostentoso.

LUJURIA. Lascivia, lubricidad, liviandad, salacidad, deshonestidad, impudicia, torpeza.
• *abstinencia, castidad, honestidad, pobreza*

LUJURIOSO. Lúbrico, lascivo, liviano, libidinoso, impúdico.

LUMBRE. Fuego. — Luz. — Esplendor, lucimiento, brillo, claridad.

LUMBRERA. Lucerna, lucera, claraboya. — Talento. — Esclarecido.

LUMINOSO. Resplandeciendo, refulgente, brillante. — Excelente, conveniente, oportuno.

LUNA. Espejo.

LUNAR. Antojo, pinta. — Mancha, deshonra. — Falla, defecto, imperfección, maca.

LUSTRE. Brillo, realce. — Fama, esplendor, gloria, renombre.

LUSTRO. Quinquenio.

LUSTROSO. Brillante, reluciente.

LUXACIÓN. Dislocación.

LUZ. Inteligencia. — Día. — Dinero, plata. — Candelero, lámpara, vela. — Ventana, tronera.

LUZBEL. Lucifer, Satanás, Satán.

M

MACA. Defecto, vicio, daño, engaño, fraude, simulación, disimulación, mácula. — Deterioro, falla, tacha, falta, lunar.

MACABRO. Fúnebre, mortuorio.

MACACO. Necio, tonto, estúpido. — Feo, deforme. — Simio.

MACANA. Maza, porra, garrote. — Disparate, tontería, mentira, bola. — Chanchada, trastada.

MACANUDO. Excelente, magnífico, grande, abundante, superior.

MACARSE. Estropearse, pudrirse, pasarse.

MACEAR. Machacar, fastidiar, importunar, porfiar, insistir.

MACELO. Matadero.

MACHACAR. Quebrantar, triturar, majar, moler, machar, machurar. — Insistir, porfiar, instar.

MACHACÓN. Insistente, pesado, porfiado, majadero, importuno.

MACHADA. Necedad, majadería, sandez.

MACHAR. Machacar.

MACHETE. Charrasca.

MACHIMBRAR. Ensamblar.

MACHO. Varón, hombre. — Mulo. — Mazo. — Yunque. — Valiente, bragado. — Fuerte, robusto, vigoroso, varonil.
• *hembra, mulo*

MACHUCAR. Herir, golpear, magullar. — Machacar, machar.

MACHUCHO. Maduro, pachucho, decrépito. — Sensato, juicioso, sosegado, reflexivo, sesudo, prudente.
• *imprudente, irreflexivo, joven*

MACILENTO. Mustio, triste, descolorido, pálido, flaco, débil.
• *fuerte, gordo, vivo*

MACIZO. Compacto, sólido, fuerte, grueso, relleno, firme. — Cantero, cuadro.
• *cóncavo, hueco, minado, vacío*

MÁCULA. Mancha, mancilla, desdoro, deshonra, maca. — Engaño, embuste, trampa, mentira. — Tacha, falta, nota, defecto.
• *perfección, verdad*

MADERAMEN. Maderaje.

MADERO. Leño.

MADRE. Origen, causa, raíz. — Cauce, lecho, álveo. — Mamá.

MADRIGUERA. Guarida, cueva, cubil.

MADRUGADA. Alba, aurora, amanecer, alborada.

MADRUGADOR. Mañanero.

MADRUGAR. Mañanear. — Anticiparse, adelantarse.
• *trasnochar*

MADURAR. Meditar, considerar, reflexionar, pesar.

MADUREZ. Sazón. — Juicio, cordura, entendimiento.

MADURO. Machucho, pachucho. — Sensato, juicioso, sesudo, prudente, sosegado, reflexivo.
• *inculto, inferioridad*

MAESTRO. Profesor, preceptor, instructor, monitor, mentor. — Práctico, adiestrado, hábil, ducho, avezado, perito. — Magistral, excelso.

MAGIA. Encantamiento, hechicería. — Encanto, hechizo, seducción, atractivo, fascinación.

MÁGICO. Asombroso, maravilloso, encantador, fascinador, seductor. — Brujo, hechicero.

MAGÍN. Imaginación, entendimiento, mente. — Cabeza, caletre, mollera, cacumen, chirumen.

MAGISTERIO. Profesorado.

MAGISTRAL. Magnífico, admirable, excelente, notable.

MAGNANIMIDAD. Grandeza, nobleza, generosidad, longanimidad.
　• *bajeza, envidia, tacañería*

MAGNATE. Prócer, grande, poderoso, ilustre.

MAGNETIZAR. Imantar, imanar. — Hipnotizar.

MAGNIFICAR. Engrandecer, ensalzar, enaltecer, alabar, ponderar, exaltar. — Exagerar, abultar.

MAGNIFICENCIA. Suntuosidad, esplendor, ostentación, grandeza, pompa. — Generosidad, liberalidad, esplendidez.

MAGNÍFICO. Espléndido, soberbio, regio, ostentoso, suntuoso, valioso. — Admirable, excelente, magistral, majestuoso, notable, macanudo.

MAGNITUD. Tamaño, cantidad, dimensión, extensión. — Grandeza, excelencia, importancia.

MAGNO. Grande, extraordinario, excelso.

MAGO. Brujo, encantador, hechicero, mágico.

MAGRO. Flaco, enjuto, delgado, descarnado, amojonado, seco.
　• *gordo, grasiento*

MAGUER. Aunque.

MAGUEY. Pita.

MAGULLAMIENTO. Contusión, magulladura, magullón.

MAGULLAR. Contundir, golpear.

MAHOMETANO. Musulmán, islamita, moro.

MAJADA. Manada, rebaño, hato. — Aprisco, redil.

MAJADERÍA. Tontería, estupidez, necedad, idiotez.

MAJADERO. Necio, mentecato, porfiado, pesado, fastidioso, molesto.
　• *discreto, ingenioso, prudente*

MAJAR. Machacar. — Molestar, fastidiar, cansar, importunar.

MAJESTAD. Grandeza, magnificencia, sublimidad, excelsitud, grandiosidad.

MAJESTUOSO. Imponente, solemne, augusto, grandioso.

MAJO. Ataviado, adornado, compuesto. — Guapo.

MAJUELO. Espino.

MAL. Enfermedad, dolencia, padecimiento. — Daño, desgracia, calamidad. — Malamente, incorrectamente, desacertadamente, imperfectamente, difícilmente, insuficientemente.
　• *beneficio, bien, provecho, riqueza*

MALABARISTA. Equilibrista, volatinero.

MALACOSTUMBRADO. Malcriado, mimado, regalón.

MALAMENTE. Mal.

MALANDANZA. Infortunio, desdicha, desgracia, desventura, malaventura.
　• *fortuna, ventura*

MALANDRÍN. Ruin, perverso, pillo, bellaco.

MALAVENTURA. Desventura, desgracia, infortunio, infelicidad, malaventuranza.
　• *buenaventura, dicha, fortuna, paz*

MALAVENTURADO. Infeliz, desgraciado, desventurado, infortunado.

MALBARATAR. Malgastar, derrochar, despilfarrar, dilapidar, malrotar, disipar. — Malvender.
　• *administrar, ahorrar*

MALCONTENTO. Descontento, disgustado, quejoso. — Receloso. — Revoltoso, perturbador.

MALCRIADO. Grosero, descortés, desatento, descomedido, incivil. — Consentido, mimado.

MALDAD. Perversidad, malicia, malignidad, perfidia.
　• *bondad, perfección*

MALDECIR. Denigrar, detractar, abominar.
　• *bendecir, ensalzar, proteger*

MALDICIENTE. Murmurador. — Detractor.

MALDICIÓN. Imprecación, anatema, excomunión.

MALDITO. Perverso, malvado, endemoniado. — Réprobo, condenado.

MALEABLE. Dúctil, blando, elástico, acomodaticio, acomodadizo.

MALEANTE. Delincuente, vago, malévolo, perverso. — Burlón, maligno.

MALEAR. Dañar, estropear. — Viciar, pervertir, corromper, malignar, maliciar.
* *arrepentir, perfeccionar, sanear*

MALEDICENCIA. Murmuración.

MALÉFICO. Pernicioso, nocivo, perjudicial.

MALESTAR. Desazón, molestia, desasosiego. — Inquietud, ansiedad.
* *bienestar, contento, salud*

MALETA. Valija.

MALEVO. Malvado, delincuente. — Compadrón, chulo.

MALEVOLENCIA. Malquerencia, aversión, ojeriza, tirria, inquina.

MALÉVOLO. Perverso, malo, malvado.

MALEZA. Maraña.

MALGASTAR. Malbaratar, despilfarrar, derrochar, malrotar, dilapidar, disipar, prodigar, tirar.
* *administrar, ahorrar*

MALHABLADO. Lenguaraz, desvergonzado, deslenguado, descarado.

MALHADADO. Infeliz, desventurado, desgraciado, infortunado, desdichado, malandante.
* *feliz*

MALHECHO. Contrahecho.

MALHECHOR. Criminal, delincuente, perverso.

MALHUMORADO. Disgustado, molesto, desazonado.

MALICIA. Maldad, malignidad, perversidad. — Recelo, sospecha. — Agudeza, ingenio, perspicacia, sutileza, penetración.
* *ingenuidad, sinceridad*

MALICIAR. Recelar, sospechar, presumir, conjeturar. — Malear, pervertir.

MALICIOSO. Suspicaz. — Astuto, zorro, bellaco, taimado.

MALIGNAR. Viciar, inficionar. — Pervertir, corromper.

MALIGNO. Malvado, perverso.
* *bondadoso, ingenuo*

MALINTENCIONADO. Atravesado, avieso.

MALLO. Mazo.

MALMANDADO. Desobediente, indócil, indómito, rebelde.

MALMIRADO. Malquisto, desconceptuado, desacreditado. — Descortés, grosero, inconsiderado.
* *acreditado, cortés, honorable*

MALO. Enfermo. — Dañino, dañoso, nocivo, perjudicial, pernicioso. — Perverso, ruin, bellaco. — Difícil, dificultoso, trabajoso, penoso. — Molesto, fastidioso, desagradable. — Estropeado, deteriorado, deslucido, precario, pésimo. — Travieso, inquieto, enredador. — Grave.
* *bondadoso, bueno, santo, virtuoso*

MALOGRAR. Perder, desperdiciar, desaprovechar.

MALOGRARSE. Frustrarse, fracasar. — Abortar.

MALOLIENTE. Pestilente, fétido, nauseabundo, apestoso.

MALÓN. Indiana, irrupción, algarada, algara.

MALPARADO. Maltratado, maltrecho, accidentado.

MALPARIR. Abortar.

MALQUERENCIA. Malevolencia, antipatía, enemistad, odio, enemiga, tirria, aversión, inquina, ojeriza.
* *amistad, amor, simpatía*

MALQUISTAR. Indisponer, enemistar, desavenir.
* *amistar, avenir, pacificar*

MALQUISTO. Enemistado, malmirado, indispuesto, desconceptuado, desacreditado.

MALROTAR. Disipar, malgastar, quemar, malbaratar, despilfarrar, tirar.
* *administrar, ahorrar*

MALSANO. Insano, insalubre. — Enfermizo, achacoso, enclenque.

MALSONANTE. Disonante.

MALTRAER. Maltratar, injuriar. — Reprender, amonestar, retar.

MALTRATADO. Maltrecho, malparado, estropeado.

MALTRATAR. Lastimar, dañar, estropear,

chafar, percudir. — Insultar, injuriar, ofender.
• *acariciar, alabar, regalar*
MALTRECHO. Malparado, maltratado, estropeado.
MALVADO. Perverso, malo, ruin.
MALVENDER. Malbaratar, quemar.
MALVERSIÓN. Defraudación, robo, estafa.
MAMA. Teta, pecho.
MAMÁ. Madre.
MAMADERA. Biberón.
MAMAR. Chupar. — Tragar.
MAMARRACHO. Adefesio, bodrio, esperpento.
MAMARSE. Emborracharse, embriagarse, ajumarse.
MAMOTRETO. Libraco. — Armatoste, chisme.
MAMPARA. Biombo.
MAMPORRO. Puñetazo, piña, bollo, coscorrón.
MANADA. Rebaño, majada, hato.
MANANTIAL. Fuente. — Origen, principio, germen, semillero.
MANAR. Brotar, fluir, salir, surgir, aflorar. — Provenir, proceder.
• *entrar, morir*
MANCAR. Baldar, lisiar, estropear.
MANCARRÓN. Matalón, jamelgo, sotreta, caballo.
MANCEBA. Concubina, querida, barragana, coima.
MANCEBÍA. Burdel.
MANCEBO. Joven, mozo, muchacho, zagal. — Soltero.
MANCHA. Mácula, mancilla, tacha, estigma, lunar. — Boceto, borrón.
MANCHAR. Ensuciar, emporcar. — Deshonrar, mancillar, infamar, afrentar.
• *limpiar, purificar*
MANCILLA. Deshonra, infamia, afrenta, deshonor, desdoro, mancha.
• *honor, perfección, pureza*
MANCO. Defectuoso, falto.
MANCOMUNAR. Unir, asociar.
MANCUERDA. Angustia, congoja, mortificación.

MANDA. Legado, donación. — Oferta, promesa.
MANDADERO. Recadero, mensajero, propio.
MANDADO. Encargo, comisión, orden. — Mandato, precepto, mandamiento.
MANDAMIENTO. Orden, precepto, ley.
MANDAR. Enviar, remitir. — Ordenar, preceptuar, decretar, establecer, prescribir, estatuir, disponer. — Gobernar, dirigir, regir. — Legar, donar.
• *acatar, asistir, cumplir, obedecer, servir*
MANDATARIO. Gobernante, magistrado. — Apoderado.
MANDATO. Orden, disposición, precepto, ordenanza, prescripción. — Encargo.
MANDÍBULA. Quijada.
MANDIL. Delantal.
MANDINGA. Diablo, Lucifer, Satanás, Satán, pateta. — Encantamiento, brujería, magia.
MANDIOCA. Yuca.
MANDO. Autoridad, poder, dominio, potestad.
MANDRIA. Pusilánime, apocado. — Mentecato, necio, inútil, simple, tonto. — Holgazán, haragán.
• *agudo, atrevido, listo*
MANDUCAR. Comer.
MANEA. Maniota, traba, suelta.
MANEJABLE. Manual, manuable. — Dúctil, maleable.
MANEJAR. Administrar, dirigir, gobernar. — Manipular, usar.
MANEJO. Dirección, gobierno, administración. — Empleo, uso. — Arteria, intriga, ardid.
MANERA. Modo, forma, procedimiento, sistema. — Carácter.
MANERAS. Modales, ademanes, conducta, acciones.
MANETO. Manco. — Patizambo, estevado.
MANGA. Manguera. — Colador. — Turba, multitud, nube.
MANGO. Puño, asidero, cabo, astil.
MANÍ. Cacahuete.

MANÍA. Capricho, chifladura, extravagancia, rareza, antojo, ridiculez. — Ojeriza, tirria, antipatía, malquerencia, inquina.
 • *razón, reflexión, simpatía*

MANIÁTICO. Chiflado, antojadizo, caprichoso, raro.

MANICORTO. Tacaño, cicatero, miserable, roñoso.

MANIDO. Vulgar, trivial. — Manoseado, sobado, zarandeado.
 • *nuevo*

MANIFESTACIÓN. Declaración. — Demostración, señalamiento.

MANIFESTAR. Exponer, declarar, afirmar, decir, demostrar. — Presentar, exhibir, mostrar, revelar.
 • *callar, esconder*

MANIFIESTAMENTE. Palpablemente, palmariamente, evidentemente, claramente.

MANIFIESTO. Claro, evidente, palpable, patente, notorio, visible, descubierto, ostensible. — Alocución, proclama, documento.
 • *encubierto, escondido, guardado, oculto, velado*

MANIGUA. Selva.

MANIJA. Mango, puño, manubrio. — Picaporte.

MANILLA. Esposas. — Pulsera.

MANIOBRA. Evolución, movimiento, operación, manipulación. — Artificio, manejo.

MANIOBRAR. Manipular, dirigir, gobernar.

MANIPULAR. Manejar, usar, operar, manufacturar.

MANIRROTO. Pródigo, derrochador, despilfarrador, disipador.

MANJAR. Alimento, comestible.

MANO. Capa, baño. — Partida. — Dirección.

MANOJO. Puñado.

MANOSEAR. Sobar, zarandear. — Ajar.

MANOTEAR. Bracear.

MANOTÓN. Manotada, manotazo.

MANSAMENTE. Lentamente, apaciblemente, tranquilamente, dulcemente, suavemente.

MANSEDUMBRE. Apacibilidad, humildad, dulzura, sumisión, suavidad, benignidad, tranquilidad.
 • *ira*

MANSIÓN. Morada, residencia, albergue.

MANSO. Benigno, suave, tranquilo. — Apacible, sosegado, suave, dulce, dócil. — Domesticado.

MANTA. Frazada, frezada, cobertor, cobija.

MANTECA. Mantequilla. — Gordura, grasa.

MANTELETA. Esclavina, chal.

MANTENER. Alimentar, sostener, sustentar, nutrir. — Apoyar, afirmar, defender. — Conservar, guardar, preservar.
 • *ayunar, destruirse, rendirse*

MANTENERSE. Alimentarse, sustentarse. — Perseverar, persistir.

MANTENIMIENTO. Manutención, alimento, sustento.

MANTEQUILLA. Manteca.

MANTILLO. Humus.

MANTO. Capa, túnica.

MANTÓN. Pañolón.

MANUABLE. Manual, manejable.

MANUAL. Manuable. — Compendio, epítome, prontuario.

MANUFACTURA. Fábrica.

MANUFACTURAR. Fabricar, elaborar, confeccionar.

MANUTENCIÓN. Alimento, sustento, sostenimiento, mantenimiento.— Administración, conservación.
 • *ayuno, desamparo*

MAÑA. Habilidad, destreza, maestría, dustria, solercia, cancha. — Sagacidad, astucia, artificio. — Costumbre, hábito.
 • *ingenuidad, inhabilidad*

MAÑANERO. Madrugador.

MAÑERO. Sagaz, astuto, ladino, hábil. — Caprichoso.

MAÑOSO. Hábil, industrioso, diestro.

MAPA. Carta.

MAQUE. Laca.

MAQUIAVÉLICO. Astuto, avieso.

MAQUINACIÓN. Intriga, asechanza, complot, trama.

MAQUINAL. Espontáneo, involuntario, impensado, instintivo, indeliberado, irreflexivo.
• *desacostumbrado, reflexivo, voluntario*
MAQUINAR. Tramar, urdir, fraguar.
MAR. Piélago, océano, charco. — Multitud, enjambre, nube.
MARAÑA. Maleza, matorral. — Embrollo, enredo, lío. — Embuste, mentira, arana.
MARASMO. Suspensión, paralización, inmovilidad.
MARAVILLA. Prodigio, paralización, inmovilidad.
MARAVILLAR. Admirar, asombrar, sorprender, pasmar.
MARAVILLOSO. Portentoso, prodigioso, estupendo, milagroso, asombroso, admirable, excelente, pasmoso, extraordinario, sorprendente, fantástico, sobrenatural.
MARCA. Huella, señal, distintivo. — Cicatriz. — Estigma.
MARCAR. Señalar. — Aplicar, destinar, distinguir.
MARCHA. Procedimiento, método, sistema. — Velocidad. — Curso, camino.
• *llegada, permanencia, suspensión*
MARCHANTE. Cliente, parroquiano, comprador.
MARCHAR. Caminar, andar, viajar. — Funcionar, jugar.
• *aguardar, esperar*
MARCHARSE. Largarse, irse, ausentarse.
MARCHITAR. Ajar, secar, agostar, deslucir.
• *florecer, fortalecer, rejuvenecer*
MARCHITO. Ajado, seco, agostado, reseco, deslucido.
MARCIAL. Guerrero, militar.
• *civil, cobarde, tímido*
MARCO. Cerco, cuadro.
MAREAR. Molestar, fastidiar, enfadar, aburrir.
MAREARSE. Indisponerse, desazonarse. — Engreírse, envanecerse, infatuarse, ufanarse, hincharse, inflarse, crecerse. — Emborracharse, ajumarse.

MAREJADA. Oleaje. — Agitación, exaltación, excitación. — Oleada.
MAREMÁGNUM. Abundancia, grandeza, confusión. — Muchedumbre, multitud.
MARGEN. Ribera, orilla, borde, lindero. — Motivo, ocasión, pretexto, excusa.
MARICÓN. Marica. — Sodomita.
MARIDAJE. Unión, consorcio, armonía. — Analogía, conformidad.
MARIDAR. Unir, enlazar.
MARIDAZO. Gurrumino.
MARIDO. Esposo, cónyuge.
MARIMORENA. Riña, reyerta, pendencia, pelea, contienda, tiberio, pelotera, bochinche, batifondo, cisco, camorra, jaleo, zafarrancho, caramillo, batuque, batahola, chamusquina, bronca, trifulca.
MARINA. Litoral, costa. — Náutica.
MARIONETA. Polichinela, pulchinela, títere.
MARITAL. Conyugal.
MARRAJO. Astuto, cauto, taimado, traicionero. — Tiburón.
MARRANO. Sucio, puerco, cochino. — Cerdo, chancho.
MARRAR. Equivocarse, errar, fallar, faltar.
MARRAS. Antaño, de otro tiempo.
MARRAS (DE). Consabido.
MARTILLAR. Golpear, batir, pegar. — Atormentar.
MARTILLERO. Rematador.
MARTINGALA. Artimaña, astucia, maña, ardid, treta, socaliña, artificio, triquiñuela.
MARTIRIO. Tortura, tormento, sufrimiento, suplicio.
MARTIRIZAR. Atormentar, torturar, afligir.
MASA. Volumen, conjunto, reunión, totalidad. — Pasta. — Pastel.
MASCAR. Masticar. — Mascullar, murmurar.
MÁSCARA. Disfraz, careta, antifaz. — Velo, excusa, pretexto.
MASCOTA. Amuleto, talismán.
MASCULINO. Varonil, viril.

MASCULLAR. Murmurar, rezongar, gruñir, refunfuñar. — Basbullar, barbotar, farfullar, bisbisar, musitar.

MASÓN. Francmasón.

MÁSTIL. Palo, asta.

MASTRERO. Astuto, diestro, experimentado. — Rebelde, indómito, fugitivo, cimarrón, malo.

MASTUERZO. Necio, majadero, estúpido, torpe, cernícalo, tonto.

MASTURBACIÓN. Onanismo.

MATA. Planta. — Mechón, guedeja.

MATACHÍN. Matasiete, bravucón, perdonavidas.

MATADERO. Macelo.

MATALÓN. Matungo, mancarrón, jamelgo, penco, matalote.

MATANZA. Carnicería, mortandad, destrozo, hecatombe, degollina.

MATAR. Aniquilar, extinguir, apagar, arruinar, incomodar. — Rebajar, atenuar. — Desazonar. — Despenar. — Asesinar. — Ajusticiar. — Sacrificar.

MATARIFE. Carnicero.

MATARSE. Suicidarse, eliminarse, acabarse. — Agotarse, consumirse, deslomarse.

MATASIETE. Fanfarrón, espadachín, valentón, farfantón, bravucón, perdonavidas, matachín.

MATE. Apagado, amortiguado. — Cabeza. — Cimarrón, amargo.

MATEMÁTICO. Exacto, preciso, justo. — Puntual.

MATERIA. Asunto, tema, ocasión, causa, motivo. — Pus, podre, humor. — Substancia, naturaleza.
  • *espíritu, irrealidad*

MATERIAL. Substancial, tangible, sensible, esencial. — Ingrediente, componente, substancia.

MATERIALIZAR. Corporizar, plasmar.

MATERNAL. Materno.

MATINAL. Mañanero, matutino.

MATIZ. Gradación, cambiante. — Variedad, aspecto.

MATÓN. Pendenciero, camorrista, pistolero.

MATORRAL. Maleza, maraña.

MATRIMONIO. Casamiento, enlace, unión, boda, connubio, consorcio.
  • *divorcio, soltería, viudez*

MATRIZ. Molde. — Útero. — Original, principal, generadora, materna, madre.

MATRONA. Partera, comadre, comadrona.

MATUFIA. Engaño, trampa.

MATUNGO. Mancarrón, matalón, jamelgo, penco.

MATUTE. Contrabando, alijo.

MATUTINO. Matinal, mañanero.

MAULA. Flojo, cobarde. — Engaño, artificio. — Tramposo. — Holgazán, perezoso.

MAULLAR. Mayar.

MAUSOLEO. Panteón.

MÁXIMA. Sentencia, apotegma, regla, precepto, axioma, principio, adagio, refrán.

MÁXIME. Principalmente.

MÁXIMUM. Máximo, límite.
  • *diminutivo, mínimo*

MAYAR. Maullar.

MAYESTÁTICO. Majestuoso, augusto, señorial.

MAYORAZGO. Primogenitura.

MAYORES. Ascendientes, antepasados, antecesores, abuelos, progenitores.

MAYORÍA. Generalidad, superioridad, máximum.
  • *los menos, minoría*

MAYORMENTE. Especialmente, principalmente.

MAZO. Mallo. — Molesto, pesado, fastidioso. — Manojo, puñado. — Barajas, naipes.

MAZORCA. Panocha, panoja, choclo.

MEADERO. Urinario, mingitorio.

MEANDRO. Recodo, vuelta, recoveco, sinuosidad.

MEAR. Orinar.

MECANISMO. Dispositivo, máquina.

MECANOGRAFÍA. Dactilografía.

MECANÓGRAFO. Dactilógrafo.

MECEDOR. Columpio.

MECEDORA. Hamaca.

MECENAS. Protector, favorecedor, patrocinador.

MECER. Acunar, cunear, menear, mover, columpiar.
  • *aquietar*
MECHA. Torcida, pabilo, pábilo.
MÉDANO. Duna.
MEDIADOR. Intermediario, medianero, intecesor, avenidor.
MEDIANAMENTE. Regularmente.
MEDIANERO. Intercesor, intermediario, avenidor, mediador.
MEDIANO. Mediocre, regular.
MEDIANTE. Por medio de, en atención, por razón.
MEDIAR. Intervenir, interceder, interponerse, sobrevenir, presentarse, regular.
  • *inhibirse*
MEDICACIÓN. Régimen, tratamiento. — Disposición.
MEDICAMENTO. Medicina, remedio, droga, poción, pócima, brebaje, específico, potingue, cura, linimento, jarabe, bálsamo.
MÉDICO. Galeno, doctor, facultativo.
MEDIDA. Regla, mesura, moderación, tasa, cordura, circunspección, prudencia. — Providencia, disposición, prevención.
MEDIDOR. Contador.
MEDIO. Manera, forma, procedimiento, recurso, expediente, arbitrio. — Ambiente, elemento. — Mitad. — No del todo, no enteramente.
MEDIOCRE. Mediano, regular. — Pobre, deslucido.
MEDIODÍA. Sur.
MEDIOS. Recursos, bienes, fortuna, caudal.
MEDIR. Mensurar, tantear.
MEDIRSE. Moderarse, contenerse.
MEDITABUNDO. Absorto, preocupado, pensativo, cogitabundo.
MEDITAR. Pensar, cavilar, reflexionar, considerar, especular, discurrir, excogitar, ensimismarse. — Proyectar, combinar.
  • *despreocuparse, improvisar*
MEDRA. Mejora.
MEDRAR. Crecer, acrecer, acrecentar, aumentar. — Prosperar, mejorar, enri-

quecerse, progresar, adelantar, avanzar, florecer.
  • *arruinar, descender, disminuir, languidecer*
MEDRO. Mejora.
MEDROSO. Miedoso, temeroso, cobarde, pusilánime, tímido. — Terríble, horroroso.
  • *audaz, valiente*
MÉDULA o MEDULA. Tuétano, caracú, meollo, substancia.
MEDULAR. Esencial, substancial, principal, fundamental.
MEFISTOFÉLICO. Diabólico, satánico, infernal.
MEFÍTICO. Fétido, irrespirable, deletéreo.
MEJILLA. Carrillo.
MEJOR. Superior, más bueno, más bien.
MEJORA. Medro, medra, aumento, mejoramiento, perfeccionamiento, progreso. — Mejoría. — Puja.
  • *imperfección, menoscabo*
MEJORAR. Prosperar, progresar, medrar, aumentar, perfeccionar, adelantar, acrecentar, avanzar. — Abonanzar. — Aliviarse, robustecerse.
MEJORÍA. Mejora, alivio.
  • *atraso, desventaja*
MEJUNJE. Menjunje, menjurje, brebaje, medicamento.
MELANCÓLICO. Triste, mohíno, mustio.
MELIFLUO. Suave, delicado, tierno, dulce.
MELILOTO. Inepto.
MELINDRE. Remilgo, dengue, gazmoñería.
MELLA. Deterioro, falla. — Menoscabo, merma.
MELLAR. Menoscabar, disminuir, minorar.
MELLIZO. Gemelo.
MELODIOSO. Armonioso, dulce, agradable.
MELÓN. Tonto, necio, otario.
MELOSO. Dulzón, empalagoso, almibarado, melifluo. — Blando, suave, dulce.
MEMBRANA. Tela.

MEMBRUDO. Fornido, robusto, recio, corpulento, forzudo, fuerte, vigoroso.
　• *débil*
MEMO. Tonto, imbécil, bobo, estúpido, mentecato, simple, babieca.
MEMORABLE. Célebre, glorioso, famoso, importante, notable, memorando.
MEMORÁNDUM. Memento, memorial. — Recordatorio, recordativo.
MEMORIA. Retentiva, mente. — Informe. — Recuerdo, reminiscencia, remembranza, recordación. — Fama, gloria.
MEMORIAL. Memorándum. — Petición, exposición.
MENAJE. Ajuar.
MENCIÓN. Cita, referencia.
MENCIONAR. Nombrar, citar, referir, mentar, recordar, contar.
　• *callar, olvidar, omitir*
MENDAZ. Mentiroso, embustero, falso, falsario.
MENDICANTE. Mendigo.
MENDIGAR. Pordiosear.
MENDIGO. Pordiosero, indigente, menesteroso, mendicante, pobre, mísero, limosnero.
MENEAR. Agitar, mover. — Manejar, gobernar, dirigir.
　• *aquietar, contener*
MENESTER. Necesidad. — Empleo, cargo, ejercicio, ministerio, profesión.
MENESTEROSO. Pobre, necesitado, indigente, miserable, falto.
MENESTRAL. Artesano, obrero.
MENGUA. Descrédito, menoscabo, desdoro, disminución, daño, perjuicio, pobreza, miseria.
　• *aumento, honor, perfección*
MENGUADO. Cobarde, tímido, pusilánime. — Ruin, miserable, cicatero, tacaño, mezquino. — Necio, tonto, mentecato, insensato. — Funesto, fatal, infausto, desgraciado, infeliz.
MENGUAR. Disminuir, decrecer, mermar, amenguar, consumirse.
　• *aumentar, crecer*
MENJURJE. Mejunje.
MENOR. Inferior, más pequeño.

MENOSCABAR. Deteriorar, perjudicar, dañar. — Desacreditar, desdorar, deslucir, amenguar. — Disminuir, acortar, reducir, mermar.
　• *acreditar, aumentar, honrar*
MENOSCABO. Deterioro, detrimento, quebranto, perjuicio, daño. — Desdoro, descrédito, mengua.
MENOSPRECIAR. Despreciar, desairar, desdeñar, desestimar.
　• *alabar, atender, honrar*
MENSAJE. Misiva, recado, noticia.
MENSAJERO. Recadero, chasque.
MENSUALIDAD. Mes, mesada.
MÉNSULA. Soporte.
MENSURA. Medida, medición.
MENTADO. Famoso, célebre.
MENTAR. Mencionar, citar, nombrar, recordar.
MENTE. Entendimiento, inteligencia, sentido, razón. — Pensamiento, memoria, recuerdo. — Magín, caletre, mollera, cacumen, chirumen.
MENTECATADA. Mentecatería, simpleza, necedad, tontería, bobería, majadería, mentecatez, imbecilidad, idiotez, insensatez.
MENTECATO. Necio, tonto, fatuo, imbécil, idiota, menguado, insensato, majadero, simple, otario.
MENTIR. Engañar, fingir, disfrazar, trufar.
MENTIRA. Embuste, falsedad, engaño, patraña, filga, farsa, bola. — Vanidad, error, ilusión.
　• *autenticidad, realidad, sinceridad, verdad*
MENTIROSO. Embustero, falso, farsante, engañador, engañoso, bolero, trapalón, embaucador. — Engañoso, aparente, ficticio.
MENTÍS. Desmentido, negación, negativa.
MENTOR. Guía, preceptor, consejero, maestro.
MENUDEAR. Abundar. — Frecuentar. — Detallar.
MENUDENCIA. Pequeñez, bagatela, minucia, nadería, fruslería, futilidad, bicoca, pizca, insignificancia.

MENUDO. Pequeño, chico. — Exacto, minucioso. — Despreciable, insignificante.

MENUDO (A). Frecuentemente, comúnmente, generalmente, casi siempre, a veces.

MEOLLO. Médula o medula. — Talento, entendimiento, juicio, seso. — Substancia, miga, alma.

MEQUETREFE. Tarambana, chisgarabís, chiquilicuatro, danzante, trasto, muñeco.

MERAMENTE. Puramente, solamente, únicamente, simplemente.

MERCADER. Comerciante, traficante, vendedor, negociante, tratante.

MERCADERÍA. Mercancía, género.

MERCAR. Comprar, adquirir.

MERCED. Premio, galardón. — Dádiva, gracia, beneficio, don, favor, servicio. — Voluntad, arbitrio.

MERCENARIO. Asalariado.

MERECER. Valer.

MERECIDAMENTE. Dignamente, justamente, con razón.

MERECIDO. Justo, condigno.

MERECIMIENTO. Mérito.
  • *ilegalidad, injusticia, vicio*

MERETRIZ. Ramera, prostituta, perendeca, bagasa, zorra, puta, cortesana, buscona, hetaira, golfa, suripanta, hetera, pelandusca, perdida, pendanga, pecadora.

MERIDIANO. Clarísimo, patente, palmario.

MERIDIONAL. Antártico, austral.

MÉRITO. Merecimiento, valor, valía, precio, estimación, excelencia.

MERITORIO. Loable, alabable, laudable, plausible.

MERMA. Disminución, reducción, pérdida, rebaja.

MERMAR. Menguar, disminuir, aminorar, reducir, consumirse. — Rebajar, quitar.
  • *aumentar, poner, producir*

MERO. Puro, solo, simple, sin mezcla.

MESA. Tabla. — Comida. — Presidencia.

MESADA. Mensualidad, mes. — Paga, sueldo.

MESCOLANZA. Ver Mezcolanza.

MESETA. Rellano, descanso, descansillo.

MESNADA. Compañía, junta, congregación. — Cáfila, caterva.

MESÓN. Posada, hostería, parador, hostal, venta, albergue.

MESONERO. Posadero, hostelero, huésped, ventero.

MESTIZO. Cruzado.

MESURA. Seriedad, gravedad, circunspección, moderación, respeto, comedimiento, cortesía, prudencia, regla, medida, compostura, cordura.
  • *descomedimiento, descortesía, imprudencia*

META. Fin, término.

METAFÍSICO. Abstracto, incomprensible, abstruso, obscuro.

METÁFORA. Imagen, figura, tropo.

METAMORFOSEAR. Transformar, cambiar, convertir, transmutar.
  • *figurar, permanecer*

METAMORFOSIS. Transformación, transmutación, cambio.

METER. Introducir, encerrar, encajar, incluir, levantar, promover, causar, ocasionar.
  • *desembolsar, extraer, sacar*

METERETE. Entrometido, entremetido, indiscreto, intruso, husmeador, fisgón, oficioso.

METERSE. Mezclarse, inmiscuirse, entrometerse, ingerirse.

METICULOSO. Minucioso, escrupuloso, nimio, exacto, mirado, circunspecto. — Medroso, miedoso.
  • *irreflexivo, olvidadizo*

METÓDICO. Ordenado, arreglado, cuidadoso.

METODIZAR. Regularizar, normalizar, ordenar.
  • *desordenar, irregularizar*

MÉTODO. Orden, regla, norma, procedimiento, sistema, plan, escuela.

METRÓPOLI. Capital.

METROPOLITANO. Arzobispo. — Subterráneo.

MEZCLA. Compuesto, mixtura, amalgama, liga, agregado. — Mortero, argamasa, hormigón, concreto.

MEZCLAR. Juntar, unir, agregar, incorporar, amalgamar.
• *desunir, individualizar, separar*

MEZCLARSE. Inmiscuirse, meterse, entrometerse, ingerirse.

MEZCOLANZA. Mescolanza, batiburrillo, pisto, pepitoria.

MEZQUINDAD. Tacañería, cicatería, roñería, avaricia, ruindad. — Pobreza, miseria, escasez.
• *generosidad, riqueza*

MEZQUINO. Avaro, tacaño, sórdido, ruin, cicatero, roñoso, miserable, cutre. — Raquítico, pequeño, exiguo, escaso, menguado, corto, pobre, miserable, gurrumino.

MIAJA. Migaja, partícula.

MICO. Mono.

MICROBIO. Bacteria, bacilo. — Gorgojo, pigmeo.

MICROOMNIBUS. Colectivo.

MIEDO. Temor, recelo, aprensión, cuidado. — Susto, julepe.
• *audacia, tranquilidad, valor*

MIEDOSO. Medroso, temeroso, pusilánime, aprensivo, cobarde.

MIEMBRO. Extremidad. — Componente, integrante. — Pene, verga.

MIERDA. Excremento. — Suciedad, porquería.

MIGA. Substancia, meollo. — Intríngulis.

MIGAJA. Miaja, partícula.

MIGAJAS. Desperdicios, sobras, restos, miserias.

MILAGROSO. Maravilloso, prodigioso, portentoso, asombroso, pasmoso, estupendo, extraordinario.

MILENARIO. Antiquísimo.

MILITAR. Afiliarse. — Concurrir, existir. — Combatir, servir. — Soldado.

MILLONARIO. Acaudalado, opulento, rico.

MIMADO. Halagado, acariciado. — Malcriado, consentido, malacostumbrado.

MÍMICA. Gesticulación.

MIMO. Halago, cariño, caricia.

MINAR. Socavar. — Consumir, devorar, roer.

MINGITORIO. Urinario, meadero.

MÍNIMO. Diminuto, insignificante. — Mínimum.

MININO. Gato.

MINISTERIO. Gobierno, gabinete. — Cargo, empleo, ocupación, oficio, profesión. — Cartera, departamento, administración.

MINORAR. Aminorar, mitigar, paliar, atenuar, acortar, reducir, disminuir, rebajar, amortiguar, menguar, amenguar.
• *alargar, ampliar, aumentar*

MINUCIA. Menudencia, pequeñez, bagatela, nimiedad, insignificancia, miseria, pitoche, adarme, comino, nadería, bicoca, fruslería.
• *gravedad, importancia*

MINUCIOSO. Escrupuloso, exacto, nimio, circunspecto, mirado, prolijo.

MINUTA. Nota, apunte, apuntación, borrador. — Lista.

MIRA. Intención, designio, propósito, idea, fin.

MIRADA. Vistazo, ojeada.

MIRADO. Circunspecto, cauto, reflexivo, cuidadoso, respetuoso, atento, prudente, receloso.

MIRAMIENTO. Respeto, cautela, circunspección, atención, cuidado, recelo.
• *desatención, imprudencia*

MIRAR. Considerar, pensar, reflexionar, estimar, juzgar, apreciar. — Inquirir, buscar, informarse. — Cuidar, proteger, velar, amparar.

MIRASOL. Girasol.

MIRÍFICO. Admirable, maravilloso.

MIRÓN. Reparón, curioso.

MIRTO. Arrayán.

MISÁNTROPO. Insociable, intratable.

MISARIO. Acólito, monacillo.

MISCELÁNEO. Diverso, mezclado, vario, mixto.

MISERABLE. Desgraciado, infortunado, desdichado, desventurado, pobre, infeliz, mísero. — Canalla, infame, granuja. — Mezquino, raquítico, exiguo, escaso, vil, despreciable, corto. — Indigente, necesitado, menesteroso, pordiosero. — Tacaño, cicatero, avaro, ruin, cutre.

MISERIA. Infortunio, desgracia, desventura, desdicha. — Mezquindad, avaricia, tacañería, ruindad. — Estrechez, pobreza, indigencia, escasez, desnudez.
• *fortuna, generosidad, ventura*

MISERICORDIA. Piedad, compasión, conmiseración, lástima.
• *condena, impiedad*

MISERICORDIOSO. Compasivo, piadoso, humano.

MÍSERO. Miserable, infeliz, infortunado.

MISIÓN. Comisión, encargo.

MISMO. Idéntico, semejante, igual, propio, exacto. — Al mismo tiempo, al ínterin, a la par, por lo mismo, al propio tiempo.
• *desigual, distinto, heterogéneo*

MISTERIO. Arcano, secreto, enigma.

MISTERIOSO. Secreto, oculto, oscuro, recóndito, enigmático.

MÍSTICAMENTE. Espiritualmente.

MÍSTICO. Asceta, rígido, austero.

MITAD. Medio.

MITIGAR. Suavizar, moderar, calmar, disminuir, aplacar, aminorar, minorar, templar, atenuar, ceder, apagar, aliviar, adormecer.
• *agravar, agriar, avivar, exacerbar*

MITO. Fábula, quimera, ficción.

MIXTIFICAR. Adulterar. — Engañar, embaucar, embaír, sofisticar.

MIXTI FORI. Lío, embrollo.

MIXTURA. Mezcla, brebaje.

MOBILIARIO. Mueble, moblaje.

MOCEDAD. Juventud.

MOCERO. Libidinoso, mujeriego.

MOCHILA. Morral, zurrón.

MOCHO. Despuntado, descornado, truncado, chato, ñato. — Pelado.

MOCHUELO. Búho. — Lechuza.

MOCIL. Juvenil.

MOCIÓN. Proposición, propuesta.

MOCOSO. Insignificante. — Presuntuoso, malcriado, mozalbete.

MODA. Boga.

MODALES. Ademanes, maneras, modos, acciones, porte, conducta.

MODALIDAD. Peculiaridad, característica.

MODELO. Tipo, ejemplo, ejemplar, dechado, paradigma. — Muestra, pauta, regla, medida, molde, patrón.

MODERACIÓN. Sobriedad, mesura, comedimiento, templanza, modestia, morigeración, modicidad.
• *abuso, indiscreción, inmodestia*

MODERADO. Comedido, modesto, morigerado, sobrio, templado, mesurado, módico.
• *desmesurado, desenfrenado, excesivo, intemperante*

MODERAR. Templar, disminuir, suavizar, mitigar, calmar, aplacar, atemperar, atenuar, contener, refrenar, ajustar.
• *abusar, descomedir, irritar*

MODERNIZAR. Renovar.

MODERNO. Nuevo, flamante, reciente, actual.

MODESTIA. Pudor, recato, decencia. — Moderación, honestidad, decoro. — Insignificancia, poquedad.
• *ostentación, presunción, soberbia, vanidad*

MODESTO. Recatado, humilde, moderado, decente, insignificante.

MÓDICO. Moderado, reducido, limitado, escaso.

MODIFICACIÓN. Cambio, enmienda, rectificación, transformación.

MODIFICAR. Cambiar, corregir, transformar, enmendar, rectificar, alterar.
• *permanecer, ratificar*

MODO. Manera, forma. — Moderación, templanza, urbanidad, decencia.

MODORRA. Letargo, sopor.

MODOSO. Circunspecto, atento, cortés, afable, urbano, amable, educado.

MOFA. Burla, befa, escarnio, ludibrio.

MOFLETUDO. Carrilludo.

MOHÍN. Gesto, mueca, figura.

MOHÍNO. Melancólico, triste, disgustado, enojado.
• *amistoso, contento*

MOHO. Orín, herrumbre.

MOHOSO. Herrumbrado.

MOJAR. Humedecer, enjuagar, bañar, rociar.

MOJICÓN. Puñetazo, moquete, mamporro, porrazo, golpe.

MOJIGATO. Beato, santurrón, gazmoño, hipócrita, remilgado.

MOJÓN. Hato, señal, marca, poste, coto.

MOLDE. Horma. — Modelo, pauta, regla, patrón.

MOLE. Masa.

MOLER. Triturar, pulverizar, desmenuzar. — Fastidiar, cansar, fatigar, molestar. — Maltratar.

MOLESTAR. Incomodar, fastidiar, moler, estorbar, embarazar, enojar, desagradar, enfadar, fatigar, torear, chinchar, jeringar, chingar.
 • *alegrar, apaciguar, tranquilizar*

MOLESTIA. Fastidio, incomodidad, estorbo, tabarra, lata, pejiguera, enfado, desagrado, embarazo, mortificación, extorsión, perjuicio, pesadez. — Fatiga, desazón.
 • *alegría, comodidad, salud*

MOLESTO. Enfadoso, fastidioso, pesado, desagradable, enojoso, incómodo, embarazoso, cócora. — Malhumorado, descorazonado, irritado.
 • *bueno, fácil, oportuno, simpático*

MOLICIE. Blandura. — Afeminación, voluptuosidad.

MOLIDO. Derrengado, cansado.

MOLLERA. Cerebro, seso.

MOMENTÁNEO. Transitorio, pasajero, breve, fugaz.
 • *duradero, permanente*

MOMENTO. Instante, soplo, segundo, punto. — Ocasión, circunstancia.

MOMIO. Magro, seco. — Feo. — Canonjía, sinecura, ganga, bicoca, breva.

MOMO. Carnaval.

MONA. Borrachera, turca, curda, embriaguez, pítima, tranca, peludo.

MONACAL. Conventual, monástico.

MONADA. Monería. — Tontería, simpleza. — Halago, zalamería, carantoña. — Primor, encanto, prodigio.

MONAGUILLO. Monacillo, monago.

MONARCA. Rey, soberano.

MONASTERIO. Convento.

MONÁSTICO. Conventual, monacal.

MONDADIENTES. Escarbadientes, palillos.

MONDAR. Pelar. — Cortar, quitar, limpiar.

MONDONGO. Intestino, tripa, barriga, panza.

MONEDA. Dinero, plata, monises, pecunia.

MONERÍA. Monada.

MONICACO. Monigote.

MONIGOTE. Títere, insignificante, insubstancial.

MONISES. Plata, dinero, guita, moneda.

MONJE. Fraile, religioso.

MONO. Bonito, lindo, gracioso, delicado, pulido, monona. — Dibujo, monigote. — Mico.

MONOGRAMA. Cifra.

MONÓLOGO. Soliloquio.

MONOPOLIO. Exclusiva.

MONOPOLIZAR. Concentrar, absorber, centralizar.
 • *dar, descentralizar, repartir*

MONOTONÍA. Uniformidad, igualdad, regularidad.

MONÓTONO. Uniforme, regular, igual, continuo. — Aburrido, pesado.

MONSERGA. Galimatías, jerigonza, necedad.

MONSTRUO. Aborto, engendro, feto. — Cruel, inhumano.

MONSTRUOSO. Prodigioso, colosal, enorme, fenomenal. — Espantoso, horrible, horripilante, horrísono.

MONTA. Monto, valor, cantidad.

MONTANTE. Banderola.

MONTAÑA. Monte.

MONTAÑOSO. Montuoso.

MONTAR. Subir, elevarse. — Importar. — Cabalgar, jinetear. — Armar. — Amartillar.
 • *bajar, desajustar, descender*

MONTARAZ. Montés, arisco, salvaje, bravío, agreste, rústico, selvático.

MONTE. Montaña. — Bosque.

MONTO. Monta.

MONTÓN. Cúmulo, sinnúmero, infinidad, rimero, porción, multitud, pila, ringlera.

MONUMENTAL. Grandioso, magnífico. — Enorme, fenomenal, piramidal, morrocotudo, grande.

MOÑO. Rodete, coca. — Lazada.

MOQUETE. Bofetada, cachetada, cachete.

MORADA. Vivienda, residencia, estancia, habitación, casa.

MORADOR. Habitante, vecino.

MORAL. Ética.

MORALIDAD. Probidad, honradez, decencia.

MORALIZAR. Sanear, educar, edificar, ejemplarizar.

MORAR. Habitar, residir, vivir.

MÓRBIDO. Blando, suave, delicado, muelle. — Morboso, malsano, enfermizo, insalubre.

MORDAZ. Áspero, picante. — Cáustico, satírico, sarcástico, punzante.

MORDAZA. Bozal, candado.

MORDEDURA. Mordisco.

MORDER. Mordiscar, mordisquear, roer, corroer. — Gastar, consumir. — Criticar, murmurar, satirizar.

MORDISCO. Mordedura, bocado, dentellada.

MORENO. Morocho, trigueño.

MORETÓN. Cardenal, equimosis, contusión.

MORIBUNDO. Agonizante, mortecino, acabado.

MORIGERADO. Moderado, templado, comedido, mesurado, sobrio, circunspecto, medido.

MORIR. Fallecer, expirar, perecer, fenecer, espichar, sucumbir. — Desaparecer, acabar, caer. — Apagarse, boquear.
  • *brotar, florecer, germinar, nacer*

MORIRSE. Desvivirse, perecerse, pirrarse.

MORISQUETA. Gesto, mueca.

MOROCHO. Moreno, trigueño.

MORONDANGA. Morralla.

MOROSIDAD. Lentitud, tardanza, demora, dilación, retraso.
  • *rapidez*

MORRAL. Bolsa, talega, mochila.

MORRALLA. Gentuza. — Boliche. — Morondanga.

MORRILLO. Cogote.

MORRIÑA. Nostalgia, tristeza, melana, disgusto, murria.

MORRO. Hocico, jeta.

MORROCOTUDO. Importantísimo, colosal, monumental, fenomenal, gravísimo, dificilísimo, complicadísimo.

MORRONGO. Gato.

MORTAJA. Sudario.

MORTAL. Mortífero, letal, fatal. — Excesivo, penoso. — Seguro, cierto. — Hombre, humano.
  • *héroe, ídolo, semidiós, vívido*

MORTANDAD. Carnicería, matanza, destrozo.

MORTECINO. Apagado, bajo, débil. — Moribundo.

MORTERO. Argamasa, mezcla. — Almirez.

MORTÍFERO. Mortal, letal.

MORTIFICAR. Atormentar, molestar, afligir, apesadumbrar, desazonar, humillar.
  • *abusar, regalar*

MORTUORIO. Fúnebre.

MOSCA. Dinero. — Inquietud, desazón, disgusto.

MOSCARDÓN. Fastidioso, pesado, impertinente, molesto.

MOSCÓN. Porfiado, tenaz.

MOSQUEARSE. Resentirse, enojarse, enfadarse, atufarse.

MOSTACHO. Bigote.

MOSTO. Vino.

MOSTRAR. Demostrar, explicar, probar, manifestar, señalar, indicar. — Exponer, enseñar, presentar, exhibir, desplegar. — Asomar, sacar.
  • *ocultar, pedir.*

MOSTRENCO. Bruto, zote, torpe, ignorante, rudo, imbécil.

MOTE. Apodo, sobrenombre, remoquete. — Divisa, lema, empresa.

MOTEJAR. Censurar, criticar, reprochar, reprobar, corregir, tildar.

MOTETE. Apodo. — Atado, envoltorio, lío.

MOTÍN. Tumulto, alboroto, asonada, revuelta.

MOTIVAR. Causar, ocasionar. — Explicar, razonar.

MOTIVO. Causa, razón, fundamento, móvil. — Tema, asunto.

MOVEDIZO. Movible. — Inseguro, inestable. — Inconstante, tornadizo.

MOVER. Trasladar, mudar, remover. — Inducir, incitar, persuadir, excitar, llevar, guiar. — Arrancar, salir. — Agitar, mecer, menear. — Causar, ocasionar. — Alterar, conmover.

MOVIBLE. Movedizo. — Voluble, variable.

MÓVIL. Movible. — Inestable, variable. — Causa, motivo, razón, estímulo.

MOVIMIENTO. Pronunciamiento, levantamiento. — Agitación, alteración, inquietud, conmoción. — Vaivén, inestabilidad.

MOZO. Joven, muchacho, zagal, mancebo. — Soltero, célibe. — Camarero, peón, espolique.

MUCAMO. Sirviente, criado, fámulo.

MUCHACHADA. Niñada, chiquillería, niñería, muchachería.

MUCHACHO. Niño, rapaz, chico, chiquillo, gurí. — Joven, mozo, mancebo, zagal.

MUCHEDUMBRE. Multitud, gentío. — Infinidad, sinnúmero, abundancia, copia, porción. — Pueblo, vulgo, plebe, populacho.

MUCHO. Abundante, numeroso, extremado, exagerado. — Sobremanera, excesivamente, sumamente, en extremo. — Grande, excesivo, grave, importante, considerable.

MUCHOS. Multitud, muchedumbre, infinidad, sinnúmero, incontables, numerosos.

MUDANZA. Traslado. — Cambio, mutación, alteración, variación. — Inconstancia, volubilidad, versatilidad.

MUDAR. Cambiar, variar, alterar, pasar, remover, trasladar.

MUDO. Silencioso, callado, taciturno.

MUEBLE. Moblaje, mobiliario.

MUECA. Morisqueta, gesto.

MUELA. Molar. — Piedra.

MUELLE. Suave, blando, voluptuoso, delicado. — Resorte. — Andén.

MUERTE. Fallecimiento, defunción, ruina, destrucción. — Fin, cesación, deceso, óbito. — Aniquilamiento, término. — Baja. — Homicidio, asesinato. — Parca.
• *nacimiento, vida*

MUERTO. Difunto, finado, matado. — Apagado, mortecino, marchito, bajo. — Exánime, exangüe. — Seco.

MUESTRA. Cartel, rótulo. — Modelo, pauta. — Prueba, señal, indicio. — Porte, ademán, apostura.

MUGRE. Porquería, suciedad, pringue, cochambre.
• *limpieza*

MUJER. Esposa, señora, dama. — Hembra.

MUJERIEGO. Mocero, faldero.

MULERO. Embustero, tramposo.

MULETILLA. Estribillo, bordón.

MULLIR. Ahuecar, ablandar, esponjar, afofar.

MULO. Macho.

MULTIPLICADOR. Coeficiente.

MULTIPLICAR. Reproducir, ampliar, propagar, aumentar.
• *disminuir, menguar*

MULTITUD. Muchedumbre, gentío. — Pueblo, plebe, vulgo, populacho. — Sinnúmero, infinidad, porción.
• *escasez, individualidad*

MUNDIAL. Universal.

MUNDO. Tierra, planeta. — Orbe, cosmos. — Humanidad.

MUNICIONES. Pertrechos. — Plomos, perdigones.

MUNICIPAL. Comunal, común.

MUNICIPALIDAD. Municipio, ayuntamiento, concejo.

MUNICIPIO. Comuna, concejo, municipalidad.

MUNIFICENCIA. Generosidad, liberalidad, esplendidez, largueza.
• *tacañería*

MUÑECA. Habilidad, pericia. — Influencia, banca.

MUÑECO. Mequetrefe, fatuo, trasto, chisgarabís.
MUÑEQUEAR. Palanquear, apoyar.
MURAR. Amurallar.
MURCIÉLAGO. Vampiro.
MURGA. Charanga. — Lata, tabarra.
MURMULLO. Murmurio, susurro.
MURMURACIÓN. Crítica, maledicencia, dizque.
MURMURAR. Susurrar. — Criticar, censurar. — Rezongar, gruñir, refunfuñar, mascullar.
MURO. Tapia, pared. — Dique.
MURRIA. Tristeza, tedio, melancolía, disgusto.
   • *alegría, ilusión*
MUSA. Numen, inspiración.
MUSCULOSO. Fuerte, fornido, vigoroso, membrudo.

MUSICOMANÍA. Melomanía.
MUSITAR. Susurrar, murmurar, bisbisar.
MUSLIME. Musulmán.
MUSTIO. Marchito, ajado, lacio. — Triste, mohíno, melancólico.
MUSULMÁN. Mahometano, islamita, moro.
MUTACIÓN. Mudanza, cambio, alteración, variación.
   • *permanencia*
MUTILADO. Incompleto, cercenado, cortado. — Inválido.
MUTILAR. Cortar, arrancar, cercenar. — Romper, destruir.
MUTISMO. Silencio, mudez.
MUTUAMENTE. Recíprocamente, conjuntamente.
MUTUO. Mutual, recíproco, solidario.
   • *persona l, singular*

N

NACER. Germinar, brotar, manar. — Proceder, derivarse, deducirse, provenir, emanar, seguirse, originarse. — Despuntar, asomar.
• *acabar, morir*

NACIENTE. Levante, oriente, este. — Recientísimo, incipiente. — Orto.

NACIMIENTO. Origen, linaje, extracción. — Fuente, principio. — Manantial.
• *fin, muerte*

NACIÓN. Estado, país, pueblo, patria.

NACIONAL. Patrio.

NACIONALIZAR. Naturalizar.

NADAR. Flotar, sobrenadar, boyar.

NADERÍA. Insignificancia, futesa, futilidad, fruslería, bagatela, bicoca, nonada.

NAFTA. Gasolina.

NAIPES. Baraja, cartas, mazo.

NALGADA. Azote.

NALGAS. Asentaderas, posaderas.

NANA. Pupa, mal, daño.

NANDÚ. Nandú.

NAO. Nave.

NARCÓTICO. Soporífero.

NARIGÓN. Narigudo, narizota.

NARIZ. Ñata.

NARRACIÓN. Relato, cuento, exposición

NARRAR. Referir, contar, relatar.

NATA. Crema.

NATAL. Nativo.

NATALICIO. Nacimiento. — Cumpleaños.

NATIVO. Natural, nacido, aborigen, originario, oriundo, indígena, autóctono. — Innato, propio, connatural.
• *extranjero, extraño*

NATURAL. Nativo, oriundo, indígena, originario, nacido. — Propio, real. — Franco, sincero, ingenuo, sencillo, llano. — Corriente, lógico, común, habitual, normal, regular, acostumbrado. — Espontáneo, instintivo. — Genio, índole, carácter.

NATURALEZA. Temperamento, índole. — Complexión, constitución. — Esencia, substancia.

NATURALIDAD. Sencillez, llaneza, franqueza, sinceridad.
• *artificio, desconfianza, picardía*

NATURALIZAR. Nacionalizar.

NAUFRAGAR. Zozobrar, anegarse, hundirse, perderse. — Fracasar, malograrse, frustrarse, abortar.

NÁUSEA. Basca, arcada. — Asco, repugnancia, disgusto.

NAUSEABUNDO. Repugnante, asqueroso, inmundo.

NÁUTICA. Marina.

NAVE. Navío, buque, barco, bajel.

NEBLINA. Niebla, bruma.

NEBULOSO. Brumoso. — Confuso, difícil, incomprensible, obscuro, abstruso. — Sombrío, tétrico.
• *luminoso, nítido*

NECEDAD. Tontería, simpleza, imbecilidad, bobería, estupidez, sandez, mentecatada, mentecatería, estulticia, vaciedad. — Desatino, disparate, barbaridad.
• *accidental, evitable, voluntario*

NECESARIO. Imprescindible, forzoso, obligatorio, indispensable, preciso, inexcusable, ineludible.
• *hartura*

NECESIDAD. Escasez, pobreza, penuria, indigencia, miseria. — Apuro, ahogo, aprieto. — Fuerza, obligación, precisión, menester.

NECESITADO. Menesteroso, pobre, indigente, miserable, escaso, falto.

NECESITAR. Precisar, requerir, exigir.

NECIO. Estúpido, tonto, imbécil, mentecato, sandio, simple, ignorante, disparatado, desatinado. — Terco, porfiado.

NECRÓPOLIS. Cementerio, camposanto.

NÉCTAR. Ambrosía.

NEFANDO. Indigno, infame, execrable, abominable, ignominioso, torpe, repugnante.
  • *atractivo, honorable, listo*

NEFASTO. Funesto, fatal, aciago, desgraciado, triste.
  • *afortunado, alegre, propicio*

NEGACIÓN. Negativa, denegación.
  • *afirmación, aserto, aseveración, sí*

NEGADO. Incapaz, inepto, torpe.

NEGAR. Rehusar, denegar. — Prohibir, vedar.
  • *afirmar, incluir, presentar, ratificar*

NEGARSE. Excusarse, rehusarse.

NEGATIVA. Repulsa, rechazo.

NEGLIGENCIA. Descuido, incuria, desidia, dejadez, abandono, omisión.
  • *celo, cuidado, esmero, pulcritud*

NEGLIGENTE. Descuidable, desidioso, abandonado, dejado, desaplicado.

NEGOCIACIÓN. Convenio, trato, negocio, concierto, estipulación.

NEGOCIANTE. Comerciante, traficante, mercader, tratante.

NEGOCIAR. Comerciar, tratar, traficar. — Descontar.

NEGOCIO. Asunto. — Ocupación, empleo, trabajo. — Tráfico, comercio. — Negociación.

NEGRO. Bruno, atezado, oscuro. — Triste, melancólico. — Infeliz, infausto, desventurado. — Apurado, apretado, falto. — Moreno. — Nervioso, molesto, irritado.
  • *albo, blanco, claro, nítido*

NEGRURA. Obscuridad, cerrazón, negror. — Maldad, perversidad.

NENE. Chico, criatura, infante, bebé, chiquillo.

NEÓFITO. Novato, novel, principiante, catecúmeno.

NERVIO. Energía, fuerza, vigor, eficacia.

NERVIOSO. Fuerte, vigoroso, enérgico. — Irritable, excitable, impresionable.
  • *impasible, tranquilo*

NESCIENCIA. Ignorancia, necedad.

NETO. Puro, limpio.

NEUMÁTICO. Cubierta.

NEUMONÍA. Pulmonía.

NEURASTÉNICO. Agotado, nervioso. — Histérico.

NEUTRALIZAR. Contrarrestar.

NEVERA. Heladera.

NEXO. Nudo, lazo, vínculo, unión.

NIDO. Casa, morada, hogar. — Guarida, madriguera. — Nidal.

NIEBLA. Neblina, bruma. — Confusión, obscuridad, calígine.
  • *claridad, despejado*

NIMBO. Aureola.

NIMIEDAD. Prolijidad, exceso, demasía. — Poquedad, cortedad, puerilidad, pequeñez.
  • *importancia, mucho, sencillez, seriedad*

NIMIO. Prolijo. — Pequeño, pueril. — Demasiado, excesivo.

NINGUNO. Nadie.

NIÑA. Pupila. — Nena, chiquilla.

NIÑADA. Chiquillada, niñería, muchachada.

NIÑERÍA. Niñada, chiquillada, muchachada. — Pequeñez, insignificancia, bagatela, bicoca, nadería, nonada.

NIÑO. Chico, criatura, chiquilín, chiquillo, párvulo, pequeño, infante, inocente, pebete, pibe.

NIPÓN. Japonés.

NÍTIDO. Claro, puro, neto, limpio, terso, transparente, brillante, resplandeciente.
  • *impuro, opaco*

NITRO. Salitre.

NIVEL. Altura. — Horizontalidad. — Grado.

NIVELAR. Igualar, equilibrar.
  • *desequilibrar, desigualar*

NIVELARSE. Desentramparse, desempeñarse.

NOBLE. Ilustre, insigne, preclaro. — Digno, estimable, honroso.
  • *bajo, indigno, plebeyo, ruin*
NOBLEZA. Lealtad, caballerosidad, hidalguía.
NOCHE. Obscuridad, sombra, tinieblas. — Ignorancia, incertidumbre, confusión.
NOCIÓN. Conocimiento, idea, noticia.
NOCIONES. Principios, rudimentos, elementos.
NOCIVO. Dañoso, perjudicial, pernicioso, dañino, malo.
  • *bueno, inofensivo, saludable*
NOCTÁMBULO. Nocherniego. — Sonámbulo.
NODRIZA. Ama.
NÓMADA o NÓMADE. Errante, vago.
  • *estable, sedentario*
NOMBRADÍA. Celebridad, fama, reputación, renombre, crédito, nota, nombre.
NOMBRAR. Designar, llamar, apellidar. — Elegir, escoger.
NOMBRE. Apellido. — Título, denominación. — Fama, reputación. — Autoridad, poder.
NÓMINA. Lista, nomenclatura.
NON. Impar.
NONADA. Pequeñez, insignificancia, bagatela, bicoca, menudencia, friolera, miseria.
NONO. Noveno.
NORABUENA. Enhorabuena.
NORMA. Regla, pauta, guía, precepto, modelo.
NORMAL. Regular, ordinario, natural, corriente, habitual, común, usual, acostumbrado.
  • *anormal, irregular*
NORMALIZAR. Regularizar, ordenar, metodizar.
  • *desordenar, irregularizar*
NORTE. Septentrión, septentrional. — Dirección, guía. — Fin, finalidad.
NOSTALGIA. Morriña, tristeza, melancolía, añoranza.
  • *alegría, olvido, serenidad*
NOTA. Anotación, minuta, apunte, apuntación. — Noticia, dato, aviso, informe. —

Asunto, cuestión. — Fama, renombre, reputación, crédito, concepto. — Reparo, observación, advertencia, censura. — Acotación, llamada. — Tacha, tilde.
NOTABLE. Importante, extraordinario, valioso, grande, considerable, trascendente, trascendental, principal, culminante, interesante.
NOTAR. Ver, advertir, reparar, observar, divisar, percibir, percatarse. — Señalar, marcar, apuntar. — Enterarse, conocer. — Censurar.
NOTERO. Colaborador.
NOTICIA. Noción, conocimiento, idea. — Suceso, nueva, novedad.
NOTICIOSO. Sabedor, enterado, conocedor, instruido. — Informativo.
NOTIFICAR. Participar, avisar, comunicar, informar, manifestar.
  • *ocultar, sorprender*
NOTORIO. Manifiesto, patente, evidente, palmario, claro, visible. — Público, sabido, conocido.
  • *incierto, oscuro, privado*
NOVATO. Nuevo, principiante, novel, novicio, aprendiz, bisoño.
  • *experto, maestro, viejo*
NOVEDAD. Cambio, alteración, variación, mutación, mudanza. — Nueva, noticia, suceso.
  • *antigüedad, imitación, permanencia*
NOVEL. Novato, nuevo, principiante, novicio.
NOVELA. Ficción, mentira, fantasía.
NOVELERO. Versátil, voluble, inconstante, antojadizo, caprichoso.
NOVENO. Nono.
NOVIA. Desposada. — Prometida.
NOVICIADO. Aprendizaje.
NOVICIO. Novato, principiante.
NUBE. Multitud, sinnúmero.
NÚBIL. Casadera.
NUBLAR. Anublar. — Obscurecer, empañar, amortiguar.
NUBLARSE. Encapotarse.
NÚCLEO. Conjunto, centro, entidad. — Interior.
NUDO. Lazo, unión, nexo, vínculo. — Escollo, obstáculo, dificultad.

NUEVA. Suceso, noticia, novedad.

NUEVO. Reciente, flamante, original, fresco, moderno. — Novel, novato, novicio, principiante.
• *ajado, desgastado, usado, viejo*

NULIDAD. Ineptitud, incapacidad, torpeza, inutilidad, ignorancia.

NULO. Incapaz, inepto, inútil, torpe.
• *firme, servible, válido*

NUMEN. Inspiración, musa.

NUMERACIÓN. Foliación.

NUMERAR. Enumerar, foliar, contar. — Ordenar

NUMERARIO. Efectivo.

NÚMERO. Cifra, guarismo, cantidad.

NUMEROSO. Innumerable, considerable, copioso, infinidad, sinnúmero, abundante, multitud. — Apiñado, nutrido, compacto.

NUNCA. Jamás.

NUPCIAS. Boda, casamiento, enlace, matrimonio.

NUTRIDO. Espeso, denso, copioso.

NUTRIR. Alimentar, mantener, fortalecer, vigorizar, sustentar.
• *ayunar, desmejorar, desnutrir*

NUTRITIVO. Alimenticio, vigorizante.

Ñ

ÑACO. Gachas, puches.
ÑACURUTÚ. Lechuza.
ÑAFRAR. Reducir.
ÑANDÚ. Avestruz.
ÑAÑA. Niñera.
ÑAÑO. Consentido, mimado.
ÑAPA. Añadidura, adehala.
ÑAQUE. Conjunto, montón.
ÑATA. Nariz.
ÑATO. Chato.
ÑEQUE. Vigoroso, fuerte.

ÑOÑERÍA. Ñoñez.
ÑOÑEZ. Necedad, sandez, tontería, ñoñería. — Gazmoñería.
ÑOÑO. Tonto, necio. — Apocado, asustadizo.
ÑU. Antílope.
ÑUDO. Nudo.
ÑUÑO. Nodriza.
ÑURA. Pimiento, guindilla.
ÑURGA. Excremento.
ÑUTIR. Rezongar, gruñir.

O

OBCECACIÓN. Ofuscación, ofuscamiento, ceguera, ceguedad.
• *reflexión*

OBEDECER. Cumplir, seguir, acatar, respetar, observar, obtemperar. — Someterse, ceder, conformarse. — Dimanar, proceder, provenir.
• *dirigir, gobernar, mandar, regentar*

OBEDIENCIA. Docilidad, sumisión, sujeción, conformidad, respeto.

OBEDIENTE. Sumiso, manejable, dócil, bienmandado, obsecuente.

OBESO. Gordo.

ÓBICE. Obstáculo, estorbo, embarazo, empacho, impedimento, inconveniente, dificultad.

OBISPAL. Episcopal.

ÓBITO. Muerte, fallecimiento.

OBJECIÓN. Reparo, observación, crítica.

OBJETAR. Replicar, contradecir, oponer, refutar, impugnar.
• *asentir, avenir*

OBJETO. Propósito, fin, finalidad, materia, asunto, idea, intento, intención.

OBLACIÓN. Ofrenda.

OBLICUO. Sesgado, inclinado.

OBLIGACIÓN. Deber, deuda, carga, exigencia, necesidad, precisión, incumbencia, empeño.
• *derecho, dominio, poder*

OBLIGADO. Agradecido, reconocido. — Impulsado, incitado, movido.

OBLIGAR. Compeler, forzar, precisar, constreñir, impulsar, estrechar, incitar.

OBLIGARSE. Comprometerse.

OBLIGATORIO. Forzoso, preciso, imprescindible, indispensable, necesario.
• *espontáneo, libre, voluntario*

ÓBOLO. Limosna. — Aporte.

OBRA. Trabajo, labor, acción, producción. — Libro, volumen.

OBRADOR. Taller.

OBRAJE. Manufactura.

OBRAR. Proceder, actuar, comportarse, conducirse, manejarse, portarse. — Construir, fabricar, edificar. — Defecar.
• *abstenerse, descansar*

OBRERO. Jornalero, proletario, trabajador, operario.

OBSCENO. Lascivo, impúdico, lúbrico, libidinoso, pornográfico, sicalíptico, verde, indecente, impuro, deshonesto, torpe, liviano.
• *decente, honesto, limpio*

OBSCURECER. Nublarse, encapotarse. — Sombrear. — Deslucir, deslustrar.

OBSCURIDAD. Sombra, tinieblas, confusión, noche, calígine.

OBSCURO. Sombrío, tenebroso. — Confuso, ininteligible, incomprensible, abstruso, dudoso, inexplicable, enigmático, turbio. — Desconocido, humilde.

OBSECUENTE. Servil, sumiso, obediente.

OBSEQUIAR. Agasajar, regalar. — Cortejar, festejar, galantear.

OBSEQUIO. Regalo, presente. — Rendimiento, deferencia, afabilidad, gentileza, agasajo.

OBSEQUIOSO. Atento, cortés, galante, rendido, cortesano.
• *desatento, descortés*

OBSERVACIÓN. Advertencia, reparo, corrección. — Reflexión, juicio. — Examen, estudio.
• *distracción, inadvertencia, irreflexión*

OBSERVAR. Cumplir acatar, guardar, obedecer, respetar, ejecutar. — Espiar, vigilar,
acechar, atisbar. — Advertir, reparar, notar.
  • *desatender, desconocer, inadvertir*
OBSESIÓN. Manía, preocupación.
  • *ecuanimidad, serenidad*
OBSTÁCULO. Impedimento, inconveniente, estorbo, embarazo, dificultad,
óbice, oposición, traba, rémora.
OBSTANTE (NO). Sin embargo.
OBSTAR. Impedir, estorbar, oponerse,
empecer.
OBSTINACIÓN. Porfía, terquedad, empeño, testarudez, pertinacia, tenacidad.
  • *desistimiento, transigencia*
OBSTINADO. Porfiado, testarudo, recalcitrante, terco, pertinaz, duro.
OBSTINARSE. Empeñarse, emperrarse,
encalabrinarse, porfiar, atrincherarse.
OBSTRUIR. Tapar, atascar, atrancar, atorar, cegar, obturar. — Impedir, estorbar,
embarazar, dificultar, entorpecer.
  • *abrir, desocupar, facilitar*
OBTEMPERAR. Obedecer, conformarse,
asentir, aceptar.
OBTENCIÓN. Logro, consecución.
OBTENER. Conseguir, alcanzar, lograr,
adquirir, sacar, adjudicarse. — Tener, conservar, mantener.
  • *carecer, perder*
OBTURACIÓN. Taponamiento, obstrucción.
OBTURAR. Tapar, obstruir, cerrar, cegar.
  • *abrir, desatrancar, destapar*
OBTUSO. Romo. — Lerdo, torpe, tardo,
rudo, tonto.
  • *agudo, listo*
OBVENCIÓN. Gaje.
OBVIAR. Precaver, prevenir, apartar,
remover, rehuir, quitar, salvar, evitar. —
Estorbar, oponerse, obstar.
OBVIO. Evidente, notorio, indiscutible,
incontestable, patente, manifiesto, claro,
sencillo, fácil, visible.
  • *difícil, obscuro, oculto*
OCA. Pato, ánade.
OCASIÓN. Oportunidad, circunstancia,
coyuntura, tiempo, sazón. — Causa,

motivo, pie, lugar. — Riesgo, contingen-
cia, peligro.
OCASIONAL. Eventual, esporádico.
OCASIONAR. Causar, originar, producir,
provocar, promover. — Excitar, mover.
OCASO. Oeste, occidente, poniente. —
Puesta. — Decadencia, postrimería, decli-
nación, acabamiento.
  • *amanecer, aurora, principio*
OCCIDENTE. Ocaso, oeste, poniente.
OCÉANO. Piélago, mar.
OCHAVA. Chaflán.
OCIO. Inacción, descanso, holganza.
OCIOSIDAD. Holgazanería, gandulería,
haraganería, pereza, holganza, poltrone-
ría, pigricia.
  • *actividad, diligencia, ocupación, tra-
bajo*
OCIOSO. Desocupado, inactivo, parado.
— Inútil, estéril. — Holgazán, gandul,
haragán, poltrón, perezoso.
OCULTACIÓN. Tapujo, simulación. —
Recato.
OCULTAR. Esconder, tapar, disfrazar,
cubrir, encubrir, embozar, recatar. —
Reservar, velar, disimular, callar.
  • *aparecer, presentar, salir*
OCULTO. Tapado, encubierto, escondido,
recatado, disfrazado. — Desconocido, inescrutable, inescudriñable, incógnito, recóndito, misterioso, secreto, arcano, ignorado.
OCUPACIÓN. Empleo, oficio, profesión,
dignidad, trabajo, quehacer, labor, tarea,
faena. — Toma, posesión.
  • *ociosidad*
OCUPADO. Atareado, engolfado. —
Lleno.
OCUPAR. Apoderarse, posesionarse,
adueñarse, apropiarse, enseñorearse. —
Habitar, morar, vivir, residir. — Emplear, destinar. — Llenar. — Estorbar,
embarazar.
  • *descansar, vaguear, salir*
OCUPARSE. Trabajar. — Dedicarse, consagrarse.
OCURRENCIA. Ocasión, circunstancia,
coyuntura, contingencia. — Agudeza,
chiste, golpe, salida, gracia.

OCURRENTE. Chistoso, gracioso, agudo, oportuno, decidor.

OCURRIR. Suceder, acaecer, pasar, acontecer, ofrecer, sobrevenir. — Prevenir, anticiparse, recurrir. — Acudir, concurrir, dirigirse.

ODIAR. Aborrecer, execrar, abominar, detestar.

ODIO. Rencor, aversión, aborrecimiento, execración, abominación, encono, saña, inquina.
• afecto, amor, cariño, ternura

ODIOSO. Execrable, aborrecible, abominable, detestable, vitando.

ODORÍFERO. Oloroso, fragante, perfumado, aromático.

OESTE. Occidente, poniente, ocaso.

OFENDER. Herir, maltratar, dañar. — Injuriar, ultrajar, agraviar, insultar, afrentar, infamar, denostar. — Molestar, fastidiar, enfadar, desplacer, disgustar.
• alabar, amistar, congraciar

OFENDERSE. Picarse, resentirse, enojarse, atufarse.

OFENSA. Daño, injuria, agravio, insulto, ultraje.

OFENSIVO. Insultante, ultrajante, injurioso, afrentoso.

OFERTA. Ofrecimiento, promesa. — Don, donativo, dádiva, regalo.
• aceptación

OFICIO. Ocupación, empleo, cargo, profesión, ministerio.

OFICIOSIDAD. Aplicación, laboriosidad, diligencia. — Complacencia, solicitud. — Entrometimiento, importunidad, indiscreción.
• descuido, discreción, pasividad

OFICIOSO. Solícito, servicial, complaciente. — Entremetido, entrometido, indiscreto.

OFRECER. Prometer, mostrar, brindar, convidar, invitar. — Presentar, proponer, manifestar, exponer.
• aceptar

OFRECERSE. Proponerse, ocurrir, presentarse, sobrevenir.

OFRECIMIENTO. Promesa, invitación, oferta.

OFRENDA. Oblación. — Dádiva, entrega.

OFUSCACIÓN. Ofuscamiento, alucinación, obcecación, ceguedad, ceguera.
• clarividencia, lucidez, penetración

OFUSCAR. Deslumbrar, cegar. — Trastornar, conturbar, confundir, alucinar, perturbar.

OÍR. Escuchar, percibir, atender, enterarse.

OJEADA. Vistazo.

OJERIZA. Inquina, manía, tirria, malquerencia, animosidad.

OJIVAL. Gótico.

OJO. Atención, cuidado.

OLA. Oleada, onda.

OLEAGINOSO. Aceitoso, oleoso, graso.

ÓLEO. Aceite.

OLER. Olfatear, husmear, oliscar, olisquear. — Indagar, averiguar, inquirir. — Presentir, sospechar.

OLFATEAR. Oler, husmear. — Inquirir, indagar, averiguar. — Presentir, sospechar, adivinar.

OLFATO. Sagacidad, penetración.

OLÍMPICO. Endiosado, engreído, altanero, orgulloso.

OLISCAR. Husmear, olfatear. — Indagar, averiguar.

OLIVA. Aceituna.

OLOR. Fragancia, aroma, perfume. — Fama, reputación.

OLOROSO. Fragante, perfumado, aromático, odorífico.

OLVIDADIZO. Desmemoriado. — Desagradecido, ingrato.

OLVIDO. Descuido, inadvertencia, omisión, negligencia, preterición.
• memoria, recordación, retentiva

OMINOSO. Azaroso, abominable, vitando, odioso, execrable, aciago, funesto.

OMISIÓN. Olvido, descuido, dejadez, supresión, falta, negligencia, laguna.

OMITIR. Olvidar, prescindir, callar, suprimir.
• citar, mencionar, mentar, nombrar

OMNIPOTENTE. Todopoderoso.

OMNIPRESENCIA. Ubicuidad.

OMÓPLATO. Paletilla.

ONANISMO. Masturbación.

ONDA. Ola, inundación, curva, sinuosidad.
ONDEAR. Ondular, curvar. — Flamear, flotar.
ONDULAR. Ondear, rizar.
ONEROSO. Gravoso, dispendioso, costoso. — Pesado, molesto.
 • *desinteresado, gratuito*
OPACO. Intransparente. — Amortiguado, deslucido, obscuro, velado, sombrío. — Triste, melancólico.
OPCIÓN. Elección, selección.
OPERACIÓN. Maniobra. — Negocio.
OPERAR. Maniobrar. — Negociar, comerciar, tratar, especular. — Intervenir.
OPERARIO. Obrero, proletario, trabajador, jornalero.
OPIMO. Rico, fértil, abundante, cuantioso, copioso.
 • *desdeñable, escaso, estéril*
OPINAR. Discurrir, juzgar, pensar.
OPINIÓN. Juicio, dictamen, parecer, criterio, convencimiento. — Concepto, idea, fama.
OPÍPARO. Abundante, espléndido, copioso.
OPONER. Impugnar, enfrentar, contraponer, refutar, rebatir, contradecir, opugnar, obstar.
OPORTUNIDAD. Coyuntura, sazón, ocasión, proporción, tiempo, lugar, pertinencia.
 • *adelanto, impertinencia, inexactitud, retraso*
OPORTUNO. Pertinente, conveniente. — Ocurrente, gracioso, decidor, chistoso, agudo. — Útil, práctico. — Acertado, atinado, afortunado.
OPOSICIÓN. Contraste, antagonismo, contrariedad, resistencia, opugnación.
 • *acuerdo, conformidad*
OPOSITOR. Contrincante, opugnador.
OPRESOR. Déspota, tirano.
OPRIMIR. Estrujar, comprimir, apretar, apretujar, prensar. — Tiranizar, esclavizar, vejar, molestar.
 • *ayudar, libertar*
OPROBIO. Ignominia, deshonra, afrenta, vilipendio, deshonor, vergüenza, baldón.

OPTAR. Escoger, elegir, preferir.
 • *abstenerse, renunciar*
ÓPTIMO. Inmejorable.
 • *pésimo, malísimo, peyorativo*
OPUESTO. Contrario, rebelde, refractario, reacio. — Encontrado, contrapuesto, contradictorio, diferente, distinto, desigual. — Enemigo, adversario.
OPUGNAR. Contradecir, rebatir, impugnar, refutar.
 • *admitir, ayudar, convenir, facilitar*
OPULENTO. Poderoso, espléndido, rico, abundante.
OQUEDAD. Vacío, hueco.
 • *convexidad, macizo, redondez*
ORACIÓN. Rezo, ruego, súplica, plegaria, deprecación. — Discurso, arenga, alocución.
ORACIONES. Preces.
ORAR. Rezar, rogar, pedir, suplicar.
ORATE. Loco, alienado, demente, chiflado.
ORBE. Círculo, esfera. — Mundo, tierra, creación, tierra.
ÓRBITA. Esfera, perímetro, radio. — Cuenca.
ORCO. Infierno, báratro, averno, gehena.
ORDEN. Mandato, decreto, disposición, precepto. — Clase, categoría. — Paz, armonía, tranquilidad. — Regla, método, norma. — Organización.
 • *confusión, desbarajuste, desorden, desconcierto*
ORDENANZA. Estatuto, mandato, orden.
ORDENAR. Mandar, decretar, disponer, estatuir, establecer, preceptuar, prescribir. — Arreglar, coordinar, regular, metodizar, organizar. — Dirigir, encaminar, enderezar.
 • *descomponer, desequilibrar, desorganizar*
ORDINARIO. Corriente, común, acostumbrado, habitual, frecuente, regular. — Vulgar, grosero, bajo, soez, inculto, tosco, basto.
OREAR. Airear, ventilar.
ORFANDAD. Desamparo, abandono, aislamiento.
 • *amparo, familia, fortuna*

ORGANIZACIÓN. Disposición, orden, estructura, arreglo, constitución.

ORGANIZAR. Ordenar, arreglar, disponer, constituir, fundar, crear, instituir, establecer.
• *desordenar, desorganizar, desunir*

ÓRGANO. Portavoz, vocero. — Víscera. — Armonio.

ORGÍA. Bacanal, festín.

ORGULLO. Altanería, soberbia, engreimiento, arrogancia, altivez, vanidad.
• *campechanería, humildad, modestia*

ORIENTAR. Dirigir, guiar, encaminar, imponer, informar, enterar, instruir, asesorar, dictaminar.
• *descaminar, descarriar, perder*

ORIENTE. Este, naciente, levante.

ORIFICIO. Abertura, agujero, boca.

ORIGEN. Principio, causa, motivo, nacimiento, procedencia, comienzo, génesis. — Patria, país. — Familia, ascendencia.
• *desenlace, efecto, fin, término*

ORIGINAL. Singular, extravagante, extraño, raro, nuevo, curioso. — Personal, único, peculiar, especial, propio. — Texto. — Inicial, prístino.

ORIGINAR. Causar, engendrar, producir, suscitar, provocar, promover.

ORIGINARIO. Oriundo, nativo. — Original, primigenio, prístino.

ORIGINARSE. Seguirse, derivarse, nacer, resultar.

ORILLA. Margen, ribera. — Borde, canto, linde, lindero, límite, término, fin. — Orla, cenefa, fimbria, orillo.

ORILLAR. Resolver, arreglar, ordenar, solventar, desenredar. — Eludir, esquivar.

ORÍN. Moho, herrumbre. — Orina.

ORINAR. Mear.

ORIUNDO. Originario, procedente, natural, indígena, nativo, autóctono.

ORLA. Cenefa. — Borde, orilla. — Viñeta.

ORNAMENTAR. Adornar.

ORNAMENTO. Ornato, adorno, aderezo, atavío, compostura.

ORNAR. Adornar, enderezar, ataviar, componer, engalanar, exornar.

ORNATO. Adorno, gala, pompa, aparato, atavío.

ORONDO. Hinchado, hueco, satisfecho, ufano, vano, esponjado. — Vanidoso, engreído.

OROPEL. Relumbrón, chafalonía.

ORQUESTACIÓN. Instrumentación.

ORTO. Naciente, levante. — Iniciación, principio.

ORUGA. Gusano.

OSADÍA. Audacia, atrevimiento, arrojo, temeridad, valor, resolución. — Insolencia, descaro, desfachatez.

OSADO. Audaz, temerario, atrevido, resuelto. — Insolente.

OSAMENTA. Esqueleto.

OSAR. Atreverse, aventurarse, arriesgarse, intentar.

OSCILAR. Balancearse, columpiar. — Variar, vacilar, titubear, fluctuar.
• *aquietar, parar, permanecer*

ÓSCULO. Beso.

OSCURIDAD. Ver Obscuridad.

OSCURO. Ver Obscuro.
• *claro, despejado, inteligible*

OSTENSIBLE. Manifiesto, patente, visible, palpable, público.

OSTENTACIÓN. Alarde, jactancia, afectación, vanagloria, exhibición. — Magnificencia, pompa, boato, suntuosidad.
• *modestia, sencillez, sobriedad*

OSTENTAR. Alardear, mostrar, manifestar.

OSTENTOSO. Espléndido, magnífico, suntuoso, grandioso, aparatoso, regio.

OSTRACISMO. Destierro. — Aislamiento.

OTARIO. Bobalicón, necio, tonto, idiota.

OTEAR. Escudriñar, registrar, acechar.

OTORGAR. Consentir, conceder, acordar, conferir, dar, dispensar, condescender.
• *prohibir, quitar*

OVACIÓN. Aplauso, aclamación.

OVALADO. Oval.

OVILLO. Enredo, maraña, lío.

OXIDAR. Herrumbrar, enmohecer.

OYENTE. Auditor. — Espectador, concurrente, asistente. — Radioescucha.

P

PABELLÓN. Bandera, insignia.
PABILO o PÁBILO. Mecha, torcida.
PÁBULO. Sustento, alimento, pasto, fomento, motivo, tema.
PACATO. Tímido, apocado, encogido, corto, timorato.
• *audaz, belicoso*
PACER. Pastar, apacentar.
PACIENCIA. Calma, resignación, conformidad, aguante, perseverancia, flema, correa.
• *intolerancia, ira*
PACIENTE. Enfermo, doliente. — Resignado, sufrido, tolerante, manso.
PACIFICACIÓN. Apaciguamiento, paz, sosiego, tranquilidad.
PACIFICAR. Apaciguar, sosegar, tranquilizar, calmar, aquietar.
• *irritar, luchar, sublevar*
PACÍFICO. Sosegado, reposado, tranquilo, quieto, manso.
PACIFISTA. Antibélico.
PACOTILLA. Baratija, ancheta.
PACOTILLERO. Buhonero, mercachifle.
PACTAR. Concertar, convenir, acordar, ajustar.
• *pactar*
PACTO. Convenio, ajuste, concierto, tratado.
PACHORRA. Flema, indolencia, cachaza, tardanza, calma.
PADECER. Sufrir, soportar, penar, sobrellevar, tolerar, pasar.
PADECIMIENTO. Sufrimiento. — Enfermedad, mal, dolencia.
• *dicha, gozo, paz, salud*
PADRE. Autor, creador, inventor. — Papá.
PADRES. Ascendientes, antepasados.

PADRINO. Protector, favorecedor, amparador, bienhechor.
PADRÓN. Censo.
PAGA. Sueldo, salario, gaje, emolumentos.
PAGANO. Idólatra, gentil. — Impío, incrédulo.
PAGAR. Satisfacer, abonar, remunerar, solventar. — Recompensar, agradecer. — Expiar, purgar.
• *deber, quitar*
PAGARSE. Prendarse, aficionarse.
PAGO. Premio, recompensa. — Pagado.
PAGOS. Lares. — Finca, pueblo, heredad.
PAÍS. Nación, territorio, región, comarca. — Patria.
PAISANO. Compatriota, compatricio, comprovinciano, conciudadano. — Campesino.
PAJA. Hojarasca, broza, desecho, faramalla.
PAJARRACO. Pajaruco. — Espantajo. — Loro.
PAJUERANO. Provinciano, campesino, paisano.
PALA. Astucia, maña, artificio. — Raqueta.
PALABRA. Voz, término, vocablo, dicción. — Verbo.
PALABRERÍA. Charla, cháchara, palique, garrulería, garla, fraseología.
PALACIEGO. Palatino, cortesano.
PALADAR. Gusto, sabor.
PALADEAR. Saborear, gustar.
PALADÍN. Campeón, sostenedor, mantenedor, defensor.
PALADINAMENTE. Patentemente, claramente, públicamente, manifiestamente, abiertamente, sin rebozo.

PALANCA. Cuña, protección.

PALANGANA. Jofaina.

PALANGANUDO. Ampuloso, hinchado, rimbombante, pomposo, solemne, enfático, altisonante, campanudo.

PALANQUEAR. Ayudar, apoyar, proteger, muñequear. — Apalancar.

PALATINO. Palaciego.

PALENQUE. Liza, pista, arena, estadio, palestra, circo, cancha. — Poste.

PALESTRA. Palenque.

PALIAR. Encubrir, disimular, cohonestar. — Mitigar, atenuar, aminorar, calmar, suavizar.
  • *acusar, aumentar, cargar, descubrir*

PALIATIVO. Atenuante, calmante, sedativo. — Paliatorio.

PÁLIDO. Amarillento, macilento, descolorido. — Inexpresivo.

PALILLOS. Escarbadientes.

PALIQUE. Conversación, plática, charla, cháchara, palabrería.

PALIZA. Tunda, zurra, felpa, vapuleo, tollina, solfa, tocata, azotina, somanta, soba.

PALMA. Victoria, gloria, triunfo. — Palmera.

PALMARIO. Patente, evidente, notorio, palpable, claro, visible.

PALMEAR. Aplaudir, palmotear.

PALMO. Cuarta.

PALO. Madera. — Mástil.

PALPABLE. Claro, evidente, notorio, palmario.
  • *confuso, intangible, oculto*

PALPAR. Tentar, tocar.

PALPITACIÓN. Pulsación, latido.

PALPITAR. Latir, vivir.

PÁLPITO. Presentimiento, corazonada, barrunto.

PALTA. Aguacate.

PALUDISMO. Chucho.

PALURDO. Tosco, grosero, inculto, cerril, zafio, rústico.
  • *culto, refinado, urbano*

PALLADOR. Ver Payador.

PAMPLINA. Tontería, simpleza, bobería, pamema.

PAN. Alimento, comida, sustento. — Trigo.

PANACEA. Cúralotodo.

PANDILLA. Gavilla, cuadrilla, caterva, partida. — Patota, peña.

PANEGÍRICO. Laudatorio, encomiástico. — Encomio, loa, alabanza.
  • *catilinaria, diatriba, insulto*

PANEL. Cuarterón.

PÁNFILO. Cachazudo, pachorrudo, alelado, parado, tardo, pesado, pazguato.

PANFLETO. Libelo.

PANIAGUADO. Protegido, allegado.

PÁNICO. Pavor, espanto, terror, temor, pavura.
  • *serenidad, tranquilidad, valor*

PANOJA. Mazorca, panocha, choclo.

PANORAMA. Paisaje, vista.

PANTALLA. Abanico, aventador. — Lienzo, telón. — Testaferro. — Veladura, nube, sombra.

PANTANO. Dificultad, óbice, obstáculo, estorbo, embarazo, atasco, atascadero, atolladero.

PANTEÓN. Mausoleo.

PANTUFLA. Chinela, zapatilla.

PANZA. Vientre, barriga, abdomen, tripa.

PANZADA. Hartazgo, atracón.

PANZÓN. Panzudo, barrigón, barrigudo.

PAÑAL. Niñez, infancia.

PAÑOLÓN. Mantón.

PAPA. Sumo Pontífice, Padre Santo. — Patata, tubérculo.

PAPÁ. Padre.

PAPADO. Pontificado.

PAPALINA. Borrachera, cogorza, jumera, curda, mona, tajada.

PAPAGAYO. Loro.

PAPAMOSCAS. Papanatas.

PAPANATAS. Bobalicón, pazguato, papamoscas, boquiabierto, abriboca, bobo, tontaina, tonto, mentecato, simple, palurdo.

PAPARRUCHA. Embuste, mentira. — Insignificancia, fruslería, bagatela, nimiedad.

PAPELÓN. Plancha, ridículo.

PAPERA. Bocio.

PAQUEBOTE. Paquebot, paquete.

PAQUETE. Bulto, lío, envoltorio, atado. — Embuste, bola, patraña. — Elegante, atildado, corrutaco. — Paquebote.

PAR. Pareja, yunta.
• *impar, nones, singular, solo, único*

PARABIÉN. Felicitación.

PARADA. Estación. — Revista. — Quite. — Pausa, detención. — Jactancia, compadrada, bravata. — Apariencia, bambolla.
• *inestabilidad, oscilación, marcha*

PARADERO. Destino, término, fin, final.

PARADIGMA. Ejemplo, tipo, modelo.

PARADISÍACO. Celeste, perfecto, edénico, feliz, delicioso.

PARADO. Alelado, cachazudo, tardo, pánfilo, pacato, pazguato. — desocupado, ocioso, inactivo.

PARADOR. Hostería, mesón, posada, hostal.

PARAÍSO. Cielo, edén. — Cazuela.

PARAJE. Sitio, lugar, parte, punto.

PARALELISMO. Correspondencia.

PARALELO. Equidistante. — Semejante. — Comparación, cotejo.

PARALÍTICO. Tullido, impedido, baldado.

PARALIZAR. Detener, inmovilizar, impedir, atajar, parar, cortar, entorpecer, estorbar.
• *facilitar, mover, movilizar*

PÁRAMO. Puna.

PARANGÓN. Parecido, paralelo.

PARANGONAR. Comparar, cotejar, confrontar.
• *diferenciar*

PARAPETARSE. Protegerse, defenderse, resguardarse, atrincherarse.

PARAPETO. Pretil, antepecho, baranda.

PARAR. Detener, paralizar, suspender. — Vivir, habitar, alojarse, hospedarse. — Acabar, concluir, terminar. — Poner, reducir. — Fijar, reparar. — Quitar.
• *andar, caminar, correr, marchar*

PARÁSITO. Gorrón, vividor, pegadizo.

PARCIALIDAD. Bando, bandería, facción, partido, confederación. — Pasión, desigualdad, injusticia. — Amistad, preferencia.
• *igualdad, justicia, legalidad*

PARCO. Moderado, sobrio, templado, mesurado, frugal. — Escaso, corto, pobre, insuficiente.

PARCHE. Emplasto. — Pegote, retoque. — Tambor.

PARDO. Terroso. — Obscuro. — Mulato.

PARECER. Aparecer, encontrarse, hallarse, mostrarse. — Semejarse, asemejarse, aparentar. — Juzgar, opinar, pensar, creer, estimar. — Dictamen, opinión, juicio. — Aspecto.
• *desaparecer, diferenciar*

PARED. Tapia, muro, tabique.

PAREJA. Par. — Casal. — Compañero. — Esposo.

PAREJERO. Caballo, flete, pingo, corcel, jaca, bridón.

PAREJO. Igual, regular, semejante. — Liso, llano.

PARENTELA. Parientes.

PARENTESCO. Consaguinidad, afinidad.

PARIA. Desdichado, infeliz, desheredado. — Esclavo, ilota, siervo.

PARIDAD. Igualdad, identidad.
• *desemejanza, desigualdad, diversidad*

PARIENTE. Deudo, familiar, allegado. — Afín.

PARIENTES. Parentela.

PARIHUELA. Angarillas. — Camilla.

PARIR. Alumbrar.

PARLAMENTAR. Hablar, platicar. — Capitular.

PARLANCHÍN. Hablador, charlatán, boquirroto.

PARLAR. Charlar, rajar, parrafear.
• *callar*

PARLOTEAR. Parrafear, paliquear.

PARO. Suspensión. — Huelga.
• *movimiento, trabajo*

PARODIA. Imitación, copia, remedo.

PAROLA. Labia, verbosidad.

PARPADEAR. Pestañear. — Vivir.

PARQUEDAD. Parsimonia, prudencia, moderación, parcidad, sobriedad, frugalidad, economía.
• *derroche, imprudencia*

PARRAFADA. Conversación, charla.

PARRANDA. Fiesta, juerga, jarana, diversión, holgorio, jaleo, farra.

PARROQUIA. Feligresía.

PARROQUIANO. Cliente, marchante, comprador, consumidor.

PARSIMONIA. Circunspección, moderación, templanza, mesura, parquedad, parcidad, economía, prudencia, discreción.
　　• *derroche, fervor, imprudencia, rapidez.*

PARTE. Sitio, lugar, paraje, punto. — Porción, trozo, pedazo, fragmento, fracción. — Participación. — Telegrama, cablegrama, cable, telefonema, radiograma. — Lado, partido. — Litigante.

PARTENUECES. Cascanueces.

PARTERA. Comadrona.

PARTICIÓN. Repartimiento, distribución, división. — Partija.

PARTICIPAR. Comunicar, avisar, notificar, informar, anunciar, noticiar. — Cooperar, colaborar, intervenir, contribuir. — Comulgar, compartir.

PARTÍCULA. Átomo. — Fragmento, esquirla, pedazo.

PARTICULAR. Privado, personal. — Raro, extraño, singular, extraordinario, especial. — Separado, distinto. — Tema, asunto, materia. — Peculiar, característico, individual.
　　• *común, general, impersonal, ordinario*

PARTICULARIDAD. Modalidad, peculiaridad, singularidad, propiedad.

PARTICULARIZAR. Detallar, especificar.

PARTICULARIZARSE. Singularizarse, distinguirse.

PARTIDA. Marcha, salida, excursión, expedición. — Cantidad, importe. — Facción, banda, gavilla, cuadrilla, pandilla. — Muerte.

PARTIDARIO. Prosélito, adepto, secuaz, correligionario, adicto, aficionado, amigo.

PARTIDO. Dividido, cortado. — Bando, grupo, facción, bandería, parcialidad. — Amparo, favor, protección. — Decisión, determinación, disposición, resolución.

— Trato, convenio. — Provecho, utilidad, ventaja. — Distrito. — Simpatía, popularidad. — Medio, arbitrio.

PARTIR. Dividir, fraccionar, cortar, rajar, quebrar, hender, romper, abrir. — Contar. — Marcharse, salir. — Repartir, distribuir, compartir. — Arrancar.
　　• *llegar, permanecer, sumar, unir*

PARTO. Alumbramiento.

PARVA. Montón.

PARVEDAD. Pequeñez, parvidad, poquedad, cortedad, tenuidad.

PÁRVULO. Niño, criatura, chico, chiquilín, chiquillo, pequeño, infante, pebete, pibe, inocente.

PASADERO. Llevadero, admisible, aceptable, tolerable, soportable, sufrible.
　　• *inadmisible, insoportable*

PASADIZO. Pasillo, corredor, crujía, túnel, galería.

PASADO. Podrido, estropeado, descompuesto. — Viejo, anticuado.
　　• *futuro, presente*

PASADOR. Pestillo, cerrojillo.

PASAJE. Galería. — Callejón. — Parte, punto.

PASAJERO. Fugaz, transitorio, momentáneo, efímero, perecedero, breve. — Viajero, viandante, caminante.

PASAMANO. Baranda, barandal. — Galón, trencilla.

PASAR. Conducir, llevar, trasladar, transferir, traspasar. — Trasegar, transvasar. — Cambiar, mudar. — Introducir, meter. — Tragar, injerir. — Circular, andar, transitar. — Filtrar, colar. — Ocurrir, suceder, acontecer, acaecer. — Aventajar, superar, exceder, sobrepujar. — Atravesar, cruzar. — Acabar, terminar, cesar. — Padecer, sufrir. — Mediar, transcurrir. — Soportar, sufrir, tolerar, dispensar, perdonar, disimular. — Transmitir, enviar. — Tamizar, cerner. — Durar, mantenerse. — Aprobar.
　　• *igualar, permanecer*

PASARSE. Pudrirse, descomponerse. — Olvidarse.

PASATIEMPO. Distracción, diversión, entretenimiento, solaz. — Devaneo.

PASE. Permiso, licencia, autorización. — Finta.

PASIFLORA. Pasionaria.

PASILLO. Corredor, pasadizo, crujía.

PASIÓN. Vehemencia, ardor, entusiasmo, calor.

PASIVO. Débito.

PASMAR. Asombrar, maravillar, admirar, aturdir.

PASMARSE. Helarse, enfriarse.

PASMO. Tétanos. — Admiración, asombro, suspensión, estupefacción.

PASMOSO. Asombroso, sorprendente, portentoso, prodigioso, estupendo, maravilloso, admirable.

PASO. Pisada, huella, rastro. — Vado. — Lance, trance, suceso, aventura. — Diligencia, gestión.

PASTAR. Pacer, apacentar.

PASTEL. Torta. — Bodrio, embrollo.

PASTO. Alimento, pábulo, fomento, tema, motivo. — Hierba.

PASTOR. Prelado, eclesiástico.

PATADA. Puntapié, coz.

PATALEAR. Patear.

PATALETA. Patatús, soponcio.

PATÁN. Aldeano, palurdo, paleto, campesino. — Grosero, soez, descortés, tosco, zafio, cerril, ordinario, torpe, guarango.

PATATA. Papa.

PATATÚS. Pataleta, soponcio, desmayo.

PATEAR. Trajinar. — Cocear. — Patalear.

PATENTE. Claro, manifiesto, visible, evidente, notorio, palmario, palpable, ostensible, perceptible.

PATENTIZAR. Evidenciar, probar, demostrar.

    • *ocultar*

PATÉTICO. Conmovedor, sentimental, emocionante.

PATÍBULO. Cadalso, horca.

PATINAR. Resbalar, deslizarse, escurrirse.

PATITUERTO. Estevado, patizambo.

PATIZAMBO. Estevado, patituerto, cambado.

PATO. Ánade. — Cortado, seco.

PATOCHADA. Disparate, sandez, majadería, mentecatada, gansado.

PATOTA. Pandilla.

PATRAÑA. Mentira, bola, embuste, chisme, trola, cuento, farsa, conseja.

    • *realidad, verdad*

PATRIA. Tierra, país.

PATRIMONIO. Sucesión, herencia, propiedad.

PATRIOTISMO. Civismo.

PATROCINAR. Proteger, favorecer, amparar, ayudar.

PATRÓN. Dueño, amo. — Protector, patrono, bienhechor. — Modelo, muestra, pauta, norma, regla, guía.

PATRONO. Patrón, amo, señor. — Defensor, protector.

PATRULLA. Pelotón, partida.

PAULATINAMENTE. Pausadamente, lentamente, despacio.

PAULATINO. Lento, pausado, tardo.

PAUSA. Intervalo, parada, alto, detención. — Lentitud, flema, calma. — Silencio.

    • *acción, interrupción, trabajo*

PAUSADO. Lento, paulatino. — Calmoso, tardo, flemático.

PAUTA. Regla, dechado, modelo, patrón, norma, guía, muestra, falsilla.

PAVADA. Necedad, simpleza, tontería, zoncera.

PAVEAR. Tontear, bobear.

PAVIMENTO. Suelo, piso.

PAVO. Necio, infatuado, tonto. — Sosería, pesadez.

PAVONEARSE. Jactarse, alardear, blasonar, presumir, vanagloriarse, farolear, alabarse.

PAVOR. Terror, espanto, pavura, pánico, temor.

    • *audacia, valor*

PAVOROSO. Espantoso, aterrador, terrorífico.

PAYADOR. Trovero.

PAZ. Calma, tranquilidad, serenidad, sosiego. — Concordia, armonía, unión, reconciliación.

    • *batalla, combate, contienda, lucha, pelea*

PAZGUATO. Bobo, mentecato, majadero, papanatas, simple.

PEANA. Base, soporte, tarima, pie.

PEATÓN. Viandante, transeúnte.

PEBETE. Chiquilín, chico, niño, párvulo, infante, gurrumino.

PEBETERO. Sahumador.

PECADO. Falta, culpa, yerro, desliz.
 • *inocencia, penitencia*

PECAR. Faltar, errar.

PECERA. Acuario.

PÉCORA. Res. — Pícaro.

PECULIAR. Característico, propio, privativo, esencial, particular.

PECULIO. Caudal, hacienda, capital, dinero, moneda, guita, mosca. — Bolsillo, bolsa.

PECUNIA. Moneda, dinero.

PECHADOR. Sablista, petardista.

PECHAR. Cargar, apechugar, soportar, asumir. — Sablear.

PECHO. Valor, ánimo, arrojo. — Repecho, cuesta. — Contribución, tributo, impuesto.

PECHUGA. Pecho.

PEDAGÓGICO. Docente.

PEDANTE. Sabihondo. — Vanidoso, jactancioso, inmodesto, presuntuoso.

PEDAZO. Parte, fracción, trozo, porción, fragmento.

PEDERASTA. Sodomita, invertido.

PEDERNAL. Piedra.

PEDESTAL. Peana, soporte. — Fundamento, base.

PEDESTRE. Llano, vulgar, inculto, bajo.

PEDICURO. Callista.

PEDIDO. Petición, demanda, encargo, solicitud.

PEDIR. Demandar, reclamar, exigir, requerir, recabar. — Rogar, suplicar, solicitar. — Mendigar.
 • *exigir, obligar, reivindicar, requerir, imponer*

PEDRADA. Cantazo.

PEGA. Chasco, vaya, burla.

PEGADIZO. Postizo, falso, artificial. — Gorrón, parásito, pegajoso.

PEGAJOSO. Contagioso, infeccioso. — Sobón, meloso. — Gorrón, parásito,

pegadizo. — Viscoso, glutinoso. — Pesado, molesto.

PEGAR. Adherir, juntar, aglutinar. — Coser, atar, unir. — Zurrar, golpear, maltratar, castigar. — Contagiar, inficionar, contaminar, comunicar. — Asir, prender. — Sentar, caer. — Chasquear.

PEGARSE. Adherirse, unirse. — Quemarse. — Aficionarse, encariñarse.

PEGOTE. Emplasto, chapuza, parche. — Gorrón.

PEJIGUERA. Tabarra, lata, molestia, incomodidad.

PELADA. Calvicie.

PELAFUSTÁN. Holgazán, perdido, pelagatos, nadie, cualquiera.

PELAJE. Trazas, aspecto, pergeño.

PELAR. Mondar, descortezar, descascarar. — Rapar. — Desplumar. — Quemar. — Esquilar.

PELDAÑO. Escalón, grada.

PELEA. Lucha, combate, batalla, contienda, lid. — Pendencia, riña, reyerta, pelotera, trifulca, tiberio, bochinche, gresca, jollín, camorra, cisco, bronca, zafarrancho, jaleo, trapatiesta, batuque, zacapela.

PELEAR. Combatir, luchar, batallar, lidiar, contender. — Reñir, regañar, enemistarse, indisponerse.

PELECHAR. Mejorar, medrar, prosperar.

PELELE. Muñeco, inútil, pelagatos, mequetrefe, tipejo, monigote.

PELIAGUDO. Intrincado, enrevesado, complicado, difícil, abstruso, escabroso. — Hábil, mañoso.
 • *fácil, inteligible, torpe*

PELÍCULA. Cinta. — Cutícula.

PELIGRO. Riesgo, exposición.

PELIGROSO. Arriesgado, expuesto, aventurado, inseguro. — Turbulento, comprometedor.

PELMA. Fastidioso, cargante, pesado, molesto, chinchoso, latoso, incordio, escorchón, cargante. — Cachazudo, pachorrudo.

PELO. Cabello. — Vello, pelusa. — Pretexto, excusa.

PELOTERA. Riña, pelea, reyerta, pendencia, gresca, camorra, trifulca, querella, quimera, cuestión, trapatiesta, tiberio, tremolina, batifondo, bochinche, bronca, zafarrancho, batuque, cisco, jaleo, caramillo.

PELOTÓN. Patrulla, partida.

PELUCA. Reprensión, reprimenda, reto, filípica. — Bisoñé.

PELUDO. Armadillo. — Borrachera.

PELUSA. Celos, envidia.

PELLEJO. Piel. — Odre. — Borracho, ebrio, curda.

PENA. Dolor, pesar, aflicción, duelo, congoja, sufrimiento, tristeza, ahogo, sentimiento. — Castigo, correctivo, corrección. — Dificultad, trabajo, fatiga, penalidad.

PENACHO. Airón. — Vanidad, soberbia, humos, presunción.

PENADO. Trabajoso, difícil, penoso. — Condenado.

PENAL. Cárcel, presidio.

PENALIDAD. Pena. — Penuria.

PENAR. Sufrir, padecer, tolerar. — Castigar.
• *alegrar, descansar, perdonar*

PENCO. Matalón, jamelgo.

PENDENCIA. Contienda, disputa, riña, pelea, reyerta, pelotera.

PENDENCIERO. Reñidor, camorrista, quimerista, buscarruidos.
• *cobarde, pacífico, tranquilo*

PENDER. Colgar. — Depender.

PENDIENTE. Arete, zarcillo, arracada. — Cuesta, repecho, subida, bajada, declive, inclinación.

PENDÓN. Estandarte.

PENE. Miembro.

PENETRACIÓN. Sagacidad, perspicacia, sutileza, sutilidad, pesquis.

PENETRANTE. Hondo, profundo. — Agudo, sutil. — Fuerte, subido.

PENETRAR. Introducirse, atravesar, entrar, meterse. — Conmover. — Descubrir, adivinar, intuir, descifrar. — Profundizar, ahondar.

PENETRARSE. Comprender, enterarse, empaparse.

PENITENCIA. Pena, corrección, castigo, punición.

PENSAMIENTO. Idea, percepción. — Designio, proyecto, intención, plan. — Mente, magín, caletre. — Sentencia, adagio, apotegma.

PENSAR. Discurrir, imaginar, concebir, idear. — Recapacitar, meditar, reflexionar, madurar, cavilar, examinar, considerar. — Recordar. — Intentar, planear, proyectar, urdir. — Creer, suponer, figurarse, juzgar, entender.

PENSATIVO. Meditabundo, absorto, cogitabundo.

PENSIL. Jardín, edén.

PENSIÓN. Hospedaje. — Carga, gravamen.

PENSIONISTA. Huésped.

PENURIA. Escasez, necesidad, falta, penalidad, miseria, estrechez.

PEÑA. Roca, peñasco, risco, escollo. — Reunión, círculo, cenáculo, patota, pandilla.

PEÑASCOSO. Escabroso, riscoso, enriscado.

PEÓN. Jornalero, bracero. — Viandante, peatón. — Trompo, peonza.

PEONZA. Trompo, peón.

PEPITA. Semilla, simiente.

PEPITORIA. Mezcolanza.

PEQUEÑEZ. Insignificancia, bagatela, fruslería, nonada, nimiedad, nadería. — Mezquindad, ruindad, bajeza, miseria.

PEQUEÑO. Limitado, breve, ligero, insignifcante. — Minúsculo, modesto, escaso, corto. — Mezquino, humilde, bajo, miserable, pobre. — Párvulo, infante, chico, chiquilín, chiquillo, criatura, pebete.

PERCANCE. Contratiempo, daño, perjuicio, contrariedad, estorbo, desgracia, accidente. — Gajes.

PERCATARSE. Observar, notar, advertir, considerar, pensar, enterarse, reparar, cuidar, librarse.
• *desconocer, ignorar*

PERCEPCIÓN. Idea.

PERCIBIR. Recibir, cobrar, recoger. — Comprender, adivinar, descubrir. —

Sentir. — Ver, notar, avistar, divisar, distinguir.
 • *cegar, desconocer, ignorar*
PERCUDIR. Deslucir, ajar, manchar. — Penetrar, pasar.
PERCUTIR. Golpear, herir.
PERDER. Desperdiciar, disipar, derrochar, malgastar, malograr.
 • *encontrar, hallar, topar, tropezar*
PERDERSE. Extraviarse, desorientarse, confundirse. — Zozobrar, naufragar. — Viciarse, corromperse, pervertirse, arruinarse, hundirse. — Desgraciarse.
PÉRDIDA. Daño, menoscabo, quebranto, merma, perjuicio.
PERDIDO. Calavera, libertino, vicioso, tronera, perdulario. — Extraviado. — Rematado.
PERDÓN. Indulto, remisión, absolución, gracia, indulgencia.
 • *condena*
PERDONAR. Remitir, indultar, condonar, absolver, eximir, dispensar. — Omitir, exceptuar.
 • *condenar, inculpar*
PERDONAVIDAS. Fanfarrón, valentón, matasiete, baladrón, matachin.
PERDULARIO. Pillo, pícaro, perdido. — Bohemio, descuidado.
PERDURABLE. Eterno, perpetuo, imperecedero, inmortal, sempiterno.
PERECEDERO. Efímero, fugaz, caduco, pasajero, breve, corto.
PERECER. Acabar, morir, fallecer, expirar, sucumbir, extinguirse, caer, quedar, fenecer.
 • *nacer, salvar, vivir*
PERECERSE. Desvivirse, pirrarse, anhelar, ansiar, morirse.
PEREGRINO. Raro, singular, extraordinario, extraño. — Viajero, caminante.
PERENNE. Perpetuo, imperecedero, incesante, continuo, constante, permanente.
PERENTORIO. Decisivo, terminante, concluyente, definitivo. — Apremiante, urgente, apurado, preciso.
 • *lento, pasivo*
PEREZA. Holgazanería, gandulería,

haraganería, poltronería, apatía, negligencia, desidia, descuido, flojedad, pigricia. — Tardanza, lentitud, indolencia, pachorra.
 • *acción, actividad, aplicación, diligencia*
PERFECCIONAR. Acabar, pulir. — Mejorar, prosperar, progresar, adelantar.
PERFECTO. Excelente, acabado, completo, cabal, cumplido.
PERFIDIA. Deslealtad, insidia, infidelidad, traición, felonía, alevosía, falsedad.
PERFIL. Contorno, silueta, perímetro. — Figura.
PERFILARSE. Arreglarse, acicalarse, componerse, adornarse, aderezarse, emperifollarse, emperejilarse.
PERFORAR. Agujerear, horadar, taladrar.
PERFUMADO. Oloroso, fragante, aromático.
PERFUMAR. Sahumar, embalsamar, aromatizar.
PERFUME. Aroma, esencia, fragancia, efluvio.
PERGAMINOS. Títulos, ejecutoria.
PERGEÑAR. Disponer, preparar. — Ejecutar, realizar.
PERGEÑO. Disposición, apariencia, aspecto, traza, porte, pinta.
PERICIA. Habilidad, destreza, práctica, experiencia, conocimiento.
 • *inexperiencia, inhabilidad*
PERIFERIA. Contorno.
PERIFOLLO. Adorno, arrequives.
PERÍFRASIS. Circunloquio, ambages, rodeos, indirecta.
PERILLA. Barba.
PERILLÁN. Pícaro, astuto, bribón, pillo, bellaco.
PERÍMETRO. Contorno, casco. — Ámbito.
PERÍNCLITO. Heroico, grande.
PERIÓDICO. Regular, temporal, fijo. — Diario.
PERIODISMO. Prensa.
PERÍODO. Fase, etapa, división, grado, estado. — Frase. — Estación, temporada. — Ciclo.

PERIPUESTO. Acicalado, atildado, ataviado, compuesto, paquete.

PERIQUETE. Santiamén, soplo, instante, momento.

PERITO. Experto, avezado, práctico, competente, apto, idóneo, experimentado, conocedor, diestro, hábil, inteligente.
 • *desconocedor, incapaz, inexperto*

PERJUDICAR. Dañar, lesionar, menoscabar.
 • *favorecer, perdonar*

PERJUDICIAL. Nocivo, pernicioso, dañino, dañoso, malo.

PERJUICIO. Daño, menoscabo, lesión, quebranto, detrimento, deterioro.
 • *bien, favor, regalo, ventaja*

PERMANECER. Persistir, continuar, seguir, mantenerse. — Quedarse, residir.
 • *ausentar, pasar, rendir*

PERMANENTE. Estable, fijo, firme, inmutable, inalterable, invariable.

PERMISO. Licencia, autorización, consentimiento, venia, aquiscencia.

PERMITIDO. Lícito, legal, tolerado, consentido.

PERMITIR. Consentir, acceder, tolerar, dejar. — Autorizar, facultar.
 • *desautorizar, prohibir*

PERMUTA. Trueque, cambio, canje.

PERNICIOSO. Peligro, dañoso, dañino, perjudicial, malo, nocivo.

PERNOCTAR. Dormir.

PERORAR. Discursear.

PERPETRAR. Cometer, consumar, realizar, ejecutar.

PERPETUAR. Eternizar, perdurar, inmortalizar.

PERPETUO. Eterno, imperecedero, inmortal, perenne, perdurable, sempiterno.
 • *mortal*

PERPLEJIDAD. Irresolución, indecisión, incertidumbre, vacilación, indeterminación, duda, confusión.
 • *decisión, despreocupación, fe, resolución*

PERPLEJO. Irresoluto, vacilante, confuso, indeciso, dudoso.

PERRA. Rabieta, berrinche.

PERRERÍA. Villanía, canallada.

PERRO. Can, chucho, faldero, gozque, cuzco, pichicho. — Malo, arrastrado. — Vil, despreciable, miserable. — Cruel, inhumano.

PERSEGUIR. Acosar, hostigar. — Molestar, fastidiar, mortificar, estorbar. — Solicitar, instar, procurar, buscar.

PERSEVERANCIA. Persistencia, constancia, tesón, firmeza.
 • *inconstancia, indecisión*

PERSEVERAR. Persistir, obstinarse, continuar. — Durar, subsitir.
 • *ceder, existir, renunciar*

PERSIGNARSE. Santiguarse.

PERSISTIR. Perdurar, perseverar, obstinarse, permanecer, subsistir.
 • *renunciar*

PERSONA. Individuo, sujeto, ser, habitante, ente, alma, personaje.

PERSONAL. Privativo, propio, particular. — Dotación.

PERSONALIDAD. Personaje. — Individualidad.

PERSONARSE. Avistarse, presentarse, apersonarse, comparecer.

PERSPECTIVA. Apariencia. — Probabilidad, esperanza. — Visión.

PERSPICACIA. Inteligencia, agudeza, sutileza, penetración, visión, sutilidad, pesquis.
 • *necedad, tontería*

PERSPICAZ. Agudo, sutil, penetrante, astuto.

PERSPICUO. Inteligible, descifrable, claro, transparente.

PERSUADIR. Convencer, inducir, mover, decidir.
 • *dudar*

PERSUASIÓN. Convicción, convencimiento.

PERSUASIVO. Convincente, decisivo, decisorio.

PERTENECER. Corresponder, concernir, atañer, tocar, incumbir. — Referirse, relacionarse.

PERTENECIENTE. Concerniente, correspondiente, referente, tocante, relativo.

PERTENENCIA. Propiedad, dominio, tenencia.

PÉRTIGA. Garrocha, varal.

PÉRTIGO. Vara, timón.

PERTINACIA. Tenacidad, testarudez, terquedad, obstinación, persistencia.
* *negligencia, rendición, resignación*

PERTINAZ. Tenaz, terco, obstinado, testarudo, recalcitrante, porfiado, persistente.

PERTINENTE. Referente, perteneciente, relativo, propio. — Oportuno.
* *inconveniente, inoportuno*

PERTRECHAR. Municionar, abastecer, aprovisionar.

PERTRECHOS. Munición, abastecimientos. — Útiles, trebejos.

PERTURBACIÓN. Trastorno, desorden, alteración, desarreglo.
* *orden, organización, sosiego*

PERTURBAR. Inmutar, trastornar, alterar.
* *aquietar, tranquilizar*

PERVERSIDAD. Corrupción, depravación, perversión, maldad, malignidad, perfidia.

PERVERSIÓN. Depravación, corrupción, perversidad, falsedad, vicio.

PERVERSO. Malvado, corrompido, vicioso, depravado. — Maldito, maligno, malintencionado.

PERVERTIR. Corromper, viciar, depravar, estragar, inficionar, malignar. — Adulterar, falsear, desnaturalizar.
* *perfeccionar, purificar*

PESADEZ. Impertinencia, terquedad, chinchorrería. — Molestia, trabajo. — Cargazón, exceso.

PESADO. Intenso, profundo. — Lento, tardo, cachazudo, posma, calmoso. — Duro, áspero, intolerable. — Enfadoso, molesto, cargante, enojoso, impertinente, fastidioso, chinchorrero, escorchón, terco.

PESADUMBRE. Pesadez. — Injuria, ofensa, agravio. — Molestia, desazón, disguto, tristeza, pesar.

PÉSAME. Condolencia.

PESANTEZ. Peso. — Gravedad.

PESAR. Sentimiento, pena, aflicción, dolor, arrepentimiento, pesadumbre.

PESAR. Considerar, examinar, aquilatar, apreciar. — Arrepentirse. — Disgustarse, apesadumbrarse. — Medir. — Presionar.

PESAR (A). No obstante, a despecho de, en contra de.

PESAROSO. Arrepentido, apesadumbrado, sentido, afligido.

PESCAR. Agarrar, tomar, capturar, coger, apreciar, pillar, atrapar. — Sorprender.

PESCUEZO. Cogote, cuello. — Altanería, soberbia, vanidad.

PESEBRE. Comedero.

PESO. Lastre. — Estorbo. — Importancia. — Pesantez, gravedad.

PESQUIS. Agudeza, ingenio, entendimiento, inteligencia, perspicacia, penetración, cacumen.

PESQUISA. Indagación, investigación, averiguación, búsqueda. — Polizonte, policía, pesquisante.

PESTAÑEAR. Parpadear. — Vivir.

PESTE. Fetidez, pestilencia, hedor. — Plaga, calamidad, azote.

PESTÍFERO. Apestoso, pestilente, hediondo, fétido.

PESTILENCIA. Peste, hedor, hediondez, fetidez.

PESTILLO. Pasador, cerrojillo.

PETACA. Tabaquera, cigarrera, pitillera.

PETAR. Agradar, gustar.

PETARDISTA. Estafador, timador, tramposo, sablista.

PETARDO. Cohete, explosivo. — Sablazo. — Estafa, engaño.

PETATE. Esterilla. — Equipaje.

PETICIÓN. Solicitud, ruego, súplica, reclamación.

PETIMETRE. Pisaverde, currutaco, lechuguino.

PETISO. Pequeño, bajo, menudo.

PETULANCIA. Presunción, fatuidad, engreimiento, vanidad. — Descaro, insolencia.
* *corrección, modestia*

PETULANTE. Fatuo, presuntuoso,

vano, vanidoso, engreído. — Insolente, descarado.

PIADOSO. Compasivo, humano, misericordioso. — Religioso, devoto.

PIAL. Lazo.

PIAR. Suspirar, anhelar. — Llamar, clamar.

PIBE. Niño, chico, chiquillo, chiquilín, párvulo, pebete, gurrumino.

PICA. Lanza. — Garrocha.

PICADURA. Pinchazo.

PICAJOSO. Quisquilloso, susceptible, puntilloso.

PICANA. Aguijada.

PICANTE. Mordaz, acerbo, cáustico, punzante, satírico, picaresco.

PICAR. Pinchar, punzar. — Espolear. — Incitar, estimular, excitar, aguijonear, impulsar, mover. — Rayar, tocar, llegar.

PICARDEAR. Retozar, travesear.

PICARDEARSE. Resabiarse.

PICARDÍA. Sagacidad, astucia, disimulo, travesura, cuquería. — Maldad, vileza, ruindad, pillería, bribonada, bellaquería, tunantada, engaño.

PICARESCO. Picante, libre, atrevido, intencionado, drolático.

PÍCARO. Travieso, enredador, astuto, disimulado, sagaz, taimado. — Bribón, pillo, pilluelo, vil, ruin, tunante, atorrante.

PICARSE. Molestarse, resentirse, ofenderse, agraviarse, irritarse, enojarse, enfadarse. — Apolillarse, comerse. — Agriarse, apuntarse, torcerse. — Jactarse, alabarse, preciarse, vanagloriarse. — Cariarse.

PICAZÓN. Picor, escozor, comezón, prurito. — Enojo, disgusto.

PICO. Boca. — Cúspide, cima, cumbre, picota. — Fracción, parte. — Pitorro. — Facundia.

PICOR. Picazón.

PICOTA. Pico. — Cadalso.

PICHINCHO. Perro, can, chucho.

PICHINCHA. Ganga, suerte, bolada, oportunidad, coyuntura, bicoca, breva, casualidad.

PICHINCHERO. Ganguero, buscavidas, oportuno.

PICHÓN. Pollo.

PICNIC. Gira, excursión.

PIE. Base. — Fundamento, origen, principio, ocasión, motivo. — Poso, hez, sedimento. — Planta, pezuña.

PIEDAD. Devoción. — Lástima, conmiseración, misericordia.
• *crueldad, inhumanidad, saña*

PIEDRA. Muela. — Granizo. — Cálculo. — Pedernal. — Roca. — Adoquín. — Guijarro, canto.

PIEL. Cuero, corteza. — Cutis, pellejo.

PIÉLAGO. Mar, océano.

PIEZA. Trozo, parte, pedazo. — Aposento, habitación, cuarto.

PIFIA. Error, torpeza, equivocación, desacierto, coladura, plancha.

PIFIAR. Equivocarse, errar, marrar, fallar, desacertar.

PIGMEO. Insignificante, mequetrefe. — Enano, liliputiense.

PIGNORAR. Empeñar, prendar.

PIGRICIA. Ociosidad, pereza, haraganería, negligencia, descuido.
• *diligencia, fortaleza, rapidez*

PIHUELAS. Grillos, grilletes.

PILA. Montón, rimero.

PILAR. Columna.

PILCHAS. Ropas, vestimenta.

PILETA. Piscina.

PILÓN. Mortero.

PILOTEAR. Manejar, gobernar, dirigir, conducir.

PILLADA. Picardía, pillería, tunantada, bellaquería.

PILLAJE. Saqueo, robo, rapiña, hurto.

PILLAR. Agarrar, atrapar, aprehender, prender, coger. — Saquear, robar, hurtar, rapiñar.

PILLERÍA. Picardía, tunantada, cuquería.

PILLO. Sagaz, listo, astuto. — Pícaro, taimado, sinvergüenza, pillastre.

PIMPANTE. Vistoso, rozagante, atrayente. — Lindo, elegante.

PIMPOLLO. Capullo. — Vástago.

PINÁCULO. Apogeo, cima, cumbre, cúspide.

PINCELADA. Brochazo, brochada.

PINCHAR. Picar, punzar, clavar. — Aguijar, incitar. — Molestar.

PINCHE. Ayudante, aprendiz, marmitón. — Cadete.

PINCHO. Aguijón, punta, espina, alfilerón.

PINGAJO. Guiñapo, harapo, andrajo.

PINGO. Caballo, flete, parejero, jaca.

PINGÜE. Abundante, cuantioso, copioso, considerable, fértil. — Mantecoso, gordo, craso, graso.
   • *delgado, escaso*

PINTA. Señal, marca, mancha. — Aspecto, tipo, apariencia, facha, pergeño, traza, porte. — Lunar.

PINTAR. Pincelar. — Describir, reseñar. — Fingir, engrandecer, ponderar, exagerar. — Importar, significar, valer.

PINTARRAJEAR. Pintarrajar, pintorrear, embadurnar.

PINTIPARADO. Igual, semejante, parecido. — A propósito, al pelo, de perlas, apropiado.

PINTORESCO. Ameno, agradable, lindo. — Vivo, animado.

PINTORREAR. Pintarrajear, embadurnar.

PINTURA. Lienzo, cuadro. — Descripción.

PIÑA. Puñetazo. — Ananá.

PIÑATA. Olla.

PÍO. Devoto, piadoso. — Benigno, compasivo, generoso.

PIOJOSO. Miserable, avaro, mezquino, ruin, tacaño.

PIOLÍN. Cordel, bramante.

PIPA. Tonel, barrica, bordelesa, bocoy. — Cachimba. — Pepita.

PIPIOLO. Inexperto.

PIQUE. Arranque. — Rebote.

PIQUETA. Zapapico.

PIQUETE. Pelotón, patrulla.

PIRA. Hoguera.

PIRAMIDAL. Monumental.

PIRATA. Corsario.

PIROPO. Requiebro, lisonja, flor.

PIRRARSE. Desvivirse, perecerse, morirse.

PIRRONISMO. Escepticismo.

PIRUETA. Cabriola, salto.

PISADA. Huella, rastro.

PISAR. Hollar, maltratar, pisotear.

PISCINA. Pileta. — Estanque.

PISCOLABIS. Refrigerio, tentempié, colación.

PISO. Pavimento, suelo, solado.

PISOTEAR. Conculcar, atropellar, abatir, hollar, escarnecer, despreciar, humillar, ajar.

PISTA. Rastro, huella.

PISTO. Mezcolanza, pepitoria.

PISTOLERO. Matón, asaltante, atracador.

PISTÓN. Émbolo. — Fulminante.

PISTONUDO. Soberbio, magnífico, macanudo.

PITANZA. Comida, condumio.

PITAÑOSO. Legañoso, pitarroso.

PITAR. Silbar. — Fumar. — Pagar.
   • *aplaudir, aprobar*

PITILLERA. Tabaquera, petaca, cigarrera.

PÍTIMA. Borrachera, mona, curda, jumera, turca, chispa, cogorza.

PITO. Silbato.

PITOCHE. Pizca, bagatela, bicoca.

PITONISA. Adivina.

PITORRO. Canuto, pico.

PIZCA. Menudencia, insignificancia, pequeñez, minucia, bicoca, bagatela, fruslería, pitoche, ápice, comino.

PLACA. Lámina, plancha, tabla. — Condecoración, insignia.

PLÁCEME. Felicitación, enhorabuena, parabién, norabuena.

PLACENTERO. Alegre, agradable, risueño, regocijado, ameno, apacible.

PLACER. Gusto, satisfacción, agrado, delicia, deleite, diversión, entretenimiento, alegría, júbilo, regocijo, gozo, contento, alborozo.
   • *continencia, dolor*

PLACER. Gustar, agradar.

PLACIDEZ. Tranquilidad, apacibilidad, mansedumbre, sosiego, calma.
   • *intranquilidad, pena*

PLÁCIDO. Sosegado, quieto, tranquilo, calmoso, apacible, placentero, manso, grato.

PLAGA. Infortunio, calamidad, azote. — Peste, epidemia. — Copia, abundancia.

PLAGARSE. Llenarse.
PLAGIAR. Copiar, fusilar, reproducir, imitar.
   •*inventar*
PLAN. Intento, proyecto, estructura, idea, designio, pensamiento, intención. — Altura, nivel. — Plano.
PLANCHA. Lámina, placa. — Torpeza, desacierto, papelón.
PLANCHADA. Pasadera.
PLANCHAR. Estirar, alisar, desarrugar, igualar.
PLANEAR. Proyectar, idear, imaginar, trazar.
PLANICIE. Llanura, llano, llanada.
PLANILLA. Lista, nómina.
PLANO. Llano, liso, igual. — Trazado.
PLANTA. Pie, pezuña. — Vegetal. — Piso. — Plan, dibujo, proyecto, disposición, diseño.
PLANTACIÓN. Plantío.
PLANTAR. Hincar, fijar, colocar, encajar. — Establecer, fundar. — Sembrar. — Burlar, chasquear. — Dar, propinar.
PLANTARSE. Empacarse, emperrarse, cuadrarse.
PLANTEAR. Establecer, plantificar. — Proponer, suscitar.
PLANTEL. Criadero, vivero.
PLAÑIDERO. Lloroso, lastimero, triste, lúgubre.
PLAÑIR. Gemir, llorar, sollozar.
PLASMADOR. Creador.
PLASMAR. Formar, corporizar, materializar.
PLÁSTICO. Dúctil, blando.
PLATA. Dinero, recurso, luz, pecunia, monises.
PLÁTICA. Conversación, charla, coloquio. — Conferencia, sermón, predicación.
PLATICAR. Charlar, conversar, hablar, departir. — Conferenciar.
   •*callar*
PLATO. Manjar, vianda.
PLATÓNICO. Puro, ideal.
PLAUSIBLE. Loable, laudable, alabable, digno, meritorio.

PLAZO. Término, tiempo.
PLEBE. Pueblo, populacho, vulgo.
PLEGAR. Doblar.
   •*desdoblar, desplegar, extender*
PLEGARIA. Oración, súplica.
PLEGARIAS. Preces, oraciones.
PLEGARSE. Someterse, doblegarse, ceder, doblarse.
PLEITESÍA. Acatamiento, homenaje.
PLEITO. Litigio, juicio. — Contienda, disputa, lid, batalla. — Riña, pendencia.
PLENAMENTE. Completamente, enteramente.
PLENARIO. Completo, entero, cumplido, lleno.
PLENITUD. Totalidad, integridad.
PLENO. Lleno.
PLEONASMO. Redundancia.
PLEPA. Sotreta.
PLÉTORA. Abundancia, exceso, plenitud.
PLÉYADE. Falange, séquito.
PLIEGO. Carta, documento.
PLIEGUE. Doblez, repliegue, frunce.
PLOMBAGINA. Grafito.
PLURALIDAD. Multiplicidad. — Muchedumbre, copia.
PLUS. Sobresueldo, propina, gratificación.
POBLACIÓN. Ciudad, urbe, pueblo, villa, lugar, poblado. — Vecindario, vecinos.
   •*despoblación, emigración*
POBLAR. Llenar.
POBRE. Mendigo, pordiosero, menesteroso, indigente, necesitado, miserable. — Humilde, modesto. — Quieto, pacífico. — Escaso, falto, desprovisto, corto, raquítico, mezquino. — Desdichado, desgraciado, infeliz.
POBREZA. Indigencia, necesidad, miseria, estrechez, penuria, mezquindad, desnudez, privación, carencia.
   •*generosidad, hartura, riqueza*
POCILGA. Chiquero, zahurda. — Tabuco, chiribitil.
POCILLO. Jícara.
PÓCIMA. Medicamento, brebaje, mejunje, menjurje, potingue.
POCIÓN. Bebida, pócima.
POCO. Escaso, corto, limitado.

• *abundante, mucho, numeroso, sinfín, ilimitado*

POCHO. Pálido, descolorido. — Podrido. — Deprimido.

PODAR. Cercenar, reducir, disminuir, cortar.

PODER. Dominio, facultad, potestad, autoridad. — Poderío, fuerza, vigor, pujanza. — Ascendiente, imperio, influencia. — Posesión.

• *debilidad, inferioridad, obediencia*

PODER. Conseguir, obtener, lograr, atinar, acertar.

PODERÍO. Poder, autoridad, mando, potestad. — Bienes, fortuna, riqueza. — Dominio, señorío.

PODEROSO. Rico, afortunado, acaudalado, pudiente. — Potente, pujante, vigoroso. — Enérgico, fuerte, activo, eficaz. — Grande, excelente, magnífico.

PODRE. Podredumbre.

PODRIDO. Corrompido, putrefacto, viciado, descompuesto.

POETA. Vate, bardo, trovador, trovero, aedo.

POETIZAR. Idealizar, embellecer.

POLEA. Garrucha.

POLÉMICA. Controversia, discusión. — Disputa.

• *acuerdo, paz*

POLICÍA. Vigilante. — Pesquisa.

POLÍCROMO. Multicolor.

POLICHINELA. Muñeco, títere.

POLÍTICA. Cortesía, finura, atención, urbanidad.

POLÍTICO. Atento, fino, cortés, cumplido, urbano.

POLIZONTE. Policía, agente.

POLTRÓN. Holgazán, perezoso, haragán, gándul, flojo.

• *activo, esforzado, fuerte*

POLTRONERÍA. Holgazanería, pereza, haraganería, molicie.

POLVAREDA. Pelotera, trifulca, tremolina, trapatiesta, tiberio, zafarrancho, bronca, cisco, bochinche, batuque, batahola, gresca, batifondo, jollín, marimorena, caramillo, jaleo.

POLVO. Harina. — Tierra. — Ceniza.

POLLERA. Falda, saya.

POLLINO. Asno, borrico. — Tonto, ignorante.

POLLO. Pichón. — Joven.

POMA. Manzana.

POMADA. Betún. — Crema.

POMPA. Suntuosidad, magnificencia, ostentación, grandeza, fausto, aparato, rumbo.

• *modestia, sencillez*

POMPOSO. Magnífico, aparatoso, ostentoso, suntuoso. — Hueco, hinchado, ampuloso, enfático, palanganudo, rimbombante, altisonante.

PONCHADA. Porción, cantidad, trozo, nube.

PONDERACIÓN. Encarecimiento, exageración.

PONDERAR. Encarecer, abultar, exagerar. — Pesar, equilibrar.

• *denigrar, humillar*

PONENCIA. Informe, dictamen.

PONER. Disponer, preparar, arreglar. — Tardar, demorar. — Suponer. — Aovar. — Causar, ocasionar. — Apostar. — Situar, colocar, acomodar. — Añadir, agregar. — Adaptar, aplicar.

PONERSE. Vestirse. — Mancharse, ensuciarse. — Colocarse, situarse. — Ocultarse.

PONIENTE. Oeste, occidente, ocaso.

PONZOÑA. Veneno, tóxico, tósigo.

PONZOÑOSO. Venenoso. — Nocivo, perjudicial, dañoso.

POPULACHO. Plebe, turba, vulgo.

POPULARIDAD. Fama, renombre.

POPULARIZAR. Divulgar, difundir, propagar.

• *desacreditar*

POQUEDAD. Escasez, miseria. — Cobardía, timidez, cortedad, pusilanimidad.

PORCIÓN. Trozo, parte, pedazo, fragmento, fracción. — Montón, infinidad, multitud, sinnúmero, muchedumbre. — Ración.

PORCHE. Soportal, cobertizo.

PORDIOSEAR. Mendigar.

PORDIOSERO. Mendigo, mendicante, mendigante, pobre.

PORFÍA. Terquedad, obstinación, testarudez, insitencia, importunidad, empeño. — Disputa, contienda, discusión.

PORFIADO. Machacón, terco, testarudo, obstinado, pesado, importuno, porfiador, discutidor.

PORFIAR. Machacar, insistir, obstinarse, importunar. — Disputar, discutir.
• *ceder, desistir*

PORMENOR. Detalle, circunstancia. — Menudencia, minucia.

PORNOGRAFÍA. Obscenidad.

POROTO. Alubia, judía, frijol. — Minucia, menudencia, insignificancia, fruslería. — Éxito.

PORQUÉ. Causa, razón, motivo. — Cantidad, porción.

PORQUERÍA. Suciedad, inmundicia, basura. — Grosería, indecencia, desatención, descortesía. — Golosina. — Trastada, engaño.
• *cortesía, limpieza*

PORRA. Clava, maza, cachiporra.

PORRADA. Cachiporrazo, porrazo. — Ponchada.

PORRAZO. Golpe, trastazo, golpazo, linternazo, costalada.

PORRILLO (A). Copiosamente, abundantemente.

PORRÓN. Botijo.

PORTADA. Frontispicio, fachada, frente, cara.

PORTAL. Zaguán, vestíbulo, entrada. — Pórtico.

PORTAPECHOS. Sostén, ceñidor.

PORTAPLIEGOS. Cartapacio, carpeta, carpetilla.

PORTAR. Llevar, traer.

PORTARSE. Conducirse, comportarse, proceder. — Distinguirse, lucirse.

PORTÁTIL. Movible, transportable, manuable.

PORTAVIANDAS. Fiambrera.

PORTAVOZ. Heraldo. — Órgano.

PORTE. Apariencia, aspecto, aire, traza, presencia. — Conducta, moralidad. — Tamaño, capacidad.

PORTENTO. Prodigio, maravilla, milagro.

PORTENTOSO. Maravilloso, pasmoso, asombroso, prodigioso, estupendo, admirable, milagroso, extraordinario, grandioso, emocionante, ciclópeo, gigantesco.

PÓRTICO. Portal.

PORVENIR. Futuro, venidero. — Perspectivas.
• *ayer, pasado*

POSADA. Hospedaje, albergue, alojamiento. — Fonda, hostería, mesón, parador, hostal.

POSADERAS. Nalgas, asentaderas, posas.

POSADERO. Hostelero, fondista, mesonero, huésped.

POSARSE. Pararse, asentarse, reposar, descansar.
• *marcharse, removerse*

POSEEDOR. Dueño, propietario.

POSEER. Tener, disfrutar, gozar. — Saber, conocer.
• *carecer, deber*

POSEÍDO. Poseso. — Furioso, loco, demente.

POSESIÓN. Propiedad, finca, predio. — Disfrute, goce. — Tenencia.

POSESIONARSE. Apropiarse, apoderarse, recibir.

POSESIVO. Posesorio.

POSIBILIDAD. Potencia.

POSIBLE. Hacedero, realizable, factible, dable.
• *imposible, inverosímil, irrealizable, utópico*

POSIBLES. Bienes, rentas, fortuna, caudal.

POSICIÓN. Situación, postura, disposición. — Categoría, condición, estado.

POSITIVO. Cierto, seguro, verdadero, efectivo, real, auténtico.
• *dudoso, inseguro, irreal, negativo*

POSMA. Calmoso, cachazudo, flemático, pesado.

POSO. Sedimento, hez, asiento. — Descanso, reposo, quietud.

POSPONER. Aplazar, diferir, retrasar, postergar.
• *ensalzar*

POSTE. Pilar, puntal, estaca.

POSTEMA. Absceso, tumor.
POSTERGAR. Retrasar, posponer, preterir, diferir. — Relegar.
• *anteponer, ensalzar, recordar*
POSTERIDAD. Descendencia.
POSTERIOR. Subsiguiente.
POSTERIORMENTE. Últimamente.
PÓSTIGO. Portillo, ventanillo.
POSTILLA. Pústula, costra, pupa.
POSTÍN. Presunción, jactancia.
POSTIZO. Artificial, añadido. — Fingido, simulado.
• *natural, propio, verdadero*
POSTOR. Licitador.
POSTRACIÓN. Languidez, decaimiento, descaecimiento, extenuación, desfallecimiento, aplanamiento, debilidad, desvanecimiento. — Humillación, abatimiento.
POSTRAR. Humillar, rendir, derribar, abatir. — Debilitar, enflaquecer.
• *ensalzar, fortalecer, levantar*
POSTRARSE. Arrodillarse. — Debilitarse.
POSTRERO. Postrer, último, postrimer, postrimero.
POSTRIMERÍA. Fin, final, ocaso.
• *nacimiento, orto, principio*
POSTRIMERO. Postrero, postrer, último, postrimer.
POSTULAR. Solicitar, pedir, pretender, colectar.
POSTURA. Actitud, figura, situación, posición. — Puesta. — Pacto, convenio, trato.
POTABLE. Bebible.
POTAJE. Caldo, sopa.
POTE. Vasija. — Tiesto. — Guiso.
POTENCIA. Fuerza, poder, fortaleza, vigor, energía. — Dominación, imperio, autoridad. — Nación, estado. — Posibilidad.
• *impotencia, incapacidad, nulidad*
POTENTADO. Opulento, acaudalado, poderoso, pudiente.
POTENTE. Poderoso, pujante, enérgico, vigoroso, eficaz, fuerte. — Grande, abultado, desmesurado.

POTESTAD. Poder, dominio, facultad, autoridad, jurisdicción.
POTINGUE. Medicamento, pócima, brebaje, mejunje, menjurje.
POTRA. Hernia. — Suerte, fortuna.
POTRO. Córcel, caballo, trotón, jaca, flete, pingo, bridón, parejero.
POTROSO. Hernioso, herniado. — Afortunado, venturoso.
POZO. Cisterna. — Hoyo.
PRÁCTICA. Experiencia, hábito, costumbre, estilo, uso. — Habilidad, pericia, destreza. — Conocimiento.
• *ciencia, doctrina, teórica, teoría*
PRACTICAR. Ejercer, ejercitar. — Abrir, horadar, agujerear.
PRÁCTICO. Experto, experimentado, versado, perito, diestro, avezado, conocedor. — Positivista. — Cómodo.
PREÁMBULO. Exordio, prólogo, prefacio, proemio, introducción, principio, introito.
• *desenlace, epílogo, final*
PREBENDA. Canonjía, sinecura, ganga, breva, momio.
PRECARIO. Inestable, inseguro, transitorio.
PRECAUCIÓN. Cautela, prudencia, circunspección, reserva.
PRECAVER. Prevenir, prever.
• *postergar, retrasar seguir*
PRECAVIDO. Prudente, previsor, circunspecto, sagaz, astuto, cauto.
PRECEDENCIA. Anterioridad, prioridad. — Preferencia. — Superioridad, preeminencia, primacía.
PRECEDENTE. Antecedente.
PRECEDER. Anteceder.
• *posponer, seguir, suceder*
PRECEPTO. Orden, mandato, regla, disposición, máxima, principio.
PRECEPTOR. Maestro, profesor, mentor.
PRECEPTUAR. Mandar, ordenar, disponer, prescribir.
• *desordenar, descomponer, irregularizar*
PRECES. Oraciones, plegarias, súplicas, ruegos.

PRECIADO. Apreciado, estimado, precioso. — Jactancioso, vano, petulante, fachendoso.

PRECIAR. Apreciar, estimar. — Tasar, valuar, valorar.
 • *despreciar, humillar*

PRECIARSE. Jactarse, alabarse, vanagloriarse, gloriarse.

PRECIO. Valor, estimación, coste.

PRECIOSIDAD. Encanto, hermosura, primor.

PRECIOSO. Excelente, primoroso. — Hermoso, lindo, bello. — Chistoso, festivo, decidor, agudo.
 • *antipático, feo, imperfecto*

PRECIPICIO. Despeñadero, derrumbadero, sima, abismo. — Ruina, desastre.

PRECIPITACIÓN. Atolondramiento, arrebato, prisa, aturdimiento, inconsideración, imprudencia, temeridad, irreflexión.

PRECIPITAR. Despeñar, derrumbar, arrojar. — Acelerar, apresurar, atropellar.
 • *contener, detener, meditar, sentarse*

PRECIPITARSE. Arrojarse, tirarse, lanzarse, abalanzarse, echarse. — Caer, hundirse.

PRECISAMENTE. Justamente, indispensablemente, necesariamente, cabalmente, determinadamente, forzosamente.

PRECISAR. Determinar, fijar. — Necesitar. — Forzar, constreñir, obligar, estrechar, compeler.

PRECISIÓN. Exactitud, puntualidad, regularidad. — Claridad, concisión. — Necesidad, fuerza, obligación.

PRECISO. Necesario, imprescindible, indispensable, inexcusable, forzoso, obligatorio. — Puntual, exacto, fijo, determinado. — Conciso, claro.
 • *indeterminado, irregular*

PRECLARO. Ilustre, famoso, célebre, insigne, esclarecido, afamado.
 • *desconocido, secundario, vulgar*

PRECONIZAR. Celebrar, encomiar, alabar, ensalzar, ponderar.

PRECOZ. Prematuro.

PREDECESORES. Antecesores, precursores. — Antepasados, abuelos, padres, mayores.

PREDECIR. Pronosticar, presagiar, vaticinar, augurar, profetizar, adivinar, anunciar.

PRÉDICA. Plática, sermón, conferencia, charla.

PREDICAMENTO. Opinión, concepto, estima.

PREDICAR. Publicar, manifestar. — Reprender, amonestar, sermonear, reconvenir. — Alabar, encomiar.

PREDICCIÓN. Presagio, vaticinio, pronóstico, profecía, augurio, adivinación, horóscopo.

PREDILECCIÓN. Preferencia, inclinación.

PREDILECTO. Preferido, favorito, privilegiado, elegido.

PREDIO. Heredad, finca, posesión, hacienda, tierra.

PREDISPONER. Inclinar, atraer.

PREDISPOSICIÓN. Propensión, inclinación, tendencia.

PREDOMINAR. Prevalecer, privar, preponderar, sobresalir, imperar, reinar, descollar.
 • *obedecer, someter*

PREDOMINIO. Imperio, ascendiente, influjo, poder, autoridad, superioridad.

PREEMINENCIA. Privilegio, superioridad, supremacía, prerrogativa.

PREEMINENTE. Elevado, alto, honroso, honorífico, superior.

PREFACIO. Preámbulo, prólogo, proemio, exordio, principio, introducción, introito.
 • *desenlace, epílogo, final*

PREFERENCIA. Predilección, inclinación. — Primacía, ventaja. — Prelación.
 • *enemistad, inferioridad, postergación, desventaja*

PREFERIBLE. Mejor, deseable.

PREFERIDO. Predilecto, favorito. — Privilegiado, elegido, mimado.

PREFERIR. Anteponer. — Distinguir, escoger, optar, elegir.
 • *odiar, postergar*

PREFIJO. Afijo.

PREGONAR. Publicar, proclamar, divulgar, propalar, anunciar. — Vocear. — Alabar, celebrar. — Proscribir, desterrar.

PREGONERO. Heraldo.

PREGUNTAR. Interrogar, demandar, interpelar.
  • *contestar, replicar, responder*

PREGUNTÓN. Indiscreto.

PREHISTÓRICO. Fabuloso, legendario, ancestral.

PREJUICIO. Prevención, escrúpulo.

PRELACIÓN. Preferencia, antelación, predilección.

PRELUDIO. Obertura. — Introducción, preámbulo, comienzo, principio.

PREMATURO. Anticipado, adelantado, temprano.
  • *lento, maduro, reflexivo*

PREMEDITADO. Deliberado, preconcebido.

PREMIAR. Galardonar, coronar, laurear. — Recompensar, gratificar, remunerar.
  • *castigar, merecer, sancionar*

PREMIO. Galardón, lauro. — Recompensa, remuneración, gratificación. — Prima, sobreprecio.

PREMIOSO. Apretado, ajustado. — Incómodo, molesto, gravoso. — Estricto, rígido.

PREMISA. Proposición, antecedente. — Señal, índice, indicio.

PREMURA. Apuro, aprieto. — Prisa, urgencia, instancia.
  • *lentitud, tardanza*

PRENDA. Garantía. — Joya, tesoro. — Atavío.

PRENDAR. Empeñar, pignorar.

PRENDARSE. Enamorarse, encariñarse, aficionarse.
  • *desagradar, enemistar*

PRENDAS. Cualidades.

PRENDER. Asir, aprehender, coger, agarrar, aprisionar, detener, capturar, apresar. — Arraigar, encepar.
  • *continuar, soltar*

PRENDERSE. Enredarse, engancharse. — Ataviarse, engalanarse, aderezarse.

PRENSA. Periodismo.

PRENSAR. Apretar, estrechar, comprimir.

PREÑADO. Lleno, cargado.

PREÑAR. Llenar, colmar. — Fecundar, embarazar, empreñar.

PREÑEZ. Gravidez.

PREOCUPACIÓN. Inquietud, cuidado, desvelo. — Ofuscación.

PREOCUPAR. Inquietar, ofuscar.
  • *sosegar, tranquilizar*

PREPARAR. Disponer, arreglar, proyectar, aprestar, aparejar, alistar. — Prevenir, predisponer. — Fabricar.
  • *despreocupar, olvidar*

PREPARATIVOS. Aprestos, aparato, aparejo.

PREPONDERANCIA. Predominio, autoridad, superioridad.
  • *desventaja, inferioridad*

PREPONDERAR. Prevalecer, predominar, privar, pesar.

PRERROGATIVA. Privilegio, ventaja, predilección.

PRESA. Captura. — Dique.

PRESAGIAR. Anunciar, predecir, vaticinar, pronosticar, adivinar, profetizar, augurar.

PRESAGIO. Augurio, conjetura, vaticinio, pronóstico, indicio, anuncio.

PRESBÍTERO. Sacerdote, clérigo.

PRESCINDIR. Desechar, descartar, apartar.
  • *incluir, poner, preferir*

PRESCRIBIR. Señalar, determinar. — Mandar, ordenar, disponer, decidir, preceptuar. — Extinguir, terminar, fenecer.
  • *empezar, valer*

PRESEA. Alhaja, joya.

PRESENCIA. Figura, traza, facha, aspecto, apariencia, talle.
  • *ausencia, inexistencia*

PRESENCIAR. Ver, contemplar, asistir.

PRESENTAR. Mostrar, exponer, exhibir, enseñar. — Ofrecer, regalar. — Introducir.
  • *faltar, huir, ocultar*

PRESENTARSE. Comparecer.

PRESENTE. Regalo, ofrenda, obsequio. — Actual.

PRESENTIMIENTO. Pálpito, corazonada, barrunto.

PRESENTIR. Barruntar, sospechar, adivinar.

PRESERVAR. Defender, amparar, proteger, resguardar. — Inmunizar.
• *desamparar, descubrir*

PRESIDIARIO. Penado.

PRESIDIO. Cárcel, prisión.

PRESIONAR. Pesar, coaccionar.

PRESO. Prendido, apresado. — Presidiario. — Cautivo, prisionero.

PRESTAR. Facilitar, suministrar. — Auxiliar, ayudar, socorrer. — Comunicar, dar.

PRESTARSE. Avenirse, conformarse, allanarse, arreglarse, resignarse. — Ofrecerse, comedirse.

PRESTEZA. Agilidad, diligencia, ligereza, prontitud, rapidez, viveza.
• *irresolución, lentitud, pesadez*

PRESTIDIGITACIÓN. Escamoteo, ilusionismo.

PRESTIGIO. Influjo, ascendiente, influencia, valimiento, fama, crédito, autoridad.
• *descrédito, desprestigio, insolvencia*

PRESTO. Pronto, diligente, vivo, ligero. — Dispuesto, preparado, listo. — Luego, al instante.
• *inhábil, lento, pesado, tarde*

PRESUMIDO. Presuntuoso, vano, vanidoso, fatuo, petulante, pedante, jactancioso.

PRESUMIR. Conjeturar, suponer, sospechar, maliciar. — Alardear, jactarse, engreírse, vanagloriarse.

PRESUNCIÓN. Suposición, conjetura, sospecha. — Fatuidad, petulancia, vanidad, engreimiento, jactancia, ínfulas.
• *desconocimiento, ignorancia, modestia*

PRESUNTO. Supuesto, reputado.

PRESUNTUOSO. Presumido, vanidoso, petulante, fatuo.

PRESUROSO. Apresurado, rápido, veloz, ligero, pronto.

PRETENDER. Solicitar. — Procurar, intentar. — Aspirar.
• *conformar, desistir, renunciar*

PRETENDIENTE. Candidato, solicitante, aspirante.

PRETENSIÓN. Solicitación, aspiración. — Exigencia.

PRETERIR. Postergar, posponer.

PRETEXTO. Disculpa, excusa, achaque, socapa, socolor, subterfugio, efugio, evasiva.

PRETIL. Murete, parapeto.

PREVALECER. Predominar, preponderar, privar, imperar, reinar, sobresalir, prevaler. — Arraigar, crecer.
• *disminuir, perder, someterse*

PREVALECERSE. Aprovecharse, servirse.

PREVENCIÓN. Disposición, providencia, medida, apresto.

PREVENIDO. Advertido, cuidadoso. — Preparado, dispuesto. — Provisto, abundante.

PREVENIR. Precaver, prever. — Impedir, evitar. — Informar, avisar, advertir. — Imbuir, impresionar, preocupar.
• *confiar*

PREVER. Conjeturar, presentir.

PREVIO. Anticipado, anterior.
• *pospuesto, posterior, subsiguiente*

PREVISOR. Precavido, circunspecto, cauto, prudente.

PREZ. Honor, gloria, fama, estima.

PRIETO. Apretado. — Mísero, escaso, codicioso.

PRIMA. Sobreprecio, premio.

PRIMACÍA. Excelencia, superioridad, ventaja.
• *desventaja, inferioridad*

PRIMARIO. Principal, primero.

PRIMERO. Inicial, primitivo, prístino, primario, primo, primordial. — Mejor. — Indispensable, urgente.
• *final, postrero, último, zaguero*

PRIMIGENIO. Primitivo, originario, inicial, prístino.

PRIMITIVO. Viejo, antiguo, salvaje, rudo, sencillo.— Primario, primero, inicial, primigenio, prístino.
• *derivado, descendiente, procedente*

PRIMO. Primero.

PRIMOR. Habilidad, maestría, destreza, esmero, cuidado. — Perfección, hermosura, finura.

•*cursilería, descuido, imperfección, suciedad*

PRIMORDIAL. Fundamental, primero, primitivo.

PRIMOROSO. Esmerado, delicado, excelente, perfecto, fino. — Diestro, hábil.

PRINCIPAL. Ilustre, esclarecido, distinguido, noble. — Fundamental, primordial, esencial, capital, importante, básico.

•*accesorio, complementario, incidental, secundario*

PRINCIPESCO. Regio, soberano, espléndido, magnífico, suntuoso, fastuoso.

PRINCIPIANTE. Novicio, novato, aprendiz, cadete, pinche.

PRINCIPIAR. Comenzar, empezar, encabezar, emprender. — Iniciar, inaugurar.

• *acabar*

PRINCIPIO. Base, origen, fundamento, raíz, causa, comienzo, orto. — Máxima, regla, precepto. — Encabezamiento.

•*consumación, fin, término*

PRINCIPIOS. Rudimentos, nociones.

PRINGAR. Engrasar. — Infamar, vilipendiar. — Embarrar, estropear.

PRINGOSO. Grasiento. — Puerco, sucio, cochino.

PRINGUE. Grasa. — Suciedad, porquería.

PRIORIDAD. Anterioridad, precedencia.

PRISA. Presteza, rapidez, prontitud. — Riña, pelea.

•*lentitud, pasividad, pereza*

PRISIÓN. Cárcel, gayola.

PRISIONERO. Cautivo, reo, apresado, preso.

PRISIONES. Grillos, cadenas.

PRISMÁTICOS. Anteojos.

PRÍSTINO. Antiguo, original, primero, primitivo, primigenio.

PRIVACIÓN. Carencia, ausencia, falta, escasez. — Abstinencia.

PRIVACIONES. Penurias, estrecheces, carencias.

PRIVADO. Particular, personal. — Interior, íntimo. — Favorito, válido.

PRIVANZA. Favor, valimiento, protección, poder.

PRIVAR. Despojar, destituir, exonerar, qui-

tar. — Prohibir, vedar, negar, impedir. — Prevalecer, preponderar, predominar.

•*derrochar, gozar, permitir, tener*

PRIVARSE. Abstenerse, renunciar.

PRIVATIVO. Propio, exclusivo, particular, personal.

PRIVILEGIADO. Predilecto, preferido, favorito. — Afortunado. — Notable, extraordinario.

PRIVILEGIO. Derecho, prerrogativa, ventaja.

PROBABILIDAD. Verosimilitud.

PROBABLE. Creíble, verosímil.

PROBAR. Demostrar, justificar, confirmar, atestiguar, evidenciar, acreditar. — Procurar, ensayar, experimentar, tantear, tratar, intentar. — Gustar, catar. — Sentar.

PROBIDAD. Honradez, integridad, rectitud, delicadeza, bondad, moralidad.

•*deshonor*

PROBLEMA. Cuestión, asunto, negocio. — Dificultad, rompecabezas, enigma, complicación.

PROBLEMÁTICO. Incierto, inseguro, dudoso, ambiguo.

PROBO. Honrado, recto.

PROCACIDAD. Descaro, insolencia, desvergüenza, atrevimiento, cinismo, descoco.

•*comedimiento, modestia, vergüenza, reparo*

PROCAZ. Desvergonzado, atrevido.

PROCEDENCIA. Origen, principio, advenimiento, nacimiento. — Oportunidad.

PROCEDER. Comportamiento, conducta.

PROCEDER. Originarse, derivarse, emanar, provenir, nacer, dimanar. — Portarse, comportarse, conducirse, obrar.

PROCEDIMIENTO. Forma, manera, método, sistema, marcha.

PROCELOSO. Tempestuoso, borrascoso, tormentoso, agitado.

PRÓCER. Alto, elevado. — Magnate, grande.

PROCESADO. Acusado, reo.

PROCESAR. Encausar, enjuiciar.

PROCESO. Causa. — Progreso, adelanto, evolución.

PROCLAMAR. Aclamar, celebrar. — Promulgar, publicar, pregonar, divulgar.

PROCREAR. Engendrar, multiplicar, propagar.

PROCURAR. Tratar, intentar, pretender, probar.

PRODIGALIDAD. Derroche, despilfarro, largueza, liberalidad, exuberancia, generosidad, profusión, abundancia.

PRODIGAR. Disipar, desperdiciar. — Despilfarrar, derrochar, malgastar, malbaratar.
* *ahorrar, contener, restringir*

PRODIGIO. Maravilla, portento, milagro.

PRODIGIOSO. Portentoso, milagroso, maravilloso, asombroso, extraordinario, admirable. — Excelente, exquisito, primoroso.

PRÓDIGO. Derrochador, despilfarrador, manirroto, generoso, dadivoso, liberal. — Fecundo.
* *interesado, tacaño*

PRODUCCIÓN. Obra, labor.

PRODUCIR. Engendrar, criar, crear. — Ocasionar, originar, causar, motivar, provocar. — Fructificar, dar. — Redituar, rentar, rendir. — Exhibir, alegar.
* *consumir, deshacer*

PRODUCTIVO. Fértil, fructífero, feraz. — Beneficioso, lucrativo, fructuoso, provechoso.

PRODUCTO. Provecho, lucro, utilidad, beneficio, fruto, renta, rédito, rendimiento.

PROEMIO. Prólogo, preámbulo, prefacio, exordio, principio, introducción, introito.
* *epílogo, final*

PROEZA. Hazaña, heroicidad, valentía, gesta.
* *cobardía, timidez*

PROFANACIÓN. Sacrilegio.
* *piedad, religión, respeto*

PROFANAR. Deslucir, desdorar, deshonrar, prostituir, manchar, hollar, corromper.
* *respetar*

PROFANO. Ignorante. — Deshonesto, inmodesto.

PROFECÍA. Predicción, vaticinio, presagio, pronóstico, augurio.

PROFERIR. Articular, pronunciar, decir, exclamar.
* *callar*

PROFESAR. Creer, confesar. — Ejercer, desempeñar, practicar.

PROFESIÓN. Oficio, empleo, carrera, ministerio, facultad.
* *cesantía, pasividad*

PROFESOR. Maestro, catedrático.

PROFETIZAR. Anunciar, predecir, presagiar, pronosticar, vaticinar, augurar, prever.

PROFICUO. Provechoso, útil.

PROFILAXIS. Profilaxia, preservación, higiene.

PRÓFUGO. Fugitivo, evadido, desertor, huido.

PROFUNDIZAR. Ahondar.
* *ignorar, subir*

PROFUNDO. Hondo, grande, excesivo, recóndito, insondable. — Penetrante, intenso.

PROFUSIÓN. Exceso, abundancia, exuberancia, prodigalidad, copia, riqueza, multitud.
* *defecto, escasez, tacañería*

PROFUSO. Copioso, abundante, excesivo.

PROGENIE. Progenitura, generación, casta, familia, descendencia, prole, estirpe, linaje.

PROGENITOR. Padre, ascendiente, antepasado.

PROGENITURA. Progenie, descendencia.

PROGRAMA. Plan, proyecto.

PROGRESAR. Adelantar, mejorar, perfeccionarse, prosperar, medrar, florecer, desarrollarse.
* *desmejorar, retrasar*

PROGRESIVO. Creciente.

PROGRESO. Adelanto, avance, prosperidad, perfeccionamiento, adelantamiento, mejora, desarrollo, acrecentamiento, aumento, medro.
* *barbarie, incultura, retraso*

PROHIBIR. Vedar, impedir, privar, negar.
* *ayudar, permitir, poner*

PROHIJAR. Adoptar. — Acoger.

PROHOMBRE. Prócer.
PRÓJIMO. Semejante.
PROLE. Descendencia, progenie, linaje, sucesión, hijos.
PROLEGÓMENO. Preliminar, introducción.
PROLETARIO. Obrero, jornalero. — Plebeyo, vulgar.
PROLÍFICO. Fecundo.
PROLIJO. Difuso, extenso, dilatado, largo. — Meticuloso, esmerado, cuidadoso. — Impertinente, pesado.
  • *conciso, parco*
PRÓLOGO. Preámbulo, prefacio, proemio, introito, introducción, exordio, principio.
  • *colofón, fin, remate*
PROLONGAR. Alargar, dilatar, extender.
  • *acotar, encoger*
PROMEDIAR. Mediar. — Interceder.
PROMESA. Oferta, ofrecimiento, voto, palabra, manda, prometido.
PROMETER. Ofrecer, asegurar.
PROMETIDO. Promesa, ofrecimiento. — Novio, futuro.
PROMINENCIA. Elevación, saliente, protuberancia.
  • *depresión, llanura*
PROMINENTE. Saliente, elevado.
PROMISCUIDAD. Confusión, mezcolanza.
PROMISIÓN. Promesa.
PROMISORIO. Prometedor.
PROMOTOR. Iniciador, promovedor, autor.
PROMOVER. Adelantar, ascender, elevar. — Iniciar, levantar, suscitar, originar, ocasionar.
PROMULGAR. Decretar, publicar, anunciar.
  • *callar, derogar*
PRONOSTICAR. Predecir, presagiar, profetizar, vaticinar, augurar.
PRONÓSTICO. Profecía, predicción, presagio, augurio, vaticinio.
PRONTITUD. Rapidez, presteza, ligereza, diligencia, actividad, viveza.
  • *parsimonia, pereza*

PRONTO. Veloz, acelerado, presto, rápido, ligero. — Dispuesto, preparado. — Arranque, arrebato. — Prestamente, prontamente, presto.
PRONTUARIO. Compendio, epítome, resumen. — Registro.
PRONUNCIAMIENTO. Alzamiento, rebelión, levantamiento, sublevación, insurrección.
PRONUNCIAR. Articular, decir, proferir. — Rebelar, levantar, sublevar.
  • *callar, someter*
PRONUNCIARSE. Rebelarse, sublevarse, alzarse, levantarse, amotinarse, insurreccionarse.
PROPAGANDA. Publicidad, avisos, anuncios.
PROPAGANDISTA. Divulgador.
PROPAGAR. Extender, difundir, dispersar, divulgar, propalar, publicar, esparcir.
PROPALAR. Divulgar. — Transmitir, perifonear.
PROPASARSE. Excederse, extralimitarse. — Insolentarse, descomedirse. — Abusar.
  • *contener, limitar, retrasar*
PROPENDER. Inclinarse, tender, dirigirse, encaminarse.
PROPENSIÓN. Inclinación, tendencia, afición.
  • *desgana, disgusto, desinterés*
PROPICIO. Benigno, favorable, preciso, próspero, próvido, oportuno. — Dispuesto.
PROPIEDAD. Finca, posesión, predio, tierra, heredad. — Dominio, pertenencia, disfrute, goce. — Naturalidad, realidad. — Atributo, cualidad.
PROPIETARIO. Dueño, amo, casero, patrón, terrateniente.
PROPINA. Gratificación, recompensa, prima. — Plus, añadidura, adehala, yapa.
PROPINAR. Dar, administrar, aplicar, añadir.
PROPINCUO. Cercano, próximo.
  • *ajeno, lejano*
PROPIO. Peculiar, característico. — Oportuno, conveniente. — Natural, real. — Recadero.

PROPONER. Plantear, sentar. — Indicar, designar. — Resolver, determinar. — Intentar, procurar. — Presentar, recomendar.
• *aceptar, desentenderse*

PROPORCIÓN. Correspondencia, relación, armonía, conformidad. — Tamaño, dimensión. — Oportunidad, coyuntura, conveniencia.
• *desproporción, inconveniencia, inoportunidad*

PROPORCIONADO. Armónico, adecuado. — Competente, apto, regular.
• *desigual, desmesurado.*

PROPORCIONAR. Suministrar, proveer, facilitar. — Adecuar.
• *desequilibrar, privar, quitar*

PROPOSICIÓN. Tesis, tema. — Propuesta. — Premisa.

PROPÓSITO. Intención, ánimo, objeto, mira, idea, intento, fin, resolución, designio, proyecto.
• *irreflexión*

PROPUESTA. Defender, proteger, amparar.

PROPULSAR. Impeler, impulsar.

PROPULSIÓN. Impulsión.

PRÓRROGA. Aplazamiento, demora, prorrogación.

PRORROGAR. Continuar, dilatar. — Suspender, aplazar, demorar.
• *cumplir, terminar*

PRORRUMPIR. Saltar, brotar, romper, salir, irrumpir. — Emitir, proferir, exclamar.

PROSAICO. Vulgar, ramplón, trivial, ordinario.

PROSAPIA. Ascendencia, linaje, estirpe, abolengo.

PROSCRIBIR. Desterrar, extrañar. — Prohibir.

PROSEGUIR. Seguir, continuar.
• *detener, interrumpir*

PROSÉLITO. Partidario, secuaz, parcial, sectario, satélite.

PROSOPOPEYA. Afectación, ampulosidad, empaque.

PROSPERAR. Mejorar, adelantar, progresar, enriquecer, medrar, florecer, triumfar.
• *arruinar, fracasar*

PROSPERIDAD. Progreso, adelanto, felicidad.

PRÓSPERO. Favorable, venturoso, feliz, propicio, floreciente, rico.

PROSTERNARSE. Postrarse, arrodillarse.

PROSTÍBULO. Mancebía, burdel, lupanar.

PROSTITUIR. Envilecer, deshonrar, corromper, degradar, rebajar.
• *ennoblecer, honrar*

PROSTITUTA. Ramera, puta, buscona, hetaira, hetera, meretriz, suripanta, cortesana, golfa, perdida, pecadora, pelandusca, pendanga, zorra, arrastrada, pendona, bagasa.

PROTAGONISTA. Actor, personaje, héroe.

PROTECCIÓN. Amparo, defensa, refugio, resguardo. — Apoyo, socorro.
• *desamparo, inseguridad*

PROTECTOR. Padrino, bienhechor, amparador, defensor. — Preventivo, preservativo.

PROTEGER. Amparar, defender, preservar, resguardar, prevenir. — Apoyar, ayudar, patrocinar, palanquear. — Alentar, favorecer.
• *atacar, desamparar*

PROTEGIDO. Amparado, resguardado, escudado, abroquelado. — Favorito, ahijado.

PROTERVIA. Protervidad, perversidad, maldad.

PROTESTAR. Rebelarse, indignarse, reclamar, amenazar. — Refunfuñar, gruñir, rezongar. — Declarar, confesar.

PROTOCOLO. Ceremonial, etiqueta, ritual.

PROTOTIPO. Ejemplar, modelo, espécimen, dechado.

PROTUBERANCIA. Prominencia, saliente, elevación.

PROVECTO. Antiguo, viejo, maduro.

PROVECHO. Beneficio, utilidad, ganancia, lucro, producto, fruto.

• *incomodidad, inconveniencia, inutilidad*

PROVECHOSO. Beneficioso, productivo, lucrativo, útil, fructífero, fructuoso, proficuo.

PROVEEDURÍA. Almacén, despensa, abacería.

PROVEER. Suministrar, proporcionar, abastecer, facilitar, surtir. — Conferir, otorgar. — Dictar. — Disponer, resolver.

• *privar, quitar*

PROVENIR. Proceder, dimanar, originarse, nacer.

PROVERBIAL. Tradicional. — Notorio, patente, palmario.

PROVERBIO. Sentencia, refrán, adagio, aforismo, máxima.

PROVIDENCIA. Dios. — Disposición, medida, prevención, fortuna. — Resolución.

PROVIDENCIALMENTE. Milagrosamente, afortunadamente.

PRÓVIDO. Propicio, benévolo. — Prevenido, cuidadoso, diligente. — Abundante.

PROVISIONAL. Provisorio, interino, transitorio, accidental.

• *estable, fijo, inalterable, permanente, invariable*

PROVISIONES. Víveres, vituallas, bastimento.

PROVOCACIÓN. Desafío, reto, insulto. — Estímulo, promoción.

PROVOCAR. Incitar, excitar, irritar. — Estimular, inducir, mover. — Suscitar, causar, promover. — Desafiar, insultar, retar. — Facilitar, ayudar. — Vomitar, arrojar, lanzar. — Producir, ocasionar.

• *apaciguar, tranquilizar*

PROXENETISMO. Alcahuetería, lenocinio.

PROXIMIDAD. Inmediación, cercanía, vecindad.

• *antigüedad, lejanía*

PRÓXIMO. Contiguo, inmediato, cercano, junto, vecino, lindante, aledaño, confinante, rayano, propincuo.

PROYECTAR. Arrojar, lanzar, despedir. — Disponer, preparar. — Idear, concebir,

forjar, bosquejar, imaginar. — Tramar, urdir, maquinar.

PROYECTIL. Bala.

PROYECTO. Plan, idea, designio, intención, pensamiento, empresa.

• *ejecución, hecho, obra, realización*

PRUDENCIA. Cordura, moderación, tacto, circunspencción, discreción, mesura, templanza, parsimonia, reserva, previsión. — Discernimiento, serenidad.

• *imprudencia, indiscreción, ligereza, temeridad*

PRUDENTE. Circunspecto, discreto, moderado, cuerdo, templado, previsor, reservado, mesurado.

PRUEBA. Testimonio, indicio, muestra, evidencia, señal. — Demostración, comprobación. — Razón, argumento, instrumento. — Ensayo, experimento.

• *indicio, muestra, señal, síntoma*

PRURITO. Picazón, picor, comezón, escozor. — Manía, tema.

PSEUDÓNIMO. Seudónimo.

PSIQUE. Alma, intelecto, inteligencia, espíritu.

PSIQUIATRA. Alienista.

PUBERTAD. Adolescencia.

PUBLICACIÓN. Artículo. — Diario, revista.

PUBLICAR. Divulgar, proclamar, pregonar, revelar, anunciar. — Imprimir, estampar, insertar, editar, componer, producir, aparecer.

PUBLICIDAD. Avisos, anuncios, propaganda.

PUBLICISTA. Escritor, periodista.

PÚBLICO. Patente, notorio, manifiesto, conocido. — Auditorio, concurrencia, espectadores, asistentes.

PUCHERO. Olla.

PUCHO. Colilla.

PUDICIA. Recato, pudor, decoro, modestia, honestidad.

PÚDICO. Casto, honesto, recatado, pudoroso, modesto, decoroso.

PUDIENTE. Poderoso, opulento, acaudalado, rico.

PUDOR. Honestidad, recato, castidad, modestia, decoro. — Vergüenza.

PUDRIR. Corromper, dañar, descomponer. — Consumir, molestar.
　• *sanar, vivir*

PUEBLO. Nación, raza. — Población, ciudad, poblado, lugar. — Vulgo, plebe, gente. — Vecinos, vecindario.

PUERCO. Sucio, desaliñado. — Ruin, interesado, venal. — Cerdo, chancho.

PUERIL. Infantil, inocente, fútil. — Frívolo.

PUERTA. Entrada, salida.

PUERTO. Fondeadero, bahía, cala, ensenada, abra. — Asilo, refugio, amparo.

PUES. Que, porque, ya que, puesto que, en vista de que.

PUESTA. Ocaso. — Postura.

PUESTO. Lugar, espacio, sitio, punto, paraje. — Empleo, cargo, oficio, colocación, dignidad.

PÚGIL. Boxeador.

PUGNAR. Batallar, luchar, pelear, contender, reñir. — Porfiar, esforzarse. — Pujar.
　• *pacificar*

PUJANTE. Fuerte, potente, poderoso, vigoroso.

PUJANZA. Fortaleza, fuerza, vigor, poder.
　• *debilidad, impotencia*

PUJAR. Subir, aumentar. — Pugnar, esforzarse.

PULCRITUD. Cuidado, esmero, limpieza, aseo.
　• *indelicadeza, suciedad*

PULCRO. Cuidadoso, aseado, esmerado, limpio, pulido.

PULIMENTAR. Pulir, alisar, bruñir, abrillantar.

PULIR. Pulimentar, bruñir, abrillantar, alisar. — Perfeccionar. — Componer, acabar. — Adornar, ataviar. — Civilizar.
　• *descomponer, ensuciar*

PULPA. Carne.

PULPEJO. Zancajo, talón, calcañar.

PULSACIÓN. Latido, pulsada.

PULSAR. Tañer, tocar. — Latir. — Tantear, probar.

PULSERA. Ajorca, manilla, brazalete, alhaja.

PULSO. Firmeza, seguridad. — Cuidado, tiento. — Latido.

PULULAR. Abundar, bullir, multiplicarse. — Originarse, provenir, nacer.
　• *aquietar*

PULVERIZAR. Moler. — Aniquilar, destruir.

PULLA. Indirecta, alusión, alfilerazo, buscapié. — Broma, chanza, burla.

PUNA. Páramo. — Soroche.

PUNCIÓN. Punzada.

PUNDONOR. Punto, honor.
　• *deshonor, indecencia*

PUNDONOROSO. Caballeroso.

PUNIBLE. Castigable.

PUNTA. Pincho, aguijón, ápice. — Cúspide. — Clavo. — Cantidad.

PUNTADA. Punto.

PUNTAL. Apoyo, sostén, fundamento.

PUNTAPIÉ. Puntera.

PUNTERÍA. Destreza, habilidad, tino, acierto.

PUNTERO. Delantero, destacado. — Vara, punzón.

PUNTILLOSO. Quisquilloso, minucioso, susceptible.

PUNTO. Lugar, paraje, sitio, localidad, puesto, parte. — Puntada. — Pundonor. — Instante, momento, soplo, segundo. — Vacación. — Asunto, materia, cuestión. — Tanto. — Sujeto, individuo. — Parada.

PUNTUAL. Exacto, estricto, diligente, cumplidor, pronto, regular. — Cierto, seguro, indubitable. — Conforme, adecuado.

PUNTUALIDAD. Exactitud, regularidad, diligencia.
　• *inexactitud, informalidad, inseguridad*

PUNTUALIZAR. Detallar. — Acabar, perfeccionar.

PUNZADA. Puntada, punzadura, pinchazo, punción.

PUNZANTE. Mordaz, picante, agudo.

PUNZAR. Pinchar, picar, aguijar.

PUÑADO. Manojo, haz.

PUÑETAZO. Puñada, trompada, trompis, puñete, piña.

PUÑO. Puñado, porción. — Mango.

PUFA. Postilla. — Nana, daño, mal.

PUPILO. Interno. — Huésped.

PUPITRE. Escritorio.

PURAMENTE. Estrictamente, meramente, simplemente, solamente.

PUREZA. Virginidad, castidad. — Puridad.

PURGAR. Purificar, acrisolar, depurar, limpiar. — Expiar. — Corregir, moderar.

PURIDAD. Pureza. — Secreto.

PURIFICAR. Limpiar, purgar, acrisolar, depurar, desembarazar.

• *ensuciar, pecar*

PURISMO. Casticismo.

PURO. Casto, recto, sano. — Castizo, correcto. — Simple, mero. — Habano.

PUS. Materia, virus, humor, podre.

PUSILÁNIME. Apocado, tímido, corto, encogido, miedoso, cobarde, temeroso, gurrumino.

• *entero, fuerte, firme, templado*

PÚSTULA. Postilla, llaga.

PUTA. Prostituta, buscona, ramera, meretriz, suripanta, hetaira, golfa, pelandusca, zorra, perdida, hetera, cortesana, pecadora, pendanga, bagasa, pendona, arrastrada.

PUTREFACCIÓN. Descomposición, corrupción, podre.

• *salud, serenidad*

PUTREFACTO. Podrido, corrompido, descompuesto, pútrido.

Q

QUEBRACHO. Quiebrahacha.

QUEBRADA. Desfiladero, garganta.

QUEBRADIZO. Frágil, delicado, vidrioso, rompedero.
• *duro, fuerte, resistente*

QUEBRADO. Desigual, tortuoso, barrancoso, anfractuoso, sinuoso. — Quebrantado, debilitado. — Fallido. — Fracción, quebrado. — Herniado.

QUEBRADURA. Hendidura, hendedura, rotura, grieta, rendija, abertura, quebraja. — Hernia, potra.

QUEBRANTAR. Quebrar, romper, cascar, machacar, triturar, hender, moler. — Violar, forzar, profanar, infringir, vulnerar, traspasar. — Suavizar, templar, disminuir. — Molestar, fatigar. — Apesadumbrar, conmover. — Persuadir, inducir, ablandar. — Anular, revocar.
• *endurecer, obedecer, resistir*

QUEBRANTARSE. Resentirse.

QUEBRANTO. Daño, perjuicio, pérdida, deterioro, detrimento, menoscabo. — Lástima, conmiseración, piedad. — Aflicción, dolor, pena. — Descaecimiento, quebrantamiento, desaliento, desánimo, flojera, debilidad.

QUEBRAR. Quebrantar, romper, doblar, fracturar, torcer. — Interrumpir, estorbar. — Templar, suavizar, moderar. — Ajar, afear, deslustrar. — Ceder, flaquear.

QUEBRARSE. Relajarse.

QUEDAR. Estar, permanecer. — Convenir, acordar. — Subsistir, sobrar, restar. — Faltar. — Cesar, terminar, acabar, caer, sucumbir, perecer, morir.
• *ausentarse, marchar, pasar*

QUEDARSE. Apropiarse, apoderarse. — Engañar.

QUEDO. Quieto, tranquilo. — Bajo, suave.
• *inquieto, ostentoso, ruidoso, veloz*

QUEHACER. Tarea, trabajo, ocupación, faena, negocio.
• *cesantía, pasividad*

QUEJA. Resentimiento, disgusto, descontento, desazón. — Gemido, quejido, lamento. — Reclamación. — Querella.

QUEJARSE. Lamentarse, gemir. — Querellarse.
• *reírse*

QUEJOSO. Descontento, resentido, disgustado.

QUEJUMBROSO. Lastimero. — Melindroso.

QUEMA. Quemazón, incendio, ustión, fuego, combustión.

QUEMADO. Incinerado. — Enojado, irritado, enfadado.

QUEMAR. Arder, abrasar, escaldar, incinerar. — Malvender, malbaratar. — Impacientar, desazonar, fastidiar, irritar, enojar, enfadar.

QUEMAZÓN. Quema, incendio. — Comezón. — Desazón, resentimiento. — Realización, liquidación.

QUENA. Flauta, caramillo.

QUERELLA. Queja. — Discordia, disputa, pendencia, reyerta, riña, pelotera, contienda, rencilla, pleito, cuestión, litigio, discusión. — Demanda.
• *concordia, paz*

QUERENCIA. Hogar, pago, establo, guarida.

QUERER. Cariño, afecto, amor.
QUERER. Amar, apreciar, estimar. — Desear, apetecer, anhelar, ansiar, ambicionar. — Resolver, determinar, decidir, intentar, procurar, pretender.
• *desistir, odiar, resignar*
QUERIDO. Caro, amado, apreciado, estimado. — Amante.
QUERUBÍN. Serafín, ángel, querube.
QUEVEDOS. Lentes, anteojos, gafas, antiparras.
QUID. Esencia, razón, porqué, toque, busilis.
QUÍDAM Cualquiera, insignificante, pelele, botarate, pelagatos.
QUIEBRA. Rotura, grieta, hendidura, abertura. — Pérdida, quebranto, menoscabo. — Batacazo.
QUIEBRO. Tranquilo, pacífico, sosegado, reposado. — Quedo. — Inmóvil, firme, fijo.
QUIETUD. Sosiego, paz, tranquilidad, reposo, calma, descanso. — Inmovilidad, serenidad.
• *actividad, dinamismo, movimiento*
QUIJOTE. Idealista, iluso.
QUIMERA. Desvarío, ilusión, ficción, delirio, fábula, sueño, utopía. — Penden-

cia, gresca, pelotera, riña, cuestión, trifulca, disputa, tiberio, bronca, cisco, bochinche, zafarrancho, jaleo, batuque, jollín, batahola, trapatiesta.
• *realidad*
QUIMÉRICO. Fabuloso, fantástico, imposible, irrealizable. — Imaginario, ilusorio.
QUINQUENIO. Lustro.
QUINTA. Huerta, huerto, villa, vergel, cultivo.
QUINTAESENCIAR. Sutilizar.
QUISQUILLOSO. Susceptible, puntilloso.
• *alegre, comprensivo, pacífico, tranquilo*
QUITA. Descuento, rebaja.
QUITANZA. Recibo.
QUITAR. Hurtar, robar, despojar, coger. — Apartar, separar, retirar, restar. — Derogar, abrogar, suspender. — Impedir, estorbar, obstar. — Prohibir, vedar. — Desempeñar. — Suprimir. — Librar, eximir.
• *acomodar, colocar, instalar, poner, situar*
QUITARSE. Apartarse. — Irse.
QUITASOL. Sombrilla.
QUITE. Regate, esguince.
QUIZÁ. Quizás, acaso, posiblemente.

R

RABIA. Furia, ira, cólera, furor, enojo. — Hidrofobia.
• *serenidad, tranquilidad*
RABIAR. Encolerizarse, enfurecerse, enojarse. — Ansiar, anhelar. — Impacientarse.
• *serenar, tranquilizar*
RABIETA. Berrinche, perra.
RABIOSO. Colérico, airado, furioso, enojado. — Excesivo, vehemente, desmedido, fuerte. — Hidrófobo.
RABO. Colo, rabillo. — Maza.
RABONA. Inasistencia.
RACHA. Ráfaga.
RACIOCINAR. Discurrir, razonar, argumentar.
RACIOCINIO. Racionamiento, discurso, argumento, raciocinación.
• *adivinación, clarividencia, intuición, percepción*
RACIÓN. Porción.
RACIONAL. Justo, lógico, razonable.
RADA. Bahía, ensenada, abra.
RADIANTE. Brillante, refulgente, resplandeciente, luminoso, rutilante.
RADIAR. Irradiar, resplandecer, centellear, brillar, rutilar. — Apartar, retirar, abandonar. — Emitir, propalar, perifonear.
• *apagarse*
RADICAL. Extremado, excesivo. — Completo, total. — Enérgico, drástico. — Fundamental.
• *accidental, apelable, relativo*
RADICAR. Arraigar, fincar, residir. — Estribar.
• *ausentarse, desarraigar*
RADICARSE. Establecerse, domiciliarse, avecindarse.
RADIO. Zona, distrito, sector. — Radiotelefonía.
RAEDOR. Rasero
RAEDURA. Raspadura.
RAER. Raspar. — Rasar.
RAÍDO. Rozado, gastado. — Desvergonzado, descarado.

RAÍL. Carril, riel.
RAÍZ. Origen, principio, fundamento.
RAJA. Hendidura, hendedura, resquebrajadura, rendija, grieta, abertura. — Rebanada, tajada.
RAJAR. Hender, partir, cascar, resquebrajar, agrietar, abrir. — Charlar, despepitarse, despacharse.
RALEA. Raza, casta, linaje. — Clase, género, calidad, especie, estofa.
RALEAR. Escasear, aclarar.
RALO. Claro.
RAMADA. Ramaje. — Enramada, cobertizo.
RAMAL. Cabastro, ronzal.
RAMERA. Puta, prostituta, zorra, golfa, buscona, hetera, cortesana, suripanta, meretriz, hetaira, pelandusca, pendanga, perdida, pecadora, perendeca, bagasa.
RAMIFICARSE. Subdividirse.
RAMPLÓN. Vulgar, pedestre. — Tosco, grosero, desaliñado, inculto.
• *culto, elegante, selecto*
RANA. Batracio. — Pícaro, astuto, vivo, despabilado.
RANADA. Cuquería.
RANCHO. Choza, cabaña.
RANCIO. Antiguo, añejo.
RANDA. Ratero, ladrón, caco.
RANURA. Hendedura, canal, raja.
RAPAPOLVO. Reprimenda, reto, café, jabón, amonestación, repasata.
RAPAR. Afeitar, pelar, atusar. — Hurtar, robar, arrebatar, birlar.
RAPAZ. Muchacho, niño, chico, chiquillo, joven, mozo, mancebo, zagal.
RAPIDEZ. Celeridad, ligereza, presteza, prontitud, velocidad.
• *lentitud, pasividad*
RÁPIDO. Veloz, raudo, precipitado, impetuoso, apresurado, presuroso, pronto, ligero, vivo, ágil.
RAPIÑA. Hurto, robo, saqueo, pillaje, expoliación.

RAPOSO. Zorro. — Astuto, ladino.

RAPTAR. Robar.

RAPTO. Impulso, arrebato, arranque. — Éxtasis, arrobamiento.

RAQUÍTICO. Exiguo, mezquino, desmedrado, endeble, miserable. — Escaso, corto, pobre.
• *fuerte, generoso, sano*

RAREFACER. Rarificar.

RAREZA. Extravagancia, singularidad, genialidad, anomalía. — Curiosidad.
• *abundancia, vulgaridad*

RARIFICAR. Enrarecer.

RARO. Extraordinario, excepcional. — Peregrino, singular. — Extraño, extravagante, anómalo. — Ralo. — Insigne, sobresaliente.

RASAR. Nivelar, arrasar, igualar.— Rozar.
• *desigualar*

RASCAR. Añadir, rasguñar.

RASGAR. Desgarrar, romper.

RASGO. Nota, cualidad, característica, atributo, distinción, carácter.

RASGÓN. Rasgadura, desgarrón, jirón, rotura.

RASGOS. Facciones.

RASGUÑO. Arañazo, araño.

RASO. Plano, llano. —Despejado, libre, desembarazado.
• *elevado, escarpado*

RASO (AL). A la intemperie, a cielo descubierto.

RASPA. Arista. — Espina. — Ladrón, caco, randa.

RASPANDO. Arañando, difícilmente, a duras penas.

RASPAR. Raer. — Picar. — Hurtar, quitar. — Rasar.

RASQUETA. Almohaza.

RASTRA. Rastro. — Ristra

RASTREADOR. Sabueso, baqueano, vicheador.

RASTREAR. Indagar, inquirir, investigar. — Husmear, olfatear.

RASTRERO. Bajo, despreciable, vil, indigno.
• *digno, noble, sincero*

RASTRO. Huella, vestigio, pista, señal, reliquia. — Rastra, rastrillo.

RASURAR. Afeitar. — Raer, raspar.

RATERO. Ladrón, rata, caco.

RATIFICAR. Confirmar, refirmar, aprobar.
• *corregir, enmendar, rectificar*

RATÓN. Laucha.

RAUDO. Veloz, rápido, precipitado, violento.

RAYA. Línea. — Confín, límite, término, linde, frontera.

RAYANO. Limítrofe, lindante, fronterizo, confinante.
• *distante, mediano*

RAYAR. Lindar, confinar, limitar. — Empezar. Sobresalir, descollar. — Estriar.

RAYO. Centella, chispa, refocilo.

RAZA. Linaje, estirpe, casta, prosapia, abolengo.

RAZÓN. Causa, motivo. — Prueba, explicación, argumento. — Derecho, justicia, verdad. — Cuenta, relación, cómputo.
• *apetito, reflejo, impulso, instinto*

RAZONABLE. Regular, mediano, moderado, justificado. — Justo, legítimo, legal.
• *imprudente, injusto, irreflexivo*

RAZONAMIENTO. Argumento, raciocinio, discurso.

RAZONAR. Raciocinar, argumentar, discurrir, hablar.

REACIO. Terco, porfiado, rebelde, indócil, renuente, opuesto, remolón, remiso.
• *débil, disciplinado, dócil*

REAL. Verdadero, cierto, verídico, efectivo, auténtico, positivo, serio. — Regio, magnífico, suntuoso, soberbio, espléndido, generoso.

REALCE. Relieve. — Brillo, lustre, esplendor, estimación.

REALIDAD. Verdad, naturalidad, propiedad, sinceridad.
• *apariencia, espejismo, ilusión, sombra*

REALIDAD (EN). Efectivamente, en verdad, en rigor, sin duda alguna.

REALIZABLE. Factible, hacedero, posible.

REALIZAR. Efectuar, ejecutar, verificar, hacer. — Liquidar, vender.
• *abstenerse, incumplir*

REALMENTE. Verdaderamente, efectivamente, positivamente.

REALZAR. Enaltecer, engrandecer, ensalzar, exaltar, elevar, encumbrar. — Levantar, destacar.
• *humillar, hundir*

REANIMAR. Confortar, consolar, vivificar, reforzar, alentar, animar. — Despertar, rejuvenecer.
• *apurar, desalentar, entristecer*

REANUDAR. Proseguir, renovar, continuar.
• *interrumpir, parar, suspender*

REAPARECER. Resurgir, renacer.

REATA. Recua.

REATA (DE). En pos, a continuación, a la zaga.

REBAJA. Disminución, descuento, deducción, bonificación.

REBAJAR. Descontar, deducir, reducir, disminuir. — Humillar, abatir, degradar, envilecer.
• *aumentar, ensoberbecerse*

REBAÑO. Manada, hato. — Grey.

REBASAR. Transponer, pasar.
• *comedir, contener*

REBATIR. Contrarrestar, rechazar. — Impugnar, refutar.

REBATO. Alarma.

REBELARSE. Sublevarse, insurreccionarse, levantarse, alzarse. —Resistir, protestar, indignarse.
• *obedecer, someter*

REBELDE. Insurgente, sublevado, insurrecto, faccioso. — Indócil, desobediente, indisciplinado, refractario, reacio, indómito.

REBELDÍA. Indocilidad, desobediencia, insurrección.

REBELIÓN. Insurrección, sublevación, levantamiento, alzamiento.
• *servilismo, sumisión*

REBENQUE. Látigo, vergajo, talero.

REBOSAR. Exteriorizar. — Desbordarse, salirse. — Redundar.

REBOTE. Pique, salto.

REBOZO. Embozo. — Simulación.

REBUSCADO. Relamido, alambicado, complicado.

REBUSCAR. Escudriñar, investigar.

REBUZNAR. Roznar.

RECABAR. Lograr, conseguir, alcanzar, obtener. — Pedir, solicitar.

RECADO. Montura. — Mandato.

RECALARSE. Rezumarse.

RECALCAR. Machacar, insistir, repetir, subrayar. — Apretar, comprimir.

RECALCITRANTE. Obstinado, terco, pertinaz, reincidente. — Carca.
• *arrepentido, disciplinado*

RECAPACITAR. Reflexionar.

RECAPITULAR. Resumir, sintetizar, compendiar.

RECARGADO. Excesivo, exagerado.

RECATADO. Honesto, modesto, impúdico.

RECATAR. Ocultar, tapar, esconder, encubrir.

RECATO. Pudor, honestidad, decoro. — Cautela, astucia, reserva.
• *desvergüenza, impudor*

RECATO (SIN). Sin embozo.

RECAUDACIÓN. Cobro, colecta, cuestación, recado, cobranza.

RECAUDAR. Asegurar, custodiar.

RECAUDO. Recaudación, cobranza. — Precaución, cuidado. — Fianza, caución, seguridad.

RECELAR. Sospechar, desconfiar, temer, maliciarse. — Dudar, barruntar.

RECELO. Desconfianza, suspicacia, sospecha, resquemor, temor, miedo, cuidado, reconcomio.
• *confianza, fe, ingenuidad*

RECELOSO. Desconfiado, suspicaz.

RECEPCIÓN. Admisión, recibimiento, acogida.

RECEPTÁCULO. Acogida, asilo, refugio. — Recipiente, vasija.

RECESO. Separación, apartamiento, desvío.

RECETA. Fórmula, récipe.

RECETARIO. Farmacopea, formulario. — Reglamento.

RECHAZAR. Repeler, repudiar. — Recusar. — Resistir. — Refutar, rebatir, impugnar, contradecir.
• *aceptar, atraer, estimar*

RECHIFLA. Silbatina.
• *aplauso, elogio*

RECHINAR. Chirriar, crujir.

RECHONCHO. Recoquín, regordete.

RECIAMENTE. Vigorosamente, fuertemente.

RECIBIMIENTO. Recepción, acogida. — Antesala.

RECIBIR. Tomar, percibir, cobrar. — Admitir, aceptar. — Acoger.
• *dar, donar, entregar, otorgar, regalar, conceder*

RECIBIRSE. Licenciarse.

RECIBO. Recepción. — Recibimiento.

RECIEDUMBRE. Fuerza, fortaleza, vigor, robustez.

RECIENTE. Nuevo, flamante, fresco, moderno.
• *antiguo, estropeado, viejo*

RECIENTEMENTE. Ultimamente.

RECINTO. Local, estancia. — Perímetro, circuito.

RECIO. Fuerte, vigoroso, robusto. — Grueso, gordo, corpulento, abultado. — Duro, áspero, grave. — Riguroso, frío,

rígido. — Veloz, impetuoso. —Recia-
mente, con ímpetu.
RÉCIPE. Receta. — Desazón, disgusto,
represión.
RECIPIENTE. Receptáculo.
RECÍPROCO. Mutuo.
RECITAR. Declamar.
RECLAMACIÓN. Protesta, petición, exi-
gencia.
RECLAMAR. Protestar, reivindicar —
Exigir, pedir. — Implorar, solicitar.
• *desistir, perdonar*
RECLAMO. Señuelo, cimbel, espejuelo.
— Anuncio.
RECLINAR. Recostar, inclinar, apoyar,
adosar.
RECLUIR. Encerrar, aprisionar.
• *libertar*
RECLUSIÓN. Aislamiento. — Prisión,
encierro.
RECLUSO. Preso, presidiario.
RECLUTA. Reclutamiento, alistamiento.
— Conscripto, soldado.
RECLUTAR. Alistar. — Enganchar,
levantar.
RECOBRAR. Recuperar, rescatar, recon-
quistar.
• *empeorar, perder*
RECOBRARSE. Restablecerse, reponerse,
aliviarse.
RECODO. Revuelta, recoveco, ángulo,
sinuosidad, meandro.
RECOGER. Juntar, reunir, congregar. —
Acoger, albergar. — Cosechar, recolectar.
— Encoger, ceñir, apretar. — Guardar,
alzar. — Captar.
RECOGERSE. Encerrarse, retirarse. —
Abstraerse. — Refugiarse, acogerse.
RECOLECCIÓN. Cosecha. — Recopila-
ción, resumen, compendio. — Cobranza,
recaudación.
RECOLECTAR. Recoger, cosechar.
RECOMENDACIÓN. Cuña, influencia.
— Consejo, advertencia. — Encargo. —
Súplica. — Elogio.
RECOMENDAR. Confiar, encomendar,
encarecer. — Encargar.
• *acusar, desconfiar*
RECOMPENSA. Premio, galardón. —
Retribución, remuneración.
RECOMPENSAR. Premiar, galardonar,
remunerar, retribuir. — Compensar.
• *castigar*
RECOMPONER. Reparar, componer,
arreglar.

RECONCENTRARSE. Abstraerse, ensimismarse, recogerse.
RECONCILIAR. Amistar, conciliar, componer, ajustar.
RECONCOMIO. Recelo, suspicacia, sospecha.
RECÓNDITO. Oculto, reservado, profundo, hondo. — Abstruso, intrincado.
RECONFORTAR. Reanimar, confortar,
consolar, alentar.
RECONOCER. Examinar, inspeccionar,
registrar. — Confesar, declarar, convenir,
aceptar. — Considerar, advertir, contemplar. — Explorar.
• *desconocer*
RECONOCIDO. Agradecido, obligado.
— Aceptado. — Identificado.
RECONOCIMIENTO. Inspección, exa-
men, registro. — Gratitud, agradecimien-
to. — Descubierta.
RECONQUISTAR. Recobrar, recuperar.
RECONSTITUIR. Rehacer, reformar,
reorganizar, restaurar, reparar.
RECONSTRUIR. Reedificar.
RECONVENIR. Recriminar, reprochar,
censurar, notar.
• *felicitar*
RECOPILACIÓN. Resumen, compendio,
colección, recolección.
RECOPILAR. Coleccionar. — Resumir,
compendiar.
RECOQUÍN. Rechoncho, regordete.
RECORDACIÓN. Memoria, recuerdo. —
Recordatorio.
RECORDAR. Evocar, rememorar, acor-
darse, memorar, conmemorar. — Desper-
tar.
• *callar, olvidar*
RECORRER. Caminar, ir, transitar, andar.
— Registrar, inspeccionar. — Reparar. —
Recurrir, acogerse.
RECORRIDO. Trayecto, ruta, itinerario.
— Viaje, camino. — Repasata, reprimen-
da, amonestación, rapapolvo, reto.
RECORTADURA. Recorte, retazo.
RECORTAR. Destacar, perfilarse.
RECORVO. Corvo, encorvado, doblado,
jorobado.
RECOSER. Zurcir, remendar, repasar,
reparar.
RECOSTAR. Reclinar, apoyarse.
RECOSTARSE. Descansar. — Confiar,
fiarse.
RECOVA. Soportal, porche.
RÉCOVA. Jauría.

RECOVECO. Recodo, revuelta, sinuosidad, meandro.

RECREACIÓN. Entretenimiento, distracción, diversión, pasatiempo, recreo.

RECREAR. Distraer, divertir, entretener, deleitar, refocilar.
• *aburrir, entristecer*

RECREATIVO. Entretenido, ameno, divertido, distraído.

RECREO. Diversión, distracción, entretenimiento, pasatiempo, recreación. — Asueto.

RECRIMINAR. Reprochar, reconvenir, censurar, notar.

RECRUDECIMIENTO. Recrudescencia, retroceso, agravamiento, empeoramiento.

RECTIFICACIÓN. Corrección, enmienda, modificación. — Purificación.

RECTIFICAR. Corregir, enmendar, modificar, reformar. — Purificar. — Rebatir, refutar.
• *confirmar, corroborar, ratificar, reafirmar*

RECTITUD. Justicia, imparcialidad, exactitud, integridad.
• *injusticia, torcedura*

RECTO. Derecho. — Justo, justiciero, imparcial, razonable, íntegro, severo, firme.

RECUA. Reata. — Sarta, rosario, retahíla.

RECUERDO. Memoria, reminiscencia, recordación, recordatorio, añoranza.
• *olvido*

RECULAR. Retroceder, replegarse. — Ceder, cejar.
• *avanzar, fluir*

RECUPERAR. Recobrar, reconquistar, rescatar.
• *perder*

RECURRIR. Acudir, apelar. — Acogerse.

RECURSO. Medio, arbitrio, expediente, procedimiento. — Memorial, solicitud, petición.

RECURSOS. Bienes, posibles, rentas, fortuna, capital, dinero, plata.

RECUSAR. Rechazar, rehusar.

RED. Lazo, ardid, trampa.

REDACTAR. Escribir, componer.

REDEDOR. Contorno.

REDENCIÓN. Rescate.

REDENTOR. Jesucristo.

REDICHO. Afectado, rebuscado.

REDIL. Aprisco.

REDIMIR. Rescatar, librar, libertar, sacar. — Cancelar.
• *esclavizar, perder*

RÉDITO. Renta, rendimiento, utilidad, beneficio.

REDITUAR. Rentar, producir.

REDOBLAR. Duplicar. — Repetir, reiterar.

REDOMADO. Astuto, cauteloso.
• *bobo, ingenuo*

REDOMÓN. Arisco.

REDONDILLA. Cuartela.

REDONDO. Circular, esférico. — Concreto, claro. — Rotundo.

REDUCIDO. Pequeño, chico, corto, escaso, limitado.

REDUCIR. Convertir, transformar. — Disminuir, aminorar, acortar, achicar. — Resumir, concentrar, condensar. — Sujetar, someter.
• *difundir, expandir, extender, proyectar, trascender*

REDUCIRSE. Estrecharse, ceñirse.

REDUNDANCIA. Superabundancia, pleonasmo, reiteración, repetición.

REDUNDAR. Rebosar, salirse. — Resultar. — Refluir. — Refundir.

REEDIFICAR. Reconstruir.

REEMPLAZAR. Sustituir, suplir, cambiar, relevar.
• *continuar, mantener*

REFACCIÓN. Colación, piscolabis, tentempié, refrigerio. — Refección.

REFECCIÓN. Reparación, arreglo, compostura.

REFERENCIA. Relato, narración, informe, noticia. — Relación, semejanza, dependencia. — Cita, alusión.

REFERIR. Narrar, contar, relatar, mencionar. — Dirigir, encaminar. — Relacionar, encadenar, enlazar.

REFERIRSE. Aludir, citar, remitirse.

REFINADO. Sobresaliente, exquisito. — Astuto, malicioso, pícaro.

REFINAMIENTO. Esmero, exquisitez. — Ensañamiento, crueldad.

REFINAR. Depurar, perfeccionar, desbastar.

REFIRMAR. Confirmar, sostener, asegurar, apoyar.

REFITOLERO. Intruso, entrometido, cominero.

REFLEJAR. Reverberar, rielar. — Reflexionar, meditar, pensar, considerar.

REFLEXIONAR. Meditar, cavilar, recapacitar.

• *impremeditar, indeliberar, irreflexionar*
REFLUIR. Remontar. — Resultar. — Redundar.
REFLUJO. Retroceso, descenso.
REFOCILAR. Divertir, alegrar, recrear.
• *aburrir, entristecer*
REFOCILARSE. Deleitarse.
REFOCILO. Relámpago, rayo, chispa, fulguración, centella.
REFORMAR. Corregir, modificar, enmendar, moralizar, regenerar, rectificar. — Rehacer, reparar, restablecer, restaurar, reponer. — Reducir, extinguir, privar, quitar, cercenar, minorar, rebajar.
• *desmoralizar, persistir, ratificar*
REFORMARSE. Contenerse, moderarse, reportarse. — Enmendarse, corregirse.
REFORZAR. Animar, alentar, apoyar. — Acrecentar, aumentar. — Fortalecer, vigorizar, robustecer.
• *debilitar*
REFRACTAR. Refringir.
REFRACTARIO. Opuesto, rebelde, contrario, enemigo.
• *fácil, inflamable, sumiso*
REFRÁN. Proverbio, adagio, aforismo, sentencia.
REFREGAR. Estregar, frotar. — Reprochar.
REFRENAR. Sujetar, reprimir, contener, corregir, moderar, atemperar.
• *desenfrenar, desmandar*
REFRENARSE. Reportarse.
REFRENDAR. Visar.
REFRESCAR. Atemperar, moderar, rebajar, disminuir. — Renovar, reproducir. — Recordar. — Reponerse, descansar.
• *calentar*
REFRESCO. Refrigerio.
REFRESCO (DE). De nuevo.
REFRIEGA. Pelea, encuentro, choque, combate.
REFRIGERAR. Refrescar. — Confortar, vivificar.
• *calentar*
REFRIGERIO. Refresco, piscolabis, tentempié, colación. —Alivio, consuelo.
REFÚCILO. Refocilo.
REFUERZO. Ayuda, socorro.
REFUGIADO. Emigrado. — Asilado.
REFUGIARSE. Guarecerse, ampararse, acogerse.
• *desamparar, desguarecer, salir.*
REFUGIO. Asilo, protección, amparo, retiro.

REFULGENTE. Resplandeciente, radiante, rutilante, brillante, luminoso.
REFUNDIR. Comprender, incluir— Redundar.
REFUNFUÑAR. Rezongar, murmurar, mascullar, gruñir.
REFUTAR. Contradecir, rebatir, impugnar.
REGALADO. Delicado, suave, deleitoso, placentero, agradable, sabroso. — Mimado.
REGALAR. Halagar, acariciar, deleitar, lisonjear, obsequiar, agasajar, festejar. — Dar, donar.
• *aburrir, castigar, quitar.*
REGALÍA. Excepción, privilegio.
REGALIZ. Orozuz.
REGALO. Obsequio, dádiva, presente, agasajo. — Comodidad, bienestar, conveniencia, descanso.
REGALÓN. Mimoso.
REGAÑAR. Reñir, reprender, sermonear, reconvenir, amonestar. — Pelearse, indisponerse, enemistarse, malquistarse, enfadarse.
• *elogiar, pacificar*
REGAÑO. Reprimenda, represión, reconvención, amonestación, sermón, rapapolvo, jabón, sofión, reto.
REGAR. Esparcir, derramar, sembrar.
REGATE. Esguince, gambeta, quite.
REGATEAR. Discutir. — Rebajar, quitar.
REGATÓN. Contera.
REGENERAR. Reformar, corregir, renovar.
REGENTAR. Dirigir, mandar, administrar.
RÉGIMEN. Gobierno. — Tratamiento.
REGIO. Real. — Magnífico, suntuoso, grandioso, espléndido, ostentoso, soberbio. — Formidable, soberano.
REGIR. Gobernar, dirigir, mandar, administrar, guiar, conducir.
• *obedecer, someter*
REGISTRAR. Examinar, reconocer, inspeccionar. — Señalar, notar. — Anotar, inscribir, asentar.
REGISTRO. Padrón, matrícula.
REGLA. Norma, pauta, precepto, principio, ley, base, guía, sistema, medida, estatuto. — Menstruación. — Moderación, templanza, tasa.
REGOCIJADO. Alegre, alborozado, gozoso, contento, satisfecho.
REGOCIJAR. Alegrar, contentar, gozar, alborozar, satisfacer.
• *aburrir, entristecer*
REGOCIJO. Júbilo, alegría, alborozo,

satisfacción, contento, gozo, placer, contentamiento, gusto.

REGODEARSE. Deleitarse, disfrutar, divertirse. — Bromear, chacotear, chancearse.

REGODEO. Diversión, fiesta.

REGOLDAR. Eructar.

REGORDETE. Rechoncho, recoquín, rollizo.

REGRESAR. Volver, retornar.
• marchar, salir

REGRESIÓN. Retroceso.

REGRESO. Retorno, vuelta.

REGÜELDO. Eructo.

REGULAR. Corriente, común, ordinario. — Mediano, mediocre, razonable, moderado. — Ajustado, medido, uniforme, metódico, conveniente.
• amorfo, asimétrico, deforme, irregular

REGULAR. Acompasar, medir, ajustar, ordenar, arreglar, puntualizar. — Regularizar.
• desarreglar, desordenar

REGULARIDAD. Puntualidad. — Uniformidad, periodicidad. — Conformidad.

REGULARIZAR. Normalizar, metodizar, uniformar, ordenar, regular.

REGULARMENTE. Comúnmente, corrientemente.

REHACER. Reponer, reparar, reformar. — Restablecer.

REHACERSE. Reponerse, fortalecerse. — Serenarse, dominarse.

REHUIR. Rehusar, evitar, sustraerse, esquivar, eludir, torear, apartar, retirar, repugnar.
• desafiar, presentar

REHUSAR. Negar, rechazar, denegar, rehuir, excusar.
• aceptar, admitir, coger, recibir

REINAR. Gobernar, regir. — Dominar, imperar, predominar, prevalecer.

REINCIDIR. Recaer.

REINTEGRAR. Restituir, devolver.
• quitar

REINTEGRARSE. Recobrarse, recuperar.

REINTEGRO. Reintegración, pago.

REÍRSE. Burlarse, chancearse, mofarse, chacotearse.

REITERAR. Repetir, reproducir, reafirmar, redoblar.

REJUVENECER. Remozar.

RELACIÓN. Narración, relato, descripción. — Conexión, correspondencia, vín

culo, trabazón, enlace. — Trato. — Lista, elenco, rol, catálogo, índice.

RELACIONAR. Enlazar, encadenar. — Narrar, referir, relatar, contar.

RELACIONARSE. Tratarse, vincularse, visitarse.

RELACIONES. Noviazgo, amorío.

RELAJADO. Vicioso, corrompido, libertino, estragado.

RELAJAR. Aflojar, ablandar, debilitar, suavizar. — Distraerse, divertirse.
• aumentar, estirar, fortalecer

RELAJARSE. Viciarse, corromperse, estropearse. — Quebrarse.

RELAMERSE. Regodearse.

RELAMIDO. Afectado, rebuscado, alambicado, lamido.

RELÁMPAGO. Rayo, centella, fulguración, resplandor, refocilo, lampo, refucilo.

RELAMPAGUEAR. Centellear, fulgurar.

RELATAR. Referir, contar, narrar, describir, relacionar.

RELATIVO. Proporcional. — Referente, concerniente, tocante, relacionado, respecto, con relación.
• absoluto, ilimitado, independiente, pleno

RELATO. Narración, cuento, relación, conseja, historia.

RELEGAR. Postergar, posponer, apartar. — Confinar, desterrar.

RELENTE. Sereno

RELEVANTE. Eximio, excelente, sobresaliente, superior.

RELEVAR. Exonerar. — Sustituir, reemplazar, mudar. — Exaltar, realzar, engrandecer. — Absorber, perdonar, excusar, dispensar, eximir. — Remediar, socorrer.
• acusar, desprestigiar, emplazar

RELEVO. Reemplazo, sustitución.

RELICARIO. Joyero, guardajoyas, joyelero.

RELIEVE. Realce, bulto, saliente.

RELIEVES. Sobras, restos.

RELIGIÓN. Creencia, culto, fe, piedad, devoción, ley.

RELIGIOSAMENTE. Puntualmente, fielmente, exactamente.

RELIGIOSIDAD. Piedad, religión.

RELIQUIAS. Restos, residuos, huellas, vestigios. — Achaques.

RELLANO. Descanso, descansillo, meseta.

RELLENO. Repleto, harto.

RELUCIR. Brillar, resplandecer, relumbrar, lucir, centellear.

RELUMBRAR. Relucir, resplandecer, brillar, lucir.
RELUMBRÓN. Oropel, chafalonía.
REMACHAR. Machacar. — Afianzar, recalcar. — Insistir, reiterar.
REMACHE. Roblón.
REMANENTE. Sobrante, saldo, resto, residuo.
REMANSO. Flema, lentitud.
REMAR. Bogar. — Bregar, luchar.
REMATADAMENTE. Completamente, enteramente, totalmente.
REMATADO. Perdido, desahuciado.
REMATADOR. Martillero, subastador.
REMATAMIENTO. Remate, fin, extremo.
REMATAR. Subastar. — Acabar, terminar, concluir, finalizar. — Despenar.
REMATARSE. Perderse, destruirse.
REMATE. Subasta. — Fin, cabo, extremo, extremidad, punta, conclusión.
REMEDAR. Imitar, copiar, parodiar, contrahacer.
REMEDIABLE. Reparable.
REMEDIAR. Reparar, corregir, enmendar, subsanar. — Socorrer, ayudar. — Librar, apartar, separar. — Evitar, impedir.
• *desamparar, privar*
REMEDIO. Medicamento, potingue, pócima, mejunje. — Socorro, ayuda. — Enmienda, corrección. — Recurso, refugio.
REMEDO. Imitación, copia, parodia.
REMEMORAR. Recordar, evocar, conmemorar, remembrar.
REMENDAR. Zurcir, recoser, repasar, componer, reparar. — Corregir, enmendar. — Reforzar.
REMESA. Envío, remisión, expedición.
REMESAR. Remitir, enviar, girar, mandar, expedir.
REMIENDO. Zurcido, compostura, reparación, recosido, refuerzo.
REMILGADO. Melindroso, dengoso.
REMINISCENCIA. Recuerdo, remembranza, memoria.
• *olvido*
REMIRADO. Meticuloso, escrupuloso.
REMISIÓN. Envío, remesa. — Perdón, absolución.
• *condena, cuidado, detención*
REMISO. Flojo, dejado, perezoso, reacio, desidioso, renuente.
REMITIR. Enviar, remesar, expedir, mandar. — Perdonar, condonar. — Dejar,

diferir, aplazar, suspender. — Ceder, perder.
• *condenar, guardar, retener*
REMITIRSE. Atenerse, referirse, sujetarse.
REMO. Brazo, pierna, pata, ala.
REMOLINO. Torbellino. — Disturbio, agitación, alteración, inquietud.
REMOLÓN. Flojo, holgazán, perezoso, tardo, reacio.
• *Trabajador*
REMONTARSE. Elevarse, transportarse, encumbrarse.
• *bajarse, humillarse*
REMOQUETE. Apodo, sobrenombre, mote. — Ocurrencia, agudeza. — Moquete, piña. — Cortejo, galanteo.
RÉMORA. Obstáculo, estorbo.
• *actividad, ayuda, prisa*
REMORDER. Inquietar, alterar, desasosegar.
REMOSQUEARSE. Escamarse, recelar, desconfiar.
REMOTO. Distante, apartado, lejano, lejos, retirado, alejado.
• *nuevo, próximo*
REMOVER. Cambiar, quitar, apartar, obviar. — Conmover, alterar, resolver. — Deponer, exonerar.
• *aquietar, poner, tranquilizar*
REMOZAR. Rejuvenecer.
• *enfermar, envejecer*
REMUNERACIÓN. Retribución, gratificación, recompensa, premio, gajes, honorarios.
REMUNERAR. Gratificar, retribuir, premiar, recompensar, pagar.
• *deber, privar*
RENCILLA. Riña, pendencia. — Animosidad.
RENCO. Rengo, cojo.
RENCOR. Resentimiento, aborrecimiento, odio, enemistad, inquina.
• *amor, perdón*
RENCOROSO. Vengativo
RENDICIÓN. Rendimiento. — Capitulación, entrega.
• *rebeldía, resistencia*
RENDIDO. Cansado, fatigado. — Sumido, obsequioso, galante.
RENDIJA. Hendedura, hendidura, grieta, raja, abertura.
RENDIMIENTO. Cansancio, fatiga, rendición, descaecimiento. — Sumisión, subordinación, humildad. — Utilidad,

beneficio, ganancia, rédito, producto. — Deferencia, servilismo.

RENDIR. Vencer, someter, domeñar, sujetar. — Rentar, redituar, producir. — Cansar, fatigar.
• *aguantar, arrastrar, resistir, soportar*

RENDIRSE. Capitular, entregarse.

RENEGADO. Apóstata. — Descansado, desafecto, descariñado.

RENEGAR. Apostatar. — Blasfemar, maldecir, jurar. — Abominar, detestar, odiar.
• *afirmar, amar, bendecir, perseverar*

RENGÍFERO. Reno.

RENGLÓN. Línea.

RENGO. Cojo, renco.

RENGUEAR. Renquear, cojear.

RENIEGO. Blasfemia, juramento.

RENOMBRADO. Famoso, célebre, afamado, reputado, acreditado, conocido.

RENOMBRE. Celebridad, gloria, fama, reputación, crédito, honra, honor. — Apellido, sobrenombre, apodo, mote.

RENOVAR. Reiterar, repetir. — Transformar, transmutar, metamorfosear. — Reanudar, restablecer, proseguir.
• *permanecer, persistir*

RENQUEAR. Renguear, cojear.

RENTA. Rédito, rendimiento, utilidad, beneficio. — Dotación.

RENTAR. Redituar, producir.

RENUENTE. Indócil, insumiso, terco, reacio, remiso.

RENUEVO. Retoño, vástago. — Botón, broto, yema.

RENUNCIA. Dimisión. — Renunciamiento, desistimiento, dejación, abandono, abdicación.
• *aceptación, asistencia*

RENUNCIAR. Dimitir, abdicar. — Desistir, abandonar, dejar, cejar.
• *aceptar, asistir*

REÑIDO. Disgustado, enojado. — Enemistado. — Encarnizado, sangriento, duro, porfiado.

REÑIR. Pelar, contender, luchar, disputar, altercar. — Reprender, regañar, retar, sermonear, amonestar. — Enemistarse, indisponerse.
• *amistar, pacificar, unir*

REO. Acusado, culpado, criminoso, culpable. — Vago, atorrante, holgazán, vagabundo.
• *árbitro, juez*

REPANTIGARSE. Arrellanarse, repanchigarse.

REPARABLE. Remediable.

REPARACIÓN. Arreglo, compostura, reparo, refección, refacción. — Desagravio, satisfacción.

REPARADOR. Confortante, reconfortante.

REPARAR. Componer, enmendar, remediar, corregir, remendar, subsanar, arreglar. — Observar, notar, advertir, percatarse. — Atender, considerar, reflexionar, pensar, mirar. — Desagraviar, satisfacer. — Indemnizar, resarcir. — Restablecer.
• *desatender, descomponer, romper*

REPARARSE. Pararse, detenerse. — Contenerse, reportarse.

REPARO. Restauración, reparación, compostura, arreglo, remedio. — Advertencia, nota, observación. — Duda, dificultad, inconveniente, objeción, distingo, óbice, empacho. — Defensa, resguardo. — Parada, quite.

REPARÓN. Criticón, motejador, observador, morón, reparador.

REPARTICIÓN. Repartimiento, reparto, distribución, partición, división. — Dependencia.

REPARTIR. Distribuir, partir, dividir. — Separar.
• *aunar, sumar*

REPARTO. Distribución, división, repartición, partición.

REPASAR. Recoser, zurcir, componer. — Recordar.

REPASATA. Regaño, reto, amonestación, rapapolvo, rociada, reprensión, sofión, reprimenda, sermón, reto.

REPECHO. Pendiente, cuesta, subida, declive.

REPELENTE. Repulsivo, repugnante, asqueroso, antipático.

REPELER. Rechazar, repudiar, arrojar, lanzar, echar. — Impugnar, contradecir.
• *aproximar, atraer, juntar*

REPENTINO. Súbito, imprevisto, impensado, inopinado, inesperado, brusco, pronto.

REPENTIZAR. Improvisar.

REPERCUSIÓN. Trascendencia, consecuencia, resultado.

REPERCUTIR. Reverberar, reflejarse. — Trascender.

REPERTORIO. Colección, recopilación, conjunto, lista, nomenclatura, nómina, prontuario.

REPETIR. Reiterar, reproducir, redoblar.

REPICAR. Tañer, sonar.
REPLETO. Lleno, harto, ahíto.
REPLICAR. Objetar, argüir, argumentar, responder, contestar.
• *preguntar*
REPLIEGUE. Retirada. — Doblez, pliegue.
REPOBLAR. Colonizar. — Replantear.
REPOLLO. Col.
REPONER. Restaurar, restablecer, replantar. — Replicar, contestar. — Remplazar.
• *desanimar, quitar*
REPONERSE. Recobrarse, mejorarse, aliviarse.
REPORTAR. Traer, llevar. — Alcanzar, conseguir, lograr, obtener.
REPORTARSE. Reprimirse, contenerse, refrenarse, moderarse.
REPORTERO. Noticiero, gacetillero.
REPOSADO. Tranquilo, sosegado, pacífico, quieto, descansado.
REPOSAR. Dormir, descansar, sosegar. — Yacer.
• *cansar, mover*
REPOSICIÓN. Reestreno.
REPOSO. Descanso, quietud, sosiego, paz, calma, tranquilidad.
REPOSTERÍA. Confitería.
REPRENDER. Regañar, retar, reñir, amonestar, sermonear, reprobar, vituperar, censurar, criticar, corregir, recriminar.
• *encomiar, halagar*
REPRENSIBLE. Criticable, censurable, vituperable, reprobable.
REPRESALIA. Desquite, venganza, castigo.
REPRESAR. Embalsar, estancar. — Detener, contener, reprimir.
REPRESENTACIÓN. Figura, imagen, idea, símbolo, muestra, encarnación. — Autoridad, dignidad, carácter.
• *personalidad, realidad, verdad.*
REPRESENTANTE. Comisionado. — Comediante, cómico.
REPRESENTAR. Informar, declarar, manifestar, referir. — Mostrar, figurar, simbolizar, encarnar, reproducir, trazar, constituir. — Ejecutar, actuar, recitar.
• *crear, vivir*
REPRESIÓN. Reprimenda, amonestación, regaño, reto, reconvención, sermón, repasata, rapapolvo, jabón.
• *elogio, encomio, felicitación*
REPRESIVO. Coercitivo.
REPRIMENDA. Reprensión, regaño, reto, amonestación, rociada, sofión, rapapolvo, café, jabón.

REPRIMIR. Refrenar, contener, moderar, sujetar, dominar, templar.
• *azuzar, estimular, excitar, incitar*
REPRIMIRSE. Reportarse, contenerse, refrenarse.
REPROBABLE. Criticable, censurable, reprensible, vituperable.
REPROBACIÓN. Condena, desaprobación, censura.
REPROBAR. Condenar, desaprobar, censurar, criticar.
• *aprobar, elogiar, salvar*
RÉPROBO. Maldito.
REPROCHAR. Reconvenir, censurar, recriminar..
REPRODUCIR. Repetir, reiterar. — Reimprimir, copiar, representar.
• *crear, inventar, originar*
REPTAR. Arrastrarse.
REPÚBLICO. Estadística, patricio, patriota.
REPUDIACIÓN. Repudio.
REPUDIAR. Desechar, repeler, rechazar. — Renunciar.
• *aceptar, acoger, tomar*
REPUESTO. Restablecido. — Apartado, retirado, escondido.
REPUGNANCIA. Repulsión, aversión, asco, grima, tedio.
REPUGNANTE. Repelente, repulsivo, asqueroso, nauseabundo.
REPUGNAR. Rechazar, repeler. — Contradecir, negar. — Rehusar.
• *aceptar, atraer, simpatizar*
REPULSIÓN. Repulsa, rechazo. — Antipatía, repugancia.
REPUTACIÓN. Fama, celebridad, renombre, crédito, nombre, gloria.
deshonor, desprestigio, indignidad
REPUTAR. Considerar, conceptuar, juzgar, apreciar, estimar.
REQUEBRAR. Lisonjear, galantear, adular, piropear.
REQUERIR. Ordenar, mandar, intimar. — Reconocer, examinar. — Necesitar, precisar. — Solicitar, pretender. — Inducir, persuadir.
REQUIEBRO. Galantería, lisonja, piropo, flor.
REQUILORIO. Arrequives, firulete.
REQUISA. Revista, inspección. — Requisición. — Registro.
REQUISAR. Incautarse, decomisar, confiscar, recoger, comisar.
REQUISITO. Circunstancia, condición.

REQUISITOS. Formalidades.
REQUISITORIA. Exhorto.
RES. Cabeza.
RESABIARSE. Picardearse.
RESABIO. Vicio. — Señal, rastro.
 • *gusto, sazón, virtud*
RESALTAR. Sobresalir, descollar, despuntar, distinguirse. — Rebotar, saltar.
 • *confundir, humillar, someter*
RESALTE. Saliente, salto, relieve.
RESARCIR. Indemnizar, reparar, compensar, pagar.
 • *agraviar, perder, quitar*
RESBALADIZO. Escurridizo.
RESBALAR. Escurrirse, deslizarse. — Tropezar.
RESBALÓN. Desliz. — Traspié.
RESCATAR. Recobrar. — Redimir, libertar.
 encarcelar, perder, someter
RESCINDIR. Anular, romper, deshacer. — Acabar
 • *confirmar, convalidar, hacer*
RESCOLDO. Resquemor, escozor, escrúpulo.
RESENTIMIENTO. Disgusto, queja, agravio, ofensa, despecho.
RESENTIRSE. Ofenderse, disgustarse, agraviarse, lastimarse. — Dolerse, flaquear.
 • *contentar, fortalecer*
RESEÑA. Descripción, crónica, revista, resumen.
RESERVA. Discreción, circunspección, comedimiento, cautela, prudencia. — Secreto, sigilo. —
 • *desamparo, imprevisión, locuacidad, extroversión*
RESERVADO. Secreto, confidencial — Cauteloso, sigiloso. — Discreto, prudente, circunspecto, callado.
RESERVAR. Guardar, callar. — Ahorrar, economizar.
 • *cumplir, derrochar, gastar*
RESFRIADO. Catarro, resfrío, constipado, destemple.
RESFRIAR. Enfriar, refrescar. — Entibiar, moderar, templar.
RESFRIARSE. Acatarrarse, constiparse.
RESFRÍO. Resfriado, catarro.
RESGUARDAR. Proteger, defender, amparar, preservar, abrigar.
 • *desamparar, entregar*
RESGUARDARSE. Precaverse, prevenirse, cautelarse, recelarse.

RESGUARDO. Protección, amparo, defensa, seguridad, reparo, abrigo.
RESIDENCIA. Mansión.
RESIDIR. Permanecer, estar, morar, habitar, vivir, domiciliarse, avecindarse, afincarse. — Existir, radicar.
 • *ausentar, vagar, viajar*
RESIDUO. Sobrante, saldo, resto, sobras. — Resta, diferencia.
RESIGNACIÓN. Conformidad, paciencia, sumisión.
 • *deseo, rebeldía, soberbia.*
RESIGNAR. Entregar. — Renunciar.
 • *apetecer, insistir, residir*
RESIGNARSE. Avenirse, conformarse, someterse, prestarse, allanarse, condescender.
RESISTENCIA. Defensa. — Aguante, firmeza, fortaleza, vigor, solidez. — Oposición, obstrucción.
 • *debilidad, pasividad*
RESISTENTE. Firme, sólido, fuerte, robusto, vigoroso, sufrido.
RESISTIR. Oponerse. — Repugnar, contrariar, contradecir. — Defenderse. — Aguantar, tolerar, soportar, sufrir. — Combatir. — Rechazar, repeler.
 • *ceder, rendirse, someterse, transigir*
RESISTIRSE. Luchar, bregar, forcejear.
RESOLLAR. Respirar.
RESOLUCIÓN. Arrojo, valor, ánimo, arresto, audacia, osadía, atrevimiento. — Actividad, prontitud, viveza. Determinación, decisión. — Decreto, providencia, auto, fallo, sentencia.
 • *abstención, irresolución, sobresentimiento*
RESOLVER. Decidir, determinar. — Solucionar, desatar. — Resumir, epilogar, recapitular.— Deshacer, destruir.
RESONANTE. Retumbante, ruidoso, estrepitoso, estentóreo, estruendoso.
RESONAR. Retumbar.
RESORTE. Muelle, cuerda. — Medio, recurso.
RESPALDAR. Apoyar, corroborar, confirmar.
RESPALDO. Dorso. — Respaldar.
RESPECTAR. Tocar, atañer, pertenecer.
RESPECTO. Sobre, acerca de, tocante a, referirse a, en lo que atañe, por lo que toca a, con respecto a, por lo que respecta a.
RESPETABLE. Venerable, digno, honorable, caracterizado.

RESPETAR. Acatar, venerar, reverenciar.
• *desacatar, insultar, rebelarse*
RESPETO. Veneración, reverencia, acatamiento, consideración, miramiento, rendimiento, homenaje, sumisión, admiración, lealtad, fidelidad, devoción, fervor, humildad, rendición.
RESPINGAR. Rezongar, resistir, repugnar.
RESPIRAR. Alentar, vivir, existir— Descansar. — Animarse. — Exhalar, despedir. — Hablar.
RESPIRO. Descanso, sosiego, alivio, calma. — Prórroga.
RESPLANDECER. Relumbrar, relucir, brillar, lucir. — Sobresalir, destacarse.
RESPLANDECIENTE. Refulgente, reluciente, relumbrante, radiante, brillante, luminoso.
RESPLANDOR. Luz, brillo. — Esplendor, lucimiento.
RESPONDER. Contestar, replicar. — Corresponder. — Garantir, garantizar, abonar. — Responsabilizarse. — Rendir, fructificar.
• *preguntar*
RESQUEBRAJAR. Agrietar, rajar, hender, abrir.
RESQUEMOR. Escozor, escrúpulo.
RESQUICIO. Hendidura, grieta. — Coyuntura, ocasión, oportunidad.
RESTA. Sustracción, diferencia, residuo.
RESTABLECER. Restaurar, resucitar. — Restituir.
• *decaer, destruir, enfermar*
RESTABLECERSE. Reponerse, recuperarse, entonarse.
RESTALLAR. Chasquear, chascar, crujir.
RESTANTE. Resto, residuo, retal, remanente.
RESTAÑAR. Estancar, detener, contener. — Restallar.
RESTAR. Sustraer, disminuir, rebajar, cercenar, mermar, quitar. — Quedar, sobrar. — Faltar.
RESTAURANTE. Fonda, tasca, figón, mesón.
RESTAURAR. Reponer, restablecer, reparar, renovar. — Recuperar, recobrar.
RESTITUIR. Devolver, reintegrar. — Restablecer.
• *arrebatar, hurtar, quitar, sustraer*
RESTO. Sobrante, saldo, residuo, retal, remanente, sobra, vestigio.
RESTREGAR. Frotar, estregar.

RESTRICCIÓN. Limitación, cortapira, traba, impedimento.
• *abuso, ilimitación, libertad*
RESTRINGIR. Reducir, limitar, circunscribir, coartar. — Restriñir, astringir, estrechar.
• *abusar, ampliar, derrochar*
RESUCITAR. Revivir. — Restaurar, reponer, renovar, restablecer, resuggir, renacer.
RESUELLO. Respiración, aliento. — Aguante.
RESUELTO. Audaz, atrevido, arrojado, osado, denodado, decidido, determinado.
• *apocado, prudente, temeroso*
RESULTADO. Consecuencia, efecto, resulta.
• *causa, origen*
RESULTAR. Originarse, nacer, deducirse, seguirse. — Agradar, placer. — Salir, redundar. — Resaltar, resurtir.
RESUMEN. Compendio, extracto, recapitulación, recopilación, epítome, manual, prontuario.
RESUMIDERO. Sumidero, alcantarilla, cloaca, albañal, vertedero, sentina.
RESUMIR. Extractar, compendiar, recopilar, recapitular, epilogar.
• *ampliar*
RESUMIRSE. Convertirse, comprenderse, resolverse.
RESURGIR. Resucitar, renacer.
RETAGUARDIA. Zaga.
RETAHÍLA. Serie, cadena, sarta, rosario, letanía, recua.
RETAL. Retazo, resto, residuo, sobrante.
RETAR. Desafiar, provocar. — Reprender, reñir, censurar, amonestar.
RETARDAR. Retrasar, dilatar, diferir, aplazar, demorar, detener, posponer, roncear.
• *acelerar, activar, apresurar, precipitar.*
RETARDO. Demora, retraso, dilación, retardación.
RETAZO. Retal, pedazo, recorte.
RETEMBLAR. Vibrar, estremecerse.
RETÉN. Repuesto, prevención.
RETENER. Guardar, conservar, reservar. — Deducir, quitar. — Suspender. — Detener, arrestar.
• *facilitar, movilizar, soltar*
RETENTIVA. Memoria.
RETINTÍN. Tonillo.
RETIRADO. Apartado, distante, alejado, desviado, lejano, aislado, separado.

RETIRAR. Apartar, separar, sacar. — Ocultar. — Quitar.
• *acercar, avanzar*
RETIRARSE. Retraerse, apartarse. — Retroceder. — Jubilarse.
RETIRO. Recogimiento, aislamiento, retraimiento, encierro. — Refugio. — Jubilación. — Retirada, extracción.
RETO. Desafío, provocación. — Reprimenda, regaño, riña, jabón, rapapolvo, amonestación, sermón, repasata, café, rociada.
RETOBADO. Porfiado, terco, taimado, redomado.
RETOBARSE. Enojarse, enfadarse.
RETOCAR. Perfeccionar, mejorar. — Corregir.
RETOÑAR. Reproducirse, repetirse.
• *secar*
RETOÑO. Renuevo, brote, botón, vástago. — Hijo.
RETORNAR. Regresar, volver. — Devolver. — Retroceder.
• *ausentarse, marchar*
RETORNO. Regreso, vuelta. — Cambio, trueque, pago, recompensa. — Devolución.
RETOZAR. Saltar, trincar, juguetear, travesear.
RETRACTARSE. Desdecirse, revocar, rectificar.
• *ratificar, validar*
RETRAER. Disuadir, apartar.
RETRAERSE. Apartarse, retirarse, retroceder, alejarse, huir. — Acogerse, refugiarse, guarecerse.
• *comunicar, permanecer, unir*
RETRAIMIENTO. Retiro, alejamiento, apartamiento.
• *comunicar, permanecer, unir*
RETRASAR. Atrasar, retardar, diferir, demorar, dilatar.
• *adelantar, cumplir*
RETRASO. Atraso, demora, retardo, dilación.
RETRATAR. Copiar, dibujar, imitar. — Describir.
RETREPARSE. Recostarse.
RETRETE. Letrina, excusado, servicio. — Comuna.
RETRIBUCIÓN. Remuneración, pago, recompensa, premio.
RETRIBUIR. Pagar, remunerar, premiar, recompensar.
RETROCEDER. Recular, cejar, retirarse, retrogradar. — Desandar, retornar.
• *avanzar*

RETROCESO. Recrudescencia, agravación, empeoramiento, recrudecimiento.
RETRÓGRADO. Cavernícola, troglodita, reaccionario.
RETRUCAR. Replicar, contestar.
RETUMBANTE. Resonante, rimbombante, campanudo, ruidoso.
RETUMBAR. Resonar, retronar.
• *acallar*
REUMATISMO. Reuma.
REUNIR. Juntar, agrupar, congregar, acopiar, apiñar, aglomerar, compilar, recoger, allegar. — Casar.
• *separar*
REUNIRSE. Concurrir, unirse.
REVALIDAR. Ratificar, confirmar.
REVALIDARSE. Recibirse.
REVELAR. Descubrir, mostrar, manifestar, confesar, delatar.
• *callar, ocultar*
REVENTAR. Estallar. — Molestar, cansar, enfadar.
REVERBERAR. Reflejar, rielar.
REVERDECER. Renovarse, rejuvenecerse.
REVERENCIA. Respeto, veneración. — Inclinación, zalema.
REVERENCIAR. Venerar, honrar, acatar, respetar.
• *ofender*
REVERSO. Inverso, dorso, revés, envés. — Contrario.
• *anyerso, cara, derecho, frente.*
REVÉS. Dorso, envés. — Desgracia, infortunio, desastre, contratiempo, percance. — Bofetada.
REVÉS (AL). Al contrario.
REVESADO. Difícil, ininteligible, incomprensible. — Travieso, enredador, revoltoso.
REVESTIMIENTO. Capa, cubierta, revoco, revoque, enlucido.
REVESTIR. Cubrir, enlucir, revocar.
REVESTIRSE. Imbuirse. — Engreírse, envanecerse.
REVISAR. Rever, inspeccionar.
REVISTA. Revisión, inspección. — Desfile, parada.
REVISTAR. Inspeccionar, examinar.
REVIVIR. Resucitar, renacer, renovar. — Recuperar.
REVOCAR. Anular, desautorizar. — Enlucir, juntar. — Disuadir.
• *cumplir, validar*
REVOLCAR. Apabullar. — Derribar. — Vencer.

REVOLTIJO. Enredo, confusión, mezclanza, revoltillo, maraña, maremágnum.
REVOLTOSO. Enredador, travieso, revesado. — Alborotador, turbulento, sedicioso, revolucionario, insurrecto, rebelde, amotinado.
REVOLUCIÓN. Insurrección, sedición, asonada, motín, alboroto, revuelta.
• *evolución, progresión, proceso*
REVOLUCIONARIO. Insurrecto, rebelde, sedicioso, amotinado, revoltoso, turbulento, alborotador.
REVOLVER. Sacudir, menear, agitar. — Envolver, enredar, trastornar, trastocar.
REVUELO. Turbación, agitación.
REVUELTA. Alboroto, motín, asonada, sedición, insurrección, revolución. — Riña, pendencia, disputa, camorra, trifulca, bronca, bochinche, cisco, jollín, trapatiesta, batifondo, zacapela, zarabanda.
REY. Soberano, monarca.
REYERTA. Riña, disputa, pendencia, cuestión, altercado, contienda, batifondo, camorra, trapatiesta, gresca, zaragata, bochinche, batuque, jollín, zafarrancho, jaleo, batahola, trifulca, cisco, zalagarda.
REZAGAR. Atrasar, suspender, diferir, demorar.
• *adelantar*
REZAGARSE. Retrasarse, demorarse. — Separarse.
REZAR. Orar. — Anunciar, decir. — Gruñir, rezonear, refunfuñar, murmurar, mascullar. — Tocar, atañer, referirse.
REZO. Oración, preces.
REZONGAR. Gruñir, murmurar, refunfuñar, mascullar.
RIADA. Avenida, crecida, inundación.
RIBERA. Margen, orilla.
RICO. Opulento, acaudalado, pudiente. — Magnífico, valioso. — Fértil, exuberante, fecundo, copioso, abundante. — Sabroso, exquisito, excelente, apetitoso, gustoso, agradable.
RIDÍCULO. Extravagante, extraño, estrafalario, risible. — Escaso, corto, pobre. — Papelón, plancha.
• *elegante, primoroso*
RIEL. Carril.
RIELAR. Reverberar, reflejar.
RIENDAS. Gobierno, mando, dirección. — Sujeción.
RIENTE. Alegre, risueño.

RIESGO. Peligro, exposición.
• *seguridad, tranquilidad*
RIFA. Sorteo.
RIFAR. Sortear.
RIGIDEZ. Inflexibilidad, severidad, rigor, austeridad, endurecimiento, tiesura.
• *blancura, flexibilidad, flojedad*
RÍGIDO. Riguroso, inflexible, severo. — Austero, asceta, místico. — Yerto, tieso, endurecido.
RIGOR. Severidad. — Aspereza, dureza, acrimonía. — Intensión, vehemencia. — Exactitud, precisión, propiedad.
• *afabilidad, condescendencia, imprecisión*
RIGUROSO. Rígido, severo. — Áspero, acre, crudo. — Estricto, exacto, preciso.
RIMAR. Versificar, aconsonantar.
RIMBOMBANTE. Campanudo, altisonante, retumbante, hinchado, hueco, ampuloso, enfático, pomposo, palanganudo. — Ostentoso, llamativo.
RIMERO. Pjla, montón, cúmulo, ringlera.
RINCÓN. Angulo, esquina, escondrijo, recoveco.
RINGLERA. Ringla, hilera, fila, rimero.
RIÑA. Pendencia, disputa, quimera, cuestión, pelea, querella, altercado, contienda, reyerta, trifulca, camorra, gresca, jollín, jaleo, batifondo, batuque, cisco, zafarrancho, batahola, bochinche, tremolina, choque.
• *paz*
RIÑON. Corazón, centro, interior.
RIQUEZA. Opulencia. — Abundancia, fertilidad, profusión, copia.
• *miseria*
RISA. Hilaridad, risotada, carcajada.
RISCOSO. Escabroso, enriscado, peñascoso, abrupto, escarpado.
RISIBLE. Cómico, irrisorio.
RISOTADA. Carcajada, risa.
RISTRA. Sarta.
RISUEÑO. Alegre, festivo, placentero, agradable. — Favorable, propicio.
• *serio*
RÍTMICO. Armonioso.
RITMO. Armonía, tiempo, compás, cadencia.
RITO. Culto, religión, costumbre, ceremonia.
RITUAL. Ceremonial, protocolo.
RIVAL. Competidor, contrincante, contendiente. — Contrario, antagonista, enemigo, adversario.

RIVALIDAD. Competencia, emulación. — Contienda, lucha. — Enemistad, inquina.
RIVALIZAR. Competir, contender.
RIZAR. Ensortijar, encrespar, ondular, ondear.
• *estirar*
ROBAR. Hurtar, rapiñar, saquear, pillar, raptar, quitar, limpiar.
ROBLÓN. Remache.
ROBO. Hurto, rapiña, pillaje, saqueo, latrocinio.
ROBUSTECER. Vigorizar, fortalecer, reforzar, fortificar, entonar. — Apoyar, corroborar.
ROBUSTEZ. Vigor, resistencia, fortaleza, fuerza, salud.
ROCA. Peñasco, piedra.
ROCE. Trato, relación, comunicación. — Rozamiento, aspereza.
ROCIADA. Represión, jabón, rapapolvo, reto, café, reprimenda, repasata, regaño.
ROCIAR. Humedecer, salpicar, espurrear, rociar, asperjar.
• *secar*
ROCÍN. Jamelgo, matalón, jaco, mancarrón, cuartago, sotreta.
RODADA. Carril, surco, rodera. — Despeñada.
RODADO. Carruaje, vehículo. — Fluido.
RODAR. Girar, versar, voltear, rolar. — Abundar. — Transcurrir, sucederse.
RODEAR. Cercar, envolver, circuir, circundara.
RODEO. Indirecta, circunloquio, perífrasis, ambages.
• *derechura, rectitud*
RODETE. Moño, coca.
RODILLO. Cilindro.
ROER. Carcomer. — Molestar, afligir, atormentar.
ROGAR. Implorar, suplicar, instar, interceder.
• *conceder*
ROÍDO. Corto, mezquino, escaso. — Carcomido.
ROJO. Encarnado, colorado, púrpura, escarlata, carmesí, bermellón, amaranto.
ROL. Lista, nómina.
ROLLIZO. Redondo, cilíndrico. — Robusto, grueso, gordo, fornido. — Durmiente.
ROMÁNTICO. Idealista, sentimental, apasionado.
ROMERÍA. Peregrinación.

ROMO. Chato, ñato. — Obtuso. — Torpe, tosco, rudo, porro.
• *agudo, aguzado, punzante, puntiagudo*
ROMPECABEZAS. Acertijo, problema, dilema.
ROMPEHUELGAS. Esquirol, carnero. — Sustituto.
ROMPER. Quebrar, rajar, saltar. — Roturar. — Gastar, destrozar. — Desbaratar, deshacer. — Surcar, dividir. — Quebrantar. — Empezar, comenzar, principiar. — Reventar. — Brotar, prorrumpir, abrirse. — Reñir, enemistarse.
• *componer, hacer*
ROMPIMIENTO. Rotura. — Ruptura, riña, desavenencia.
RONCERÍA. Arrumaco, carantoña, zalamería, embeleco, gatería, cucamonas. — Tardanza, lentitud.
• *aspereza, rapidez*
RONCHA. Cardenal, equimosis, verdugón. — Daño. — Resentimiento.
RONCO. Bronco.
RONDA. Patrulla. — Vuelta.
RONDAR. Amagar, amenazar. — Galantear.
RONZAL. Diestro, cabestro.
ROÑA. Mugre, suciedad, porquería. — Sarna.
• *ingenuidad, limpieza*
ROÑERÍA. Tacañería, mezquindad, ruindad, miseria, avaricia, escasez.
• *abundancia, desinterés, largueza*
ROÑOSO. Sucio, cochino, mugriento, puerco. — Avaro, tacaño, miserable, mezquino, cicatero.
ROPAJE. Ropa, vestido, vestidura.
ROQUEÑO. Rocoso, peñascoso.
RORRO. Nene, guagua, bebé.
ROSARIO. Sarta, serie, retahíla, letanía, recua.
ROSCA. Espiral.
ROSETA. Botón. — Chapeta.
ROSTRO. Cara, semblante, faz, fisonomía.
ROTAR. Rodar.
ROTO. Desgarrado, quebrado. — Andrajoso, harapiento. — Licencioso, perdido.
RÓTULO. Cartel, letrero, título, inscripción, marbete.
ROTUNDO. Redondo, terminante, concluyente, preciso, claro.
• *impreciso, silencioso*
ROTURA. Rompimiento, ruptura, desgarradura. — Fractura.
ROZADURA. Arañazo, raspadura.

ROZAGANTE. Ufano, satisfecho, vistoso, brillante.
• *deslucido, humilde*
ROZAMIENTO. Roce, incidente.
ROZAR. Raer, raspar.
ROZARSE. Relacionarse, tratarse.
ROZNAR. Rebuznar.
RUBICUNDO. Rubio, rojizo.
RUBOR. Vergüenza, sonrojo, bochorno, empacho, turbación.
• *desvergüenza, impasibilidad, palidez, descaro*
RUBORIZARSE. Sonrojarse, avergonzarse, abochornarse.
RUBRICAR. Firmar, suscribir, signar. — Aceptar.
RUBRO. Título, epígrafe.
RUDEZA. Tosquedad, aspereza, brusquedad, grosería, descortesía. — Torpeza. — Violencia.
• *afabilidad, cortesía, habilidad*
RUDIMENTARIO. Embrionario, rudimental.
RUDIMENTO. Embrión, esbozo, principio.
RUDIMENTOS. Elementos, principios, bases.
RUDO. Romo, torpe, porro. — Violento, áspero, tosco, basto, descortés.
RUEGO. Súplica, petición, deprecación, solicitud.
RUGOSIDAD. Arruga.
RUIDO. Estrépito, bochinche, batifondo, barullo. — Rumor.
• *hermetismo, mutismo, reserva, silencio*
RUIDOSO. Estrepitoso, resonante, estentóreo. — Escandaloso.
RUIN. Pequeño, enclenque, esmirriado, desmedrado. — Despreciable, indigno,

vil, miserable, bajo. — Mezquino, tacaño, roñoso, avariento.
• *fuerte, digno, generoso*
RUINA. Destrucción, devastación, destrozo, desolación, derrumbamiento, desastre, bancarrota. — Decadencia, caída.
• *apogeo, auge, esplendor, plenitud*
RUINDAD. Tacañería, mezquindad, roñería, avaricia. — Bajeza, vileza, indignidad, infamia.
• *generosidad, magnanimidad, nobleza*
RUMBO. Dirección, camino, ruta, derrota, derrotero. — Pompa, fausto, ostentación, generosidad.
RUMBOSO. Desprendido, generoso, dadivoso, liberal, desinteresado. — Pomposo, ostentoso, magnífico, espléndido.
RUMIAR. Cavilar, meditar, reflexionar. — Rezongar, refunfuñar, gruñir, mascullar, murmurar.
RUMOR. Especie, dicho, runrún, habladuría, chisme, noticia.
RUNFLA. Colección, serie, sarta, ringlera.
RUPTURA. Rompimiento, desavenencia.
RURAL. Rústico, campesino.
RÚSTICO. Tosco, grosero, zafio, basto, ordinario, rudo, descortés, palurdo. — Campesino, labriego, aldeano. — Pueblerino, pastoril.
• *culto, educado, urbano*
RUTA. Itinerario, camino, dirección, derrota, rumbo, derrotero.
RUTILANTE. Relumbrante, resplandeciente, brillante.
RUTILAR. Brillar, resplandecer.
• *apagar*
RUTINA. Hábito, costumbre.
• *desuso, novedad*

S

SABANDIJA. Musaraña, bicho.
SABEDOR. Instruido, enterado, noticioso.
SABER. Sabiduría, erudición, ciencia.
SABER. Conocer, dominar.
  • *ignorar*
SABIAMENTE. Cuerdamente, juiciosamente, prudentemente.
SABIDO. Notorio.
SABIDURÍA. Saber, ciencia, sapiencia, instrucción. — Juicio, cordura, prudencia, seso.
  • *desconocimiento, ignorancia, incultura*
SABIO. Docto, sapiente, erudito, entendido. — Cuerdo, prudente, juicioso.
  • *analfabeto, ignorante, inculto, zote*
SABLAZO. Pechazo.
SABLE. Acero, tizona, charrasca.
SABLEAR. Pechar.
SABOR. Gusto.
  • *desazón, insipidez*
SABOREAR. Gustar, deleitarse.
SABROSO. Delicioso, apetitoso, rico, gustoso, agradable.
  • *insípido, soso*
SACAMUELAS. Charlatán.
SACAR. Extraer, extirpar, arrancar. — Obtener, lograr, ganar, alcanzar, conseguir. — Deducir, inferir, colegir, averiguar. — Librar. — Quitar, apartar. — Exceptuar, excluir. — Copiar, trasladar. — Mostrar, manifestar. — Citar, nombrar. — Producir, criar, inventar, imitar. — Desenvainar. — Insacular, desembolsar, chupar.
  • *ingerir, introducir, meter*
SACERDOTE. Cura, padre, clérigo, religioso.
SACHAR. Escardar.

SACIAR. Hartar, satisfacer, cumplir.
  • *carecer, vaciar*
SACO. Bolsa, costal. — Saqueo.
SACRIFICAR. Inmolar. — Faenar, matar.
  • *liberar, perdonar, redimir*
SACRILEGIO. Profanación.
SACRO. Sagrado.
SACUDIDA. Sacudimiento, conmoción.
SACUDIR. Agitar, golpear, mover. — Arrojar, tirar, despedir, apartar.
  • *aquietar, inmovilizar*
SACUDIRSE. Librarse, apartarse.
SAETA. Flecha. — Manecilla. — Brújula.
SAETILLA. Manecilla, aguja.
SAGA. Hechicera, bruja, adivina.
SAGACIDAD. Astucia, perspicacia, sutileza, penetración.
  • *bobería, ingenuidad*
SAGAZ. Prudente, avisado, previsor. — Astuto, perspicaz.
SAGITARIO. Arquero.
SAGRADO. Sacro, santo.
  • *maldito, profanable, profano*
SAHUMADOR. Pebetero, incensario.
SAHUMAR. Aromatizar, perfumar, fumigar, incensar.
SAL. Gracia, agudeza, donaire, salero, donosura, ingenio, salsa, sandunga.
SALADO. Gracioso, ocurrente, chistoso, ingenioso, donoso, saleroso. — Caro, costoso.
  • *desabrido, soso*
SALARIO. Paga, estipendio, jornal.
SALDAR. Liquidar.
SALDO. Diferencia, sobrante, resto, remanente.
SALERO. Gracia, chiste, donaire, ingenio, sal, salsa.

SALIDA. Pretexto, recurso, escapatoria, efugio, subterfugio, socolor. — Ocurrencia, golpe. — Despacho, venta. — Fin, término.
  • *entrada, llegada, ocaso*
SALIENTE. Salida, resalte, resalto. — Levante, este, oriente, naciente.
SALIR. Brotar, surgir, aparecer. — Nacer, proceder. — Partir. — Escapar, librarse. — Quitarse, borrarse, desaparecer. — Sobresalir, resaltar. — Resultar. — Deshacerse, desprenderse. — Ocurrir, sobrevenir. — Costar, importar. — Parecerse, semejarse. — Aparecer, descubrirse.
  • *adentrarse, entrar, meterse, pasar, penetrar*
SALIRSE. Derramarse, desbordar, rebosar.
SALITRERA. Salitral.
SALIVADERA. Escupidera.
SALIVAJO. Escupitajo, esputo, salivazo.
SALMODIA. Canturria, canturía, canturreo.
SALPICAR. Rociar, espurrear, esparcir.
SALSA. Sal, gracia, donaire, ingenio.
SALTAR. Sacar, librar. — Evitar. — Saltar. — Vencer, superar.
  • *condenar, esclavizar, perder*
SALTAR. Brincar. — Romperse, quebrarse. — Omitir. — Destacarse.
  • *inmovilizar, recordar*
SALTEADOR. Bandido, bandolero, asaltante, atracador, pistolero.
SALTEAR. Asaltar, atracar, acometer.
SALTERIO. Lira, cítara.
SALTO. Sima, precipicio, despeñadero. — Brinco, pirueta. — Omisión. — Cascada.
SALUBRE. Sano, saludable.
SALUDABLE. Sano, salubre, salutífero. — Beneficioso, provechoso, conveniente.
SALUDAR. Aclamar, proclamar.
SALUTACIÓN. Saludo.
SALVADOR. Protector, defensor. — Jesucristo.
SALVAGUARDIA. Protección, defensa, amparo.
SALVAJADA. Brutalidad, atrocidad, barbaridad.
SALVAJE. Agreste, montaraz, selvático,

bravío, arisco, montés, silvestre, huraño. — Feroz, bárbaro, brutal, atroz.
  • *civilizado, culto, educado*
SALVEDAD. Excusa, descargo, excepción.
SALVO. Ileso, indemne, salvado. — Exceptuado, omitido. — Excepto.
SAMBENITO. Descrédito, estigma.
SANAR. Curarse.
  • *desmejorarse, enfermar*
SANCIÓN. Autorización, confirmación. — Pena, castigo.
  • *perdón, recompensa*
SANDEZ. Tontería, necedad, simpleza, estupidez, vaciedad, majadería, despropósito.
SANDIO. Necio, tonto, estúpido, majadero, simple, bobo, otario.
SANDUNGA. Gracia, ingenio, donaire, salero, chiste, sal.
SANGRE. Parentesco, linaje, estirpe, abolengo, prosapia, ascendencia, parentela.
SANGRÍA. Sangradura.
SANGRIENTO. Sanguinario. — Hiriente. — Sanguinoliento. — Cruento.
SANGUINARIO. Feroz, cruel, inhumano, sangriento, vengativo.
SANIDAD. Salubridad, salud, saneamiento.
  • *infección, insalubridad*
SANO. Robusto, bueno. — Entero. — Saluble, saludable.
SANTABÁRBARA. Polvorín.
SANTIAMÉN. Instante, periquete, momento, segundo.
SANTIGUARSE. Persignarse, signarse.
SANTO. Viñeta, estampa, grabado, dibujo. — Sagrado, inviolable. — Perfecto.
SANTÓN. Santurrón, hipócrita, gazmoño, beato, santucho, santulón.
SANTUARIO. Iglesia, templo, basílica.
SANTURRÓN. Gazmoño, mojigato, santón, beato.
SAÑA. Furor, ira, cólera, furia, encono, coraje.
  • *amistad, perdón, piedad*
SAPIENCIA. Sabiduría, conocimientos, saber, ilustración.

SAPO. Escuerzo.

SAQUEAR. Pillar, robar.

SARCÁSTICO. Cáustico, mordaz, satírico, irónico, punzante, burlón.
  • *delicado, suave*

SARCÓFAGO. Sepulcro.

SARRACENO. Mahometano, musulmán, moro.

SARTA. Serie, cadena, rosario, retahíla, recua, runfla.

SATÁN. Satanás, Lucifer.

SATÁNICO. Diabólico, perverso. — Desmedido, desmesurado, monstruoso.

SATÉLITE. Secuaz, partidario, prosélito. — Alguacil, esbirro.

SATÍRICO. Irónico, punzante, mordaz, cáustico.

SATIRIZAR. Zaherir, criticar, burlarse, mofarse.
  • *alabar, confortar, honrar*

SÁTIRO. Lascivo, lujurioso.

SATISFACCIÓN. Contento, placer, gusto, complacencia, agrado. — Excusa, disculpa, descargo. — Presunción, vanagloria.
  • *desagrado, deuda, humildad, incumplimiento*

SATISFACER. Pagar, abonar. — Contestar. — Saciar, hartar.— Llenar, cumplir, remediar.

SATISFACERSE. Conformarse, convencerse.

SATISFACTORIO. Grato, lisonjero, agradable.

SATISFECHO. Contento. — Lleno, cumplido. — Presumido, vanidoso.

SATURAR. Saciar, colmar.

SAYA. Falda, pollera.

SAYÓN. Verdugo. — Cruel, inhumano, sanguinario.

SAZÓN. Madurez, perfección, punto. — Momento, oportunidad, ocasión, coyuntura.
  • *acidez, inoportunidad, verdor*

SAZONAR. Aliñar, condimentar, aderezar.

SEBO. Cordura, unto, grasa, lardo.

SECA. Sequía.

SECAMENTE. Bruscamente, con sequedad.

SECAR. Enjugar. — Marchitar, agostar. — Fastidiar, aburrir, hastiar, cansar, jeringar, jorobar.
  • *engordar, florecer, mojar*

SECCIÓN. Corte, perfil. — División, parte.

SECESIÓN. Separación, apartamiento.

SECO. Marchito, agostado, muerto. — Flaco, enjuto, chupado, delgado. — Árido, estéril. — Desabrido, áspero. — Estricoto, riguroso.

SECRETO. Oculto, ignorado, reservado, confidencial, callado, escondido. — Clandestino, ilícito. — Sigilo, reserva. — Misterio, arcano.

SECTOR. Zona, distrito, radio.

SECUAZ. Partidario, prosélito.

SECUELA. Consecuencia, corolario.

SECUESTRAR. Embargar. — Recluir, encerrar.

SECULAR. Seglar. — Centenario.

SECUNDAR. Ayudar, auxiliar, apoyar, favorecer, servir.

SECUNDARIO. Accesorio.
  • *capital, primitivo, primordial*

SED. Ansia, deseo, anhelo, apetito.

SEDA. Raso, talefán.

SEDANTE. Sedativo, calmante.

SEDE. Asiento, jurisdicción, residencia. — Diócesis.

SEDICIÓN. Insurrección, rebelión, sublevación, levantamiento, alzamiento, tumulto.

SEDICIOSO. Rebelde, insurrecto, sublevado, amotinado.

SEDIENTO. Hidrópico.

SEDIMENTO. Poso, hez.

SEDUCIR. Encantar, fascinar, cautivar, atraer, arrastrar. — Engañar. — Corromper, sobornar.
  • *desilusionar, disuadir, repeler*

SEGAR. Cortar, cercenar.

SEGREGAR. Separar, apartar. — Secretar.
  • *articular, unir*

SEGUIDA (EN). Inmediatamente, al punto, sin tardanza, acto continuo, en el acto.

SEGUIDAMENTE. En seguida.

SEGUIDO. Continuo, sucesivo, incesante, consecutivo, frecuente. — Derecho, recto.

SEGUIR. Continuar, proseguir. — Escoltar, acompañar. — Perseguir. — Estudiar, practicar, profesar. — Copiar, imitar. — Abrazar, adoptar, admitir.
* *anteceder, anticipar, preceder*

SEGUIRSE. Inferirse, derivarse, deducirse, originarse, proceder, nacer.

SEGÚN. Conforme a, como, de acuerdo con, a juzgar por, siguiendo a, con arreglo a, adjuntándose a.

SEGUR. Hoz.

SEGURIDAD. Certidumbre, certeza. — Calma, tranquilidad. — Fianza, garantía.
* *exposición, inseguridad, peligro*

SEGURO. Cierto, indubitable, indudable, infalible, positivo. — Tranquilo. — Firme, fijo. — Salvoconducto.

SELECTO. Escogido. — Excelente, exquisito.

SELLAR. Timbrar. — Estampar, imprimir. — Concluir, terminar. — Cerrar, tapar, cubrir.

SELLO. Timbre, señal, marca, impresión. — Carácter. — Estampilla.

SELVA. Bosque.

SELVÁTICO. Tosco, silvestre, rústico.

SEMBLANTE. Cara, rostro, faz, fisonomía. — Aspecto.

SEMBRAR. Derramar, esparcir, desparramar, divulgar, propalar. — Causar, provocar. — Granear.
* *cosechar, recoger, recolectar*

SEMEJANTE. Análogo, parecido, afín, similar. — Prójimo.

SEMEJANZA. Parecido, similitud, afinidad, analogía. — Imitación.
* *desigualdad, diferencia*

SEMEJAR. Asemejarse, parecerse.
* *diferenciar*

SEMEN. Semilla, simiente, germen.

SEMICÍRCULO. Hemiciclo, anfiteatro.

SEMILLA. Simiente.

SEMILLERO. Origen, fuente, manantial.

SEMIPLENO. Incompleto, imperfecto.

SEMITA. Judío, hebreo.

SEMPITERNO. Perpetuo, eterno.
* *finito, mortal*

SENCILLEZ. Llaneza, naturalidad, ingenuidad, franqueza, sinceridad, afabilidad.
* *aparatoso, espectacular, solemne, suntuoso*

SENCILLO. Simple. — Ingenuo, llano, franco, afable. — Fácil, comprensible. — Incauto.

SENDA. Sendero, vereda. — Camino, ruta.

SENECTUD. Ancianidad, vejez, senilidad.
* *fortaleza, juventud*

SENO. Hueco, concavidad. — Matriz. — Regazo. — Golfo.

SENSACIÓN. Impresión, emoción.

SENSATEZ. Cordura, discreción, circunspección, prudencia, juicio.
* *imprudencia, inoportunidad, irreflexión, locura*

SENSATO. Cuerdo, prudente, juicioso.

SENSIBLE. Apreciable, perceptible, manifiesto. — Impresionable. — Deplorable, lamentable, lastimoso, doloroso.

SENSUAL. Sensitivo, sibarita, epicúreo, voluptuoso.

SENTADO. Juicioso, prudente, cuerdo.

SENTAR. Anotar, asentar. — Aplanar, igualar, allanar. — Cuadrar, convenir. — Caer. — Gustar, agradar.

SENTARSE. Asentarse, posarse.

SENTENCIA. Máxima, aforismo, adagio, refrán. — Dictamen, resolución, decisión, juicio, parecer.

SENTENCIAR. Juzgar, enjuiciar. — Condenar.

SENTENCIOSO. Enjundioso, substancioso. — Enfático.

SENTIDO. Significado, acepción, interpretación, significación. — Entendimiento, juicio. — Razón, finalidad. — Expresión, realce.

SENTIMENTAL. Sensible, impresionable, romántico.

SENTIMIENTO. Dolor, aflicción, pena, pesar. — Pasión.
* *insensibilidad*

SENTINA. Sumidero, albañal, cloaca, alcantarilla, vertedero, resumidero.

SENTIR. Sentimiento. — Juicio, opinión, parecer, dictamen.

SENTIR. Experimentar, percibir. — Deplorar, lamentarse, dolerse. — Apreciar, comprender. — Opinar, juzgar. — Prever, presentir, barruntar.

SENTIR (SIN). Inadvertidamente.

SENTIRSE. Considerarse, reconocerse. — Hallarse, encontrarse, estar. — Resentirse.

SEÑA. Indicio, nota. — Anticipo. — Señal.

SEÑAL. Rastro, huella, vestigio. — Marca, distintivo. — Hito, mojón. — Signo, indicación, síntoma, indicio. — Cicatriz. — Anticipo.

SEÑALADAMENTE. Particularmente, especialmente, con especialidad. — Con expresión, determinada.

SEÑALADO. Célebre, insigne.
• *anónimo, desconocido*

SEÑALAR. Indicar, marcar. — Designar, fijar, determinar. — Asignar, apuntar, especificar, mencionar, registrar. — Denotar, aludir, observar, trazar.

SEÑALARSE. Distinguirse, singularizarse, significarse.

SEÑAS. Dirección, domicilio.

SEÑERO. Solo, solitario, aislado.

SEÑOR. Dueño, amo, propietario. — Dios.

SEÑORA. Dama.

SEÑORÍO. Dominio, mando. — Gravedad, dignidad.

SEÑUELO. Reclamo, cimbel, espejuelo.

SEPARACIÓN. Distancia. — Destitución. — Retiro, alejamiento.

SEPARADAMENTE. Aparte, con separación, aisladamente.

SEPARAR. Apartar, alejar. — Desunir, desgajar, dividir. — Destituir.
• *juntar, unir*

SEPELIO. Sepultura, entierro, inhumación.

SEPIA. Jibia.

SEPTENTRIÓN. Norte.

SEPTENTRIONAL. Ártico, boreal.

SEPULCRAL. Lúgubre, tétrico, fúnebre.

SEPULCRO. Sarcófago, mausoleo, sepultura, tumba, túmulo, panteón.

SEPULTAR. Enterrar, inhumar. — Esconder, ocultar, sumir.

SEPULTARSE. Sumergirse, abismarse.

SEPULTURA. Tumba, sepulcro, fosa, hoya, hoyo, huesa.

SEPULTURERO. Enterrador.

SEQUEDAD. Aspereza, dureza, desabrimiento, descortesía.
• *cortesía, humedad, lluvia, suavidad*

SÉQUITO. Comitiva, acompañamiento, cortejo.

SER. Ente. — Esencia, naturaleza. — Existencia.

SER. Existir, vivir. — Pertenecer, corresponder. — Servir, aprovechar. — Suceder, ocurrir. — Valer, costar.

SERAFÍN. Ángel, querubín.

SERENARSE. Calmarse, sosegarse, tranquilizarse, aquietarse, apaciguarse. — Aclarar, abonanzar, despejarse, desencapotarse. — Templar, moderar.
• *aborrascar, alterar, intranquilizar*

SERENIDAD. Sosiego, tranquilidad, calma, impavidez, valor.

SERENO. Claro, despejado. — Relente. — Templado, tranquilo, valiente, impávido.

SERIE. Sarta, cadena, rosario, retahíla, letanía, recua.

SERIO. Importante, grave, considerable. — Real, efectivo, positivo, verdadero, sincero. — Formal, circunspecto, sensato, sentado, mesurado, austero, severo, adusto.

SERMÓN. Reprimenda, regaño, reto, reprensión, amonestación, repasata, rapapolvo, rociada, sofión, café.

SERMONEAR. Predicar. — Reprender, retar.

SERRALLO. Harén.

SERRAR. Aserrar, serruchar, cortar.

SERVIBLE. Aprovechable, utilizable.

SERVICIAL. Complaciente, amable. — Diligente, activo.

SERVICIO. Favor, gracia, obsequio. — Utilidad, beneficio. — Orinal. — Cubierto.

SERVIDOR. Sirviente, criado, doméstico.

SERVIDUMBRE. Esclavitud. — Servicio.
• *derecho, dominio, exigencia, poder*
SERVIL. Bajo, rastrero, vil, abyecto, vergonzoso, humillante, humilde. — Obsecuente.
SERVILISMO. Abyección, bajeza, humillación, envilecimiento.
SERVIR. Valer, aprovechar. — Vender, suministrar. — Poner. — Favorecer. — Festejar, galantear, cortejar.
SERVIRSE. Valerse, utilizar, aprovecharse.
SESENTÓN. Sexagenario.
SESGO. Oblicuidad, torcimiento. — Cariz, aspecto. — Torcido, oblicuo, inclinado.
SESO. Cerebro, inteligencia. — Juicio, cordura, madurez, prudencia, discreción.
• *indiscreción, irreflexión, locura*
SESUDO. Juicioso, prudente, cuerdo, discreto, maduro.
SETA. Hongo.
SETO. Cercado, cerco, estacada.
SEVERIDAD. Rigor, rigidez, aspereza. — Seriedad, gravedad, mesura. — Exactitud, puntualidad.
• *benevolencia, benignidad, lenidad, magnanimidad, suavidad*
SEVERO. Áspero, duro, rígido, riguroso. — Grave, austero. — Exacto, puntual.
SIBARITA. Epicúreo, sensual.
SIBIL. Silo.
SIBILA. Adivina, profetisa, vidente.
SIBILINO. Misterioso, indescifrable, obscuro, confuso, esotérico. — Profético.
SICALÍPTICO. Pornográfico, verde, obsceno.
SICOFANTE. Calumniador.
SIDERAL. Astral, sidéreo.
SIEMPRE. Constantemente, invariablemente, perpetuamente, eternamente.
• *jamás, nunca*
SIERPE. Serpiente, culebra.
SIERVO. Esclavo. — Servidor.
• *amo, jefe, libre, señor*
SIGILAR. Callar, encubrir, ocultar. — Sellar, estampillar.
SIGILO. Secreto, reserva, discreción, prudencia. — Sello, estampilla.

SIGILOMANÍA. Filatelia.
SIGLA. Inicial, letra.
SIGLO. Centuria. — Mundo.
SIGNAR. Firmar, rubricar.
SIGNARSE. Persignarse, santiguarse.
SIGNFICACIÓN. Sentido, significado, acepción.
SIGNIFICAR. Decir, expresar. — Comunicar, notificar, declarar, manifestar. — Valer, representar.
SIGNO. Indicio, señal. — Sino.
SIGUIENTE. Consecutivo, subsiguiente, posterior, subsecuente, correlativo.
• *antecesor, anterior, delantero*
SILBAR. Chiflar, pitar.
SILBATINA. Rechifla.
SILBATO. Pito.
SILBIDO. Pitido.
SILENCIO. Mutismo. — Pausa.
• *estrépito, estruendo, fragor, ruido*
SILENCIO (EN). Sin protestar, sin quejarse.
SILENCIOSAMENTE. Secretamente, disimuladamente. — Calladamente, en silencio.
SILENTE. Silencioso, callado. — Sosegado, tranquilo, quieto.
SÍLFIDE. Ninfa.
SILLA. Montura. — Sede.0
SILO. Cueva, sibil, sótano. — Granero.
SILUETA. Contorno, perfil.
SILVESTRE. Salvaje, agreste, inculto, rústico, montaraz, campestre, selvático.
• *culto, educado, refinado, urbano*
SIMA. Abismo, precipicio, despeñadero, derrumbadero.
SIMBOLIZAR. Representar.
SÍMBOLO. Expresión.
SIMETRÍA. Armonía, proporción.
SIMIENTE. Semilla, semen, germen.
SÍMIL. Comparación. — Semejante, parecido.
SIMILAR. Análogo, semejante, parecido, afín.
• *diferente, distante, distinto*
SIMILITUD. Parecido, semejanza, analogía.
SIMILOR (DE). Falso, fingido.

SIMIO. Mono.
SIMPA. Trenza.
SIMPATÍA. Inclinación, analogía, afinidad.
SIMPATIZAR. Congeniar.
SIMPLE. Sencillo, puro, único, solo. — Fácil, comprensible. — Manso, apacible. — Desabrido. — Tonto, necio, mentecato, bobo. — Ingenuo, cándido, inocente, incauto.
SIMPLEMENTE. Absolutamente. — Sencillamente.
SIMPLEZA. Bobería, necedad, tontería, vaciedad, mentecatería.
SIMPLÓN. Mentecato, necio, tonto. — Sencillo, ingenuo.
SIMULACIÓN. Fingimiento, doblez, hipocresía, ocultamiento, tapujo.
  • *sinceridad, verdad*
SIMULACRO. Imagen, estatua. — Aparición, fantasma, visión. — Apariencia. — Representación, parodia.
SIMULADO. Falso, fingido, imitado.
SIMULAR. Aparentar, fingir.
SIMULTÁNEO. Contemporáneo, sincrónico.
  • *antagónico, incompatible*
SINCERARSE. Justificarse, vindicar.
SINCERIDAD. Veracidad, franqueza. — Sencillez, ingenuidad.
SINCERO. Franco, veraz, abierto, sencillo, ingenuo.
SINCOPAR. Abreviar, reducir.
SÍNCOPE. Desmayo, desvanecimiento.
SINDICAR. Acusar, delatar. — Destinar, consignar.
SINDICARSE. Asociarse, afiliarse.
SINECURA. Prebenda, canonjía, ganga, momio, breva.
SINFÍN. Infinidad, sinnúmero.
SINGULAR. Único. — Extraordinario, extraño. — Raro, excelente. — Original. — Especial, particular.
  • *ordinario, plural, vulgar*
SINGULARIDAD. Particularidad, distinción. — Rareza.
SINGULARIZARSE. Distinguirse, señalarse, destacarse. — Apartarse.
  • *confundir, unir, vulgarizar*

SINIESTRO. Izquierdo. — Perverso, avieso. — Infeliz, funesto, aciago.
  • *alegre, derecho, diestro, feliz*
SIN IGUAL. Incomparable, único, solo.
SINNÚMERO. Incalculable, infinidad, multitud, cúmulo, muchedumbre, montón, porción.
SINO. Hado, destino, estrella, suerte, ventura, signo.
SÍNODO. Concilio.
SINÓNIMO. Análogo, equivalente, parecido.
  • *antónimo, desigual, distinto*
SINRAZÓN. Injusticia.
SINSABOR. Pesadumbre, disgusto, pena, pesar, desazón.
SÍNTESIS. Compendio, suma, resumen, extracto, prontuario.
SINTETIZAR. Resumir, compendiar, extractar.
SÍNTOMA. Indicio, señal, signo, presagio.
SINTONIZAR. Captar.
SINUOSO. Torcido, tortuoso, ondulado, anfractuoso, quebrado.
SINVERGÜENZA. Bribón, pícaro.
SIQUIERA. Bien que, aunque.
SIRENA. Ninfa, nereida. — Silbato.
SIRVIENTE. Servidor, criado, doméstico, fámulo.
  • *amo, jefe, patrono, señor*
SISAR. Hurtar. — Alforzar.
SISTEMA. Método, plan, procedimiento, conjunto.
SITIAR. Asediar, cercar, rodear.
SITIO. Lugar, punto, paraje, puesto, espacio, parte. — Asedio, cerco.
SITO. Situado, fundado.
SITUACIÓN. Posición, postura, disposición, colocación. — Estado, condición.
SITUAR. Poner, colocar. — Asignar, determinar.
  • *desacomodar, descolocar, marchar, sacar*
SOBA. Paliza, zurra, vapuleo, solfa, tunda, felpa, tollina, solfeo, tocata, azotaina, somanta.
SOBACO. Axila.

SOBAR. Manosear, manejar. — Palpar. — Zurrar, azotar, vapulear.

SOBERANO. Monarca, rey. — Grande, mayúsculo, alto, elevado, excelente, expresivo, eficacísimo, radical. — Regio, principesco, suntuoso, fastuoso.
• *siervo*

SOBERBIA. Ira, cólera, rabia, coraje. — Arrogancia, altivez, orgullo, altanería.
• *humildad, modestia*

SOBERBIO. Orgulloso, arrogante, altanero, altivo. — Espléndido, magnífico, grandioso, regio, suntuoso, admirable, hermoso. — Colérico, iracundo, violento, arrebatado, fogoso.

SOBORNAR. Corromper, comprar, cohechar.

SOBRA. Demasía, exceso. — Injuria, agravio.
• *déficit, escasez, falta, merma*

SOBRADO. Demasiado, harto, asaz. — Audaz, atrevido. — Rico, opulento. — Desván. — Sobradamente.

SOBRANTE. Superfluo, innecesario, excesivo. — Sobra, resto, desechos, desperdicio. — Excedente.

SOBRAR. Exceder, sobrepujar, rebosar, rebasar, holgar. — Restar, quedar.
• *escasear, faltar*

SOBRAS. Desperdicios, sobrante, residuo, desechos, resto, migajas.

SOBRE. Encima. — Después, además, próximamente. — Acerca de, además de.
• *debajo, desventaja, inferioridad*

SOBRECOGERSE. Sorprenderse, asombrarse, pasmarse, admirarse. — Asustarse, intimidarse, acoquinarse, amilanarse.
• *animarse, tranquilizarse*

SOBRELLEVAR. Sufrir, aguantar, soportar. — Resignarse.
• *irritar, rebelarse*

SOBRE MANERA. Excesivamente, con exceso.

SOBRENADAR. Flotar, boyar, nadar.

SOBRENATURAL. Prodigioso, maravilloso, milagroso, extraordinario.
• *explicable, humano, natural, normal*

SOBRENOMBRE. Apodo, mote, remoquete.

SOBREPASAR. Exceder, aventajar, sobrepujar.

SOBREPESO. Sobrecarga, recargo.

SOBREPONER. Superponer, aplicar.
• *desmejorar, irritar, quitar*

SOBREPRECIO. Recargo, prima.

SOBREPUJAR. Aventajar, exceder, superar.
• *disminuir, perder*

SOBRESALIR. Destacarse, distinguirse, exceder, aventajar, descollar, despuntar, señalarse, resaltar.
• *empequeñecerse, disminuir*

SOBRESALTAR. Asustar, acongojar, turbar, alterar, atemorizar.
• *aquietar, tranquilizar*

SOBRESALTO. Temor, susto, intranquilidad.

SOBRESEER. Desistir. — Cesar.

SOBRETODO. Abrigo, gabán.

SOBRE TODO. Principalmente, máxime.

SOBREVENIR. Suceder, acontecer, ocurrir.

SOBREVIVIENTE. Superviviente, supérstite.

SOBRIEDAD. Moderación, templanza, mesura, frugalidad, parquedad.
• *apetencia, destemplanza, gula, inmoderación*

SOBRIO. Parco, frugal, moderado, templado, mesurado. — Sencillo.

SOCALIÑA. Ardid, treta, maña, artimaña, artificio, añagaza, amaño.

SOCARRAR. Tostar, chamuscar.

SOCARRÓN. Astuto, taimado, hipócrita, disimulado, solapado, bellaco.

SOCARRONERÍA. Astucia, bellaquería, hipocresía.

SOCAVAR. Minar, excavar.

SOCIABLE. Comunicativo, tratable, afable, civilizado.

SOCIEDAD. Consorcio, liga, reunión, círculo, confederación, tertulia, gremio, corporación, compañía, unión.

SOCIO. Asociado.

SOCOLOR. Pretexto, socapa, efugio.

SOCORRER. Ayudar, amparar, auxiliar, favorecer. — Apoyar, defender, asistir.

SOCORRO. Ayuda, limosna, auxilio, amparo, favor. — Asistencia, apoyo, defensa.

SOCUCHO. Chiribitil, cuchitril.

SODA. Sosa.

SODOMITA. Maricón, invertido, pederasta.

SOEZ. Grosero, vil, indigno, indecente, bajo.

SOFIÓN. Reprimenda, rapapolvo, filípica, regaño, sermón, repasata, represión, jabón.

SOFISTICAR. Falsificar, adulterar. — Engañar, mixtificar, embaucar.

SOFLAMA. Proclama, arenga, perorata, discurso. — Rubor, bochorno. — Engaño, trampa. — Carantoña, roncería, arrumaco.

SOFLAMAR. Chasquear, engañar.

SOFLAMARSE. Tostarse, quemarse.

SOFOCAR. Asfixiar, ahogar. — Apagar, extinguir, dominar, oprimir, reprimir. — Abochornar, avergonzar, correr. — Acosar, importunar.
　• *encender, respirar*

SOFOCÓN. Desazón, disgusto, sofoco, sofocación, sofoquina.

SOFRENAR. Refrenar. — Reprender, regañar, reñir, retar.

SOGA. Cuerda.

SOJUZGAR. Avasallar, dominar, someter, sujetar.

SOLAMENTE. Sólo, únicamente, nada más, de un solo modo.

SOLAPADO. Astuto, taimado, disimulado, falso, socarrón.

SOLAZ. Recreo, esparcimiento, placer, diversión, entretenimiento. — Alivio, descanso, consuelo.

SOLAZARSE. Divertirse, entretenerse, recrearse.
　• *aburrir, trabajar*

SOLDADA. Paga, sueldo, salario, estipendio.

SOLDADO. Mantenedor, sostenedor, partidario. — Militar.

SOLDADURA. Enmienda, compostura, corrección. — Unión, pegadura.

SOLDAR. Unir, pegar. — Componer, enmendar, arreglar.

SOLEDAD. Aislamiento.

SOLEMNE. Imponente, majestuoso, grandioso, magnífico. — Enfático, rimbombante, palanganudo, altisonante, pomposo. — Grave, formal, firme, válido. — Crítico, interesante, importante.
　• *sencillo, vulgar*

SOLEMNIZAR. Celebrar, conmemorar, festejar. — Engrandecer, aplaudir, encarecer.

SOLER. Acostumbrar, estilar, usar.

SOLERCIA. Habilidad, maña, cancha, astucia.

SOLEVAR. Sublevar.

SOLFA. Música. — Paliza, zurra, felpa, tunda, vapuleo, somanta, azotina, tocata, tollina, solfeo, azotaina.

SOLICITAR. Pretender, pedir, buscar. — Requerir, procurar. — Atraer, tentar, invitar.
　• *conceder*

SOLÍCITO. Cuidadoso, diligente. — Afectuoso, atento.

SOLICITUD. Memorial, instancia, petición, solicitación. — Diligencia, cuidado, atención, afección.

SOLIDARIAMENTE. Conjuntamente, fraternalmente.

SOLIDARIDAD. Unión, colaboración.

SOLIDEZ. Consistencia, fortaleza, firmeza, resistencia.
　• *blandura, debilidad, inconsistencia*

SÓLIDO. Robusto, vigoroso, firme, resistencia, fuerte, consistente, macizo.

SOLILOQUIO. Monólogo.

SOLIO. Trono.

SOLITARIA. Tenia.

SOLITARIO. Desierto, despoblado, deshabitado, desamparado, abandonado, retirado, apartado. — Solo, señero, aislado. — Diamante. — Ermitaño, anacoreta, cenobita.

SOLIVIANTAR. Excitar, estimular, agitar, encalabrinar.
　• *aquietar, someter, tranquilizar*

SOLLOZAR. Llorar, lloriquear, gimotear, hipar, zollipar.
SOLO. Único. — Solitario, huérfano, desamparado, desvalido, abandonado. — Señero, aislado.
SÓLO. Solamente, únicamente.
SOLOMILLO. Lomo.
SOLTAR. Desatar, desceñir, desligar. — Libertar, liberar. — Decir, espetar. — Explicar, resolver.
• *agarrar, amarrar, asir, coger, prender*
SOLTARSE. Desasirse, desprenderse, dejarse.
SOLTERO. Célibe, libre, suelto.
SOLTURA. Agilidad, presteza, prontitud, desembarazo, desenvoltura. — Libertad, desvergüenza, frescura, desenfado.
SOLUCIÓN. Desenlace, terminación, fin. — Explicación.
• *comienzo, propuesta*
SOLUCIONAR. Resolver, solventar.
SOLVENCIA. Responsabilidad, capital, bienes.
SOLVENTAR. Pagar, liquidar, arreglar. — Resolver, solucionar.
• *adeudar, desarreglar*
SOMANTA. Tunda, paliza, felpa, zurra, torata, solfa, soba, azotina.
SOMBRA. Obscuridad. — Espectro, aparición, fantasma. — Apariencia, semejanza. — Asilo, favor, defensa. — Suerte. — Mácula, defecto.
SOMBRERO. Chambergo, chapeo, chápiro, cachirulo.
SOMBRILLA. Quitasol.
SOMBRÍO. Tétrico, taciturno, melancólico, triste. — Umbrío.
• *alegre, claro, luminoso*
SOMERO. Ligero, superficial, sucinto.
SOMETER. Sujetar, sojuzgar, subyugar, conquistar, dominar, avasallar, vencer, humillar. — Subordinar, supeditar. — Proponer. — Encomendar.
• *desobedecer, indisciplinar, rebelar, resistir*
SOMETERSE. Obedecer, acatar.
SOMNOLENCIA. Pesadez, torpeza,

sopor, amodorramiento, adormecimiento.
• *alacridad, ligereza, viveza*
SON. Sonido, cantinela. — Modo, manera, tenor, motivo. — Noticia, fama, divulgación. — Pretexto.
SONADO. Célebre, famoso, renombrado. — Ruidoso.
SONAR. Mencionarse, citarse. — Susurrarse, murmurarse.
SONDAR. Sondear, reconocer, explorar. — Inquirir, averiguar, rastrear.
SONIDO. Son.
• *silencio*
SONORO. Resonante, ruidoso, vibrante.
SONROJAR. Ruborizar, avergonzar, abochornar.
SONROJO. Rubor, vergüenza, bochorno. — Improperio.
• *desvergüenza, impavidez, palidez*
SONSONETE. Retintín, tonillo, estribillo.
SOÑADOR. Iluso, idealista, utópico.
SOÑAR. Fantasear, divagar.
SOPAPO. Bofetada, cachete, cachetada.
SOPLADO. Engreído, estirado, hinchado, inflado, hueco. — Acicalado, peripuesto.
SOPLAR. Inspirar, insinuar, sugerir, apuntar. — Inflar. — Acusar, delatar. — Quitar, birlar, hurtar.
• *aspirar, deshinchar, humillar, vaciar*
SOPLARSE. Emborracharse. — Hincharse, engreírse, entonarse. — Tragarse, zamparse.
SOPLO. Soplido. — Instante, momento, segundo. — Denuncia, delación, acusación. — Aviso, secreto. — Hálito.
SOPLÓN. Acusador, delator, acusón.
SOPONCIO. Congoja, desvanecimiento. — Disgusto, contrariedad, sofocón, accidente.
SOPOR. Modorra, adormecimiento, somnolencia.
• *alacridad, despabilamiento, insomnio, viveza*
SOPORÍFERO. Fastidioso, aburrido. — Narcótico, estupefaciente.
SOPORTABLE. Llevadero, tolerable, aguantable, pasadero.
SOPORTAL. Pórtico, porche.

SOPORTAR. Sufrir, aguantar, sobrellevar, tolerar, resistir, pasar.
• *irritar, negar, rechazar*
SOPORTE. Sostén, apoyo, sustentáculo.
SOR. Hermana, religiosa.
SORBER. Absorber, tragar. — Chupar, atraer.
SORBETE. Helado.
SORBO. Trago.
SORDAMENTE. Secretamente, ocultamente.
• *abiertamente, claramente, ruidosamente*
SORDIDEZ. Mezquindad, tacañería, avaricia, ruindad.
SÓRDIDO. Sucio, repugnante. — Avaro, tacaño, mezquino, avariento, miserable, ruin. — Impuro, indecente, escandaloso.
• *decente, generoso*
SORDO. Indiferente, insensible. — Silencioso, callado, apagado.
SORNA. Disimulo, bellaquería, ironía. — Tardanza, lentitud.
SOROCHE. Puna.
SORPRENDENTE. Raro, peregrino, asombroso, admirable, maravilloso, extraordinario.
SORPRENDER. Asombrar, maravillar, admirar, conmover, suspender. — Descubrir.
SORPRESA. Asombro, admiración.
SORTEAR. Esquivar, eludir, soslayar, evitar. — Jugar, rifar.
SORTEO. Jugada.
SORTIJA. Anillo. — Rizo.
SORTILEGIO. Maleficio, hechicería.
SOSEGADO. Tranquilo, reposado, pacífico, sereno, quieto, calmado.
SOSEGAR. Dormir, reposar. — Apaciguar, tranquilizar, aplacar, aquietar, serenar, calmar, pacificar.
• *destemplar, irritar, velar*
SOSIEGO. Calma, serenidad, tranquilidad, paz, quietud, reposo, descanso.
SOSO. Insulso, insípido, desabrido. — Tonto, zonzo, majadero.
SOSPECHA. Recelo, presunción, indicio,

barrunto, conjetura, desconfianza, reconcomio, malicia.
• *confianza, fe, ingenuidad*
SOSPECHAR. Desconfiar, dudar, recelar, barruntar, maliciar, presumir, conjeturar.
• *confiar, creer*
SOSTÉN. Apoyo, sustentáculo, soporte, sujeción. — Amparo, defensa, protección. — Sustento, manutención, sostenimiento. — Portapechos, ceñidor.
SOSTENER. Mantener, sustentar. — Apoyar, afirmar, defender. — Sufrir, tolerar.
SOSTENIMIENTO. Sostén, mantenimiento, apoyo.
SOTABANCO. Buhardilla, desván, zaquizamí, chiribitil, tabuco, tugurio, zahurda.
SOTERRAR. Enterrar. — Esconder, ocultar.
SOTRETA. Plepa.
SUAVE. Dulce, agradable, grato. — Apacible, manso, dócil, tranquilo. — Blando, muelle. — Pulido, liso. — Lento, moderado.
• *áspero, insuave*
SUAVIZAR. Alisar, pulir, pulimentar. — Templar, calmar, mitigar.
• *destemplar, irritar*
SUBA. Alza, subida.
SUBALTERNO. Subordinado, dependiente. — Inferior, secundario.
SUBASTA. Remate, licitación.
SUBASTADOR. Rematador, martillero.
SUBCONSCIENTE. Inconsciente.
SÚBDITO. Vasallo.
SUBIDA. Alza, suba, aumento. — Cuesta, repecho, pendiente.
• *bajada, caída, descenso, disminución*
SUBIDO. Excesivo, elevado, alto, fuerte.
SUBIR. Ascender, elevarse, remontar, trepar. — Montar, cabalgar. — Importar, sumar. — Aumentar, crecer, encarecer, recargar. — Agravarse. — Levantar, alzar. — Pujar, pugnar.
• *apear, bajar, descender*
SÚBITO. Improviso, repentino, precipitado, impetuoso, violento, impensado. — Súbitamente.
SUBJETIVO. Personal.

SUBLEVACIÓN. Rebelión, sedición, alzamiento, insurrección, motín, pronunciamiento.

SUBLEVAR. Insurreccionar, amotinar, levantar. — Irritar, indignar, solevar.
  • *obedecer, someter*

SUBLEVARSE. Rebelarse, amotinarse, insurreccionarse, alzarse.

SUBLIMAR. Engrandecer, enaltecer, glorificar, exaltar, ensalzar. — Volatizar.
  • *denigrar, humillar*

SUBLIME. Excelso, eminente, sobrehumano, magno, elevado.

SUBORDINADO. Subalterno, inferior, dependiente.

SUBRAYAR. Recalcar, destacar.

SUBREPTICIO. Oculto, furtivo, disimulado.

SUBROGAR. Substituir, reemplazar.

SUBSANAR. Disculpar, excusar. — Reparar, resarcir, remediar, corregir, rectificar.
  • *ratificar, reiterar*

SUBSCRIBIR. Firmar, rubricar. — Consentir, acceder, adherirse.

SUBSCRIBIRSE. Abonarse.

SUBSIDIO. Socorro, ayuda, auxilio. — Contribución, impuesto.

SUBSIGUIENTE. Consecutivo, subsecuente.

SUBSISTENCIAS. Alimentos, víveres, comida.

SUBSISTIR. Existir, vivir. — Durar, persistir, perdurar, continuar, permanecer, conservarse.
  • *morir, perderse, pudrirse*

SUBSTANCIA. Ser, esencia, naturaleza. — Materia. — Caudal, hacienda, bienes. — Juicio, madurez.

SUBSTANCIA (EN). En compendio, en resumen, substancialmente.

SUBSTANCIAL. Trascendental, importantísimo. — Substancioso.

SUBSTANCIAR. Compendiar, resumir, extractar.

SUBSTANCIOSO. Suculento, sabroso, jugoso. — Substancial.

SUBSTITUCIÓN. Relevo, reemplazo.

SUBSTITUIR. Reemplazar, suplir, relevar, cambiar.

SUBSTITUTO. Suplente, reemplazante, sucedáneo.

SUBSTRACCIÓN. Hurto, robo. — Resta.

SUBSTRAER. Separar, apartar, preservar. — Restar, extraer. — Quitar, robar, hurtar.

SUBSTRAERSE. Eludir, evitar, separarse.

SUBSUELO. Sótano, subterráneo.

SUBTERFUGIO. Pretexto, achaque, excusa, disculpa, efugio, escapatoria.

SUBURBIO. Arrabal.

SUBVENCIÓN. Auxilio, socorro, ayuda, subsidio.

SUBVENIR. Auxiliar, ayudar, socorrer, amparar.

SUBVERTIR. Perturbar, trastornar, revolver, destruir, derrocar, derribar, arruinar.

SUBYUGAR. Avasallar, sojuzgar, dominar, someter.
  • *libertar, rebelar*

SUCEDER. Pasar, ocurrir, acontecer. — Heredar. — Substituir, reemplazar. — Descender, proceder, provenir.
  • *preceder*

SUCEDIDO. Suceso, acontecimiento, caso, hecho.

SUCESIÓN. Prole, descendencia. — Herencia. — Serie, cadena, sarta.

SUCESIVO. Siguiente.

SUCESO. Hecho, caso, sucedido, acontecimiento, ocurrencia, acaecimiento.

SUCESOR. Continuador, heredero.

SUCIEDAD. Porquería, inmundicia, basura, roña, desaseo.
  • *limpieza, pureza*

SUCINTO. Breve, conciso, lacónico, somero, corto, compendioso, resumido.
  • *amplio, largo*

SUCIO. Manchado, infecto, contaminado. — Obsceno, deshonesto. — Puerco, roñoso, cochino, gorrino, desaseado, adán.

SUCO. Jugo.

SUCULENTO. Jugoso, substancioso, sabroso, nutritivo.

SUCUMBIR. Morir, perecer, fenecer, falle-

cer, expirar, espichar. — Caer. — Rendir-se, ceder, someterse, acatar.
• resistir, vivir
SUCURSAL. Filial, hijuela, rama.
SUDAR. Transpirar, trasudar, rezumarse, exudar. — Trabajar.
SUDARIO. Mortaja. — Sudadero.
SUDORES. Trabajos, fatigas, angustias, penas.
SUELDO. Paga, haber, soldada, estipendio, remuneración.
SUELO. Piso, pavimento, terreno. — Territorio. — Tierra, mundo. — Término, fin.
SUELTO. Libre. — Hábil, ágil, diestro. — Ligero, expedito, desembarazado, atrevido. — Fácil, corriente. — Escrito, comunicado, información.
• acompañado, encarcelado, pesado, torpe
SUEÑO. Anhelo, ilusión, desiderátum. — Fantasía, ensueño, divagación.
SUERTE. Fortuna, sino, estrella, ventura, azar, acaso, casualidad. — Destino, hado. — Estado, condición. — Clase, género, especie. — Modo, manera.
• adversidad, desdicha, desgracia, infortunio
SUFICIENCIA. Aptitud, capacidad, idoneidad, competencia.
• escasez, incapacidad, ineptitud
SUFICIENTE. Bastante, asaz, harto. — Capaz, apto, competente, idóneo.
SUFRAGAR. Costear, pagar, abonar, satisfacer. — Ayudar, favorecer. — Votar.
SUFRAGIO. Ayuda, favor. — Voto.
SUFRIDO. Paciente, tolerante, resignado.
SUFRIMIENTO. Dolor, padecimiento, tormento, tortura, martirio. — Paciencia, resignación, conformidad, tolerancia.
SUFRIR. Padecer. — Tolerar, aguantar, soportar, sostener, consentir, permitir, llevar.
• deleitarse, disfrutar, recrearse, gozar
SUGERIR. Inspirar, insinuar, despertar. — Aconsejar.
SUGESTIÓN. Fascinación, hechizo, sortilegio. — Insinuación, instilación.
SUGESTIONAR. Inculcar, inducir,

sugerir, fascinar, hipnotizar. — Insinuar, instilar.
SUGESTIVO. Notable, llamativo, atrayente.
SUICIDARSE. Matarse, eliminarse.
SUJECIÓN. Ligadura, unión, coyunda. — Rienda, freno.
• desunión, insubordinación, libertad
SUJETAR. Someter, dominar. — Contener, agarrar, asegurar.
• rebelar, soltar
SUJETO. Expuesto, propenso. — Persona, individuo, tipo, punto. — Asunto, materia, tema. — Subyugado, sumiso.
SULFURARSE. Irritarse, enfurecerse, encolerizarse, enojarse, encresparse.
SUMA. Cantidad. — Recopilación, compendio, prontuario.
SUMAR (EN). En resumen.
SUMAR. Recopilar, resumir, compendiar, abreviar. — Adicionar, agregar, añadir, aumentar.
• restar, separar
SUMARIO. Sucinto, breve, abreviado. — Resumen, prontuario, extracto, compendio, índice.
SUMERGIBLE. Submarino.
SUMERGIR. Abismar, hundir, sumir.
SUMIDERO. Vertedero, albañal, cloaca, alcantarilla, resumidero, sentina.
SUMINISTRAR. Proveer, surtir, proporcionar, prestar, facilitar, administrar, entregar, aportar, dar.
SUMIR. Sumergir, hundir, abismar.
SUMISIÓN. Obediencia, acatamiento.
SUMISO. Dócil, obediente, manejable. — Rendido, sometido.
• desobediente, indisciplinado, rebelde
SÚMMUM. Colmo, acabóse.
SUMO. Supremo, excelso, máximo. — Superlativo, inmenso, enorme, grande, extenso.
• ínfimo, mínimo
SUNTUOSIDAD. Esplendidez, magnificencia, fausto, lujo, riqueza.
SUNTUOSO. Lujoso, fastuoso, magnífico, espléndido, faustoso, ostentoso, pomposo, rico.

SUPEDITAR. Sujetar, oprimir, sojuzgar, avasallar, someter, dominar. — Depender.
• *rebelar*

SUPERCHERÍA. Engaño, dolo, fraude, añagaza, treta, trampa, impostura, mentira.
• *verdad*

SUPERFICIAL. Frívolo, insubstancial, ligero, somero, aparente.

SUPERFICIE. Área, extensión. — Cara.

SUPERFLUO. Innecesario, inútil.

SUPERIOR. Excelente, notable.

SUPERIORIDAD. Supremacía, preeminencia, ventaja.
• *bajeza, inferioridad*

SUPERLATIVO. Sumo, excelso, supremo, máximo.

SUPERPONER. Sobreponer, aplicar.

SUPÉRSTITE. Sobreviviente.

SUPERVISIÓN. Control, fiscalización.

SUPERVIVIENTE. Sobreviviente, supérstite.

SUPINO. Craso, indisculpable, inexcusable. — Estólido, tonto, otario.

SÚPITO. Impaciente, precipitado, violento.

SUPLANTAR. Substituir, reemplazar, suplir. — Falsificar.

SUPLENTE. Reemplazante, substituto. — Suplantador.

SÚPLICA. Ruego, demanda, petición. — Instancia, memorial.

SUPLICAR. Rogar, implorar, instar, pedir, demandar.
• *atender, conceder*

SUPLICIO. Tormento, tortura. — Cadalso, patíbulo. — Pena, dolor.

SUPLIR. Substituir, reemplazar. — Proveer, aportar, integrar, completar.

SUPONER. Admitir, conceder. — Pensar, creer, figurarse, representar. — Sospechar, conjeturar, imaginar, opinar, estimar, considerar.

SUPOSICIÓN. Autoridad, distinción, lustre. — Impostura, falsedad, mentira. — Hipótesis. — Cábala.

SUPOSITORIO. Cala.

SUPREMACÍA. Predominio, preeminencia, superioridad, dominio, hegemonía.

SUPREMO. Sumo, máximo, excelso. — Último, postrero, definitivo, decisivo, culminante.

SUPRIMIR. Quitar, eliminar, callar, omitir. — Anular, abolir, derogar, revocar. — Tachar, testar.
• *crear, erigir, establecer, fundar*

SUPUESTO. Presunto. — Hipótesis, suposición. — Fingido, falso.

SUPUTAR. Computar, calcular, contar.

SUR. Antártico, meridional, mediodía.
• *ártico, boreal, norte, septentrional*

SURCAR. Navegar, cruzar, cortar.

SURCO. Huella, hendedura, señal. — Arruga, pliegue.

SURGIDERO. Fondeadero, ensenada, abra.

SURGIR. Surtir, manar, aflorar. — Brotar, nacer, aparecer, alzarse, manifestarse, levantarse.
• *hundir, ocultar*

SURTIDOR. Chafariz, fuente.

SURTIR. Proveer, abastecer, suministrar. — Brotar, surgir, manar. — Fondear.

SURTO. Fondeado, anclado.

SUSCEPTIBLE. Apto, capaz, dispuesto. — Quisquilloso, picajoso, puntilloso.
• *incapaz, paciente, tranquilo*

SUSCITAR. Levantar, causar, provocar, promover.

SUSCRIBIR. Ver Subscribir.

SUSODICHO. Sobredicho, antedicho.

SUSPENDER. Detener, interrumpir. — Colgar, pender, levantar, guindar. — Asombrar, pasmar, admirar, embelesar. — Reprobar, aplazar.
• *arriar, impulsar, soltar*

SUSPENSIÓN. Interrupción, pausa, tregua, parada, cesación.

SUSPICACIA. Recelo, desconfianza.
• *confianza, credulidad, sinceridad*

SUSPIRADO. Anhelado, deseado, ansiado, apetecido.

SUSTANCIA. Ver Substancia.

SUSTENTÁCULO. Apoyo, sostén, soporte.

SUSTENTAR. Mantener, soportar, sostener, alimentar.
• *desnutrir, negar, soltar*

SUSTENTO. Manutención, alimento. — Sostén, apoyo.

SUSTITUCIÓN. Ver Substitución.

SUSTO. Miedo, pavor, julepe.

SUSTRACCIÓN. Ver Substracción.

SUSURRAR. Musitar, murmurar. — Cantar.

SUSURRO. Murmullo. — Murmuración.

SUTIL. Delicado, tenue, etéreo, indefinible, delgado, fino, gaseoso. — Perspicaz, agudo, ingenioso, listo, inteligente.

SUTILEZA. Sutilidad, perspicacia, argucia. — Agudeza, ingenio.
  • *tontería*

SUTILIZAR. Quintaesenciar.

SUTURA. Costura.

T

TABAQUERA. Petaca.

TABARRA. Lata, molestia, pejiguera.

TABERNA. Bodegón, tasca, figón, fonducho, vinatería.

TABERNÁCULO. Sagrario.

TABERNARIO. Bajo, grosero, vil.

TABICAR. Plancha. — Lista, catálogo, índice. — Bancal.

TABLADO. Escenario. — Patíbulo, cadalso.

TABLAS. Empate. — Escenario.

TABLETA. Pastilla.

TABUCO. Cuchitril, zahurda, tugurio, zaquizamí, desván, camaranchón, cuartucho, cuchitril.

TABURETE. Banqueta, banquillo, escabel, alzapiés.

TACAÑERÍA. Mezquindad, avaricia, cicatería, ruindad, miseria, roñería.
• *esplendidez, generosidad*

TACAÑO. Roñoso, avaro, mezquino, miserable, ruin, cicatero, cutre, sórdido, agarrado.
• *desprendido, espléndido, generoso*

TACHA. Mácula, mancilla, desdoro, mancha, falta, nota, defecto, tara.
• *honor, perfección*

TACHAR. Suprimir, borrar, eliminar, testar. — Culpar, censurar, notar, tildar.

TACHONAR. Salpicar.

TÁCITO. Sobrentendido. — Callado, silencioso.
• *explícito, hablador*

TACITURNO. Triste, melancólico, apesadumbrado, silencioso, callado.
• *alegre, locuaz, optimista*

TACO. Tarugo. — Juramento, voto, terno, reniego. — Baqueta. — Tacón.

TÁCTICA. Sistema, método, procedimiento.

TACTO. Acierto, tino, destreza, maña, discreción, tiento.
• *indiscreción*

TAHONA. Panadería.

TAHUR. Fullero.

TAIFA. Bandería, parcialidad, bando, facción, pandilla.

TAIMADO. Astuto, hipócrita, disimulado, bellaco, tunante, tuno, zorro.

TAJADA. Porción, trozo, rebanada. — Ronquera, tos. — Borrachera, mona, curda, pítima. — Provecho, beneficio.

TAJAMAR. Espolón.

TAJAR. Dividir, cortar.

TAJO. Corte, cortadura. — Tarea. — Filo.

TAL. Igual, semejante, parecido. — Tanto. — Así.

TALA. Asolación, ruina.

TALADRAR. Horadar, agujerear, barrenar, perforar. — Penetrar, comprender. — Herir.

TALANTE. Semblante, rostro, ánimo, disposición, humor. — Voluntad, gusto, deseo.

TALAR. Devastar, arrasar, destruir, arruinar.

TALEGA. Bolso, alforja.

TALENTO. Entendimiento, inteligencia, ingenio, capacidad, habilidad.
• *cortedad, desconocimiento, inhabilidad, tontería*

TALERO. Rebenque.

TALISMÁN. Amuleto, mascota.

TALLA. Escultura. — Estatura. — Marca. — Jerarquía, fuste.

TALLAR. Esculpir. — Labrar. — Tasar,

valuar, apreciar, estimar. — Charlar, conversar. — Mangonear, mandar.

TALLE. Cintura. — Traza, apariencia, disposición.

TALLER. Obrador. — Escuela, seminario.

TALLO. Vástago, renuevo.

TALLUDO. Alto, crecido, espigado. — Solterón, maduro.

• *joven, seco, verde*

TALÓN. Calcañar, pulpejo, zancajo. — Guía, comprobante, cheque, libranza, cupón.

TAMAÑO. Volumen, dimensión, magnitud.

TAMBALEAR. Oscilar, bambolear, vacilar, trastabillar.

• *aquietar, inmovilizar*

TAMBIÉN. Igualmente, además, asimismo, aun, todavía, tanto, así, hasta, del mismo modo, de igual manera, sobre eso.

TAMBO. Lechería.

TAMBOR. Caja, parche. — Tamiz. — Cilindro, lata.

TAMBORILEAR. Tabalear.

TAMIZ. Cedazo.

TANDA. Turno, alternativa, vez. — Multitud, porción. — Tonga, tongada, capa. — Partida.

TANGENCIA. Contacto.

TANGIBLE. Palpable, real, efectivo, notorio.

• *impalpable, inasequible, incierto*

TANQUE. Estanque, depósito. — Aljibe.

TANTEAR. Probar, ensayar, comprobar. — Considerar, reconocer, examinar, explorar.

TAÑER. Tocar, pulsar.

TAÑIDO. Sonido, son.

TAPA. Cubierta, tapadera, compuerta.

TAPABOCA. Bufanda.

TAPAR. Cubrir. — Arropar, abrigar. — Esconder, encubrir, ocultar, disimular. — Cerrar, tapiar, atascar, obstruir, atorar, taponar.

• *descubrir, desenfundar, destapar*

TAPIA. Muro, pared, valla, cerca, empalizada, vallado, estacada, palizada, tapial.

TAPIAR. Cerrar, tapar. — Cercar.

TAPIZAR. Cubrir, forrar, alfombrar.

TAPÓN. Corcho.

TAPONAR. Cerrar, obstruir.

TAPUJO. Embozo, disfraz. — Encubrimiento, disimulo, simulación, ocultación.

TAQUEAR. Taconear.

TAQUIGRAFÍA. Estenografía.

TAQUILLA. Casillero. — Boletería. — Papelera, armario.

TARACEA. Marquetería, incrustación.

TARAMBANA. Aturdido, alocado, irreflexivo, ligero, informal, botarate.

TARAREAR. Canturrear.

TARASCÓN. Mordisco, bocado, mordedura, tarascada.

TARDANZA. Detención, retraso, demora, dilación, lentitud.

• *alacridad, ligereza*

TARDAR. Demorar, detenerse, retrasarse.

• *adelantar, aligerar, apresurar*

TARDO. Lento, pesado, pausado, perezoso, torpe, tardío.

TAREA. Faena, ocupación, trabajo, obra, tajo. — Afán, capricho.

• *descanso, pasividad*

TARIFAR. Enemistarse, reñir.

TARIMA. Estrado.

TARJA. Escudo. — Contraseña, papeleta, tarjeta.

TARJETA. Entrada, contraseña, papeleta, cédula.

TARTA. Torta, tortada, pastel.

TARTAJEAR. Tartamudear.

TARTAJOSO. Tartamudo.

TARTAMUDEAR. Tartajear.

TÁRTARO. Infierno, averno.

TARUGO. Taco, zoquete.

TASA. Medida, regla, norma.

TASAJO. Charque, cecina.

TASAR. Valuar, estimar, apreciar. — Regular, medir, graduar. — Reducir, restringir.

TASCA. Taberna.

TAXATIVO. Concreto, expreso, limitado.

TÉ. Infusión.

TECHO. Techumbre. — Casa, morada, domicilio, habitación.

TECLA. Manía, tema.

TECLEAR. Tocar. — Gestionar.

TÉCNICO. Perito, versado.

TEDIO. Hastío, fastidio, aburrimiento, repugnancia.
• *afán, entretenimiento*

TEGUMENTO. Tejido, membrana, envoltura.

TEJAVANA. Tinglado, cobertizo.

TEJEMANEJE. Enjuague, chanchullo.

TEJER. Discurrir, maquinar, urdir. — Componer, ordenar, preparar.

TEJO. Disco.

TELA. Tejido. — Asunto, materia. — Membrana. — Dinero, plata. — Cuadro, pintura, lienzo.

TEMA. Asunto, materia, argumento, cuestión, motivo. — Manía, disco, obstinación, porfía. — Antipatía, oposición.

TEMBLAR. Vacilar, tambalearse, estremecerse, trepidar.

TEMBLÓN. Tembloroso, trémulo.

TEMBLOROSO. Trémulo, temblequeante.

TEMER. Sospechar, dudar, creer. — Atemorizarse, recelar.
• *confiar, creer, envalentonar*

TEMERARIO. Osado, imprudente, atrevido, inconsiderado.

TEMERIDAD. Atrevimiento, osadía, imprudencia, inconsideración.
• *cobardía, prudencia, reflexión*

TEMEROSO. Tímido, pusilánime, cobarde, medroso, miedoso, irresoluto. — Temible, espantoso, aterrador.

TEMOR. Miedo, pánico, pavor, espanto. — Presunción, sospecha, recelo, cuidado. — Timidez.

TEMOSO. Tenaz, porfiado, insistente, terco, pesado. — Tenaz, resistente.

TEMPERAMENTO. Arbitrio, expediente, conciliación. — Temperatura, temperie. — Carácter, índole.

TEMPERAR. Atemperar, templar. — Moderar, disminuir, calmar.

TEMPESTAD. Tormenta, temporal, borrasca.
• *calma, tranquilidad*

TEMPESTIVO. Oportuno, conveniente.

TEMPESTUOSO. Tormentoso, borrascoso.

TEMPLADO. Valiente, denodado, impávido, sereno. — Tibio. — Moderado, mesurado, sobrio, parco.

TEMPLANZA. Continencia.

TEMPLAR. Atemperar, moderar, atenuar, aplacar, suavizar, sosegar. — Afinar. — Armonizar.
• *desafinar, destemplar, irritar*

TEMPLE. Temperatura, temperie. — Arrojo, valentía, ánimo. — Dureza, elasticidad. — Carácter, genio.

TEMPLO. Iglesia, basílica, santuario.

TEMPORADA. Estación, período.

TEMPORAL. Tempestad, tormenta, borrasca. — Terreno, material. — Temporáneo, temporario.

TEMPORERO. Interino, provisional.

TEMPRANO. Anticipado, adelantado, prematuro.
• *maduro, retrasado, tardo*

TEMULENTO. Borracho, embriagado.

TENACIDAD. Terquedad, obstinación, pertinacia. — Firmeza, porfía, constancia, empeño, fuerza.

TENAZ. Resistente, firme, fuerte, constante. — Obstinado, terco, porfiado, pertinaz.

TENDENCIA. Inclinación, propensión, disposición.

TENDER. Desdoblar, extender, desplegar. — Propender, inclinarse. — Revocar, revestir.
• *encoger, levantar, unir*

TENDERSE. Echarse, acostarse, tumbarse. — Descuidarse, desampararse, abandonar.

TENEBROSO. Sombrío, tétrico, negro, obscuro. — Secreto, pérfido. — Ininteligible, incomprensible, abstruso.
• *alegre, brillante, claro*

TENENCIA. Posesión.

TENER. Asir, sujetar, agarrar, dominar. — Detener, parar. — Pasar. — Poseer, disfrutar. — Estimar, apreciar, reputar, entender. — Contener, comprender, contar. — Guardar, cumplir. — Experimentar, padecer.
• *carecer, faltar*

TENERÍA. Curtiembre, curtiduría.

TENERSE. Mantenerse, sostenerse. — Resistirse. — Atenerse, adherirse. — Afinarse, asegurarse.

TENIA. Solitaria.

TENOR. Sentido, estilo.

TENORIO. Galanteador, mujeriego.

TENSO. Estirado, tirante.

TENTACIÓN. Instigación, incitación, estímulo, impulso.

TENTAR. Tocar, palpar, reconocer, examinar. — Instigar, inducir, seducir. — Intentar, probar, tantear. — Incitar, provocar.

TENTATIVA. Intento, ensayo, prueba.

TENTEMPIÉ. Refrigerio, refresco, piscolabis.

TENUE. Sutil, delicado, delgado, débil, vago.

• *gordo, resistente*

TEÑIR. Entintar.

TEOBROMA. Cacao.

TEORÍA. Especulación.

• *ejercicio, experimentación, práctica*

TERCERÍA. Mediación. — Alcahuetería, lenocinio.

TERCETO. Trío.

TERCIAR. Interponerse, intervenir, mediar.

TERCO. Obstinado, testarudo, tozudo, contumaz, pertinaz, porfiado.

TERGIVERSAR. Sofisticar, mixtificar, embaucar, desfigurar.

TERMAL. Caliente.

TERMINACIÓN. Fin, conclusión, colofón, consumación, desinencia.

• *comienzo, inauguración, principio*

TERMINAL. Final, último.

TERMINANTE. Categórico, concluyente, preciso, claro.

TERMINAR. Acabar, finalizar, concluir, ultimar, liquidar, rematar, fenecer, expirar, cerrar.

• *empezar, inaugurar*

TÉRMINO. Meta, hito, mojón. — Confín, frontera, límite, linde, lindero, raya. — Fin, remate. — Plazo, lapso. — Vocablo, palabra, voz, expresión, dicción. — Trato.

TERNEZA. Ternura. — Requiebro, piropo.

TERNO. Voto, reniego, juramento, taco. — Traje.

TERNURA. Dulzura, amor, terneza, cariño, afecto, agrado, delicadeza, sensibilidad.

• *dureza, grosería, impiedad*

TERQUEDAD. Pertinacia, obstinación, porfía, testarudez.

• *condescendencia, comprensión, renuncia*

TERRAZA. Azotea, terrado.

TERRENO. Terrestre, terrenal. — Tierra. — Solar.

TERRERA. Calandria, alondra.

TERRIBLE. Aterrador, espantoso, horrible, terrorífico, formidable, dantesco, atroz, desmesurado. — Violento, fuerte.

TERRÍFICO. Terrorífico.

TERRITORIO. Área, extensión. — Jurisdicción, demarcación.

TERROR. Pavor, espanto, pánico, miedo.

TERRORÍFICO. Espantoso, terrible, aterrador, pavoroso, horrible, terrífico.

TERSO. Limpio, claro, bruñido, pulimentado, resplandeciente. — Puro, limado, fluido, fácil.

TESIS. Conclusión. — Proposición.

TESITURA. Actitud, disposición.

TESO. Tieso, tenso, tirante, estirado.

TESÓN. Empeño, perseverancia, firmeza, constancia.

• *inconstancia, renuncia*

TESORO. Erario. — Prenda, amor.

TESTA. Cabeza. — Entendimiento, inteligencia.

TESTAR. Tachar. — Hacer testamento.

TESTARUDEZ. Obstinación, pertinacia, terquedad, porfía.

• *condescendencia, renuncia*

TESTARUDO. Tozudo, terco, obstinado, porfiado, pertinaz, temoso.

TESTIFICAR. Testimoniar, atestiguar, aseverar, asegurar, afirmar. — Explicar, probar, declarar.

TESTIGO. Declarante. — Prueba, testimonio.

TESTIMONIAR. Testificar, atestiguar, aseverar, afirmar, declarar, asegurar.

TESTIMONIO. Prueba, atestación, aseveración, afirmación, declaración. — Prenda.
TETA. Pecho, pezón, ubre.
TÉTRICO. Triste, melancólico, sombrío, lúgubre, fúnebre, hipocondriaco.
 • *alegre, optimista*
TEUTÓN. Alemán, tudesco.
TEXTO. Escrito.
TEXTUAL. Literal, idéntico.
TEXTURA. Estructura, constitución, contextura, disposición.
TEZ. Cutis, epidermis, piel.
TIBERIO. Alborozo, gresca, riña, trifulca, trapatiesta, zipizaque, bochinche, loletole, batifondo, batuque, cisco, bronca, jaleo, zafarrancho, batahola, pelotera, camorra, tremolina, caramillo, zambra.
TIBIO. Templado. — Descuidado, abandonado, flojo.
TIEMPO. Época, siglo, edad, estación. — Ocasión, momento, oportunidad, coyuntura, sazón, lugar.
TIENDA. Comercio, abacería, almacén, proveeduría, despensa. — Carpa.
TIENTO. Pulso. — Miramiento, cuidado, circunspección, cautela, cordura, prudencia, medida.
TIERNO. Blando, muelle, delicado, flexible, fácil. — Afectuoso, cariñoso, amable. — Reciente, joven. — Sensible, impresionable.
 • *duro, fuerte, insensible*
TIERRA. Mundo. — País, región, comarca, territorio, terruño. — Patria. — Piso, suelo, terreno. — Polvo.
TIESO. Duro, rígido, yerto. — Tenso, estirado, tirante, teso. — Robusto, vigoroso, fuerte. — Grave, empacado. — Valiente, animoso. — Tenaz, terco, obstinado.
TIESTO. Maceta.
TIFÓN. Tromba, manga.
TIGRE. Sanguinario, cruel.
TILDAR. Borrar, tachar, testar. — Notar, señalar. — Acusar, denigrar.
TILDE. Reparo, censura, crítica. — Tacha, mácula. — Rasgo.
TILINGO. Tonto, zonzo, simple, tarambana, botarate, majadero.

TIMAR. Estafar, calotear.
TIMBRE. Sello, señal, marca. — Honra.
TIMIDEZ. Cortedad, apocamiento, pusilanimidad, irresolución, encogimiento, temor, miedo.
 • *audacia, desvergüenza, resolución, valentía*
TÍMIDO. Corto, apocado, encogido, irresoluto, vergonzoso, pusilánime, miedoso, medroso, temeroso.
TIMO. Estafa, cuento, engaño, petardo, calote.
TIMÓN. Gobernalle. — Pértigo, lanza. — Gobierno, dirección.
TINA. Tinaja. — Bañadera.
TINGLADO. Galpón, cobertizo. — Enredo, artificio, maquinación.
TINIEBLAS. Obscuridad.
TINO. Acierto, destreza, pulso, puntería. — Juicio, cordura, prudencia, tacto.
 • *desacierto, inhabilidad, inseguridad*
TINTE. Tintura, color, colorante.
TINTURA. Tinte, color. — Barniz, capa, baño.
TIÑA. Miseria, roña, mezquindad.
TÍO. Zafio, grosero, rústico. — Canalla, pillo.
TIOVIVO. Calesita.
TIPEJO. Quidam, mequetrefe, pelele.
TÍPICO. Característico. — Simbólico, alegórico.
TIPO. Modelo, espécimen, arquetipo, ejemplar. — Mamarracho, ridículo. — Letra, cuerpo, clase. — Individuo, sujeto. — Apariencia, físico.
TIPÓGRAFO. Impresor.
TIRABUZÓN. Sacacorcho. — Bucle, rizo.
TIRADA. Edición. — Distancia.
TIRANÍA. Opresión, despotismo, arbitrariedad, abuso.
 • *democracia, justicia, liberalismo*
TIRÁNICO. Despótico, abusivo, arbitrario, injusto. — Irresistible, indominable, fuerte.
TIRANIZAR. Oprimir, esclavizar, vejar.
TIRANO. Opresor, déspota.
TIRANTE. Tenso, estirado, tieso, teso.
TIRAR. Arrojar, lanzar, disparar, despedir.

— Derribar, volcar. — Estirar, extender.
— Derrochar, dilapidar, disipar, malgastar, malbaratar, desperdiciar. — Imprimir, editar. — Devengar, adquirir, ganar. — Trazar. — Atraer, arrastrar. — Torcer, dirigirse. — Tender, propender, inclinarse. — Durar, mantenerse. — Imitar, parecerse, semejarse.

• *apretar, impulsar, recoger, rempujar, tomar*

TIRARSE. Arrojarse, abalanzarse, lanzarse, acometer.

TIRITAR. Castañetear.

TIRITÓN. Escalofrío.

TIRO. Disparo, estampido, estallido. — Longitud, profundidad. — Chasco, burla, broma. — Hurto, robo.

TIRRIA. Antipatía, aversión, animosidad, ojeriza, manía, tema, repugnancia, inquina.

• *predilección, simpatía*

TITÁN. Gigante, coloso.

TITÁNICO. Enorme, inmenso, colosal, gigantesco.

TITEAR. Mofarse, burlarse, chancearse, chunguearse.

TÍTERE. Fantoche, polichinela, monigote. — Necio, tonto, majadero, mequetrefe.

TITILAR. Centellear, refulgir.

TITIRITERO. Volatinero.

TITUBEAR. Oscilar, tambalearse. — Dudar, fluctuar, vacilar.

• *creer, decidir*

TITUBEO. Oscilación, tambaleo. — Vacilación. — Perplejidad.

TITULAR. Nombrar, bautizar, denominar, rotular, intitular.

TÍTULO. Letrero, inscripción, rótulo. — Derecho, causa, razón, fundamento, pretexto. — Epígrafe, rubro, denominación, nombre, epíteto.

TIZA. Yeso, creta, clarión.

TIZNAR. Deslustrar, manchar, obscurecer.

TIZONA. Espada, sable.

TOCAR. Palpar, tentar. — Concernir, atañer, corresponder. — Tañer, pulsar. — Alcanzar. — Avisar, llamar. — Tropezar, rozar. — Llegar, arribar. — Caber. —

Tratar. — Estimular, inspirar, persuadir.

TOCAYO. Homónimo, de igual nombre.

TODAVÍA. Aún, empero, sin embargo, no obstante.

TODO. Entero. — Cada.

TODOPODEROSO. Omnipotente, Dios, Creador.

TOLERABLE. Llevadero, soportable, sufrible.

TOLERANCIA. Indulgencia, condescendencia, complacencia, paciencia, aguante. — Permiso.

• *incomprensión, tesón, tiranía*

TOLERANTE. Condescendiente, indulgente, paciente, sufrido.

TOLERAR. Sufrir, aguantar, soportar, condescender, consentir.

• *negar, prohibir, rebelar*

TOLETOLE. Alboroto, escándalo, confusión, tiberio, trifulca, pelotera, batifondo, zipizape, batahola, cisco, jollín, bochinche, batuque, camorra, jaleo, bronca, zafarrancho, caramillo, trapatiesta, gresca.

TOLLINA. Zurra, paliza, tunda, felpa, solfa, tocata, vapuleo, solfeo, azotina, somanta.

TOMAR. Coger, asir. — Adoptar, usar, emplear. — Ocupar, adueñarse, apoderarse, expugnar. — Dirigirse, encaminarse. — Aceptar, recibir, admitir. — Comer, beber. — Percibir. — Adquirir, contraer. — Alquilar. — Cobrar. — Contratar, ajustar. — Interpretar. — Quitar, hurtar. — Padecer. — Comprar. — Emprender, encargarse.

• *dejar, renunciar, soltar*

TOMARSE. Enmohecer.

TOMO. Volumen. — Importancia, estima, valor. — Gordura, corpulencia.

TONADA. Tono, acento, dejo, canción, cantinela.

TONEL. Barrica, barril, bocoy, bordelesa, pipa.

TONELAJE. Arqueo.

TONIFICAR. Entonar, vigorizar.

TONILLO. Retintín.

TONINA. Atún. — Delfín.

TONO. Carácter, modo. — Energía, vigor, fuerza. — Matiz, relieve, cambiante. — Tonada.

TONSURA. Coronilla, corona.

TONTEAR. Pavear, bobear.

TONTERÍA. Bobada, zoncera, simpleza, tontada, necedad, tontera, vaciedad, mentecatada, insensatez.

TONTO. Necio, mentecato, simple, bobo, majadero, estúpido, estólido, zonzo, tilingo.
• *avisado, espabilado, inteligente, listo*

TOPAR. Chocar. — Encontrar, hallar. — Constar, consistir. — Tropezar, encontrarse. — Acertar.

TOPE. Paragolpes, freno. — Límite, término. — Reyerta, riña. — Tropiezo, encuentro, tropezón.

TÓPICO. Asunto, tema, materia. — Vulgaridad, trivialidad.

TOPO. Cegato, cegatón, torpe.

TOQUE. Tañido, sonido. — Pincelada, brochazo. — Prueba, examen. — Quid, busilis.

TOQUETEAR. Manosear, palpar, tocar, sobar.

TORBELLINO. Atropellado, precipitado, atolondrado, irreflexivo, aturdido.

TORCEDURA. Distorsión.

TORCER. Doblar, encorvar. — Desviar, inclinar. — Tergiversar.
• *enderezar, estirar*

TORCERSE. Picarse, agriarse, cortarse, apuntarse. — Pervertirse, malearse.

TORCIDA. Mecha, pabilo.

TOREAR. Lidiar. — Eludir, rehuir, esquivar. — Burlarse. — Fatigar, molestar.

TORMENTA. Borrasca, temporal, tempestad. — Adversidad, desgracia.
• *calma, paz*

TORMENTO. Congoja, angustia, dolor, pena, sufrimiento. — Tortura, suplicio, martirio.

TORMENTOSO. Borrascoso, tempestuoso.

TORNADIZO. Inconstante, voluble, versátil, veleidoso, mudable, inconsecuente.

TORNAR. Devolver, restituir. — Regresar, retornar, volver. — Mudar, cambiar.
• *marchar, quitar*

TORNASOL. Girasol. — Cambiante, viso, reflejo.

TORNASOLADO. Servil, adulador.

TORNEO. Certamen, contienda, lid.

TORPE. Lento, tardo, pesado. — Inhábil, desmarañado, rudo. — Obtuso, cerrado. — Deshonesto, lascivo, impúdico, obsceno. — Indecoroso, ignominioso, deshonroso, infame. — Tosco, feo.
• *ágil, desembarazado, expedito, suelto*

TORPEDEAR. Hundir, anular.

TORRAR. Tostar.

TORRE. Campanario.

TORRENTADA. Quebrada, barranco.

TÓRRIDO. Ardiente, abrasador.

TORSIÓN. Torcedura, torcimiento.

TORTA. Bofetada, guantada, sopapo, bofetón. — Cachete, cochetada.

TORTUOSO. Sinuoso, laberíntico, torcido. — Solapado, cauteloso, falso.
• *claro, recto, sincero*

TORTURA. Suplicio, martirio, tormento. — Sufrimiento, pena, dolor, congoja, angustia.
• *acariciar, aquietar, consolar, regalar*

TORTURAR. Martirizar, atormentar, acongojar, angustiar.

TORVO. Fiero, espantoso, airado, terrible.

TOSCO. Grosero, basto, rudo, rústico. — Inculto, ignorante.
• *bello, culto, educado, suave*

TÓSIGO. Ponzoña, veneno. — Angustia, ansiedad.

TOSTAR. Torrar, socarrar.
• *enfriar*

TOTAL. Completo, entero, todo, conjunto. — Suma, adición.

TOTALITARIO. Centralizador, absorbente, absoluto, integralista.

TOTALIZAR. Sumar. — Unificar, unimismar.

TOTALMENTE. Enteramente, completamente.

TÓXICO. Veneno, tósigo. — Venenoso.

TOZUDO. Obstinado, porfiado, testarudo, terco, tenaz.

TRABA. Ligadura. — Estorbo, impedimen-

to, inconveniente, obstáculo, dificultad.
• *ayuda, facilidad, libertad*

TRABACUENTA. Discusión, controversia, disputa.

TRABAJADOR. Jornalero, obrero, operario, bracero. — Laborioso.

TRABAJAR. Laborar, labrar. — Sudar.

TRABAJO. Tarea, labor, faena, ocupación, obra. — Dificultad, molestia, pena, penalidad, miseria. — Estudio, análisis, investigación, examen, exposición, memoria, artículo, monografía, obra, producción, tesis, disertación, publicación, escrito, disquisición.
• *alegría, descanso, diversión, holgazanería, pasividad*

TRABAJOSO. Dificultoso, penoso, laborioso.

TRABAR. Unir, atar, juntar, trincar. — Pretender, asir, agarrar. — Emprender, empezar, comenzar. — Enlazar, conformar, concordar.
• *libertar, soltar*

TRABAZÓN. Enlace, unión, conexión, coherencia, cohesión, engranaje. — Relación, dependencia.

TRABUCAR. Confundir, ofuscar. — Enredar, trastornar. — Turbar, interrumpir.

TRACCIÓN. Arrastre.

TRADICIONAL. Proverbial.

TRADICIONALISTA. Conservador.

TRADUCIR. Representar, expresar. — Explicar, interpretar. — Convertir, trocar, mudar. — Verter.

TRAER. Conducir, trasladar. — Causar, ocasionar, acarrear. — Llevar. — Alegar, aducir. — Tratar. — Obligar, constreñir. — Persuadir. — Atraer.

TRÁFAGO. Faena, ocupación, trajín.

TRAFICAR. Comerciar, negociar.

TRAGADERAS. Garguero.

TRAGALDABAS. Tragón, comilón, glotón, heliogábalo.

TRAGALUZ. Claraboya, lumbrera, cristalera.

TRAGAR. Comer, beber, ingerir, engullir, atiborrarse, atracarse, apiparse. — Sopor-

tar, tolerar. — Creer. — Disimular. — Absorber, consumir, gastar.

TRAGEDIA. Catástrofe, cataclismo, hecatombe, drama, desgracia.

TRÁGICO. Terrorífico, espantoso, infausto, funesto, desgraciado.

TRAGO. Sorbo. — Pesar, infortunio.

TRAGÓN. Glotón, comilón, insaciable, tragaldabas, heliogábalo.

TRAICIÓN. Infidelidad, deslealtad, perfidia, alevosía, felonía, deserción, apostasía.
• *caballerosidad, fidelidad, hidalguía, lealtad, nobleza*

TRAICIONAR. Vender, engañar.

TRAICIONERO. Solapado, astuto, taimado.

TRAÍDO. Gastado, manoseado, zarandeado.

TRAIDOR. Desleal, pérfido, alevoso, felón, infiel.

TRAJE. Vestido, terno, ambo.

TRAJEAR. Ataviar, aderezar.

TRAJÍN. Acarreo. — Tráfago. — Ajetreo, agitación.

TRALLA. Cuerda, soga. — Látigo.

TRAMA. Urdimbre, textura, tejido. — Argumento, asunto. — Intriga, complot, confabulación, maquinación, dolo, artificio.

TRAMAR. Preparar, armar, fraguar, urdir, maquinar.

TRAMITAR. Diligenciar, gestionar. — Cursar.

TRAMOYA. Enredo, trampa, embuste, intriga.

TRAMPA. Ardid, treta, artimaña, lazo, engaño.

TRANCA. Garrote, estaca, clava. — Curda, mona, borrachera, pítima, papalina.

TRANCAZO. Gripe.

TRANCE. Momento, ocurrencia, paso, lance.

TRANCO. Zancada, salto. — Umbral.

TRANQUERA. Estacada, empanzada.

TRANQUILIDAD. Calma, sosiego, quietud, reposo, paz, serenidad.
• *actividad, inquietud, miedo, trabajo.*

TRANQUILIZAR. Apaciguar, sosegar, aquietar, calmar, pacificar, serenar.
• *destemplar, inquietar, turbar, velar*
TRANQUILO. Reposado, calmoso, sosegado, quieto, apacible, pacífico, calmado, sereno, silencioso.
TRANSACCIÓN. Pacto, trato, convenio, avenencia, componenda, negocio.
• *desarreglo, intransigencia*
TRANSCENDENCIA. Ver Trascendencia.
TRANSCRIBIR. Copiar.
TRANSCURRIR. Pasar, deslizarse, correr.
TRANSCURSO. Decurso.
TRANSEÚNTE. Pasajero, viandante, ambulante, caminante, viajero. — Transitorio, pasadero.
TRANSFERIR. Trasladar, transmitir, traspasar, trasegar. — Diferir. — Ceder. — Traducir.
TRANSFORMAR. Cambiar, metamorfosear, transmutar, mudar, modificar, variar, alterar.
TRANSFUSIÓN. Trasiego.
TRANSGREDIR. Infringir, violar, quebrantar, vulnerar.
• *cumplir, obedecer, respetar*
TRANSGRESIÓN. Violación, infracción, quebrantamiento, vulneración.
TRANSICIÓN. Mudanza, cambio.
TRANSIDO. Angustiado, acongojado, fatigado, consumido. — Miserable, ruin.
TRANSIGIR. Condescender, consentir, ceder, avenirse, contemporizar.
• *negar, oponer*
TRANSITAR. Viajar, caminar, circular, pasar, andar.
• *quedarse, sentarse*
TRANSITORIO. Momentáneo, pasajero, provisional, accidental, temporal. — Perecedero, caduco, fugaz, breve, corto.
• *duradero, eterno, principal*
TRANSLIMITARSE. Pasarse, excederse.
TRANSMITIR. Transferir, trasladar, traspasar, ceder. — Comunicar, informar. — Contagiar.— Enviar.
• *apropiarse, retener*
TRANSMUTACIÓN. Transformación, conversión, mudanza.

TRANSMUTAR. Transformar, convertir, trocar, cambiar.
TRANSPARENCIA. Diafanidad, limpidez, claridad, limpieza.
TRANSPARENTARSE. Traslucirse, clarearse.
TRANSPARENTE. Diáfano, límpido, cristalino, limpio, claro, translúcido, impoluto.
TRANSPIRAR. Sudar, trasudar, exudar. — Rezumar.
TRANSPONER. Atravesar, cruzar, salvar, trasladar. — Trasplantar.
TRANSPONERSE. Enajenarse.
TRANSPORTE. Acarreo, traslado, arrastre, conducción. — Exaltación, éxtasis, entusiasmo.
TRANSPOSICIÓN. Inversión, superposición.
TRANSVASAR. Trasegar.
TRANSVERSAL. Colateral.
TRANSVERSO. Oblicuo.
TRANZAR. Cortar, tronchar.
TRAPACERÍA. Embuste, engaño, fraude, trampa, trapaza, trapisonda.
TRÁPALA. Ruido, barullo. — Engaño.
TRAPALÓN. Embustero, engañador, mentiroso, bolero, mulero.
TRAPATIESTA. Trifulca, camorra, bochinche, batifondo, bronca, cisco, batuque, zafarrancho, caramillo, tremolina, polvareda, toletole, jollín, jaleo, guirigay, entrevero, zipizape, pelotera.
TRAPISONDA. Enredo, lío, embrollo, intriga. — Bulla, algazara, jaleo.
TRAPISONDISTA. Embrollón, intrigante, enredador.
TRAPO. Velamen. — Tela.
TRAPOS. Vestidos.
TRAQUETEO. Movimiento, agitación, trajín, ruido.
TRAS. Después de, detrás de, además.
TRASCENDENCIA. Perspicacia, penetración. — Resultado, consecuencia.
TRASCENDER. Difundirse, extenderse.
TRASCONEJARSE. Perderse, extraviarse, traspapelarse.
TRASCORDARSE. Olvidar.

TRASEGAR. Transvasar, decantar, trasladar. — Beber, empinar, chupar, trincar.

TRASERO. Culo, asentaderas, posaderas, traste. — Posterior, zaga.

TRASGO. Duende, gnomo, fantasma.

TRASLADAR. Transportar, cambiar, llevar. — Traducir, verter. — Copiar, transcribir.
• *dejar, quedarse*

TRASLADARSE. Mudarse, emigrar, ausentarse.

TRASLUCIRSE. Transparentarse, clarearse. — Deducirse, inferirse.

TRASNOCHADA. Vela, vigilia.

TRASNOCHADO. Macilento, desmedrado. — Inoportuno, sobado, requetesabido.

TRASPAPELARSE. Extraviarse, perderse, trasconejarse.

TRASPASAR. Trasladar, mudar, cambiar. — Atravesar, pasar. — Cruzar. — Excederse, extralimitarse. — Transferir, vender, ceder. — Quebrantar, vulnerar.

TRASPIÉ. Resbalón, tropezón, tropiezo. — Zancadilla. — Desliz.

TRASQUILAR. Esquilar. — Pelar, rapar. — Mermar, esquilmar.

TRASTABILLAR. Tambalear, vacilar, titubear.

TRASTADA. Picardía, bribonada, tunantada, pillada, barrabasada.

TRASTAZO. Porrazo, costalada.

TRASTE. Trasero.

TRASTO. Danzante, chisgarabís. — Trebejo, utensilio, chirimbolo.

TRASTOCAR. Cambiar, mudar, trocar.

TRASTORNAR. Perturbar, desordenar, desarreglar, revolver, trabucar. — Inquietar. — Enloquecer.
• *reflexionar, serenar*

TRASTRUEQUE. Inversión, trastrocamiento.

TRASUNTAR. Copiar, trasladar. — Abreviar, compendiar.

TRASUNTO. Copia, traslado. — Representación, imitación.
• *original, realidad*

TRATA. Tráfico, comercio.

TRATABLE. Afable, amable, cortés, sociable, accesible, abordable.

TRATADO. Convenio.

TRATAMIENTO. Procedimiento, método. — Trato.

TRATANTE. Traficante, comerciante.

TRATAR. Manejar, usar, cuidar. — Gestionar, disponer. — Relacionarse. — Conducirse, portarse, proceder, obrar. — Versar. — Hablar, escribir, conferir, disputar, discurrir. — Pensar, intentar, procurar, pretender. — Traficar, negociar, comerciar. — Asistir, cuidar.
• *enemistar, separar*

TRATARSE. Relacionarse, visitarse, comunicarse, conversar.

TRATO. Convenio, pacto, ajuste. — Tratamiento. — Negocio, tráfico.

TRAVÉS. Torcimiento, inclinación. — Desgracia, revés, fatalidad, desdicha.

TRAVESEAR. Juguetear, retozar.

TRAVESURA. Jugarreta. — Sagacidad, agudeza, sutileza, ingenio.
• *formalidad, tranquilidad*

TRAVIESO. Revoltoso, bullicioso, inquieto, vivaracho, pícaro. — Sutil, ingenioso, agudo, sagaz.

TRAYECTO. Recorrido, jornada, distancia. — Trazado.

TRAYECTORIA. Rumbo, elíptica, paso, curso, línea.

TRAZA. Maña, invención, recurso, arbitrio. — Figura, apariencia, aspecto, pergeño, pinta, facha.

TRAZAR. Delinear, diseñar. — Describir, dibujar, exponer.

TRAZO. Raya, línea. — Diseño, planta, delineación.

TREBEJO. Trasto, utensilio, instrumento.

TRECHO. Distancia, espacio, trayecto.

TREGUA. Descanso, suspensión, interrupción, pausa, licencia, asueto, vacaciones. — Armisticio.
• *ininterrupción, insistencia, porfía*

TREMEBUNDO. Terrible, espantable, espantoso, tremendo, horrendo.

TREMEDAL. Tembladero, tolla.

TREMENDO. Tremebundo, espantoso, terrible, horrendo, espantable. — Formidable, gigantesco, colosal, enorme.

TREMOLAR. Enarbolar, agitar, flamear.

TREMOLINA. Gresca, bulla, trifulca, pelotera, griterío, algazara, trapatiesta, jaleo, confusión, zipizape, tiberio, batifondo, bronca, cisco, bochinche, zafarrancho, caramillo, jollín, batuque, guirigay, toletole, entrevero, batahola, polvareda, marimorena.

TRÉMULO. Tembloroso, temblequeante.
• *ecuánime, tranquilo*

TREN. Convoy. — Ostentación, boato, pompa.

TRENCILLA. Galoncillo.

TRENO. Lamento, queja.

TRENZAR. Enlazar, entretejer.

TRENZARSE. Enzarzarse, enredarse.

TREPAR. Subir, encaramarse. — Taladrar, agujerear, horadar.

TREPARSE. Recostarse, retreparse.

TREPIDAR. Temblar, estremecerse, retemblar. — Vacilar, titubear.

TRETA. Ardid, artimaña, astucia, añagaza, engaño, trampa, argucia, zangamanga.

TRIAR. Escoger, elegir, entresacar.

TRIBULACIÓN. Aflicción, congoja, dolor, pena. — Adversidad, persecución, desgracia.
• *alegría*

TRIBUTAR. Ofrendar, ofrecer, brindar.

TRIBUTARIO. Vasallo, feudatario.

TRIBUTO. Contribución, impuesto, gravamen, censo, carga. — Homenaje, pleitesía.

TRIFULCA. Disputa, riña, pelea, polvareda, reyerta, querella, desorden, tremolina, pelotera, altercado, tiberio, trapatiesta, trapisonda, alboroto, toletole, marimorena, zipizape, zaragata, zafarrancho, batifondo, camorra, bronca, cisco, jaleo, bochinche, caramillo, batuque, batahola, entrevero, guirigay, jollín, agarrada, cuestión, choque, chamusquina, zalagarda, zarabanda, gresca, pelazga, pendencia.

TRIGUEÑO. Morocho, moreno.

TRILLADO. Frecuentado. — Conocido, sabido.

TRINAR. Rabiar, impacientarse, irritarse, enfadarse. — Gorjear.

TRINCAR. Amarrar, atar, sujetar, apretar. — Coger, apresar, atrapar. — Beber, empinar.
• *desatar*

TRINCHAR. Cortar. — Disponer, mangonear.

TRINO. Ternario. — Gorjeo.

TRÍO. Terceto.

TRIPA. Abdomen, vientre, barriga, panza. — Intestino, chinchulín.

TRIPÓN. Tripudo, barrigudo, gordo.

TRIPULACIÓN. Dotación, marinería.

TRIQUIÑUELA. Pretexto, achaque, subterfugio, evasiva, rodeo, efugio, artimaña, treta, chicana.

TRIS. Instante, segundo.

TRISCAR. Retozar, juguetear, travesear. — Patear.

TRISTE. Afligido, atribulado, apesadumbrado, desconsolado, apenado, amurriado, abatido, apesarado, malhumorado, hipocondríaco, melancólico, descontento. — Insignificante, insuficiente, ineficaz. — Deplorable, lamentable, enojoso, doloroso. — Obscuro, sombrío. — Infausto, funesto, desventurado, desgraciado.

TRISTEZA. Aflicción, pesadumbre, melancolía, congoja, desconsuelo.
• *alegría, gozo, júbilo, paz, regocijo*

TRISTURA. Tristeza.

TRITURAR. Desmenuzar, moler, quebrar, quebrantar. — Mascar. — Maltratar, molestar. — Rebatir, censurar, pulverizar.

TRIUNFANTE. Vencedor, victorioso, triunfador, ganancioso.

TRIUNFAR. Vencer, ganar. — Aparentar, lucir, derrochar.
• *fracasar, perder, someterse*

TRIUNFO. Victoria, ganancia.

TRIVIAL. Insubstancial, ligero, insignificante. — Común, vulgar, llano.

TRIZA. Trozo, fragmento, añicos, pedazos.

TROCAR. Cambiar, permutar, canjear. — Equivocarse, tergiversar.
• *permanecer*

TROCHA. Vía. — Sendero, vereda.

TROFEO. Panoplia. — Victoria, triunfo.

TROGLODITA. Retrógrado, cavernícola, reaccionario.

TROJ. Silo, granero.

TROLA. Falsedad, engaño, mentira.
• *verdad*

TROMBA. Manga.

TROMPA. Hocico, morro.

TROMPADA. Trompazo, puñetazo, trompis, golpe. — Encontrón, tropezón.

TROMPAZO. Porrazo. — Trompada.

TROMPETA. Clarín. — Charlatán, informal, botarate, atrevido, sinvergüenza. — Pícaro, mañoso.

TROMPETAZO. Botaratada, desvergüenza.

TROMPO. Peón, peonza.

TRONADO. Arruinado, fundido, quebrado, pobre. — Estropeado, maltrecho.
• *elegante, rico*

TRONAR. Arruinarse, fundirse, quebrar. — Reñir, enemistarse, enojarse.

TRONCHAR. Partir, romper, desgarrar.

TRONERA. Calavera, perdido, perdulario.

TRONO. Solio. — Monarquía.

TRONZAR. Romper, quebrar, tronchar, quebrantar, despedazar, trozar.
• *descansar*

TROPA. Milicia, soldados. — Gente.

TROPEL. Turba, muchedumbre, manada, rebaño.

TROPELÍA. Atropello, arbitrariedad, abuso, vejación, ilegalidad, injusticia, desafuero, violencia.
• *justicia, legalidad*

TROPEZAR. Topar, encontrarse, hallar.

TROPICAL. Ecuatorial, abrasador.

TROPIEZO. Tropezón, traspié. — Desliz, falta, yerro. — Estorbo, dificultad, inconveniente, obstáculo, embarazo, impedimento.

TROPILLA. Caballada, yeguada.

TROQUEL. Cuño, molde, estampa.

TROQUELAR. Acuñar, amonedar, estampar.

TROTAR. Correr, apresurarse.

TROTE. Trabajo, apuro.

TROTÓN. Caballo, corcel, pingo, flete, parejero, bridón, jaca.

TROVA. Verso, poesía, cántiga.

TROVADOR. Vate, bardo, payador, poeta, trovero, aedo.

TROZAR. Tronzar, despedazar, romper.

TROZO. Pedazo, fragmento, fracción, parte, porción.

TRUCULENTO. Cruel, tremebundo, terrible, atroz, tremendo.

TRUEQUE. Cambio, permuta.

TRUHÁN. Pícaro, pillo, bribón, tunante, bellaco. — Bufón, gracioso, chistoso.

TRUJAMÁN. Intérprete, dragomán.

TRUNCADO. Mutilado, despuntado, chato.

TRUNCAR. Mutilar, disminuir. — Desnaturalizar, desvirtuar.

TUBERÍA. Cañería.

TUDESCO. Alemán, teutón.

TUÉTANO. Médula, caracú.

TUFILLO. Tufo, olor, vapor, perfume.

TUGURIO. Choza. — Tabuco, cuchitril, zahúrda, chiribitil, caramanchón, desván, zaquizamí, cuartucho, cueva, sotabanco.
• *alcázar, palacio*

TUL. Cendal, velo.

TULLIDO. Baldado, impedido.

TUMBA. Sepulcro, sepultura, sarcófago, mausoleo.

TUMBAR. Derribar, tirar.
• *levantar*

TUMBARSE. Tenderse, echarse, acostarse.

TUMBO. Barquinazo, sacudida. — Vuelco, caída. — Cartulario.

TUMBÓN. Haragán, holgazán, perezoso, gandul.

TUMEFACCIÓN. Hinchazón.

TÚMULO. Sarcófago, mausoleo, panteón.

TUMULTO. Desorden, alboroto, confusión, revuelta, asonada, agitación.

TUMULTUOSO. Agitado, ruidoso, alborotado, revuelto, desordenado, tumultuario.

TUNANTADA. Picardía, bribonada, pillada, truhanada.

TUNANTE. Pícaro, bribón, pillo, truhán, taimado, tuno, sagaz, astuto.

TUNDA. Paliza, zurra, felpa, azotina,

vapuleo, solfa, tollina, tocata, solfeo, somanta.

TÚNEL. Galería, pasaje.

TUNO. Bribón, tunante, pícaro, pillo, truhán, astuto, taimado, sagaz.

TUPÉ. Copete. — Desvergüenza, descaro, desfachatez, atrevimiento, frescura, descoco.

TUPIDO. Denso, espeso, apretado. — Obtuso, torpe, cerrado.

TURBA. Muchedumbre, populacho, plebe, tropel, morralla.

TURBADO. Confuso, avergonzado, desconcertado, desorientado.

TURBAR. Perturbar, trastornar, desconcertar, desarreglar, desordenar, alterar. — Enturbiar. — Sorprender, aturdir, avergonzar, inmutar.
• *serenar, sosegar, tranquilizar*

TURBIO. Obscuro, confuso, dudoso. — Revuelto, agitado, azaroso.

TURBIÓN. Chaparrón, aguacero, turbonada.

TURBULENCIA. Alboroto, tumulto, revuelta, desorden, motín, agitación, perturbación.

TURBULENTO. Alborotador, revoltoso. — Turbio, confuso. — Revuelto, alborotado, tumultuoso, agitado.

TURCA. Borrachera, embriaguez, mona, curda, pítima, jumera, tranca, papalina.

TURGENTE. Abultado, elevado, erecto. — Hinchado, tumefacto.
• *deshinchado*

TURÍBULO. Incensario, pebetero, sahumador.

TURNAR. Alternar.

TURNO. Ver, orden.

TURULATO. Alelado, atontado, estupefacto, atónito, sobrecogido.

TUSAR. Trasquilar.

TUTELAR. Defensor, amparador, protector.

U

UBÉRRIMO. Abundantísimo, fertilísimo, feracísimo.

UBICACIÓN. Situación, posición.

UBICAR. Situar, instalar.

UBICUIDAD. Omnipotencia.

UBRE. Mama, teta.

UFANARSE. Enorgullecerse, envanecerse, gloriarse, jactarse, engreírse, ensoberbecerse.
  • *humillar*

UFANO. Orgulloso, engreído, envanecido, arrogante, presuntuoso. — Satisfecho, alegre, contento.

UJIER. Portero, ordenanza.

ÚLCERA. Llaga.

ULTERIORMENTE. Posteriormente, después.
  • *anteriormente, pasadamente*

ÚLTIMAMENTE. Finalmente, al fin, por último, en conclusión, en resolución, en suma.

ULTIMAR. Acabar, concluir, terminar, finalizar. — Matar, rematar.
  • *empezar*

ÚLTIMO. Postrero, postrer. — Supremo, máximo, excelso.

ÚLTIMO (POR). Finalmente, al fin, en resumen, para terminar, para concluir, en una palabra.
  • *inicial, original, primero, primitivo*

ULTRAJAR. Insultar, injuriar, agraviar, afrentar, ofender. — Deshonrar. — Despreciar.

ULTRAJE. Afrenta, injuria, insulto, agravio, ofensa.

ULULAR. Gritar, aullar.

UMBRÍO. Sombrío, umbroso.

UNÁNIME. General, total.

UNCIÓN. Fervor, devoción, piedad. — Extremaunción.
  • *frialdad, incredulidad*

UNDULAR. Ondular, ondear, flamear.

UNGIR. Untar.

UNGÜENTO. Pomada.

ÚNICAMENTE. Exclusivamente, solamente, precisamente, sólo.

ÚNICO. Solo, impar. — Singular, extraordinario.
  • *compuesto, divisible, varios*

UNIDAD. Conformidad, unión.
  • *diversidad, multiplicidad, pluralidad*

UNIFICAR. Unimismar, totalizar.

UNIFORME. Igual, conforme, semejante, homogéneo. — Monótono.
  • *desequilibrar, desunir*

UNIMISMAR. Identificar. — Unificar, totalizar.

UNIÓN. Enlace, casamiento, matrimonio, nupcias, boda. — Liga, alianza, confederación, asociación. — Conexión, correspondencia, encadenamiento. — Conformidad, unidad, fusión, concordia, maridaje.
  • *desacuerdo, desavenencia, discordia, divorcio*

UNIR. Casar. — Juntar, enlazar, ligar, atar, fundir, mezclar, ensamblar, incorporar, maridar.
  • *separar*

UNIRSE. Aliarse, confederarse, concertarse, asociarse, ligarse. — Casarse.

UNIVERSAL. Sideral, cósmico, celeste, espacial. — General, total.
  • *limitado, local, parcial*

UNIVERSO. Mundo, orbe, tierra, cosmos.

UNTAR. Sobornar, corromper. — Ungir.

UNTO. Gordura, sebo, grasa, lardo.

UNTUOSO. Grasiento, graso, pingüe.

UÑA. Pezuña, casco.

URBANIDAD. Cortesía, comedimiento, cortesanía, afabilidad, amabilidad, finura, atención. — Crianza.
 • *desatención, descortesía*

URBANO. Ciudadano. — Cortés, atento, afable, amable, comedido, fino, cortesano.

URDIR. Tramar, maquinar, fraguar, armar.

URGENCIA. Apremio, premura, prisa, necesidad, emergencia.
 • *calma, lentitud, parsimonia*

URGENTE. Perentorio, apremiante, necesario.

URGIR. Instar, apurar, apremiar, precisar.

URINARIO. Meadero, mingitorio.

USADO. Gastado, viejo, deslucido, acabado. — Habituado, práctico.

USAR. Acostumbrar, soler, practicar, estilar, emplear. — Manejar, gastar.

USO. Costumbre, práctica, hábito, ejercicio, moda, usanza, manera, estilo. — Empleo, manejo, gasto.
 • *abuso, demasía, exceso*

USUAL. Frecuente, corriente, habitual.

USUFRUCTO. Goce, disfrute, aprovechamiento.

USURA. Exceso, abuso, logrería. — Lucro, interés, estafa.
 • *desinterés, generosidad*

USURERO. Logrero. — Explotador, especulador.

USURPAR. Desposeer, suplantar, arrebatar, arrogarse.
 • *dar, devolver*

UTENSILIO. Herramienta, instrumento, cacharro, útil.

ÚTERO. Matriz.

ÚTIL. Lucrativo, beneficioso, provechoso, productivo, fructuoso, conveniente, práctico. — Oportuno. — Utilizable, aprovechable, servible, disponible.
 • *baldío, inútil, infructuoso, superfluo, vano*

UTILIDAD. Beneficio, ganancia, provecho, lucro, interés, fruto, conveniencia.
 • *incomodidad, inutilidad, pérdida*

UTILIZABLE. Aprovechable, útil, servible, disponible.

UTILIZAR. Aprovechar, usar, emplear, valerse.
 • *abandonar, desaprovechar*

UTOPÍA. Fantasía, quimera, ensoñación.

UTOPISTA. Soñador, idealista, visionario, iluso.

V

VACACIÓN. Asueto, reposo, ocio, descanso.

VACANTE. Libre, disponible, vaco, vacío, vacuo.

VACIADERO. Vertedero.

VACIAR. Desocupar, desaguar, desalojar, achicar, agotar, verter. — Sacar, excavar. — Afilar. — Fundir.
• *llenar*

VACIEDAD. Necedad, bobería, sandez, tontería, simpleza.

VACILACIÓN. Perplejidad, titubeo, incertidumbre, fluctuación, duda, irresolución, hesitación. — Oscilación.
• *decisión, firmeza*

VACILAR. Tambalearse, temblar, oscilar, trepidar. — Dudar, titubear, fluctuar.
• *actuar, creer, decidir*

VACÍO. Hueco, cavidad, vacuo, concavidad. — Desocupado, vacante. — Vano, fatuo, presuntuoso. — Ijada. — Despoblado, desierto. — Huero.

VACUNAR. Inmunizar. — Inocular.

VAGABUNDO. Holgazán, vago, ocioso, vagamundo, trotamundos.

VAGANCIA. Holgazanería, ociosidad, pereza, poltronería.

VAGAR. Errar, vagabundear.

VAGO. Vagabundo, holgazán, perezoso, ocioso. — Indefinido, indeciso, indeterminado, vaporoso, ligero.

VAGUEAR. Vagar, vagabundear. — Divagar.

VAGUEDAD. Imprecisión, indeterminación, indecisión.
• *decisión, detalle, exactitud, precisión*

VAHÍDO. Desvanecimiento, desmayo, vértigo, mareo.

VAIVÉN. Oscilación, balanceo. — Inconstancia, volubilidad.

VALE. Bono, cupón, documento.

VALEDOR. Protector, amparador, defensor.

VALENTÍA. Valor, ánimo, bravura, aliento, arrojo, esfuerzo. — Jactancia, arrogancia, gallardía.
• *cobardía*

VALENTÓN. Fanfarrón, bravucón, jactancioso, baladrón, perdonavidas, matasiete.

VALER. Valor, valía, fuste. — Precio.

VALER. Amparar, proteger, patrocinar, defender. — Montar, sumar, importar. — Servir. — Equivaler. — Redituar, rendir, fructificar.

VALEROSO. Valiente, arrojado, esforzado, bizarro, animoso, denodado, resuelto, alentado, varonil.

VALERSE. Servirse, recurrir.

VALÍA. Aprecio, estimación, mérito, valer, valor. — Valimiento, privanza, favor, poder.

VALIDAR. Homologar, legalizar.

VÁLIDO. Firme, subsistente. — Sano, útil. — Fuerte, fornido, robusto.

VALIENTE. Valeroso, denodado, esforzado, intrépido, arrojado, osado, bizarro, resuelto, alentado, varonil. — Fuerte, enérgico, animoso. — Activo, excelente. — Grande, excesivo.

VALIJA. Maleta.

VALIMIENTO. Privanza, valía, favor, poder. — Amparo, protección, apoyo, ayuda.
• *desamparo*

VALIOSO. Rico, excelente, preciado, meritorio.

VALLA. Empalizada, estacada, cercado, vallado, valladar, seto. — Obstáculo, estorbo, impedimento.

VALOR. Precio. — Denuedo, bizarría, ánimo, arrojo, intrepidez, esfuerzo, resolución, brío, aliento. — Aprecio, valer, estimación, importancia, valía. — Atrevimiento, osadía, desvergüenza, descaro.
• *cobardía, vergüenza*

VALORAR. Tasar, justipreciar, valuar, estimar, apreciar, evaluar.

VALORES. Títulos, acciones, obligaciones.

VANAGLORIA. Jactancia, presunción, engreimiento, vanidad.

VANAGLORIARSE. Jactarse, alabarse, preciarse, gloriarse.
• *humillar*

VANAMENTE. Inútilmente, infundadamente, tontamente.

VANDÁLICO. Brutal, feroz, salvaje.

VANGUARDIA. Avanzada.

VANIDAD. Fausto, pompa, ostentación. — Presunción, envanecimiento, engreimiento, vanagloria, fatuidad, soberbia. — Fragilidad, inutilidad.
• *humildad, modestia*

VANIDOSO. Vano, presuntuoso, presumido, engreído, soberbio, fatuo.

VANO. Presuntuoso, vanidoso, presumido, arrogante, engreído, fatuo, soberbio. — Hueco, vacío. — Inútil, ilusorio, infundado. — Frívolo, fútil, tonto.

VAPOR. Hálito, vaho, aliento. — Buque, barco.

VAPOROSO. Tenue, leve, sutil, ligero, aéreo.

VAPULEO. Zurra, paliza, tunda, azotina, solfa, felpa, tocata, solfeo, tollina, somanta.

VAQUERÍA. Vacada. — Establo.

VARA. Lanza, pértiga.

VARAL. Pértiga.

VARAPALO. Daño, disgusto, desazón.

VARAR. Encallar, enarenar.

VARIABLE. Inconstante, versátil, voluble, tornadizo, veleidoso, mudable, instable, vario.
• *cierto, invariable, permanente*

VARIACIÓN. Mudanza, cambio, modificación, transformación, alteración.

VARIAR. Cambiar, modificar, mudar, transformar, alterar, diferir, diversificar.

VARIEDAD. Diversidad. — Mudanza, alteración. — Inconstancia, mutalidad.

VARIO. Diverso, distinto, diferente. — Inconstante, variable, instable, mudable.

VARIOS. Algunos.

VARÓN. Hombre.

VARONIL. Esforzado, valiente, animoso, valeroso, resuelto, firme, enérgico. — Viril.

VASALLAJE. Rendimiento, sujeción.

VASALLO. Súbdito, tributario, feudatario.
• *señor*

VASAR. Estante, vasera, anaquelería.

VASCO. Vascongado.

VASO. Casco. — Bacín.

VÁSTAGO. Retoño, renuevo. — Hijo, descendiente.

VASTO. Dilatación, espacioso, amplio, extenso, capaz, grande.
• *finito, pequeño.*

VATE. Poeta, trovador, bardo, trovero, aedo.

VATICINAR. Pronosticar, profetizar, predecir, adivinar, augurar, presagiar.

VATICINIO. Pronóstico, predicción, profecía, augurio, adivinación, presagio.

VAYA. Burla, mofa, chanza, chasco.

VECINDAD. Vecindario. — Cercanía, contorno, inmediaciones, alrededores.

VECINDARIO. Pueblo, población. — Vecinos, habitantes. — Inmediatos.

VECINO. Inmediato, contiguo, colindante, limítrofe, cercano, próximo. — Habitante, morador. — Semejante, parecido, coincidente.

VEDAR. Prohibir, privar. — Impedir, estorbar, embarazar.

VEHEMENCIA. Ímpetu, impetuosidad, pasión, ardor, fuego, violencia.
• *flema, tranquilidad*

VEHEMENTE. Impetuoso, ardoroso, fogoso, ardiente, intenso, violento.

VEHÍCULO. Carruaje, nave, aeroplano. — Conductor.

VEJAR. Molestar, fastidiar, perseguir. — Maltratar, oprimir, avasallar.

• *alabar*

VEJESTORIO. Carcamal, vejete.

VEJEZ. Ancianidad, senectud.

VEJIGA. Ampolla.

VELA. Vigilia. — Candela, cirio, bujía. — Toldo. — Romería.

VELAR. Cuidar, vigilar. — Cubrir, disimular, ocultar, atenuar.

• *descansar, dormir, reposar*

VELAS. Velamen. — Mocos.

VELATORIO. Velorio.

VELEIDAD. Volubilidad, inconstancia, versatilidad, ligereza, antojo, capricho.

• *constancia, firmeza, inmutabilidad*

VELEIDOSO. Mudable, tornadizo, voluble, variable, versátil, caprichoso, ligero, inconstante, antojadizo, veleta.

VELO. Pretexto, excusa, disimulación.

VELOCIDAD. Rapidez, ligereza, presteza, prontitud, celeridad, prisa.

• *lentitud, pasividad*

VELORIO. Velatorio.

VELOZ. Ligero, presuroso, rápido, pronto, presto.

VENA. Filón, veta. — Inspiración.

VENABLE. Sobornable.

VENABLO. Dardo, jabalina.

VENADO. Ciervo.

VENCEDOR. Triunfador, triunfante, victorioso.

VENCER. Derrotar, batir, rendir, destrozar. — Triunfar. — Dominar, reprimir, subyugar, sujetar, refrenar, contener, violentar. — Prevalecer, privar. — Aventajar, superar. — Ladear, torcer, inclinar. — Allanar, zanjar. — Prescribir.

• *derrotar, someter*

VENDAVAL. Huracán, ventarrón.

VENDER. Expender, despachar, liquidar. — Enajenar, alienar. — Traicionar.

• *adquirir, comprar, feriar, mercar*

VENDERSE. Descubrirse, traicionarse.

VENENO. Ponzoña, tósigo.

VENENOSO. Tóxico, ponzoñoso. — Mordaz, sarcástico.

VENERA. Insignia.

VENERABLE. Venerando, respetable, honorable.

VENERACIÓN. Acatamiento, reverencia, respeto.

VENERAR. Reverenciar, acatar, honrar, respetar.

• *deshonrar, despreciar*

VENERO. Manantial, fuente. — Filón, veta, vena, criadero. — Principio, origen.

• *fin, mar*

VENGANZA. Vindicta, represalia. — Castigo, pena.

VENGATIVO. Rencoroso.

VENIA. Permiso, licencia, consentimiento, autorización, anuencia. — Perdón, remisión. — Saludo.

VENIAL. Leve.

VENIDA. Regreso, retorno, llegada, vuelta.

VENIDERO. Futuro, mañana, porvenir.

VENIR. Llegar, arribar, regresar, retornar, volver. — Suceder, sobrevenir, acontecer. — Comparecer, presentarse. — Transigir, consentir, avenirse. — Sentar, ajustarse, conformarse, acomodarse. — Resolver, acordar. — Inferirse, deducirse. — Darse, producirse. — Proceder, provenir. — Acercarse, aproximarse.

• *ausentarse, caminar, ir, marcharse*

VENTA. Despacho, salida. — Hospedería, posada, parador.

VENTAJA. Superioridad.

• *desventaja, inferioridad, pérdida*

VENTAJOSO. Beneficioso, conveniente.

VENTEAR. Olfatear, husmear. — Airear, ventilar. — Indagar, inquirir, oliscar, averiguar.

VENTERO. Posadero, mesonero.

VENTILAR. Airear, orear. — Discutir, examinar, controvertir, dilucidar.

VENTISQUERO. Ventisca. — Glaciar, helero.

VENTOLERA. Capricho, idea, antojo, berretín.

VENTRUDO. Barrigudo, panzudo.

VENTURA. Dicha, felicidad, fortuna. — Acaso, casualidad, suerte. — Riesgo, contingencia, peligro.

VENTUROSO. Afortunado, dichoso, feliz.

VER. Aspecto, apariencia. — Parecer.

VER. Mirar, avistar, descubrir, divisar, percibir, distinguir, notar. — Conocer, juzgar. — Atender, cuidar. — Considerar, observar, examinar, reflexionar, advertir. — Experimentar, reconocer. — Avisar.

VERA. Orilla, borde. — Lado.

VERANO. Estío.

VERAZ. Sincero, franco, verídico. — Verdadero.

VERBOSIDAD. Locuacidad, labia, verba, verborrea, facundia.
    • *discreción, silencio*

VERDAD. Veracidad, certeza. — Realidad. — Fresca, crudeza.
    • *heterodoxia, mentira*

VERDADERO. Veraz, verídico, real, cierto, efectivo, positivo, indudable, auténtico, serio.

VERDE. Fresco. — Joven, lozano, vigoroso. — Libre, desvergonzado, obsceno.

VERDÍN. Cardenillo.

VERDOR. Lozanía, fortaleza, vigor, juventud. — Verdura.

VERDUGÓN. Roncha.

VERDURA. Hortaliza, legumbre. — Verdor.

VERECUNDIA. Vergüenza.

VERECUNDO. Vergonzoso.

VEREDA. Sendero, senda, picada, vericueto. — Acera.

VEREDICTO. Fallo.

VERGEL. Jardín, huerto.

VERGONZOSO. Bochornoso, vituperable. — Tímido, encogido, corto, verecundo.

VERGÜENZA. Rubor, confusión, encogimiento, aturdimiento, cortedad, turbación. — Oprobio, afrenta. — Pundonor.
    • *cinismo, desfachatez, insolencia*

VERÍDICO. Sincero, veraz. — Auténtico, verdadero, real, cierto, serio.

VERIFICAR. Comprobar, probar, revisar, examinar. — Realizar, ejecutar, efectuar, celebrar.

VERNÁCULO. Nativo, indígena, doméstico, autóctono.

VEROSÍMIL. Creíble, posible, probable, verisímil.

• *improbable, imposible, increíble, inverosímil*

VERRAQUEAR. Gruñir. — Berrear.

VERRUGA. Tacha, defecto, vicio.

VERSADO. Instruido, entendido, conocedor. — Práctico, perito, ejercitado, diestro.
    • *incompetente, inculto, inexperto*

VERSÁTIL. Inconstante, voluble, veleidoso, tornadizo, variable, mudable, antojadizo, caprichoso, ligero.
    • *consecuente, constante, firme*

VERSE. Visitarse, avistarse. — Encontrarse, hallarse.

VERSIFICADOR. Poeta.

VERSIÓN. Traducción. — Exposición, interpretación, explicación.

VERTEDERO. Sumidero, estercolero.

VERTER. Traducir. — Derramar, vaciar.

VERTICAL. Perpendicular.
    • *horizontal, llano, nivelado, plano*

VÉRTICE. Cúspide, cumbre.

VERTIENTE. Declive, ladera, pendiente.

VERTIGINOSO. Rápido, raudo.

VÉRTIGO. Desvanecimiento, vahído. — Mareo.

VESANIA. Demencia, locura, insania.

VESÍCULA. Ampolla, vejiguilla.

VESTÍBULO. Atrio, portal, pórtico. — Antesala, antecámara.

VESTIDO. Traje, vestidura, vestimenta, veste, atavío, ropaje, indumentaria, trapos.

VESTIGIO. Huella, indicio, señal, rastro, resto, reliquia.

VESTIR. Cubrir, guarnecer. — Adornar, exornar. — Disfrazar, disimular.
    • *desnudarse*

VETA. Vena, filón, estrato. — Faja, lista.

VETAR. Impugnar, tachar, objetar.

VETERANO. Práctico, baquiano, baqueano. — Aguerrido.

VETO. Oposición, negativa.
    • *aprobación, confirmación, defensa*

VETUSTO. Viejo, añejo, antiguo, anciano, ruinoso, derruido, destartalado.

VEZ. Ocasión, caso. — Turno, tiempo.

VÍA. Camino, senda, sendero. — Carril. — Conducto, canal.

VIABLE. Realizable.
VIAJERO. Caminante, peregrino, pasajero, trotamundos.
VIANDA. Manjar, sustento.
VIANDANTE. Transeúnte, caminante, pasajero, viajero, peatón, peregrino, andarín, trotamundos.
VIBRAR. Conmoverse.
VICEVERSA. Recíprocamente, al revés, al contrario.
VICHAR. Espiar, atisbar, acechar.
VICIAR. Dañar, corromper. — Adulterar, falsear. — Anular, invalidar. — Pervertir.
VICIARSE. Torcerse, extraviarse, enviciarse.
VICIO. Defecto, falta, imperfección, maca, lacra. — Mimo. — Licencia, libertinaje.
 • *ética, moral, virtud*
VICIOSO. Libidinoso, perdulario, perdido.
VICISITUD. Racha, alternativa.
VICTOREAR. Aclamar, vitorear, celebrar.
VICTORIA. Triunfo, palma, lauro.
 • *derrota, desastre, revés, vencimiento*
VICTORIOSO. Triunfante, vencedor. — Irrefutable, decisivo.
VIDA. Existencia, vidorria. — Duración. — Biografía, hechos. — Actividad, movimiento. — Días.
 • *inexistencia, muerte, pasividad*
VIDENTE. Profeta.
VIDORRIA. Vida.
VIDRIADO. Barnizado.
VIDRIERA. Escaparate.
VIDRIOSO. Frágil, quebradizo. — Resbaladizo. — Susceptible. — Delicado.
VIEJO. Anciano. — Vetusto, añejo, antiguo. — Ruinoso, derruido, arruinado. — Estropeado, acabado, deslucido, usado.
 • *joven, mozo, muchacho*
VIENTO. Aire. — Vanidad, jactancia.
VIENTRE. Abdomen, barriga, panza.
VIGA. Tirante.
VIGÍA. Atalaya.
VIGILANCIA. Cuidado, atención, celo.
 • *desatención, descuido, sueño*
VIGILANTE. Atento, cuidadoso, despierto. — Celador.

VIGILAR. Cuidar, velar, atender, celar, observar.
 • *desatender, descuidar, dormir*
VIGILIA. Insomnio, desvelo. — Lucubración. — Víspera.
VIGOR. Energía, eficacia, entereza, fuerza, robustez.
VIGORIZAR. Robustecer, fortalecer. — Animar, esforzar.
 • *debilitar, desalentar*
VIGOROSO. Fuerte, robusto.
VIL. Indigno, abyecto, infame, torpe, bajo, rastrero. — Alevoso, traidor, desleal, infiel.
VILEZA. Villanía, infamia, abyección, bajeza. — Traición, alevosía, deslealtad.
 • *bondad, crédito, dignidad*
VILIPENDIAR. Menospreciar, denigrar, despreciar, desdeñar, denostar, vituperar, agraviar, insultar.
VILLA. Quinta.
VILLANÍA. Vileza, bajeza, infamia, indignidad, ruindad, alevosía, traición.
 • *bondad, decencia, dignidad, honestidad*
VILLANO. Plebeyo, rústico, grosero. — Ruin, indigno, abyecto, vil, infame, bajo.
 • *dignificar, honrar*
VILO (EN). Suspendido, inestable. — Indeciso, inquieto, inseguro.
VILTROTEAR. Callejear, zancajear.
VINCULAR. Atar, unir. — Continuar, perpetuar. — Asegurar, estribar.
VINCULARSE. Relacionarse, emparentarse.
VÍNCULO. Lazo, unión, atadura.
VINDICAR. Reivindicar. — Rehabilitarse. — Vengar.
VINO. Mosto.
VIÑETA. Orla.
VIOLA. Guitarra.
VIOLAR. Infringir, quebrantar, vulnerar. — Profanar. — Deshonrar, estuprar. — Forzar, violentar, romper. — Ajar, deslucir.
 • *cumplir, cumplimentar, respetar*
VIOLENTAR. Forzar, violar.
 • *irritar, serenar*

VIOLENTARSE. Vencerse, dominarse.

VIOLENTO. Iracundo, impetuoso, arrebatado, vehemente, fogoso. — Penoso, forzado, duro, molesto.

VIPERINO. Mordaz, hiriente.

VIRADA. Vuelta, viraje.

VIRAJE. Virada.

VIRGEN. Inmaculado, intachable, incólume, intacto. — Erial, yermo, inculto.

VIRGINIDAD. Virgo. — Pureza, candor.
• *impureza, malicia*

VIRGO. Himen. — Virginidad.

VIRIL. Varonil, vigoroso, esforzado.

VIROLA. Casquillo.

VIRTUAL. Aparente. — Implícito, tácito.

VIRTUD. Valor, fuerza, poder, vigor. — Eficacia, propiedad. — Moral.
• *corrupción, libertinaje, maldad, perversidad, vicio*

VIRTUOSO. Bondadoso, abnegado, bueno.

VIRULENCIA. Acrimonia, mordacidad, encono, malignidad.

VIRULENTO. Maligno, ponzoñoso. — Mordaz, sañudo. — Violento, enérgico.

VIRUS. Materia, pus, podre, humor. — Ponzoña, veneno.

VIS. Fuerza, energía.

VISAJE. Mueca, gesto, figura.

VÍSCERA. Entraña, órgano.

VISCO. Liga.

VISCOSO. Pegajoso, glutinoso.

VISIBLE. Manifiesto, evidente, indudable, palpable, patente, claro, notorio, palmario, cierto.

VISILLO. Cortinilla.

VISIÓN. Fantasma, quimera, espanto. — Perspectiva. — Perspicacia.
• *ceguera, realidad*

VISITA. Recibo. — Inspección.

VISLUMBRAR. Entrever, columbrar. — Conjeturar, sospechar, adivinar.

VISLUMBRE. Reflejo, destello, centelleo. — Indicio, apariencia, conjetura, sospecha.

VISO. Apariencia, aspecto. — Reflejo. — Importancia.

VISTA. Mirada, ojos. — Visión. — Aspecto, apariencia. — Panorama, paisaje, campo. — Cuadro, fotografía, estampa. — Vistazo. — Intento, propósito.

VISTAZO. Ojeada.

VISTOSO. Lucido, llamativo, brillante.

VITAL. Trascendental, capital.

VITANDO. Odioso, detestable, execrable.

VITOREAR. Aplaudir, aclamar.

VITUALLA. Víveres, alimentos, provisiones.

VITUPERABLE. Repudiable, reprobable, criticable.

VITUPERAR. Reprobar, reprochar, motejar, censurar, afear, criticar, vilipendiar, insultar.
• *alabar*

VITUPERIO. Baldón, oprobio, reproche, censura.

VIVACIDAD. Ardor, energía, vigor, fuerza, violencia. — Viveza, brillo, brillantez.
• *bobería, debilidad, timidez*

VIVAZ. Enérgico, eficaz, vigoroso. — Agudo, ingenioso, perspicaz, brillante. — Vivido.

VÍVERES. Alimentos, provisiones, vitualla.

VIVERO. Criadero, almáciga, cetaria, ostral, piscina. — Semillero.

VIVEZA. Agudeza, ingenio, sagacidad, perspicacia. — Rapidez, prontitud, celeridad, presteza. — Vivacidad, brillo, brillantez. — Ardor, ardimiento, energía. — Picardía, cuquería.

VIVIDOR. Laborioso, trabajador, buscavidas. — Parásito, gorrón.

VIVIENDA. Casa, morada, habitación.

VIVIFICAR. Confortar, refrigerar, reanimar, alentar, animar.
• *desanimar, enfermar*

VIVIR. Existencia, vida.

VIVIR. Residir, estar, habitar, morar. — Perdurar, subsistir, durar. — Mantenerse, sustentarse. — Amoldarse, adaptarse, acomodarse. — Conducirse, comportarse.
• *inexistir, marchar, morir, mudar*

VIVO. Activo, diligente, listo. — Sutil, agudo, penetrante, perspicaz. — Enérgico, rápido, fuerte. — Expresivo, persuasivo. — Impetuoso, ardiente, impresionable.

VOCABLO. Voz, palabra, dicción, expresión, término.

VOCABULARIO. Diccionario, léxico.

VOCACIÓN. Inclinación, tendencia, afición, apego, gusto.

VOCEAR. Gritar, vociferar. — Proclamar. — Pregonar.
• *callar*

VOCERÍO. Gritería, algazara, algarabía.

VOCIFERAR. Chillar, despepitarse, gritar, vocear, desgañitarse.

VOCINGLERO. Gritón. — Charlatán.

VOLADIZO. Saledizo.

VOLAR. Saltar. — Huir, correr, disparar, fugarse, escaparse, desaparecer, esfumarse.

VOLATILIZARSE. Disiparse, exhalarse.

VOLATINERO. Equilibrista.

VOLCAR. Derribar, tumbar, tirar. — Derramar, verter. — Molestar, excitar, irritar.

VOLTEAR. Trastrocar, mudar. — Derribar, derrumbar, tumbar, tirar. — Voltejar.

VOLUBLE. Versátil, tornadizo, mudable, inconstante, variable, antojadizo, caprichoso.

VOLUMEN. Corpulencia, bulto. — Tomo, libro.

VOLUMINOSO. Abultado, corpulento.

VOLUNTAD. Disposición, intención, resolución, ánimo. — Energía, firmeza. — Amor, cariño, afecto, afición, inclinación. — Gana, afán, deseo, ansia. — Consentimiento, aquiescencia, asentimiento. — Precepto, mandato, orden.
• *abulia, inconstancia, versatilidad, volubilidad*

VOLUNTARIOSO. Caprichoso, testarudo, terco, obstinado. — Propicio, dispuesto.

VOLUPTUOSIDAD. Deleite, placer.

VOLUTA. Espiral.

VOLVER. Regresar, retornar. — Dirigir, encaminar. — Devolver, restituir. — Traducir, verter. — Pagar, retribuir, corresponder. — Trocar, tornar. — Torcer. — Repetir, reiterar. — Mudar. — Vomitar.
• *ir*

VOMITAR. Provocar, lanzar, arrojar, devolver. — Proferir, prorrumpir. — Revelar, declarar. — Restituir, reintegrar.

VORACIDAD. Adefagia, glotonería.

VORAZ. Devorador, activo, violento.

VÓRTICE. Torbellino, remolino.

VOTAR. Renegar, jurar.

VOTO. Dictamen, parecer. — Juramento, reniego. — Promesa. — Deseo.

VOZ. Palabra, vocablo, término, dicción, expresión. — Grito. — Ruido. — Fama, rumor, opinión.

VOZNAR. Graznar.

VUELTA. Curvatura. — Desviación. — Circunloquio, perífrasis. — Cambio. — Restitución, devolución. — Vez, turno, ronda. — Retorno. — Voltereta. — Revés, embozo. — Mudanza, alteración. — Paliza, tunda. — Meandro, recoveco, recodo.

VULGAR. Común, ordinario, corriente, general, trivial.
• *célebre, eximio, famoso, insigne, renombrado*

VULGARIDAD. Chabacanería, grosería.

VULGO. Pueblo, plebe, gente. — Vulgarmente, comúnmente.

VULNERABLE. Defectuoso, censurable. — Flojo, débil. — Conquistable.

VULNERAR. Violar, quebrantar, infringir, contravenir, incumplir, desacatar, desobedecer. — Perjudicar, dañar, lastimar, herir, lesionar.
• *defender, fortalecer*

VULPEJA. Zorra.

Y

YA. Ahora. — Ora. — Inmediatamente. — Puesto, aunque.
YACARÉ. Caimán, cocodrilo.
YACER. Reposar, descansar.
YACIJA. Lecho, cama. — Sepultura, tumba.
YAGUARETÉ. Jaguar.
YANQUI. Norteamericano.
YANTAR. Manjar, comida, vianda.
YANTAR. Comer.
YAPA. Propina, añadidura, adehala.
YEGUADA. Tropilla.
YEMA. Botón, brote, renuevo.

YERMO. Inhabitado, despoblado, desierto, solitario. — Inculto. — Árido.
  • *fecundo, habitado, vergel*
YERRO. Error, equivocación, falta.
  • *acierto, advertencia, perfección, razón*
YERTO. Tieso, rígido, derecho, helado, entumecido.
  • *cálido, flexible*
YUCA. Mandioca.
YUGADA. Obrada, huebra.
YUGO. Opresión, sujeción, dominación, tiranía. — Ley, dominio. — Dogal.
YUNQUE. Bigornia. — Prueba.

Z

ZACAPELA. Trifulca, chamusquina, bochinche, zagarata, batifondo, cisco, zafarrancho.

ZAFADO. Despierto, vivo. — Descarado, desvergonzado. — Libre.

ZAFAR. Soltar, desatar, desembarazar, libertar.
• *afear, desnudar, despojar*

ZAFARSE. Escaparse, esconderse. — Excusarse, rehuir, evitar. — Librarse, esquivarse.

ZAFARRANCHO. Riña, reyerta, alboroto, trifulca, tremolina, bochinche, bronca, cisco, camorra, batuque, caramillo, batifondo, batahola, trapisonda, trapatiesta, entrevero, tiberio, pelotera.

ZAFIO. Tosco, rústico, inculto, zote, grosero, rudo.

ZAFRA. Cosecha, recolección.

ZAGA. Retaguardia.

ZAGAL. Pastor. — Muchacho, mozo, adolescente.

ZAGUÁN. Vestíbulo, portal.

ZAHERIR. Censurar, criticar, pinchar, mortificar.

ZAHORÍ. Adivino.

ZAHURDA. Chiquero, pocilga. — Escaramuza. — Artería, astucia. — Pelotera, reyerta, trifulca.

ZALAMERÍA. Halago, embeleco, carantoña, gatería, caroca, arrumaco.

ZALEMA. Reverencia.

ZAMACUCO. Tonto, torpe, zoquete, cernícalo.

ZAMARREAR. Sacudir, zarandear.

ZAMBRA. Bulla, algarada, jaleo, vocerío, algarabía, gritería.

ZAMPAR. Atracarse, atiborrarse. — Zampuzar.
• *ayunar*

ZAMPARSE. Colarse, meterse.

ZAMPATORTAS. Tragón, glotón. — Bobo, necio.

ZANAHORIA. Apocado, tontaina.

ZANCADA. Tranco.

ZANCADILLA. Engaño, trampa, ardid, chanchada.

ZANCAJEAR. Callejear, viltrotear, corretear.

ZANCAJO. Talón, calcañar, pulpejo.

ZANCUDO. Patilargo, zanquilargo.

ZANGAMANGA. Ardid, treta, artimaña.

ZÁNGANO. Haragán, holgazán, vago, remolón, parásito, zanguango.

ZANGUANGO. Perezoso, holgazán, maula, pelafustán, tumbón, vago.

ZANJA. Cuneta.

ZANJAR. Allanar, remover, dirimir, resolver.

ZAPALLO. Calabaza.

ZAQUIZAMÍ. Desván, buhardilla, sotabanco, tabuco, tugurio, cuchitril, chiribitil, camaranchón.

ZARABANDA. Jolgorio, jaleo, bulla. — Trifulca, batifondo, chamusquina, zalagarda, zaragata.

ZARAGATA. Gresca, riña, pendencia, tremolina, trifulca, reyerta, zipizape, tiberio, batuque, batifondo, bochinche, jollín, pelotera, camorra, bronca, cisco, jaleo, trapatiesta.

ZARANDA. Criba, cedazo.

ZARANDAJAS. Minucias, bagatelas, nimiedades, bicoca.

ZARANDEADO. Manoseado, sobado. — Meneado.

ZARANDEAR. Sacudir, zamarrear. — Ajetrear, azacanar.

ZARANDEARSE. Contonearse.
• *aquietar*

ZARCILLO. Pendiente, aro, arracada, arete.

ZARPA. Garra.

ZARRAPASTROSO. Andrajoso, harapiento, desaseado, sucio, roto, desaliñado, adán. — Infecto, contaminoso.
• *aseado, elegante, limpio*

ZASCANDIL. Mequetrefe, botarate, chisgarabís, danzante, trasto.

ZIGZAGUEAR. Ondular, culebrear.
 • *culebreante, ondulado, sinuoso, tortuoso*
ZÓCALO. Friso.

ZOCO. Mercado, plaza.
ZOLLIPAR. Hipar, gimotear, sollozar.
ZONA. Distrito, demarcación. — Lista,
 banda, faja.

PARÓNIMOS

A

A. Preposición.
  Ah. Interjección.
  Ha. Del verbo haber.
ABAD. Superior religioso de un monasterio.
  Abate. Eclesiástico.
ABALAR. Agitar.
  Avalar. Garantizar por aval.
ABANO. Abanico.
  Habano Cigarro puro.
  Ébano Árbol.
ABATE. Eclesiástico.
  Abad. Superior religioso de un monasterio.
ABDUCCIÓN. Movimiento por el que un miembro se aparta del eje del cuerpo.
  Aducción. Movimiento por el que un miembro se acerca al eje del cuerpo.
ABERTURA. Acción de abrir.
  Obertura. Pieza de música con que se inicia una ópera.
  Apertura. Inauguración.
ABLACIÓN. Extirpación de una parte del cuerpo.

Ablución. Lavatorio.
  Oblación. Sacrificio.
ABLANDO. Del verbo ablandar.
  Hablando. Del verbo hablar.
ABLUCIÓN. Lavatorio.
  Ablación. Extirpación de una parte del cuerpo.
  Oblación. Sacrificio.
ABOCAR. Acercar.
  Abogar. Interceder por uno.
ABOLLAR. Producir bollos.
  Aboyar. Poner boyas.
ABRASAR. Quemar.
  Abrazar. Rodear con los brazos.
ABRAZAR. Rodear con los brazos.
  Abrasar. Quemar.
ABREVIAR. Hacer algo más breve.
  Abrevar. Dar de beber al ganado.
ABRÍAN. Del verbo abrir.
  Habrían. Del verbo haber.
ABSCESO. Acumulación de pus.
  Acceso. Entrada.
ÁBSIDE. Parte exterior de la fachada de un templo, comúnmente abovedado y semicircular.
  Ápside. Cada uno de los dos extremos del eje mayor de la órbita de un astro.
ABSORBER. Sorber.

Absolver. Perdonar.
Adsorber. Retener un cuerpo.
ACASO. Quizá, por casualidad.
Ocaso. Puesta del sol.
ACCESO. Entrada, arrebato.
Absceso. Tumor de pus.
Acezo. Del verbo acezar.
ACCIDENTE. Suceso imprevisto.
Incidente. Percance.
ACCIÓN. Efecto de hacer.
Ación. Correa del estribo.
ACECHANZA. Espionaje.
Asechanza. Engaño, intriga.
ACECHAR. Espiar, vigilar.
Asechar. Engañar, intrigar.
ACECHO. Acción de acechar.
Asecho. Del verbo asechar.
ACECINAR. Salar las carnes.
Asesinar. Matar.
ACECINO. Del verbo acecinar.
Asesino. Criminal.
ACEDAR. Poner agria una cosa.
Asedar. Poner como la seda.
Asediar. Sitiar.
ACERBO. Agrio, áspero al gusto.
Acervo. Conjunto, montón.
ACEZAR. Jadear.
Asesar. Adquirir cordura.
ACICALAR. Bruñir, pulir.
Acicular. De figura de aguja.
ÁCIDO. De sabor agraz.
Asido. Del verbo asir.
ACOYUNDAR. Poner a los bueyes la coyunda.
Acoyuntar. Formar una yunta.
ACTA. Relación de lo tratado.
Afta. Úlcera en la boca.
Apta. Hábil, capaz.
ACTITUD. Postura, disposición.
Aptitud. Capacidad, inclinación.
ACTO. Hecho, acción.
Apto. Hábil, capaz.
ACTOR. Artista.
Autor. Persona que es causa de algo o lo hace.
ADAPTAR. Acomodar, avenirse.
Adoptar. Tomar a uno por hijo, tomar una resolución, una postura.

ADICTO. Partidario, devoto.
ADOBE. Ladrillo sin cocer, secado al sol.
Adobo. Acción de adobar.
ADSORBER. Retener un cuerpo partículas de otro.
Absolver. Perdonar.
Absorber. Sorber.
ADSORCIÓN. Penetración superficial de un fluido en un cuerpo sólido.
Absorción. Acción de absorber.
ADUCCIÓN. Movimiento por el que un miembro se acerca al eje corporal.
Abducción. Movimiento por el que un miembro se aparta del eje corporal.
ADVENIMIENTO. Venida, llegada.
Avenimiento. Acción de avenir.
ADVENIR. Venir, llegar.
Avenir. Ajustar, concordar.
AERACIÓN. Introducción del aire en las aguas potables.
Aireación. Ventilación.
AFECTIVO. Relativo al afecto.
Efectivo. Verdadero, cierto.
AFECTO. Amor, cariño.
Efecto. Lo producido por una causa.
AFRONTAR. Arrostrar.
Aprontar. Disponer con prontitud.
AFTA. Úlcera en la boca.
Apta. Hábil, capaz.
Acta. Relación de lo tratado.
AGOSTADO. Del verbo agostar.
Agotado. Del verbo agotar.
AGOTAR. Consumir, gastar.
Agostar. Seca el calor.
AGRAVAR. Hacer una cosa más grave.
Agraviar. Hacer agravio.
AGUAR. Echar agua al vino.
Ajuar. Conjunto de enseres y ropas de una persona.
AGUAFUERTE. Lámina al agua fuerte.
Agua fuerte. Ácido nítrico diluido en agua.
AH. Interjección.
A. Letra, preposición.
Ha. Del verbo haber.
AHERROJADO. De aherrojar.
Arrojado. Del verbo arrojar.
AHERROJAR. Poner en prisión.

Arrojar. Echar.

AHOGAR. Sentir ahogo.

Ahojar. Ramonear.

Aojar. Malograr

AIRAR. Irritar.

Airear. Ventilar.

AIRE. Atmósfera.

Aire. Del verbo airar.

AIREACIÓN. Ventilación.

Aeración. Introducción del aire en las aguas potables.

AJUAR. Conjunto de enseres y ropas de una persona.

Aguar. Echar agua al vino.

ALA. Miembro de las aves e insectos para volar.

¡Hala! Interjección.

ALADO. Que tiene alas.

Helado. Muy frío, sorbete.

ALCALDE. Presidente de un ayuntamiento.

Alcaide. Encargado de un castillo, cárcel o fortaleza.

ALEVE. Alevoso.

Leve. De poco peso.

ALFORJA. Talego con dos bolsas.

Alforza. Pliegue en el borde.

ALIARSE. Unirse, coligarse.

Hallarse. Encontrarse, estar.

ALIAS. Apodo.

Hallas. Del verbo hallar.

Hayas. Del verbo haber.

ALIENAR. Volver loco.

Alinear. Poner en línea recta.

ALIGERO. Veloz.

Aligero. Del verbo aligerar.

ALINEADO. En línea recta.

Aliñado. Del verbo aliñar.

ALIÑAR. Sazonar.

Alinear. Poner en línea recta.

Alienar. Volver loco.

ALOCUCIÓN. Arenga, discurso.

Elocución. Modo de usar bien el lenguaje.

ALUCINADO. Del verbo alucinar.

Ilusionado. De ilusionar.

ALLÁ. Allí.

Halla. Del verbo hallar.

Haya. Del verbo haber.

AMARAR. Posarse en el mar.

Amarrar. Atar, asegurar.

AMÉN. Así sea, salvo.

Amen. Del verbo amar.

ANDÉN. Especie de acera en las estaciones.

Anden. Del verbo andar.

ANGLICISMO. Giro o voz inglesa.

Anglicanismo. Religión anglicana.

ANÓNIMO. De autor desconocido.

Antónimo. Palabra contraria.

ANTEOJO. Instrumento óptico.

Antojo. Deseo vivo y pasajero.

ANTÓNIMO. Palabra contraria.

Anónimo. De autor desconocido.

AOJAR. Malograr.

Ahojar. Ramonear.

Ahogar. Sentir ahogo.

APERTURA. Principio o inauguración de un curso, local, etc.

Abertura. Acción de abrir.

APLAZAMIENTO. Acción de aplazar.

Emplazamiento. Acción de emplazar.

APLAZAR. Retardar, diferir.

Emplazar. Citar.

APODO. Mote.

Ápodo. Que carece de pies.

APÓSTROFE. Figura retórica.

Apóstrofo. Signo ortográfico.

APOTEGMA. Sentencia breve.

Apotema. Perpendicular de un lado al centro de la figura.

APREHENDER. Coger, asir.

Aprender. Estudiar, instruirse.

APRESIÓN. Temor vago.

Aprehensión. Apresamiento.

ÁPSIDE. Extremo del eje mayor.

Ábside. Parte externa correspondiente al presbiterio.

APTA. Idónea, capaz.

Acta. Relación de lo tratado.

Afta. Úlcera en la boca.

APTITUD. Idoneidad.

Actitud. Postura.

APTO. Idóneo, capaz.

Acto. Acción, hecho.

ARA. Altar.

Ara. Del verbo arar.

ARAS. Del verbo arrar.

Arras. Lo que se da como prenda de un contrato.

ARRAS. Ciudad francesa.

Harás. Del verbo hacer.

ARDID. Astucia, maña.

Ardite. Antigua moneda.

ARÉ. Del verbo arar.

Haré. Del verbo hacer.

ARÉOLA. Corona.

Aureola. Disco que rodea la cabeza de los santos.

ARPILLERA. Tejido basto.

Aspillera. Abertura estrecha en el muro para disparar.

ARRASTRAR. Llevar por el suelo.

Arrostrar. Resistir a las dificultades, hacerlas frente.

ARREA. Del verbo arrear.

Arría. Del verbo arriar.

ARRIAR. Bajar las velas o las banderas.

Arrear. Aguijar, estimular a las bestias a que anden.

ARROGAR. Atribuir.

Arrojar. Echar, lanzar, tirar.

ARROLLADOR. Que arrolla.

Arrullador. Que arrulla.

ARROLLAR. Envolver, derrotar.

Arroyar. Formar el agua surcos.

Arrullar. Adormecer con arrullos.

ARRASTRAR. Llevar por el suelo.

Arroyar. Formar el agua surcos.

Arrullar. Adormecer con arrullos.

ARROSTRAR. Resistir a las dificultades, sufrimientos, etc.

Arrastrar. Llevar a una persona o cosa por el suelo.

ARROYAR. Formar el agua surcos.

Arrollar. Envolver, derrotar.

Arrullar. Adormecer con arrullos.

ARROYO. Riachuelo.

Arrollo. Del verbo arrollar.

ARRUGA. Pliegue en la piel.

Oruga. Larva vermiforme.

ARRULLADOR. Que arrulla.

Arrollador. Que arrolla.

ARRULLAR. Adormecer con arrullos.

Arrollar. Envolver, derrotar.

Arroyar. Formar el agua surcos.

ARTESANO. Persona que ejerce un arte mecánico.

Artesiano. Cierto tipo de pozo.

AS. Número uno de cada palo de la baraja, campeón.

Has. Del verbo haber.

Haz. Del verbo hacer.

ASA. Agarradera.

Asa. Del verbo asar.

Haza. Campo.

ASAR. Tostar.

Azahar. Flor del naranjo.

Azar. Casualidad.

ASAS. Del verbo asar.

Asaz. Bastante, muy.

Hazas. Plural de haza.

ASCENSO. Subida, elevación.

Asenso. Acción de asentir.

Acceso. Arrebato, entrada.

ASCIENDA. Del verbo ascender.

Hacienda. Bienes, finca.

ASECHANZA. Engaño, artificio.

Acechanza. Acecho.

ASECHAR. Engañar, intrigar.

Acechar. Espiar, vigilar.

ASECHO. Del verbo asechar.

Acecho. Acción de acechar.

Has hecho. Del verbo hacer.

ASEDAR. Poner como la seda.

Asediar. Sitiar.

ASEDIO. Del verbo asediar.

Acedo. Agrio, desapacible.

ASENSO. Acción de asentir.

Ascenso. Subida, elevación.

Acceso. Arrebato, entrada.

ASESAR. Adquirir cordura.

Acezar. Jadear.

ASESINAR. Matar.

Acecinar. Salar las carnes.

ASESINO. Criminal.

Acecino. Del verbo acecinar.

ASIDO. Del verbo asir.

Ha sido. Del verbo ser.

ASILA. Del verbo asilar.

Axila. Sobaco.

ASÍA. Del verbo asir.

Hacía. Del verbo hacer.

ASIA. Uno de los continentes.

Hacia. Preposición.
ASIDERO. Asa, mango.
　Hacedero. Fácil de hacer.
ASIGNACIÓN. Pensión, sueldo.
　Hacinación. Amontonamiento.
ASIGNAR. Señalar lo que corresponde a una persona o cosa.
　Hacinar. Apilar, amontonar.
ASPILLERA. Abertura para disparar.
　Arpillera. Tejido basto.
ASTA. Cuerno.
　Hasta. Preposición.
ASTENIA. Decaimiento grande.
　Abstemia. Femenino de abstemio.
ASTRO. Cuerpo celeste.
　Estro. Inspiración.
ATAJO. Senda que acorta.
　Hatajo. Hato pequeño.
ATO. Del verbo atar.
　Hato. Rebaño.
AUREOLA. Corona.
　Aréola. Corona.
AUTILLO. Cierta ave rapaz.
　Hatillo. Pequeño bulto en la ropa ordinaria y precisa.
AUTOR. Persona que es causa de algo o lo hace.
　Actor. Artista.
AVALAR. Garantizar por aval.
　Abalar. Agitar.
AVENIMIENTO. Acción de avenir.
　Advenimiento. Venida, llegada.
AVENIR. Ajustar, concordar.
　Advenir. Venir, llegar.
AVISPADO. Vivo, agudo.
　Obispado. Territorio bajo la jurisdicción de un obispo.
AXILA. Sobaco.
　Asila. Del verbo asilar.
¡AY! Interjección de dolor.
　Hay. Del verbo haber
　Ahí. Adverbio de lugar.
AYA. Mujer encargada de criar a un niño.
　Haya. Del verbo haber, árbol.
　Halla. Del verbo hallar.
AYO. Persona encargada de la educación de un niño.
　Hallo. Del verbo hallar.

AZAFATA. La que atiende a los viajeros en un avión.
　Azafate. Canastillo llano.
AZAR. Casualidad.
　Azahar. Flor del naranjo.
　Asar. Poner al fuego.
AZARAR. Avergonzar.
　Azorar. Sobresaltar.

BACA. Parte superior de los coches para equipajes.
　Vaca. Animal rumiante.
BACANTE. Mujer que tomaba parte en las bacanales.
　Vacante. Sin proveer.
BACILAR. Perteneciente a los bacilos.
　Vacilar. Titubear, dudar.
BACILO. Bacteria.
　Vacilo. Del verbo vacilar.
BAJA. Del verbo bajar.
　Bajá. Título, honor.
　Vaga. Del verbo vagar.
BALDES. Cubos.
　Baldés. Piel curtida de oveja.
BALE. Del verbo balar.
　Vale. Del verbo valer, nota.
　Ballet. Danza.
BALIDO. Voz de la res lanar, etc.
　Valido. Primer ministro.
　Válido. Firme, legal.
BALÓN. Pelota de cuero.
　Valón. Pueblo belga.
BALLET. Danza.
　Bale. Del verbo balar.
　Vale. Del verbo valer, nota.
BAO. Madero o barra que aguanta los costados del buque.
　Vaho. Vapor.
BARIO. Metal.
　Vario. Diverso, distinto.
　Varío. Del verbo variar.
BARÓN. Título de nobleza.

Varón. Hombre.
BARONÍA. Dignidad de barón.
Varonía. Calidad del descendiente de varón.
BASA. Asiento de la columna.
Baza. Número de cartas que se recoge en una mano.
BASAR. Asentar algo.
Bazar. Tienda.
Vasar. Poyo para poner vasos.
BASCA. Náuseas.
Vasca. Mujer del País Vasco.
BASE. Fundamento, apoyo.
Vase. Se va.
BASCULAR. Relativo a la báscula.
Bascular. Ejecutar movimiento oscilatorio.
Vascular. Perteneciente a los vasos del cuerpo.
BASTA. Femenino de basto.
Basta. Del verbo bastar.
Vasta. Extensa, dilatada.
BASTEDAD. Calidad de basto.
Vastedad. Dilatación, anchura.
BASTO. Grosero, tosco.
Vasto. Dilatado, extenso.
BATE. Palo de béisbol.
Vate. Poeta.
BAYA. Fruto carnoso y jugoso.
Vaya. Del verbo ir.
Valla. Cercado.
BAZA. Número de cartas que se recoge en una mano.
Basa. Asiento de la columna.
Bazar. Tienda.
Basar. Asentar algo.
Vasar. Poyo para poner vasos.
BELÉN. Nacimiento, confusión.
Velen. Del verbo velar.
BELLO. Que tiene belleza.
Vello. Pelo delgado.
BESO. Acción de besar.
Bezo. Labio grueso.
BERZA. Col.
Versa. Del verbo versar.
BIDENTE. De dos dientes.
Vidente. Que ve.
BIENES. Hacienda, caudal.
Vienes. Del verbo venir.

Vienés. Natural de Viena.
BIGA. Carro romano.
Viga. Madero.
BIGOTE. Pelo del labio superior.
Vigote. Motón chato.
BINARIO. De dos elementos.
Vinario. Relativo al vino.
BISAR. Repetir algo.
Visar. Reconocer, examinar.
BOBINA. Carrete.
Bovina. Femenino de bovino.
BOLADA. Tiro hecho con la bola.
Volada. Vuelo corto.
BOLEAR. Arrojar las boleadoras.
Volear. Sembrar a voleo.
BOLEO. Acción de bolear.
Voleo. Bofetón, golpe.
BOLO. Palo labrado usado en el juego de bolos.
Voló. Del verbo volar.
BOTA. Cierto tipo de calzado.
Vota. Del verbo votar.
BOTADOR. Herramienta.
Votador. Que vota.
BOTAR. Dar botes, saltar.
Votar. Emitir un voto.
BOTE. Salto, barco, vasija.
Vote. Del verbo votar.
BOVINA. Femenino del bovino.
Bobina. Carrete.
BOXEO. Acción de boxear.
Voceo. Del verbo vocear.
Voseo. Acción de vosear.
BRACERO. Peón, jornalero.
Brasero. Recipiente para calentarse.
BRAZA. Medida de longitud.
Brasa. Carbón encendido.
BRILLANTEZ. Brillo.
Brillantes. Que brillan, diamantes.
BROQUEL. Escudo.
Brocal. Antepecho del pozo.

CABALGATA. Comparsa de jinetes.

Cabalgada. Carrera a caballo.
CABO. Punta, grado militar.
Cavo. Del verbo cavar.
CABRIA. Máquina para levantar grandes pesos.
Cabría. Del verbo caber.
CACERÍA. Partida de caza.
Casería. Parroquia de un tendero.
CALAVERA. Parte ósea de la cabeza.
Carabela. Barco de vela.
CALLADO. Que está sin hablar.
Cayado. Bastón, báculo.
CALLO. Del verbo callar; dureza.
Cayo. Isleta.
Calló. Del verbo callar.
Cayó. Del verbo caer.
CAMPAÑA. Período de tiempo en que uno se dedica a una labor emprendida como un todo.
Campiña. Campo.
CANCEL. Puerta, celosía.
Cáncer. Tumor.
Cárcel. Prisión.
CANÓNICO. Según los cánones.
Canónigo. El que desempeña una canonjía.
CAPTAR. Atraer, conseguir.
Catar. Probar, gustar.
CARABELA. Barco de vela.
Calavera. Parte ósea de la cabeza.
CARBUNCO. Enfermedad.
Carbúnculo. Piedra preciosa.
CÁRCEL. Prisión.
Cancel. Puerta, celosía.
Cáncer. Tumor
CARDINAL. Relativo a los cuatro puntos del horizonte.
Cardenal. Prelado.
CARIAR. Picarse los dientes.
Carear. Cotejar, confrontar.
CASA. Edificio para habitar.
Caza. Deporte.
CASAR. Unir en matrimonio.
Cazar. Perseguir a los animales salvajes para cogerlos.
CASO. Suceso.
Cazo. Cucharón.
CASUAL. Por casualidad.

Causal. Que ocasiona alguna cosa.
CASUALIDAD. Suceso imprevisto.
Causalidad. Causa, origen.
CATAR. Probar, gustar.
Captar. Atraer, conseguir.
CAUCE. Lecho del río.
Cause. Del verbo causar.
CAUSAL. Que es la causa o motivo de algo.
Casual. Por casualidad.
CAUSALIDAD. Causa, origen.
Casualidad. Suceso imprevisto.
CAYADO. Bastón
Callado. Que está sin hablar.
CAYO. Isleta.
Cayó. Del verbo caer.
Callo. Del verbo callar; dureza.
Calló. Del verbo callar.
CAZA. Del verbo cazar.
Casa. Edificio para habitar.
Cazar. Coger animales salvajes.
Casar. Unir en matrimonio.
CAZO. Cucharón.
Caso. Suceso.
CEBO. Señuelo.
Sebo. Grasa.
CEDA. Del verbo ceder.
Seda. Tela.
CEDE. Del verbo ceder.
Sede. Lugar de reunión.
CÉDULA. Documento.
Célula. Mínima porción del ser vivo capaz de tener vida.
CEDULAR. Poner en cédula.
Celular. Relativo a la célula.
CÉFIRO. Viento suave.
Zafiro. Piedra precioso.
CEGAR. Tapar, quedar ciego.
Segar. Cortar hierba.
CÉLULA. Mínima porción del ser vivo capaz de tener vida.
Cédula. Documento.
CELULAR. Poner en cédula.
Cedular. Poner en cédula.
CEMENTO. Polvo de arcilla y cal.
Cimiento. Parte en que se apoyan los edificios.
CENA. Comida de la noche.

Sena. Río de Francia.
CENO. Del verbo cenar.
Seno. Pecho.
CENSOR. Que censura.
Sensor. Aparato que detecta.
CEPA. Tronco de la vid.
Sepa. Del verbo saber.
CERRADO. Del verbo cerrar.
Serrado. Del verbo serrar.
CERRAR. Asegurar con llave o cerrojo.
Serrar. Cortar con una sierra.
CESAR. Parar, detenerse.
César. Emperador.
CESIÓN. Acción de ceder.
Sesión. Junta, reunión.
CESO. Del verbo cesar.
Seso. Masa cerebral.
Sexo. Diferencia física, del macho y la hembra.
CESTA. Canasta, cesto.
Secta. Doctrina herética.
Sexta. Número ordinal.
CESTO. Banasta, canasta.
Seto. Cercado, vallado.
Sexto. Que sigue al quinto.
CESURA. Pausa en los versos.
Cisura. Rotura sutil.
CETA. Zeta.
Seta. Hongo de sombrerillo.
Zeta. Letra griega.
CHIRIPA. Casualidad.
Chiripá. Especie de chamal.
CICLO. Serie.
Siclo. Cierta moneda antigua.
CIEGO. Incapacitado para ver.
Siento. Del verbo sentir.
CIERRA. Del verbo cerrar.
Sierra. Cordillera, instrumento dentado para cortar.
CIERRE. Del verbo cerrar.
Sierre. Del verbo serrar.
CIERVO. Animal.
Siervo. Esclavo.
CIMA. La parte más alta de un monte, árbol, etc.
Sima. Cavidad grande.
CIMIENTO. Parte en que se apoya el edificio.

Cemento. Polvo de arcilla y cal.
CIRCUNVALAR. Rodear, cercar.
Circunvolar. Volar alrededor.
CISURA. Rotura sutil.
Cesura. Pausa en los versos.
CITA. Encuentro, entrevista.
Sita. Situada, colocada.
COCER. Preparar al fuego.
Coser. Unir con hilo.
COCIDO. Olla, guiso.
Cosido. Del verbo coser.
COHORTE. Unidad táctica del antiguo ejército romano.
Corte. Filo, acción de cortar.
COLECTA. Recaudación de donativos.
Coleta. Trenza de pelo.
COMPETER. Incumbir a uno.
Competir. Contener.
COMPRESIÓN. Acción de comprimir.
Comprensión. Acción de comprender.
COMPRESIVO. Que comprime.
Comprensivo. Capaz de comprender.
CONCEJO. Ayuntamiento.
Consejo. Parecer, junta.
CONCEPCIÓN. Acción de concebir.
Concesión. Acción de conceder.
CONDENAR. Reprobar.
Condonar. Perdonar.
CONSEJO. Parecer, junta.
Concejo. Ayuntamiento.
CONTESTO. Del verbo contestar.
Contexto. Hilo del discurso.
CONTRACTO. Contraído.
Contrato. Pacto, convenio.
CORBETA. Cierto buque de guerra.
Corveta. Cierto movimiento del caballo.
CORTACIRCUITOS. Aparato que automáticamente corta la corriente.
Cortocircuito. Contacto de dos conductores eléctricos.
CORTE. Filo, acción de cortar.
Cohorte. Unidad táctica del antiguo ejército romano.
CORTOCIRCUITO. Contacto de dos conductores eléctricos.
Cortacircuitos. Aparato que automáticamente corta la corriente.

CORVETA. Movimiento del caballo.
  Corbeta. Buque de guerra.
COSER. Unir con hilo.
  Cocer. Preparar al fuego.

D

DECENA. Diez unidades.
  Docena. Doce unidades.
DECENCIA. Recato, honestidad.
  Docencia. Enseñanza.
DECENTE. Honesto.
  Docente. Que enseña.
DECIDIR. Tomar una determinación.
  Disidir. Sustraerse a la obediencia del superior.
DECURSO. Sucesión del tiempo.
  Discurso. Charla, arenga.
DEFERENCIA. Muestra de respeto.
  Diferencia. Controversia, residuo, resto.
DEFERENTE. Respetuoso, cortés.
  Diferente. Diverso.
DEPORTE. Juego, ejercicio.
  Deporté. Del verbo deportar.
DESALINEADO. De desalinear.
  Desaliñado. De desaliñar.
DESASIR. Soltar, desprender.
  Deshacer. Destruir, estropear.
DESBARRAR. Disparatar.
  Desvariar. Delirar.
DESCENDENTE. Que desciende.
  Descendiente. Persona que desciende de otra.
DESCINCHAR. Quitar la cincha.
  Deshinchar. Quitar la hinchazón.
DESECHO. Desperdicio, sobras.
  Deshecho. Del verbo deshacer.
DESHACER. Destruir, estropear.
  Desasir. Soltar, desprender.
DESHECHO. Del verbo deshacer.
  Desecho. Sobras.
DESHINCHAR. Quitar la hinchazón.
  Descinchar. Quitar la cincha.
DESHOJAR. Quitar las hojas.
  Desojar. Cegarse.

DESMALLADO. Que se le ha soltado la malla o punto.
  Desmayado. Que ha sufrido un desmayo.
DESOJAR. Cegar.
  Deshojar. Quitar las hojas.
DESPENSA. Lugar donde se guardan los comestibles.
  Dispensa. Privilegio.
DESVARIAR. Delirar.
  Desbarrar. Disparatar.
DEVASTAR. Desolar.
  Desbastar. Quitar lo basto.
DIFERENCIA. Residuo, resta.
  Deferencia. Muestra de respeto.
DIGERIR. Convertir los alimentos en sustancia asimilable.
  Dirigir. Enderezar, guiar.
DISCURSO. Charla, arenga.
  Decurso. Sucesión del tiempo.
DISECCIÓN. Acto de disecar.
  Disensión. Contienda.
DISIDIR. Sustraerse a la obediencia del superior.
  Decidir. Tomar una determinación.
DISPENSA. Privilegio, excepción.
  Despensa. Lugar donde se guardan los comestibles
DOBLEZ. Simulación, parte que se dobla.
  Dobles. Duplos.
DOCENCIA. Enseñanza.
  Decencia. Recato, honestidad.
DOCENTE. Que enseña.
  Decente. Honesto.
DRACMA. Moneda antigua.
  Drama. Obra de teatro.
DÚHO. Banco, escaño.
  Dúo. Que se canta o toca entre dos.

E

ECHO. Del verbo echar.
  Hecho. Del verbo hacer, suceso, acontecimiento.
ECLIPSE. Privación de luz de un astro.

Elipse. Curva plana, cerrada con dos focos.

Elipsis. Supresión de palabras en una oración.

EDICTO. Bando, decreto.

Adicto. Partidario, devoto.

EFECTIVO. Verdadero, cierto.

Afectivo. Relativo al afecto.

EFECTO. Lo producido por una causa.

Afecto. Amor, cariño.

ÉGIDA. Protección, defensa.

Hégira. Era musulmana.

EMANAR. Proceder, derivarse.

Imanar. Imantar.

EMBATE. Acometida.

Envite. Apuesta.

EMBELECO. Engaño, mentira.

Embeleso. Pasmo, ensimismamiento.

EMBESTIR. Acometer.

Investir. Conferir un cargo.

EMÉTICO. Propio para provocar el vómito.

Hermético. Cerrado ajustada y perfectamente.

EMPECER. Obstar, impedir.

Empezar. Dar principio.

EMPLAZAMIENTO. Acción de emplazar.

Aplazamiento. Retraso.

EMPLAZAR. Citar.

Aplazar. Retardar, diferir.

ENARBOLAR. Levantar en alto.

Enherbolar. Inficionar.

ENCAUSADO. De encausar.

Encauzado. De encauzar.

ENCAUSAR. Enjuiciar, procesar.

Encauzar. Guiar, dirigir.

ENHERBOLAR. Inficionar.

Enarbolar. Levantar en alto.

ENJUAGAR. Limpiar con agua clara lo enjabonado.

Enjugar. Quitar la humedad.

ENLOSADO. Pavimento de losas.

Enlozado. Con la apariencia de loza.

ENLOSAR. Solar en losas.

Enlozar. Dar esmalte.

ENOJO. Ira, enfado.

Hinojo. Planta umbelífera.

ENSALZARSE. Alabarse, exaltar.

Enzarzarse. Luchar, reñir.

ENVITE. Apuesta.

Embate. Acometida.

ENZARZARSE. Enredarse, reñir.

Ensalzarse. Alabarse.

ERRAR. Equivocarse, vagar.

Herrar. Colocar herraduras.

ERROR. Equivocación, culpa.

Horror. Aversión.

ES. Del verbo ser.

Hez. Sedimento.

ESCOLIO. Advertencia.

Escollo. Peligro, riesgo.

ESOTÉRICO. Oculto, reservado.

Exotérico. Común, conocido.

ESPACIAL. Relativo al espacio.

Especial. Singular, particular.

ESPACIOSO. Ancho, dilatado.

Especioso. Hermoso.

ESPECIA. Sustancia para sazonar los manjares.

Especie. Clase.

ESPECIAL. Singular, particular.

Espacial. Relativo al espacio.

ESPECIE. Clase.

Especia. Sustancia para sazonar los manjares.

ESPECIOSO. Hermoso.

Espacioso. Ancho, dilatado.

ESPIAR. Observar con disimulo.

Expiar. Purgar las culpas.

ESPIRA. Vuelta, espiral.

Expira. Del verbo expirar.

ESPIRAR. Exhalar olor.

Expirar. Morir.

ESPOLIO. Bienes que deja al morir un prelado.

Expolio. Acción de despojar.

ESPULGAR. Limpiar de pulgas.

Expurgar. Limpiar, purificar.

ESQUEMA. Croquis, resumen.

Esquena. Espinazo.

ESTÁTICA. Parte de la mecánica.

Extática. Que ella está en éxtasis.

ESTÁTICO. Quieto, parado.

Extático. Que está en éxtasis.

ESTÉREO. Metro cúbico.

Etéreo. Sutil.

ESTIGMA. Marca, señal.

Estima. Aprecio.
ESTÍO. Verano.
Hastío. Tedio, fastidio.
ESTIRPE. Clase, raza.
Extirpe. Del verbo extirpar.
ESTRAGAR. Viciar, estropear.
Estregar. Frotar.
ESTRATO. Capa, sedimento.
Extracto. Resumen.
ESTRO. Inspiración.
Astro. Cuerpo celeste.
ETÉREO. Sutil.
Estéreo. Metro cúbico.
ÉTICO. Moral.
Hético. Tísico.
EXALTACIÓN. Acción de exaltar.
Exultación. Acción de exultar.
EXALTAR. Ensalzar.
Exultar. Alegrarse.
EXÁNIME. Sin señales de vida.
Examine. Del verbo examinar.
EXCITACIÓN. Acción de excitarse.
Hesitación. Duda, perplejidad.
EXCITAR. Estimular, instigar.
Hesitar. Dudar.
EXCUSA. Disculpa, pretexto.
Escusa. Provecho, ventaja.
ÉXITO. Feliz resultado.
Hesitó. Del verbo hesitar.
Existo. Del verbo existir.
EXOTÉRICO. Común, conocido.
Esotérico. Oculto, reservado.
EXPIAR. Purgar las culpas.
Espiar. Observar con disimulo.
EXPIRA. Del verbo expirar.
Espira. Vuelta, espiral.
EXPIRAR. Morir.
Espirar. Exhalar olor.
EXPOLIAR. Despojar.
Espolear. Incitar, estimular.
EXPOLIO. Acción de despojar.
Espolio. Bienes que deja al morir un prelado.
EXPURGAR. Limpiar, purificar.
Espulgar. Limpiar de pulgas.
ÉXTASIS. Arrobamiento.
Éctasis. Licencia poética.
EXTÁTICA. Que está en éxtasis.

Estática. Parte de la mecánica.
EXTÁTICO. Que está en éxtasis.
Estático. Quieto, parado.
EXTIRPE. Del verbo extirpar.
Estirpe. Clase, raza.
EXTRACTO. Resumen.
Estrato. Capa, sedimento.
EXULTACIÓN. Acción de exultar.
Exaltación. Acción de exaltar.

F

FACTICIO. Que se hace por arte.
Ficticio. Fingido, falso.
FACTOR. Agente.
Fautor. Culpable.
FALLA. Quiebra del terreno.
Faya. Tejido grueso de seda.
FAUNA. Conjunto de animales propios de un país.
Fauno. Semidiós.
FAYA. Tejido grueso de seda.
Falla. Quiebra del terreno.
FICCIÓN. Acción de fingir.
Fisión. Segmentación, explosión del núcleo del átomo.
Fusión. Paso de sólido a líquido.
FLAGRANTE. Del verbo flagrar.
Fragante. Oloroso, perfumado.
FORMAL. Que tiene formalidad.
Formol. Solución de aldehído fórmico.
FRACTURA. Acción y efecto de fracturar.
Factura. Cuenta de mercancías.
FRAGANTE. Oloroso, perfumado.
Flagrante. Del verbo flagrar.
FRESA. Herramienta y fruta.
Freza. Estiércol.
FUGAZ. Que dura poco.
Fugas. Huidas, escapes.
FUNDAR. Edificar, construir.
Fundir. Derretir.
FUSIÓN. Paso del estado sólido al líquido.
Fisión. Explosión del núcleo del átomo, con liberación de energía.

G

GALLO. Ave.
  Gayo. Alegre, vistoso.
GAUCHO. De las Pampas.
  Guacho. Huérfano, desmedrado.
GAVIA. Caudrilla, vela.
  Gubia. Formón delgado.
GAYO. Alegre, vistoso.
  Gallo. Ave.
GERENCIA. Cargo de gerente.
  Regencia. Acción de regir.
GERENTE. El que dirige los negocios de una empresa.
  Regente. El que gobierna o reina en lugar de otro.
GIBA. Joroba
  Jibia. Molusco.
GRABA. Del verbo grabar.
  Grava. Mezcla de piedras y arena.
GRABADO. Arte y procedimiento de grabar.
  Gravado. Del verbo gravar.
GRULLO. De color gris oscuro.
  Gurullo. Burujo.
GUBIA. Formón delgado.
  Gavia. Cuadrilla, vela.

H

HA. Del verbo haber.
  ¡Ah! Interjección.
  A. Preposición, letra.
HABANO. Cigarro puro.
  Abano. Abanico.
HABLANDO. Del verbo hablar.
  Ablando. Del verbo ablandar.
HABRÍAN. Del verbo haber.
  Abrían. Del verbo abrir.
HACEDERO. Fácil de hacer.
  Asidero. Asa.
HACÍA. Del verbo hacer.

  Asía. Del verbo asir.
HACIA. Preposición.
  Asia. Uno de los continentes.
HACIENDA. Bienes, finca.
  Ascienda. Del verbo ascender.
HACINA. Del verbo hacinar.
  Asigna. Del verbo asignar.
HACINACIÓN. Amontonamiento.
  Asignación. Pensión, sueldo.
HACINAR. Apilar, amontonar.
  Asignar. Señalar lo que corresponde a una persona o cosa.
¡HALA! Interjección.
  Ala. Miembro de las aves e insectos para volar.
HALADO. Del verbo halar.
  Alado. Que tiene alas.
HALLA. Del verbo hallar.
  Haya. Del verbo haber.
  Allá. Adverbio.
  Aya. Mujer que cuida la crianza de un niño.
HALLADO. Del verbo hallar.
  Aliado. Unido o coaligado.
HALLAS. Del verbo hallar.
  Hayas. Del verbo haber.
  Alias. Apodo.
HALLO. Del verbo hallar.
  Halló. Del verbo hallar.
  Ayo. Encargado de la crianza de un niño.
HASTA. Preposición.
  Asta. Cuerno.
HASTÍZ. Tedio, fastidio.
  Estío. Verano.
HATAJO. Hato pequeño.
  Atajo. Senda que acorta.
HATO. Rebaño.
  Ato. Del verbo atar.
HAY. Del verbo haber.
  Ahí. Adverbio de lugar.
  Ay. Interjección.
HAYA. Del verbo haber.
  Halla. Del verbo hallar.
  Aya. Mujer encargada de la educación de un niño.
HARÁ. Del verbo hacer.
  Ara. Del verbo arar, altar.

HARÁS. Del verbo hacer.
 Aras. Del verbo arar.
 Arras. Lo que se da como prenda de un contrato.
HARÉ. Del verbo hacer.
 Aré. Del verbo arar.
HAS. Del verbo haber.
 Haz. De hacer, brazado.
 As. Número uno de cada palo de la baraja, campeón.
HAZA. Campo.
 Asa. Mango, asidero.
HAZAS. Plural de haza.
 Asas. Del verbo asar.
 Asaz. Bastante, muy.
HECES. Sedimentos, posos.
 Eses. Plural de la letra s.
HÉJIRA. Era musulmana.
 Égida. Protección, defensa.
HENCHIR. Llenar.
 Hinchar. Exagerar, abultar.
HERMÉTICO. Cerrado.
 Emético. Que mueve al vómito.
HERRAR. Colocar herraduras.
 Errar. Vagar, equivocarse.
HÉTICO. Tísico.
 Ético. Moral.
HEZ. Sedimento, poso.
 Es. Del verbo ser.
HIERBA. Planta verde.
 Hierva. Del verbo hervir.
HIERRO. Metal.
 Yerro. Equivocación, error.
HINCHADO. Del verbo hinchar.
 Henchido. Del verbo henchir.
HINCHAR. Exagerar, abultar.
 Henchir. Llenar.
HINOJO. Planta umbelífera.
 Enojo. Ira, enfado.
HIPÉRBOLA. Curva geométrica.
 Hipérbole. Exageración.
HIPNOSIA. Sueño.
 Sinopsis. Resumen.
HIZO. Del verbo hacer.
 Izo. Del verbo izar.
HOCICO. Parte saliente de la cabeza.
 Hocino. Hoz
HOJEADA. Acción de pasar las hojas de un libro.
 Ojeada. Mirada rápida.
HOJEAR. Pasar las hojas.
 Ojear. Mirar.
HOLA. Saludo.
 Ola. Onda marina.
HOLLA. Del verbo hollar.
 Hoya. Fosa.
 Olla. Puchero.
HOLLAR. Pisar, humillar.
 Ollar. Orificio de la nariz.
HONDA. Para tirar piedras.
 Honda. Que está profunda.
 Onda. Ola, ondulación.
HONDEAR. Sondar, tantear.
 Ondear. Ondular.
HORA. Sesenta minutos.
 Ora. Del verbo orar.
HORCA. Patíbulo, horquilla.
 Orca. Cetáceo.
HORNADA. Lo que se cuece en el horno de una sola vez.
 Ornada. Adornada.
HORROR. Aversión.
 Error. Equivocación, culpa.
HOSQUEDAD. Calidad de hosco.
 Oquedad. Hueco.
HOYA. Fosa, concavidad.
 Holla. Del verbo hollar.
 Olla. Puchero.
HOYO. Hueco, agujero.
 Holló. Del verbo hollar.
 Oyó. Del verbo oír.
HOZ. Hocino.
 Os. Pronombre personal.
HOZAR. Mover la tierra con el hocico.
 Osar. Atreverse, arriesgarse.
HULLA. Carbón.
 Huya. Del verbo huir.
HUNO. Pueblo bárbaro.
 Uno. La unidad.
HURAÑO. Que huye del trato social.
 Urano. Uno de los planetas.
 Uranio. Metal.
HÚSAR. Soldado de caballería.
 Usar. Utilizar.
HUSO. Aparato para hilar.
 Uso. Del verbo usar

I

IMPRUDENCIA. Falta de prudencia.
  Impudencia. Descaro.
IMPRUDENTE. Sin prudencia.
  Impudente. Desvergonzado,
INACCESIBLE. No accesible.
  Inasequible. No asequible.
INADMISIBLE. No admisible.
  Inamisible. Que no puede perderse.
INASEQUIBLE. Que no es asequible.
  Inaccesible. No accesible.
INCIDÍA. Del verbo incidir.
  Insidia. Asechanza.
INCIDENTE. Percance.
  Accidente. Suceso imprevisto.
INCIPIENTE. Algo que empieza.
  Insipiente. Ignorante, inculto.
INCOMPRENSIBLE. Que no puede ser
  comprendido.
  Incompresible. Que no puede ser compri-
  mido.
INCONCLUSO. No terminado.
  Inconcuso. Cierto, firme.
INFECTADO. Del verbo infectar.
  Infestado. Del verbo infestar.
INFESTAR. Abundar los animales dañinos.
  Infectar. Inficionar.
INFLIGIR. Imponer penas.
  infringir. Faltar, quebrantar.
INGERIR. Comer.
  Injerir. Entremeter.
INGLÉS. De Inglaterra.
  Ingles. Cierta parte del cuerpo.
INHABITADO. No habitado.
  Inhabituado. No acostumbrado.
INJERIR. Entremeter.
  Ingerir. Comer.
INSIDIA. Asechanza.
  Incidía. Del verbo incidir.
INSIPIENTE. Ignorante, inculto.
  Incipiente. Algo que empieza.
INTENCIÓN. Deseo de hacer.
  Intensión. Intensidad.
INTERCESIÓN. De interceder.

Intersección. Punto donde se cortan dos
  líneas.
INTERSECCIÓN. Punto donde se cortan
  dos líneas.
  Intercesión. Acción de interceder.
ÍNTIMO. Más interno.
  Intimo. Del verbo intimar.
INVECTIVA. Expresión violenta.
  Inventiva. Facultad de inventar.
INVERSIÓN. Acción de invertir.
  Invención. Acción de inventar.
INVESTIR. Conferir un cargo.
  Embestir. Acometer con ímpetu.
ÍRRITO. Inválido.
  Irrito. Del verbo irritar.

J

JIBIA. Molusco.
  Giba. Joroba.
JÚBILO. Gozo.
  Jubilo. Del verbo jubilar.

L

LASITUD. Desfallecimiento.
  Laxitud. Calidad del laxo.
LASO. Macilento, flojo.
  Laxo. Relajado.
  Lazo. Lazada, trampa.
LATENTE. Que no se manifiesta exterior-
  mente.
  Latiente. Que late.
LAXITUD. Calidad de laxo.
  Lasitud. Desfallecimiento.
LAXO. Relajado.
  Laso. Macilento, flojo.
  Lazo. Lazada, trampa.
LECCIÓN. Acción de leer.
  Lesión. Herida, daño.
LEY. Precepto.
  Leí. Del verbo leer.

LIBERACIÓN. Acción de libertar.
  Libración. Movimiento de oscilación.
LIBRAR. Preservar de un daño.
  Liberar. Libertar.
  Libar. Chupar un jugo.
LISA. Suave.
  Liza. Campo para luchar.
LOSA. Piedra llana.
  Loza. Vajilla.
LUCIDO. Con gracia.
  Lúcido. Claro en el razonamiento.

MACHACAR. Quebrantar.
  Machucar. Magullar.
MACHACÓN. Importuno, pesado.
  Machucón. Confusión.
MACHÓN. Pilar.
  Mechón. Porción de pelo.
MALSANO. Dañoso a la salud.
  Manzano. Árbol frutal.
MALLA. Red.
  Maya. Pueblo de América.
MALLAR. Hacer malla.
  Mayar. Maullar.
MALLO. Mazo.
  Mayo. Mes.
MANDADO. Del verbo mandar.
  Mandato. Orden.
MANDIL. Delantal.
  Mandril. Cuadrúmano de África.
MASA. Mezcla pastosa.
  Maza. Porra.
MÁSCARA. Enmascarado.
  Mascara. Del verbo mascar.
MAYA. Pueblo de América.
  Malla. Tejido parecido al de la red.
MAYAR. Maullar.
  Mallar. Hacer malla.
MAYO. Mes.
  Mallo. Mazo.
MAZA. Porra.
  Masa. Mezcla pastosa.
MECES. Del verbo mecer.

Meses. Plural de mes.
MECHÓN. Porción de pelo.
  Machón. Pilar.
MEDIADOR. Que media.
  Medidor. Que mide.
MESA. Mueble.
  Meza. Del verbo mecer.
MÍSTICO. Relativo a la mística.
  Mítico. Relativo al mito.
MÓDULO. Unidad de medida arquitectónica.
  Nódulo. Concreción.
MOHO. Hongo.
  Mojo. Moje.
MONTARAZ. Que anda o se cría en los montes.
  Montarás. Del verbo montar.
MONTES. Montañas.
  Montés. Que se cría en el monte.

NADA. Ninguna cosa.
  Nata. Sustancia espesa de la leche.
NAVAL. Relativo a las naves.
  Nabal. Relativo a los nabos.
NÓDULO. Concreción.
  Módulo. Unidad de medida arquitectónica.
NONADA. Poco, muy poco.
  Monada. Halago, zalamería.

OBERTURA. Pieza de música con que se inicia una ópera.
  Abertura. Acción de abrir.
OBISPADO. Territorio bajo la jurisdicción de un obispo.
  Avispado. Vivo, agudo.
OBLACIÓN. Sacrificio.
  Ablación. Extirpación.
  Ablución. Lavatorio.

ÓBOLO. Cantidad con que se contribuye para un fin.
  Óvolo. Cuarto bocel.
  Óvulo. Germen.
OBSTAR. Impedir.
  Optar. Inclinarse por elegir.
OCASO. Puesta del Sol.
  Acaso. Quizá, por casualidad.
OJEADA. Mirada rápida y ligera.
  Hojeada. Acción de pasar las hojas de un libro.
OJEAR. Mirar.
  Hojear. Pasar las hojas de un libro.
OLA. Onda marina.
  Hola. Saludo.
OLLA. Puchero.
  Hoya. Fosa.
  Holla. Del verbo hollar.
OLLAR. Orificio de la nariz.
  Hollar. Pisar, humillar.
ONDA. Ola, ondulación.
  Honda. Para tirar piedras.
  Honda. Profunda.
ONDEAR. Ondular.
  Hondear. Sondar, tantear.
OPTAR. Elegir una cosa entre varias.
  Obstar. Impedir.
ÓPTICO. Relativo a la óptica.
  Ótico. Fértil, abundante.
ÓPTIMO. Sumamente bueno.
  Ópimo. Fértil, abundante.
OQUEDAD. Hueco, agujero.
  Hosquedad. Calidad de hosco.
ORA. Aféresis de ahora.
  Hora. Sesenta minutos.
ORCA. Cetáceo.
  Horca. Patíbulo.
ORUGA. Larva vermiforme.
  Arruga. Pliegue en la piel.
OSCO. Pueblo antiguo.
  Hosco. Ceñudo, de mal genio.
ÓTICO. Relativo al oído.
  Óptico. Relativo a la óptica.
ÓVALO. Curva.
  Óvolo. Cuarto bocel.
  Óbolo. Cantidad con que se contribuye para un fin.
  Óvulo. Germen.

P

PACE. Del verbo pacer.
  Pase. Salvoconducto.
PAPELINA. Tela de muy poco cuerpo.
  Popelina. Cierta clase de tela.
PARÁFRASIS. Interpretación amplificativa de un texto.
  Perífrasis. Circunloquio.
PARIA. Casta ínfima.
  Paría. Del verbo parir.
Z
  Participe. De participar.
PASE. Salvoconducto.
  Pace. Del verbo pacer.
PASO. Acto de pasar.
  Pazo. Casa solariega.
PÁTINA. Moho del bronce.
  Patina. Del verbo patinar.
PAZO. Casa solariega.
  Paso. Movimiento del pie.
PERCEPTOR. Que percibe.
  Preceptor. Maestro.
PERFECTO. Excelente.
  Prefecto. Cierto cargo.
PERÍFRASIS. Circunloquio.
  Paráfrasis. Interpretación amplificativa de un texto.
PERJUICIO. Daño, menoscabo.
  Prejuicio. Acción y efecto de prejuzgar.
PERSECUCIÓN. Perseguir.
  Prosecución. Acción de proseguir.
PERSEGUIR. Seguir al que huye.
  Proseguir. Continuar.
PIE. Extremidad de la pierna.
  Píe. Del verbo piar.
  Pié. Del verbo piar.
PÍO. Devoto.
  Pió. Del verbo piar.
PLEGARIA. Oración, súplica.
  Plegaría. Del verbo plegar.
POBRE. Menesteroso.
  Podre. Pus.
POLLO. Cría de las aves.
  Poyo. Banco de piedra.

POPELINA. Cierta clase de tela.
　Papelina. Tela de muy poco cuerpo.
PORVENIR. Tiempo futuro.
　Provenir. Proceder.
POSA. Del verbo posar.
　Poza. Charca.
POSESIÓN. Acción de poseer.
　Posición. Postura, situación.
POSOS. Sedimentos, heces.
　Pozos. Hoyos profundos.
POYO. Banco de piedra.
　Pollo. Cría de las aves.
POZA. Charca.
　Posa. Del verbo posar.
POZO. Hoyo.
　Poso. Sedimento, hez.
PRAVEDAD. Maldad.
　Providad. Bondad, rectitud.
PRECEDENCIA. Antelación.
　Procedencia. Principio.
PRECEDENTE. Que precede.
　Presidente. Que preside.
PRECEDER. Ir delante.
　Proceder. Guardar cierto orden.
PRECEPTOR. Maestro.
　Perceptor. Que percibe.
PREEMINENCIA. Supremacía.
　Prominencia. Elevación.
PREFECTO. Cierto cargo.
　Perfecto. Excelente.
PREFERIR. Dar preferencia.
　Proferir. Pronunciar palabras.
PREJUICIO. Acto de prejuzgar.
　Perjuicio. Daño, menoscabo.
PREPOSICIÓN. Parte de la oración.
　Proposición. Frase, oferta.
PRESCINDIR. Renunciar.
　Presidir. Ocupar el primer puesto.
PRESCRIBIR. Ordenar, caducar.
　Proscribir. Desterrar.
PRESCRIPCIÓN. Acción de prescribir.
　Proscripción. Acción de proscribir.
PRESIDENTE. Superior, jefe.
　Precedente. Que precede.
PRESIDIR. Ocupar el primer puesto.
　Prescindir. Renunciar.
PRETEXTAR. Valerse de un pretexto.
　Protestar. No estar de acuerdo.

PRETEXTO. Motivo aparente.
　Protesto. Del verbo protestar.
PREVENIR. Prever, precaver.
　Provenir. Proceder.
PREVER. Conocer por indicios lo que va a
　ocurrir.
　Proveer. Suministrar.
PREVISIÓN. Acto de prever.
　Provisión. Acción de proveer.
PREVISOR. Que prevé.
　Provisor. Proveedor.
PREVISTO. Del verbo prever.
　Provisto. Del verbo proveer.
PROBIDAD. Bondad, rectitud.
　Pravedad. Maldad.
PROCEDENCIA. Antelación.
　Precedencia. Principio.
PROCEDER. Guardar cierto orden.
　Preceder. Ir delante.
PROFERIR. Pronunciar palabras.
　Preferir. Dar preferencia.
PROFETISA. Femenino de profeta.
　Profetiza. Que profetiza.
PRÓJIMO. Cualquier persona con respec-
　to a otra.
　Próximo. Cercano.
PROMINENCIA. Elevación.
　Preeminencia. Sobresaliente.
PROPOSICIÓN. Frase, oferta.
　Preposición. Parte de la oración.
PROSCRIBIR. Desterrar, expulsar.
　Prescribir. Ordenar, caducar.
PROSCRIPCIÓN. Proscribir.
　Prescripción. Prescribir.
PROSECUCIÓN. Acción de proseguir.
　Persecución. Acción de perseguir.
PROSEGUIR. Continuar.
　Perseguir. Seguir al que huye.
PROTESTAR. Negar, no estar de acuer-
　do.
　Pretextar. Valerse de un pretexto.
PROTESTO. Del verbo protestar.
　Pretexto. Motivo aparente.
PROVEER. Suministrar.
　Prever. Conocer por indicios lo que va a
　ocurrir.
PROVENIR. Proceder.
　Prevenir. Prever, precaver.

PROVISIÓN. Acción de proveer.
  Previsión. Acto de prever.
PROVISOR. Proveedor.
  Previsor. Que prevé.
PROVISTO. Del verbo proveer.
  Previsto. Del verbo prever.
PRÓXIMO. Cercano.
  Prójimo. Cualquier persona con respecto a otra.
PUYA. Planta.
  Pulla. Indirecta.

R

RACIÓN. Porción de alimentos.
  Razón. Facultad de discurrir.
RACIONAMIENTO. Acción y efecto de racionar.
  Razonamiento. Acción y efecto de razonar.
RACIONAR. Repartir raciones.
  Razonar. Discurrir.
RADIO. Línea, metal.
  Radió. Del verbo radiar.
RAER. Raspar.
  Roer. Morder.
RALLAR. Desmenuzar.
  Rayar. Hacer rayas.
RALLO. Del verbo rallar.
  Ralló. Del verbo rallar.
  Rayó. Del verbo rayar.
  Rayo. Chispa eléctrica.
RAPAZ. Ave de rapiña.
  Rapaz. Muchacho.
RAYAR. Hacer rayas.
  Rallar. Desmenuzar.
RAYO. Chispa eléctrica.
  Rallo. Del verbo rallar.
RAZA. Casta.
  Rasa. Femenino de raso.
RAZÓN. Facultad de discurrir.
  Ración. Porción de alimentos.
RAZONAMIENTO. Acción y efecto de razonar.
  Racionamiento. Acción y efecto de racionar.

RAZONAR. Discurrir.
  Racionar. Repartir raciones.
REBELARSE. Sublevarse.
  Revelarse. Manifestarse.
REBOZAR. Cubrir con una capa de yeso o cemento.
  Rebosar. Verterse.
RECABAR. Alcanzar, conseguir.
  Recavar. Volver a cavar.
RECIENTE. Nuevo.
  Resiente. Del verbo resentir.
RECOCER. Volver a cocer.
  Recoser. Volver a coser.
RECTO. Derecho.
  Reto. Provocación al duelo.
RÉDITO. Renta.
  Reedito. Del verbo reeditar.
RELEVAR. Mudar, cambiar.
  Revelar. Manifestar.
  Rebelar. Sublevar.
RÉPROBO. Condenado.
  Reprobó. Del verbo reprobar.
RESIENTE. Del verbo resentir.
  Reciente. Nuevo.
RESPETAR. Tener respeto.
  Respectar. Atañer.
RETÉN. Grupo de tropa.
  Reten. Del verbo retar.
RETO. Provocación al duelo.
  Recto. Derecho.
RETRACTARSE. Desdecirse.
  Retratarse. Sacarse una foto.
REVELAR. Manifestar.
  Relevar. Sustituir, cambiar.
  Rebelar. Sublevar.
REVERTIR. Retornar.
  Reverter. Rebosar.
REVÓLVER. Pistola.
  Revolver. Menear, desordenar.
RISA. Acción de reír.
  Riza. Rastrojo, destrozo.
ROER. Quitar poco a poco con los dientes.
  Raer. Raspar.
ROMANA. Instrumento para pesar.
  Romana. Nacida en Roma o relativa a esta ciudad.
ROMÁNTICO. Relativo al romanticismo.
  Románico. Estilo arquitectónico.

ROSA. Flor.
  Roza. Acción de rozar.
ROTURA. Acción de romper.
  Ruptura. Desavenencia.
ROZA. Acción de rozar.
  Rosa. Flor.
RUPTURA. Desavenencia.
  Rotura. Acción de romper.

S

SÁBANA. Tela con que se cubre el colchón.
  Sabana. Llanura.
SABIA. Femenino de sabio.
  Savia. Jugo de las plantas.
SAGAZ. Astuto, previsor.
  Zagal. Muchacho.
SALOBRE. Con sabor de sal.
  Salubre. Saludable.
SAVIA. Jugo de las plantas.
  Sabia. Femenino de sabio.
SEBO. Grasa.
  Cebo. Señuelo.
SECCIÓN. Parte.
  Sesión. Junta, reunión.
  Cesión. Acción de ceder.
SEDENTE. Que está sentado.
  Cedente. Que cede.
SECTA. Doctrina herética.
  Cesta. Canasta, cesto.
  Sexta. Número ordinal.
SEDA. Tela.
  Ceda. Del verbo ceder.
SEDE. Lugar de reunión.
  Cede. Del verbo ceder.
SEGAR. Cortar hierba.
  Cegar. Tapar, quedar ciego.
SENA. Río de Francia.
  Cena. Comida de la noche.
SENO. Pecho.
  Ceno. Del verbo cenar.
SEPA. Del verbo saber.
  Cepa. Tronco de la vid.
SERRADO. Del verbo serrar.
  Cerrado. Del verbo cerrar.

SERRAR. Cortar con una sierra.
  Cerrar. Asegurar con llave o cerrojo.
SESIÓN. Junta, reunión.
  Sección. Parte.
  Cesión. Acción de ceder.
SESO. Masa cerebral.
  Sexo. Diferencia física del macho y de la hembra.
  Ceso. Del verbo cesar.
SETA. Hongo de sombrerillo.
  Ceta. Zeta.
  Zeta. Letra griega.
SETO. Cercado, vallado.
  Sexto. Que sigue al quinto.
  Cesto. Canasta.
SEXTA. Número ordinal.
  Secta. Doctrina herética.
  Cesta. Canasta, cesto.
SEXO. Diferencia física entre el macho y la hembra.
  Seso. Masa cerebral.
  Ceso. Del verbo cesar.
SEXTO. Que sigue al quinto.
  Seto. Cercado, vallado.
  Cesto. Canasta.
SIEGO. Del verbo segar.
  Ciego. Que no ve.
SIEN. Parte lateral de la cabeza.
  Cien. Cantidad.
SIENTO. Del verbo sentir.
  Ciento. Cantidad.
SIERRA. Cordillera, instrumento.
  Cierra. Del verbo cerrar.
SIERRE. Del verbo serrar.
  Cierre. Del verbo cerrar.
SIERVO. Esclavo.
  Ciervo. Animal.
SIGMA. Letra griega.
  Sima. Cavidad grande.
  Cima. Parte alta de un monte, árbol, etc.
SILBA. Del verbo silbar.
  Silva. Estrofa.
SIMA. Cavidad grande.
  Sigma. Letra griega.
  Cima. Parte alta de un monte, árbol, etc.
SÍNCOPE. Supresión de una o más letras.
  Síncope. Pérdida del conocimiento.
SINOPSIS. Resumen.

Hipnosis. Sueño.
SITA. Situada, colocada.
Cita. Nota, encuentro.
SUECO. Nacido en Suecia.
Zueco. Zapato de madera.
SUMO. Supremo.
Zumo. Jugo.

TASA. Acción y efecto de tasar.
Taza. Vaso con asa.
TE. Pronombre personal.
Té. Infusión.
TENDER. Extender, desdoblar.
Ténder. Carruaje.
TÓXICO. Venenoso.
Tósigo. Ponzoña, veneno.
TRASTOCAR. Trastornar, revolver.
Trastrocar. Mudar, cambiar.
TUBO. Pieza hueca.
Tuvo. Del verbo tener.

URANIO. Metal.
Urano. Uno de los planetas.
Huraño. Que huye del trato social.
USAR. Utilizar.
Húsar. Soldado de caballería.
USO. Del verbo usar.
Huso. Aparato para hilar.

VACA. Animal rumiante.
Baca. Parte superior de los coches para equipajes.
VACANTE. Sin proveer.

Bacante. Mujer que tomaba parte en las bacanales.
VACILAR. Titubear, dudar.
Bacilar. Perteneciente a los bacilos.
VACILO. Del verbo vacilar.
Bacilo. Bacteria.
VAGIDO. Gemido.
Vahído. Desvanecimiento.
VAHO. Vapor.
Bao. Madero o barra que aguantan los costados del buque.
VALE. Del verbo valer, nota.
Bale. Del verbo balar.
VALIDO. Primer ministro.
Válido. Firme, legal.
Balido. Voz de la oveja.
VALÓN. Pueblo belga.
Balón. Pelota de cuero.
VALSA. Del verbo valsar.
Balsa. Charco grande.
VALLA. Cercado.
Vaya. Del verbo ir.
Baya. Fruto carnoso.
VARIO. Diverso, distinto.
Varío. De variar.
Bario. Metal.
VARÓN. Hombre.
Barón. Título de nobleza.
VARONÍA. Calidad de descendiente de varón en varón.
Baronía. Dignidad de barón.
VASAR. Poyo para poner vasos.
Basar. Asentar algo.
Bazar. Tienda.
VASCAS. Del País Vasco.
Bascas. Náuseas.
VASCULAR. Perteneciente a los vasos del cuerpo animal.
Bascular. Relativo a la báscula.
Bascular. Ejecutar movimiento oscilatorios.
VASE. Se va.
Base. Fundamento, apoyo.
VASO. Pieza cóncava.
Baso. Género de insectos.
VASTA. Extensa, dilatada.
Basta. Del verbo bastar.
Basta. Femenino de basto.

VASTEDAD. Dilatación, anchura.
  Bastedad. Calidad de basto.
VASTO. Dilatado, extenso.
  Basto. Grosero, tosco.
VATE. Poeta.
  Bate. Palo para el juego del béisbol.
VAYA. Del verbo ir.
  Valla. Cercado.
  Baya. Fruto carnoso.
VELEN. Del verbo velar.
  Belén. Nacimiento, confusión.
VELO. Cortina.
  Vello. Pelo delgado.
  Bello. Que tiene belleza.
VENIA. Permiso.
  Venía. Del verbo venir.
VERAZ. Que dice la verdad.
  Veras. Verdad de las cosas.
  Verás. Del verbo ver.
VERIL. Orilla de un bajo.
  Viril. Varonil.
  Buril. Gubia.
VERSA. Del verbo versar.
  Berza. Col.
VÉRTICE. Punto en que concurren dos líneas.
  Vórtice. Torbellino.
VESTIGIO. Huella, señal.
  vestiglo. Monstruo fantástico.
VETA. Vena, filón.
  Beta. Letra griega.
  Veta. De vetar.
VETAR. Prohibir.
  Votar. Emitir un voto.
VETO. Prohibición.
  Voto. Sufragio, juramento, promesa.
  Boto. Del verbo botar.
VIDENTE. Que ve.
  Bidente. De dos dientes.
VIENES. Del verbo venir.
  Vienés. Natural de Viena.
  Bienes. Hacienda, caudal.
VIGA. Madero.
  Biga. Carro romano.
VIGOTA. Molón chato.
  Bigote. Pelo que sale sobre el labio superior.
VINARIO. Relativo al vino.

Binario. Que se compone de dos elementos, números o unidades.
VIRIL. Varonil.
  Veril. Orilla de un bajo.
VISAR. Reconocer, examinar.
  Bisar. Repetir algo.
VOCEAR. Dar voces o gritos.
  Vosear. Hablarle a uno de vos.
  Boxear. Pelear a puñetazos.
VOLEAR. Sembrar a voleo.
  Bolear. Arrojar las boleadoras.
VOLEO. Bofetón, golpe.
  Boleo. Acción de bolear.
VOLÓ. Del verbo volar.
  Bolo. Palo labrado usado en el juego de los bolos.
VÓRTICE. Torbellino.
  Vértice. Punto en que concurren dos líneas.
VOSEAR. Hablar a uno de vos.
  Boxear. Pelear a puñetazos.
VOSEO. Acción de vosear.
  Voceo. Del verbo vocear.
  Boxeo. Del verbo boxear.
VOTA. Del verbo votar.
  Bota. Calzado alto.
VOTADOR. Que vota.
  Botador. Que herramienta.
VOTAR. Emitir un voto.
  Vetar. Prohibir.
  Botar. Dar botes, saltar.
VOTE. Del verbo votar.
  Bote. Salto.
  Bote. Barco pequeño.
  Bote. Vasija pequeña.
VOTO. Promesa, juramento, sufragio.
  Boto. Del verbo botar.
  Veto. Prohibición.
VOZ. Sonido producido por la boca.
  Vos. Pronombre personal.

Y

YERRO. Equivocación, error.
  Hierro. Metal.

Z

ZAGAL. Muchacho.
Sagaz. Astuto, previsor.
ZAÍNO. Caballo de color castaño.
Saíno. Mamífero paquidermo.

ZETA. Letra griega.
Seta. Hongo de sombrerillo.
Ceta. Zeta.
Secta. Falsa religión.
ZUECO. Zapato de madera.
Sueco. Nacido en Suecia.
ZUMO. Jugo.
Sumo. Supremo.